Curso de Direito

COMERCIAL E DE EMPRESA

Teoria Geral da Empresa e Direito Societário

1

www.editorasaraiva.com.br/direito
Visite nossa página

Ricardo Negrão

Curso de Direito
COMERCIAL E DE EMPRESA

Teoria Geral da Empresa e Direito Societário

1

17ª edição
2021

saraiva jur

ISBN 978-85-536-0773-0 obra completa

DADOS INTERNACIONAIS DE CATALOGAÇÃO NA PUBLICAÇÃO (CIP)
ANGÉLICA ILACQUA CRB-8/7057

Negrão, Ricardo

Curso de direito comercial e de empresa, v. 1 : teoria geral da empresa e direito societário / Ricardo Negrão. – 17. ed. – São Paulo: Saraiva Educação, 2021.

576 p.

Bibliografia

ISBN 978-65-5559-376-1 (impresso)

1. Direito comercial – Brasil. 2. Direito societário. 3. Sociedades comerciais. I. Título.

20-0736 CDD 344.6
CDU 347.7(81)

Índice para catálogo sistemático:

1. Direito comercial : Direito empresarial

saraiva EDUCAÇÃO | saraiva jur

Av. Paulista, 901, 3º andar
Bela Vista – São Paulo – SP – CEP: 01311-100

SAC | sac.sets@somoseducacao.com.br

Diretoria executiva	Flávia Alves Bravin
Diretoria editorial	Renata Pascual Müller
Gerência de projetos e produção editorial	Fernando Penteado
Planejamento	Josiane de Araujo Rodrigues
Novos projetos	Sérgio Lopes de Carvalho Dalila Costa de Oliveira
Edição	Clarissa Boraschi Maria (coord.) Marisa Amaro dos Reis
Produção editorial	Daniele Debora de Souza (coord.) Daniela Nogueira Secondo
Arte e digital	Mônica Landi (coord.) Camilla Felix Cianelli Chaves Claudirene de Moura Santos Silva Deborah Mattos Guilherme H. M. Salvador Tiago Dela Rosa
Projetos e serviços editoriais	Daniela Maria Chaves Carvalho Kelli Priscila Pinto Laura Paraíso Buldrini Filogônio Marília Cordeiro Nicoly Wasconcelos Razuk
Diagramação	Join Bureau
Revisão	Paula Brito
Capa	Tiago Dela Rosa
Produção gráfica	Marli Rampim Sergio Luiz Pereira Lopes
Impressão e acabamento	Gráfica Paym

Data de fechamento da edição: 2-12-2020

Dúvidas? Acesse www.editorasaraiva.com.br/direito

CL 606978 CAE 750983

A Jesus, meu Senhor e Salvador.

"As palavras dos meus lábios e o
meditar do meu coração
sejam agradáveis na tua presença,
Senhor, rocha minha
e redentor meu!" (Sl. 19.14)

Em memória de meu pai, Professor Sebastião Ramos Nogueira,
emérito educador.

À minha mãe e primeira Professora, Elza Negrão Nogueira,
de notável caráter e senso de justiça.

À Maria Teresa, companheira, amiga, advogada, colaboradora e adjunta.

Aos meus amados filhos, Paula, André, Filipe, Augusta, Lucas e Fernanda.

Aos meus netinhos, Tito, Ana Luísa, Mariana, João Filipe e Rebeca.

Abreviaturas

ACC – Adiantamento de Crédito em Contrato de câmbio para exportação
ADIn – Ação Declaratória de Inconstitucionalidade de lei ou de ato normativo
AgReg. – Agravo Regimental
AI – Agravo de Instrumento
Apel. – Apelação
art. – artigo
arts. – artigos
BACEN – Banco Central do Brasil
BSTJ – *Boletim do Superior Tribunal de Justiça*
BTN – Bônus do Tesouro Nacional
CADE – Conselho Administrativo de Defesa Econômica
CBA – Código Brasileiro de Aeronáutica (Lei n. 7.565, de 19 de dezembro de 1986)
c/c – combinado com
CC – Código Civil de 2002
CC16 – Código Civil de 1916
CCom – Código Comercial
CDC – Código de Defesa do Consumidor (Lei n. 8.078, de 11 de setembro de 1990)
Cf. – Conforme
CIMC – Convenção Interamericana sobre Conflitos de Leis em Matéria de Cheques – Decreto n. 1.240, de 15 de setembro de 1994
CF88 – Constituição Federal de 1988
CJF – Conselho da Justiça Federal

CLT – Consolidação das Leis do Trabalho
CMN – Conselho Monetário Nacional
CNPJ – Cadastro Nacional de Pessoas Jurídicas
CNSP – Conselho Nacional de Seguros Privados
COF – Circular de Oferta de Franquia
CP – Código Penal
CPC39 – Código de Processo Civil de 1939
CPC73 – Código de Processo Civil de 1973
CPC15 – Código de Processo Civil de 2015
CPF – Cadastro de Pessoas Físicas
CRDE – Câmara Reservada de Direito Empresarial (TJSP)
CTN – Código Tributário Nacional
CVM – Comissão de Valores Mobiliários
D. – Decreto
Des. – Desembargador
DJ – *Diário da Justiça*
DJU – *Diário da Justiça da União*
DNRC – Departamento Nacional de Registro do Comércio
DREI – Departamento de Registro Empresarial e Integração
ed. – edição
Edcl. – Embargos de declaração
EIRELI – Empresa Individual de Responsabilidade Limitada
EPP – Empresa de Pequeno Porte
ESC – Empresa Simples de Crédito
IBGE – Instituto Brasileiro de Geografia e Estatística
ICMS – Imposto sobre Operações relativas à Circulação de Mercadorias e Prestação de Serviços de transporte interestadual e intermunicipal e de comunicação
ICP – Infraestrutura de Chaves Públicas
IFA – International Franchise Association
IN – Instrução Normativa
IGP-DI – Índice Geral de Preços-Disponibilidade Interna
IPC – Índice de Preços ao Consumidor
IPI – Imposto sobre Produtos Industrializados

j.	– julgado em
LBCD	– Leiaute Brasileiro de Contabilidade Digital
LC	– Lei do Cheque (Lei n. 7.357, de 2 de setembro de 1985)
LD	– Lei de Duplicatas (Lei n. 5.474, de 18 de julho de 1968)
LDA	– Lei de Direitos Autorais (Lei n. 9.610, de 19 de fevereiro de 1996)
LF45	– Lei de Falências Anterior (Decreto-Lei n. 7.661, de 21 de junho de 1945)
LFEA	– Lei de Franquia Empresarial Atual (Lei n. 13.966, de 26 de dezembro de 2019)
LFER	– Lei de Franquia Empresarial Revogada (Lei n. 8.955, de 15 de dezembro de 1994)
LLE	– Lei de Liberdade Econômica (Lei n. 13.874, de 20 de setembro de 2019)
LLI	– Lei de Locação de imóveis urbanos (Lei n. 8.245, de 18 de outubro de 1991)
LPI	– Lei da Propriedade Industrial (Lei n. 9.279, de 14 de maio de 1996)
LREF	– Lei de Recuperação de Empresas e Falência (Lei n. 11.101, de 9 de fevereiro de 2005)
LRM	– Lei de Registro Público de Empresas Mercantis (Lei n. 8.934, de 18 de novembro de 1994)
LRP	– Lei de Registros Públicos (Lei n. 6.015, de 31 de dezembro de 1973)
LS	– Lei Saraiva (Decreto n. 2.044, de 31 de dezembro de 1968)
LSA	– Lei das Sociedades por Ações (Lei n. 6.404, de 15 de dezembro de 1976)
LUG	– Lei Uniforme de Genebra (Decreto n. 57.663, de 24 de janeiro de 1966)
ME	– microempresa
MP	– Medida Provisória
Min.	– Ministro
n.	– número
NF-e	– Nota Fiscal eletrônica
p.	– página
PGFN	– Procuradoria Geral da Fazenda Nacional

PTAC	– Primeiro Tribunal de Alçada Civil de São Paulo
QGC	– Quadro Geral de Credores
RAET	– Regime de Administração Especial Temporária
RDBMCA	– *Revista de Direito Bancário, do Mercado de Capitais e da Arbitragem*
RE	– Recurso Extraordinário
Rel.	– Relator
REsp	– Recurso Especial
Rev.	– Revisor
RMS	– Recurso em Mandado de Segurança
RT	– *Revista dos Tribunais*
SINARM	– Sistema Nacional de Armas
STF	– Supremo Tribunal Federal
STJ	– Superior Tribunal de Justiça
TFR	– Tribunal Federal de Recursos
TJSP	– Tribunal de Justiça de São Paulo
TR	– Taxa Referencial
TRD	– Taxa Referencial Diária
TST	– Tribunal Superior do Trabalho
v.	– veja
v.u.	– votação unânime
vol.	– volume

Índice

CAPÍTULO 4 – EMPRESA E EMPRESÁRIO

CAPÍTULO 5 – PERFIL OBJETIVO DA EMPRESA – O ESTABELECIMENTO EMPRESARIAL

CAPÍTULO 6 – ASPECTOS DO ESTABELECIMENTO: O AVIAMENTO E A CLIENTELA

CAPÍTULO 7 – O PONTO EMPRESARIAL

CAPÍTULO 8 – PROPRIEDADE INDUSTRIAL: PATENTES DE INVENÇÃO E DE MODELOS DE UTILIDADE

CAPÍTULO 9 – PROPRIEDADE INDUSTRIAL: REGISTRO DE DESENHO INDUSTRIAL

CAPÍTULO 10 – PROPRIEDADE INDUSTRIAL: REGISTRO DE MARCA E INDICAÇÕES GEOGRÁFICAS

CAPÍTULO 11 – REGISTRO DE EMPRESA

CAPÍTULO 12 – NOME EMPRESARIAL

CAPÍTULO 13 – LIVROS EMPRESARIAIS

CAPÍTULO 14 – DIREITO SOCIETÁRIO – DAS SOCIEDADES EM GERAL

CAPÍTULO 15 – RESPONSABILIDADE DA SOCIEDADE E DOS SÓCIOS – PRINCÍPIOS GERAIS

CAPÍTULO 16 – RESPONSABILIDADE DOS SÓCIOS: INGRESSO, RETIRADA E FALÊNCIA

CAPÍTULO 17 – DA CONSTITUIÇÃO DAS SOCIEDADES EM GERAL – ASPECTOS COMUNS

CAPÍTULO 18 – DAS SOCIEDADES EM ESPÉCIE – SOCIEDADES NÃO PERSONIFICADAS

CAPÍTULO 19 – DAS SOCIEDADES EM ESPÉCIE – A SOCIEDADE SIMPLES

CAPÍTULO 20 – DAS SOCIEDADES EM ESPÉCIE – AS SOCIEDADES EM NOME COLETIVO, EM COMANDITA SIMPLES E DE CAPITAL E INDÚSTRIA

CAPÍTULO 21 – DAS SOCIEDADES LIMITADAS

CAPÍTULO 22 – DAS SOCIEDADES POR AÇÕES

CAPÍTULO 23 – AÇÕES, ACIONISTAS E VALORES MOBILIÁRIOS

CAPÍTULO 24 – ÓRGÃOS DA SOCIEDADE POR AÇÕES

CAPÍTULO 25 – REORGANIZAÇÃO DAS SOCIEDADES

CAPÍTULO 26 – DISSOLUÇÃO E LIQUIDAÇÃO DE SOCIEDADES

Ao Leitor

Além da alteração no título da obra, a partir da 13ª edição atualizamos o texto segundo as mudanças introduzidas pela Lei n. 13.105, de 16 de março de 2015 (novo Código de Processo Civil), acrescentando inúmeros comentários e alguns julgados dos Tribunais que entendemos pertinentes e necessários à compreensão da matéria.

Não houve alteração no número de capítulos. Esta obra ainda abrange todo o programa de Direito Comercial – Direito Empresarial das faculdades reconhecidas:

Volume I – Evolução Histórica do Direito Comercial, Teoria Geral da Empresa e Direito Societário.

Volume II – Títulos de Crédito e Contratos Empresariais.

Volume III – Recuperação Judicial e Extrajudicial, Falência, Procedimentos Concursais Administrativos, incluindo a intervenção, a liquidação extrajudicial e o regime especial de administração temporária das instituições financeiras.

Nossa intenção é contribuir para o debate que, por certo, ocorrerá na doutrina e nos Tribunais.

Sempre grato pelas sugestões e críticas,

O Autor

Capítulo 1

HISTÓRIA DO COMÉRCIO E DO DIREITO COMERCIAL

1.1. História do comércio e do Direito Comercial

O Direito Comercial desenvolveu-se à margem do Direito Civil, de raízes romanas, na prática e no exercício do comércio ao longo dos séculos. Sua sistematização, como conjunto de regras jurídicas próprias, contudo, vem a ocorrer posteriormente a sua formação inicial, provavelmente na Idade Média (cf. Caenegem, 1995:84-85), mas os estudiosos do Direito Comercial não conseguiram, até o momento, encontrar um ponto comum na identificação do seu período inicial no decorrer da história do homem. Há os que preferem inserir seu estudo nas mesmas divisões clássicas da história da humanidade: Antiguidade Clássica, Idade Média, Idade Moderna e Contemporânea. Outros vislumbram a sistematização doutrinária da ciência jurídica somente após a Idade Média e contam as eras evolutivas a partir das ideias econômicas e seus resultados no mundo ocidental. Tullio Ascarelli (1996:87) estabelece esse momento para o nascimento do Direito Comercial, o florescimento das primeiras cidades burguesas:

"É na civilização das comunas que o direito comercial começa a afirmar-se em contraposição à civilização feudal, mas também distinguindo-se do direito romano comum, que, quase simultaneamente, se constitui e se impõe. O direito comercial aparece, por isso, como um fenômeno histórico, cuja origem é ligada à afirmação de uma civilização burguesa e urbana, na qual se desenvolve um novo espírito empreendedor e uma nova organização dos negócios. Essa nova civilização surge, justamente, nas comunas italianas".

A partir desse dado, o grande Professor italiano passa a delinear o quadro evolutivo do Direito Comercial[1]. Mesclado com a divisão proposta pelo Professor paulista Oscar Barreto Filho[2], será, também, o ponto de partida desta obra.

1.2. Primeira fase (séculos XII a XVI) – mercados e trocas

A primeira fase é caracterizada pelo fato de ser um direito de classe, um direito profissional, ligado aos comerciantes, a eles dirigido e por eles mesmos aplicado, por meio da figura do cônsul nas corporações de ofício. Trata-se, dessa forma, de um Direito do Comerciante, ou, no dizer de Fran Martins (2011:20), "direito de amparo ao comerciante".

Carvalho de Mendonça (2000, 1:68-69) relata a estrutura e o poder das corporações de comerciantes e sua importância na formação do Direito Comercial:

"Tais corporações tinham patrimônio próprio, constituído pela contribuição dos associados e por taxas extraordinárias e pedágios. A sua magistratura formava-se por meio de *cônsules dos comerciantes* (*cônsules mercatorum*), eleitos pela assembleia dos comerciantes, tendo funções políticas (defender a honra e a dignidade das corporações a que pertenciam, ajudar os chefes a manter a paz etc.), funções executivas (observar e fazer observar os estatutos, leis e usos mercantis, administrar o patrimônio etc.) e funções judiciais, julgando as causas comerciais. Decidiam com a máxima brevidade, sem formalidade (*sine strepitu et figura judicii*). Das suas sentenças nos casos mais graves dava-se apelação para outros comerciantes matriculados na corporação e sorteados, aos quais se atribuía o título de *sobrecônsules*".

Spencer Vampré (1922, 1:23) é mais enfático ao descrever as corporações, salientando seu poder e privilégios alcançados, bem como a importância e forma de constituição do direito mercantil em seu nascedouro:

---

[1] Esse marco inicial tem aceitação pela maior parte dos doutrinadores. O Professor Miguel J. A. Pupo Correia assim se expressa: "É na Idade Média que o direito comercial vai adquirir expressão própria. Destruída a vida comercial com as invasões bárbaras, ela só renasce com as Cruzadas e com o desenvolvimento, a partir do século XII, das cidades comerciais na Itália, Flandres, na Alemanha, bem como das feiras, que constituem os polos da vida comercial da época" (*Direito Comercial*, 6. ed. Lisboa: Ediforum, 1999, p. 17).

[2] Bulgarelli (1997:26) reproduz a divisão da história do Direito Comercial proposta por Barreto Filho: 1) período do corporativismo (séc. XII ao séc. XVI); 2) período do mercantilismo (séc. XVII ao séc. XVIII); 3) período do liberalismo (séc. XIX); 4) período do intervencionismo estatal, a partir da primeira guerra mundial.

“Ganhando progressiva influência, e poderio, instalaram-se as corporações de mercadores em palácios magníficos; obtiveram franquias e privilégios; presidiram, por intermédio de seus agentes, as feiras e os mercados, cujos regulamentos estabeleceram; mantiveram a segurança dos caminhos; enviaram cônsules ao estrangeiro, para proteger os seus associados; fundaram instituições de mútuo auxílio e rituais religiosos; e, por meio de pedágios, impostos, multas e donativos, chegaram a constituir poderosas organizações”.

“Do mesmo passo que ascendiam em influência social, concorriam as corporações de mercadores para a formação de um direito consuetudinário, que se consignava em assentos, ou registros, por ordem cronológica, sob o nome de *estatutos*.”

O Professor Miguel Correia (1999:17), da Universidade Lusíada, assinala o tríplice papel dessas instituições, ao mesmo tempo legislativo, judicante e administrativo:

“As suas poderosas corporações elaboram regulamentos da profissão, onde se sedimentam usos mercantis. E a aplicação dessas normas cabe aos respectivos magistrados, simultaneamente político-administrativos e judiciais, os *cônsules mercatorum,* que desenvolvem e especificam o seu conteúdo e interpretação”.

Nesse período, o comércio era itinerante: o comerciante levava mercadorias de uma cidade para outra, através de estradas, em caravanas, sempre em direção a feiras que tornaram famosas as cidades europeias: Florença, Bolonha, Champanhe etc. Confere com esse entendimento o dos historiadores do Direito Privado, em especial o Professor Caenegem (1995:85), de História Medieval e de História do Direito na Universidade de Ghentum: “O *ius mercatorum* (direito comercial) ocidental foi amplamente modelado pelas grandes feiras internacionais do comércio, em particular pelas de Champanhe nos séculos XII e XIII; antigas práticas converteram-se em usos e normas por todos reconhecidos, tal como foi o caso das letras de câmbio. Contribuições para a formação de um direito comercial europeu também foram feitas pelas normas das corporações mercantis, assim como pelas duas grandes famílias do direito marítimo, o dos países mediterrâneos, onde a *lex Rhodia* e o *Consulat de Mar* eram seguidas, e o do Norte da Europa, onde os ‘Rôles d’Oléron’ e o direito marítimo de Damme e Wisby eram seguidos”.

Fernand Braudel (1996:14-15) bem descreve essas feiras:

“Sob sua forma elementar, as feiras ainda hoje existem. Pelo menos vão sobrevivendo e, em dias fixos, ante nossos olhos, reconstituem-se nos locais habituais de nossas cidades, com suas desordens, sua afluência, seus pregões, seus odores violentos e o frescor de seus gêneros. Antigamente eram quase iguais: algumas bancas, um toldo contra a chuva, um lugar numerado para cada vendedor, fixado de antemão, devidamente registrado e que é necessário pagar conforme as exigências das autoridades ou dos proprietários; uma multidão de compradores e uma profusão de biscateiros, proletariado difuso e ativo: debulhadoras de ervilhas que têm fama de mexeriqueiras inveteradas, esfoladores de rãs (que chegam a Genebra e a Paris em carretos inteiros, de mula), carregadores, varredores, carroceiros, vendedores e vendedoras ambulantes, fiscais severos que transmitem de pais para filhos seu mísero ofício, mercadores, varejistas e, reconhecíveis pelas roupas, camponeses e camponesas, burgueses em busca de algo para comprar, criadas que são hábeis em passar a perna (dizem os ricos) nos patrões quanto ao preço ('ferrar a mula', dizia-se então), padeiros que vão à feira vender grandes pães, açougueiros com suas várias bancas atravancando ruas e praças, atacadistas (mercadores de peixe, de queijo ou de manteiga por atacado), coletores de taxas... E depois, expostas por toda a parte, as mercadorias, barras de manteiga, montes de legumes, pilhas de queijos, de frutas, de peixes ainda pingando, de caça, de carnes que açougueiro corta na hora, livros que não foram vendidos e cujas folhas impressas servem para embrulhar as mercadorias. Dos campos chegam ainda a palha, a lenha, o feno, a lã e até o cânhamo, o linho e mesmo tecidos dos teares de aldeia".

Ainda segundo Braudel (1996:20), as feiras se especializam; surgem os mercados, que nada mais são do que feiras cobertas; alguns são muito conhecidos, como o mercado do trigo, em Toulouse desde 1203, o mercado do vinho, o mercado de couros, o mercado de calçados. As lojas, cuja função é a venda constante, num mesmo local, surgem quase simultaneamente às feiras, desde o século XII. Com finalidade diversa, estas últimas visam os mercados sazonais e têm datas e épocas certas para sua ocorrência.

Os mascates completam o quadro de distribuição. Trazem poucos produtos e preenchem um espaço não alcançado pelos comerciantes mais abastados das feiras – fornecedores de outras regiões –, das lojas, que se especializam na venda fixa de mercadorias, e dos grandes mercados, que renovam, como as feiras, o estoque, de tempos em tempos. São, na visão de Braudel (1996:59), ricos mercadores em potencial, tendo sido eles que "criaram, no século XVIII, as modestas lojas de aldeia".

Somente a partir do século XVIII as feiras começam a sofrer seu declínio, supostamente em razão de medidas adotadas pelos governos locais, que pretenderam a imposição de taxas sobre as mercadorias e matérias-primas que entravam e saíam de seus territórios.

Entretanto, as feiras dão origem a uma série de serviços, posteriormente regulamentados, surgindo delas institutos jurídicos importantes: o câmbio, os títulos de crédito, os bancos e, sobretudo, as bolsas, famosos lugares de encontro de banqueiros, mercadores, cambistas, negociantes, corretores etc. Charles Dickens descreve um desses encontros, no centro financeiro das cidades, em seu clássico conto "A Christmas Carol"[3], identificando a massa humana que se reúne naquele local por uma só expressão: "homens de negócios".

Da bolsa de mercadorias, definida como "último andar de uma feira que não se interrompe" (Braudel, 1996:81), surgem os mercados financeiro e acionário e os jogos de bolsa. O jogo das ações, o mercado acionário, tem seus dias de glória na famosa Bolsa de Amsterdã. Braudel (1996:83) descreve a complexidade e a avidez desse mercado:

"... é bem verdade que os jogos bolsistas de Amsterdã atingiram um grau de sofisticação, de irrealidade que durante muito tempo fará dela uma praça à parte da Europa, um lugar onde se contentam em comprar e vender ações apostando na alta ou na baixa, onde jogos complicados permitem que se especule sem sequer ter dinheiro ou ações nas mãos. É disso que os corretores tiram o maior proveito. Estão divididos em grupos – dizia-se *rotteries*. Se um joga na alta, o outro, o dos *contramineiros*, jogará na baixa. É o que arrastará a massa mole e indecisa dos especuladores num ou noutro sentido. Mudar de campo, para um corretor, é um ato desleal. Todavia, as ações são nominais e a Companhia das Índias guarda os títulos, o comprador só entra na posse de uma ação mediante uma inscrição de seu nome num registro existente para isso. A princípio, a Companhia julgava poder desse modo opor-se à especulação (a ação ao portador só será aceita mais tarde), mas a especulação não implica a posse. O jogador vende, de fato, aquilo que não possui, compra o que não possuirá: é como se costuma dizer, comprar ou vender 'em branco'. A prazo, a operação é saldada com perda ou lucro. Acerta-se essa pequena diferença, e o jogo continua. O prêmio, outro jogo, é apenas um pouco mais complicado".

---

[3] "Mal parecia que tinham entrado na cidade. Em vez disto, parecia que a cidade crescia em volta deles e os rodeava por sua própria vontade. Mas, num instante, estavam bem no coração dela, na Bolsa, entre os homens de negócios. Eram pessoas apressadas, que faziam tilintar o dinheiro nos bolsos, conversavam em grupos, olhavam o relógio a toda hora e brincavam pensativos com seus grandes sinetes de ouro" (Charles Dickens, *Uma História de Natal*, trad. Ana Maria Machado, Ática, 1995, p. 84).

Pertencem, também, a esse primeiro período o contrato de seguro, útil para o mercador que atravessava territórios muitas vezes hostis, a constituição do fundo de comércio, a ideia de sinais distintivos e o uso da marca e origem do produto. Igualmente, surgem as sociedades familiares e as companhias, suas filiais e sucursais por toda a Europa e, consequentemente, o conceito de *holding* ou sociedades coligadas.

No campo societário, especificamente, assiste-se à evolução das *societas maris* (sociedades marítimas), também conhecidas como *societas vera* (sociedades verdadeiras) ou *commenda*, constituídas por um sócio que ficava no local (*socius stans*) e um sócio que, no curso de sua viagem marítima, negociava pelos mercados onde desembarcava (*socius tractador*). Braudel (1996:383) afirma que tais sociedades nascem, muitas vezes, para uma só viagem. Documentos datados de 1578 mostram a constituição, em Portugal, de sociedades hoje conhecidas como de capital e indústria, descrita na época como contrato estabelecido entre duas pessoas, "quando um põe o dinheiro e outro o trabalho" (Braudel, 1996:384). Tais sociedades foram, depois, regulamentadas pelas Ordenações Filipinas publicadas em 1603, em texto transcrito na linguagem da época (Livro IV, Título XLIV, § 9º):

"Não se declarando no contracto da Companhia, quanta parte do ganho, ou perda haverá cada hum dos companheiros, entender-se-ha, que cada hum haverá assi do ganho, como da perda, iguaes partes. Não tolhemos porém, que os companheiros logo no tempo do contracto possam repartir entre si a perda e o ganho doutra maneira; porque poderá muitas vezes a industria e saber de algum delles ser a mór valia e proveito para a mesma Companhia, que o cabedal, que os outros metterem, e assi será justo, que este tal tenha mais no ganho e menos na perda; não poderão, porém os companheiros pôr tal pacto e condição, que hum companheiro leve o ganho todo, e na perda não tenha parte, porquanto o tal contracto, como este, he illícito e reprovado".

Somente mais tarde, em 1850, é que passaram a ser reguladas no Brasil, por regras inscritas no Código Comercial.

As chamadas companhias são instituições familiares, como o próprio nome indica (*cum,* com; *panis,* pão), e, mais tarde, receberão o nome de sociedades em nome coletivo, em face da solidariedade e da não limitação da responsabilidade perante terceiros. Esse elemento da responsabilidade (ilimitada) fará surgir, ainda no século XVI, as chamadas sociedades comanditas – também conhecidas como *sociedades condicionadas* ou *de comodidade* –, nas quais parte do capital se responsabiliza limitadamente perante terceiros pelo aporte fornecido ou prometido à integralização.

As sociedades por ações são as últimas a surgir. Braudel (1996:388) relata o nascimento, em 1553, da primeira sociedade inglesa por ações, a *Moscovy Companie*. A Gênova, contudo, se atribui a constituição da primeira sociedade por ações, a *Casa di San Giorgio*, em 1409. Rubens Requião (1995, 2:3) afirma, entretanto, que o surgimento desse tipo societário somente ocorreu posteriormente, em 1602, na Holanda, com as sociedades colonizadoras, atribuindo a Goldschmidt a crença da primazia genovesa. Braudel (1996:389) explica que a *Casa di San Giorgio* é, na verdade, um Estado dentro do Estado, constituído a partir de sociedades que se encarregavam de tarefas que competiam ao Estado e recebiam empréstimos avalizados por este.

É característico dessa fase, como também se verá presente em toda a sua evolução, o aspecto da universalidade – cosmopolita – do Direito Comercial. Surgindo como obra dos comerciantes – com seus usos e costumes e as decisões de seus cônsules –, esse direito especial espalha-se por toda a Europa, levado pelos próprios mercadores em suas rotas desenvolvidas de cidade em cidade, de feira em feira.

1.3. Segunda fase (séculos XVII e XVIII) – mercantilismo e colonização

O segundo período, coincidente com o mercantilismo, caracteriza-se pela expansão colonial e é a época áurea da evolução das grandes sociedades, sempre sob a autorização do Estado. Conforme observa Assumpção Alves (1998:25) vige a regra: "as associações são lícitas, desde que o Rei as autorize". As normas de Direito Comercial, como as demais, são emanadas de um poder soberano central. Surgem as codificações em toda a Europa, regendo matéria de direito marítimo (*Navigation Act*, de Cromwell, em 1651, *Ordennance sur le Commerce de Mer*, em 1681, no reinado de Luís XIV) e de direito terrestre (*Ordennance sur le Commerce de Terre*, de 1673, também chamado de Código Savary, por ser de autoria de Jacques Savary; anota Wieacker (1967:389) que essa legislação foi conhecida ainda como *Ordennance des Merchands et Negociants*).

Nesse período é grande o desenvolvimento de novas e rendosas redes comerciais, ligando o Oriente à Europa. O Professor Óscar Cruz Barney (1998:2), da Universidade do México, citando Manuel Bustos Rodríguez, mostra o fascínio pelas novas conquistas:

"Com as notícias recebidas na Europa, das possibilidades econômicas oferecidas pelos territórios recém-descobertos, se inicia 'uma nova etapa para as potências europeias da época, frequentemente marcadas pela disputa e rivalidades mútuas'", "mas que não impediram a criação de fartas redes comerciais e financeiras que tornaram possível o comércio na e com as Índias".

1.4. Terceira fase (século XIX) – liberalismo econômico

Com a promulgação, em 1806, do Código Napoleônico, ou *Code de Commerce*, influenciado pela legislação de Savary e, por sua vez, influenciando toda a legislação comercial da época, inclusive o Código Comercial brasileiro (Lei n. 556, de 25-6-1850), surge o conceito objetivo de comerciante, definindo-o como aquele que pratica, com habitual profissionalidade, atos de comércio.

Afasta-se nesse período o ponto central do conceito vigente na fase precedente – a ideia de ser um direito dos comerciantes – para se estabelecer o Direito Comercial como direito dos atos de comércio. Nessa concepção, a relevância da ciência do direito está posta sobre aspectos exteriores da personalidade: a prática de determinados atos, que, se exercidos com profissionalidade, terão a proteção de uma legislação especial, de natureza comercial.

Entretanto, conforme se verá adiante, essa concepção (o Direito Comercial como o direito dos atos de comércio) resultará em grande dificuldade doutrinária, por faltar rigor científico a qualquer tentativa de distinção entre os conceitos de ato civil e de ato comercial.

A adoção do conceito de ato de comércio, como elemento central da atividade mercantil e ponto distinguidor da matéria mercantil, surge como resultado da expansão da autoridade e da jurisdição das corporações de comércio. Em razão da confiança de suas decisões pelo público em geral, por meio de procedimentos práticos e sumários, a corporação passa a abranger qualquer comerciante, independente de matrícula anterior. Carvalho de Mendonça (2000, 1:71) resume a transição do Direito dos Comerciantes para o Direito do Comércio como algo natural, fruto de seu progresso e expansão anterior: "Era natural que, com o desenvolvimento ulterior, surgisse o conceito de ato de comércio, o que, de certo, vem a pôr em foco a objetivação do Direito Comercial, que, ao invés do direito profissional dos comerciantes, passou a ser o direito do comércio".

1.5. Quarta fase (atual) – Direito de Empresa

Busca-se, hoje, uma nova conceituação para o Direito Comercial, como sendo o Direito de Empresa. A terminologia foi adotada pelo *Codice Civile* de 1942, na Itália, e integra o Livro II da Parte Especial do novo Código Civil brasileiro ("Do Direito de Empresa").

Essa concepção recebeu críticas de Fran Martins (2011:22), que entendia *faltar um conceito legal de empresa*, e, ainda, por criar sério problema de sistematização, por exemplo, abarcando o Direito Cambiário, comercial em sua essência, mas externo ao âmbito da empresalidade e, finalmente, abrangendo atividades tradicionalmente afastadas do Direito Comercial, como as agrícolas.

De fato, não se trata de questão de fácil solução. Falava-se em Direito Empresarial ou Direito de Empresa sem que existisse, até então, no Direito Positivo brasileiro, qualquer definição jurídica que estabelecesse o limite de sua atuação, como bem acentuou o jurista cearense.

Como se verá adiante, não são poucas as dificuldades encontradas para conceituar comerciante no sistema adotado pelo Código Comercial de 1850, e padecem de semelhantes obstáculos as tentativas de conceituar empresa, objeto da unificação obrigacional concebida pelo novo Código Civil. Em consequência, trilhar-se-á o difícil e quase intransponível terreno que conduz aos conceitos de Direito Comercial e, por conseguinte, ao Direito de Empresa.

Parece adequado limitar-se, no momento, à noção no sentido de que o Direito Comercial é o ramo do direito privado que regula a atividade do antigo comerciante e do moderno empresário, bem como suas relações jurídicas, firmadas durante o exercício profissional das atividades mercantis e empresariais. O Direito Comercial não desaparece com o advento da nova legislação civil em 2002, mas renasce como Direito de Empresa, como bem se expressou o Professor Soares Hentz ao publicar artigo sobre a Teoria da Empresa quando da sanção do Código Civil de 2002. É preferível, pois, utilizar, como terminologia decorrente da unificação, a expressão "Direito de Empresa", englobando os aspectos históricos e doutrinários do Direito Comercial – como direito dos comerciantes e direito dos atos de comércio – e os novos institutos do empresário, da sociedade empresária, do estabelecimento etc.

Essa constatação vem corroborada por estudos mais recentes, como o publicado pelo Professor Roberto Epifânio Tomaz (2017:114), da Universidade do Vale do Itajaí, que conclui corretamente "que todo o Direito Comercial está no Direito Empresarial, porém, nem todo Direito Empresarial está no Direito Comercial".

1.6. O projeto de nova codificação

Por iniciativa do Deputado Vicente Cândido, tramita na Câmara dos Deputados o Projeto n. 1.572/2011, que institui o novo Código Comercial. O texto desse novo documento legislativo é baseado na obra *O Futuro do Direito Comercial* do Professor Fábio Ulhoa Coelho (2011), publicada pela Editora Saraiva.

São propostas do projeto: (a) reunir num único diploma legal, com sistematicidade e técnica, os princípios e regras próprios do direito comercial; (b) simplificar as normas sobre a atividade econômica, facilitando o cotidiano dos empresários brasileiros; e (c) a superação de lamentáveis lacunas na ordem jurídica nacional, entre as quais avulta a inexistência de preceitos legais que confiram inquestionável validade, eficácia e executividade à documentação eletrônica, possibilitando ao empresário brasileiro que elimine toneladas de papel.

As dificuldades na aplicação do Código Civil nas lides entre empresários, com princípios e regras que não são próprios do Direito Comercial, conduziu os comercialistas a buscarem, nesse novo diploma legislativo, regras jurídicas aptas a consolidar um sistema tipicamente comercial e, com isso, solucionar conflitos interempresariais com maior eficiência e celeridade.

Procura-se, com isso, dar maior segurança ao empresário no exercício da atividade econômica e encontrar, nos conflitos judiciais, soluções mais justas, considerando o ambiente empresarial e a maior ou menor complexidade da lide.

Capítulo 2

FONTES DO DIREITO COMERCIAL

Sumário: 2.1. O Direito Comercial como ramo do Direito. 2.2. Fontes do Direito Comercial. 2.2.1. Fontes primárias. 2.2.2. Fontes secundárias.

2.1. O Direito Comercial como ramo do Direito

Exatamente como o Direito Civil, o Direito Comercial pertence ao gênero direito privado, tendo com aquele íntima vinculação no campo do direito obrigacional. Embora no Brasil não se tenha estabelecido, desde logo, uma uniformização de tratamento, o País recepcionou em 2003 um novo Código Civil, que ordena algumas normas comuns aos empresários e aos não empresários.

Observa-se que essa legislação de 2003 optou por não distinguir os empresários em civis e comerciais. Há um só conceito: "quem exerce profissionalmente atividade econômica organizada para a produção ou circulação de bens ou de serviços" (art. 966). Quando se trata de sociedade com fins econômicos, o Código fez distinção entre as sociedades simples e as empresárias.

Contudo, sempre coexistirão institutos diversificados para o tratamento de questões decorrentes do direito obrigacional, distinguindo as duas figuras, como ocorre na manutenção do instituto falimentar, para resolver conflitos que envolvam credores comuns de um mesmo empresário, e do instituto da insolvência civil, hábil para a mesma solução processual quando se tratar de devedor não empresário.

Comerciantes – ou empresários, na terminologia da nova Teoria da Empresa – e não comerciantes (ou não empresários), ao exercerem atividade econômica organizada, em nome próprio, praticam atos jurídicos, isto é, realizam atos que visam adquirir, resguardar, transferir, modificar ou extinguir direitos. Esses atos, em sua essência, não diferem, inexistindo sistematização científica que opere distinção válida. O contrato de compra e venda, por exemplo, será tanto um ato jurídico civil (e. g., venda de um imóvel) como um ato jurídico comercial (e. g., venda de um produto em supermercado). Qual a diferença que se pode estabelecer entre um e outro? O lucro? De forma alguma. O lucro pode ter sido o objetivo de ambos os vendedores. Nem mesmo a intermediação opera a diferenciação. Dizer que o ato de compra e venda de um imóvel pretendeu o consumo, e que o praticado pelo comerciante se endereçou à revenda, é solução que não satisfaz os espíritos mais críticos, uma vez que a única diferença repousa sobre a natureza do sujeito realizador da venda. Os meios utilizados – intermediação ou não – não parecem suficientes para a distinção.

Parece evidente que o Direito Comercial se estabeleceu, originariamente, em razão dos comerciantes, classe ligada a uma corporação de ofício que se dedicava à intermediação de coisas móveis. A associação de classe teve por fim facilitar o exercício profissional desses primeiros mercadores, aos quais se aplicavam os ordenamentos comuns impostos pela organização. Dessa origem a legislação comercial não se afastou, mantendo-se, por tradição, sua separação do Direito Civil.

Costuma-se justificar essa divisão com a exigência de celeridade dos atos comerciais. Sob esse aspecto, alguns defendem a manutenção da dicotomia de tratamento entre institutos de Direito Civil e de Direito Comercial. O primeiro, na concepção dicotômica, destina-se em especial aos nacionais e abrange as relações da vida em sociedade, muitas de natureza personalíssima, como os institutos de direito de família. O segundo é, necessária e historicamente, universalista e procura estabelecer princípios internacionalmente aceitos para sistematizar as relações de natureza eminentemente econômica. Exemplos desse caráter cosmopolita do Direito Comercial encontram-se na adoção de leis uniformes para os títulos de crédito e para a propriedade industrial, firmadas a partir de tratados internacionais.

A unificação da disciplina jurídica do direito obrigacional, segundo Miguel Reale, partiu da "necessidade de atender às novas contribuições da civilística contemporânea no que se refere, por exemplo, à disciplina dos negócios jurídicos, à necessidade de regrar unitariamente as obrigações civis e as mercantis, com mais precisa distinção entre associação civil e sociedade empresária, cuidando de várias novas figuras contratuais que vieram enriquecer o Direito das Obrigações, sem se deixar de dar a devida atenção à preservação do equilíbrio econômico do contrato, nos casos de onerosidade excessiva, para uma das partes, bem como às cautelas que devem presidir os contratos de adesão. Além disso, foi dado o devido tratamento aos títulos de crédito, sendo, outrossim, estabelecidas regras mais adequadas em matéria de responsabilidade civil, que o Código atual ainda subordina à ideia de culpa, sem reconhecer plena e claramente os casos em que a responsabilidade deve ser objetiva, atendendo-se às consequências inerentes à natureza e à estrutura dos atos e negócios jurídicos como tais"[1].

O conceito de um só corpo legislativo obrigacional, estatuído no novo Código Civil, ocasiona a revogação da primeira parte do Código Comercial e, em consequência, de toda a matéria relativa ao Direito Comercial terrestre, qual seja, os títulos relativos às qualidades necessárias para ser comerciante, obrigações comuns, suas prerrogativas, praças de comércio, agentes auxiliares, contratos e obrigações mercantis, sociedades mercantis, novação e prescrição etc. (arts. 1º a 456 do Código Comercial).

Permanecem em vigor, contudo, as matérias previstas na legislação comercial não revogadas expressamente, em especial as que foram recentemente objeto de reforma: a relativa às sociedades por ações (Lei n. 6.404/76), ao registro de empresa (Lei n. 8.934/94), à propriedade industrial (Lei n. 9.279/96). A Lei Falimentar (Decreto-lei n. 7.661/45), por sua vez, teve prorrogada sua vigência até o advento da Lei n. 11.101/2005, devendo-se considerar três períodos distintos de sua eficácia: (a) até 9 de janeiro de 2003 abrange todos os *comerciantes* submetidos aos regimes de falência e de concordata; (b) entre 10 de janeiro de 2003 até cento e vinte dias depois da data da promulgação da nova Lei Falimentar (Lei n. 11.101/2005) aplica-se aos *empresários individuais e sociedades empresárias* com falência decretada ou concordata ajuizada nesse período (CC, art. 2.037); (c) após o início da vigência da nova Lei de Falências já não se aplica aos novos pedidos ajuizados.

---

[1] REALE, Miguel. Revisão Geral do Projeto de Código Civil, artigo citado pelo Deputado Ricardo Fiuza em seu Parecer final às Emendas do Senado Federal ao Projeto que institui o Código Civil.

2.2. Fontes do Direito Comercial

Vivemos sob o primado da legalidade. A Constituição Federal estabelece como princípio a estrita legalidade: "ninguém será obrigado a fazer ou deixar de fazer alguma coisa senão em virtude de lei" (CF88, art. 5º, II). É a lei, portanto, a fonte de todo direito e dever que se outorga ou se impõe ao cidadão em sua vida pessoal e em seus relacionamentos com os demais. Essa tendência legislativa é norma entre os países da família jurídica romano-germânica, que, ao contrário do direito consuetudinário, optou pelas codificações e disposições de direito escrito, provenientes de seus legisladores.

Hierarquicamente, as Constituições ocupam a primazia, seguindo-se as leis complementares, nacionais, federais, estaduais etc. Os Códigos são leis de caráter nacional. Inicialmente eram compilações de diversas leis e, hoje, são exposições sistemáticas relativas a uma matéria particular do direito, como, por exemplo, o Código Comercial.

Clóvis Bevilaqua (1975:11) demonstrou a necessidade de uma codificação para o Direito Civil, argumento perfeitamente adequado para justificar a manutenção de todos os demais: "As codificações, além de corresponderem às necessidades mentais de clareza e sistematização, constituem, do ponto de vista social, formações orgânicas do direito, que lhe aumentam o poder de precisão e segurança, estabelecendo a harmonia e a recíproca elucidação dos dispositivos, fecundando princípios e institutos, que, no isolamento, se não desenvolveriam suficientemente, contendo, canalizando e orientando energias, que se poderiam prejudicar, na sua ação dispersiva. Por isso, apresentam-se na história do direito, como fase normal da evolução, que, partindo da fluidez inicial das ordens mais ou menos arbitrárias, das sentenças de vária inspiração, e dos costumes, vai em busca de formas definidas, firmes e lúcidas, que traduzam, melhor, as exigências, cada vez mais apuradas, da consciência jurídica, e, melhor, disciplinem os interesses dos indivíduos e dos agrupamentos sociais".

De fato, nas codificações fixa-se uma tendência e aplicam-se, uniformemente, princípios doutrinários então aceitos em determinada época. A tendência legislativa no momento da elaboração dos Códigos reflete ou deve refletir os anseios da sociedade em busca de soluções jurídicas para as necessidades que se avizinham. Se há um clamor social em relação à propriedade imobiliária, por exemplo, segue-se o abrandamento ou a fixação de regras mais rígidas na direção desses anseios sociais. O pequeno comércio, quase clandestino, fruto de épocas de crise econômica ou de desemprego, deve ter tratamento adequado e específico; fatos posteriores podem não ter sido a diretriz do primeiro legislador. Leis extravagantes tendem a desorganizar o sistema jurídico e criar confusões de toda ordem em sua interpretação e aplicação, tornando-o fragmentário.

Daí a necessidade, sempre constante, da interpretação das normas legais pelo aplicador. Não somente isso, mas a própria tendência a adaptar a legislação aos tempos e aos fatos concretos.

René David (1996:110) esclarece que "os diversos países da família romano-germânica estão hoje unidos por uma mesma concepção da função primordial que se deve reconhecer à lei. (...) A lei, em todos os países da família romano-germânica, parece abarcar a totalidade da ordem jurídica; os juristas e a própria lei reconhecem, em teoria, que a ordem legislativa pode comportar lacunas, mas, na prática, parece que essas lacunas são insignificantes. A realidade que se refugia atrás dessa atitude é, contudo, muito diferente, e pode surpreender aqueles que acreditam nas fórmulas da doutrina. A lei forma o esqueleto da ordem jurídica, mas a esse esqueleto vai ser dada vida, em larga medida, por outros fatores. A lei não deve ser considerada unicamente em seu texto, independentemente dos processos, frequentemente muito extensivos, usados para a sua interpretação e nos quais se revela o poder criador da jurisprudência e da doutrina".

Segue-se, nesse contexto, a inevitável exigência de recorrer, com constância, às chamadas fontes do direito na solução de lides que envolvam atividades mercantis ou empresariais.

2.2.1. Fontes primárias

Feitas essas breves anotações iniciais, deve-se passar às fontes primárias, ou próximas, que, nos litígios de natureza empresarial, são: a) a Constituição Federal, na regulamentação de matéria pertinente, por exemplo, as disposições sobre a ordem econômica e financeira (arts. 170 e s.); b) o Código Civil; c) o Código Comercial, na parte ainda vigente; d) as leis comerciais em geral.

2.2.2. Fontes secundárias

Em relação às fontes secundárias, há disposições expressas sobre sua aplicabilidade. A Lei de Introdução às Normas do Direito Brasileiro (Decreto-lei n. 4.657, de 4 de setembro de 1942) traz regra sobre a interpretação das leis, em seu art. 4º: "Quando a lei for omissa, o juiz decidirá o caso de acordo com a analogia, os costumes e os princípios gerais de direito".

Igualmente, o Código Comercial estabelecia normas para a interpretação, por exemplo, dos arts. 121 e 291, de concepções dicotômicas:

"Art. 121. As regras e disposições do direito civil para os contratos em geral são aplicáveis aos contratos comerciais, com as modificações e restrições estabelecidas neste Código".

"Art. 291. As leis particulares do comércio e a convenção das partes sempre que lhes não for contrária, e os usos comerciais, regulam toda a sorte de associação mercantil; não podendo recorrer-se ao direito civil para decisão de qualquer dúvida que se ofereça, senão na falta de lei ou uso comercial."

No império do Código Comercial, era dado ao aplicador da lei utilizar como fonte secundária – na omissão ocorrida nas fontes primárias – do Código e das leis civis a analogia, os costumes e os princípios gerais de direito. Os últimos, chamados por alguns de fonte complementar. A promulgação do novo Código Civil, entretanto, eleva-o à categoria de fonte primária, naqueles aspectos que regulamenta: o direito contratual e o direito de empresa.

a) A analogia

A analogia pressupõe identidade de relação entre ideias ou objetos distintos. O Professor Wesley C. Salmon (1993:54), da Universidade de Pittsburgh, explica o fenômeno analógico: "A analogia, uma forma largamente usada de argumento indutivo, baseia-se numa comparação entre objetos de dois tipos diferentes. Eis como funciona. Objetos de uma espécie são conhecidos como semelhantes, em certos aspectos, a objetos de outra espécie. Os objetos da primeira espécie possuem determinada característica; não se sabe se os objetos da segunda espécie a têm ou não. Por analogia concluímos que, como objetos de duas espécies são semelhantes em alguns aspectos, também o são em outros aspectos. Portanto, objetos da segunda espécie também têm a propriedade adicional que já sabemos terem os da primeira espécie".

Aplicado o princípio aos fatos jurídicos, entende-se que, se dois objetos de direito ou situações jurídicas têm semelhanças, e a um deles falta solução legislativa, aplica-se a solução já estabelecida para o primeiro objeto ou situação que a lei contemplou.

A analogia, mais do que uma fonte de direito, é um processo, um método de interpretação legislativa. Caberá ao julgador estabelecer as identidades entre as relações, objetos e situações jurídicas e aplicar a lei ao caso concreto, dada a omissão particular.

b) Os costumes

Na tradição do Direito português, os costumes já tiveram preeminência igual e até superior à da lei. Nas Ordenações Filipinas, no Livro III, Título LXIV, publicadas em 1603, lê-se, na linguagem da época: "Quando algum caso fôr trazido em pratica, que seja determinado per alguma Lei de nossos Reinos, ou stylo de nossa Côrte ou costume em os ditos Reinos, ou em cada huma parte delles longamente usado e tal, que por Direito se deva guardar, seja per elles julgado, sem embargo do que as Leis Imperiaes acerca do dito caso em outra maneira dispoem; porque onde a Lei, stylo, ou costume de nossos Reinos dispoem, cessem todas as outras Leis, e Direito".

Tal dispositivo gerou inúmeras controvérsias acerca da aplicação do costume e sua prevalência sobre a legislação em vigor, advindo, posteriormente, lei que o regulamentasse, como comenta Cândido Mendes de Almeida na edição de 1870 das Ordenações Filipinas: "Costumes longamente usados, i. é, de conformidade com o § 14 da L. de 18 de agosto de 1769, que, para ser legítimo demandava os seguintes requisitos: 1º – ser conforme a boa razão; 2º – não ser contrário a lei do Reino e 3º – excedente a cem anos"[2].

A palavra "costume" aparece algumas vezes na legislação comercial, sob essa forma ou, ainda, sob outros nomes, como *usos e costumes*, *usos e práticas* etc., por exemplo: a) costume, costume e uso, uso, uso e prática, usos, usos e costumes (v. CCom, arts. 130, 131, 132, 154, 168, 169, 176, 186, 199, 201, 207, 234, 282, 291, 507, 519, 591, 592, 620, 673, 707, 742 e 750); b) estilo (CCom, art. 179); c) modo, regularmente (CCom, art. 229). Na legislação civil de 2003 está prevista sua aplicação, tendo o Código Civil preferido as palavras "costumes" (v. arts. 432, 569, II, 596, 597, 599, 615, 965, I, e 1.297, § 1º) e "usos" (arts. 111, 113, 372, 429, 445, 529, 628, 658, 695, 699, 700, 701, 724, 753 e 872).

Uma distinção pode ser feita em relação aos usos e estilos, conforme aduz Carvalho de Mendonça (2000,1:213-214). Para esse tratadista, os usos e costumes distinguem-se daqueles, também chamados costumes convencionais do comércio ou, ainda, "costume em geral, estilo, simples uso da

---

[2] Na Lei de 18 de agosto de 1769 encontra-se a seguinte declaração de D. José, Rei de Portugal: "Porque a mesma Ordenação e o mesmo preambulo della, na parte em que mandou observar os estylos da Côrte, e os costumes destes Reinos, se tem tomado por outro nocivo pretexto para se fraudarem as minhas Leis; cobrindo-se as transgressões dellas, ou com doutrinas especulativas e praticas dos differentes Doutores, que escreverão sobre os costumes, e estylos; ou com certidões vagas extrahidas de alguns Auditorios" (item 14 da citada lei, Ordenações Filipinas, Livros II e III, Lisboa, Fundação Calouste Gulbenkian, p. 730).

vida mercantil, prática ou uso observado no comércio, costume local", a que se referem os arts. 130 e 131, 4, e outros do Código Comercial. Nesse entendimento os estilos "se fundam na ideia de uma convenção ou acordo tácito entre os interessados", constituindo-se em mera cláusula contratual subentendida e não propriamente usos e costumes.

Os requisitos para a admissão de um uso comercial são três, segundo o grande autor: a) devem ser praticados entre os comerciantes, "sem divergência a todos os casos semelhantes, constante e uniformemente"; b) "serem conforme aos sãos princípios da boa-fé e às máximas comerciais"; c) não serem contrários às disposições da legislação comercial (Mendonça, 2000, 1:208, 209).

A aplicação do costume, isto é, a forma de prová-lo em juízo, durante a discussão de um litígio, encontra regras próprias, tanto na legislação comercial como na processual civil. Na legislação comercial, a Lei de Registro Público de Empresas Mercantis dispõe sobre o arquivamento de "atos ou documentos que, por determinação legal, sejam atribuídos ao Registro Público das Empresas Mercantis e Atividades Afins ou daqueles que possam interessar ao empresário e às empresas mercantis" (LRM, art. 32, II, *e*). Entre esses atos encontra-se o registro de usos e práticas mercantis, conforme regulamentação dada pelo Decreto n. 1.800/96.

De fato, os arts. 87 e 88 do Decreto n. 1.800/96 estabelecem as fases do procedimento de assentamento dos usos e costumes mercantis. A legitimidade para provocá-lo cabe: a) à própria Junta Comercial, agindo de ofício; b) à Procuradoria da Junta Comercial; c) aos órgãos de classe interessados (art. 87, § 1º). O processamento se faz por exame prévio da legalidade (art. 87, § 2º, pelo presidente da Junta Comercial, seguindo-se a publicação de convite, com prazo de noventa dias para pronunciamento de entidades interessadas (art. 87, § 2º) e decisão quanto à veracidade e possibilidade de registro por sessão, com a presença de, pelo menos, dois terços dos vogais e aprovação de, no mínimo, metade mais um dos vogais presentes (art. 87, § 3º). Findo o procedimento, a anotação se faz em livro especial, inserindo-se sua justificação (art. 87, § 4º). A publicidade é indispensável, e o uso assim assentado será divulgado no Diário Oficial da União, Estado ou Distrito Federal, conforme o local da sede da Junta Comercial que procedeu ao apontamento (art. 87, § 4º). A lei ainda prevê que a cada quinze anos (art. 88) se faça a publicação da coleção de usos ou práticas mercantis assentadas.

De posse da certidão expedida pela Junta Comercial, o interessado fará prova em juízo, conforme dispõe o art. 376 do Código de Processo Civil de 2015. Entretanto, o costume pode existir sem que se tenha, ainda, seu reconhecimento anotado nos registros da Junta Comercial. À vista disso, indaga-se: poderá o interessado valer-se de outros meios – além da juntada de certidão expedida pela Junta Comercial – admitidos em juízo?

Moacyr Amaral Santos (1976, 4:65) ensina que os usos e costumes gerais, isto é, os que se observam *nas mais diferentes praças do País*, podem ser objeto de produção em juízo, mas os de uso local exigem certidão expedida pela Junta Comercial.

Observa-se, entretanto, que a certidão expedida pela Junta Comercial não faz prova absoluta, cabendo ao juiz, no conjunto das provas e sob o princípio da livre convicção, apreciar seu valor probatório e, eventualmente, aceitar contraprova de quem a fizer.

c) Os princípios gerais de direito

A rigor, os princípios gerais de direito não são fonte, porque são normas jurídicas que compõem a própria estrutura do sistema jurídico adotado pelo Direito Positivo.

Clóvis Bevilaqua (1975:114) define princípios gerais de direito, ao comentar o art. 7º da primeira Lei de Introdução ao Código Civil, como "elementos fundamentais da cultura jurídica humana de nossos dias", "ideias e princípios sobre os quais assenta a concepção jurídica dominante", "induções e generalizações da ciência do direito e dos preceitos da técnica".

O desenvolvimento do conhecimento jurídico, suas novas concepções e ideias, os avanços decorrentes do estudo do homem e sua relação com o mundo a sua volta, o entendimento que se adquiriu com a evolução da Ética, da Teologia, da Sociologia, da Antropologia, da Psicologia e de outras ciências antropocêntricas, levam o Direito a reformular os princípios do justo, do certo, do aceitável. Estes algumas vezes se mantêm ao longo da história, porque imutáveis; outros se sujeitam a novas concepções. Todos, contudo, são fruto do progresso da *jurisprudentia*[3]. Muitos estão explícitos nas leis em vigor, fazendo parte da própria estrutura do sistema jurídico, daí por que legítimo seu uso na aplicação aos casos omitidos pela lei.

Exemplo de princípio geral do direito é o da *pars conditio creditorum*, ou tratamento paritário entre os credores na execução coletiva falimentar. Na falência figura, no arcabouço legislativo, a ideia do tratamento equânime dos

---

[3] Jurisprudência palavra utilizada no sentido de Ciência do Direito e das Leis. Segundo o *Dicionário Houaiss*, sua datação remonta a Jorge Ferreira de Vasconcelos, Comedia Eufrosina [c1543]. *Texto de la edición de 1555 con las variantes de 1561 y 1566*, edición, prólogo y notas de Eugenio Asensio, Madrid, 1951.

credores, determinando-se o pagamento segundo sua classe e, dentro desta, por rateio. Estampa-se como a própria razão da execução coletiva e, portanto, eventual omissão da lei deve-se ater a essa regra, não escrita, mas presente como cenário de fundo ou como marca-d'água sob as letras da lei.

d) Os princípios especiais no Direito Comercial

Os princípios podem ser classificados como constitucionais e legais, considerando a norma em que se estabelecem. São assim chamados princípios legais do Direito Comercial aqueles previstos nas leis comerciais.

Mas nem sempre os princípios vêm positivados na Constituição ou Leis do País. Há também aqueles que são implícitos, fruto do desenvolvimento histórico do direito. No Direito Falimentar, por exemplo, o princípio da *pars conditio creditorum* antecede os diplomas legislativos modernos. Denominado "princípio fundamental da falência" ou "princípio dominante" por Carvalho de Mendonça (*Tratado*, v. 5, itens 367 e 91), seu nascimento retroage à última fase do Direito Romano, no chamado *concursus creditorum.*

O Projeto n. 1.572/2011, que institui o novo Código Comercial (*v.* item 1.6), relaciona dezessete princípios, agrupando alguns previstos na legislação, e outros há muito conhecidos dos comercialistas, embora não explicitados pelo Direito Positivo: a) Princípios gerais informadores do Código – art. 4º: a liberdade de iniciativa, a liberdade de competição e a função social da empresa; b) Princípios do Direito Comercial societário – art. 113: a liberdade de associação; a autonomia patrimonial da sociedade empresária; a subsidiariedade da responsabilidade dos sócios pelas obrigações sociais; a limitação da responsabilidade dos sócios pelas obrigações sociais como proteção do investimento; a prevalência da vontade ou do entendimento da maioria nas deliberações sociais; a proteção dos sócios minoritários; c) Princípios do direito contratual empresarial – art. 303: a autonomia da vontade; a plena vinculação dos contratantes ao contrato; a proteção do contratante economicamente mais fraco nas relações contratuais assimétricas; e o reconhecimento dos usos e costumes do comércio; d) Princípios aplicáveis na disciplina da crise da empresa – art. 594: a inerência do risco a qualquer atividade empresarial; o impacto social da crise da empresa; a transparência nas medidas de prevenção e solução da crise; e o tratamento paritário dos credores.

Capítulo 3

COMERCIANTE E ATOS DE COMÉRCIO

Sumário: 3.1. Introdução. 3.2. Origens históricas. 3.3. Atos de comércio. 3.4. Questões preliminares – a importância do estudo diante da Teoria da Empresa. 3.5. Sistemas de classificação – a adotada por Carvalho de Mendonça. 3.6. A qualidade de comerciante no sistema dos atos de comércio. 3.7. A qualidade de empresário na Teoria da Empresa.

3.1. Introdução

O conceito de comerciante sempre foi uma das questões mais trabalhosas no âmbito do Direito Comercial, inexistindo, até os dias de hoje, concepção que atenda a todos os juristas. À falta de uma definição moderna aceitável, os cientistas do direito debatem-se em questões históricas ou em definições legais que foram surgindo durante o desenvolvimento da mercancia e sua aplicação jurídica.

Historicamente se procurou ligar o comerciante ao exercício de atos de comércio, e estes à manufatura e à distribuição das mercadorias. No conceito de Vidari, por exemplo, citado por Rubens Requião (1995:3), encontra-se: "É o complexo de atos de intromissão entre o produtor e o consumidor que, exercidos habitualmente e com o fim de lucros, realizam, promovem ou facilitam a circulação dos produtos da natureza e da indústria, para tornar mais fácil e pronta a procura e a oferta". Nesse conceito se encontram três ideias ou elementos jurídicos integrantes: *mediação, fim lucrativo* e *profissionalidade.*

Analisando de perto cada um desses elementos, entretanto, numa consideração isolada ou mesmo conjunta de todos eles, nenhum em particular oferece uma noção exata do que seja ato de comércio ou comerciante. A mediação, se, historicamente, era considerada característica própria do comerciante, já não o é hoje. Há atividades de mediação nos atos da vida civil que não constituem atos de comércio, e há atos definidos como de comércio em atividades sem mediação alguma, por exemplo, a manufatura ou a prestação de serviços.

O lucro, igualmente, não é elemento distinguidor dos atos comerciais. Há atividades eminentemente comerciais, regidas pelas leis comerciais, nas quais pode não haver fim lucrativo, como ocorre ao se firmar um aval cambiário ou nos atos desenvolvidos por empresa pública.

A profissionalidade ou habitualidade desses atos de mediação entre produtor e consumidor caracterizam, de fato, alguns comerciantes, mas não abrangem outros, como se pode observar no objeto de uma sociedade, sob a forma de ações, que explore atividade hospitalar: essa sociedade não realiza qualquer ato de mediação, mas ainda assim é mercantil por força de lei.

3.2. Origens históricas

As dificuldades para estabelecer um conceito particular de comércio e encontrar elementos aceitáveis que o distingam da atividade produtiva não comercial remontam ao nascimento e sucessiva evolução do Direito Comercial. O fundamento dos conceitos se organiza primeiro historicamente e, depois, ganha contornos nas legislações nacionais. Foram, portanto, a história e a lei que traçaram a verdadeira distinção característica entre o ato de comércio e o ato civil.

O desenvolvimento do Direito Comercial – a gênese do tratamento diferenciador dado pelas legislações – pode ser dividido em três fases: o primórdio, caracterizado por uma tônica subjetiva, que ligava o mercador a uma corporação de ofício mercantil, denominada fase subjetiva-corporativista; um segundo momento, que definiu os atos praticados por esses mercadores como caracterizadores de sua profissão, denominado fase objetiva (neste o traço marcante é o objeto da ação do agente – o próprio ato do comércio); finalmente, a chamada fase empresarial, cujo conteúdo vem sendo construído ao longo dos últimos cem anos, adotado por diversas legislações europeias e que se vê abraçado pelo novo Código Civil brasileiro. Do ponto de vista de suas origens, os três sistemas podem ser classificados como histórico (subjetivo-corporativista), francês (objetivo) e italiano (empresarial).

Na primeira fase se entendia que o Direito Comercial era um direito da classe dos comerciantes, em função de seu nascimento coincidir com a associação dos mercadores em poderosas ligas e corporações de ofício.

Estas, como já anotado nos capítulos anteriores, se fortaleceram a partir das comunas, alijando do mercado qualquer pessoa que a elas não se associasse e obtendo poder político equiparado ao dos antigos senhores feudais. Leo Huberman (1986:33), citando Charles Gross, descreve o poder da associação de mercadores, imbatível diante de mercadores não associados e, mesmo, no conflito com outras corporações:

"Na luta pela conquista da liberdade da cidade, os mercadores assumiram a liderança. Constituíam o grupo mais poderoso e lograram para as suas associações e sociedades todos os tipos e privilégios. As associações de mercadores exerciam, com frequência, um monopólio sobre o comércio por atacado das cidades. Quem não era um membro da liga de mercadores não fazia bons negócios. Em 1280, por exemplo, na cidade de Newcastle, na Inglaterra, um homem chamado Richard queixou-se ao rei que 10 tosquias de lã lhe foram tomadas por alguns mercadores. Queria sua lã de volta. O rei mandou chamar os tais mercadores e perguntou-lhes por que haviam tomado a lã de Richard. Estes alegaram, em sua defesa, que o rei Henrique III concedera que 'os cidadãos da referida cidade poderiam ter uma Corporação de Mercadores no dito burgo, com todos os privilégios e isenções habituais. Indagados acerca dos privilégios que reivindicavam como pertencentes à Corporação citada, declararam que ninguém, a menos que gozasse das imunidades da Corporação, poderia cortar as peças de fazenda para vender na cidade, nem carne ou peixe, nem comprar couros frescos, nem adquirir lã pela tosquia'" (...) "Richard, decerto, não era membro da sociedade, que desfrutava o direito exclusivo de comerciar com lã".

As pendências comerciais eram decididas por magistrados (cônsules *mercatorum*) eleitos entre os próprios mercadores, aplicadores de seus estatutos, conjuntos de normas escritas e consuetudinárias. Com a expansão universal do comércio e o surgimento de novas atividades, mostrou-se necessária, para fixação da competência dos cônsules, a delimitação da matéria do comércio para além do ato de meramente intermediar mercadorias. Entendeu-se que havia outras situações que deviam ser consideradas comerciais para o fim de se sujeitarem a esses tribunais, tais como a atividade de câmbio, a bancária, as letras cambiais e outros negócios que mantinham conexão com os atos de pura mercancia. Já não era, portanto, a qualidade de comerciante que importava (conceito subjetivo), mas sim sua atividade (conceito objetivo), dando origem à segunda fase evolutiva. A esse período intermediário entre a fase subjetiva e a objetiva denominou-se fase eclética, na qual os tribunais comerciais, destinados a julgar questões em razão da qualidade das pessoas (comerciantes), passaram a julgar questões em razão dos atos praticados (atos reputados comerciais).

A fase napoleônica, chamada objetiva, teve início com o liberalismo econômico, ocasião em que a atividade comercial era facultada a todos os cidadãos[1], desde que praticassem determinados atos previstos em lei. Já não era mais a natureza do agente (do sujeito da ação), mas a prática de determinados atos, denominados comerciais, que importava na qualificação do comerciante. Extinguem-se todas as corporações de ofício, por se considerarem resquícios de uma sociedade feudal (Lei Le Chapelier, de 14 de junho de 1791, na França), e, ainda, porque assumiram grande poder nas cidades em toda a Europa, suscitando descontentamento, além de que os burgueses mais abastados dificultavam a ascensão de jornaleiros à condição de mestres, gerando intensas disputas salariais. Segundo Huberman (1986:67), "as classes inferiores verificaram que haviam simplesmente mudado de senhor – antes, o governo estava formalmente nas mãos de um senhor feudal e agora passa às mãos dos burgueses mais ricos". A Revolução Francesa havia acabado com todos os privilégios de nascimento, e a burguesia assumira o poder político. O Código de Napoleão teve por finalidade a proteção da propriedade burguesa; de quase 2.000 artigos, cerca de 800 trataram da propriedade privada. Foi sob a influência desse período que se instituíram o Código Comercial brasileiro (Lei n. 556, de 25-6-1850) e o Regulamento n. 737, de 1850. Este último estabelecia quais eram os atos comerciais por natureza ou profissionais: a compra e venda ou troca para vender a grosso ou a retalho, operações de câmbio, banco e corretagem, empresas de fábrica, de comissões, de depósito etc.

A fase subjetiva-moderna ou empresarial encontra-se em elaboração. Nesse período as legislações não definem a empresa, mas, levando em conta a pessoa do empresário, conceituam-no como aquele que exerce profissionalmente qualquer atividade econômica organizada, exceto a intelectual, para a produção ou circulação de bens ou serviços. A atividade histórica do comerciante não é considerada (aquele que intermedeia a produção e o consumo), nem a prática de determinados atos definidos como comerciais (conceito objetivo), mas a qualidade daquele que exerce atividade empresarial.

Num esquema simples, pode-se demonstrar a existência de três sistemas evolutivos de qualificação do comerciante, sendo que, no último, a mudança do conceito leva à alteração do próprio *nomen iuris* (agora empresário):

---

[1] FRANÇA, *Código Comercial*, art. 1º, atualmente numerado como Article L121-1: "Sont commerçants ceux qui exercent des actes de commerce et en font leur profession habituelle".

Conceito subjetivo-corporativista: Comerciante é aquele que pratica a mercancia, subordinando-se à corporação de mercadores e sujeitando-se às decisões dos cônsules dessas corporações.

Conceito objetivo: "Comerciante é aquele que pratica com habitualidade e profissionalidade atos de comércio" (Vivante).

Conceito moderno (empresarial ou subjetivo-empresarial): Considera-se empresário quem exerce profissionalmente atividade econômica organizada para a produção ou a circulação de bens ou de serviços, excluída a profissão intelectual, de natureza científica, literária ou artística, ainda com o concurso de auxiliares ou colaboradores, salvo se o exercício da profissão constituir elemento de empresa (novo Código Civil, art. 966 e parágrafo único).

No sistema objetivo, a distinção dos campos civil e comercial se faz pela adoção de adjetivos qualificadores: atos civis e atos de comércio, atividade civil e atividade comercial, sociedades comerciais e sociedades civis, demonstrando existir compartimentos estanques de atividades e soluções legais distintas. No sistema empresarial adotado pelo novo Código Civil desaparecem os qualificativos: a atividade será empresarial ou não empresarial; as sociedades constituídas segundo a nova legislação ou são empresárias ou, não o sendo, serão denominadas como sociedades simples (CC, arts. 997 a 1.038), expressão inócua que se buscou para evitar sua adjetivação como sociedade *civil*.

3.3. Atos de comércio

Percebe-se claramente que o estudo dos atos de comércio decorre da adoção do conceito objetivo de comerciante. O Direito Comercial brasileiro recepcionou o sistema francês para definir comerciante, e, consequentemente, a legislação comercial de 1850 impôs a dicotomia do direito obrigacional e a adoção de soluções distintas em litígios contratuais entre comerciantes e não comerciantes.

Atualmente, a legislação brasileira ainda vive uma fase de transição entre o conceito objetivo de comerciante e o novo conceito de empresa, acolhido pelo Livro II da Parte Especial do novo Código Civil. Com a adequação de todas as leis extravagantes à Teoria da Empresa, a antiga Teoria dos Atos de Comércio deixará de ter qualquer valia para a qualificação de comerciante, porque não mais existirá a relação dicotômica civil-comercial. O sistema moderno não mais classifica os atos jurídicos em civis e comerciais, mas simplesmente em empresariais e não empresariais.

Nesse novo contexto, o estudo de atos de comércio mostra-se relevante em razão de seu valor didático-histórico, permitindo ao estudioso acompanhar a evolução operada, transpondo com segurança o sistema da comercialidade e avançando com segurança à Teoria da Empresa.

3.4. Questões preliminares – a importância do estudo diante da Teoria da Empresa

A Teoria dos Atos de Comércio tem maior interesse nos países onde se conservam, por tradição, os Tribunais de Comércio, adotados no Brasil até 9 de outubro de 1875 e extintos pelo Decreto n. 2.662, quando se atribuíram suas funções administrativas às Juntas Comerciais.

A partir do conceito objetivo, originário do sistema e do Código de Comércio francês, permitiu-se a qualquer pessoa capaz o exercício de atividade comercial, independentemente de sua prévia aceitação como membro da corporação de comerciantes; surgiu o direito a obter a qualidade de comerciante tão somente pela prática habitual e profissional de atos de comércio.

Assim, somente se qualifica alguém como comerciante se sua atividade profissional e habitual é a prática de *atos de comércio.*

Segue-se a essa constatação uma tormentosa questão: que são atos de comércio? A esta se sobrepõe outra: qual o interesse em saber quem é comerciante?

Sobre a segunda questão, há que se ponderar o fato de que, embora inexistindo problemas de competência para a solução de lides mercantis, uma vez que, desde a extinção dos Tribunais do Comércio, em 1875, o mesmo Juízo para as questões civis tem competência para as mercantis, a lei ainda faz distinção na aplicação de determinado instituto para o comerciante e para o não comerciante.

Exemplos de onde a lei distingue se encontram na lei falimentar revogada. Diz o art. 1º do Decreto-lei n. 7.661/45 que se considera falido o comerciante que, sem relevante razão de direito, não paga no vencimento obrigação líquida, constante de título que legitime a ação executiva. Já a lei processual civil afirma: dá-se a insolvência toda vez que as dívidas excederem à importância dos bens do devedor (CPC73, art. 748 dispositivo mantido em vigor pelo CPC15).

Portanto, conforme a qualidade do devedor – comerciante ou não – aplicavam-se, na vigência do Decreto-lei n. 7.661/45, distintas legislações para a execução coletiva de seus bens. Em se tratando de comerciante, incidia o instituto da falência, e, não o sendo, o da insolvência.

A Lei de Recuperação de Empresas e Falência (Lei n. 11.101/2005) tem origem no anteprojeto publicado em 27 de março de 1992 no *Diário Oficial da União*. Seus primeiros postulados fixados pela comissão elaboradora[2] e divulgados em nota explicativa de encaminhamento ao então Ministro da Justiça Jarbas Passarinho eram:

a) introdução de fórmulas de recuperação da empresa;

b) revisão dos pressupostos da concordata e da falência;

c) extensão desses institutos para abrangerem a empresa em suas diferentes manifestações;

d) submissão da empresa estatal à concordata e à falência;

e) reestudo dos fundamentos para o requerimento da falência, com inovações salutares;

f) extensão da falência a sócios solidários;

g) supressão da concordata suspensiva, substituída por soluções de recuperação da empresa;

h) aprimoramento da sistemática de administração da empresa em crise;

i) simplificação do processo de verificação dos créditos;

j) novo sistema de administração da massa falida;

k) redução dos recursos e prazos processuais;

l) introdução do rito sumaríssimo em diferentes situações;

m) aperfeiçoamento na elaboração dos quadros gerais dos credores;

n) disciplina das liquidações visando a sua aceleração e segurança.

O novo texto recebeu, na Câmara dos Deputados, inúmeras emendas, e, em 2 de agosto de 1995, por ato da Presidência daquela Casa Legislativa, foi constituída comissão especial destinada a apreciar e dar parecer sobre o projeto, sendo designado o Deputado Osvaldo Biolchi como relator. Em 22 de abril de 1999 o Presidente da Câmara dos Deputados decidiu criar

---

[2] Nessa oportunidade, a comissão foi formada por Raul Bernardo de Senna, Leon Frejda Szklarowsky, Geraldo de Camargo Vidigal, Geraldo Facó Vidigal, Marcos da Costa, Fernando D'Almeida e Souza Junior, Solange Nascimento Velloso, Marcos Martins de Souza, Carlos Alberto de São Tiago Hagstrom, Danilo José Loureiro, Paulo Affonseca de Barros Faria Junior, Maria Luiza Grossi Franco Nero e Marília Pinheiro de Abreu Miranda.

comissão especial, composta de trinta e um membros, dedicada a avaliar e proferir parecer às emendas. Em 30 de novembro de 1999 o projeto foi encaminhado ao plenário, sendo finalmente aprovada, em 15 de outubro de 2003, a redação final oferecida pelo relator, Deputado Osvaldo Biolchi, que institui novos regimes – recuperação judicial e recuperação extrajudicial – ao lado do instituto da falência, determinando sua aplicação não somente à sociedade empresária e ao empresário individual, mas também à sociedade simples.

Entre as inúmeras versões que antecederam as últimas – a acima mencionada aprovada pela Câmara dos Deputados, a que foi, em julho de 2004, aprovada pelo Senado Federal e a redação final – encontra-se o texto alterado até 14 de abril de 1998 que já não se referia à falência e à concordata, mas tão somente aos novos institutos denominados "recuperação judicial" e "liquidação judicial", aplicando-se tanto às sociedades comerciais como às civis de fins econômicos, bem como às pessoas físicas que exerciam atividade econômica em nome próprio e de forma organizada, com o objetivo de lucro[3].

Esse texto considerava a recuperação judicial "a ação judicial destinada a sanear a situação de crise econômico-financeira do devedor, salvaguardando a manutenção da fonte produtora, do emprego de seus trabalhadores e os interesses dos credores, viabilizando, dessa forma, a realização da função social da empresa". A liquidação judicial mantinha grande semelhança com os atuais arts. 1º e 2º da Lei de Falências em vigor.

A redação final retoma os conceitos de falência e de recuperação judicial e extrajudicial, determinando sua aplicação ao empresário e à sociedade empresária, excetuando, contudo, sua incidência à empresa pública, às sociedades de economia mista, à instituição financeira pública ou privada, cooperativa de crédito, consórcio, entidade de previdência complementar, sociedade operadora de plano de assistência à saúde, sociedade seguradora, sociedade de capitalização e outras entidades legalmente equiparadas às anteriores.

[3] O art. 1º do projeto assim se expressava: "Esta lei institui e regula a recuperação e a liquidação judicial das sociedades comerciais e civis de fins econômicos, das sociedades de economia mista, das sociedades cooperativas e das pessoas físicas que exerçam atividade econômica em nome próprio e de forma organizada, com objetivo de lucro". Observa-se que sua redação não traz a nova terminologia empresarial, ainda distinguindo sociedade comercial e sociedade civil. Pela nova concepção do Código Civil, a expressão deveria ser substituída por sociedades empresárias (sociedades comerciais e civis de fins econômicos, sociedades de economia mista e sociedades cooperativas) e empresários individuais ("das pessoas físicas que exerçam atividade econômica em nome próprio e de forma organizada").

A nova terminologia e o alcance das novas regras vêm ao encontro da tendência do atual direito internacional: busca-se a preservação da empresa e, por consequência, a preservação dos meios econômicos e dos empregos[4], e unifica-se o tratamento obrigacional, não mais existindo distinção entre comerciantes e não comerciantes quando a empresa se encontra em situação econômica deficitária.

Dentro desse espírito, de evitar o perecimento da empresa como atividade econômica geradora de riqueza e empregos, situar-se-á a nova legislação brasileira, em conformidade com a economia globalizada instalada entre as nações.

É certo, como adverte o Professor Waldirio Bulgarelli (1995:15), que a mudança introduzida pelo novo Código Civil, adotando a teoria da empresa em substituição ao sistema objetivo de comércio, acarreta profundos efeitos "não só à unidade do Direito Obrigacional, sem distinção entre atos civis e mercantis, mas, também, ao fato de que o comerciante deixará de ser o centro nuclear do sistema, igualando-se os tipos de atividades econômicas produtivas (principalmente os da indústria e de serviços), passando todos a figurar em um mesmo plano".

3.5. Sistemas de classificação – o adotado por Carvalho de Mendonça

O núcleo do sistema objetivo de classificação do comerciante é, de fato, o ato de comércio, e, para estudá-lo, são consideradas duas ordens de classificação: a enumerativa, sob influência do Código Napoleônico de 1807, que trazia taxativamente a relação de atividades consideradas mercantis, e a descritiva, que resume numa relação meramente exemplificativa as atividades consideradas mercantis.

Conforme anota Rubens Requião (1995:38), tem-se entendido que o sistema brasileiro é descritivo ou meramente exemplificativo, admitindo

---

[4] Robson Zanetti, especialista em Direito Falimentar pela Università Statale di Milano, mestre e doutorando em Direito Privado pela Université de Paris 1 (Panthéon Sorbonne), anota: "A falência das empresas deve ser sempre evitada para não causar grandes prejuízos aos empregados, aos credores e às coletividades locais. A utilização de processos de prevenção (o regulamento amigável francês, a administração controlada italiana e a concordata preventiva brasileira) são os meios judiciais para evitar o crescimento das dificuldades das empresas, dando a estas um fôlego para sua recuperação" (*Direito Falimentar – A prevenção de Dificuldades e a Recuperação de Empresas*. Curitiba: Juruá, 2000, p. 18).

extensão por analogia, desde que mantidas, entre as atividades, certas características comuns.

Em qualquer dos dois sistemas, o estudioso de Direito Comercial encontrará dificuldades para classificar, teorizar e, a partir de então, moldar um conceito unitário, aceitável universalmente. Isto porque não se conseguiu, até hoje, distinguir os elementos identificadores do ato de comércio.

Há os que entendem que os ingredientes marcantes do ato de comércio são a *mediação* e a *especulação*, conforme ensina Waldemar Ferreira; outros, como o jurista italiano Rocco, entendem que a característica preponderante é a *interposição de pessoas na troca*, seja esta a compra para ulterior revenda, seja a troca mediata de dinheiro presente contra dinheiro futuro (operações bancárias) ou a troca mediata dos resultados do trabalho contra outros bens econômicos (operação empresarial) ou, finalmente, a troca mediata de um risco individual contra uma cota proporcional de um risco coletivo (seguros). Em suas palavras, citadas por Dylson Doria (1995:40), tem-se: "Na compra para revenda e ulterior revenda temos uma troca mediata de mercadorias e títulos de crédito e imóveis contra bens econômicos, geralmente contra dinheiro. Nas operações bancárias, temos uma troca mediata de direito presente contra dinheiro futuro, ou dinheiro contra dinheiro a crédito. Nas empresas, temos uma troca mediata dos resultados do trabalho contra outros bens econômicos, especialmente contra dinheiro. E, enfim, nos seguros, uma troca mediata de um risco individual contra uma cota proporcional de um risco coletivo".

O ato de comércio é um ato jurídico e, como tal, é todo "ato lícito, que tenha por fim imediato adquirir, resguardar, transferir, modificar ou extinguir direitos" (CC16, art. 81). Quando ele será civil e quando se reputará comercial? Segundo Carvalho de Mendonça (2000, 1:519), será comercial quando sujeito à legislação comercial, tratando-se, pois, de um conceito inteiramente legal, decorrente das disposições dos arts. 18, 19 e 21 do Código Comercial, dos arts. 10 a 20 do Regulamento n. 737 e de outras normas comerciais extravagantes.

Tentando resolver o tormentoso problema da classificação, J. X. Carvalho de Mendonça elaborou uma classificação dos atos de comércio, dividindo-os em três espécies: atos de comércio por natureza ou profissionais, atos de comércio por dependência ou conexão e atos de comércio por força ou autoridade da lei[5]:

CLASSIFICAÇÃO	DEFINIÇÃO	EXEMPLOS
Atos de comércio por natureza ou objetivos.	Referem-se ao exercício normal do comércio e sua prática habitual, atribuindo ao agente a qualidade de comerciante.	– compra e venda, revenda e locação de coisas móveis; – operações de câmbio; – operações bancárias; – operações de corretagem (mediação nos negócios comerciais); – operações das empresas de fábricas, de comissões, de depósito, de expedição, de consignação e transporte de mercadorias, operações de espetáculos públicos e de outras empresas; – operações relativas à navegação marítima. A estes – originais do jurista – acrescentem-se: – operações relativas à navegação aérea; – operações das empresas de seguros.
Atos de comércio por dependência ou conexão.	Referem-se a atos que normalmente seriam civis, mas são considerados mercantis quando promovem, facilitam ou realizam o exercício do comércio. A conexão não se aplica quando se têm por objeto bens imóveis.	Segundo Carvalho de Mendonça: – compra e venda e a permuta de objetos móveis necessários para a instalação do estabelecimento comercial ou exploração do comércio, como armação, mobília, vitrina, móveis para o embelezamento ou reparação; – operações bancárias acessórias; – atos ilícitos, como o emprego ou uso ilegal da firma social, violação dos direitos da propriedade industrial, requerimento de falência injusta, atos de responsabilidade dos oficiais de tripulação e gente do mar etc. Podem ser enumerados ainda: – mandato; – constituição de direito real de garantia, na hipótese do art. 52, III, do Decreto-lei n. 7.661/45 e art. 129, III, da Lei n. 11.101/2005; – doação, como no caso do art. 52, IV, do Decreto-lei n. 7.661/45 art. 129, IV, da Lei n. 11.101/2005; – renúncia de herança, conforme o art. 52, V, do Decreto-lei n. 7.661/45 e art. 129, V, da Lei n. 11.101/2005.

CLASSIFICAÇÃO	DEFINIÇÃO	EXEMPLOS
Atos de comércio por força ou autoridade da lei.	São comerciais porque a lei assim determinou. Sua enumeração é taxativa.	– operações e negócios sobre títulos da dívida pública; – atos relativos às sociedades mercantis; – operações relativas às letras de câmbio e notas promissórias; – operações relativas a seguros marítimos e aéreos, riscos e fretamentos; – operações sobre os títulos emitidos pelas empresas de armazéns-gerais; – cheques. Acrescentem-se aos exemplos de Carvalho de Mendonça os seguintes: – duplicatas de faturas; – construção civil (Lei n. 4.068/62); – os praticados por sociedades por ações (Lei n. 6.404/76, art. 2º, § 1º).

Há outras classificações: atos objetivos e subjetivos ou absolutos ou relativos, quando decorrem da determinação da lei (objetivos ou absolutos) ou da ação de um comerciante (subjetivos ou relativos). Na doutrina se estuda, ainda, a *teoria dos atos mistos,* defendida por Silva Costa[6], que

[5] "Estudando no seu conjunto aquelas fontes, podemos estabelecer três classes de atos de comércio. A primeira compreende os atos que constituem o exercício da indústria mercantil, bem entendido, no sentido que o Código atribui a esta expressão. A prática habitual determina-lhes a comercialidade e investe o agente da qualidade de comerciante. São atos por natureza comerciais, atos profissionais. A segunda abrange os atos que visam facilitar, promover ou realizar o exercício daquela indústria. São atos praticados para ou em razão do exercício do comércio, mantendo com ele estreita relação, conexão ou dependência. A terceira compõe-se dos atos declarados de comércio em atenção à forma ou a certas conveniências de que o legislador é árbitro. São atos artificialmente comerciais. Por mais reiterada que seja a sua prática não podem atribuir ao agente a qualidade de comerciante" (*Tratado de Direito Comercial Brasileiro*, 1. ed., atualizada por Ricardo Negrão, Campinas, Bookseller, 2000, v. 1, p. 520).

[6] Carvalho de Mendonça escreveu: "O Dr. Silva Costa dividia os atos de comércio em subjetivos, mistos e pela teoria do acessório. Não nos parece exata a classificação do eminente jurista. Na escola alemã, formada na vigência do Código de 1861, e entre os escritores italianos é corrente a distinção dos atos de comércio em objetivos e subjetivos. (...) Esta distinção ressente-se da antiga fase do Direito Comercial como direito privativo dos comerciantes. Tem, por conseguinte, fundamento meramente histórico. Para que esta discriminação, se não há tratamento diverso para cada uma dessas classes de atos de co-

pretende distinguir o ato quando praticado por comerciantes e não comerciantes, por exemplo, na compra que o consumidor – não comerciante – faz de determinado produto do comerciante. Para essa teoria, existiria um ato civil para o consumidor e um ato de comércio para o comerciante. Carvalho de Mendonça (2000, 1:523) refuta a tese, mostrando que a atração do Direito Comercial transforma todo o ato em puro ato comercial: "Não podemos saber como adquiriu foro de cidade em nossos tribunais aquela teoria de atos bifrontes; atos ao mesmo tempo civis e comerciais, quando parece claro o texto legal estabelecendo a unidade ou integridade do ato de comércio. A lei, pode-se dizer, mercantiliza o ato, que seria civil se a intervenção do comerciante não o sujeitasse às disposições do Código, em mercantilizar a pessoa não comerciante que nele intervém".

3.6. A qualidade de comerciante no sistema dos atos de comércio

Georges Ripert (1954, 1, seção1) afirma que da condição de comerciante derivam direitos e obrigações, por exemplo, a fixação da competência das câmaras e tribunais do comércio. Se a distinção pela regra de competência não é mais válida no atual sistema brasileiro, uma vez extintos os Tribunais de Comércio por força do Decreto n. 2.662, de 1875, subsiste, ainda, sua primeira assertiva: da condição de comerciante derivam direitos e obrigações distintos dos que sujeitam os não comerciantes. Já se viu que a incidência da Lei de Falências somente sujeita os comerciantes, impondo-lhes restrições de toda ordem, inclusive penas por crimes falimentares ali tipificados, como também sujeitando-os a regras próprias de execução coletiva, concedendo-lhes, nos casos previstos, de forma exclusiva, o benefício da concordata.

A partir do sistema objetivo ou da comercialidade, que conceitua comerciante como o que pratica atos de comércio, construíram-se quatro formas legislativas destinadas a qualificar o comerciante. São os sistemas: francês, espanhol, suíço e germânico.

---

mércio? Todos representam uma só categoria, estão sujeitos a uma só legislação. (...) Os atos mistos, isto é, atos unilateralmente comerciais, sujeitos ao direito e ao processo comercial, não poderiam constituir espécie *per se*, pois, a serem admitidos, deveriam, sob o seu prisma comercial, ser alistados entre os atos objetivos ou subjetivos" (*Tratado de Direito Comercial Brasileiro*. 1. ed., atualizada por Ricardo Negrão. Campinas: Bookseller, 2000, v. 1, p. 524-525).

O primeiro, francês, foi o adotado no Brasil na legislação anterior ao Código Civil de 2002. É comerciante o que pratica a mercancia (atos relativos ao exercício do comércio), independentemente de registro prévio. Na legislação francesa – e, por adoção, na brasileira – o legislador não menciona o valor jurídico do registro do comércio, levando Ripert (1954, 1:164) a comentar que a omissão a respeito desse valor jurídico deu lugar, tão somente, à multa administrativa, donde se conclui que o legislador não teve intenção de atribuir ao ato de registro comercial efeito jurídico. Nesse caso, o registro não outorga a condição de comerciante, mas apenas a presume, como explica Ripert (1954, 1:165): "La inscripción en el registro no tiene valor legal en lo que se refiere a la determinación de la condición de comerciante y es únicamente una presunción de hecho que el juez puede tomar en consideración y que tiene gran importancia, pues es probable que el que solicita una inscripción se considere como comerciante. Puede, sin embargo, haber error o fraude y el que se hace inscribir sin razón, no puede prevalecerse de su inscripción; los terceros tampoco pueden argumentar en su favor a base de esta inscripción para considerarle comerciante. Inversamente, la ausencia de esta inscripción no es obstáculo para la atribución de la condición de comerciante; el interesado puede reclamarla, pues incurre únicamente en la sanción de la multa; los terceros pueden requerir que se le atribuya, pues no es lógico derivar de la propia negligencia un medio de eludir las obligaciones profesionales".

Pela lei brasileira anterior ao Código Civil de 2002, o comerciante não registrado no órgão de Registro de Comércio apenas se sujeita a não "gozar da proteção que este Código liberaliza em favor do comércio" (CCom, art. 4º), consistindo esse privilégio nas prerrogativas do comerciante, objeto dos arts. 21 a 25 do Código Comercial. Daí por que Carvalho de Mendonça insiste, como também faz Ripert, em que o ato de registro de comércio é simplesmente declaratório da condição de comerciante, podendo ser contestada (Mendonça, 2000, 2:102-103):

"Esta profissão constitui-se pelo exercício ininterrupto, regular, assíduo, de atos relativos ao exercício do comércio; supõe a intenção de praticar atos de mercancia, acompanhada essa intenção de fatos exteriores que firmam a ideia de uma continuidade orgânica. (...) Se o indivíduo inscreve o nome no registro das firmas, se paga impostos, se se limita a adquirir ou abrir um estabelecimento comercial, se faz anúncios públicos, se tem livros, mas não exerce efetivamente a profissão mercantil, se não pratica sistematicamente atos de mercancia, não é comerciante. Essas circunstâncias seriam indícios ordinários, presunções comuns da profissão de comerciante, mas nenhuma por si só constitui ou define o comerciante. A realidade dos fatos destrói tais presunções, ou indícios. Do mesmo modo, a simples matrícula não basta para imprimir a qualidade de comerciante. O art. 17 do Regulamento n. 737 admite a possibilidade de ser contestada a qualidade do comerciante matriculado".

No segundo sistema, o espanhol antigo, originário da tradição das antigas corporações de mercadores e estabelecido nos arts. 11 e 12 do Código Comercial espanhol de 1829, somente era comerciante o matriculado como tal. Contrariamente ao sistema francês, aqui, a matrícula no Registro de Comércio é constitutiva da qualidade de comerciante. Segundo a Professora Maria del Refugio González Domínguez (1990, 2:119-120), do Instituto de Investigações Jurídicas da Universidade Nacional Autônoma do México, a qualidade de comerciante se adquiria pelo exercício do comércio, uma vez registrado no Consulado, o que se obtinha mesmo sem a prática contínua de atos, podendo dar-se com apenas uma operação mercantil. O registro torna-se indispensável, sobretudo nos séculos XVI e XVII. O sistema espanhol em vigor impõe multa àqueles que, obrigados, não levarem seus documentos a registro[7].

O Código de Obrigações suíço, em vigor desde 1º de janeiro de 1912 – Lei Federal de 30 de março de 1911, complementar ao Código Civil suíço –, dispõe que o registro comercial é obtido por dois meios: um obrigatório e outro facultativo. No primeiro, exige-se o registro para os que exercitam atividade mercantil (na expressão da lei: aqueles que fazem o comércio, exploram uma fábrica ou exercem na forma comercial qualquer outra indústria), e, no segundo, a quem possua uma atividade qualquer sem estar obrigado ao registro (na expressão da lei: aquele que, sob uma razão social

[7] ESPANHA, *Código do Comércio*, de 22 de agosto de 1885, art. 24: "1. Los empresarios individuales, sociedades y entidades sujetos a inscripción obligatoria hará constar en toda su documentación, correspondencia, notas de pedido y facturas, el domicilio y los datos identificadores de su inscripción en el Registro Mercantil. Las sociedades mercantiles y demás entidades hará constar, además, su forma jurídica y, en su caso, la situación de liquidación en que se encuentren. Si mencionan el capital, deberá hacerse referencia al capital suscrito y al desembolsado. 2. El incumplimiento de estas obligaciones será sancionado, previa instrucción de expediente por el Ministerio de Economía y Hacienda, con audiencia de los interesados y conforme a la Ley de Procedimiento Administrativo con una multa de cuantía de 50.000 a 500.000 pesetas".

comercial, explora uma atividade sem estar sujeito à inscrição) faculta-se a inscrição no órgão comercial[8]. A organização do registro do comércio na Suíça difere de um cantão para outro, mas as disposições cantonais de execução da Lei de Registro de Comércio submetem-se à aprovação da Confederação Suíça[9].

A Lei de Registro de Comércio suíça, de 7 de junho de 1937, permite a inscrição das empresas individuais, das sociedades em nome coletivo, em comandita, anônimas, em comandita por ações, de responsabilidade limitada, das cooperativas, associações, fundações, empresas autônomas de direito público, sucursais, procurações não comerciais e representantes de condomínio[10].

No sistema germânico somente é qualificado comerciante quem exerce uma das atividades comerciais enumeradas na lei, divididas em três categorias: comerciantes forçados, sujeitos ao registro em virtude de exercerem atividades mercantis, comerciantes por matrícula, a que se sujeitam em razão de sua inscrição no registro, e facultativos, possibilitando aos agricultores e silvicultores a inscrição para o fim de gozarem da qualidade mercantil. Essa parece ser a origem das opções previstas no novo Código Civil, que estabelece casos de obrigatoriedade de inscrição do empresário no Registro de Empresas (art. 967), casos de favorecimento, dispensa ou simplificação de registro (art. 970), ao se referir ao empresário rural e ao pequeno empresário, e, finalmente, caso de facultatividade, ao permitir a inscrição do empresário rural, cuja atividade constitua sua principal profissão (art. 971).

---

[8] SUÍÇA, *Loi fédérale complétant le Code Civil suisse – Livre cinquième: Droit des obligations,* de 30 de março de 1911, art. 934: "1 Celui qui fait le commerce, exploite une fabrique ou exerce en la forme commerciale quelque autre industrie est tenu de requérir l'inscription de sa raison de commerce sur le registre du lieu où il a son principal établissement. 2 Celui qui, sous une raison de commerce, exploite une affaire sans être astreint à l'inscription est néanmoins autorisé à requérir cette inscription sur le registre du lieu de son principal établissement".

[9] SUÍÇA, *Ordonnance sur le registre du commerce,* de 7 de junho de 1937, art. 1º, inciso 4.

[10] SUÍÇA, *Ordonnance sur le registre du commerce,* de 7 de junho de 1937, art. 10: "1 Dans le registre figurent les inscriptions se rapportant: a. Aux entreprises individuelles (art. 934, 1 er et 2 e al., CO); b. Aux sociétés en nom collectif (tit. 24 CO); c. Aux sociétés en commandite (tit. 25 CO); d. Aux sociétés anonymes (tit. 26 CO); e. Aux sociétés en commandite par actions (tit. 27 CO); f. Aux sociétés à responsabilité limitée (tit. 28 CO); g. Aux sociétés coopératives (tit. 29 CO); h. Aux associations (art. 60 et 61 CC); i. Aux fondations (art. 80 et 81 CC); k. Aux entreprises autonomes de droit public; l. Aux succursales (art. 935 CO); m. Aux procurations non commerciales (art. 458, 3 e al., CO); n. Aux représentants d'indivisions (art. 341, 3 e al., CC)".

3.7. A qualidade de empresário na Teoria da Empresa

O enfoque do legislador na Teoria dos Atos do Comércio, ao qualificar a pessoa – física ou jurídica – como comerciante, prende-se à prática reiterada, habitual, de atos reputados, historicamente ou por força de lei, comerciais. Na Teoria da Empresa, desloca-se o núcleo da distinção para a empresa, noção que será mais bem desenvolvida nos capítulos seguintes. Pode-se inicialmente, entretanto, considerar empresa o exercício profissional de uma atividade econômica, organizada, de produção ou circulação de bens e serviços.

Distingue, pois, a atividade empresária três elementos formadores[11]: a) a economicidade – consistente na criação de riquezas; b) a organização – representada por uma estrutura visível, de fatores objetivos e subjetivos de produção; e c) a profissionalidade – ou habitualidade de seu exercício.

---

[11] Waldirio Bulgarelli comenta a linha adotada pelo autor do projeto, Sylvio Marcondes: "Para o autor do projeto do Livro II, seguindo a linha da doutrina, esses três elementos – economicidade, organização e profissionalidade – se conjugam para formar a noção de empresário. A economicidade é tomada na acepção de criação de riquezas, daí a acusação de ser pleonástica feita na doutrina italiana, como vimos, pois o conceito de empresário refere-se também à produção/circulação de bens e serviços. A organização diz respeito à coordenação dos fatores de produção: trabalho, capital e natureza. E profissional quer dizer exercício habitual e sistemático, nela estando implícita que seja exercida em nome próprio e com ânimo de lucro" (*Tratado de Direito Empresarial*, 2. ed. São Paulo: Atlas, 1995, p. 201).

Capítulo 4

EMPRESA E EMPRESÁRIO

4.1. Formação do conceito de empresa

O conceito de empresa decorre da visão moderna de empresário, e sua formulação tem origem na legislação italiana de 1942, que unificou, no Código Civil, o direito obrigacional, fazendo desaparecer o Código Comercial como legislação separada. Se, por um lado, o estudo dos atos de comércio decorre do conceito francês de comerciante – sistema da comercialidade –, por outro, o conceito de empresa é construção italiana – sistema da empresarialidade –, ao estabelecer regras próprias não mais àquele que pratica com habitualidade e profissionalidade atos de comércio, mas à atividade definida em lei como empresarial[1].

---

[1] Tullio Ascarelli descreve a mudança operada: "Deve se entender não no sentido do desaparecimento de um corpo separado de leis (que somente teria uma importância meramente formal), mas no sentido da unificação do direito das obrigações. Não mais existem atos de comércio e, desta forma, não mais existe uma oposição entre ato civil e ato de comércio. Nas codificações anteriores determinados atos (por exemplo, a venda) eram submetidos a um regime especial quando pudessem ser qualificados como comerciais (e podemos recordar os diversos critérios históricos para esse fim: o subjetivo, baseado na pessoa – o comerciante – que realiza o ato; e o baseado nas características do ato: por exemplo, a aquisição com intenção de revender); na atual codificação desaparece essa disciplina. Os diversos atos são submetidos a uma disciplina constante" (*Iniciación al Estudio del Derecho Mercantil*, introducción y traducción de Evelio Verdera y Tuells. Barcelona: Bosch, 1964, p. 122).

Esse novo conceito oferece ao estudioso do Direito algumas dificuldades[2], havendo quem simplesmente identifique o comerciante com a nova figura do empresário, fato que mereceu do Professor Waldirio Bulgarelli (1995:59) anotações que, por sua profundidade e clareza, são dignas de citação integral:

"Concorda de maneira geral a doutrina italiana em que não houve mera substituição do comerciante pelo empresário e sim a adoção de um sistema dando preeminência a este e assim igualando os agentes das atividades econômicas da produção de bens ou serviços, sob a rubrica de empresário, mas, note-se, concebido este não como especulador, porém como responsável pela produção; desta forma, o comerciante antigo foi absorvido pela categoria de empresário, como titular da atividade intermediária. Há que se atentar, pois, por outro lado, que o empresário comercial corresponde de certa forma ao antigo comerciante e não ao empresário em geral, ou seja, há correspondência entre os dois, no que se refere ao fato de que ambos exercem uma atividade econômica organizada de intermediação, e há diferença, no fato de que é considerado empresário porque é agente de produção e não mero especulador".

A adoção do conceito de empresarialidade, com a manutenção da distinção no campo obrigacional da execução coletiva, acarreta importante mudança nos limites da legitimidade processual para a tutela de recuperação em Juízo e de falência. Somente os empresários submetem-se a esses regimes, ficando fora de seu alcance muitos profissionais que outrora correspondiam ao conceito de comerciante, i. é, praticavam atos de comércio com habitualidade e profissionalidade, mas sua atividade não é, na nova concepção, qualificada como organizada e voltada para o mercado. Por outro lado, pessoas que não se incluíam no conceito de comerciante serão submetidas ao novo regime recuperatório e falitário por se enquadrarem no conceito de empresário.

---

[2] Jorge Rubem Folena de Oliveira, advogado e mestrando em Direito pela Universidade Federal do Rio de Janeiro, arrolou as dificuldades em conceituar empresa: "A dificuldade em se definir ou conceituar o que seja empresa decorre de sua própria natureza jurídica, pois uns a consideram como mero objeto de direito, uma verdadeira abstração sem vida própria, e outros a consideram como sujeito de direito, tendo vida independente da vontade de seus sócios. Além disso, a expressão empresa é utilizada, no dia a dia, com uma variedade numerosa de significados, que vão desde o sentido de organização, passando pela noção de estabelecimento e chegando, de certa forma, à de sociedade comercial, o que, como alude Waldirio Bulgarelli, não contribui para a certeza e segurança características do ordenamento jurídico" (A Empresa: uma Realidade Fática e Jurídica, *Revista de Informação Legislativa*, ano 36, n. 144, p. 113, out./dez. 1999).

A transição, portanto, de um para outro sistema é radical e implica a própria redefinição do campo de estudos do que se denominava, até hoje, Direito Comercial.

A origem das reformas introduzidas na legislação civil, como já mencionado, é o Código Civil italiano de 1942, que, em razão da multiplicidade de usos da palavra "empresa", preferiu não defini-la, optando por conceituar empresário: "É empresário quem exerce profissionalmente uma atividade econômica organizada tendo por fim a produção ou a troca de bens ou de serviços"[3]. Na versão brasileira, acolheu-se semelhante texto, objeto do art. 966 do Código Civil:

"Considera-se empresário quem exerce profissionalmente atividade econômica organizada para a produção ou a circulação de bens ou de serviços. Parágrafo único. Não se considera empresário quem exerce profissão intelectual, de natureza científica, literária ou artística, ainda com o concurso de auxiliares ou colaboradores, salvo se o exercício da profissão constituir elemento de empresa".

4.2. Conceito jurídico de empresa

Inexistindo definição legal de empresa, mas sim a de seu titular, o empresário, passaram os doutrinadores a buscar um conceito jurídico e sua natureza no âmbito do Direito. Entre estes se destaca Alberto Asquini, com sua teoria poliédrica de empresa, que mereceu profundo e completo estudo de juristas brasileiros, dos quais se notabilizou Waldirio Bulgarelli com seu monumental *Tratado de Direito Empresarial*, de inigualável valor científico, até hoje não superado.

Segundo Asquini (1996:113-114), destacam-se quatro perfis, ou ideias, a partir do sistema adotado pela lei italiana. No seu dizer, "diversos perfis jurídicos sob os quais o código considera o fenômeno econômico da empresa".

O primeiro aspecto, denominado perfil subjetivo, é considerado a partir da definição do art. 2082 do Código Civil italiano. Vislumbra-se aqui o aspecto subjetivo, de quem exerce a empresa – o empresário –, definido como o sujeito – pessoa física ou jurídica – que, em nome próprio, exerce atividade econômica organizada – incluindo a organização do trabalho alheio

---

[3] ITÁLIA, *Codice Civile*, art. 2082: "E' imprenditore chi esercita professionalmente un'attività economica organizzata (2555, 2565) al fine della produzione o dello scambio di beni o di servizi (2135, 2195)".

e do capital próprio e alheio –, com o fim de operar para o mercado e não para consumo próprio, de forma profissional[4], isto é, não ocasionalmente. Adotado no Brasil, a partir da unificação operada pelo Código Civil, o perfil subjetivo de empresa encontra-se delineado no art. 966, já mencionado. Observe-se, como faz Ascarelli[5], que a natureza da atividade é que qualifica o empresário.

O perfil funcional destaca-se a partir de referências dadas pelos arts. 2084 (estabelece as condições para o exercício da empresa, quando dependente de autorização administrativa), 2085 (dispõe sobre o controle e direção da produção pelo Estado), 2196 (regula a obrigação de inscrição da empresa no prazo de trinta dias), 2198 (trata das providências para o exercício da empresa por emancipados ou incapacitados), 2203 (regula o modo de indicação de preposto responsável pelo exercício da empresa), 2204 (dispõe sobre os poderes do mandatário) etc., do Código Civil italiano, nos quais se emprega a palavra "empresa" sob o aspecto funcional ou dinâmico, ou, como definido por Asquini (1996:116): "a empresa aparece como aquela força em movimento que é atividade empresarial dirigida para um determinado escopo produtivo". A palavra "atividade" aqui empregada possui natureza jurídica própria, conforme anotou Waldirio Bulgarelli (1995:131). É um fato apto a produzir efeitos jurídicos, embora, rigorosamente, no sistema brasileiro atual, apenas se admitam fatos jurídicos que independem da vontade humana e atos jurídicos dela decorrentes. Para Bulgarelli (1995:130), "a atividade não pode nem deve ser enquadrada entre os atos jurídicos, pois repele a aplicação do sistema concebido para estes. Em termos comparativos a questão se aproxima aqui daquela existente em relação ao estabelecimento, no qual se verifica uma dissociação entre o complexo de bens organizados, visto unitariamente, e os próprios bens em si mesmos. O ordenamento leva em consideração o conjunto, a unidade (*universitas*) para certos efeitos, mas permanece a lei própria dos bens vistos isoladamente".

---

[4] Waldirio Bulgarelli adverte quanto ao requisito da profissionalidade: "exclui-se, assim, a atividade ocasional, mas se inclui a sazonal (por exemplo, os albergues das estâncias climáticas), pois não é necessário que seja permanente e sem interrupções. Não se exige que seja atividade profissional exclusiva" (*Tratado de Direito Empresarial*, 2. ed. São Paulo: Atlas, 1995, p. 124).

[5] ASCARELLI, Tullio. *Iniciación al Estudio del Derecho Mercantil*, introducción y traducción de Evelio Verdera y Tuells, Barcelona, Bosch, 1964, p. 139: "O que qualifica o empresário é, na minha opinião, uma atividade econômica (da mesma maneira que uma atividade econômica qualificava o comerciante) ...".

O perfil objetivo ou patrimonial refere-se à empresa como patrimônio *aziendal*. O exercício da atividade empresarial (perfil funcional) pelo empresário (perfil subjetivo) exige um instrumento eficaz para a obtenção de seu fim. Este nada mais é que o estabelecimento empresarial, também denominado *azienda* ou *fundo aziendal,* definido como complexo de bens móveis e imóveis, corpóreos e incorpóreos, utilizado pelo empresário para o exercício de sua atividade empresarial. O estabelecimento é, por definição, objeto de direito, conforme se verá nos próximos capítulos.

Em face desses três aspectos, sumarizando graficamente, tem-se o seguinte tripé empresarial: *pessoa, bens* e *atividade*, o que nos lembra a divisão clássica do Direito Civil: das pessoas, dos bens e dos atos jurídicos:

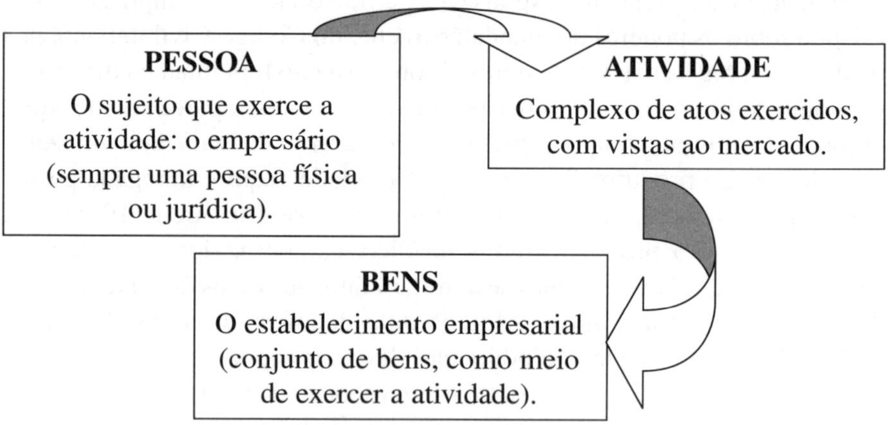

Considerando o perfil corporativo ou institucional, a empresa é vista como o resultado da organização do pessoal, formada pelo empresário e por seus colaboradores. Como afirma Asquini (1996:122): "O empresário e seus colaboradores dirigentes, funcionários, operários, não são de fato, simplesmente, uma pluralidade de pessoas ligadas entre si por uma soma de relações individuais de trabalho, com fim individual; mas formam um núcleo social organizado, em função de um fim econômico comum, no qual se fundem os fins individuais do empresário e dos singulares colaboradores: a obtenção do melhor resultado econômico, na produção. A organização se realiza através da hierarquia das relações entre o empresário dotado de um poder de mando – e os colaboradores, sujeitos à obrigação de fidelidade no interesse comum".

Graficamente, os quatro aspectos podem ser representados como lados de um tetraedro, formando em sua integralidade o conceito de empresa, com seus quatro perfis:

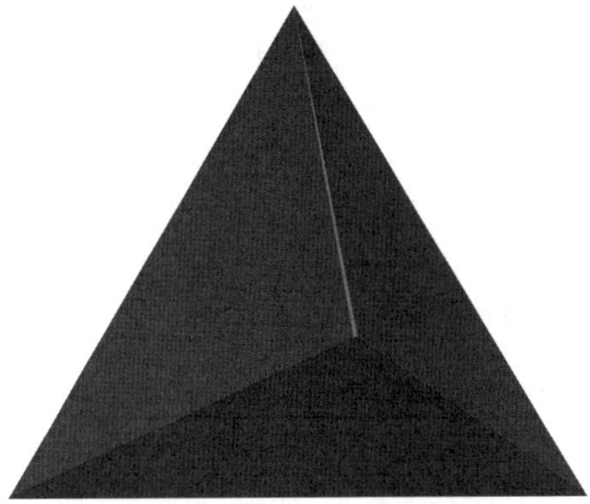

O Professor Waldirio Bulgarelli, ao considerar o perfil corporativo, afastou-o da concepção empresarial italiana. Aqui, o mestre paulista se distancia da teoria de Asquini para conceber não quatro, mas três aspectos jurídicos significativos de empresa: o empresário, o estabelecimento e a empresa: o primeiro correspondendo ao perfil subjetivo; o segundo, ao objetivo ou patrimonial; e o terceiro, ao aspecto funcional, ou exercício da atividade empresarial[6].

[6] Entre os vários excelentes argumentos do Professor Waldirio Bulgarelli, encontra-se o seguinte: "Essa ideia de organização de pessoas, como corpo social, estruturada com base numa hierarquia em relação a uma ideia diretriz, capaz de manter sua integridade apesar das mutações em seus elementos, está contida também em Hauriou e seus seguidores. Mas, *primeiro*, é incontestável que se trata de visão sociológica; e *segundo,* que dá relevo aos aspectos da organização estável que sobrevive e permanece independentemente das vicissitudes de seus membros, em razão de uma ideia a realizar. Nesse sentido é que é vista comumente, atribuindo-se essa designação às escolas, às sociedades, às fundações e ao próprio Estado. Mas, certamente, não tem correspondência às categorias jurídicas; referindo-se à instituição como um conjunto de regras estáveis, ou uma organização de pessoas e de bens, terá sua importância para influenciar o jurista ou o legislador, em termos axiológicos talvez, mas, sem dúvida, não permite sua qualificação entre as categorias jurídicas fundamentais" (*Tratado de Direito Empresarial*, 2. ed. São Paulo, Atlas, 1995, p. 87-88). Em outra passagem, o mesmo autor revela a escolha pelos três aspectos: "E é justamente por este prisma – a empresa concebida como atividade econômica organizada – que se revela seu valor jurídico,

Relacionam-se o empresário, o estabelecimento e a empresa de forma íntima: o sujeito de direito que exercita (empresário), por meio do objeto de direito (estabelecimento) e os fatos jurídicos decorrentes (empresa).

A partir desses elementos, Waldirio Bulgarelli (1995:100) define empresa como "atividade econômica organizada de produção e circulação de bens e serviços para o mercado, exercida pelo empresário, em caráter profissional, através de um complexo de bens".

Cada um desses aspectos deve ser objeto de um estudo mais detalhado, observando-se de perto suas características informadoras.

4.3. Aspecto subjetivo – o empresário

Na atual fase de transição entre o conceito anteriormente registrado no Código Comercial de 1850 e o atual, consagrado no art. 966 do Código Civil, emergem dois sistemas distintos para conceituar a atividade comercial e a atividade econômica. O objetivo, originário do Código Comercial francês, promulgado por Napoleão, está jungido à atividade comercial – a mercancia –, definindo como comerciante aquele que pratica atos de comércio com habitualidade e profissionalidade. Outro, moderno, afirma ser empresário aquele que exercita profissionalmente qualquer atividade econômica organizada, para a produção de bens ou serviços, excetuando-se as atividades intelectuais, de natureza científica, literária ou artística.

Para o primeiro há necessidade do estudo dos atos de comércio e da Teoria dos Atos de Comércio; para o segundo, basta aferir a existência da atividade econômica organizada voltada para o mercado.

Pela definição legal, é empresário aquele que exerce:

(1) atividade econômica com vistas à produção ou à circulação de bens ou serviços;

(2) de forma organizada;

(3) profissionalmente.

Conforme esclarece Ascarelli (1964:152), é econômica a atividade criadora de riqueza e de bens ou serviços patrimonialmente valoráveis para

---

pois serve de critério orientador para a qualificação do empresário, sem que fique ausente a referibilidade ao *estabelecimento*, que surge através do conceito de organização técnica dos bens e ao *empresário*, como agente dessa atividade, revelando assim a íntima conexão entre os três conceitos" (Ibidem, p. 93).

o mercado consumidor. Distingue-se a expressão "econômica" das que qualificam outras atividades previstas no Código Civil, tais como: intelectual, científica, literária ou artística (CC, art. 966), a atividade associativa (CC, art. 53), as fundacionais de fins religiosos, morais, culturais e de assistência (CC, art. 62, parágrafo único).

A atividade volta-se à produção ou à circulação de bens ou serviços, dirigindo-se ao mercado, como esclarece Ascarelli (1964:155):

"A produção e a troca não devem, entretanto, estar destinadas necessariamente ao mercado em geral; pode ser suficiente sua destinação a um âmbito restrito (sempre que não seja familiar) ou só a uma pessoa determinada (como para uma atividade consistente em produtos reservados exclusivamente a um só adquirente) ou a um mercado predeterminado, como sucede para uma cooperativa de consumo (expressamente definida como empresa no Código) que se dedique exclusivamente à aquisição de gêneros para os cooperados".

A atividade deve qualificar-se como organizada ou, na expressão de Asquini (1996:114), compreender "uma organização do trabalho alheio e do capital próprio e alheio".

O critério adotado enfoca o empresário como aquela pessoa (natural ou jurídica) que, profissionalmente, isto é, não ocasionalmente[7], assume, em nome próprio, os riscos de sua empresa, organizando-a, técnica e economicamente. Não será considerado empresário aquele que a exercer à custa de outrem, ou sob o risco deste; nem o será quem exerce simples profissão, de forma autônoma.

Em resumo:

Atividade econômica (economicidade) – criação de riquezas e de bens ou serviços patrimonialmente valoráveis, com vistas à produção ou à circulação de bens ou serviços.

Atividade organizada (organização) – compreende a organização de trabalho alheio e do capital próprio e alheio.

---

[7] É oportuno citar o quanto Bulgarelli acrescenta a esse tema: "Quanto ao requisito da profissionalidade (o qual para G. Ferri é essencial) estão todos concordes no que se refere à habitualidade (aliás os códigos de comércio costumam referir-se à profissão habitual, considerada pleonástica), estabilidade, continuidade, atividade desenvolvida de maneira sistemática" (*Tratado de Direito Empresarial*, 2. ed. São Paulo, Atlas, 1995, p. 124).

Atividade profissional (profissionalidade) – não ocasional, assumindo em nome próprio os riscos da empresa.

4.3.1. Espécies de empresários

Relativamente à forma que reveste o exercício da atividade empresarial, os empresários podem ser classificados em individuais e coletivos, sendo os primeiros os que exercem sua atividade individualmente, sem a colaboração de sócios, e os coletivos os que a praticam por meio de uma sociedade empresária.

Com o advento da Lei n. 12.441, de 11 de julho de 2011, e da LLE, a classificação para o exercício individual da atividade econômica comporta uma subdivisão: (a) os simplesmente denominados *empresários individuais*, cuja responsabilidade é ilimitada, alcançando todos os seus bens pessoais; (b) as *empresas individuais de responsabilidade limitada* (*EIRELI*), de responsabilidade restrita ao valor do capital social integralizado de, no mínimo, cem vezes o maior salário mínimo vigente no país; (c) as empresas individuais de responsabilidade limitada ao capital integralizado de qualquer valor, sem teto mínimo (*empresa individual limitada*). Como ocorre com a EIRELI, esta última pode ser utilizada para a atividade econômica não empresarial.

Distintamente do que entende parte da doutrina, entendemos que o legislador não criou uma *sociedade unipessoal* ao tratar da EIRELI e da empresa individual limitada (v. itens 14.6 e 17.9.1).

O Código Civil brasileiro criou, ainda, outras duas figuras: o empresário rural e o pequeno empresário, permitindo ao primeiro a inscrição facultativa no Registro de Empresas (CC, arts. 970 e 971), e ao segundo tratamento diferenciado, ainda a ser definido por lei.

Deve-se trazer, a esta altura, a noção do universo que o novo sistema obrigacional unificado delineou, dividindo as atividades em empresárias e profissionais, quando se tratar de exercício individual, e empresárias e simples, para as sociedades.

EXERCÍCIO DE ATIVIDADE EMPRESARIAL	
INDIVIDUAL	**COLETIVO**
Empresário individual e Empresa individual de responsabilidade limitada – EIRELI (art. 966 e Lei n. 12.441/2011). Empresa individual constituída sob forma de responsabilidade limitada (art. 1.052, § 1º, alterado pela LLE)	Sociedade empresária (art. 983).

EXERCÍCIO DE ATIVIDADES NÃO EMPRESARIAIS	
INDIVIDUAL	**COLETIVO**
Profissional autônomo ou exercício individual de atividade não empresarial sob a forma de limitada (art. 1.052, § 1º, alterado pela LLE): atividades intelectuais, científicas, literárias ou artísticas. Faculta-se, ainda, a constituição de empresa individual de responsabilidade limitada à atividade mencionada no art. 980-A, § 5º.	– Associações – sem fins econômicos (art. 53). – Fundações – de fins religiosos, morais, culturais e de assistência (art. 62). – Sociedade simples – atividade lucrativa não empresária (arts. 982 e 997 a 1.038).

Conclui-se que o novo sistema não mais distingue as pessoas em comerciantes e não comerciantes, nem as sociedades em civis e comerciais[8]. Atualmente, ao conceito de empresário se contrapõe o de não empresário, e às sociedades empresárias se contrapõem as sociedades simples.

[8] Embora seja esse o espírito da Lei n. 10.406, de 10 de janeiro de 2002, a revisão final deixou escapar ao longo do Código Civil resquícios do sistema anterior, distinguindo as atividades em mercantis e civis. Confiram-se, por exemplo, os arts. 5º, 164, 1.268, 1.431 e 1.448.

4.3.2. Condições para o exercício da atividade empresarial

Eram condições, no Brasil, para a obtenção da qualidade de comerciante a capacidade e a habitualidade no exercício da profissão mercantil. A capacidade do comerciante individual decorria da lei civil: toda pessoa maior de vinte e um anos era plenamente capaz de direitos e obrigações, isto é, podia reger sua própria pessoa e dispor de seus bens. Era possível, entretanto, antes da idade legal, obter a emancipação nas hipóteses previstas no art. 9º do Código Civil de 1916. Entre elas, a que oferecia maior interesse ao Direito Comercial se referia ao estabelecimento comercial com economia própria, decorrente, portanto, de seu próprio trabalho ou de herança não administrável pelo pai. Essa situação se distinguia daquela prevista no Código Comercial, que alcançava o menor associado ao comércio do pai, o qual, com sua autorização, podia levantar algum estabelecimento (art. 1º, 3, alínea 2, do Código Comercial). Tal caso, contemplado pela lei comercial, consistia em mera autorização paterna, de efeito limitado ao exercício comercial, e não plena capacidade, como a que previa o Código Civil.

O Código Civil de 2002, ao estabelecer a capacidade para o exercício da atividade de empresário, dispôs: "podem exercer a atividade de empresário os que estiverem em pleno gozo da capacidade civil e não forem legalmente impedidos" (CC, art. 972). A incapacidade cessa aos dezoito anos completos ou pela concessão dos pais, ou de um deles, na falta do outro, mediante instrumento público, independentemente de homologação judicial, ou por sentença do juiz, ouvido o tutor, se o menor tiver dezesseis anos completos, pelo casamento, pelo exercício de emprego público efetivo, pela colação de grau em curso de ensino superior, pelo estabelecimento civil ou comercial ou pela existência de relação de emprego, desde que, em função deles, o menor com dezesseis anos completos tenha economia própria (CC, art. 5º).

Percebe-se que, nesse aspecto, nenhuma novidade acentuada – à exceção da redução da idade para a maioridade – foi acrescentada ao sistema anterior. Entretanto, merece ser destacado o fato de se manter a figura da emancipação pelo estabelecimento com economia própria, ampliando a hipótese às atividades civis e às relações de emprego. Há aqui evidente falha na sistematização da terminologia adotada no Direito de Empresa. O legislador se olvidou do fato de não mais existir distinção entre atividade civil e comercial. A expressão "pelo estabelecimento civil ou comercial", resquício da legislação revogada, deve ser compreendida sem as duas qualificadoras: "pelo estabelecimento empresarial ou profissional" ou simplesmente "pelo estabelecimento econômico, empresarial ou não".

A incapacidade superveniente, motivadora de dificuldades de toda ordem, gerando conflitos judiciais, foi objeto de previsão na nova codificação. O incapaz pode continuar a empresa, desde que devidamente assistido ou representado (CC, art. 973).

4.3.3. Pessoas impedidas de exercer a atividade

Tanto o Código Comercial (parcialmente revogado) como várias leis extravagantes traziam proibições para o exercício do comércio, algumas com conteúdo de sanção administrativa, de cunho penal ou de restrição de direitos.

As regras especiais para os agentes políticos, funcionários públicos, estrangeiros e para o exercício de determinadas profissões permanecem, agora sob a égide do art. 972 do Código Civil.

As razões para os antigos impedimentos, no tocante ao exercício da atividade comercial, são as mesmas em relação à atividade empresarial. É certo que muitas leis ordinárias sofrerão alterações em seu texto redacional para adequar-se ao Código Civil. Entretanto, é igualmente correto afirmar que os motivos que produziram os impedimentos mantêm a mesma natureza, devendo ser observados, antes mesmo de qualquer alteração legislativa que incorpore a expressão "empresário" em substituição a "comerciante".

a) Agentes políticos

Em relação a estes adota-se aqui o conceito de Hely Lopes Meirelles[9]. Ao proibir o exercício do comércio – e, em consequência lógica, o exercício da atividade empresarial – a alguns agentes políticos, a lei pretendeu preservar a liberdade e o *status* político para o exercício pleno de suas funções. Um pedido de falência, por exemplo, contra um desses agentes teria notáveis reflexos sobre a comunidade em geral. Permitir a um falido – impedido de

[9] MEIRELLES, Hely Lopes. *Direito Administrativo Brasileiro*, 21. ed., atualizada por Eurico de Andrade Azevedo, Délcio Balestero Aleixo e José Emmanuel Burle Filho, São Paulo, Malheiros, 1990, p. 56: "Agentes políticos são os componentes do Governo nos seus primeiros escalões, investidos em cargos, funções, mandatos ou comissões, por nomeação, eleição, designação ou delegação para o exercício de atribuições constitucionais. Esses agentes atuam com plena liberdade funcional, desempenhando suas atribuições com prerrogativas e responsabilidades próprias estabelecidas na Constituição e em leis especiais. Não são servidores públicos, nem se sujeitam ao regime jurídico único estabelecido pela Constituição de 1988. Têm normas específicas para sua escolha, investidura, conduta e processo por crimes funcionais e de responsabilidade, que lhes são privativos".

administrar seus próprios bens – a administração da coisa pública é um contrassenso inaceitável. A lei menciona expressamente alguns agentes políticos proibidos de comerciar, tais como: os membros do Ministério Público, para exercer o comércio individual ou participar de sociedade *comercial* (CF88, art. 128, § 5º, II, *c – leia-se sociedade empresarial*), salvo se acionista ou cotista (art. 44, III, da Lei n. 8.625, de 11-2-1993), e os magistrados (Lei Orgânica da Magistratura – Lei Complementar n. 35, de 14-3-1979, art. 36, I), nos mesmos limites dos membros do Ministério Público. Aos deputados e senadores não se proíbe o exercício de empresa de forma ampla, mas se restringe seu exercício quando forem proprietários, controladores ou diretores de empresa que goze de favor decorrente de contrato com pessoa jurídica de direito público (art. 54, II, *a*, da Constituição Federal).

Observe-se que a lei não inclui alguns outros agentes políticos, como o presidente da República, ministros de Estado, secretários de Estado e prefeitos municipais, no âmbito do Poder Executivo, mas menciona as mesmas restrições dos senadores e deputados federais aos deputados estaduais e vereadores (art. 29, IX, da Constituição Federal).

Por se tratar de norma de caráter restritivo, não há como estender a relação para englobar esses outros agentes políticos, quando a lei, podendo fazê-lo, não o fez. A esses membros do Executivo a lei não restringiu o exercício da atividade empresarial, e, assim, não cabe ao intérprete incluí-los na proibição, sob pena de estabelecer privação de direito não prevista em lei. Observa-se, contudo, que seus atos de administração pública deverão pautar-se pelos princípios da legalidade, impessoalidade, moralidade, publicidade e demais regras previstas no art. 37 da Constituição Federal. Ao contratar, portanto, aplicam-se-lhes as mesmas restrições do art. 54, II, da Constituição Federal.

b) Servidores públicos

O Código Comercial arrolava algumas funções públicas e estabelecia regras próprias para o exercício do comércio, visando o bom andamento do serviço público e impedindo que, de forma abusiva, se fizesse da repartição pública uma extensão do estabelecimento comercial do próprio servidor, incluindo os funcionários públicos da Fazenda, no território em que exercem suas funções (art. 2º, 1, do Código Comercial), os oficiais militares (art. 2º, 1) e os militares em geral (art. 2º, 2). Tais restrições foram amparadas pelas legislações correspondentes, como os estatutos dos funcionários públicos, em seus vários âmbitos; assim, mesmo com a revogação da primeira parte do Código Comercial, as proibições ainda se impõem, agora para o exercício da atividade empresarial.

A Lei n. 12.529, de 30 de novembro de 2011, estabelece vedação ao presidente e ao conselheiro do Conselho Administrativo de Defesa Econômica – CADE para participar, na forma de controlador, diretor, administrador, gerente, preposto ou mandatário, de sociedade civil, comercial ou empresas de qualquer espécie (art. 8º, III).

c) Falidos

Falidos são empresários e sociedades empresárias que, sem relevante razão de direito, deixaram de pagar no vencimento obrigação líquida materializada em título ou títulos executivos protestados cuja soma ultrapasse o equivalente a 40 (quarenta) salários mínimos na data do pedido de falência, ou praticaram alguns dos atos previstos no art. 94 da Lei n. 11.101/2005, e assim foram declarados por decisão judicial irrecorrível. Seguindo a tradição do Direito brasileiro de não incluir as atividades não empresariais no sistema falimentar, o Código Civil de 2002 manteve delineada a distinção entre falência e insolvência[10], incluindo a primeira como causa de dissolução somente para as sociedades empresárias (art. 1.044). A insolvência civil destina-se às sociedades simples e aos profissionais não empresários e a falência, aos empresários individuais e sociedades empresárias.

Os falidos e os sócios da sociedade falida que ostentam responsabilidade ilimitada são impedidos de exercer a atividade empresarial desde a decretação da falência até a decisão de extinção de suas obrigações (LREF, art. 102). A vedação decorre, tão somente, da ausência de idoneidade financeira, isto é, o falido que teve seus bens arrecadados para pagamento de credores e, ainda, poderá ter seus bens futuros apreendidos – até a extinção de suas obrigações – não pode dispor de outros bens livres para o exercício da atividade econômica.

d) Condenados por crime previsto na Lei Falimentar

A Lei de Recuperação de Empresas e Falência prevê ainda a possibilidade de, no processo por crime nela tipificado, o juiz, em sentença condenatória fundamentada, impor o efeito de inabilitação para o exercício da

[10] BRASIL, *Código Civil*, art. 707: "O crédito do comissário, relativo a comissões e despesas feitas, goza de privilégio geral, no caso de *falência ou insolvência* do comitente".

atividade empresarial. Nessa hipótese a pessoa condenada – sócio, administrador ou terceiro – somente poderá voltar a exercer suas atividades após o decurso de cinco anos da extinção da punibilidade (LREF, art. 181, § 1º) ou antes, se obtiver sua reabilitação penal, nos termos do que estabelece o Código Penal (arts. 93 a 95).

e) Penalmente proibidos

Além dos condenados por crime falimentar, previstos na LREF, o Código Penal (arts. 47 e 56) estabelece como penas de interdição temporária de direitos a proibição de exercício de profissão, atividade ou ofício que dependam de habilitação especial, de licença ou autorização do Poder Público, sempre que houver violação dos deveres que lhes são inerentes.

Embora a atividade empresarial comum não exija habilitação especial, licença ou autorização do Poder Público, há, em diversas leis extravagantes, a definição de algumas atividades que exigem tais requisitos, por exemplo, a atividade securitária (Lei n. 4.594/64), a financeira (Leis n. 4.595/64 e 6.385/76), o transporte multimodal de cargas (Lei n. 9.611/98), os serviços de vigilância e de transportes de valores (Lei n. 7.102/83), a administração de grupos de consórcio etc.

Por sua vez, a Lei de Registro de Comércio anterior (Lei n. 4.726/65) estabelecia entre as proibições de registro os documentos de constituição ou alteração de sociedades mercantis, de qualquer espécie, em que figure como sócio, diretor ou gerente pessoa impedida por lei especial, ou condenada por crime falimentar, de prevaricação, peita ou suborno, concussão, peculato, contra a economia popular, a fé pública ou a propriedade, ou a pena criminal que vede, ainda que temporariamente, o acesso a funções, empregos ou cargos públicos (art. 38, III), e, ainda, as declarações de firmas mercantis individuais relativas a pessoa que esteja sendo processada ou tenha sido definitivamente condenada nos termos do número anterior (art. 38, IV). Tais disposições foram revogadas pela nova Lei de Registro de Empresa (Lei n. 8.934/94), que não impôs qualquer restrição ao registro em relação àquelas pessoas.

Do confronto dessas disposições, pode-se afirmar que o processo ou a condenação pela prática de crime de qualquer natureza não impede o exercício da atividade empresarial; somente o fará se a sentença criminal condenatória fixar a interdição desse exercício resultado de pena acessória temporária.

f) Estrangeiros

Os estrangeiros não estão proibidos de exercer a atividade empresarial no Brasil, salvo em algumas hipóteses contempladas pela lei: para proceder à pesquisa e à lavra de recursos minerais e ao aproveitamento do potencial de energia hidráulica (CF88, art. 176, § 1º); o estrangeiro não naturalizado e o naturalizado há menos de dez anos, para explorar empresa jornalística, de radiodifusão sonora e de sons e imagens (CF88, art. 222).

Nessa relação alguns incluem os estrangeiros sem residência no Brasil, conforme afirma Maximilianus Cláudio Américo Führer (1984:7), com quem não concorda Rubens Requião, segundo o qual a lei tributária, admitindo essa prática, regulou o pagamento de impostos sobre rendimentos provenientes de fontes situadas no País por pessoas residentes ou domiciliadas no exterior.

Em relação ao argumento do saudoso professor paranaense, deve-se ponderar que a taxação de recursos sobre fontes aqui existentes a contribuinte residente fora do País não se reveste como autorizadora do exercício de empresa no Brasil a ele. A matéria fiscal apenas abrange a incidência e a forma de cobrança de tributos que tiveram sua incidência em determinado momento no País, mas não perquire sobre a possibilidade de criação e manutenção de uma empresa nessas condições.

As regras de registro relativamente aos empresários estrangeiros foram sintetizadas nos artigos 11 a 17 da IN DREI n. 81, de 10 de junho de 2020.

À exceção do cidadão português, que, nos termos do Decreto n. 3.927, de 19 de setembro de 2001, apenas deve apresentar documento de identidade, o pedido de arquivamento de qualquer ato relacionado a outros estrangeiros, concernente à sua condição de titular ou de sócio de empresa individual, empresa individual de responsabilidade limitada, sociedade empresária ou sociedade cooperativa, deve vir acompanhado de cópia de documento de identidade emitido por autoridade brasileira e a comprovação de estrangeiro residente no Brasil.

Ao estrangeiro que se encontre no Brasil com amparo de visto de visita é vedado exercer a atividade empresarial, de forma individual, porque não se lhe permite o exercício de nenhuma atividade remunerada, nos termos do art. 13, § 1º, da Lei de Migração (Lei n. 13.445/2017).

O estrangeiro (ou mesmo o brasileiro) que se encontre domiciliado no Exterior deverá outorgar instrumento de procuração a seu representante no Brasil para o exercício da atividade empresarial. Se a procuração for firmada por instrumento público, fica dispensada a juntada de cópia de seu documento de identidade perante o Órgão de Registro.

As sociedades estrangeiras somente poderão funcionar no Brasil com autorização do Poder Executivo, mas não há restrição alguma ao fato de serem acionistas de sociedade anônima brasileira (CC, art. 1.134).

O conceito de empresa estrangeira se obtém *a contrario sensu* do estatuído no art. 171 da Constituição Federal, que define como empresa brasileira a constituída sob as leis brasileiras e que tenha sua sede e administração no País e empresa brasileira de capital nacional aquela cujo controle efetivo esteja em caráter permanente sob a titularidade direta ou indireta de pessoas físicas domiciliadas e residentes no País ou de entidades de direito público interno, entendendo-se por controle efetivo da empresa a titularidade da maioria de seu capital votante e o exercício, de fato e de direito, do poder decisório para gerir suas atividades.

4.4. Aspecto objetivo: o estabelecimento

O aspecto patrimonial ou objetivo foi contemplado nos arts. 1.142 a 1.149 do Código Civil e definido como "todo complexo de bens organizado, para exercício da empresa, por empresário, ou por sociedade empresária" (CC, art. 1.142).

Na concepção adotada pelo Código Civil brasileiro não é possível compreender a existência de empresário (sujeito de direito) e de empresa (exercício da atividade) sem estabelecimento (objeto de direito), uma vez que o Código Civil o concebeu como objeto unitário de direitos e de negócios jurídicos, translativos ou constitutivos, que sejam compatíveis com sua natureza (CC, art. 1.143). O estabelecimento – mesmo não constituído de coisas corpóreas – pode compor-se de direitos sobre propriedades imateriais, como a marca, o uso exclusivo do nome empresarial, a proteção à não concorrência no caso de cessão etc., utilizados ou resultantes da própria atividade empresarial.

As teorias históricas e modernas que explicam a natureza jurídica do estabelecimento empresarial serão objeto de estudo próprio nos capítulos que seguem.

4.5. Aspecto funcional: a atividade econômica organizada

No tocante ao aspecto funcional da empresa, o delineamento encontra-se no art. 966 do Código Civil, que, de forma objetiva – pelo exercício de certos atos –, caracteriza o sujeito dessa atividade. Ao afirmar que empresário é aquele que exerce atividade econômica organizada para a produção ou a circulação de bens ou de serviços, o legislador pressupôs a prática dessa atividade qualificadora. Para chegar ao conceito de empresário, necessariamente, o estudante deve partir do conceito de atividade empresarial[11].

Essa atividade – a dinâmica do complexo de atos praticados pelo empresário – caracteriza-se, como já estudado, por ser:

(1) econômica, voltada para o mercado, com vistas à produção ou à circulação de bens ou serviços;

(2) de forma organizada;

(3) exercida profissionalmente.

À atividade exercida pelo empresário se convencionou chamar empresa, à falta de outro vocábulo que melhor expressasse esse complexo de atos realizados pelo empresário[12]. Asquini distingue ato jurídico de atividade[13], definindo esta como a coordenação daqueles, o que levou Bulgarelli (1995:132) a considerar empresa – exercício qualificado da atividade do empresário – como uma nova categoria jurídica, distinta de atos e fatos jurídicos (sentido estrito), mas espécie do mesmo gênero.

---

[11] Ascarelli assim se expressa: "O que qualifica o empresário é, na minha opinião, uma atividade econômica (da mesma maneira que uma atividade econômica qualificava o comerciante), da qual, nas próximas lições, fixaremos mais exatamente suas características: é empresário – diz o art. 2.082 – quem exerce profissionalmente uma atividade econômica organizada para o fim da produção ou da troca de bens ou de serviços. É, pois, a natureza (e o exercício) da atividade que qualifica o empresário (e não, pelo contrário, a condição pessoal qualificaria a atividade) e nesta prevalência da atividade exercida sobre a qualificação do sujeito pode se destacar a persistência de um elemento objetivo, como critério de aplicação da disciplina especial ditada precisamente para a atividade e para quem a exerce" (*Iniciación al Estudio del Derecho Mercantil*, introducción y traducción de Evelio Verdera y Tuells. Barcelona: Bosch, 1964, p. 139-140).

[12] Asquini expõe as dificuldades do uso do vocábulo "empresa" para designar o aspecto funcional: "Em virtude de nosso vocabulário não dispor de uma outra palavra, simples como a palavra empresa, para exprimir o conceito da atividade empresarial, não é fácil resistir ao uso da palavra empresa em tal sentido, conquanto não seja um uso monopolístico" (Profili dell'Impresa, *Rivista del Diritto Commerciale*, v. 41, I, 1943, trad. Fábio Konder Comparato, *Revista de Direito Mercantil*, São Paulo, Revista dos Tribunais, n. 104, p. 116, out./dez. 1996).

[13] Ao discorrer sobre a atividade do empresário, Asquini assim se pronuncia: "A atividade empresarial reduz-se, portanto, em uma série de operações (fatos materiais e atos jurídicos) que se sucedem no tempo, ligadas entre si por um fim comum" (Profili dell'Impresa, *Rivista del Diritto Commerciale*, v. 41, I, 1943, trad. Fábio Konder Comparato, *Revista de Direito Mercantil*, São Paulo, Revista dos Tribunais, n. 104, p. 117, out./dez. 1996).

4.6. Natureza jurídica

Fixados esses delineamentos, não há como classificar empresa – em seu aspecto funcional, a atividade – como sujeito de direito, tampouco como objeto de direito. À primeira se filia o empresário – pessoa física ou jurídica –, agente dos atos e atividades empresariais. Na segunda se enquadra o estabelecimento comercial, complexo de bens para o exercício da atividade. Se não é sujeito, tampouco objeto de direito, qual é a natureza jurídica da empresa?

Rubens Requião (1995:58), ao filiar-se à ideia de que empresa é o exercício da atividade do empresário, entende que "a atividade pode constituir objeto de direito, posta sob tutela jurídica. Nessas condições, percebemos a empresa como objeto de direito". Tal posição, entretanto, é insustentável, confundindo-a com a figura do estabelecimento empresarial.

É de notar que o empresário tem existência natural ou jurídica, isto é, as pessoas naturais são seres humanos que exercem efetivamente atos de vontade, e as pessoas jurídicas, embora criadas por lei, têm, para todos os fins, existência, deveres e direitos assemelhados aos da pessoa natural, sendo, como tal, sujeitos de direitos e obrigações. O estabelecimento, como complexo de bens, corpóreos e incorpóreos, também possui existência, fisicamente, ocupando lugar no espaço, ou como bem jurídico protegido, e, assim, pode ser objeto de direito dos primeiros mencionados.

A empresa, portanto, considerada como atividade exercida pelo empresário, como já se considerou acima, não é nem sujeito, nem objeto de direito. Ela não existe como pessoa (sujeito de direitos), tampouco como objeto de direito, porque é a própria atividade de alguém – pessoa natural (empresário) ou jurídica (sociedade empresária). Sua concepção é, pois, abstrata e corresponde ao conceito de fatos jurídicos, ou exercício de negócios jurídicos qualificados (atividade econômica organizada, com fim próprio, lícito).

Capítulo 5

PERFIL OBJETIVO DA EMPRESA – O ESTABELECIMENTO EMPRESARIAL

5.1. Conceito

O Professor Oscar Barreto Filho (1988:59) adverte para a dificuldade em conceituar estabelecimento empresarial, entendendo tratar-se de conceito novo no direito positivo brasileiro, mas que retroage a 1942, desde o advento do Código Civil italiano. Inserido em nossa legislação dentro da antiga estrutura da atividade econômica, que conceituava, tão somente, a figura do comerciante, o instituto não encontrava lugar no sistema doutrinário, sendo alvo de teorias díspares que pretendiam estabelecer sua verdadeira natureza jurídica.

Desde 1942, entretanto, em seu art. 2555, o Código Civil italiano define estabelecimento empresarial: "L'azienda è il complesso dei beni organizati dall'imprenditore per l'essercizio dell'impresa". *Azienda* é, assim, o complexo de bens organizados pelo empresário para o exercício da empresa. Daí o uso corrente, em economia e mesmo entre os juristas brasileiros, da palavra "azienda" ou "patrimônio aziendal" para indicar estabelecimento empresarial.

Usa-se, também, com frequência, a expressão "fundo de comércio", ou, em sua versão francesa, "fonds de commerce", com o mesmo significado, e, mais remotamente, as expressões "negócio comercial", "fazenda mercantil", "casa de comércio" e "fundo mercantil", mencionadas por Oscar Barreto Filho (1988:65) e extraídas do *Tratado de Direito Comercial Brasileiro*, de Carvalho de Mendonça.

Rubens Requião (1998:244) prefere definir fundo de comércio ou estabelecimento comercial como instrumento da atividade do empresário. Tal conceito aproxima-se da clássica concepção de Carvalho de Mendonça (1963, 5:it. 11): "complexo de meios materiais e imateriais, pelos quais o comerciante explora determinada espécie de comércio".

Outra definição é citada por Dylson Doria (1995:118) ao mencionar Navarrini: "complexo das várias forças econômicas e dos meios de trabalho que o comerciante consagra ao exercício do comércio, impondo-lhes uma unidade formal em relação com a unidade fim".

Ao contrário do Código Comercial de 1850, o Código Civil definiu estabelecimento e o concebeu no art. 1.142, sem se afastar da doutrina vigente: "Considera-se estabelecimento todo complexo de bens organizado, para exercício da empresa, por empresário, ou por sociedade empresária".

5.2. Noção

A noção básica que se extrai desses conceitos e da definição legal sugere a reunião de meios necessários para o exercício da atividade empresarial, isto é, um conjunto de bens que sirva de base econômica para o desenvolvimento da empresa. Ao separar uma parcela determinada de bens, recursos ou valores, o empresário, seja ele coletivo – sociedade empresária – ou individual – empresário individual –, cria um patrimônio, assim chamado empresarial, destinado ao desenvolvimento de sua empresa (leia-se exercício da atividade empresarial).

Essa separação, contudo, somente tem repercussões na hipótese de transferência do estabelecimento, mas não tem efeito em outros aspectos jurídicos obrigacionais, sobretudo em relação ao empresário individual.

Não se concebe, no Direito brasileiro, a existência de duas massas patrimoniais sob a titularidade de um mesmo sujeito de direito. No art. 57 do Código Civil revogado adotou-se o conceito de unidade patrimonial, *in verbis*: "O patrimônio e a herança constituem coisas universais, ou universalidades, e como tais subsistem, embora não constem de objetos materiais".

Ao comentar a parte final desse artigo, Clóvis Bevilaqua (1975:291) assim esclarecia: "quer isto dizer que o patrimônio e a herança podem constar somente de direitos e obrigações, coisas incorpóreas, e, não obstante, conservam a sua qualidade de coisas universais. É uma noção puramente doutrinária, acrescida ao exemplo de coisa universal, dada no começo do artigo".

O princípio da unidade patrimonial de uma pessoa é, ainda hoje, mantido. O novo Código Civil, evitando o uso da palavra "patrimônio" e preferindo a expressão "complexo de relações jurídicas"[1], distingue os conjuntos de bens de uma pessoa em duas categorias: as universalidades de direito e as de fato, definindo a primeira como "complexo de relações jurídicas, de uma pessoa, dotadas de valor econômico" (CC, art. 91), e a segunda como "a pluralidade de bens singulares que, pertinentes à mesma pessoa, tenham destinação unitária" (CC, art. 90).

Com a criação da empresa individual de responsabilidade limitada, pela Lei n. 12.441, de 11 de julho de 2011 e da empresa individual sob forma de limitada ou, ainda, do exercício individual de atividade não empresarial sob a forma de limitada (CC, art. 1.052, § 1º), o legislador pátrio optou por conceder personalidade jurídica ao patrimônio separado a título de capital integralizado no momento de sua constituição.

Assim, embora uma mesma pessoa natural disponha de duas massas patrimoniais, uma das quais visando suportar as obrigações de sua atividade econômica, é certo que no momento da constituição da empresa individual de responsabilidade limitada ou da empresa individual sob forma de sociedade limitada nasce uma pessoa jurídica, distinta da pessoa de seu titular.

Na criação desses novos institutos, o legislador teve o cuidado de respeitar o princípio da unidade patrimonial.

Deve-se compreender que se trata de duas pessoas distintas: a pessoa (natural ou jurídica) constituidora de outra pessoa, jurídica, denominada empresa individual de responsabilidade limitada. Cada uma das pessoas mantém uma única massa patrimonial.

Temos, como exemplo:

- Ricardo Negrão, pessoa natural, constitui uma pessoa jurídica denominada Ricardo Negrão EIRELI e, para isso, Ricardo Negrão, pessoa

[1] Conceitualmente, "patrimônio é o complexo das relações jurídicas de uma pessoa, apreciáveis economicamente", conforme define Clóvis Bevilaqua (*Teoria Geral do Direito Civil*, ed. revista e atualizada pelo Professor Caio Mário da Silva Pereira, Rio de Janeiro, Rio – Sociedade Cultural/Francisco Alves, p. 167).

natural, separa montante equivalente a, no mínimo, cem vezes o salário mínimo para, com esse capital, exercer atividade empresarial;

- Ricardo Negrão, pessoa natural, constitui uma pessoa jurídica denominada Ricardo Negrão Ltda. e, para isso, Ricardo Negrão, pessoa natural, separa qualquer montante para, com esse capital, exercer atividade empresarial;
- A sociedade empresarial formada pelos sócios João da Silva e José da Silva, denominada Jota Jota transportes Ltda., pessoa jurídica, constitui uma outra pessoa jurídica Jota Quadrado peças de automóveis EIRELI e, para tanto, separa montante equivalente a, no mínimo, cem vezes o salário mínimo para, com esse capital, exercer outra atividade empresarial.

Nos dois primeiros casos, a aparência real dos fatos é que alguém dispõe de duas massas patrimoniais distintas e é tratado com dupla personalidade – uma natural e outra jurídica.

O Direito, entretanto, vê duas pessoas: no primeiro caso, vê Ricardo Negrão e Ricardo Negrão EIRELI e, no segundo, Ricardo Negrão e Ricardo Negrão Ltda.

É uma realidade compreendida apenas no mundo jurídico.

No segundo caso, a realidade jurídica não é criação nova: trata-se de uma *empresa* subsidiária integral, a exemplo do que ocorre com a *sociedade* subsidiária integral prevista na Lei de Sociedades Anônimas, art. 251.

Sobre essa segunda modalidade – constituição de pessoa jurídica por uma única pessoa jurídica – há bons fundamentos jurídicos encontrados na doutrina. Veja-se, por exemplo, a lição de Modesto Carvalhosa (2009, 4:II:127): “Visando a dar autonomia ao *patrimônio empresarial,* seja para conferir-lhe administração própria, seja para limitar a responsabilidade de seu titular, revestiu-se aquela da forma e da estrutura societária, não obstante inexistir o requisito da pluralidade de sócios. A forma societária, para a afetação de patrimônio empresarial, tem o condão de outorgar-lhe absoluta autonomia. O patrimônio deixa de pertencer diretamente àquele que o personificou, passando a ser da própria pessoa jurídica constituída. O seu titular passa a ser titular do capital representativo desse mesmo patrimônio. Dá-se, ademais, inteira autonomia à gestão desse patrimônio, não tendo o titular das ações mais gestão sobre ele. Criam-se órgãos sociais que o administram e deliberam sobre os resultados dessa mesma gestão, e, ainda, o fiscalizam. O patrimônio separa-se do seu titular para ser titular de si mesmo, consubstanciando-se em entidade autônoma e formalmente estruturada como pessoa jurídica”.

Assim, a cada pessoa – natural ou jurídica – a lei atribui um e somente um complexo de relações jurídicas (patrimônio) dotadas de valor econômico, em uma relação de reciprocidade funcional de um para um:

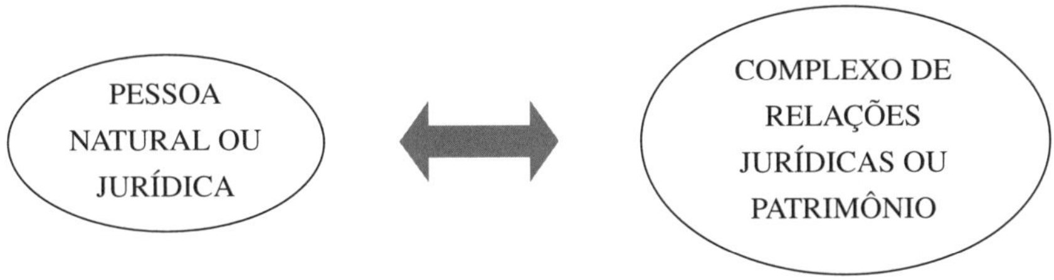

Apesar da perplexidade entre a realidade e a criação jurídica – como é o caso da constituição da empresa individual de responsabilidade limitada por pessoa natural –, inexiste no direito obrigacional brasileiro o efeito jurídico de privilegiar universalidades separadas, criando patrimônios destinados a pagar exclusivamente um conjunto específico de credores[2].

Hoje, o direito positivo impõe a seguinte divisão:

a) em se tratando de empresário individual, todo o seu complexo de relações jurídicas responde pelas dívidas do empreendimento, como garantia única da universalidade de credores: civis, trabalhistas, tributários ou empresariais;

b) em relação à organização da pessoa jurídica – neste estudo, a empresa individual de responsabilidade limitada, empresa individual constituída sob forma de sociedade limitada e a sociedade empresária – destacam-se parcelas dos patrimônios pessoais dos sócios ou acionistas e se forma um novo e autônomo patrimônio, distinto do de seus formadores. Esse novo e distinto patrimônio servirá para atender todos os credores, sem qualquer distinção entre eles.

---

[2] O Professor Waldirio Bulgarelli esclarece que, na Itália, "já se começa a admitir o estabelecimento como um patrimônio unitário, e, portanto, separado, e a doutrina mais moderna aceita a existência de patrimônios separados; no Brasil, a questão ainda é discutida, não obstante ter sido incluída, por Orlando Gomes, no anteprojeto do Código Civil, essa possibilidade, dispondo o artigo 332 que 'do patrimônio pode ser separado um conjunto de bens ou direitos vinculados a um fim determinado, tanto por mandamento legal como por destinação do titular'" (*Sociedades Comerciais*, 6. ed. São Paulo: Atlas, 1996, p. 323). A proposta de Orlando Gomes não vingou, mantendo-se o conceito da universalidade.

Como ocorre com todas as demais pessoas físicas ou jurídicas, as empresas individuais de responsabilidade limitada (sob forma de EIRELI ou de sociedade limitada) e as sociedades regulares respondem sempre de forma ilimitada pelas obrigações assumidas, conforme dispõe o art. 789 do Código de Processo Civil de 2015. Trata-se de responsabilidade patrimonial primária, mas os titulares da empresa e os sócios responderão ordinariamente conforme a estrutura empresarial ou social a que se submeteram, sempre subsidiariamente ao patrimônio social, ou, como se convencionou chamar (Liebman, 1973,1-65, n.39; Assis, 2001:it. 103, nota 24) na linguagem processual, com responsabilidade patrimonial secundária ou subsidiária (Cf. Alcides de Mendonça Lima, 1974,v.6.2:482).

Decorre do princípio da unidade patrimonial a regra segundo a qual, ordinariamente, no Direito brasileiro, o empresário, individual ou coletivo, possui apenas um patrimônio. Em se tratando de empresário individual, seu patrimônio pessoal compreende tanto os bens e direitos de uso civil como, também, o estabelecimento empresarial.

Corolário do princípio da *unidade patrimonial do devedor*, previsto no art. 57 do Código Civil brasileiro de 1916, conferindo a cada pessoa um e somente um patrimônio, havia a regra do art. 1.556 do mesmo Código: "Não havendo título legal à preferência terão os credores igual direito sobre os bens do devedor comum". Hoje, esses princípios encontram-se regulados pelos arts. 91 e 957 do Código Civil.

Das regras legais acima expostas podem-se extrair algumas considerações:

(1) Cada pessoa (natural ou jurídica) tem necessariamente *um* e somente *um* patrimônio (complexo de relações jurídicas), mesmo que este não seja composto de coisas materiais. É um conceito ligado à personalidade e decorre de uma ficção que se assenta na condição de ser *pessoa*, numa fórmula simples: se for pessoa, então possui patrimônio. Ao mendigo, como extensão de sua personalidade, atribui-se um patrimônio.

(2) O patrimônio do empresário, conceituado como complexo de bens, direitos e obrigações, compreende o próprio estabelecimento empresarial. O estabelecimento é apenas uma parte do patrimônio do empresário.

(3) O patrimônio todo – isto é, *todos os direitos e bens*, e não apenas o estabelecimento – é que deve responder pelas obrigações assumidas pelo empresário, seja ele individual ou coletivo.

(4) Inexiste no Direito brasileiro o conceito de patrimônio separado, porque a lei o elevou à categoria de *universalidade,* uma unidade atribuída a cada pessoa.

Para evitar a transgressão a essa última regra, o legislador pátrio, ao promulgar a Lei n. 12.441/2011, preferiu outorgar personalidade jurídica à empresa individual de responsabilidade limitada.

Como vimos, a criação da empresa individual (EIRELI) e a empresa individual sob forma de limitada, ambas de responsabilidade limitada, não deixam de ser curiosas construções jurídicas. O paradoxo está em que vemos, no mundo fático – a realidade visível –, uma só pessoa detentora de duas massas patrimoniais distintas e, entretanto, do ponto de vista jurídico, há duas pessoas, com patrimônios distintos.

Essa construção jurídica nasceu no Direito estrangeiro, que admite a criação de um patrimônio separado para o exercício da empresa. Os azares da atividade empresarial são suportados por um conjunto de bens utilizado exclusivamente pelo empresário em sua atividade.

No Brasil, Sylvio Marcondes Machado (1956:280; 286), estudando as concepções jurídicas destinadas à limitação da responsabilidade do empresário individual, resume-as em duas tendências: a) a que defende a personificação da empresa individual, concluindo que "a criação legislativa da empresa individual de responsabilidade limitada, como sujeito de direito, importaria, necessariamente, na instituição de uma nova classe de pessoa jurídica de direito privado. Além disso, quanto à limitação, sua eficácia consistiria, apenas, em limitar a dívida do empresário, perante a empresa e terceiros"; b) a que propõe se considere a empresa como patrimônio: "(...) a atribuição legislativa da natureza do patrimônio separado ao almejado instituto será efeito acumulado de duas causas concorrentes, idôneas ambas para produzi-lo. Reside a primeira na universalidade de direito formado pelo complexo de relações jurídicas emergente da atividade empreendedora; a segunda consiste em circunscrever a responsabilidade patrimonial do empresário, na satisfação das relações passivas, ao limite do que constitua o ativo existente na empresa. Qualquer delas permite que o legislador imprima configuração jurídica ao fenômeno econômico, sem postergar os princípios informativos da matéria na teoria do direito privado".

Hernani Estrella (1973:246-247) critica, com veemência, a possibilidade de cisão do patrimônio, entendendo que a dupla personalidade decorrente é figura estranha a nosso Direito:

"Inadmite-se que o indivíduo, por ato exclusivo de vontade, tome uma porção qualquer de seus bens e dela faça um segundo patrimônio, sob seu domínio, mas imune às suas dívidas. Tal hipótese contraria princípios fundamentais de direito, que não podem ser superados nem mesmo recorrendo-se à ficção de uma dupla personalidade, isto é, alguém que seja, concomitantemente cidadão, na órbita civil, e comerciante, na esfera mercantil... Semelhante bifrontismo repugna o senso jurídico, já que diferentes áreas, em que a pessoa (natural ou jurídica) pode, eventualmente, desempenhar atividades, também diversas, não conduzem necessariamente àqueles resultados. O ser possível que alguém tenha mais de uma ocupação de caráter permanente e com intuito econômico, isto sobretudo para as pessoas físicas, não implica em que as obrigações contraídas em virtude dessa duplicidade não se façam sentir sobre o inteiro patrimônio de quem as contraiu".

Fran Martins foi defensor da criação da empresa individual de responsabilidade limitada e sempre sustentou a possibilidade de separação patrimonial para o exercício do comércio, advertindo, porém, na época de seus escritos, quanto ao estágio da legislação, no que tange ao conceito de unidade patrimonial. As conclusões do eminente Mestre (2011:352) são:

"E se o sócio de uma sociedade comercial pode limitar suas responsabilidades pelas obrigações assumidas pela sociedade, não se comprometendo subsidiariamente pelas obrigações sociais, identicamente ao comerciante individual deve ser facultado o mesmo direito, não se concebendo que um indivíduo possa afetar parte de seu patrimônio em uma sociedade, mas não o possa fazer negociar sozinho".

Mesmo com a introdução da empresa individual de responsabilidade limitada, o patrimônio continua sendo uma universalidade legal atribuída a cada pessoa e sobre o qual os credores têm o direito de fazer incidir as obrigações assumidas. Nesse contexto, enquanto o patrimônio for uma unidade decorrente da personalidade, seguir-se-á como consequência sua incindibilidade. Os terceiros – credores civis ou negociais, que contratam com empresário individual – têm, em garantia dos pactos celebrados, não apenas a parcela do capital destinado ao comércio, mas todo o seu patrimônio.

Tanto na terminologia do Código Civil de 1916 – patrimônio – quanto na adotada pelo Código Civil de 2002 – complexo de relações jurídicas –, o sistema obrigacional brasileiro não se afasta do princípio de manter preservado o aspecto universal do conjunto de bens e direitos.

Como unidade, para o fim de exercício da empresa, exige-se a averbação dos contratos de alienação, de usufruto ou de arrendamento do estabelecimento para que estes produzam efeitos jurídicos, dependendo sua eficácia da existência de bens suficientes por parte do alienante ou da anuência expressa ou tácita de todos os credores.

Em resumo, o estabelecimento é uma unidade destinada ao exercício da empresa. Como unidade, o empresário não é totalmente livre para alienar ou comprometer seu estabelecimento, devendo saldar todos seus credores ou obter o consentimento destes. Em caso de falência, todos os bens do empresário individual – leia-se aquele não revestido da modalidade de empresa individual de responsabilidade limitada, os destinados ao exercício da empresa e resultantes deste e, da mesma forma, os de uso pessoal ou familiar, à exceção dos impenhoráveis – são arrecadados para o pagamento dos credores particulares ou empresariais, sem distinção.

A unidade do estabelecimento decorre da destinação dada a cada bem em particular – para o exercício da empresa – e tem como efeito limitar a transferência por parte do empresário. Diversamente, a universalidade (de direito ou patrimônio) abrange o conjunto de todas as relações jurídicas de uma pessoa e é a garantia primária de seus credores, sejam eles particulares ou empresariais.

5.3. O conceito de Oscar Barreto Filho

Na formação do conceito brasileiro de estabelecimento encontram-se várias influências das ideias italianas, francesas e alemãs, concluindo o Professor Oscar Barreto Filho (1988:75) que estabelecimento comercial:

"a) é um complexo de bens, corpóreos e incorpóreos, que constituem os instrumentos de trabalho do comerciante, no exercício de sua atividade produtiva;

b) não se configura como complexo de relações jurídicas do comerciante, no exercício do comércio e, portanto, não constitui um patrimônio comercial distinto do patrimônio civil;

c) é formado por bens econômicos, ou seja, por elementos patrimoniais, sendo duvidoso se compreende elementos pessoais;

d) é uma reunião de bens ligados por uma destinação unitária que lhe é dada pela vontade do comerciante;

e) apresenta um caráter instrumental em relação à atividade econômica exercida pelo comerciante".

Diante dessas conclusões, Oscar Barreto Filho (1988:75) constrói seu clássico conceito: "complexo de bens, materiais e imateriais, que constituem o instrumento utilizado pelo comerciante para a exploração de determinada atividade mercantil".

5.4. Definição legal

Até o advento do novo Código Civil, a legislação brasileira não adotava uma definição de estabelecimento, gerando inúmeras dificuldades práticas no campo dos contratos, nas execuções promovidas em face de comerciantes e nas ações revocatórias, de natureza falimentar.

Ao inovar, o Código Civil, no citado art. 1.142, ampliou o que vinha sendo admitido pela doutrina de Oscar Barreto Filho. O art. 1.143 não somente o admite como universalidade de fato, mas também o torna objeto de negócios jurídicos, translativos ou constitutivos, que sejam compatíveis com sua natureza, regulando, também, as hipóteses de cessão e a eventual existência de créditos e débitos ativos nessa ocorrência.

5.5. Natureza jurídica

Para explicar a natureza jurídica do estabelecimento foram concebidas, ao longo da evolução doutrinária, nove correntes, todas citadas por Oscar Barreto Filho em sua monumental monografia sobre a matéria e divididas em duas categorias: as históricas, compostas de cinco linhas de pensamento – a) teoria da personalidade jurídica do estabelecimento comercial; b) teoria do estabelecimento concebido como patrimônio autônomo; c) teoria da personificação do fundo do comércio, de Valéry; d) teoria do estabelecimento como negócio jurídico, de Carrara; e) teoria do estabelecimento como instituição, de Ferrara –, e as modernas, agrupadas em quatro conjuntos:

a) grupo das teorias imaterialistas, que concebem o estabelecimento como bem imaterial (Pisko, Isay, Hubmann e Muller-Erzbach);

b) grupo de teorias atomistas, que negam a possibilidade de configuração unitária do estabelecimento (Scialoja, Barassi e Barbero);

c) grupo das teorias patrimonialistas, que identificam o estabelecimento como patrimônio comercial, caracterizado como *universitas jurium* (Fadda e Bensa);

d) grupo de teorias que divisam no estabelecimento um complexo de bens unificados por uma destinação comum, configurando uma *universitas rerum* (Carnelutti, Rotondi e Vivante).

5.5.1. Doutrina histórica

Na concepção do estabelecimento como pessoa jurídica, admite-se compreendê-lo como ente distinto da pessoa do comerciante. É, neste caso, uma pessoa jurídica, e, portanto, capaz para o exercício de direitos e obrigações, com completa independência jurídica com a pessoa do comerciante que o utilize. Em consequência, como escreve o Professor Oscar Barreto Filho (1988:80-81):

"Se o comerciante exercesse simultaneamente sua atividade em vários estabelecimentos, cada um deles constituiria uma massa de bens sobre que concorreriam separadamente os respectivos credores. Tratar-se-ia, à luz da distinção conceitual entre dívida e responsabilidade, de um caso de responsabilidade quantitativamente determinada, ou seja, de dívida limitada do comerciante, perante cada estabelecimento e respectivos credores".

Percebe-se, desde logo, que essa posição doutrinária é inaceitável no sistema jurídico brasileiro, que não contemplou entre as pessoas jurídicas o estabelecimento empresarial, limitando aquelas às definidas nos arts. 41, 42 e 44 do Código Civil, a saber: a União, os Estados, o Distrito Federal, os Territórios, os Municípios, as autarquias, as entidades de caráter público criadas por lei, os Estados estrangeiros e as pessoas que forem regidas pelo direito internacional público, as associações, as sociedades, as fundações e as empresas individuais de responsabilidade limitada. Somente essas são pessoas jurídicas, sendo as sete primeiras pessoas jurídicas de direito público interno, as duas seguintes, pessoas jurídicas de direito público externo, e as quatro últimas, pessoas jurídicas de direito privado.

Graficamente, as pessoas jurídicas são, *numerus clausus*:

<table>
<tr><th colspan="3">PESSOAS JURÍDICAS</th></tr>
<tr><th rowspan="2">PESSOAS JURÍDICAS DE DIREITO PRIVADO</th><th colspan="2">PESSOAS JURÍDICAS DE DIREITO PÚBLICO</th></tr>
<tr><th>EXTERNO</th><th>INTERNO</th></tr>
<tr><td>Associações (inclusive as Igrejas e os partidos políticos, porém com a obs. de que essas pessoas podem ser criadas sem necessidade de adaptação às disposições impostas pelo CC) Sociedades (simples e empresárias) Fundações
Empresas individuais de responsabilidade limitada (Ltda. e EIRELI)</td><td>Estados estrangeiros
Todas as pessoas regidas pelo direito internacional público (exemplos: ONU, OEA, OPEP, Comunidade Europeia, OTAN etc.)</td><td>União
Estados
Distrito Federal
Territórios
Municípios
Autarquias
Demais entidades de caráter público criadas por lei</td></tr>
</table>

A segunda corrente histórica admite o estabelecimento como patrimônio sem sujeito, ou seja, uma entidade jurídica patrimonial criada para determinado fim, que, embora integrando o patrimônio global do agente, estaria separado para as relações de crédito e débito que resultarem da finalidade para a qual foi criado. Os credores teriam sobre esse patrimônio autônomo privilégios sobre os demais credores do comerciante. Na prática essa teoria aproxima-se da primeira, porque, ao cindir o estabelecimento, concede-se-lhe capacidade isolada para obrigar-se.

Numa terceira corrente, Valéry concebe uma personificação distinta das duas primeiras. Para ele haveria dois elementos distintos, um pessoal e outro real; o primeiro, o qual denominou *maison de commerce*, seria o conjunto de pessoas que concorrem para a direção e o funcionamento do estabelecimento, e o segundo, denominado *fonds de commerce*, foi idealizado como conjunto de bens que constituem o patrimônio. Ao analisar esse pensamento, Oscar Barreto Filho (1988:83) acertadamente conclui que seu autor "desdobra o conceito de estabelecimento, contrapondo nitidamente os elementos pessoais e reais, de modo a atribuir-lhe ao mesmo tempo a natureza de sujeito e de objeto de direito".

Carrara, em outro estudo, entende que o estabelecimento é um negócio jurídico, em que os sujeitos seriam o proprietário, os operários e empregados e fornecedores etc., ou, conforme relata o Professor Oscar Barreto Filho (1988:88), "acordo entre empresário, prestadores de trabalho e fornecedores de capital, com o escopo de obter, mediante a organização baseada no emprego das respectivas prestações, os resultados produtivos que constituem a razão de ser da combinação". Há nessa vertente confusão entre dois conceitos: o de estabelecimento e o de aviamento, que constitui mera qualidade daquele. Conforme adverte o professor paulista (1988:89), a teoria de Carrara "importa em negar a própria realidade do estabelecimento, que seria transformada numa simples abstração, constituindo-se de uma rede mais ou menos intrincada de relações jurídicas".

Por fim, entre as teorias antigas, há os que o admitem como categoria peculiar. Ferrara, de fato, sustenta que o estabelecimento é uma categoria peculiar de instituição, ativada por determinado fim. Essa singularidade, não prevista no ordenamento jurídico, torna-o espécie *sui generis*, sem natureza específica: não é pessoa, não é coisa, não é ato ou atividade; é algo ainda não contemplado no direito e, assim, de formulação apenas ideal, indecifrável.

5.5.2. Teorias modernas

Entre os modernos doutrinadores encontram-se os que defendem as teorias imaterialistas. Os adeptos dessas teorias consideram o estabelecimento como bem imaterial distinto dos elementos materiais que o constituem. É o resultado da atividade criativa do homem, surgindo um direito diversamente perceptível dos elementos que o formam. Citando Rottandi, Oscar Barreto Filho (1988:91) esclarece: "o estabelecimento distingue-se da materialidade dos elementos que o compõem, precisamente como o direito à patente de invenção se distingue do direito sobre a materialidade da coisa em que se transfunde o invento". Essa concepção é sedutora, e entre nós filiou-se a ela Rubens Requião (1998:250), ao afirmar: "somos de opinião que o estabelecimento comercial pertence à categoria dos bens móveis, transcendendo às unidades das coisas que o compõem e são mantidas unidas pela destinação que lhes dá o empresário, formando em decorrência dessa unidade um patrimônio comercial, que deve ser classificado como bem incorpóreo. O estabelecimento comercial constitui, em nosso sentir, um bem incorpóreo, constituído de um complexo de bens que não se fundem, mas mantêm unitariamente sua individualidade própria".

Um segundo grupo de estudiosos defende as teorias atomistas. Para eles inexiste estabelecimento comercial como unidade. O estabelecimento é uma pluralidade de bens heterogêneos, com unidade econômica, apenas sem ser objeto sujeito a regulamentação própria, unitária.

Os adeptos das teorias universalistas veem o estabelecimento como universalidade, de direito ou de fato, pois o concebem como união de vários elementos complementares entre si, *em função de uma comum destinação econômica* (Barreto Filho, 1988:99).

No Direito brasileiro, os doutrinadores filiaram-se às correntes que explicam o estabelecimento como universalidade. Mas que vem a ser uma universalidade? No conceito de Clóvis Bevilaqua (1975:288), "coisas coletivas (*universitates rerum*) são as que, sendo compostas de várias coisas singulares, se consideram em conjunto, formando um todo econômico (*ex distantibus constant*), e designando-se por um nome genérico (*uni nomini subjecta*). Distinguem-se em universidades de fato, que são agregados de coisas corpóreas, como um rebanho, uma loja, uma biblioteca; e universidades de direito, unidades abstratas de coisas e direitos, como o patrimônio, a herança, o dote, os pecúlios".

Assim, ao se considerar o estabelecimento comercial uma universalidade de direito, deve-se, necessariamente, concluir que o Direito brasileiro, em algum lugar, separou o estabelecimento como unidade universal de alguém. Se o direito positivo pátrio não admite a constituição de patrimônio separado, como já visto, não há como cogitar de uma unidade abstrata separada. Há, sim, o patrimônio de uma pessoa – física ou jurídica –, ou, na visão moderna, em seu complexo de relações jurídicas, uma universalidade de direito, dentro da qual se percebe também, no exercício da empresa, um conjunto de bens agregados para esse fim específico, isto é, uma universalidade de fato, chamada estabelecimento.

Essa é a conclusão de Oscar Barreto Filho (1988:108-109). No mesmo sentido é a conclusão de Dylson Doria (1995:84):

"Ora, sendo o estabelecimento comercial um complexo unitário, pois que pode ser objeto de negócios jurídicos diversos dos que incidem sobre os bens que o compõem, dúvida alguma se manifestaria a respeito de sua classificação entre as chamadas universalidades. Faltaria, todavia, definir-se se se trataria de universalidade de fato ou de direito. Mas, se, como já se acentuou, a universalidade de direito depende de lei que a reconheça, e se lei alguma há que atribua ao estabelecimento essa qualidade, claro que não sobraria à doutrina nacional outra alternativa que não fosse a de conceituá-lo como uma universalidade de fato. Esta é, pois, a sua natureza jurídica em face de nosso Direito".

O Código Civil aderiu claramente a essa corrente ao definir universalidade de fato como "a pluralidade de bens singulares que, pertinentes à mesma pessoa, tenham destinação unitária" (art. 90) e, ao mesmo tempo, indicar estabelecimento como complexo de bens organizado *para o exercício da empresa*. A destinação unitária do estabelecimento – para o exercício da empresa – o subsome à categoria de universalidade de fato.

O objetivo do legislador ao definir o estabelecimento como unidade jurídica é conferir-lhe maior proteção, além daquela que a lei dá aos bens que o compõem, como bem se expressa Eduardo Goulart Pimenta, professor da Pontifícia Universidade Católica de Minas Gerais (2004:99-100): "(...) ao lado das normas que protegem o direito de propriedade e uso de bens móveis, imóveis e incorpóreos, o direito positivo brasileiro passa a proteger expressamente também a universalidade em que se constitui o estabelecimento, ao qual, além dos bens que individualmente o compõem, o empresário acresce um outro elemento, representado pela organização que é dada a estes bens para o exercício da empresa".

Graficamente, pode-se demonstrar a posição do estabelecimento – universalidade de fato – dentro do universo maior constituído pelo complexo de relações jurídicas de alguém:

Na pessoa jurídica – empresa individual de responsabilidade limitada e sociedade empresária – esse complexo de relações jurídicas pode estar todo voltado para o exercício da empresa, e, nesse caso, o estabelecimento empresarial se confundiria com aquele:

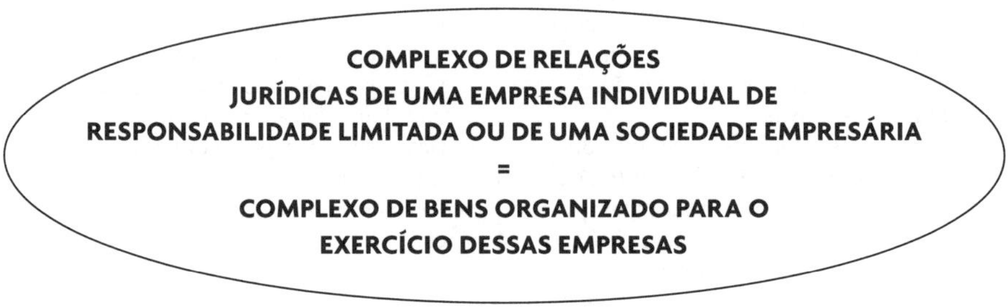

Por essa razão, Oscar Barreto Filho (1988:62) adverte, corretamente, que somente é lícito falar de patrimônio (empresarial) quando se trata de sociedade (empresária). Modernizando sua afirmativa, o complexo de relações jurídicas se identifica com o estabelecimento empresarial exclusivamente na hipótese de se tratar de sociedade empresária ou de empresa individual de responsabilidade limitada (EIRELI ou individual limitada).

5.6. Elementos componentes do estabelecimento empresarial

Uma vez definido estabelecimento empresarial como universalidade de fato, sua existência se liga exclusivamente à vontade de seu titular. Assim, dependendo das escolhas feitas pelo empresário – singular ou coletivo –, haverá distintos estabelecimentos empresariais, com características e destinações próprias.

É, essencialmente, o estabelecimento "todo complexo de bens organizados", compreendendo coisas corpóreas e incorpóreas, móveis e imóveis, fungíveis e consumíveis, divisíveis ou não.

Estudando mais de perto algumas categorias que compõem o estabelecimento, verifica-se que nelas se incluem os bens materiais, entre eles as coisas corpóreas, que podem ser objeto de domínio, e os bens imateriais – que têm existência apenas ideal –, definidos como direitos sobre os objetos móveis e ações correspondentes e direitos pessoais de caráter patrimonial e respectivas ações.

Exemplificando:

ELEMENTOS DO ESTABELECIMENTO EMPRESARIAL	
BENS INCORPÓREOS	**BENS CORPÓREOS**
Exemplos: • sinais distintivos: nome comercial objetivo, título e insígnia do estabelecimento, marcas de produto ou serviço, marcas de certificação, marcas coletivas; • privilégios industriais: patentes de invenção e de modelos de utilidade, registro de desenhos industriais; • obras literárias, artísticas ou científicas; • ponto ou local da empresa; • direitos decorrentes dos contratos em geral; • créditos[3]. (Somente integram o estabelecimento os créditos a ele referentes. O novo Código Civil previu expressamente esse crédito como integrante do estabelecimento empresarial, regulando-o no art. 1.149).	Exemplos: • nos estabelecimentos industriais: terrenos, edifícios, construções, usinas, armazéns, máquinas, equipamentos, produtos acabados, matéria-prima etc.; • nas chamadas atividades intermediárias: mercadorias, instalações, mobiliário e utensílios; • nas empresas de transporte: veículos etc.; • nas atividades bancárias: dinheiro, títulos.

5.6.1. Outros elementos considerados pela doutrina

Alguns doutrinadores incluem entre os bens incorpóreos o *aviamento* (Américo Führer, 2006:20); contudo, a melhor doutrina entende que o aviamento é, tão somente, uma qualidade ou atributo do estabelecimento empresarial; trata-se da expectativa de lucros futuros.

[3] Somente integram o estabelecimento os créditos a ele referentes. O novo Código Civil previu expressamente esse crédito como integrante do estabelecimento empresarial, regulando-o no art. 1.149: "A cessão dos créditos referentes ao estabelecimento transferido

A inclusão da clientela entre os bens incorpóreos é discutível, entendendo Oscar Barreto Filho tratar-se de mera situação de fato (1988:159; 182-183), e nunca de bem imaterial.

5.6.2. O bem imóvel

Divide-se, ainda, a doutrina quanto a incluir os imóveis entre os bens corpóreos do fundo de comércio. Rubens Requião (2003:283) afirma que o imóvel não faz parte do estabelecimento empresarial, porque o patrimônio total do empresário não se identifica com o fundo empresarial.

Essa mesma questão foi objeto do 138º Concurso de Ingresso na Magistratura Paulista, quando se indagou:

"O imóvel onde está localizado o estabelecimento comercial:

(A) é elemento integrante do fundo de comércio.

(B) é considerado o fundo de comércio.

(C) é passível sempre de ação renovatória.

(D) pode ser elemento da empresa".

Adotada a teoria moderna e a posição de Oscar Barreto Filho, que considera o estabelecimento comercial como universalidade de fato, a alínea correta a ser assinalada é a (A): o imóvel é elemento integrante do fundo de comércio. Entretanto, a correção da prova apontou como acertada a alínea (D), adotando claramente a posição de Rubens Requião.

A esse respeito esclarece Oscar Barreto Filho (1988:155): "o estabelecimento consta, principalmente, em regra, de coisas corpóreas, imóveis e móveis (...). Nos estabelecimentos industriais predominam os imóveis: terrenos, edifícios e construções destinadas às fábricas, usinas e armazéns, com tudo neles intencionalmente empregado em sua exploração, como as máquinas e equipamentos...".

Entretanto, a confusão se estabelece porque o citado doutrinador paranaense, imaterialista[4] que é, define estabelecimento empresarial como

---

produzirá efeito em relação aos respectivos devedores, desde o momento da publicação da transferência, mas o devedor ficará exonerado se de boa-fé pagar ao cedente". Os créditos, tais como as dívidas, podem ser elementos pessoais do empresário e não do estabelecimento.

[4] Anotou-se acima que os adeptos dessas teorias consideram o estabelecimento como um bem imaterial distinto dos elementos materiais que o constituem. É o resultado da atividade criativa do homem, surgindo um direito distinto dos elementos que o formam.

criação abstrata que toma a forma de bem móvel, daí por que não pode ser integrado por bens imóveis. Tal posição, como já visto, não é compartilhada pela maioria dos doutrinadores.

A resposta assinalada pela comissão julgadora do concurso, (D), acima, é, na ótica do presente autor, incorreta, porque, sendo empresa o exercício de atividade, uma abstração, como o próprio Rubens Requião admite, não há como ser constituída de coisas móveis, imóveis ou direitos. Trata-se do exercício de atividade – *perfil funcional do conceito de empresa* –, conforme se estudou no capítulo de introdução à Teoria da Empresa.

A empresa, como concebida no estatuto civil, é compreendida por três elementos ou significativos ou perfis: o subjetivo (o empresário ou a sociedade empresária), o objetivo (o estabelecimento e sua organização) e o funcional, que é o exercício da própria atividade econômica. As coisas (na hipótese, os imóveis), por conceito, pertencem ao perfil objetivo, jamais serão pessoas ou atividades.

5.6.3. Outras classificações consideradas pela doutrina

Além da presente classificação, dividindo os bens em corpóreos e incorpóreos, Dylson Doria apresenta outra, entendendo serem elementos do estabelecimento empresarial o trabalho e a organização[5]. A crítica que se faz a essa classificação é que sua visão é mais econômica do que jurídica, não se podendo compreender que o trabalho próprio do empresário ou alheio, de seus empregados, venha constituir objeto de direito. Trata-se de atividade com vistas à produção ou circulação de bens ou produtos. Como atividade, insere-se no perfil funcional da empresa e não no perfil objetivo, como pretendeu o ilustre professor baiano. Além disso, o trabalho do empregado reveste-se de caráter pessoal, e a decisão de prosseguir colaborando com a empresa, em caso de alienação do estabelecimento ou cessão do

---

[5] Afirma o mestre da Faculdade de Direito da Universidade Católica de Salvador: "Afora esses bens corpóreos e incorpóreos que se compreendem na noção do capital, vimos também que integram o estabelecimento comercial o trabalho e a organização. O trabalho é representado pelos serviços de quantos (desde o próprio empresário até o mais modesto empregado) dedicam sua atividade ao funcionamento do estabelecimento comercial. Enquanto isto, a organização é o elemento que, combinando estruturalmente o capital e o trabalho, visa conseguir a maior produtividade de ambos. A organização é o elemento estrutural que surge da conjugação do capital e trabalho em função do fim colimado" (*Curso de Direito Comercial*, 10. ed. São Paulo: Saraiva, 1995, p. 119-120).

controle de direção, é sempre desse profissional, não podendo constituir-se em direito do adquirente ou do novo titular das cotas ou ações.

No tocante à organização, não há por que concebê-la como integrada exclusivamente pelo estabelecimento. Percebe-se na organização a presença do próprio exercício empresarial – ou perfil funcional – na idealização desse conceito. A confusão ocorre porque há íntima ligação entre os atos (perfil funcional) de manifestação do empresário (sujeito), na organização e desenvolvimento de atividades econômicas (perfil funcional), e o complexo de bens (perfil objetivo) de que ele se utiliza com vistas à produção e à circulação de bens, produtos e serviços e os novos bens que desse processo resultam (perfil objetivo). Conquanto inseparáveis no conceito de empresarialidade, podem-se distinguir o sujeito e o complexo de bens que ele usa e, ainda, separar, intelectualmente, ambos da atividade desenvolvida pelo primeiro.

5.7. Cessão de estabelecimento empresarial

O estabelecimento empresarial é considerado, na doutrina, como bem móvel, mas, apesar disso, pode constituir-se de bens imóveis; nesse caso, sua transferência estará sujeita a esse regime de bens, mediante o registro do título translativo no Registro de Imóveis.

Para cessão do estabelecimento, a expressão "trespasse" foi consagrada pela doutrina, preferindo-se à transferência, alienação ou cessão (Barreto Filho, 1988:208); entretanto, o Código Civil não a adotou.

A lei brasileira admite possa ser o estabelecimento objeto unitário de direitos e de negócios jurídicos, translativos ou constitutivos, que sejam compatíveis com sua natureza (art. 1.143 do Código Civil). A doutrina em geral inclui entre os negócios jurídicos os contratos, os negócios unilaterais, as promessas unilaterais e os atos coletivos (Gomes, 1968:41). Evidente, pois, que o estabelecimento é, licitamente, objeto de todo e qualquer negócio jurídico[6], realizado por agente capaz, na forma prescrita ou não defesa em lei.

---

[6] O art. 81 do Código Civil de 1916 conceituava ato jurídico como "todo ato lícito que tenha por fim imediato adquirir, resguardar, transferir, modificar ou extinguir direitos". Essa definição é, rigorosamente, a de negócio jurídico, conforme lembra Maria Helena Diniz (*Teoria Geral de Direito Civil*. 12. ed. São Paulo: Saraiva, 1996, p. 272), ao explicar a opção adotada pelo novo Código Civil: "É na disciplina dos negócios jurídicos que o Projeto de Lei n. 634-B/75 apresenta maiores alterações em face do Código Civil vigente, substituindo a

Prevê, entretanto, a Lei Civil que o contrato que tenha por objeto a alienação, o usufruto ou o arrendamento do estabelecimento só produza efeitos, quanto a terceiros, depois de averbado no Registro Público de Empresas Mercantis, ou seja, à margem do ato de arquivamento da declaração de firma individual do empresário ou dos atos constitutivos da sociedade empresária, na Junta Comercial onde se encontrar a sede de seus negócios (CC, art. 1.144).

Restringe, ainda, o Código Civil a alienação na hipótese de não restarem bens suficientes para solver o passivo. Nesse caso, a lei exige o pagamento de todos os credores ou o consentimento, expresso ou tácito, destes (CC, art. 1.145).

Com o mesmo propósito de salvaguardar o direito dos credores, a Lei Falimentar impõe restrições à venda do estabelecimento empresarial, sob pena de ineficácia, ao estabelecer, em seu art. 129, VI: "são ineficazes em relação à massa falida, tenha ou não o contratante conhecimento do estado de crise econômico-financeira do devedor, seja ou não intenção deste fraudar credores: a venda ou transferência do estabelecimento feita sem o consentimento expresso ou o pagamento de todos os credores, a esse tempo existentes, não tendo restado ao devedor bens suficientes para solver seu passivo, salvo se, no prazo de 30 (trinta) dias, não houver oposição dos credores, após serem devidamente notificados, judicialmente ou pelo oficial do registro de títulos e documentos".

No regime de concordata, instituto regulado no Decreto-lei n. 7.661/45, e na recuperação judicial prevista na LREF, o legislador impôs restrições à venda ou transferência do estabelecimento empresarial: no primeiro caso – concordata – a alienação depende do consentimento expresso de todos os credores admitidos e sujeitos a seus efeitos (LF45, art. 149) e, no segundo, a restrição abrange tão somente os bens e direitos do ativo permanente da

---

expressão genérica *ato jurídico*, que se encontra no Código em vigor, pela designação específica *negócio jurídico*, uma vez que é a este e não àquele que se aplicam todas as normas ali constantes". Para a nova Lei Civil, entretanto, haverá atos jurídicos "que não sejam negócios jurídicos" (art. 185 do Código Civil), que, na expressão daquela autora, "surgem como mero pressuposto de efeito jurídico preordenado pela lei sem função e natureza de autorregulamento", podendo ser citados como exemplos de atos jurídicos materiais: "ocupação, fixação e transferência de domicílio, descoberta de tesouro, comissão, confusão, especificação, pagamento indevido etc." e, de atos jurídicos de participação: "intimação, interpelação, notificação, oposição, aviso, confissão, denúncia, convite etc.", todos mencionados pela ilustre professora paulista (obra citada, p. 275).

empresa em recuperação, excetuando, contudo, a hipótese de evidente utilidade reconhecida pelo juiz, depois de ouvido o Comitê de Credores, com exceção daqueles previamente relacionados no plano de recuperação judicial (LREF, art. 66).

É possível que a venda do estabelecimento se faça destacadamente, em vários contratos, considerando tratar-se de coisas singulares, que não perdem sua individualidade mesmo pertencendo a uma *universitas facti.* Se tal fato vier a se configurar, constituindo fraude aos credores, a prática pode ensejar – quando se tratar de sociedade empresária – o ingresso no patrimônio pessoal dos sócios, mediante ação autônoma de desconstituição da pessoa jurídica, ou pedido incidente à execução já iniciada. Em se tratando de empresário individual e não restando outros bens livres em seu patrimônio para execução, a solução que se apresenta é o pedido falimentar e, eventualmente, a punição por crime falimentar, consistente no desvio de bens (LREF, art. 173), ressalvadas as hipóteses previstas no art. 164 do Código Civil.

O princípio da unidade do estabelecimento sempre persistirá, por definição. Incorretas serão as decisões judiciais que considerarem eficazes vendas separadas de linhas telefônicas, de direitos sobre marcas, de bens que compõem as instalações etc., principalmente ocorrendo às vésperas de pedido de falência. O entendimento no sentido de a lei apenas coibir a venda do todo complexo, isto é, de todo conjunto de coisas corpóreas e incorpóreas, mas não em separado, leva a tornar inócuo o texto legal, bastando que o empresário, inescrupulosamente, faça as vendas de forma fracionada.

Para evitar o conluio fraudulento entre o alienante do estabelecimento e seu adquirente, o Código Civil, em boa regra, previu a responsabilidade solidária deste último, pelo prazo de um ano, contado a partir dos vencimentos dos créditos, se ainda não vencidos, e de um ano a partir da publicação do arquivamento na Junta Comercial, se os créditos se encontrarem vencidos quando do trespasse (CC, art. 1.146).

Inclui o trespasse do estabelecimento, salvo se os contraentes estipularem em contrário, todo o complexo de bens; como já se estudou, abrange ele contratos, direitos, negócios jurídicos, móveis, imóveis, bens corpóreos e incorpóreos etc. O adquirente se sub-roga em todos os contratos de exploração do estabelecimento, salvo em relação àqueles que tenham caráter pessoal em seu cumprimento, como ocorre em contratos de trabalho ou de prestação de serviço. Nesse caso, os terceiros que prestam serviços de caráter pessoal podem, ocorrendo justa causa e dentro de noventa dias da transferência, rescindir o contrato (CC, art. 1.148).

Incorpora, ainda, o texto do Código Civil a previsão sobre os créditos referentes ao estabelecimento, considerando-os cedidos ao adquirente, mas ressalvando que o pagamento que se dê ao alienante desobriga o devedor (CC, art. 1.149).

5.8. Título de estabelecimento

Além do nome empresarial, por meio do qual o empresário exerce e assina os atos relativos à empresa, admite-se o uso de um título de estabelecimento e a insígnia ou outro elemento que se relacione à atividade da empresa ou seu titular, tais como pseudônimos, alcunhas, iniciais da firma etc. O título do estabelecimento, em geral formado pelo núcleo ou parte do nome empresarial ou da marca, torna-se, muitas vezes, mais conhecido que estes: Casas da Banha, Rei do Retalho, Sorveteria do Centro etc.

Embora inexistindo no Brasil registro de título de estabelecimento[7], sua proteção contra usurpações e uso indevido se encontra na disposição genérica que coíbe atos ilícitos, como, por exemplo, a norma do art. 186 do CC, e na repressão penal estabelecida no art. 195 do Código da Propriedade Industrial.

5.9. Domicílio e estabelecimento principal

Em regra, o domicílio da pessoa natural se fixa no lugar onde ela estabelece sua residência com ânimo definitivo (CC, art. 70). Por ser o

---

[7] O Decreto-lei n. 7.903, de 27 de agosto de 1945, previa, no art. 3º, várias formas de proteção à propriedade industrial, entre elas, o registro de títulos de estabelecimentos, insígnias comerciais ou profissionais (art. 3º, *b*), definindo-os, no art. 114, como, "respectivamente, as denominações, os emblemas ou quaisquer outros sinais que sirvam para distinguir o estabelecimento comercial, industrial ou agrícola, o relativo a qualquer atividade lícita". O art. 176 punia criminalmente a violação dos direitos ao nome comercial, ao título de estabelecimento e à insígnia. A possibilidade desse registro no antigo Departamento Nacional da Propriedade Industrial perdurou até a vigência da Lei n. 5.772, de 21 de dezembro de 1971 (Código da Propriedade Industrial), quando o art. 119 desse diploma excluiu de seu âmbito o registro, mantendo, entretanto, a punição penal (art. 176 daquele primeiro diploma). A nova Lei de Registro de Empresa (Lei n. 8.934, de 18-11-1994) também é omissa quanto à possibilidade de registro do título de estabelecimento no Registro Público de Empresas. Na mesma linha da Lei n. 5.772/71, o atual Código da Propriedade Industrial (Lei n. 9.279/96) mantém, tão somente, a proteção indireta, de natureza penal, em seu art. 195, V. Assim, o título de estabelecimento nem é objeto de registro no INPI (Instituto Nacional da Propriedade Industrial), tampouco pode ser levado a registro nas Juntas Comerciais dos Estados, mas o direito à exclusividade de uso de seu titular sempre foi protegido indiretamente pelas mencionadas disposições penais.

empresário individual uma pessoa natural, seu domicílio é assim determinado. Entretanto, também será seu domicílio o lugar onde exercitar sua atividade, no tocante às relações empresariais (CC, art. 72).

Muitas vezes o domicílio residencial coincide com o domicílio empresarial. Aos microempresários individuais (MEI), por exemplo, é facultado utilizar sua residência como sede de estabelecimento, se não lhe for exigida a existência de local próprio para o exercício da atividade, conforme dispõe a Lei Complementar n. 123, de 14 de dezembro de 2006 (art. 18-A, § 26).

É possível, ainda, que o empresário, para o desenvolvimento de suas atividades, venha a utilizar-se de mais de um estabelecimento empresarial, e, nesse caso, surge a questão do estabelecimento principal, cuja solução se mostra importante para a fixação do Juízo competente para a declaração de falência, conforme preceitua a LREF, no art. 3º. A doutrina, há muito, considera principal estabelecimento, para efeito falimentar, aquele em que se encontrar a centralização das ocupações empresariais, isto é, o local de onde emanam as ordens e se realizam as atividades mais intensas da empresa.

Afastando-se desse entendimento, mas não revogando a regra especial falimentar, o Código Civil considera, na hipótese de existir mais de um, cada um deles seu domicílio para os atos nele praticados.

Diversamente do que dispõe a Lei Civil, a Lei Falimentar somente admite, para efeito de fixação da competência, um único domicílio: o lugar onde o empresário possuir seu *principal estabelecimento*, entendido este como o local no qual fixa a chefia da empresa e transmite as ordens de seus negócios.

Miranda Valverde explica o espírito da Lei Falimentar (1962,1:96-97): "A sede administrativa é, com efeito, o ponto central dos negócios, de onde partem todas as ordens, que imprimem e regularizam o movimento econômico dos estabelecimentos produtores. As relações externas com os fornecedores, clientes, bancos etc. realizam-se por seu intermédio. Na sede da administração é que se faz a contabilidade geral das operações, onde, por isso, devem estar os livros legais da escrituração, os quais, mais do que o valor pecuniário, ou a importância do estabelecimento produtor, interessam, na falência ou concordata, à Justiça".

A fixação do principal estabelecimento pela sede da administração se sobrepõe a qualquer outro critério estatutário ou contratual. A experiência mostra que, às vésperas de pedido de falência ou de recuperação judicial ou extrajudicial, alguns empresários, imbuídos de má-fé, transferem ou tentam transferir o estabelecimento empresarial para comarcas vizinhas ou locais distantes da fiscalização de seus credores. É evidente que, percebida a fraude, a falência ou mesmo o pedido de recuperação judicial ou de homologação de recuperação extrajudicial devem processar-se no local onde a atividade sempre se desenvolveu, desconsiderando a transferência intempestiva levada a registro. Aplica-se aqui a regra do domicílio real, local onde se situam os verdadeiros interesses da empresa.

Para o empresário com sede fora do País, reputar-se-á, no tocante às obrigações contraídas por cada uma de suas agências, o lugar do estabelecimento, sito no Brasil, a que ela corresponder (CC, art. 75, IV). Para efeito falimentar determina-se a fixação da competência no Juízo da comarca onde estiver situada a filial brasileira (LREF, art. 3º).

Capítulo 6

ASPECTOS DO ESTABELECIMENTO: O AVIAMENTO E A CLIENTELA

Sumário: 6.1. Noções. 6.2. Aviamento real e aviamento subjetivo. 6.3. A tutela legal do aviamento. 6.4. Clientela. 6.5. Freguesia. 6.6. Proteção legal à clientela. 6.7. Cessão de clientela. 6.8. A disputa judicial entre o Conde Álvares Penteado, a Companhia Nacional de Tecidos da Juta e a Companhia Paulista de Aniagem. 6.9. Cláusulas de interdição de concorrência.

6.1. Noções

O estabelecimento empresarial, por definição, é um complexo de bens materiais e imateriais, de múltipla variedade, conforme a natureza da atividade desenvolvida por seu titular. Nem a clientela nem o aviamento integram o estabelecimento empresarial, porque não se subsomem ao conceito de coisa, suscetível de domínio. Na correta afirmação de Barreto Filho (1988:159), a primeira é mera situação de fato, o segundo é um atributo do estabelecimento empresarial.

O estudo da *clientela* está intrinsecamente ligado ao estudo do *aviamento,* visto que este é um atributo do estabelecimento empresarial e aquele um dos fatores desse aviamento.

Cada estabelecimento empresarial possui um *aviamento*, maior ou menor, sendo o resultado de um conjunto de vários fatores de ordem material ou imaterial, os quais conferem ao estabelecimento a capacidade ou aptidão de gerar lucros. Os ingleses o chamam de *goodwill of a trade* e o definem como "the value of a business establishment over and above its cash assets and material property", conforme definição de *Webster's New Ilustrated Dictionary*, ou seja, o valor de um estabelecimento mercantil acima ou abaixo de seu ativo disponível e de seus bens materiais. Igualmente assim define o *Black's Law Dictionary* (2004:715): "boa reputação empresarial e outros ativos intangíveis considerados na avaliação dos negócios, especialmente para sua alienação; capacidade de obter maior rendimento na expectativa negocial, a partir da mera observação do conjunto de seus ativos" (tradução livre do autor). Trata-se, pois, de valor e não de *coisa*.

Essa capacidade de gerar lucros, algumas vezes, é estudada como atributo da empresa, segundo parece entender Rubens Requião (1998:307), ou elemento do fundo de comércio (Führer, 2006:20), ou, ainda, consoante interpreta Fábio Ulhoa Coelho (2016,1:136), sinônimo de "fundo de empresa", porquanto designam ambas as expressões "o sobrevalor nascido da atividade organizacional do empresário".

Isso ocorre em razão de a natureza jurídica do aviamento possuir uma multiplicidade de opiniões doutrinárias, havendo quem sustente tratar-se de: a) um elemento incorpóreo do estabelecimento; b) o próprio estabelecimento; c) atributo ou qualidade do estabelecimento; d) resultado da soma dos fatores do estabelecimento e da pessoa do titular.

As tendências doutrinárias podem ser visualizadas no seguinte quadro:

aviamento = elemento incorpóreo do estabelecimento
aviamento = estabelecimento empresarial
aviamento = atributo do estabelecimento empresarial
aviamento = estabelecimento + exercício da empresa

Adotado o conceito de Barreto Filho (1998:171), entende-se que o aviamento é um atributo do estabelecimento empresarial, enquanto instrumento do exercício da empresa:

"O aviamento existe no estabelecimento, como a beleza, a saúde ou a honradez existem na pessoa humana, a velocidade no automóvel, a fertilidade no solo, constituindo qualidades incindíveis dos entes a que se referem. O aviamento não existe como elemento separado do estabelecimento, e, portanto, não pode constituir em si e por si objeto autônomo de direitos, suscetível de ser alienado, ou dado em garantia".

6.2. Aviamento real e aviamento subjetivo

O mesmo doutrinador, contudo, adverte que tal concepção é incompleta, porque ignora o fator pessoal na definição do aviamento, e conclui pela existência de um aviamento objetivo ou real, como qualidade do estabelecimento empresarial, e outro subjetivo, imanente à pessoa que conduz os negócios. O primeiro é transmissível – até por meio de contratos de franquia, nos quais se cede o direito de uso de uma marca e se prestam serviços de organização de um ponto de venda –, mas não o segundo, por ser subjetivo, ligado à figura do titular da empresa.

Há aqueles que observam exclusivamente a ótica do exercício da empresa por seu titular e atribuem o aviamento à pessoa do empresário, como faz, por exemplo, Aloysio Álvares Cruz (1994:41), que afirma: "Rigorosamente o aviamento está indissoluvelmente ligado à pessoa do empresário, pois depende da sua arte, de seu trabalho, da sua experiência, portanto, de qualidades do sujeito".

Ousa-se discordar de tal afirmação. A iniciativa do empresário é ponto de partida para um bom resultado empresarial, mas, em muitas atividades, sua contribuição ao aviamento se resume, tão somente, a esse impulso original. Um melhor aviamento decorre de vários fatores – pessoais e reais, corpóreos e incorpóreos – que se mesclam para a obtenção de um bom resultado: a escolha do ponto comercial e/ou do produto, a simpatia do proprietário e de seus auxiliares, o treinamento dos atendentes, o preço oferecido, a variedade de produtos, o respeito aos direitos do cliente, a boa arrumação dos vários elementos corpóreos, a divulgação de uma marca, o uso de determinada expressão de propaganda etc. A opção pelos melhores meios depende de certas condições de ramo, de tempo e lugar. Modernamente tem prosperado o restaurante de serviço rápido, ou, como se denominou internacionalmente, o *fast-food*, método de atendimento inaceitável há algumas décadas. Outro exemplo: certa intimidade que se procura criar entre cliente e atendente em lojas de departamentos ou em vendas de roupas é admissível em nosso país, mas inaceitável em países da comunidade britânica, cuja clientela exige certo distanciamento entre vendedor e comprador; a tentativa de aproximação soa para a cultura britânica como indevida intimidade e revela hipocrisia na arte do comércio.

6.3. A tutela legal do aviamento

Somente indiretamente há proteção legal ao aviamento. Por exemplo, a Lei n. 8.245/91 determina a indenização ao titular do estabelecimento quando, em razão da não renovação de contrato de locação, houver desvalorização do fundo do comércio (art. 52, § 3º). Não se protege diretamente a capacidade de gerar lucros, mas se concede ao titular da empresa o direito de se ver indenizado em razão da perda de um de seus principais instrumentos para o exercício de sua atividade: o local onde recebia a clientela e realizava seus negócios.

6.4. Clientela

A clientela, considerada como "conjunto de pessoas que, de fato, mantém com o estabelecimento relações continuadas de procura de bens e de serviços" (Barreto Filho, 1988:178), constitui manifestação externa do aviamento.

O conjunto de fatores reais e pessoais (local, mercadorias, habilidade pessoal do empresário, notoriedade da marca de seus produtos) resulta em maior ou menor aviamento. Entre esses fatores alguns doutrinadores entendem incluir-se a clientela.

Inexiste, contudo, entre clientela e aviamento uma relação de consequência, isto é, não se pode dizer que aquela seja causa deste, nem que o aviamento seja causa da clientela, mas uma evidência de maior aviamento é a maior clientela.

Comparando com as leis físicas, Barreto Filho (1988:180), explica a natureza do fenômeno *aviamento-clientela* dizendo que ora o aviamento é ação, ora a clientela é reação, e vice-versa, inexistindo relação de causa e efeito.

6.5. Freguesia

Para Carvalho de Mendonça, haveria uma distinção entre freguesia e clientela, servindo o primeiro termo para as atividades comerciais e o segundo às atividades de profissionais liberais. Oscar Barreto Filho, estudando a origem da palavra, afirma que tal distinção tem razão de ser porque a primeira tem conotação de lugar e a segunda exprime a ideia de relacionamento com as qualidades subjetivas do titular.

O termo "clientela" tem origem no Direito Romano, como escreve Paul Veyne (1995, 1:98):

"O que é um cliente? Um homem livre que vem fazer a corte ao pai de família e orgulhosamente se proclama seu cliente; é rico ou pobre, poderoso ou miserável, às vezes mais poderoso que o patrono ao qual saúda. Podemos enumerar pelo menos quatro espécies de clientes: os que desejam fazer carreira pública e contam com a proteção do patrono; gente de negócios cujos interesses o patrono servirá com sua influência política e com maior boa vontade se estiver associado a eles, como frequentemente ocorre; pobres diabos, poetas, filósofos que em geral vivem de esmolas do patrono (entre eles, muitos gregos) e que, não sendo gente do povo, achariam desonroso trabalhar ao invés de viver da proteção dos grandes; e, por fim, aqueles que são bastante poderosos para pertencer ao mesmo mundo do patrono e legitimamente aspirar a ser incluídos em seu testamento em agradecimento a suas homenagens (entre eles encontram-se tanto os mais altos personagens do Estado quanto libertos do imperador, administradores todo-poderosos): um velho rico sem descendência tinha muitos clientes desse tipo".

Em todos os casos mencionados pelo conceituado historiador, vê-se a proeminência do elemento pessoal na escolha do patrono por parte de seu cliente, para fim negocial, para a atividade política ou, simplesmente, para obter vantagens desse patronato.

A legislação brasileira emprega indistintamente os termos "cliente" e "freguês" ao se referir à clientela do empresário. Usa, por exemplo, freguês quando discorre sobre os crimes contra a economia popular: Lei n. 1.521/51 e Lei Delegada n. 4/62; utiliza-se da expressão "cliente" quando trata do preconceito de raça ou de cor: Lei n. 7.716/89, art. 15; mas prefere a acepção "cliente" quando aponta para as pessoas que mantêm relacionamento com a atividade bancária, como ocorre no art. 4º, X, da Lei n. 4.595/64 e nos dispositivos da Lei do Cheque, Lei n. 7.357/85, e no art. 12 da Lei Complementar n. 70/91; ou com as atividades profissionais ligadas à medicina ou a profissões sanitárias (Lei n. 3.688/41, art. 66 – Lei das Contravenções Penais) e à atividade da advocacia (Lei n. 8.906/94 – Estatuto da Ordem dos Advogados).

Inexiste, portanto, distinção científica que justifique a adoção precisa de um ou outro termo, podendo ambos se referir, como sinônimos, ao conjunto de pessoas que, de fato, mantêm com o estabelecimento relações continuadas de procura de bens e serviços.

6.6. Proteção legal à clientela

Como ocorre, também, nas hipóteses de proteção aos bens imateriais, somente de forma indireta a lei estabelece proteção à clientela (que não é um bem, mas fator resultante do conjunto de bens), quando, por exemplo, determina o direito à indenização, no caso de não renovação do contrato de locação (art. 52, § 3º, da Lei n. 8.245/91).

Na Lei da Propriedade Industrial (Lei n. 9.279/96) estabelece-se a proteção daqueles direitos, mediante a repressão à concorrência desleal.

Considera-se que, sendo a concorrência um fato lícito, não há por que tutelar a clientela, sob pena de tutelar o próprio lucro. Somente quando ocorrer a prática de tipo previsto como ilícito penal, definido como concorrência desleal, dar-se-á a proteção legal. Os crimes de concorrência desleal estão definidos no art. 195 da Lei n. 9.279/96.

Observe-se que os tipos penais de concorrência desleal podem ser estudados sob o ponto de vista dos institutos jurídicos mencionados neste livro, envolvendo a pessoa do empresário, sua atividade, seu estabelecimento empresarial, seu nome e, mais diretamente, sua clientela, mediante ações fraudulentas que visam desviá-la para si:

a) atos contrários à pessoa do empresário ou sua atividade (pessoa física do empresário individual ou pessoa jurídica da sociedade empresária): incisos I e II (I – publica, por qualquer meio, falsa afirmação, em detrimento de concorrente, com o fim de obter vantagem; II – presta ou divulga, acerca de concorrente, falsa informação, com o fim de obter vantagem);

b) atos que atingem bens incorpóreos do estabelecimento empresarial, como a expressão e o sinal de propaganda (inciso IV – usa expressão ou sinal de propaganda alheios, ou os imita, de modo a criar confusão entre os produtos ou estabelecimentos), direitos intelectuais, entre eles o título do estabelecimento e a insígnia (inciso V – usa, indevidamente, nome comercial, título de estabelecimento ou insígnia alheios ou vende, expõe ou oferece à venda ou tem em estoque produto com essas referências), conhecimentos técnicos ou científicos e informações (incisos XI – divulga, explora ou utiliza-se, sem autorização, de conhecimentos, informações ou dados confidenciais, utilizáveis na indústria, comércio ou prestação de serviços, excluídos aqueles que sejam evidentes para um técnico no assunto, a que teve acesso mediante relação contratual ou empregatícia, mesmo após o término do contrato; XII – divulga, explora ou utiliza-se, sem autorização, de conhecimento ou informação a que se refere o inciso anterior, obtidos por meios ilícitos ou a que teve acesso mediante fraude e XIV – divulga, explora ou utiliza-se, sem autorização, de resultados ou testes ou outros dados não divulgados, cuja elaboração envolva esforço considerável e que tenham sido apresentados a entidades governamentais como condição para aprovar a comercialização de produtos);

c) atos que têm por objetivo atingir os atributos da personalidade do empresário, como o nome comercial (incisos V – usa, indevidamente, nome comercial, título de estabelecimento ou insígnia alheios ou vende, expõe ou oferece à venda ou tem em estoque produto com essas referências e VI – substitui, pelo seu próprio nome ou razão social, em produto de outrem, o nome ou razão social deste, sem o seu consentimento);

d) atos que adulteram o produto (inciso VIII – vende ou expõe ou oferece à venda, em recipiente ou invólucro de outrem, produto adulterado ou falsificado, ou dele se utiliza para negociar com produto da mesma espécie, embora não adulterado ou falsificado, se o fato não constitui crime mais grave);

e) atos fraudulentos ou contrários à moralidade que propõem unicamente atrair para si a clientela alheia (incisos III – emprega meio fraudulento para desviar, em proveito próprio ou alheio, clientela de outrem; VII – atribui-se, como meio de propaganda, recompensa ou distinção que não obteve e XIII – vende, expõe ou oferece à venda produto, declarando ser objeto de patente depositada ou concedida, ou de desenho industrial registrado, que não o seja, ou menciona-o, em anúncio ou papel comercial, como depositado ou patenteado, ou registrado, sem o ser).

Anote-se, ainda, que, sob mesmo título, o Código da Propriedade Industrial define os crimes contra as patentes (arts. 183 a 186), desenhos industriais (arts. 187 e 188), marcas (arts. 189 e 190) ou por meio de marca, título de estabelecimento e sinal de propaganda (art. 191) e contraindicações geográficas e demais indicações (arts. 192 a 194), que, a rigor, têm por desiderato o mesmo propósito dos crimes definidos sob a rubrica concorrência desleal.

Todos os tipos penais do Título V protegem indiretamente a clientela e não apenas os mencionados no art. 195 sob a rubrica específica (contra a concorrência desleal), dando ensejo a indenizações de ordem civil pelos benefícios que o prejudicado teria auferido se a violação não tivesse ocorrido (art. 208), ressalvado o direito de haver perdas e danos pelos prejuízos causados (art. 209) e dos lucros cessantes (art. 210).

Mais remotamente, o próprio Código Penal contém dispositivo que indiretamente protege a clientela ao tutelar o exercício da empresa e o estabelecimento empresarial (art. 202 do Código Penal) contra atos de sabotagem.

6.7. Cessão de clientela

Aquele que adquire um estabelecimento empresarial tem, evidentemente, o interesse de conservar sua clientela, uma vez que o preço pago por ele incluiu a maior ou menor capacidade de gerar lucros.

Entretanto, não sendo coisa, a clientela não pode ser objeto de direito, isto é, não pode ser vendida ou transferida. É impróprio, pois, falar em *cessão de clientela*, expressão muitas vezes utilizada em contratos de venda de estabelecimento empresarial.

Tullio Ascarelli, ao lembrar a natureza da clientela e do aviamento, afirma que essas qualidades podem vir a ser asseguradas por meio da cessão dos bens que formam o estabelecimento, não se prestando ambos os institutos à transmissão ou cessão[1].

Historicamente, à falta de disposição legislativa, estabeleceu-se, em época já remota, na jurisprudência brasileira, séria discussão acerca da garantia da clientela como direito do adquirente de estabelecimento empresarial. Por se tratar de orientação precursora, envolvendo três grandes vultos do cenário jurídico, abrangendo conceitos doutrinários que ora estão sendo estudados, sua leitura pode possibilitar melhor compreensão a respeito do interesse prático da matéria.

6.8. A disputa judicial entre o Conde Álvares Penteado, a Companhia Nacional de Tecidos da Juta e a Companhia Paulista de Aniagem

Em 1913 (*v*. acórdão n. 218, 12-8-1914, RT 12/183, dez. 1984), o Supremo Tribunal Federal pronunciou-se num importante caso envolvendo o Conde Álvares Penteado, a Companhia Nacional de Tecidos da Juta e a Companhia Paulista de Aniagem, debatendo duas posições distintas: a

---

[1] "Já dissemos outras vezes que aviamento e clientela não são coisas; não podem ser transmitidos ou cedidos. Podem ser assegurados somente através de seus fatores; através da circulação do imóvel (ou do arrendamento) e da clientela ligada a ele; através da circulação do nome empresarial e da clientela atraída por este; através da sucessão no contrato ou da clientela ligada a determinados contratos (assim, por exemplo, os dependentes da eficiência dos colaboradores); através da transferência de licenças de uso, quotas etc., ou do aviamento que pode encontrar sua origem naqueles fatores que, pela legislação especial, assegurem facilidades peculiares de venda ou fornecimento (...). O que se chama (especialmente a tradição francesa) 'cessão de clientela' não constitui e não pode constituir a transferência de uma coisa, porque a clientela não é uma coisa. O que na realidade se transmite são os bens que, por sua vez, constituem fatores da clientela, como ocorre na cessão de contratos ou assunção de obrigações de fazer e não fazer que têm precisamente a finalidade de tornar possível a um novo titular servir-se da clientela do cedente. Mas, não é a clientela que constitui diretamente o objeto de uma cessão; não pode ser diretamente tutelado o interesse do novo titular da clientela, senão somente o direito ao uso das coisas cedidas, das prestações prometidas, das abstenções acordadas e o será somente em relação às coisas cedidas e as prestações prometidas constituirão fatores de clientela; em relação às abstenções, impedirão uma concorrência, que o novo titular poderá, desta forma indireta, e dentro dos limites dos resultados, desfrutar da clientela existente" (tradução livre do autor, in ASCARELLI, Tullio. *Iniciación al Estudio del Derecho Mercantil*. Barcelona: Bosch, 1964, tradução para o espanhol da obra *Corso di Diritto Commerciale* por Evelio Verdera y Tuells, p. 305).

primeira entendia que a *cessão de clientela* é inerente ao contrato de cessão ou transferência do estabelecimento empresarial; a segunda defendia não ser implícito esse entendimento, uma vez que a clientela não integra o fundo de comércio.

Por Rubens Requião (1998:320-321) se sabe que, nos embargos publicados, funcionaram como advogados J. X. Carvalho de Mendonça, pelos autores do pedido, e Rui Barbosa, na defesa da viúva e herdeiros do Conde Álvares Penteado.

Convém advertir que, na época, concebia-se a clientela e sua cessão como direitos transferíveis. Apesar dessa concepção, hoje superada pelos estudos de Oscar Barreto Filho e outros, a decisão tem valor científico, pois aborda questões como a cláusula do não restabelecimento ou de interdição de concorrência e a importância econômica do aviamento e da clientela.

Antonio Álvares Leite Penteado – o Conde Álvares Penteado – possuía 99,52% de um imóvel onde estava instalado um estabelecimento industrial denominado Fábrica de Tecidos Santana. Os outros condôminos eram sua mulher e parentes, com a participação global de 0,48%. Por meio de perícia apurou-se que o valor total desse estabelecimento – a fábrica – era de dez mil e quinhentos contos de réis, sendo que sete mil e quinhentos representavam os bens (imóvel, mercadorias, matérias-primas, acessórios, sobressalentes e ativo a cobrar) e três mil réis representavam "a reputação que tem sabido granjear para os seus produtos, logrando constituir e manter uma freguesia certa e escolhida em vários Estados do Brasil (tudo que representa o fruto de um inteligente esforço de quase 20 anos)".

Após a avaliação, esses mesmos investidores constituíram a Sociedade Anônima Companhia Nacional de Tecidos da Juta, com capital inicial de dez mil e quinhentos contos de réis, totalmente integralizado com aqueles bens avaliados nesse mesmo valor. Emitidas as ações correspondentes a esse capital, cederam-nas a terceiros, que passaram a ser os únicos acionistas. Esse fato foi assim resumido pelo Ministro Pedro Lessa, em seu voto vencido: "Na espécie dos autos é clara a intenção das partes. A constituição da sociedade anônima foi realizada para o fim de se transferir a fábrica para os autores, pela venda das ações. E na organização da sociedade Álvares Penteado cedeu a esta a clientela a que se aludiu na avaliação da fábrica, pouco importando o preço da cessão da mesma clientela, englobado nos três mil contos de réis".

Pouco tempo depois, o Conde Álvares Penteado constituiu nova sociedade, a Companhia Paulista de Aniagem, explorando o mesmo ramo de atividade da sociedade anterior, cujo controle acionário havia sido cedido.

Por esse motivo, a Companhia Nacional de Tecidos da Juta, pelos acionistas que adquiriram as ações vendidas pelo conde, ingressou com pedido visando ao pagamento da quantia de três mil contos de réis "do bem incorpóreo que conferiu ou com que entrou como quota social e depois subtraiu e os juros de mora e, ainda, compor as perdas e danos".

O Supremo Tribunal entendeu que "o excesso de três mil contos corresponde ao valor da posição conquistada no mercado pela fábrica Santana, valor que, embora incorpóreo, não é menos apreciável que o de qualquer dos terrenos, edifícios sujeitos à avaliação, porquanto ao tempo da constituição da sociedade anônima, fábrica Santana, estava perfeitamente aparelhada para corresponder e na realidade correspondia às exigências do mercado consumidor, que ela havia conquistado pelo critério, propriedade e firmeza de plano das instalações e pela reputação de seus produtos. Considerando que foi a estes dois fatores ou, na síntese dos peritos, a este fruto de um inteligente esforço de quase 20 anos que foi dado o valor de três mil contos de réis, ou em outros termos a todo o organismo industrial Santana, longa e inteligentemente trabalhado para a sua função econômica que os peritos deram o valor de dez mil e quinhentos contos de réis".

Percebe-se, aqui, portanto, que a doutrina e a jurisprudência do início do século já entendiam haver uma separação entre os bens corpóreos do estabelecimento empresarial e outro conjunto, que alguns ministros interpretavam como incorpóreo, formado pelo fruto de um inteligente esforço de quase vinte anos, denominado aviamento. Posteriormente, como vimos acima, Oscar Barreto Filho compreendeu a verdadeira natureza do aviamento, como qualidade do estabelecimento.

Na escritura de trespasse do estabelecimento empresarial, ao descrever os valores envolvidos, os vendedores procuraram identificar a freguesia como elemento do aviamento: "Imóveis por natureza e destino.... 6.000:000$000. Estoque de mercadorias, matérias-primas, os acessórios e sobressalentes e o ativo a cobrar....1.500:000$000. A superioridade das instalações da fábrica e a reputação dos produtos e a freguesia certa e escolhida, isto é, em resumo, o aviamento da fábrica....3.000:000$000".

Como integrante do aviamento, a freguesia teria sido cedida com o estabelecimento, levando o então Ministro G. Natal, cujo voto se viu vencido no acórdão, a considerar:

"Ora, esses fatos posteriores ao laudo dos peritos a que alude o acórdão exprimem de modo inequívoco que a intenção de Penteado era fazer do aviamento da fábrica Santana parte integrante de sua prestação de capital para a Companhia Nacional de Tecidos da Juta, pois, se não fosse, ele teria em tempo protestado e, nesse caso, ou a sua entrada haveria sido reduzida ao valor das duas primeiras parcelas correspondentes aos imóveis e ao estoque de mercadorias, matérias-primas etc., isto é, sete mil contos de réis porque, nos termos da segunda parte do art. 17 citado acima, as entradas, ou prestações de capital em bens, coisas ou direitos só serão admitidos pelo valor em que forem estimados ou louvados, ou teria ele entrado em dinheiro com a diferença entre o valor dado aos imóveis e ao estoque de mercadorias etc. e o total de sua prestação, isto é, com três mil contos de réis (...) Do que vem dito e que se acha provado nos autos é forçoso concluir, portanto, que estava na intenção de Penteado transferir à Companhia, com os bens corpóreos e dívida ativa da fábrica Santana, o aviamento, o bem corpóreo, avaliado pelos louvados em três mil contos".

O Ministro Pedro Lessa, em seu voto, afirmou que entre os bens considerados para a integralização do capital social da Companhia Nacional de Tecidos da Juta os peritos consideraram "três ingredientes, em doses diversas, mas indistintas": a) os serviços do conde – que Oscar Barreto Filho classificaria como aviamento pessoal –, fruto de seu esforço por quase vinte anos de trabalho inteligente; b) a reputação dos produtos – que hoje se conhece como aviamento real; e c) a clientela.

Partindo da afirmação dos peritos, que consideraram o conjunto desses três elementos, o ministro conclui que a clientela foi igualmente cedida, sob pena de se entender que o vendedor – Conde Álvares Penteado – procedera com "inqualificável má-fé: acenou aos autores com a clientela segura e escolhida nos diversos Estados do Brasil que tinha a fábrica vendida; deu englobadamente o preço de três mil contos de réis a seus serviços especiais e raras habilidades de industrial, à reputação dos seus produtos e à segura e escolhida clientela; e, entretanto, reservou mentalmente a clientela, isto é, o único elemento dos três que aproveitava aos compradores; visto como os especiais talentos do industrial e a reputação dos produtos, devida a tais predicados desde que a clientela não era cedida, só podiam prejudicar aos compradores, especialmente depois desse reclame. Uma única interpretação pode ser dada de boa-fé aos contratos em virtude dos quais Álvares Penteado vendeu a sua primeira fábrica de sacos aos autores: a manifesta intenção das partes era que ficasse o vendedor inibido de se restabelecer com a mesma indústria".

Mais à frente, no mesmo acórdão, o Ministro Pedro Lessa concluiu que, por ter sido a freguesia constituída a partir de fatores pessoais, atribuídos ao Conde Álvares Penteado, somente ele ficaria adstrito à necessidade jurídica de acatar a cessão da clientela, sendo livre a seus filhos e genros fundar uma nova fábrica.

Entretanto, lê-se no acórdão que tese diversa resultou vitoriosa: a renúncia ao exercício de determinado ramo de comércio ou indústria não se presume, sendo necessário, para sua validade, estar expressa em cláusula escrita e restrita ao tempo, espaço e objeto. Além disso, diz o acórdão, a freguesia de estabelecimento industrial recai sobre a transformação operada na matéria-prima, pela natureza especial do produto e não pelo local do estabelecimento ou pelas relações pessoais com o comerciante.

Adotou-se, por essa histórica decisão, a possibilidade de restabelecimento, consagrando a ideia de que a obediência às cláusulas de interdição de concorrência somente poderia ser admitida entre alienante e adquirente de fundo empresarial se expressas em documento firmado pelos contratantes.

6.9. Cláusulas de interdição de concorrência

É evidente que, implicitamente, o alienante obriga-se a não abrir concorrência ao adquirente, visando ao não desvio da clientela, conforme se manifesta em Portugal Miguel J. A. Pupo Correia (1999:248) a respeito dessa matéria: "Existe, assim, uma cláusula implícita (o que significa que não é necessário estipulá-la concretamente para que o dever jurídico respectivo se deva entender assumido) de não concorrência nos contratos de alienação e de cessão de exploração: a captação de clientela do estabelecimento pelo alienante ou locador constituirá uma concorrência ilícita".

E, assim considerando, apesar da vitória obtida por Rui Barbosa na disputa judicial acima descrita, a jurisprudência e a doutrina brasileiras têm entendido que a obrigação do não restabelecimento está implícita no contrato de trespasse, devendo ser respeitada independentemente de ter sido acordada entre as partes.

Veja-se, nesse sentido, por exemplo, o entendimento do TJSP:

"Concorrência desleal. Contrato de trespasse, não obstante a rotulação diversa. Requerida que, após alienar seu estabelecimento empresarial, passou a trabalhar no estabelecimento formalmente constituído por seu irmão, ao menos na qualidade de funcionária/ajudante, na mesma via pública a centenas de metros do estabelecimento alienado. Art. 1.147 do Código Civil. Vedação ao alienante fazer concorrência ao adquirente nos 5 anos subsequentes à transferência, salvo disposição negocial em sentido contrário. Vedação legal que independe de cláusula expressa. Publicidade e registro previstos no artigo 1.144 do Código Civil constituem apenas condição de eficácia do negócio perante terceiros, tendo por escopo proteger os credores, e não elemento de validade. Concorrência configurada pela simples disputa pela mesma clientela, pouco importando se realizada mediante empresa formalmente constituída em nome do concorrente, ou por atividade informal. Violação positiva do contrato. Distância dos ditames da boa-fé objetiva pós-contratual. Estabelecimento da autora que instantaneamente perdeu toda sua lucratividade vindo à falência, em período coincidente com o exato momento em que a alienante se restabeleceu. Configurada a prática de concorrência desleal e desvio de clientela, faz jus a autora a indenização por danos materiais e morais. Ação procedente. Recurso parcialmente provido" (Apel. 0003940-14.2013.8.26.0132, Rel. Des. Francisco Loureiro, 1ª Câmara Reservada de Direito Empresarial, j. 16-3-2016).

Em qualquer contrato se presume a boa-fé dos contratantes; não se espera que aquele que acaba de ceder, por exemplo, uma panificadora em pequeno bairro venha a se instalar logo em seguida no mesmo ramo do primeiro adquirente, a poucos metros de seu antigo estabelecimento. Entretanto, muitas vezes não ficam evidenciadas desde logo quais são as condições temporais ou espaciais que norteiam o não restabelecimento. Qual a distância mínima entre os estabelecimentos, antigo e novo, que pressupõe o não rompimento da obrigação implícita de não concorrer deslealmente? Qual o prazo que se deve respeitar entre a entrega do antigo estabelecimento e a formação de um novo, no mesmo bairro ou vizinhança?

Para evitar discussões tardias que ultrapassem qualquer previsão legal, deve-se desde logo estabelecer, no contrato de cessão, certas cláusulas que obriguem o alienante a fazer ou deixar de fazer certos atos que visam garantir ao comprador a manutenção da clientela. Oscar Barreto Filho (1988:242) menciona três encargos restritivos objetivando a não concorrência do alienante com o adquirente: obrigações de dar, de fazer e de não fazer.

Nas cláusulas que preveem as obrigações de dar, os contraentes inserem compromisso do alienante de transmitir os bens que constituem os fatores da clientela. Na entrega desses bens – corpóreos e incorpóreos –, preserva-se ao adquirente o aviamento real, ou seja, a capacidade de gerar lucros, que advém especialmente do conjunto dos bens que foram objeto da cessão.

Nas condições contratuais que contêm obrigações de fazer, o compromisso do cedente consiste na apresentação do novo titular a seus clientes, ou na autorização para o adquirente intitular-se como sucessor e na comunicação dos dados relativos à atividade (endereços e fichas de clientes, listas de fornecedores, correspondência etc.). A ação comissiva liga-se ao aviamento pessoal: o antigo titular, com seu gesto, apresenta a clientela ao novo proprietário, possibilitando-lhe o contato empresarial necessário à manutenção dessa clientela.

Observa-se que as qualidades pessoais, ligadas ao titular da empresa, não se transmitem e, mesmo que o empresário cedente cumpra seu compromisso, no que se refere à entrega de bens e às obrigações de fazer é possível, ainda, antever-se prejuízo ao cessionário. É a hipótese de abertura de um novo estabelecimento empresarial, por parte de quem fez a cessão, na mesma esfera de atuação de sua primitiva casa mercantil.

A prevenção contra essa possibilidade dá-se mediante cláusulas proibitivas, impeditivas de concorrência, classificadas como obrigações de não fazer, para evitar que o alienante venha a concorrer com o adquirente, em novo estabelecimento, atraindo a antiga clientela. Limita-se o restabelecimento a certas condições precisas de tempo, espaço ou objeto, sob pena de afrontar garantia constitucional.

Em relação ao tempo, Oscar Barreto Filho entende não ser admissível prazo superior a cinco anos, que é o previsto pela legislação de locação não residencial, que regulamenta a ação renovatória. Essa solução foi a adotada pelo Código Civil, ao dispor no art. 1.147: "Não havendo autorização expressa, o alienante do estabelecimento não pode fazer concorrência ao adquirente, nos cinco anos subsequentes à transferência. Parágrafo único. No caso de arrendamento ou usufruto do estabelecimento, a proibição prevista neste artigo persistirá durante o prazo do contrato".

Semelhante é a solução adotada pelo Código Civil italiano ao determinar ao alienante da *azienda* a obrigação de abster-se de iniciar nova empresa que, por objeto, localização ou outra circunstância, seja idônea para desviar a clientela do primeiro estabelecimento cedido[2].

---

[2] ITÁLIA, *Codice Civile*, art. 2557: "Divieto di concorrenza. Chi aliena l'azienda deve astenersi, per il periodo di cinque anni dal trasferimento, dall'iniziare una nuova impresa che per l'oggetto, l'ubicazione o altre circostanze sia idonea a sviare la clientela dell'azienda ceduta (2125, 2596).

Il patto di astenersi dalla concorrenza in limiti più ampi di quelli previsti dal comma precedente è valido, purché non impedisca ogni attività professionale dell'alienante. Esso non può eccedere la durata di cinque anni dal trasferimento.

Se nel patto è indicata una durata maggiore o la durata non e stabilita, il divieto di concorrenza vale per il periodo di cinque anni dal trasferimento.

Nel caso di usufrutto o di affitto dell'azienda il divieto di concorrenza disposto dal primo comma vale nei confronti del proprietario o del locatore per la durata dell'usufrutto o dell'-affitto.

De fato, tais cláusulas, por se tratar de restrição de direitos, devem ser definidas no tempo, espaço e objeto, como já se lê no acórdão mencionado, sob pena de afrontar o direito do vendedor de exercer profissão lícita de forma ilimitada, conforme garantia constitucional prevista no art. 5º, XIII.

Georges Ripert (1954:383) afirma ser impossível proibir toda atividade comercial, "e, portanto, é necessário determinar o alcance da proibição no tempo e no espaço. Tudo depende do gênero de comércio e do caráter da clientela".

Le disposizioni di questo articolo si applicano alle aziende agricole solo per le attività ad esse connesse (2135), quando rispetto a queste sia possibile uno sviamento di clientela".

Capítulo 7

O PONTO EMPRESARIAL

Sumário: 7.1. Noções. 7.2. Renovação de contrato de locação – conceito. 7.3. Origens. 7.4. Renovação compulsória – requisitos. 7.5. Requisito processual. 7.6. Aspectos processuais. 7.7. Defesas. 7.8. Direito a indenização.

7.1. Noções

O ponto empresarial – o local onde o empresário fixa seu estabelecimento para ali exercer sua atividade – é um dos elementos incorpóreos do estabelecimento empresarial e enseja um estudo à parte.

Dependendo da titularidade do domínio, duas espécies de direitos nascem da localização do imóvel onde se situa o estabelecimento do empresário. Se o imóvel pertence ao próprio empresário ou à sociedade empresária, a proteção dada pela lei abrange a indenização nos casos de privação de seu uso, como ocorre, por exemplo, na desapropriação por ato do Poder Público.

Entretanto, quando o empresário – ou a sociedade empresária – encontra-se estabelecido em imóvel alheio, que locou para o exercício de sua atividade, a lei confere-lhe proteção jurídica, seguindo a disciplina das locações não residenciais, garantindo-lhe não somente a proteção nas mesmas hipóteses de privação de seu uso, mas também o direito à renovação compulsória do contrato prazo de cinco anos, conforme decidiu o STJ ao interpretar a expressão "por igual prazo" previsto no art. 51 da Lei n. 8.245/91 (REsp 1323410/MG (art. 1.052, § 1º, alterado pela LLE, Rel. Min. Nancy Andrighi, 3ª Turma, j. 7-11-2013, *DJe* 20-11-2013).

A lei, atenta para a existência da atividade empresarial num mesmo local e, consequentemente, para a constituição de uma clientela, e, assim, de maior aviamento, quis proteger a empresa, concedendo a seu empresário o direito de permanência, sobrepondo-o ao direito de propriedade do próprio locador. Já se lembrou, no passado, que o uso empresarial do imóvel pelo locatário enseja, em regra, o aumento de seu valor locatício, beneficiando o proprietário. Entretanto, se esse é um dos argumentos para justificar a concessão legal do direito à renovação, não é, entretanto, requisito para sua tutela em juízo. O locatário – cumpridos os requisitos legais – tem direito à renovação, independente da prova da valorização obtida pelo locador.

Protegem, portanto, o ponto empresarial duas espécies de direito à indenização:

a) a devida em decorrência de privação de uso, embaraço, esbulho ou dano causado ao imóvel, de propriedade do empresário, sociedade empresária ou sociedade simples, e utilizado para o exercício de sua empresa ou atividade lucrativa, abrangendo o dano ao imóvel e os lucros cessantes em decorrência do que seu titular deixou de lucrar em razão desses atos; se o imóvel não pertencer ao empresário, ao titular do domínio é devida a indenização pelo dano e ao locatário, os lucros cessantes;

b) a incumbida ao locador e, eventualmente, por terceiro solidário, ao locatário, em razão de não renovação de contrato de locação firmado no prazo e nas condições fixadas em lei.

7.2. Renovação de contrato de locação – conceito

Paulo Restiffe Neto (2000:206) define o direito de renovação como "a proteção/benefício à atividade econômica empresarial, que use imóvel alheio remunerado, em determinadas condições previstas em lei". Ripert (1954:270), em tradução livre do autor, prefere defini-lo como *propriedade comercial*, afirmando tratar-se de "direito de um comerciante locatário obter a renovação de seu contrato de aluguel findo e, na sua falta, a uma indenização compensatória do prejuízo que lhe causar a privação dos locais destinados à exploração de sua atividade".

Trata-se de disposição legal de ordem pública, e, dessa forma, não pode ser objeto de restrição em contrato celebrado entre o locador do imóvel e o locatário – empresário, sociedade empresária ou sociedade simples –, sendo nulas as cláusulas que visem sua proibição ou que imponham obrigações pecuniárias para tanto (LLI, art. 45).

7.3. Origens

Segundo o Professor Alfredo Buzaid (1988:43; 45-46), a ação renovatória de contrato de locação de imóveis "tem sua origem no direito medieval e se filia historicamente ao *jus intraturae* e ao *jus stantiandi*". Consistiria o direito à *intratura* aquele que o artífice, nas antigas corporações de ofício, tinha sobre o estabelecimento locado para o exercício de suas atividades: "A *intratura* pode ser considerada sob dois aspectos: a) o direito assegurado ao artífice e ao comerciante de pedir, no vencimento do contrato de locação, uma quantia pelos melhoramentos, compreendendo-se nesse vocábulo também o aviamento; b) o direito de permanecer na loja, não podendo ser despejado, pelo senhorio, contra a sua vontade, senão em certos casos e depois do decurso de certo espaço de tempo, declarados pelos diversos Estatutos. O primeiro chama-se geralmente *jus intraturae* e consiste numa justa indenização em virtude do maior valor dado ao imóvel pelo exercício continuado da arte; o segundo se chama especialmente *jus stantiandi* e confere ao proprietário da loja, ou ao artífice, o direito de permanecer no imóvel, direito este que se assemelha ao direito real de enfiteuse, de servidão ou de uso. Embora distintas entre si, estas duas espécies recebem, não raro, nos Estatutos, a denominação única e genérica de *intratura*".

7.4. Renovação compulsória – requisitos

Três são os requisitos exigidos pela lei para o amparo do locatário, visando garantir sua permanência – ou indenização – no imóvel locado e utilizado para sua atividade econômica, estendendo-se, pelo direito pretoriano, ao terreno destinado a pátio de estacionamento, fator que acrescenta vantagens ao locatário e que deve, portanto, integrar o cálculo do valor locatício na renovação (TJSP, Ap. 0011020-28.2013.0003, Rel. Des. Maria Lúcia Pizzotti, j. 13-12-2017)

Em primeiro lugar, o locatário deve ser empresário, sociedade empresária ou sociedade simples, com fim lucrativo. Estão excluídos, portanto, os profissionais liberais, as associações, fundações etc. (LLI, art. 51, III e § 4º). Admite-se o exercício do direito, ainda, pelo locatário ou pela sociedade quando o primeiro foi autorizado pelo contrato a fazer uso do imóvel em favor da segunda (LLI, art. 51, § 2º). O direito se estende também ao cessionário e ao sucessor, bem como ao sócio sobrevivente de sociedade dissolvida por morte de um dos sócios, desde que permaneça no mesmo ramo de atividade (LLI, art. 51, § 3º).

Cessionário é o adquirente, por ato *inter vivos*, de alienação do estabelecimento empresarial. A ele se equiparam o arrendatário e o usufrutuário, para efeito de exercerem o direito à renovação compulsória. É que o ponto comercial e, consequentemente, o direito à renovação do aluguel quando o imóvel pertencer a terceiro integram – como bem incorpóreo – o complexo de bens no qual se constitui o estabelecimento.

Entretanto, por se tratar de direito oponível a terceiro, por força de contrato celebrado livremente por partes capazes, somente a partir do consentimento prévio e escrito do locador é que se opera, validamente, a cessão da locação (LLI, art. 13).

Sucessor é o adquirente – herdeiro legítimo ou testamentário – por força do evento morte em relação ao antigo titular do direito à renovação.

São, pois, pessoas legitimadas ao exercício do direito à renovação do contrato de locação:

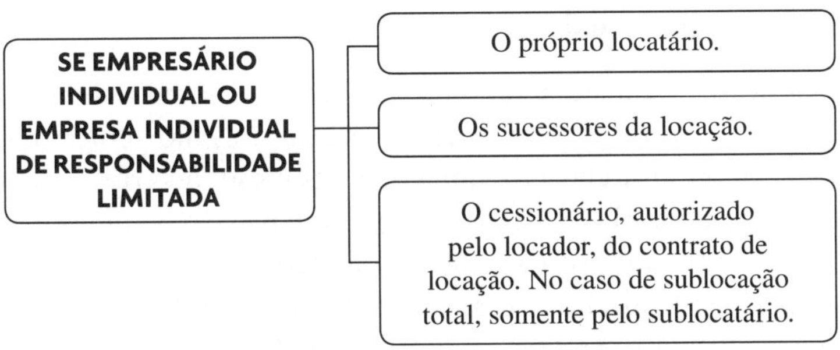

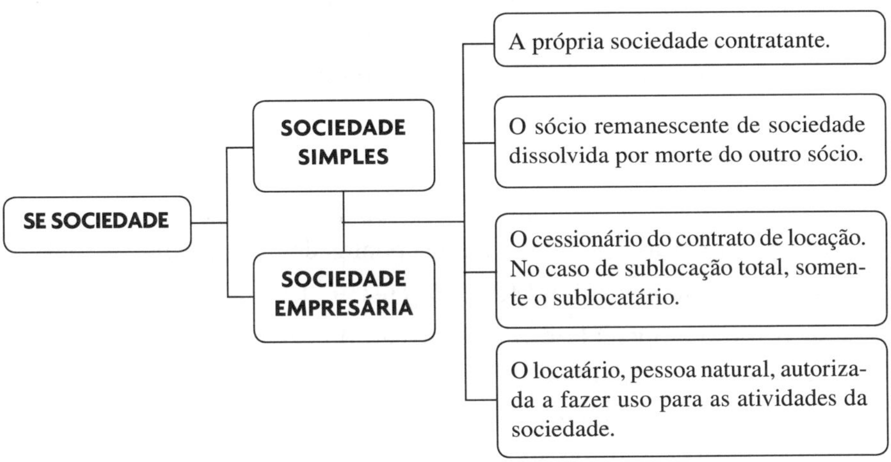

Em segundo lugar, o contrato deve ser escrito e com prazo determinado e estabelecer um período mínimo de cinco anos, admitindo-se a soma dos intervalos, em contratos sucessivamente renovados, e o uso da contagem pelo sucessor cessionário (sublocatário total) do locatário (LLI, art. 51, II e § 1º). Admite-se a contagem do "*acessio temporis*, ainda quando entremeada por breve prazo de locação verbal", segundo a jurisprudência paulista (TJSP, 36ª Câmara de Direito Privado, AI 2026112-50.2015, Rel. Des. Pedro Baccarat, j. 5-3-2015). Longos períodos de locação impedem a soma de prazos (TJSP, 25ª Câmara de Direito Privado, Apel. 1068470-0/8, Rel. Des. Marcondes D'Angelo, j. 5-12-2016).

Em terceiro lugar, o locatário deve explorar o mesmo ramo de atividade econômica pelo prazo mínimo e ininterrupto de três anos, à data da propositura da ação renovatória (LLI, art. 51, III).

7.5. Requisito processual

Além desses requisitos, de ordem subjetiva, formal e temporal, a lei prevê a decadência do direito tutelado pela ação renovatória, que, para mantê-lo, deve ser aforada entre um ano e seis meses anteriores ao término do contrato a renovar (LLI, art. 51, § 5º). Essa questão, simples, foi objeto de indagação no concurso do Ministério Público em 15 de outubro de 1989: "Em que período o direito à renovação do contrato de locação deve ser exercido, se o locatário pretende a proteção da Lei de Luvas?".

Anote-se, porém, que a demora na citação não acarreta a decadência do direito, pois a lei exige, tão somente, a propositura da ação, salvo se a demora havida na citação for imputável ao próprio autor do pedido.

7.6. Aspectos processuais

Convém, ainda, no capítulo da proteção dada pelas ações renovatórias de locação empresarial, salientar alguns pontos de interesse processual:

a) as ações têm curso nas férias forenses (LLI, art. 58, I);

b) o foro competente é o da situação do imóvel, salvo estipulação contratual diversa (LLI, art. 58, II);

c) o valor da causa corresponde a doze meses de aluguel, "sem inclusão, no cálculo, dos encargos ou acessórios da locação, como taxas, impostos e despesas condominiais da responsabilidade do locatário" (Restiffe Neto e outro, 2000:87). Esses autores completam o raciocínio: "Enfim, é o valor originário do aluguel (renda bruta), com abstração da parcela de imposto descontável eventualmente na fonte ou por outro meio de arrecadação tributária".

7.7. Defesas

As defesas previstas em lei garantem um equilíbrio entre o direito de propriedade e o direito à renovação, permitindo ao locador, entre outras coisas, suscitar exceção de retomada em alguns casos enumerados pela Lei de Locação:

a) Realização de obras por determinação do Poder Público, desde que estas importem em mudança radical ou aumentem o valor do negócio ou da propriedade (LLI, art. 52, I).

b) Realização de obras para fazer modificação de tal natureza que aumente o valor do negócio ou da propriedade (LLI, art. 52, I).

c) Utilização do imóvel para uso próprio ou para transferência de fundo de comércio já existente há mais de um ano, quando o detentor do capital social for o locador, seu cônjuge, ascendente ou descendente (LLI, art. 52, II). Neste último caso, é vedado o uso para o mesmo ramo do locatário, salvo se a locação envolvia o arrendamento do estabelecimento, isto é, o complexo de bens corpóreos e incorpóreos, com instalações e pertences. Nas locações de imóvel em *shopping center*, o locador não pode recusar a renovação do contrato alegando uso próprio ou de sua parentela. A justificativa para a exceção é explicada por Paulo Restiffe Neto (2000:262-263): "É que o locador tem como atividade a de empreendedor de uma unicidade organizacional, que se justifica em projetar e administrar o *tenant mix*", isto é, planejar e organizar a estrutura, o funcionamento e a diversidade do centro comercial de vendas e de prestação de serviços, "e não em realizar comércio direto de venda de produtos ou serviços ao público, em concorrência com os lojistas".

Essas três primeiras hipóteses eximem o locador de renovar o contrato ou pagar qualquer indenização, salvo se agir maliciosamente, como se explicará logo adiante.

d) Insuficiência da proposta apresentada pelo locatário (LLI, art. 72, II), considerando o valor locatício real, excluída a valorização decorrente do ponto. O locador deverá apresentar, em contraproposta, as condições de locação que considere compatíveis com o valor locatício do imóvel.

e) Existência de melhor proposta de terceiro (LLI, art. 72, III), podendo o locatário cobrir a oferta (LLI, art. 72, § 2º). Esse direito de preferência pode ser exercido na réplica (momento em que o autor se manifesta sobre a contestação apresentada pelo locador).

7.8. Direito a indenização

A falta de renovação do contrato de locação não residencial – também chamada conversão – gera ao locatário o direito a indenização, quando este não vier a ser renovado nas hipóteses de aceitação de melhor proposta e quando houver exigência de reforma pelo Poder Público (LLI, art. 52, § 3º) e, neste caso, o proprietário quedar-se inerte por prazo igual ou superior a três meses da data da entrega do imóvel para a reforma. Incluem-se na indenização os prejuízos e os lucros cessantes[1], compreendendo o que razoavelmente deixou de lucrar em razão da mudança. Na hipótese de aceitação de melhor oferta, respondem solidariamente pela indenização o locador e o proponente que teve seu oferecimento aceito (LLI, art. 75).

Além dessas duas hipóteses previstas em lei, havia, por construção jurisprudencial, a possibilidade de o locador não renovar a locação em razão de necessitar retomá-lo para construção mais útil, conforme dispunha o direito sumular[2]. Neste último caso, a indenização se limitava às despesas de mudança.

É possível que o locador se mostre insincero em sua defesa, vindo o locatário a descobrir, posteriormente, a inexistência da justificativa legal para a não renovação alegada por aquele e prevista no art. 52, I, da Lei

[1] Observa-se que Agostinho Alvim critica as expressões "dano emergente" e "lucro cessante": "... se o lucro cessante vem a ser uma diminuição potencial, não o podemos pôr no pretérito como aquilo que se deixou de lucrar. É uma questão de ângulo: se nos colocarmos no momento do pedido de indenização por prejuízo já consumado, podemos nos referir, com efeito, aos lucros que deixamos de ter. Mas, se nos colocarmos no momento do fato causador do dano, então, sim, os lucros cessantes são propriamente potenciais: a sua extensão depende ainda do desenrolar dos acontecimentos. Aqui eles representam ou podem representar um prejuízo futuro, que, não obstante, autoriza condenação atual, porque vem a ser a evolução de um fato prejudicial já devidamente verificado (...). Outro reparo faremos a respeito da expressão cessante. Cessar significa parar, acabar, e se diz daquilo que vem acontecendo. Mas o lucro cessante não é somente aquele que se estancou, como, por ex., o que alguém normalmente obtinha, em sua profissão, e não mais poderá obter, em virtude de ato ilícito ou de inexecução de obrigações por parte de outrem. Lucro cessante é isso: mas é também aquele que o credor não obterá, ainda que não viesse obtendo antes (...). Com relação ao dano emergente, ponderamos que ele diz respeito não somente a uma diminuição do ativo, como também a um aumento do passivo" (ALVIM, Agostinho. *Da Inexecução das Obrigações e suas Consequências*, 4. ed. São Paulo: Saraiva, 1972, p. 174).

[2] Refere-se à vigência do Decreto n. 24.150, de 20 de abril de 1934, mas aplicável à nova lei, por força do art. 52, I, parte final: "Súmula n. 181. Na retomada para construção mais útil, de imóvel sujeito ao Decreto n. 24.150, de 20 de abril de 1934, é sempre devida indenização para despesas de construção do locatário" e "Súmula n. 444. Na retomada para construção mais útil, de imóvel sujeito ao Decreto n. 24.150, de 20 de abril de 1934, a indenização se limita às despesas de mudança".

n. 8.245/91. Cabível nesse caso, além da indenização devida – decorrente de prejuízos ocasionados pela mudança de seu estabelecimento e dos lucros cessantes –, multa equivalente a um mínimo de doze e a um máximo de vinte e quatro meses do valor do último aluguel atualizado ou do que esteja sendo cobrado do novo locatário, se realugado o imóvel (LLI, art. 44, parágrafo único). A hipótese é, ainda, punida criminalmente, mediante ação penal pública.

Capítulo 8

PROPRIEDADE INDUSTRIAL: PATENTES DE INVENÇÃO E DE MODELOS DE UTILIDADE

Sumário: 8.1. Código da Propriedade Industrial: níveis de atuação. 8.2. Convenção da União de Paris e organismos internacionais. 8.3. Natureza jurídica. 8.4. Noções e conceitos. 8.5. Requisitos. 8.5.1. A licitude. 8.5.2. A novidade. 8.5.3. A industriabilidade. 8.5.4. Originalidade (a atividade inventiva). 8.6. Exemplos. 8.7. Patente. 8.8. Processamento do pedido de concessão de patente. 8.9. Cessão do pedido ou da patente. 8.10. Licença voluntária. 8.11. Licença compulsória. 8.12. Invento de empresa. 8.13. Invento livre ou do empregado. 8.14. Invento comum, misto ou conexo. 8.15. Quadro-resumo das espécies de invento, em relação a seu titular. 8.16. Extinção do privilégio.

8.1. Código da Propriedade Industrial: níveis de atuação

Entre os elementos do estabelecimento empresarial, integrando os bens incorpóreos, encontram-se os privilégios industriais e as marcas.

Em vigor encontra-se a Lei n. 9.279, de 14 de maio de 1996, que estabelece a proteção dos direitos relativos à propriedade industrial, mediante cinco níveis de atuação:

I – concessão de patentes de invenção e de modelo de utilidade, abrangendo as invenções e os modelos de utilidade;

II – concessão de registro de desenho industrial;

III – concessão de registro de marca de produto ou serviço, de marca de certificação e de marca coletiva;

IV – repressão a falsas indicações geográficas, definindo as regras para a indicação de procedência ou denominação de origem dos produtos;

V – repressão aos crimes de concorrência desleal, definindo os tipos penais e as penas aplicáveis.

Um quadro pode melhor resumir a multiplicidade dos direitos decorrentes da proteção à propriedade imaterial, equivocadamente denominada propriedade industrial:

NÍVEIS DE ATUAÇÃO	DIREITOS DECORRENTES DA PROTEÇÃO
Concessão de patentes de invenção e de modelo de utilidade.	• De invenção. • De modelo de utilidade.
Concessão de registro de desenho industrial.	• De desenhos industriais.
Concessão de registro de marca.	• De marca de produto ou serviço. • De marca de certificação. • De marca coletiva.
Repressão a falsas indicações geográficas.	Definindo as regras para a indicação de procedência ou denominação de origem.
Repressão à concorrência desleal.	Definindo os crimes contra a propriedade industrial: a) contra as patentes; b) contra os desenhos industriais; c) contra as marcas; d) por meio de marca, título de estabelecimento e sinal de propaganda; e) contraindicações geográficas e demais indicações; f) crimes de concorrência desleal.

O presente estudo procurará seguir a metodologia acima, buscando, em cada um dos cinco tópicos, dar os conceitos modernamente aceitos.

8.2. Convenção da União de Paris e organismos internacionais

O texto da atual lei brasileira decorre de um acordo internacional do qual nosso país é signatário original – a Convenção da União de Paris. Nessa condição, o Brasil se comprometeu a adotar, de acordo com sua Constituição, as medidas necessárias para assegurar a aplicação daqueles dispositivos, de âmbito internacional, para proteção da propriedade industrial. O texto inicial do acordo unionista foi redigido sob a forma de anteprojeto, em Conferência Diplomática realizada em Paris, no ano de 1880. Posteriormente, já aprovada a primeira redação, veio a entrar em vigor em 7 de julho de 1883. Várias foram as modificações introduzidas, em seis revisões, que ocorreram em Bruxelas (1900), Washington (1911), Haia

(1925), Londres (1934), Lisboa (1958) e Estocolmo (1967). Na qualidade de signatário original, o Brasil aderiu à última revisão em 1992. Atualmente, 176 países são signatários da União de Paris.

Além da Convenção de Paris, o Brasil integra outros organismos internacionais de cunho protecionista à propriedade imaterial, sendo os mais importantes:

a) A Organização Mundial da Propriedade Intelectual – OMPI (World trade Organization – WTO, em inglês), com sede em Genebra, Suíça. Criada em 1967 como seção da ONU, suas principais funções são:

- estimular a proteção da propriedade intelectual em todo o mundo;
- assegurar a cooperação administrativa entre as uniões de propriedade intelectual, tais como a Convenção da União de Paris, o Acordo de Madri, a Convenção da União de Madri etc.;
- estabelecer e estimular medidas apropriadas para promover a atividade intelectual criadora e facilitar a transmissão de tecnologia relativa à propriedade industrial para os países em desenvolvimento, com vistas a acelerar o desenvolvimento econômico, social e cultural.

Atualmente, 192 Estados são membros da OMPI.

b) O Tratado de Cooperação em Matéria de Patentes – PCT (Patent Cooperation Treaty): firmado em 19 de junho de 1970, emendado em 1979 e modificado em 1984 e em 2001. Seus primeiros signatários, no dia 24 de janeiro de 1978, foram Alemanha, Camarões, Chade, Congo, Estados Unidos, Gabão, Madagáscar, Maláui, Reino Unido, República Centro-Africana, Senegal, Suíça e Togo. O Brasil realizou sua adesão no mesmo ano, em 9 de abril, logo após a adesão da França e da Federação Russa, respectivamente em 25 de fevereiro e 29 de março, figurando, portanto, entre seus primeiros membros. Nos últimos anos, ocorreram as seguintes adesões: Chile, Peru, Tailândia, Catar, Ruanda, Brunei, Panamá, Arábia Saudita, República Islâmica do Irã, Estado do Kuwait, República do Djibouti, Reino do Cambodja, Jordânia (Reino Haxemita da Jordânia) e Samoa. As cinco últimas ocorreram em 9 e 23 de junho de 2016, 8 de setembro de 2016, 9 de março de 2017 e 2 de outubro de 2019. Com essas inclusões, são 153 os Estados cooperados.

Vinte e cinco países filiados à Convenção de Paris (CUP) não integram o Tratado de Cooperação em Matéria de Patentes (PCT): Afeganistão, Andorra, Argentina, Bahamas, Bangladesh, Butão, Bolívia, Burundi, Congo,

Guiana, Haiti, Iêmen, Iraque, Jamaica, Líbano, Maurícia, Nepal, Paquistão, Paraguai, Samoa, Suriname, Tonga, Uruguai, Vaticano e Venezuela.

O objetivo do PCT é desenvolver o sistema de patentes e de transferência de tecnologia e simplificar o procedimento, na hipótese de solicitação para proteção em diversos países.

O tratado permite realizar busca de patente para uma invenção simultaneamente em um grande número de países mediante a apresentação de solicitações internacionais, que podem ser feitas por qualquer pessoa, de nacionalidade ou residência, oriunda de um dos países signatários. Faculta-se a protocolização do pedido tanto na sede central da Organização Mundial de Propriedade Industrial, em Genebra, como no órgão local de proteção à propriedade industrial.

8.3. Natureza jurídica

Muito se discute na doutrina acerca da natureza jurídica dos direitos da propriedade industrial. Há quem sustente tratar-se de um direito pessoal equivalente à proteção que se dá aos atributos da personalidade de qualquer pessoa, natural ou jurídica. Outros entendem tratar-se de bem imaterial, de caráter patrimonial, tão somente. Uma terceira corrente concebe a propriedade industrial como dualista, compreendendo, de um lado, elementos pessoais – porque o ato criativo é emanação da personalidade de quem o concebeu –, e, de outro, elementos patrimoniais, que podem ser explorados economicamente.

Pupo Correia (1999:291-292) critica a primeira e a última posições, por entender, em relação à primeira, que: "o objeto destes direitos, após o ato da sua criação ou da sua sujeição à tutela da ordem jurídica (v. g., do seu registro ou patenteamento) autonomiza-se da pessoa do seu criador, não podendo, por isso, ser-lhe atribuída uma natureza que se confunda ou permaneça ligada à própria personalidade deste", e, no tocante à última – o direito de caráter misto, dualista –, afirmando: "se este direito fosse, na sua própria essência, um direito pessoal e patrimonial, isso significaria que ele teria, em simultâneo, por objeto a pessoa do autor e a sua criação, esta como bem patrimonial. A criação subsistiria, ao mesmo tempo, como elemento integrante da personalidade do seu autor e como uma coisa jurídica, ainda que de caráter incorpóreo, imaterial".

No Brasil, entende-se que se trata de propriedade imaterial, de cunho incorpóreo. A Lei n. 9.279/96, em seu art. 5º, considerou os direitos decorrentes da propriedade industrial bens móveis, categoria compatível com a natureza de bem incorpóreo. Um estudo mais detalhado da evolução desse pensamento é exposto no Capítulo 10, ao se estudar a natureza jurídica do direito à marca (item 10.4).

8.4. Noções e conceitos

A patente – o documento representativo do privilégio de exploração – é concedida a duas modalidades de direitos que se originam na atividade inventiva do homem: a invenção e o modelo de utilidade. Utiliza-se a expressão "concessão" porque cabe ao Estado conceder o direito a sua exploração, mediante requerimento dirigido ao Instituto Nacional de Propriedade Industrial (INPI). Dessa forma, ninguém pode reivindicar para si o direito exclusivo de exploração de invenção ou de modelo de utilidade sem que, previamente, o tenha obtido por parte do Estado.

A lei brasileira não define invenção, mas é possível conceituá-la como o ato humano de criação original, lícito, não compreendido no estado da técnica e suscetível de aplicação industrial, ou, ainda, conforme Correia (1999:307) extrai do art. 47 do revogado Código de Propriedade Industrial português de 1995 (Decreto-lei n. 16/95): "o resultado de uma atuação criativa de espírito humano, consistente em novo produto, ou um novo processo ou meio técnico para obtenção de produtos".

Modelo de utilidade é "o objeto de uso prático, ou parte deste, não compreendido no estado da técnica, suscetível de aplicação industrial, que apresente nova forma ou disposição, envolvendo ato inventivo, que resulte em melhoria funcional no seu uso ou em sua fabricação" (LPI, art. 9º c/c o art. 11). É também chamado de pequena invenção.

8.5. Requisitos

Para serem privilegiáveis, a invenção e os modelos de utilidade precisam ser (a) novos, (b) suscetíveis de aplicação industrial e (c) fruto de atividade inventiva (LPI, art. 9º c/c o art. 8º). A lei ainda menciona casos de reserva por razões de conveniência do Estado ou da sociedade (LPI, art. 9º c/c o art. 18). Seriam, assim, quatro os requisitos exigidos para a obtenção da patente de invenção ou de modelo de utilidade: a novidade, a industriabilidade, a originalidade (ou inventividade) e a licitude.

Alguns autores mencionam cinco requisitos, como Rubens Requião (1998:276-277), que acrescenta o estado da técnica entre aqueles elementos: originalidade, novidade, estado da técnica, industriabilidade e licitude. Mas, conforme se pode perceber no desenvolvimento dos estudos de cada um desses elementos, o estado da técnica é extensão do conceito de novidade, nos termos do art. 11 da Lei n. 9.279/96, que define como novos a invenção e o modelo de utilidade não compreendidos no estado da técnica.

8.5.1. A licitude

A lei não considera invenção ou modelo de utilidade as hipóteses que menciona no art. 10, e exclui a possibilidade de patenteabilidade às previstas no art. 18. São, portanto, duas as categorias ressalvadas pelo legislador: a primeira se refere à não subsunção ao arquétipo legal, ou a uma delimitação negativa do conceito (Correia, 1999:311), e a segunda, a atividades que, em tese, se amoldariam ao tipo legal, mas que foram excetuadas pela lei por razões de ordem pública. Estas últimas são as excluídas por ilicitude. Assim, por delimitação negativa ou por ilicitude alguns atos criativos são afastados da definição legal e, portanto, de sua proteção.

O art. 10 contempla as hipóteses em que a lei, ao delimitar o conceito, não considera invenção nem modelo de utilidade. São de distintas ordens as razões encontradas pela lei brasileira, como se observa de seus nove incisos:

Inciso I

As descobertas, as teorias científicas e os métodos matemáticos iniciam o rol das atividades humanas não consideradas como inventivas. De fato, a descoberta não é, tecnicamente, uma invenção. É algo já existente, que foi encontrado por alguém. Teorias científicas e métodos matemáticos podem ser objeto de proteção intelectual ao autor, mas não podem ser protegidos como propriedade industrial, por faltar-lhes a aplicação industrial.

Inciso II

As concepções puramente abstratas, que, à semelhança das teorias científicas, são privadas de aplicação industrial. Por se tratar de abstração, exclui-se, por conceito, sua aplicação prática e, portanto, a possibilidade de industrialização.

Inciso III

Em terceiro lugar, a lei menciona os esquemas, planos, princípios ou métodos comerciais, contábeis, financeiros, educativos, publicitários, de sorteio e de fiscalização de natureza puramente intelectual. As ideações humanas mencionadas ficaram fora da proteção do Código da Propriedade Industrial e, igualmente, foram excluídas da proteção autoral (LDA, art. 8º). Falta a esses atos puramente mentais o requisito da aplicação industrial. Entretanto, embora não tutelados isoladamente, podem ser objeto de proteção como invenção ou modelo de utilidade ou como direito autoral quando apreciados em conjunto com outros elementos que disponham desses requisitos. É o que ocorre com a descrição do método contábil por meio de publicação autoral ou por programa de computador, ambos protegidos pela Lei n. 9.610/98. Outro exemplo: determinado princípio, processo mental, pode ter sido a base para o desenvolvimento de uma máquina, objeto de proteção industrial.

Inciso IV

As obras literárias, arquitetônicas, artísticas e científicas ou qualquer criação estética foram excluídas do conceito de invenção e se submetem à proteção como direito de autor (LDA, art. 7º, I).

Inciso V

Da mesma forma, os programas de computador em si: são protegidos como propriedade intelectual do autor (LDA, art. 7º, XII) e regulamentados em legislação própria.

Inciso VI

A apresentação de informações não foi contemplada, da mesma forma que os itens anteriores, com proteção legal. É certo que a lei não esclarece a extensão e o sentido da expressão utilizada ("apresentação de informações"), podendo-se concluir que pretendeu incluir toda e qualquer forma de disposição de informações em banco de dados, mais conhecida como "mala-direta". Refere-se a exclusão não ao programa de computador destinado à compilação de dados informativos – como ocorre com os tradicionais *Dbase, Access, Approach* e outros –, objeto do inciso anterior, mas ao conteúdo dos arquivos gerados a partir de seu uso. Nesse caso, a lei exclui a proteção simplesmente porque não há nenhuma atividade inventiva no armazenamento de dados e informações.

Inciso VII

Na mesma linha das concepções meramente mentais (inciso III), as regras de jogo deixaram de receber a concessão de patenteamento e, como aquelas, igualmente foram privadas de proteção como direito do autor.

Inciso VIII

As técnicas e métodos operatórios ou cirúrgicos, bem como métodos terapêuticos ou de diagnóstico, para aplicação no corpo humano e animal, por serem habilidades especiais de profissão, deixaram de ser contemplados como fruto da capacidade inventiva.

Inciso IX

O todo ou parte de seres vivos naturais e materiais biológicos encontrados na natureza, ou ainda que dela isolados, inclusive o genoma ou germoplasma de qualquer ser vivo natural e os processos biológicos naturais: em se tratando de processo natural, a ciência biológica, que cuida dessas experiências, é, sobretudo, ciência de descoberta e não atividade inventiva. A constituição genética de um ser vivo não pode ser protegida como direito de exploração de alguém em especial; entretanto, os micro-organismos transgênicos que atendam aos três outros requisitos podem ser patenteáveis (LPI, art. 23, III). São assim considerados os organismos que expressem, mediante intervenção humana direta em sua composição genética, uma característica normalmente não alcançável pela espécie em condições naturais.

O art. 18 afasta do conceito de patenteabilidade algumas hipóteses, em razão do interesse social ou do Estado, que, nesse momento, preferiu colocá-los à margem da licitude:

Inciso I

Dispõe a lei que não é patenteável qualquer criação que for contrária à moral, aos bons costumes e à segurança, à ordem e à saúde públicas. O conceito é amplo, e sua redação, levada às últimas consequências, implicaria a proibição de concessão de patente para máquinas de jogo de azar ou de objetos destinados a práticas sexuais fora do casamento. Deve-se considerar que os conceitos de moral e de bons costumes têm conotação restrita a determinada época, e, ainda, que a prática de certos atos muitas vezes é proibida apenas de forma limitada. Não se admite, por exemplo, a exploração de jogos de azar em lugar aberto ou acessível ao público, mediante o pagamento de entrada ou sem ele, tampouco a promoção de loteria sem autorização legal (Decreto-lei n. 3.688, de 3 de outubro de 1941, arts. 50 e 51), mas, em recintos particulares, sem apostas e, ainda, mesmo descumprindo essas restrições, se tiver caráter oficial, instituída pelo Estado, será admitida. O uso de armas pode ser contrário à segurança pública quando fora dos limites legais, mas não o será se atendidos os rigores da atual legislação. Em nenhum desses casos incide a restrição legal. A multiplicidade de situações submetidas à expressão legal de restrição impõe a interpretação do objeto legal, caso a caso.

Inciso II

As substâncias, matérias, misturas, elementos ou produtos de qualquer espécie, bem como a modificação de suas propriedades físico-químicas e os respectivos processos de obtenção ou modificação, quando resultantes da modificação do núcleo atômico. Como ocorre com toda a criação da natureza, por obra divina, inexiste proteção pela simples descoberta.

Inciso III

Como já enunciado ao se tratar do inciso IX do art. 10 do Código da Propriedade Industrial, o todo ou parte dos seres vivos não podem ser objeto de proteção, reconhecendo a lei o caráter de mera descoberta de algo preexistente, concebido pela natureza. São exceções os micro-organismos transgênicos (produtos geneticamente alterados) que atendam aos três requisitos de patenteabilidade – novidade, atividade inventiva e aplicação industrial – previstos no art. 8º e que não sejam mera descoberta.

8.5.2. A novidade

Entende-se no conceito de novidade aquilo que é desconhecido pela comunidade científica, técnica ou industrial, ou, na expressão da lei, algo não compreendido pelo estado da técnica. Na expressão de Tinoco Soares

(1981:23), trata-se de algo original, feito sem modelo e com caráter próprio, pela primeira vez.

Distingue a doutrina dois sistemas identificatórios da novidade: o da novidade absoluta e o da novidade relativa. Para o primeiro, exige-se que o privilégio não tenha sido publicado, explorado ou patenteado anteriormente no tempo e no espaço. No segundo, admite-se a proteção ainda que o objeto de seu pedido tenha se tornado de domínio público em outra nação, mas é novo para a que o concede.

Adotou o Brasil, em relação às invenções, o sistema da novidade absoluta, ao contemplar, na lei (LPI, art. 11, § 1º), a expressão "não compreendida pelo estado da técnica", inferindo-se este como "tudo o que foi tornado acessível ao público antes da data do depósito do pedido de patente, por descrição escrita ou oral, por uso ou qualquer meio, no Brasil e no exterior, ressalvado o disposto nos arts. 12, 16 e 17".

Entretanto, não se entende no Brasil como estado da técnica a divulgação até doze meses anteriores à data do depósito ou da prioridade do pedido de patente, promovida pelo próprio inventor, pelo INPI, em suas publicações oficiais, ou por terceiros, com base em informações obtidas direta ou indiretamente do inventor ou em decorrência de atos por este realizados (LPI, art. 12). A lei quis garantir ao inventor seu direito, preservando o caráter de novidade, mesmo quando, em razão de demonstração pública ou comunicação científica, seu invento ou modelo de utilidade se torne acessível ao público. A publicidade fora dos casos excepcionados pela lei retira dos inventos e dos modelos de utilidade o caráter da novidade.

Por essa mesma razão, não se compreendem como estado da técnica os pedidos com direito de prioridade solicitados por titulares de patentes depositadas em países ou organizações que mantenham acordo com o Brasil, desde que obedecidos os prazos do art. 16 da Lei n. 9.279/96.

Mas que vem a ser direito de prioridade? Ao requerer o depósito de uma invenção ou de um modelo de utilidade, o titular que já tenha realizado o depósito no exterior pode solicitar o reconhecimento da prioridade sobre os pedidos já realizados no território nacional, desde que comprove sua anterioridade por documento expedido pelo organismo de origem no exterior. A proteção internacional somente é possível em razão do acordo unionista, do qual o Brasil é signatário: o depósito realizado em país integrante possibilita que seu autor o faça em todos os demais, entendendo-se que, no prazo de doze meses, as solicitações sejam consideradas concomitantes àquela data original. Qualquer outro pedido realizado no intervalo entre o primeiro depósito no exterior, por parte de terceiro reivindicante, não retira a prioridade do pedido aqui realizado, mesmo se posterior ao desse terceiro.

O art. 16 da Lei n. 9.279/96, que trata da prioridade no Brasil, não define o prazo entre o primeiro depósito no exterior e o realizado no País, para efeito de proteção, fazendo, no entanto, remissão ao previsto na Convenção da União de Paris (art. 4º, C), adotada no Brasil por força do Decreto n. 75.572, de 8 de abril de 1975. Pela integração de ambas as normas jurídicas, tem-se que o prazo para o exercício desse direito é de doze meses para as patentes (inventos e modelos de utilidade) e de seis meses para as demais proteções (desenhos industriais e marcas).

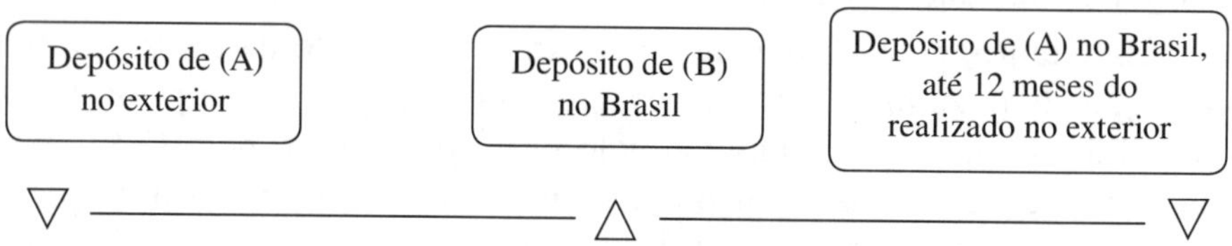

O depósito anterior, ocorrido no exterior, deve ter sido realizado em espaço máximo de um ano da data do pedido feito em território nacional, segundo acordo assinado pelo Brasil pela Convenção de Paris. A reivindicação será feita no ato do depósito no Brasil, podendo ser complementada em até sessenta dias (LPI, art. 16, § 1º), e a comprovação da anterioridade pode ser feita na mesma data de seu pedido de depósito, ou em até cento e oitenta dias contados da data desse depósito no Brasil (LPI, art. 16, § 3º).

O exemplo gráfico acima pode ser expresso nas seguintes palavras: um inventor pretende dar proteção a sua criação em vários países pertencentes à União de Paris; ingressa com o pedido na Argentina e planeja fazê-lo no Brasil e nos Estados Unidos: dentro de doze meses deverá promover o depósito nestes dois últimos, reivindicando, em cada um deles, a prioridade da data anterior fixada pelo depósito na Argentina. Ao depositar seu pedido de patente no Brasil, requer a prioridade, e, não dispondo de todos os argumentos no momento desse depósito, pode complementá-lo em até sessenta dias, devendo em até cento e oitenta dias trazer documento hábil que comprove a anterioridade na Argentina. Isso porque, durante o processamento do pedido nos três países, é possível que se contraponha outro ou outros inventores com depósitos no INPI, aqui no Brasil. O órgão de registro verificará a anterioridade, considerando a data da protocolização aceita na Argentina e a da primeira aceita no Brasil. O pedido de terceiro no intervalo permitido – doze meses – não invalida seu direito à prioridade da patente.

8.5.3. A industriabilidade

Em relação à industriabilidade, a lei anterior (Lei n. 5.772/71, art. 6º, § 3º) considerava a invenção suscetível de aplicação industrial quando pudesse ser fabricada ou utilizada industrialmente. A nova lei exige mais: "quando possam ser utilizados ou produzidos em *qualquer* tipo de indústria" (LPI, art. 15). Assim, se a invenção depender, para seu funcionamento, de mecanismo, peça ou combustível ainda não existente ou não puder ter aplicação industrial, não haverá possibilidade de concessão do privilégio, por ausência do requisito da industriabilidade. A própria lei estabelece, para reforçar esse conceito, serem insuscetíveis de concessão as concepções puramente teóricas, como se assinalou acima, na análise dos incisos do art. 10 do Código da Propriedade Industrial.

8.5.4. Originalidade (a atividade inventiva)

A definição de atividade inventiva encontra-se nos arts. 13 e 14 da Lei n. 9.279/96: "A invenção é dotada de atividade inventiva sempre que, para um técnico no assunto, não decorra de maneira evidente ou óbvia do estado da técnica", e "O modelo de utilidade é dotado de ato inventivo sempre que, para um técnico no assunto, não decorra de maneira comum ou vulgar do estado da técnica".

"Inventar, com complemento expresso por nome concreto, significa criar, ser o primeiro a constituir, ser o autor de. O mesmo verbo, acrescido de complemento expresso por nome abstrato, significa imaginar, idealizar", conforme definição de *Dicionário Gramatical de Verbos do Português Contemporâneo do Brasil,* de Francisco da Silva Borba. Um clássico exemplo de invenção, de produção original, quando a ciência da época não concebia sua criação, nem era consequência óbvia dos conhecimentos científicos então divulgados, é a lâmpada elétrica, inventada por Thomas Alva Edison em 21 de dezembro de 1879. Para seu desenvolvimento ele concebeu um fio fino, colocado no interior de um bulbo de vidro sem contato com o ar, para evitar a combustão. Esse fio deveria ficar incandescente quando a corrente elétrica passasse por ele. Para tanto, Edison testou dezenas de filamentos (fios de cabelo, barbante, linha) até chegar ao algodão carbonizado, que permaneceu aceso por 45 horas seguidas (Duarte, 1997:148-149). Nessa época foi ridicularizado por outros cientistas, que jamais poderiam, no estado da técnica de então, imaginar tal revolução.

8.6. Exemplos

Na *Revista da Propriedade Industrial*, órgão oficial do Instituto da Propriedade Industrial, podem-se encontrar inúmeros casos de patentes deferidas. Citem-se como exemplo alguns extraídos da edição n. 2.539, de 3 de setembro de 2019: aparelho para processamento de moela, método para clareamento de pele, aparelho para fabricação de partículas finas e toner, esteira para ovos.

8.7. Patente

A patente é o único documento admissível como prova do direito de uso de exploração exclusiva da invenção ou do modelo de utilidade. Ao primeiro, o privilégio de uso exclusivo vigora por prazo de vinte anos, e, ao segundo, por quinze, contados a partir da data do depósito (LPI, art. 40). Como a contagem do prazo de direito de uso se inicia desse termo (a data do depósito), na hipótese de ocorrer demora no processamento junto ao INPI na concessão da patente, estabeleceu-se um período mínimo para seu exercício: não poderá ser inferior a dez anos para as invenções e a sete anos para os modelos de utilidade (LPI, art. 40, parágrafo único). Após esse período, o objeto da patente cai em domínio público.

A nova lei ampliou o prazo de concessão do direito de uso exclusivo da patente deferida. Na lei anterior, concedida a patente, seu titular poderia utilizá-la pelo período de quinze anos, em se tratando de invenção, e pelo período de dez anos, para o modelo industrial (Lei n. 5.772/71, art. 24).

8.8. Processamento do pedido de concessão de patente

Para concessão desse instrumento, a lei especifica o procedimento a ser utilizado, que pode ser resumido por meio dos seguintes gráficos: o primeiro explicita os atos iniciados com a apresentação do pedido pelo interessado até o exame técnico; o segundo demonstra o procedimento do exame técnico propriamente dito:

PEDIDO (art. 19):

- requerimento em formulário padronizado;
- relatório descritivo, seguindo o padrão firmado por ato normativo do INPI;
- reivindicações, visando definir precisa e claramente as características técnicas a serem protegidas;
- desenho, se for o caso: de acordo com o padrão firmado em ato normativo do INPI;
- resumo: segundo ato normativo; e
- comprovante do pagamento de retribuição relativa ao depósito: mediante guia própria.

PRIORIDADE (arts. 16 e 17 do CPI e art. 4º, C-1, da CUP)

A prioridade deve ser requerida em até 12 meses da data do pedido original em país ou organismo internacional que mantenha acordo com o Brasil.

EXAME FORMAL PRELIMINAR (art. 20):

- se devidamente instruído, será protocolado (depositado);
- se não, deverá cumprir as exigências em até 30 dias (art. 21);
- não cumpridas as exigências, devolve-se ao interessado ou arquiva-se (art. 21).

DEVOLUÇÃO OU ARQUIVAMENTO

Não cumpre as exigências: devolve-se ao interessado ou arquiva-se (art. 21).

EXIGÊNCIAS

Deverá cumprir as exigências em até 30 dias (art. 21). Depois de cumpridas, pode ser depositado.

DEPÓSITO

Devidamente instruído, o pedido é depositado.

PERÍODO DE SIGILO

Por 18 meses, podendo ser antecipado pelo requerente (art. 30). Após esse período, o pedido será publicado na *Revista da Propriedade Industrial*, órgão oficial do INPI. Há hipóteses de não publicação em razão do sigilo de interesse à defesa nacional (art. 75).

PUBLICAÇÃO ANTECIPADA

A requerimento do depositante (art. 30, § 1º).

PUBLICAÇÃO

Art. 30, § 2º, na *Revista da Propriedade Industrial*, órgão oficial do INPI.

NOVOS DOCUMENTOS E INFORMAÇÕES

O autor pode trazer novos documentos e subsídios técnicos (arts. 31 e 32).

EXAME

Pedido voluntário: deve ser feito um pedido nesse sentido, pelo depositante ou interessado: art. 33.

Prazo de início: somente pode ser iniciado após decorrer 60 dias da data da publicação do pedido.

Prazo para requerer: o requerimento de exame deve ser feito até 36 meses após o depósito, sob pena de ser considerado arquivado (art. 33).

ARQUIVAMENTO DEFINITIVO

O desarquivamento pode ocorrer dentro de 60 dias da data do arquivamento, mediante pagamento de retribuição, sob pena de arquivamento definitivo (art. 33, parágrafo único).

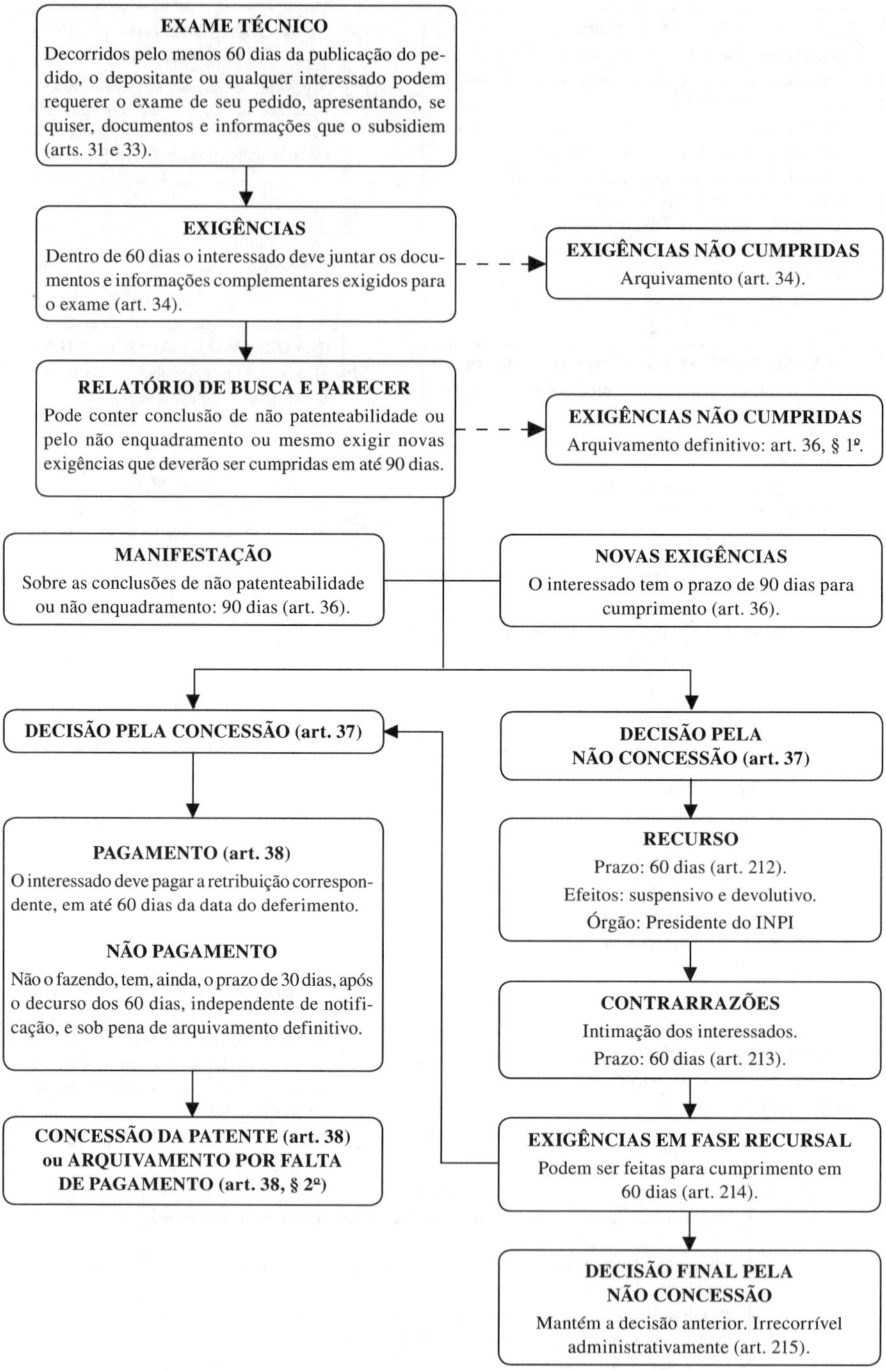
EXAME TÉCNICO
Decorridos pelo menos 60 dias da publicação do pedido, o depositante ou qualquer interessado podem requerer o exame de seu pedido, apresentando, se quiser, documentos e informações que o subsidiem (arts. 31 e 33).
EXIGÊNCIAS
Dentro de 60 dias o interessado deve juntar os documentos e informações complementares exigidos para o exame (art. 34).
EXIGÊNCIAS NÃO CUMPRIDAS
Arquivamento (art. 34).
RELATÓRIO DE BUSCA E PARECER
Pode conter conclusão de não patenteabilidade ou pelo não enquadramento ou mesmo exigir novas exigências que deverão ser cumpridas em até 90 dias.
EXIGÊNCIAS NÃO CUMPRIDAS
Arquivamento definitivo: art. 36, § 1º.
MANIFESTAÇÃO
Sobre as conclusões de não patenteabilidade ou não enquadramento: 90 dias (art. 36).
NOVAS EXIGÊNCIAS
O interessado tem o prazo de 90 dias para cumprimento (art. 36).
DECISÃO PELA CONCESSÃO (art. 37)
DECISÃO PELA NÃO CONCESSÃO (art. 37)
PAGAMENTO (art. 38)
O interessado deve pagar a retribuição correspondente, em até 60 dias da data do deferimento.
NÃO PAGAMENTO
Não o fazendo, tem, ainda, o prazo de 30 dias, após o decurso dos 60 dias, independente de notificação, e sob pena de arquivamento definitivo.
RECURSO
Prazo: 60 dias (art. 212).
Efeitos: suspensivo e devolutivo.
Órgão: Presidente do INPI
CONTRARRAZÕES
Intimação dos interessados.
Prazo: 60 dias (art. 213).
CONCESSÃO DA PATENTE (art. 38) ou ARQUIVAMENTO POR FALTA DE PAGAMENTO (art. 38, § 2º)
EXIGÊNCIAS EM FASE RECURSAL
Podem ser feitas para cumprimento em 60 dias (art. 214).
DECISÃO FINAL PELA NÃO CONCESSÃO
Mantém a decisão anterior. Irrecorrível administrativamente (art. 215).

8.9. Cessão do pedido ou da patente

A propriedade do privilégio é transferível, por ato *inter vivos* ou em virtude de sucessão, devendo ser averbada no INPI para que produza efeitos legais *erga omnes*. Por se configurarem direitos imateriais, podem ser objeto de cessão tanto o pedido de patente, isto é, o depósito realizado pelo titular, mas ainda não concedido, ou o próprio documento de concessão, a patente. Um e outro têm natureza de coisa indivisível, isto é, não podem ser fracionados sem prejuízo do uso a que se destinam. Entretanto, a lei permite a cessão total ou parcial (LPI, art. 58), devendo esta última ser compreendida não em relação ao objeto, que é indivisível, mas quanto à titularidade dos direitos decorrentes de sua propriedade. Como coisas não divisíveis, o pedido e a patente sujeitam-se a pertencer a vários titulares ou a ser transferidos a mais de um adquirente, em condomínio. Nesse aspecto a cessão é total ou parcial.

A transferência por ato *inter vivos* se faz por documento público ou particular que contenha o nome e a qualificação completa do cedente e do cessionário, o número, o título e a natureza da patente ou do pedido, o nome do inventor e a data da invenção, bem como as assinaturas dos contratantes e das testemunhas do ato. É de lembrar que o documento particular assinado pelo devedor e por duas testemunhas é título executivo extrajudicial, nos termos do art. 784, II, do Código de Processo Civil de 2015. O Código Civil de 2002 dispôs acerca das condições de validade do instrumento particular: deve ser feito e assinado, ou somente assinado por quem esteja na livre disposição e administração de seus bens, submetendo, ainda, a validade de seus efeitos em relação a terceiros exclusivamente depois de anotado no registro público (CC, art. 221).

Se a transferência se operar em decorrência da morte, os novos titulares por direito hereditário ou testamentário farão prova da transmissão apresentando certidão de homologação da partilha amigável ou cópia da sentença judicial que a decidiu.

É possível, ainda, que a sucessão se dê em decorrência de ausência do titular, declarada provisória ou definitivamente pelo juiz por sentença (CC, arts. 22 a 39).

8.10. Licença voluntária

Além da cessão de direitos, o titular da patente ou do pedido de patente pode celebrar contrato de licença para que terceiro realize e explore a invenção ou o modelo de utilidade. O documento público ou particular que autoriza esse uso é denominado contrato de licença para exploração (LPI, art. 61) e deve conter, além das condições específicas acordadas (prazo e valores), os dados do licenciante e do licenciado, a identificação da patente ou de seu pedido, seu número, título e natureza, o nome do inventor e a data da invenção, bem como as assinaturas dos contratantes e das testemunhas do ato.

No intuito de prevenir responsabilidades decorrentes da relação que se forma entre o licenciado e o destinatário final do produto – o consumidor –, o contrato de licença deve consignar os aspectos técnicos de controle da qualidade dos produtos, permitindo ou não a fiscalização do licenciante sobre os meios de produção e a capacidade técnica do licenciado, além de outras de interesse do contrato, tais como a realização periódica de cursos técnicos aos empregados na fabricação do produto etc.

Se, no curso do contrato de licenciamento, ocorrerem aperfeiçoamentos sobre a patente, caberá a quem desenvolvê-los – licenciante ou licenciado – o direito de depositar no INPI essa nova invenção ou modelo de utilidade, assegurando, no entanto, a lei o direito de preferência no licenciamento dessa melhoria ao outro contratante (LPI, art. 63). Dessa forma, se o licenciado aperfeiçoa o produto que lhe foi autorizado por contrato de exploração, poderá depositá-lo como seu titular, cabendo, entretanto, ao licenciante do produto primitivo o direito de preferência para sua exploração.

O próprio INPI pode ser utilizado como instrumento para oferecimento da licença: a lei autoriza que o órgão público, sempre a pedido do titular da patente (nunca do licenciado deste), promova a publicação de edital de oferta (LPI, art. 64) oferecendo a licença para fins de exploração por terceiros.

Essa licença fica sujeita às condições para a exploração, previstas em contrato, podendo o titular requerer seu cancelamento por descumprimento ou na hipótese de o licenciado não dar início à exploração industrial dentro de um ano ou, ainda, interrompê-la por igual prazo (LPI, art. 67).

8.11. Licença compulsória

Dá-se o caso de licença compulsória, sem exclusividade e sem permissão de sublicenciamento, nas hipóteses estabelecidas na Lei da Propriedade Industrial, nos arts. 68 a 74.

A primeira situação refere-se a abuso dos direitos de patente ou prática de abuso de poder econômico por meio dela, definidos por lei, decisão administrativa ou sentença judicial (art. 68, *caput*). São exemplos: o abuso mediante publicidade enganosa, como na hipótese prevista no art. 37 da Lei n. 8.078, de 11 de setembro de 1990 (Código do Consumidor)[1], e as práticas abusivas contempladas no art. 39 dessa mesma lei, tais como condicionar o fornecimento de produto ou de serviço ao de outro produto ou serviço, bem como, sem justa causa, a limites quantitativos (inciso I), recusar atendimento às demandas dos consumidores, na exata medida de suas disponibilidades de estoque, e, ainda, de conformidade com os usos e costumes (inciso II), e colocar no mercado de consumo qualquer produto ou serviço em desacordo com as normas específicas expedidas pelos órgãos oficiais competentes ou, se não existirem, com as da Associação Brasileira de Normas Técnicas ou outra entidade credenciada pelo Conselho Nacional de Metrologia, Normalização e Qualidade Industrial – CONMETRO (inciso VIII), entre outros.

É motivo para se impor a licença compulsória a não exploração do objeto da patente no território brasileiro por ausência de fabricação ou fabricação incompleta do produto, ou, ainda, a falta de uso integral do processo patenteado, ressalvados os casos de inviabilidade econômica, quando será admitida a importação. Essa segunda hipótese, prevista no art. 68, § 1º, I, da Lei n. 9.279/96, refere-se à inércia do titular em dela fazer uso. A ressalva de inviabilidade econômica é supérflua: se a fabricação é inviável economicamente, dificilmente se encontrará quem a reivindique.

Uma terceira razão legal ocorre quando a comercialização não satisfaz as necessidades do mercado. O enunciado do art. 68, § 1º, II, da Lei n. 9.279/96 é bastante vago; há inúmeras razões pelas quais a comercialização pode não atender às exigências do mercado. O vocábulo "necessidade" pode ser interpretado sob incontáveis formas: ausência de volume ou variedade exigida pelo mercado, ausência de atualização ou assistência técnica etc. A lei pretendeu, entretanto, assegurar ao consumidor a oferta de componentes e peças de reposição e sua manutenção pelo período razoável de tempo, prevista no art. 32 do Código do Consumidor[2].

---

[1] "Art. 37. É proibida toda publicidade enganosa ou abusiva. (...) § 2º É abusiva, dentre outras, a publicidade discriminatória de qualquer natureza, a que incite a violência, explore o medo ou a superstição, se aproveite da deficiência de julgamento e experiência de criança, desrespeite valores ambientais, ou seja capaz de induzir o consumidor a se comportar de forma prejudicial ou perigosa à sua saúde ou segurança."

[2] "Art. 32. Os fabricantes e importadores deverão assegurar a oferta de componentes e peças de reposição enquanto não cessar a fabricação ou importação do produto.

Parágrafo único. Cessadas a produção ou importação, a oferta deverá ser mantida por período razoável de tempo, na forma da lei."

A quarta razão, indicada nos incisos do art. 70 do Código da Propriedade Industrial, prevê a hipótese de ficar caracterizada situação de dependência de uma patente à outra, e o objeto da patente dependente constituir substancial progresso técnico em relação à patente anterior, e, finalmente, se o titular não realizar acordo com o detentor da patente dependente para exploração da patente anterior. A própria lei, nos parágrafos do art. 70, explica: "considera-se patente dependente aquela cuja exploração depende obrigatoriamente da utilização do objeto de patente anterior".

Em geral, os inventos e modelos de utilidade são coisas compostas, isto é, constituídas de várias partes ou peças de um todo complexo. Essas partes ou peças muitas vezes são objeto de patentes de terceiros e, em muitos casos, partes essenciais do produto final desenvolvido pelo titular, podendo vir a caracterizar uma relação de dependência, caso haja negativa do titular da peça em autorizar a exploração. A situação também pode inverter-se: a patente do processo depender do produto respectivo. Havendo situação de codependência, ambos os titulares têm direito ao licenciamento compulsório da patente do outro, definindo a lei uma situação de patente compulsória cruzada (LPI, art. 70, § 3º). A solução da lei é coerente e utiliza o princípio de equidade; não seria justo conceder licença compulsória ao detentor da patente que é parte do produto final e não conceder a este o mesmo direito sobre a patente do outro titular. Em muitos casos é evidente a relação de codependência: o titular da patente-processo e o titular da patente-resultado.

Um último caso de licença compulsória se refere aos casos de emergência nacional ou interesse público (art. 71, *caput*). O Código exige que a declaração se faça por ato do Poder Executivo federal, e, evidentemente, pode ser submetido à apreciação do Poder Judiciário quanto a sua legalidade. As regras que dispõem sobre a concessão compulsória estão hoje reguladas pelo Decreto n. 3.201, de 6 de outubro de 1999.

Entre outros dispositivos, o decreto definiu emergência nacional como o "iminente perigo público, ainda que apenas em parte do território nacional", e estabeleceu entre os fatos de interesse público "os relacionados, dentre outros, à saúde pública, à nutrição, à defesa do meio ambiente, bem como aqueles de primordial importância para o desenvolvimento tecnológico ou socioeconômico do País" (Decreto-lei n. 3.201/99, art. 2º).

8.12. Invento de empresa

A lei regulamenta, ainda, as hipóteses de invenção ou modelo de utilidade que decorrem de contrato de trabalho, também chamado invento de serviço ou invento de empresa, com execução no Brasil, e cujos termos fixem como objeto a pesquisa ou a atividade inventiva ou resultem da natureza dos serviços para os quais foi o empregado contratado (LPI, art. 88). Nesse caso, contempla a lei, a invenção ou o modelo de utilidade pertencerão exclusivamente ao empregador, salvo expressa disposição contratual em contrário. A titularidade do empregador estende-se em relação a todas as invenções ou modelos de utilidade que o empregado venha a requerer até um ano após a extinção do vínculo empregatício.

8.13. Invento livre ou do empregado

Inexistindo relação empregatícia, nem vínculo de prestação de serviços, ou comprovado que não houve utilização de recursos, dados, meios, materiais, instalações ou equipamentos do empregador, o invento pertencerá ao empregado, conforme dispõe o art. 90 da Lei n. 9.279/96: "Pertencerá exclusivamente ao empregado a invenção ou o modelo de utilidade por ele desenvolvido, desde que desvinculado do contrato de trabalho e não decorrente da utilização de recursos, meios, dados, materiais, instalações ou equipamentos do empregador".

Semelhante disposição é encontrada na proteção ao desenvolvimento de programas de computador, no art. 4º da LDA, dando-se tratamento uniforme às hipóteses assemelhadas. A esse respeito, observa-se que a Lei de Propriedade Intelectual foi muito mais precisa na definição das situações entre empregado e empregador, permitindo-se, nos casos análogos omitidos pelo Código da Propriedade Industrial, sua aplicação subsidiária.

8.14. Invento comum, misto ou conexo

Se o invento decorrer do uso de meios fornecidos pelo empregador, mas não houver, por parte do empregado, vínculo inventivo, a criação será de propriedade comum de ambos, em partes iguais, ressalvada expressa disposição contratual em contrário. Sendo mais de um empregado, a parte que couber ao inventor será igualmente dividida entre todos, exceto se houver ajuste em contrário. Ao empregador, contudo, sempre caberá o direito de exploração, mediante remuneração ao empregado, na proporção fixada em lei ou acordada entre os titulares. Dar-se-á a transferência compulsória ao empregado na hipótese de o empregador não iniciar, sem justo motivo, sua exploração empresarial dentro de um ano – ou outro prazo estipulado entre os detentores – após a concessão da patente.

8.15. Quadro-resumo das espécies de invento, em relação a seu titular

INVENÇÃO DE EMPRESA	É a obtida na empresa, não ocorrendo a individualização do inventor.
INVENÇÃO DE SERVIÇO	É a obtida na empresa pelo empregado ou prestador de serviços, na vigência de contrato destinado à pesquisa no Brasil, desde que a atividade inventiva do empregado seja prevista no contrato ou decorra da natureza da atividade contratada.
INVENÇÃO LIVRE	É aquela que, desenvolvida pelo empregado, pertence-lhe exclusivamente, desde que tenha ocorrido de forma desvinculada do contrato de trabalho, e não de vínculo de prestação de serviços. Para sua caracterização, é indispensável a demonstração de que não houve utilização de recursos, dados, meios, materiais, instalações ou equipamentos do empregador.
INVENÇÃO MISTA OU CONEXA	É a desenvolvida pelo empregado, de forma desvinculada do contrato de trabalho ou vínculo de prestação de serviços, mas com a utilização de recursos, dados, meios, materiais, instalações ou equipamentos do empregador. O invento será de propriedade comum de ambos.

8.16. Extinção do privilégio

O privilégio – isto é, o direito de explorar a concessão obtida – extingue-se, regularmente, pelo decurso do prazo de sua vigência. Há, contudo, além dessa, outras hipóteses legais, previstas nos arts. 78 a 83 do Código da Propriedade Industrial:

a) Pela expiração do prazo de vigência

O direito à exploração exclusiva, como já visto, deve vigorar por vinte e quinze anos, em se tratando de invenção ou de modelo de utilidade, contados da data do depósito, não podendo, no caso de demora na concessão, ser inferior a dez e sete anos contados da data da concessão. Por exemplo: um empresário requer a concessão de uma patente em janeiro de 1998, obtendo o depósito (o protocolo aceito) em 30 de abril desse ano. Decorridos doze anos, a patente é finalmente concedida, em 3 de janeiro de 2010. Seu direito de uso exclusivo somente poderá expirar em 2 de janeiro de 2020, vinte e dois anos após seu ingresso no INPI.

b) Pela renúncia expressa de seu titular, ressalvado o direito de terceiros

O titular do direito é sempre a pessoa natural ou a pessoa jurídica, e, neste último caso, o sócio-gerente ou administrador deve comprovar ter poderes contratuais ou estatutários para essa manifestação de vontade. Na sociedade por ações, em regra, salvo disposição em contrário, os atos que impliquem alienação de bens são de competência do conselho de administração, ou, em sua falta, da diretoria (LSA, art. 142, VIII). Em se tratando de procurador, o ato exige poderes especiais, uma vez que o mandato, em termos gerais, somente confere poderes de administração. Tratando-se de disposição de direitos, como ocorre na alienação, hipoteca, transação ou atos, como a renúncia, que exorbitam os da administração ordinária, esses poderes devem ser expressos (CC, art. 661).

A lei ressalva o direito de terceiro (art. 78, II), antevendo a possibilidade de existir litígio sobre a coisa patenteada.

Em caso de falência, o falido – empresário individual ou sociedade empresária –, titular do direito, não pode mais exercer o direito de renúncia, pois perdeu, desde o decreto falimentar, o direito de administrar seus bens e deles dispor (LREF, art. 103); tampouco o administrador judicial, mesmo autorizado pelo juiz, pode fazê-lo, uma vez que seus poderes não incluem a renúncia de direitos. Entretanto, se convier à massa, o administrador judicial, ouvido o titular do direito, pode representar ao magistrado, que, após a oitiva do Ministério Público, e se de fato interessar à *pars conditio creditorum*, autorizará a renúncia desse direito.

c) Pela caducidade ou perda da eficácia da concessão deferida

A matéria vem tratada nos arts. 80 *usque* 83 LPI, que prevê duas hipóteses quanto à iniciativa do processo de caducidade:

- de ofício ou
- a pedido de pessoa com legítimo interesse.

A primeira hipótese refere-se ao Instituto Nacional de Propriedade Industrial, que pode, por ato de sua iniciativa, promover a declaração de caducidade.

A segunda outorga ao particular com legítimo interesse a faculdade de requerê-la. Para definir o legítimo interesse deve-se atentar à causa do pedido de caducidade. O artigo refere-se à patente cuja licença foi concedida a terceiros compulsoriamente por abuso ou por desuso do titular original, se, após o decurso do prazo de dois anos, tais ocorrências, sem motivo justo, não forem sanadas. Legitimado, então, é todo aquele que tem interesse no saneamento dessas ocorrências: a indústria, o consumidor ou o fornecedor de produto que dependa da distribuição do produto no mercado.

Como exemplo, pode-se citar a situação decorrente de componentes ou peças de reposição que compõem outro produto acabado, sendo que seu fornecedor no mercado não foi capaz de atender à demanda ou exerceu seus direitos de forma abusiva. Em razão desses fatos, teve sua licença compulsoriamente transferida a um licenciado, e este, sem motivo justificável, foi incapaz de sanar aquelas irregularidades. No interesse comum, uma patente nessas condições deve pertencer ao domínio público, liberando a exclusividade de sua produção e permitindo a fabricação a todos quantos se interessarem. No caso de a licença compulsória ter sido concedida em razão de abuso e este persistir nas mãos do licenciado, as associações de consumidores, os órgãos de defesa do consumidor e o Ministério Público têm legítimo interesse no decreto de caducidade.

d) Pela falta de pagamento da retribuição anual

A lei exige que o interessado na concessão da patente pague uma retribuição anual, mesmo antes da concessão da patente, a partir do início do terceiro ano contado da data do depósito.

A falta desse pagamento nas épocas certas – nos três primeiros meses de cada período anual ou, com sobretaxa adicional, dentro dos seis primeiros meses subsequentes – acarreta, para os pedidos ainda não deferidos, o arquivamento, e, para as patentes já concedidas, sua extinção. A restauração da patente pode ser requerida em até três meses depois da notificação do arquivamento do pedido ou da extinção da patente, mediante pagamento de retribuição específica, segundo dispõe o art. 87 da lei.

e) Pela inobservância do art. 217 da lei

O detentor de patente não residente no País, que não constitui nem mantém procurador qualificado e aqui domiciliado, está sujeito à pena de extinção de seu privilégio. A observância da exigência cabe ao INPI, que pode exigir, de tempos em tempos, a comprovação de outorga de mandato com poderes suficientes.

f) Pela nulidade da concessão do privilégio

Outra hipótese de extinção é a que ocorre se a patente foi concedida em desacordo com as disposições da Lei da Propriedade Industrial. A concessão poderá, por decisão judicial, ser declarada nula, produzindo efeitos parciais ou totais, com retroação – *ex tunc* – desde a data do depósito do pedido. A nulidade pode incidir sobre todas as reivindicações ou apenas parcialmente, nas situações em que as subsistentes constituíam matéria patenteável por si mesma, como exemplifica Gama Cerqueira (1982:499-500): "pode o inventor (...) reivindicar, como característico da invenção, elementos já caídos no domínio público, e, portanto, não susceptíveis de privilégio. Neste caso, a nulidade atinge parcialmente a patente, subsistindo os demais característicos considerados novos".

Além da ação judicial, com curso na Justiça Federal, a própria autoridade administrativa poderá proceder à revisão de seu ato de concessão, como dispõem os arts. 46 a 55 do Código da Propriedade Industrial.

Capítulo 9

PROPRIEDADE INDUSTRIAL: REGISTRO DE DESENHO INDUSTRIAL

9.1. Noções

No capítulo anterior foram estudadas as concessões de patente admitidas no Direito brasileiro e que integram o estabelecimento empresarial, como bens de natureza incorpórea: o invento e o modelo de utilidade. A Lei da Propriedade Industrial de 1971 previa duas outras modalidades de concessão de patente: o modelo industrial (MI) e o desenho industrial (DI), considerando o primeiro "toda forma plástica que possa servir de tipo de fabricação de um produto industrial e ainda se caracterize por nova configuração ornamental" (Lei n. 5.772/71, art. 11, 1), e o segundo – desenho industrial – "toda disposição ou conjunto novo de linhas ou cores que, com o fim industrial ou comercial, possa ser aplicado à ornamentação de um produto ou por qualquer meio manual, mecânico ou químico, singelo ou combinado" (Lei n. 5.772/71, art. 11, 2).

Em 1996 modernizou-se o conceito, abrangendo, na redação do art. 95, ambos os institutos sob a mesma rubrica – desenho industrial –, em uma única definição legal: "a forma plástica ornamental de um objeto ou o conjunto ornamental de linhas e cores que possa ser aplicado a um produto, proporcionando resultado visual novo e original na sua configuração externa e que possa servir de tipo de fabricação industrial".

Além de agrupar os conceitos numa só definição, a nova lei retirou a possibilidade de concessão de patente e submeteu ambos os institutos ao regime de registro. Inexiste, portanto, no novo sistema, patente de desenho industrial e patente de modelo industrial, mas, tão somente, registro de desenho industrial.

São exemplos de desenho industrial tanto a forma tridimensional de um produto (e. g., os novos computadores da *Apple*, o *i-mac* e o *cube*, que renovam o visual do mundo dos computadores) como a estampagem bidimensional de um tecido. No regime anterior, seriam dois objetos de proteção distintos: o primeiro, modelo industrial, e o segundo, desenho.

Em Portugal, o Código da Propriedade Industrial de 1995 é mais descritivo ao definir modelos e desenhos industriais, mantendo a distinção entre ambos. Para aquela legislação, "podem ser protegidos como modelos industriais os moldes, formas, padrões, relevos, matrizes e demais objetos que sirvam de tipo na fabricação de um produto industrial, definindo-lhe a forma, as dimensões, a estrutura ou a ornamentação", e, ainda, "podem ser protegidos como desenhos industriais as figuras, pinturas, fotografias, gravuras ou qualquer combinação de linhas ou cores ou de linhas e cores ornamentais ou não, aplicadas a um produto, com fim comercial, por qualquer processo manual, mecânico ou químico; os caracteres, tipos, matrizes tipográficas de qualquer espécie, chapas estereotípicas de cartão, metais ou ligas metálicas e gravuras de madeira ou de qualquer outro material destinado à impressão tipográfica de letras, algarismos, notas musicais ou outros quaisquer símbolos, monogramas, emblemas, tarjas e filetes"[1].

Com essa ilustração pode-se ter uma noção clara do universo criativo que compreende o desenho industrial. No Brasil, o INPI admite trinta e duas classes diferentes de registro de desenho industrial, cada uma para uma espécie de produto. Pertencem, por exemplo, à classe n. 1 os produtos de alimentação, e à classe n. 14 os equipamentos de gravação, comunicação e recuperação de informações. Entre os da primeira classe podem ser citados: produtos de padaria, biscoitos, pães, bolos, caramelos (balas), preparação

[1] PORTUGAL, Decreto-lei n. 16, de 24 de janeiro de 1995, Código da Propriedade Industrial, arts. 139 e 140. O Decreto-lei n. 36/2003, de 5 de março, não mais reproduz essa redação preferindo um conceito unificado mais conciso (art. 173): "O desenho ou modelo designa a aparência da totalidade, ou de parte, de um produto resultante das características de, nomeadamente, linhas, contornos, cores, forma, textura e/ou materiais do próprio produto e/ou da sua ornamentação".

de cereais, gomas de mascar, chocolates, confeitaria, casquinha de sorvete (comestível), massas de alimentos farináceos, pão de gengibre, sorvete, picolés, macarrão, merengue, talharim, massas, massas de alimentos farináceos, pastelaria, *petit fours*, roscas, caldo de frutas (sorvetes), sorvetes de frutas, espaguete, doces (balas), tortas e torradas. Entre os da segunda classe mencionada encontram-se, por exemplo: caixas antirruído para impressoras de computador, caixas automáticos (terminais bancários *on line*), leitoras de código de barras, perfuradoras de cartão (processamento de dados), caixas (antirruído) para impressoras de computador, leitor de CDs, invólucros de computador, interfaces de computador, *mouses* de computador, plotadoras de computador, impressoras de computador, telas de computador, terminais de computador, computadores, equipamentos de processamento de dados, agendas eletrônicas de bolso, acionador de discos etc.

9.2. Requisitos

Os requisitos exigidos para o registro são os mesmos já estudados para a patente: a novidade, a industriabilidade, a originalidade (inventividade) e a legalidade. A matéria registrada no capítulo anterior pode ser aqui reiterada, respeitadas, contudo, algumas particularidades.

a) A novidade

A novidade decorre do universo de coisas não compreendidas no estado da técnica, isto é, as que não sejam de conhecimento acessível ao público antes da data do depósito do pedido de registro, no Brasil ou no exterior.

A exceção à presunção de conhecimento pela divulgação é a mesma encontrada para as patentes no art. 12, com uma diferença: para estas considera-se o prazo de doze meses como sendo o período de divulgação autorizada, desde que feita pelo inventor, pelo INPI ou por terceiros, com base em informações obtidas direta ou indiretamente do inventor, em decorrência de atos por este realizados. Para o registro de desenho industrial o período é menor: cento e oitenta dias (LPI, art. 96, § 3º).

Em um e outro caso, a previsão legal merece aplausos: o titular de um desenho industrial pode, por exemplo, apresentá-lo a público em congresso ou em exposição a eventuais clientes, antes de efetivar o depósito no INPI. Dentro de seis meses poderá encaminhar seu pedido de registro, sem receio de que se alegue já ser acessível ao público. Mesmo que terceiros – muitas vezes presentes a sua exposição – tenham divulgado esse trabalho, mantém-se inatacado o requisito da novidade.

b) A originalidade

A originalidade ou criatividade é definida como a que resulta de configuração visual distintiva, em relação a outros objetos anteriores, excluída qualquer obra de caráter puramente artístico (LPI, arts. 97 e 98). É verdade que a configuração visual de um objeto jamais será absolutamente nova, mas pode ser "decorrente da combinação de elementos conhecidos" (LPI, art. 97, parágrafo único): padronagem, linhas, cores e formas são passíveis de serem recombinadas e adaptadas, criando algo visualmente distinto dos padrões atuais.

Na mesma linha encontra-se o vigente Código português (Decreto-lei n. 36/2003, de 5 de março): "Art. 176. 1 – Gozam de protecção legal os desenhos ou modelos novos e que tenham carácter singular. 2 – Gozam igualmente de protecção legal os desenhos ou modelos que, não sendo inteiramente novos, realizem combinações novas de elementos conhecidos ou disposições diferentes de elementos já usados, de molde a conferirem aos respectivos produtos carácter singular".

Tinoco Soares (1997:153) bem expõe essa ideia ao comentar o art. 97 do Código brasileiro em vigor: "(...) original é o feito sem modelo, que tem caráter próprio, não obstante possa até ser composto de elementos conhecidos e assim será porque hoje em dia, na grande e irrecusável realidade, o que se encontra é a adaptação do existente, posto que original mesmo, ao que tudo indica, só se verificou em longínquo passado".

Salomão apresenta no *Livro de Eclesiastes* a ideia da recriação de algo existente: "O que foi voltará a ser, o que aconteceu, ocorrerá de novo, o que foi feito se fará outra vez; não existe nada de novo debaixo do sol. Será que há algo do qual se possa dizer: 'Vê! De fato, isto é absolutamente inédito?' Não! Já existiu em épocas anteriores à nossa. Ninguém se lembra dos que viveram na antiguidade. Não há recordações do que aconteceu no passado, e mesmo o que ainda vier a ocorrer de significativo não será lembrado por todos que vierem depois disso" (*Bíblia King James* Atualizada [KJA], 2012, Ec. 1.9-11).

Não haverá originalidade quando se tratar de forma necessária comum ou vulgar do objeto ou, ainda, aquela determinada essencialmente por considerações técnicas ou funcionais (LPI, art. 100, II). O vulgar, o comum e o que decorre necessariamente das considerações mencionadas não é original.

c) A industriabilidade

Do requisito da industriabilidade decorre a exigência de não ser registrável qualquer obra de caráter puramente artístico, que pode, entretanto, estar amparada por direito autoral. Somente é registrável o desenho industrial que possa servir de tipo de fabricação industrial (LPI, art. 95).

d) A legalidade

O requisito da legalidade impede se faça o registro de desenho industrial que for contrário à moral e aos bons costumes, que ofenda a honra ou a imagem de pessoas ou atente contra a liberdade de consciência, crença, culto religioso ou ideia e sentimentos dignos de respeito e veneração (LPI, art. 100).

9.3. Registro

Para efeito didático, a sequência dos atos legais de registro do desenho industrial pode ser agrupada em quatro categorias, disciplinadas nos arts. 101 a 106 da Lei n. 9.279/96:

1) prioridade e pedido;

2) exame formal;

3) processamento e decisão;

4) recurso.

9.3.1. Prioridade e pedido

Se houver pedido de prioridade o requerente pode, desde logo, trazer o documento hábil obtido na origem, ou, se não o fizer, apresentá-lo em até noventa dias. Como já estudado (item 8.5.2), considera-se o direito de prioridade a faculdade de realizar o depósito com reivindicação de sua anterioridade contra fatos ocorridos entre a data do primeiro depósito realizado no exterior e a do efetuado no Brasil, desde que esse período não seja superior a doze ou seis meses, variável segundo a natureza do bem incorpóreo a ser protegido, mediante a comprovação, por documento idôneo da origem, de existência de depósito idêntico, do mesmo requerente, em instituição de país signatário da convenção unionista.

O art. 16 do Código da Propriedade Industrial assegura o direito à prioridade, nos prazos estabelecidos no acordo da Convenção da União de Paris, e este, em seu art. 4º, C, prevê prazos diferenciados para o exercício do direito de prioridade: de doze meses para invenções e modelos de utilidade e de seis meses para os desenhos ou modelos industriais e para as marcas de fábrica ou de comércio.

1. PRIORIDADE – APRESENTAÇÃO DO PEDIDO (ARTS. 101, 99 E 16)

REQUISITOS DO PEDIDO

a) um único objeto, com até 20 variações;
b) representação clara e suficiente do objeto e suas variações, de modo a dar possibilidade de reprodução por técnico no assunto;
c) preenchimento em língua portuguesa, em formulário eletrônico ou em papel, de acordo com os modelos vigentes), que deve conter:
   - requerimento;
   - relatório descritivo;
   - reivindicações;
   - desenhos ou fotografias;
   - campo de aplicação do objeto;
   - comprovante do pagamento da retribuição relativa ao depósito.

DA PRIORIDADE

O pedido pode ter sido apresentado com requerimento de prioridade (existência de pedido em país ou organização internacional que mantém acordo com o Brasil). Nesse caso, deve ser acompanhado do documento que enseja a prioridade, e, não sendo feito desde logo, deve ser juntado em até 90 dias (arts. 99 e 16, § 3º).

9.3.2. Exame formal

No exame formal, de natureza preliminar, busca-se verificar o atendimento das exigências da protocolização do pedido: se os documentos foram apresentados em língua portuguesa, se constam todos os exigidos pelo art. 101, se foi feito por procurador e se consta a juntada do instrumento de mandato, se a representação da pessoa natural ou jurídica está regular etc. A ausência de alguns dados não essenciais pode ser suprida pelo interessado em até cinco dias. Consideram-se essenciais os referentes ao autor, ao desenho industrial e ao depositante.

A lei concede a possibilidade de o pedido ser emendado, no prazo de até cinco dias, sob pena de sua devolução ao interessado, sem qualquer apreciação.

2. EXAME FORMAL (ARTS. 102 E 103)
DUAS HIPÓTESES:
DEPÓSITO
Exame formal preliminar ➔ Exigências (prazo de 5 dias para cumprimento) ➔ Pedido corrigido ➔ Depósito.
DEVOLUÇÃO
Exame formal preliminar ➔ Exigências (prazo de 5 dias para cumprimento) ➔ Pedido não corrigido ➔ Devolução do pedido ao interessado.
Observação: depósito é o ato de protocolo, uma vez cumpridas as exigências preliminares. Considera-se a data do depósito como a da apresentação do pedido.

9.3.3. Processamento e decisão

O processamento do pedido de registro de desenho industrial é menos rigoroso que o determinado para as concessões de patente. Realizado o depósito, mediante a protocolização do pedido formalmente em ordem (art. 101), segue-se a análise de seus requisitos essenciais: a) a novidade (arts. 96, 99, 16 e 104); b) a originalidade (arts. 97 e 100, II); c) a industriabilidade (art. 98); e d) a licitude (art. 100, I).

Cumprida a publicação do depósito na *Revista da Propriedade Industrial*, o registro é concedido, expedindo-se o respectivo certificado (art. 106). Entretanto, a lei prevê outras quatro situações: a) a requerimento do depositante, o pedido pode ser mantido em sigilo pelo prazo de até cento e oitenta dias, antes de ser processado (art. 106, § 1º); b) dentro desse prazo, o depositante pode optar por retirar seu pedido (art. 105); c) o depositante pode requerer se aguarde a apresentação do documento que comprove seu direito à prioridade (arts. 106, § 2º, e 99); d) o pedido é processado e indeferido (art. 106, § 4º) por não atender as condições de licitude (art. 100, I) ou originalidade (art. 100, II).

3. PROCESSAMENTO (ART. 106)
NESTA ÚLTIMA FASE CINCO CAMINHOS SE ABREM: **- 3.1 -** O primeiro caminho é a publicação regular e o deferimento e expedição de certificado sem outros incidentes: Depósito ➔ Não requereu sigilo ➔ Publicação ➔ Processamento com ou sem exigências com prazo de até 60 dias para cumprimento ➔ Deferimento ➔ Expedição de certificado.
- 3.2 - O segundo se refere a período de sigilo solicitado pelo próprio interessado (art. 105), evitando a pronta publicação na *Revista da Propriedade Industrial*. Decorrido esse prazo, publica-se o pedido e segue-se para a concessão e expedição do certificado: Depósito ➔ Requereu sigilo por 180 dias ➔ Publicação ➔ Processamento com ou sem exigências com prazo de até 60 dias para cumprimento ➔ Deferimento ➔ Expedição de certificado.
- 3.3 - O terceiro caminho é a retirada do pedido no período de prazo de sigilo, em até 90 dias da data do depósito, e a entrega ao próprio interessado. Essa retirada ocasiona o direito de prioridade ao depósito imediatamente posterior: Depósito ➔ Requereu sigilo por 180 dias ➔ No prazo de 90 dias requereu a retirada do depósito ➔ Pedido retirado.
- 3.4 - O quarto caminho é o aguardo, por até 90 dias, para comprovação do direito de prioridade (arts. 99 e 106, § 2º): Depósito ➔ Aguarda-se a apresentação do documento de prioridade por até 90 dias ➔ Publicação ➔ Processamento com ou sem exigências com prazo de até 60 dias para cumprimento ➔ Deferimento ➔ Expedição de certificado.
- 3.5 - A última possibilidade é o indeferimento por violar a moral, os bons costumes etc., previsto no art. 100 da lei: Depósito ➔ Requereu ou não o sigilo ➔ Processamento ➔ Publicação ➔ Indeferimento por não preencher os requisitos do art. 100.

9.3.4. Recurso

A fase recursal desenvolve-se da mesma maneira para todas as decisões do INPI, aplicando-se as regras dos arts. 212 e s. do Código da Propriedade Industrial. Tem-se uma visão completa do processamento, incluindo a fase recursal, nos seguintes quadros:

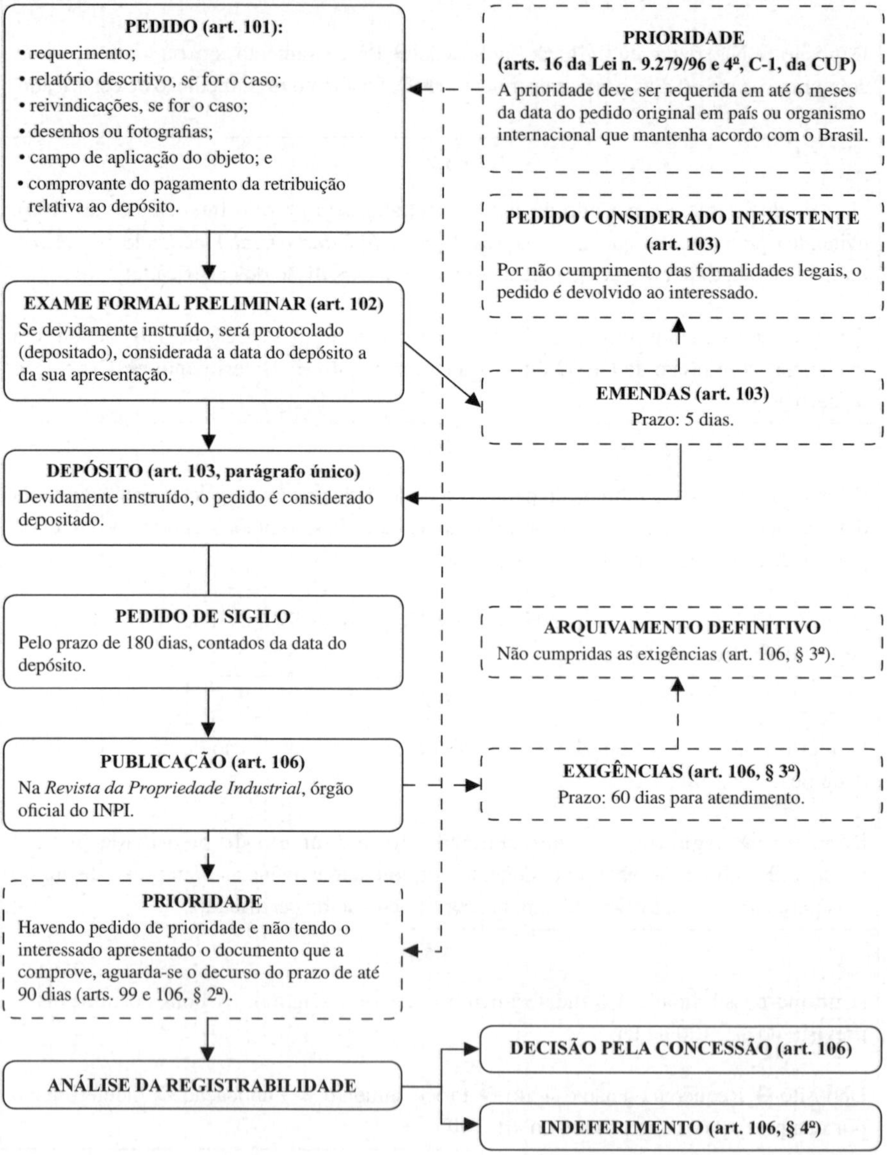

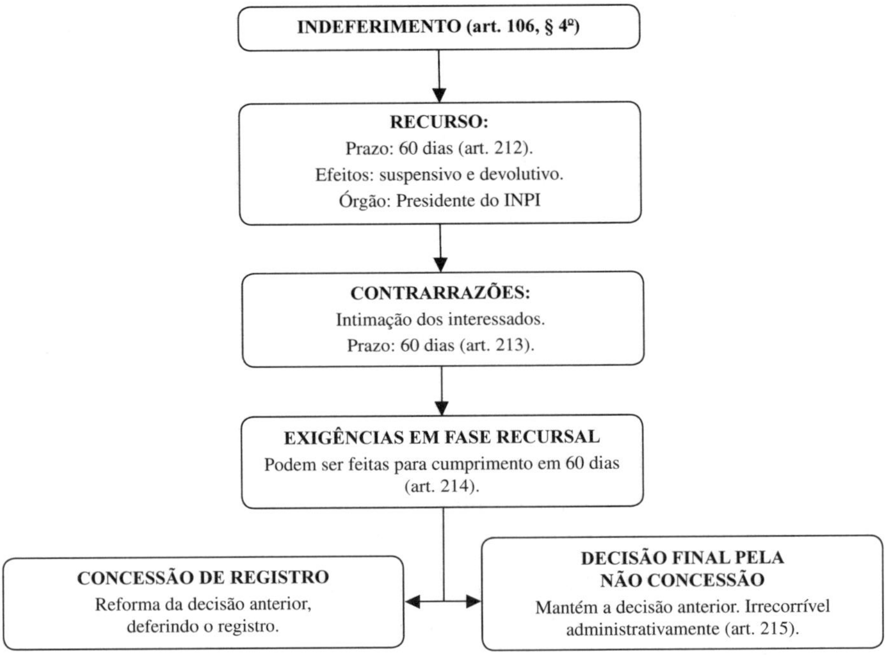

9.4. Certificado de registro

O certificado de registro é o documento hábil que comprova a propriedade do desenho industrial, permitindo a seu titular o direito de impedir terceiro, sem seu consentimento, de produzir, usar, colocar à venda, vender ou importar o objeto protegido.

São elementos essenciais do certificado (LPI, art. 107): a) o número e o título; b) o número do autor do desenho, salvo se requereu a não divulgação de sua nomeação; c) a qualificação do titular, contendo nome, nacionalidade e domicílio; d) o prazo de vigência; e) os desenhos; f) os dados relativos à prioridade estrangeira; e g) quando houver, o relatório descritivo e reivindicações.

9.5. Proteção legal

A violação do direito representado pelo certificado é punida penal e civilmente, tendo a Lei n. 9.279/96 definido os crimes de fabricação, exportação, venda, exposição ou oferecimento à venda, ou importação, de produto que incorpore desenho industrial registrado ou imitação capaz de induzir em erro ou confusão (arts. 187 e 188). A Lei da Propriedade Industrial regula algumas ações judiciais específicas:

a) a apreensão administrativa, de ofício ou a requerimento do interessado, pelas autoridades alfandegárias, de produtos com marcas falsificadas, alteradas ou imitadas (art. 198);

b) a busca e apreensão na ocorrência de crime contra a propriedade industrial (art. 200);

c) a indenizatória, mandando incluir os lucros cessantes, pelo critério mais favorável ao prejudicado[2] (art. 210), considerando os benefícios que o prejudicado teria auferido se a violação não tivesse ocorrido (arts. 208 e 210, I), ou os benefícios que foram auferidos pelo autor da infração (art. 210, II), ou, ainda, a remuneração que o transgressor teria pago ao titular do direito pela concessão de licenciamento (art. 210, III).

Além dessas medidas, o titular do direito de propriedade industrial pode valer-se de todas as ações de posse e de tutela possessória[3], de abstenção de ato, indenizatórias, cautelares de busca e apreensão de produtos que violem o seu direito etc. Dentre as possíveis medidas previstas genericamente no art. 207 da Lei n. 9.279/96, as mais comuns são: a ação cautelar de busca e apreensão, a tutela provisória, visando assegurar o cumprimento

---

[2] Exemplo dessa aplicação, dispensando a necessidade de perícia nos livros do ofendido para apurar o montante devido a título indenizatório: "Nome de domínio. Contrafação. Liquidação. Critérios alternativos a benefício do credor. Inteligência do artigo 210 da Lei da Propriedade Industrial. Descabimento de se impor perícia nos livros do ofendido. Decisão mantida. Agravo desprovido" (AI 2072742-33.2016.8.26.0000, Rel. Des. Claudio Godoy, São Paulo, 1ª Câmara de Direito Privado, j. 2-8-2016).

[3] Pontes de Miranda admite o uso de ações dessa natureza para os bens incorpóreos: "A propriedade intelectual (artística, científica) e a industrial são direito sobre bens incorpóreos. Tais bens são, pelo princípio da coextensão da posse e da propriedade, suscetíveis de posse e de tutela possessória" (*Tratado das Ações*, 1. ed., atualizada por Vilson Rodrigues Alves, Campinas, Bookseller, 1999, v. 6, p. 105). Nelson Nery Junior e Rosa Maria Andrade Nery anotaram que "a doutrina e a jurisprudência assentaram entendimento segundo o qual a proteção do direito de propriedade decorrente de patente industrial pode ser exercida através das ações possessórias" (*Código de Processo Civil Comentado*, 4. ed. São Paulo: Revista dos Tribunais, 1999, p. 1285). Em sentido contrário, Theotonio Negrão assinalou que, "para a proteção da propriedade industrial, cabem as medidas especificamente previstas no Código respectivo, e não as possessórias do CPC (RJTJESP 92/176)" (*Código de Processo Civil e legislação processual em vigor*, 6. ed. em CD-ROM, 2001, art. 920, nota n. 8).

de obrigação de não fazer e ações ordinárias de abstenção de ato (como fabricação, importação, venda etc. de produtos com elementos protegidos).

9.6. Prazo para o exercício do direito

O prazo de uso exclusivo concedido ao titular do registro de desenho industrial é de dez anos, podendo ser prorrogado por quinze, em três períodos distintos de cinco anos cada, conforme dispõe o art. 108 da lei.

9.7. Extinção do registro

À exceção da extinção por caducidade, aplicam-se aos desenhos industriais as mesmas hipóteses de extinção das patentes, conforme previsto no art. 119:

I – expiração do prazo de vigência;

II – renúncia de seu titular, ressalvado o direito de terceiros;

III – falta de pagamento da retribuição prevista nos arts. 108 e 120; ou

IV – inobservância do disposto no art. 217.

Ocorrendo a extinção, o desenho industrial cai em domínio público, podendo, a partir de então, vir a ser utilizado por qualquer pessoa interessada, sem qualquer pagamento de licença ou autorização do antigo detentor dos direitos de exclusividade.

Na rubrica "falta de pagamento das retribuições", observa-se que, diversamente do que ocorre com as patentes, o pagamento, nesse caso, é quinquenal (cinco anos); a data do primeiro pagamento é qualquer dia do quinto ano de vigência do registro; os demais devem ser realizados a cada pedido de prorrogação, e o período de sua efetivação compreende o prazo até os primeiros seis meses da data desse pedido.

9.8. Cessão e direito de empregados

A lei manda aplicar aos desenhos industriais o mesmo regime das patentes no que se refere às licenças voluntárias e o direito dos empregados na realização de atividade ligada ao desenho industrial. Há, assim, desenho industrial da empresa, desenho industrial livre ou do empregado e desenho industrial comum, misto ou conexo, na mesma terminologia e anotações utilizadas no capítulo anterior.

Capítulo 10

PROPRIEDADE INDUSTRIAL: REGISTRO DE MARCA E INDICAÇÕES GEOGRÁFICAS

10.1. Conceitos

Considerada em sua tríplice aplicação exposta no art. 123 do Código da Propriedade Industrial, marca é o sinal distintivo visualmente perceptível usado para distinguir produto ou serviço de outro idêntico, semelhante ou afim, de origem diversa, bem como para atestar a conformidade de um produto ou serviço com determinadas normas ou especificação técnicas e, ainda, para identificar produtos ou serviços provindos de membros de determinada entidade.

Adotada a ótica da empresa, como fazia o Código da Propriedade Industrial português de 1995 (art. 167), a marca pode ser definida como "um sinal utilizado por um empresário para distinguir os produtos sobre os quais incide a sua atividade econômica" (Correia, 1999:329).

Carvalho de Mendonça (1963, 5:it. 222-223), ao tratar da matéria em seu monumental *Tratado de Direito Comercial*, enfatizou o aspecto identificatório das marcas, afirmando que "o industrial e o comerciante têm o direito de assinalar os seus produtos ou as suas mercadorias por meio de marcas especiais e, mediante o cumprimento de certas formalidades de caráter administrativo, obter garantias excepcionais para a defesa dessa sua propriedade", para, em seguida, defini-las: "(...) consistem em sinais gráficos ou figurativos, destinados a individualizar os produtos de uma empresa industrial ou as mercadorias postas à venda em uma casa de negócio, dando a conhecer a sua origem ou providência, e atestando a atividade e o trabalho de que são o resultado".

Gama Cerqueira (1982:773-774), igualmente, concentra sua definição na principal função das marcas, seu papel distinguidor: "A marca de fábrica e de comércio pode ser definida como todo sinal distintivo aposto facultativamente aos produtos e artigos das indústrias em geral para identificá-los e diferençá-los de outros idênticos ou semelhantes de origem diversa".

Do ponto de vista do estabelecimento e identificando sua natureza jurídica, a marca pode ser conceituada como um direito de propriedade incorpóreo, integrante do estabelecimento, que tem como funções distinguir produtos e serviços e, em alguns casos, identificar sua origem e atestar o atendimento desses quanto a certas normas e especificações técnicas.

A noção essencial de marca, portanto, é, em resumo, tratar-se de um sinal visualmente perceptível, tendo como função principal seu papel distinguidor. Nas legislações de cada país, além desse aspecto, outros são enfatizados, como suas outras utilidades e o direito que ela provê.

Por sua vez, indicação geográfica é a designação de procedência ou a denominação de origem de um produto ou de prestação de determinado serviço, e seu uso é restrito aos produtores e prestadores de serviço estabelecidos no local indicado. O reconhecimento pode ser pleiteado por quem detenha legítimo interesse: sindicatos, associações, institutos ou qualquer outra pessoa jurídica de representatividade coletiva.

Ambas as expressões (indicação de procedência e denominação de origem) se reportam ao "nome geográfico de país, cidade, região ou localidade de seu território" e estendem-se tanto à representação gráfica ou figurativa da própria indicação, bem como à representação geográfica de país, cidade, região ou localidade de seu território.

Considera-se *indicação de procedência* o local "que se tenha tornado conhecido como centro de extração, produção ou fabricação de determinado produto ou de prestação de determinado serviço" (Lei n. 9.279/96, art. 177) e *denominação de origem* o local "que designe produto ou serviço cujas qualidades ou características se devam exclusiva ou essencialmente ao meio geográfico, incluídos fatores naturais e humanos" (Lei n. 9.279/96, art. 178).

São exemplos de pedidos de registro de *denominação de origem* junto ao INPI as expressões: *Parma*, relativa ao produto presunto, requerida pelo "Consorzio del Prosciutto di Parma", da Itália (registro ainda não concedido); *Região dos Vinhos Verdes*, pleiteada pela Comissão de Viticultura da Região dos Vinhos Verdes, de Portugal; *Cognac*, pretendida pelo "Bureau National Interprofessionel du Cognac", da França, para o destilado vínico ou aguardente de vinho; *Cerrado*, solicitada pelo Conselho das Associações dos Cafeicultores do Cerrado, no Brasil, para o café ali produzido. Exemplos de *indicação de procedência* requeridos ao INPI: *Terras Altas* (para café, pela Cooperativa Regional dos Cafeicultores de São Sebastião do Paraíso Ltda.); *Alto Paraíso* (para café, pela Cooperativa Regional dos Cafeicultores de São Sebastião do Paraíso Ltda.); *Paraty* (indicação depositada pela Associação dos Produtores e Amigos da Cachaça Artesanal de Paraty, para a aguardente do tipo cachaça e aguardente composta azulada).

No INPI há 58 registros de indicações de procedência de origem brasileira, tendo o último ocorrido em 8 de setembro de 2019 para o Sindicato das Indústrias de Produtos Cerâmicos de Louça, de Pó, de Pedra, Porcelana e da Louça de Barro de Porto Ferreira, em Porto Ferreira (SP).

E há 22 registros de denominações de origem registrados no INPI, dos quais 13 são nacionais.

Entre os últimos nacionais encontram-se a Região da Própolis Verde de Minas Gerais, obtido em 6 de setembro de 2016, a Banana da Região de Corupá, com registro em 28 de agosto de 2018, o queijo artesanal Serrano de SC e RS, conferido em 3 de março de 2020, e o café verde em grão dos produtores de café da Mantiqueira de Minas Gerais, expedido em 9 de junho de 2020, após alteração do registro de indicação de procedência anteriormente obtido em 31 de maio de 2011.

Os nove registros estrangeiros de denominação de origem são: Região dos Vinhos Verdes (de origem portuguesa, para vinhos, obtido em 10-8-1999), *Cognac* (de origem francesa para destilado vínico ou aguardente de vinho, obtido em 11-4-2000), *Franciacorta* (de origem italiana, para vinhos, vinho espumante e bebidas alcoólicas, em 21-10-2003), *San Daniele* (de origem italiana, para coxas de suínos frescas, presunto defumado ou cru, obtido em 7-4-2000), *Porto* (para vinho licoroso, obtido em 11-4-2012), *Napa Valley* (norte-americano, para vinhos, obtido em 17-9-2012), *Champagne* (de origem francesa, para vinhos espumantes, em 11-12-2012), *Roquefort* (de origem francesa, para queijo, em 28-5-2013), *Tequila* (de origem mexicana, para destilado de agave tequiliana weber de variedade azul, em 12-2-2019).

10.2. Funções das marcas

Essencialmente, como emerge dos conceitos vistos, a marca tem papel distintivo ou distinguidor: ao adquirir um produto ou serviço, o consumidor toma conhecimento inequívoco da origem do objeto de seu contrato. Modernamente, com a possibilidade de sua transmissão a terceiros, mediante licenciamento e visando à proteção de direitos do consumidor, a função distintiva da marca foi alargada e redefinida, conforme leciona Luís M. Couto Gonçalves (2002:22), na Universidade do Minho, em Portugal:

"A marca, para além de indicar, em grande parte dos casos, que os produtos ou serviços provêm sempre de uma empresa ou de uma empresa sucessiva que tenha elementos consideráveis de continuidade com a primeira (no caso de transmissão desvinculada) ou ainda que mantenha com ela relações atuais de natureza contratual e econômica (nas hipóteses da licença de marca registrada usada ou da marca de grupo, respectivamente), também indica, sempre, que os produtos ou serviços se reportam a um sujeito que assume em relação aos mesmos o ônus pelo seu uso não enganoso".

Além de distinguir, a marca possui outras duas funções decorrentes dessa (Gonçalves, 2000:29-30): a de qualidade, consistente na "referência dos produtos ou serviços a uma origem não enganosa", e a publicitária, complementar ao aspecto distintivo, consistente no fato de se revelar "capaz de contribuir para a promoção dos produtos ou serviços", como ocorre com as marcas que transcendem sua função essencial e passam a identificar produtos ou serviços em todos os ramos de atividade: marcas de alto renome, previstas no art. 125 do Código da Propriedade Industrial.

O art. 5º, D, do Decreto n. 75.572, de 8 de abril de 1975, que promulgou a revisão de 1967 (Estocolmo) da Convenção de Paris, estabelece que "para reconhecimento do direito não será exigido no produto qualquer sinal ou menção da patente, do modelo de utilidade, ou do registro da marca de fábrica ou do comércio, ou de depósito do desenho ou modelo industrial".

Em alguns países, contudo, a falta de indicação expressa do registro traz efeitos quanto ao exercício do direito de proteção, como ocorre nos Estados Unidos, em que se usa a letra R em um círculo para indicar a proteção obtida ®. Nesse país, sem essa indicação ou aviso equivalente, não será possível ao titular obter o devido ressarcimento pelo uso indevido de sua marca por terceiros.

10.3. Classificações

As marcas podem ser classificadas segundo sua aplicação, finalidade, forma e conhecimento comum.

a) Classificação quanto a sua aplicação

No primeiro caso, quanto à aplicação, a distinção se faz pela atividade de seu titular, podendo constituir-se em marca de indústria, de comércio, de serviço e genérica, conforme terminologia do Código de Propriedade Industrial anterior (Lei n. 5.772/71, art. 61), ou, modernamente (LPI, art. 123), em marca de produto ou serviço, de certificação e coletiva.

CÓDIGO DA PROPRIEDADE INDUSTRIAL DE 1971	
Marca de indústria	A usada pelo fabricante industrial ou artífice para distinguir seus produtos.
Marca de comércio	A usada pelo comerciante para assinalar os artigos ou mercadorias de seu negócio.
Marca de serviço	A usada por profissional autônomo, entidade ou empresa para distinguir seus serviços ou atividades.
CÓDIGO DA PROPRIEDADE INDUSTRIAL DE 1996	
Marca de produto ou serviço	Distingue produto ou serviço de outro idêntico, semelhante ou afim, de origem diversa.
Marca de certificação	Atesta a conformidade de um produto ou serviço com determinadas normas ou especificações técnicas, notadamente quanto à qualidade, natureza, material utilizado e metodologia empregada.
Marca coletiva	Identifica produtos ou serviços provindos de membros de determinada entidade.

b) Classificação quanto à finalidade

Em relação à finalidade, no tocante ao conjunto de produtos ou serviços que identificam, as marcas podem ser classificadas como singulares ou gerais, atribuindo-se às primeiras um só objeto de identificação, e às segundas uma série deles.

Marca específica ou singular	Destinada a assinalar um só objeto.
Marca genérica ou geral	Identifica a origem de uma série de produtos ou artigos, que por sua vez são, individualmente, caracterizados por marcas específicas. Somente pode ser usada quando acompanhada de marca específica.

c) Classificação quanto à forma

Quanto à forma, o critério utilizado se desloca para os elementos visuais que constituem a marca, agrupando-os em puramente nominativos (ou verbais), puramente figurativos (ou emblemáticos), mistos, com ambos os anteriores, e, finalmente, os de visualização tridimensional.

Verbal ou nominativa	Constitui-se somente de nomes, palavras, denominações ou expressões.
Emblemática ou figurativa	Adota monogramas, emblemas, símbolos, figuras ou quaisquer outros sinais distintivos.
Mista	Formada por expressões nominativas e figurativas.
Tridimensional	Apresentada nas várias dimensões visuais, com desenhos em vista frontal, lateral, superior, inferior, ou em algumas delas e em perspectiva.

d) Classificação quanto ao conhecimento comum

No tocante ao conhecimento comum – o fato de serem ostensivamente públicas e conhecidas –, as marcas podem ser divididas em notórias e de alto renome. Embora compartilhem da qualidade de gozarem de grande popularidade entre os consumidores, as marcas de alto renome e as notórias se diferenciam em relação à fonte legislativa e à extensão de sua proteção: as de alto renome, registradas no Brasil, têm proteção especial em todos os ramos de atividade no âmbito do território brasileiro, e as notórias têm proteção especial, tão somente, em relação a produtos idênticos e similares, independentemente de seu prévio registro ou depósito no território nacional.

NOÇÕES	
Marcas de Alto Renome	**Marcas Notórias**
São as grandemente conhecidas no Brasil, em toda a sua extensão territorial, e têm proteção especial em todos os ramos de atividade; trata-se de inovação brasileira prevista no art. 125 do Código da Propriedade Industrial, sem regulação similar na Convenção Unionista.	São as notoriamente conhecidas em seu ramo de atividade e estão previstas na Convenção da União de Paris, no artigo 6 *bis*, inciso 1, e reguladas pelo art. 126 do Código da Propriedade Industrial. Gozam de proteção especial, independentemente de estarem previamente depositadas ou registradas no Brasil.
DIFERENCIAÇÕES	
Marcas de Alto Renome	**Marcas Notórias**
• Extensão territorial: proteção no território nacional. • Extensão de aplicação: em todos os ramos de atividade. • Fonte legislativa: art. 125 do CPI. • Registro no Brasil: indispensável para a proteção.	• Extensão territorial: proteção nos territórios dos países signatários da CUP. • Extensão de aplicação: proteção, tão somente, em relação a produtos idênticos e similares. • Fonte legislativa: art. 6º *bis* (1) da CUP e art. 126 do CPI. • Registro no Brasil: dispensável para a proteção.

No Brasil, somente após o registro como tal é que uma marca de alto renome passa a ter a proteção especial em todas as classes de registro. Adicionalmente a esse uso em todas as classes de produtos ou serviços, o Código da Propriedade Industrial amplia a proteção de natureza punitiva, acrescendo entre um terço e metade a pena daquele que adulterar, reproduzir ou imitar marcas de alto renome, notoriamente conhecidas ou de certificação ou coletiva (LPI, art. 123).

Por outro lado, a proteção especial de que gozam as marcas notórias é matéria legislativa prevista no acordo unionista, cujo texto impõe a abstenção de uso, dentro dos países signatários, de marca notoriamente conhecida em outro país, aderente à convenção:

Art. 6º *bis*

(1) Os países da União comprometem-se a recusar ou invalidar o registro, quer administrativamente, se a lei do país o permitir, quer a pedido do interessado, e a proibir o uso de marca de fábrica ou de comércio que constitua reprodução, imitação ou tradução, suscetíveis de estabelecer confusão, de uma marca que a autoridade competente do país do registro ou do uso considere que nele é notoriamente conhecida como sendo já marca de uma pessoa amparada pela presente Convenção, e utilizada para produtos idênticos ou similares. O mesmo sucederá quanto a parte essencial da marca notoriamente conhecida ou imitação suscetível de estabelecer confusão com esta.

A marca notória tem algumas características próprias, decorrentes da legislação brasileira e unionista:

a) é popular ou comum no país em que se pretende o registro de notoriedade;

b) é utilizada efetivamente no país onde se requer a proteção especial;

c) recebe proteção contra o uso para produtos idênticos ou similares;

d) aplica-se também às marcas de serviço, na lei brasileira, com remissão expressa no Código da Propriedade Industrial (art. 126, § 1º), acréscimo necessário em razão da expressão limitada que a Convenção Unionista usa, com referência à proibição de uso de "marca de fábrica ou de comércio", ignorando as de serviço;

e) é protegida independentemente de prévio depósito ou registro no Brasil;

f) sua proteção não depende de iniciativa da parte, por meio de oposição nos procedimentos administrativos de registro, mas pode ser determinada de ofício pelo INPI, ao justificar o indeferimento de concessão de registro.

10.4. Natureza jurídica

Tradicionalmente se concebem três categorias de direitos:

a) os direitos pessoais, ligados à personalidade, tais como o nome, a vida etc.;

b) os direitos obrigacionais, objetos de regulamentação no Livro I da Parte Especial do novo Código Civil, abrangendo uma variedade de obrigações e contratos; e

c) os direitos reais, insertos no Livro III da Parte Especial do novo Código Civil, nos quais se incluem a propriedade, a hipoteca, o penhor etc.

Em razão dessa concepção, clássica, os doutrinadores passaram a tentar desvendar a natureza do direito decorrente da criação inventiva ou marcária. Luís M. Couto Gonçalves (2000:57-60) discorre sobre a evolução do pensamento jurídico em torno da natureza específica do direito que a marca representa, arrolando teorias das quais se destacam quatro delas, agrupadas por terem em comum o fato de entenderem tratar-se de direito patrimonial não real, ou seja, uma nova categoria de direitos reais:

a) O direito de marca como direito sobre bens imateriais: "este direito é qualificado como um direito *sui generis*, uma nova categoria que, pretendendo ser uma alternativa ao direito de propriedade, conserva deste a ideia de um poder jurídico sobre um bem (embora imaterial) autônomo e independente do sujeito" (Gonçalves, 2000:59). Considerando que a origem do direito que o inventor, o autor do desenho industrial ou o criador da marca exercem recai sobre sua criação, então o objeto de proteção desse direito criado por aquele que invoca a exclusividade de uso é essa própria criação, ou, no dizer de Gama Cerqueira (1982:109), "a criação de um bem imaterial, portanto, confere sobre esse bem um direito que se manifesta principalmente na possibilidade de dispor dele de modo mais completo. O bem imaterial é, pois, o objeto do direito. Mas, pela sua natureza imaterial, não pode constituir objeto de propriedade, tomada esta palavra em seu sentido jurídico. Daí a necessidade de criar-se uma nova categoria de direitos, que vem a ser a dos direitos sobre bens imateriais ou direito imaterial, expressões, ambas, empregadas por Kohler".

b) O direito de marca identificado com o direito intelectual: o objeto, de origem intelectual, determinaria a criação de uma nova categoria, a dos bens intelectuais.

c) O direito de marca assumindo o caráter de direito de clientela: nesse caso a marca é, como outros institutos assemelhados, tuteladora da clientela.

d) O direito de marca ajustado ao direito de monopólio: a visão se concentra não no exercício da principal característica do direito de propriedade, que é o de ser exercido *erga omnes*, mas na forma negativa: "proibição de que outros possam explorar coisa sua".

Ao conferir a evolução das doutrinas desenvolvidas em torno da natureza do direito do autor e do inventor, Gama Cerqueira (1982:120) aceita a teoria do direito imaterial desenvolvida por Kohler, mas não a ponto de adotar a existência de um direito *sui generis*, concluindo "não haver dúvidas quanto ao caráter patrimonial do direito do autor e do inventor".

Em nosso direito, a Constituição Federal de 1988, seguindo a trilha dos textos de outras, como a de 1891 (art.72, § 27) e a de 1946 (art. 141, § 18), assegurou, no capítulo dos direitos e deveres individuais e coletivos, "aos autores de inventos industriais, privilégio temporário para sua utilização, bem como proteção às criações industriais, à propriedade das marcas, aos nomes de empresas e a outros signos distintivos, tendo em vista o interesse social e o desenvolvimento tecnológico e econômico do País" (art. 5º, XXIX). Embora se tratando de objetos de criação não corpórea, fruto da atividade intelectual do homem, parece inegável que as marcas são coisas, constituindo-se em direito de propriedade.

A esse respeito, Orlando de Carvalho, citado por Luís M. Couto Gonçalves (2000:56), assinala que os bens imateriais são "ideações que uma vez saídas da mente e, por conseguinte, discerníveis, ganham autonomia em face dos meios que as sensibilizam ou exteriorizam e em face da própria personalidade criadora justificando uma tutela independente da tutela da personalidade como da tutela dos meios ou objetos corpóreos que são o suporte sensível dessas mesmas ideações".

Adotou-se nesta obra a ideia de que o direito de marca, como os demais direitos da propriedade industrial, são bens imateriais, integrantes do estabelecimento empresarial, como também pensa Rubens Requião, ao afirmar que "o direito sobre a marca é patrimonial e tem por objeto bens incorpóreos" (2003, 1:241). Não obstante as tentativas de desvincular o direito imaterial conferido pelas criações do conceito clássico de propriedade, certo é que "o direito de autor e de inventor é um direito privado patrimonial, de caráter real, constituindo uma propriedade móvel, em regra temporária e resolúvel, que tem por objeto uma coisa ou bem imaterial; denomina-se, por isso, propriedade imaterial, para indicar a natureza de seu objeto" (Cerqueira, 1982:130).

10.5. Requisitos

Dizia a lei anterior (Lei n. 5.772/71, art. 64) que são registráveis como marcas os nomes, palavras, denominações, monogramas, emblemas, símbolos, figuras e quaisquer outros sinais distintivos que não apresentem anterioridades ou colidências com registros já existentes e que não estejam compreendidos nas proibições legais. A nova lei afirma que são suscetíveis de registro como marca os sinais distintivos visualmente perceptíveis, não compreendidos nas proibições legais (LPI, art. 122).

Vê-se, portanto, que a nova lei é tão ampla quanto a anterior, mas é mais concisa, pois, ao compreender genericamente os sinais distintivos visualmente perceptíveis, abarcou todos os outros substantivos utilizados pela regra anterior: nomes, palavras, denominações, monogramas, emblemas, símbolos, figuras e quaisquer outros sinais distintivos.

Todo e qualquer sinal perceptível visualmente, distinto de outros já protegidos, pode ser utilizado como marca, desde que não se encontre expressamente vedado pela lei. A legalidade é, portanto, o primeiro requisito e decorre da premissa legal: todo sinal visualmente perceptível é registrável como marca, se legalmente permitido.

As vedações constam de extensa relação, tendo a lei se ocupado de vinte e três hipóteses, retirando-as da proteção legal, no art. 124, cujas razões podem ser estudadas individualmente em quatro principais categorias: sinais sem capacidade distintiva, sinais que causam confusão ou engano, tenham ou não a intenção de violar direito de terceiro, sinais que causam ofensa e expressões afastadas da proteção.

10.5.1. Sinais sem capacidade distintiva

A função essencial da marca, como já estudado, é seu caráter distintivo: se ela não possui essa capacidade, não pode ser considerada suscetível de registro (art. 122). As hipóteses arroladas pela lei, nas quais se encontra ausente o elemento distintivo, estão nos incisos II, VI, VIII, XI, XVIII e XXI do art. 124 do Código da Propriedade Industrial:

a) Sinal composto de letra, algarismo e data (inciso II)

Os elementos letra, algarismo e data, isoladamente, salvo quando revestidos de suficiente forma distintiva, não podem ser protegidos com exclusividade. A lei veda duas hipóteses de registro para eles: a) apresentando-se isoladamente; ou b) não revestidos de suficiente forma distintiva. *A contrario sensu*, a lei autorizou o uso, permitindo identificar produtos variados, quando, usados em conjunto com outras características que os identifiquem, possuírem qualidade visual própria. É possível, portanto, associar uma letra, algarismo ou data, utilizando certas particularidades próprias na configuração desses elementos, distintas do comum, a outros elementos de um rótulo, sigla, logotipo, de identificação de determinado produto ou serviço. O desenho distinto de um C & A, com o uso de cores contrastantes, representa, como se sabe, importante marca de magazine. Deve-se buscar, em cada caso, o caráter distinguidor da composição alfanumérica ou da datação pretendida.

b) Sinal de caráter genérico, necessário, comum, vulgar ou simplesmente descritivo (inciso VI)

O presente inciso contempla sinal de caráter genérico, necessário, comum, vulgar ou simplesmente descritivo quando tiver relação com o produto ou serviço a distinguir, ou aquele empregado comumente para designar uma característica do produto ou serviço, quanto à natureza, nacionalidade, peso, valor, qualidade e época de produção ou de prestação do serviço, salvo quando revestidos de suficiente forma distintiva.

Genérico é o sinal não específico, e essa qualidade, por si só, desqualifica-o como suscetível de registro: genérico é o antônimo de específico ou distintivo. É, em geral, a expressão mais conhecida de um objeto, seja pela grafia, seja por figura. Por exemplo, a expressão "caderno", associada à figura de um caderno, é de uso geral e não pode constituir uma marca (mista). "Uma denominação é genérica quando se refere ao nome próprio (ainda que não o mais usual) do produto ou serviço que assinale ou, ainda, quando designe o conceito (econômico ou natural) do gênero a que esse produto ou serviço pertença de um modo considerado relevante no mercado" (Gonçalves, 2000:70). Inclui-se no gênero o que for necessário, isto é, o sinal que identifica a natureza do produto, por exemplo: café para identificar o produto café; sabonete para identificar esse mesmo produto etc.

Comum é o sinal utilizado para todos ou para muitos produtos, v. g., *jeans*, que não é um vocábulo necessário, mas utilizado de forma comum para muitos modelos de calças de brim. Assemelha-se ao conceito de genérico, em razão de seu conhecimento geral. É o caso de se utilizar a figura de uma vaca para distinguir produtos derivados do leite.

O sinal comum, contudo, pode adquirir um sentido secundário (*secondary meaning*), o que ocorre quando dissociado de seu significado semântico. A palavra "Spa", por exemplo, é vocábulo comum quando associada a estabelecimentos que oferecem "serviços de estética do corpo, nutrição e emagrecimento, associando ordinariamente serviços médicos e de hotelaria" (REsp 471.546/SP, Rel. Ruy Rosado de Aguiar, 4ª Turma, j. 6-2-2003), mas pode obter um significado secundário se associada a outros serviços.

Alberto Luís Camelier da Silva, em sua recente obra *Concorrência Desleal – atos de confusão* (2013:158), relaciona algumas marcas que, pelo uso contínuo, obtiveram proteção marcária, algumas ainda que associadas à própria atividade: "Vulcabrás", "Fotóptica", "Comgás", "Extra", "Vida", "Credicard", "Supermais", "Vigor", "Sadia", "Mais" etc.

Vulgar é a expressão empregada pelo povo para identificar produtos: nos Estados Unidos utiliza-se a expressão "The Book" para identificar a Bíblia; no Brasil houve época em que se utilizava a expressão "carango" para automóvel, "mé" para aguardente etc. São expressões adotadas pelo povo e tornadas populares. A gíria é uma expressão vulgar, limitada, contudo, a determinado grupo ou cultura.

Simplesmente descritivo é o sinal ou expressão que define genericamente a natureza, nacionalidade, peso, valor, qualidade e época de produção ou de prestação do serviço. Se distintiva, entretanto, torna-se registrável. Por exemplo: Tecidos de Seda XXZ; a primeira parte da expressão (tecidos de seda) não é registrável com exclusividade, por definir a natureza, a qualidade do tecido vendido. Entretanto, se a expressão for associada a uma forma exclusiva de apresentação artística, torna-se distintiva desse produto, e, portanto, é registrável. Do caráter descritivo podem surgir marcas sugestivas registráveis, como Nescafé, Chocomilk etc., que evocam características do produto, mas não o fazem de forma descritiva direta.

c) Cores e suas denominações (inciso VIII)

As cores e suas denominações, salvo se dispostas ou combinadas de modo peculiar e distintivo, não podem ser protegidas. Na esteira da não proteção às generalidades, como fez com relação às letras e algarismos, a lei não protege a cor e seus nomes, salvo quando formarem um conjunto que distinga o produto. Contudo, é importante salientar, como faz o Professor Couto Gonçalves (2000:78), que o uso da cor pode abranger: a) sua aplicação isoladamente sobre o produto ou embalagem, sem qualquer proteção registrária; b) sua composição de forma distintiva em produto ou embalagem, admitida pela lei; c) uma apresentação distintiva de cor ou conjunto de cores, igualmente protegida; e d) o uso de determinada cor ou conjunto de cores sobre a própria marca, identificando-a com características próprias de tamanhos, formas e cores específicos e, portanto, distintivos.

d) Reprodução ou imitação de cunho oficial, regularmente adotada para garantia de padrão de qualquer gênero ou natureza (inciso XI)

Alguns produtos são identificados por normas oficiais que garantem o padrão de sua natureza ou qualidade. Para esse fim trazem o cunho oficial, isto é, o selo ou impresso de certificação. Como se trata de documento emanado de órgão ou autoridade legalmente constituídos, seu uso não é exclusivo, e jamais poderia ser utilizado como identificador de produto.

e) Termo técnico usado na indústria, na ciência e na arte que tenha relação com o produto ou serviço a distinguir (inciso XVIII)

O uso de termos técnicos com relação ao produto não pode ser protegido como exclusividade de alguém, porque têm caráter de generalidade, são universais, de domínio comum da ciência e da arte. São exemplos desses termos: na arte: primitivismo, modernismo, barroco, cubismo, concretismo, *pop art*, realismo etc.; na física: aceleração, nêutrons, quântica, quarks, léptons etc.; na computação: Internet, RAM, CD-ROM, megahertz, chip, CPU, eprom, *frame*, midi, *modem*, *winchester* etc. Entretanto, é possível o uso desses mesmos termos para identificação de produtos não relacionados a eles, por exemplo, uma danceteria com o nome Quarks, um bar-café Internet e assim por diante.

f) A forma necessária, comum ou vulgar do produto ou de acondicionamento, ou, ainda, aquela que não possa ser dissociada de efeito técnico (inciso XXI)

A embalagem necessária, comum ou vulgar de produto ou aquela decorrente de exigência técnica não pode ser objeto de registro. *A contrario sensu*, portanto, a marca tridimensional pode ser objeto de registro quando não for necessária, comum, vulgar ou exigência técnica de acondicionamento. Um frasco de perfume, com formato distintivo e exclusivo para o produto nele contido, poderá ser registrado como marca tridimensional.

10.5.2. Sinais que causam confusão ou engano – violem ou não direito protegido

Integram essa extensa lista os incisos I, IV, V, IX, X, XII, XIII, XIV, XV, XVI, XVII, XIX, XX, XXII e XXIII do art. 124 da Lei n. 9.279/96:

a) Brasão, armas, medalha, bandeira, emblema, distintivo e monumentos oficiais, públicos, nacionais, estrangeiros ou internacionais, bem como a respectiva designação, figura ou imitação (inciso I).

Inicia a lista dos sinais não registráveis a extensa relação prevista no inciso I do art. 124 do Código da Propriedade Industrial. Cada uma dessas figuras possui características próprias, embora tenham em comum o fato de serem símbolos identificadores de bens públicos nacionais:

- brasão: "conjunto de sinais, insígnias e ornamentos do escudo de um Estado, uma cidade, uma família" (cf. Houaiss, 1984:137);
- armas: emblemas desenhados no escudo de um Estado, cidade, família ou pessoa;
- medalha: peças de metal utilizadas para três finalidades: em memória de um grande feito ou em honra de alguém, concedida como prêmio de um concurso, ou representativa de uma devoção;
- bandeira: pedaço de tecido de uma ou mais cores que serve para identificação de uma nação, Estado, cidade, corporação, associação ou partido;
- emblema: "figura simbólica que representa uma coletividade, corporação, agremiação; geralmente se apresenta na forma de um escudo" (cf. Houaiss, 1984:300);
- distintivo: sinal característico, insígnia, emblema, escudo;
- monumentos oficiais: "obra de arquitetura ou de escultura destinada a transmitir ou a perpetuar para a posteridade a lembrança de um grande vulto ou de um acontecimento" (cf. Houaiss, 1984:568).

A razão da proibição se encontra no fato de serem os símbolos heráldicos e os outros mencionados elementos de identificação, de devoção, de respeito cívico, de sentimento histórico ou nacional protegidos pela Convenção da União de Paris[1], que, não obstante, admite, por interpretação *a contrario sensu*, o uso desses elementos, por decisão dos países signatários: "Art. 6º *ter* – (10) As disposições precedentes não obstam a que os países exerçam a sua faculdade de recusar ou invalidar, pela aplicação do n. 3 da letra B do artigo 6 *quinquies*, as marcas que contenham, sem autorização, armas, bandeiras e outros emblemas de Estado ou sinais

---

[1] BRASIL, Decreto n. 75.572, de 8 de abril de 1975, art. 6º *ter*; "(1) a) Os países da União acordam em recusar ou invalidar o registro e em impedir, através de medidas adequadas, o uso, sem autorização das autoridades competentes, quer como marcas de fábrica ou de comércio, quer como elementos dessas marcas, de armas, bandeiras e outros emblemas de Estado dos países da União, sinais e timbres oficiais de fiscalização e de garantia por eles adotados, bem como qualquer imitação do ponto de vista heráldico".

e timbres oficiais adotados por um país da União, assim como sinais distintivos das organizações internacionais intergovernamentais, mencionados no parágrafo (1)". A convenção não traz, como se vê, regra absoluta, permitindo uma solução nacional.

Couto Gonçalves (2000:99-100) aponta duas razões jurídicas para a proibição: a primeira é evitar que o consumidor seja induzido em erro sobre a existência de ligação entre as entidades mencionadas e o titular do produto ou serviço, e a segunda é a preocupação de tratar de forma equânime os concorrentes.

No Brasil, esses símbolos e suas representações constituem objeto de proteção artística e não são passíveis de registro, embora, como adverte José Carlos Tinoco Soares (1997:185-186), se encontrem, no passado, registros de brasões, representações de monumentos, marcas mistas com reprodução de monumentos famosos etc.

b) Designação ou sigla de entidade ou órgão público, quando não requerido o registro pela própria entidade ou órgão público (inciso IV).

Designação, neste contexto, é a expressão que serve de nome institucional de ente público, por exemplo: Ministério Público do Estado, Tribunal de Contas, Coordenadoria do Ensino, Coletoria Fiscal, Procuradoria Regional, Fundação de Amparo ao Trabalhador Preso, Departamento Nacional de Estradas e Rodagem etc. Sigla é "o conjunto de letras iniciais dos vocábulos que formam um nome próprio e que se usa como abreviatura" (cf. Houaiss, 1984:778). Podem ser utilizadas acompanhadas com "s" para indicação de plural, quando passam a ter força de vocábulo, conforme orienta Napoleão Mendes de Almeida (1996:522). São exemplos: CEPAL (Comissão Econômica para a América Latina e o Caribe), CFE (Conselho Federal de Educação), FGV (Fundação Getulio Vargas), INSS (Instituto Nacional do Seguro Social), MEC (Ministério da Educação e Cultura), SUDENE (Superintendência de Desenvolvimento do Nordeste), UNESCO (*United Nations Educational, Scientific and Cultural Organization*).

A proibição diz respeito à proteção geral que se dá para evitar confusão com a origem do produto ou do serviço identificado.

c) Reprodução ou imitação de elemento característico ou diferenciador de título de estabelecimento ou nome de empresa de terceiros, suscetível de causar confusão ou associação com esses sinais distintivos (inciso V).

Na mesma linha da proteção anterior, o Código veda a reprodução ou imitação de elemento característico ou diferenciador de título de estabelecimento ou nome de empresa de terceiros, suscetível de causar confusão ou associação com esses sinais distintivos. O título de estabelecimento, conforme estudado anteriormente, é o adotado para designar o objeto de direito constituído pelo complexo de bens utilizados pelo empresário para o exercício de sua empresa. O nome comercial, constituído de firmas e denominações, é o adotado pela pessoa física ou jurídica do empresário. O primeiro tem proteção intelectual, como criação e não como marca, e o segundo tem sua proteção de uso exclusivo assegurada pela Lei de Registro de Empresas (LRM, art. 33).

A lei veda a reprodução ou imitação de elemento característico ou diferenciador que possa causar confusão com outros existentes, que foram adotados por outros empresários. Casa do Sorvete, como título de estabelecimento, não possui elemento característico algum; é simplesmente expressão genérica de quem vende sorvetes. Casa do Sorvete Ltda., como nome comercial, igualmente, é uma expressão genérica, embora utilizada como nome de algum empresário. Nesses dois casos não há vedação legal à reprodução desses elementos – casa e sorvete –, por não serem característicos exclusivos de alguém, mas genéricos. Entretanto, quando o núcleo do nome comercial ou do título de estabelecimento possuir características próprias, identificadoras, tornando-os diferenciados, não podem ser reproduzidos para compor outras marcas. A palavra "drogaria", isoladamente, é comum, não pode ser protegida; a expressão "veado", igualmente, é genérica, mas "Veado D'Ouro" é diferenciadora; o mesmo ocorre com Casa de Perfumes O Boticário, Padaria Boulangerie Du France etc., que possuem elementos característicos exclusivos.

d) Indicação geográfica: sua imitação suscetível de causar confusão ou sinal que possa falsamente induzir indicação geográfica (inciso IX).

A finalidade da norma é proteger o consumidor, evitando seja lesado a partir dessa indicação. A indicação geográfica não é suscetível de registro como marca, mas possui uma regulamentação especial na Lei de Propriedade Industrial, arts. 176 e s. O Código inclui nesse conceito o nome geográfico de país, cidade, região ou localidade de seu território que se tenha tornado conhecido como centro de extração, produção ou fabricação de determinado produto ou prestação de determinado serviço. O uso da indicação geográfica é restrito aos produtores e prestadores de serviço estabelecidos no local, exigindo-se, ainda, em relação às denominações de origem, o atendimento de requisitos de qualidade.

O pedido de reconhecimento de um nome geográfico como indicação geográfica será apresentado por sindicatos, associações, institutos ou qualquer outra pessoa jurídica de representatividade coletiva, com legítimo interesse e estabelecida no respectivo território, como substituto processual da coletividade que tiver direito ao uso de tal nome geográfico.

e) Sinal que induza a falsa indicação quanto à origem, procedência, natureza, qualidade ou utilidade do produto ou serviço a que a marca se destina (inciso X).

Na mesma linha da acima exposta encontra-se a proibição do uso exclusivo do "sinal que induza a falsa indicação quanto à origem, procedência, natureza, qualidade ou utilidade do produto ou serviço a que a marca se destina".

f) Reprodução ou imitação de sinal que tenha sido registrado como marca coletiva ou de certificação por terceiro, observado o disposto no art. 154 (inciso XII).

A lei considera marca de certificação a usada para atestar a conformidade de um produto ou serviço com certas normas ou especificações técnicas, notadamente quanto à qualidade, natureza, material e metodologia empregados, e marca coletiva a que serve para identificar produtos ou serviços provindos de membros de determinada entidade.

O art. 154, por sua vez, dispõe que se essas marcas já tiverem sido usadas e seus registros tiverem sido extintos não poderão ser registradas em nome de terceiro antes de expirado o prazo de cinco anos, contado da extinção do registro.

g) Nome, prêmio ou símbolo de evento esportivo, artístico, cultural, social, político, econômico ou técnico, oficial ou oficialmente reconhecido, bem como a imitação suscetível de criar confusão, salvo quando autorizados pela autoridade competente ou entidade promotora do evento (inciso XIII).

É vedado o uso de nomes como Copa do Mundo, Campeonato Nacional, Olimpíadas, Eco-Rio, Fenasoft etc., salvo com autorização dos promotores desses eventos. Evidentemente, todo o investimento de promotores, órgãos oficiais, patrocinadores seria objeto de indevido enriquecimento por parte de quem viesse a obter o registro de sinais relacionados a esses eventos. A proteção se dá para evitar o engano do consumidor e, igualmente, como proteção ao direito intelectual do detentor da expressão protegida.

h) Reprodução ou imitação de título, apólice, moeda e cédula da União, dos Estados, do Distrito Federal, dos Territórios, dos Municípios ou de país (inciso XIV).

A reprodução restringe-se a títulos, apólices, moedas e cédulas de pessoas jurídicas de direito público do país, não a elementos estrangeiros, que, a rigor, são registráveis.

i) Nome civil ou sua assinatura, nome de família ou patronímico e imagem de terceiros, salvo com consentimento do titular, herdeiros ou sucessores (inciso XV).

Nome civil é o nome completo adotado pela pessoa natural, inscrito no Registro Civil. É formado de prenome e apelidos de família. Os prenomes servem para designação individual de seu portador e podem ser simples (Ricardo) ou compostos (Ricardo José), quando formados de um ou mais nomes. O nome de família é formado pelos sobrenomes materno e paterno adotados; é também chamado de patronímico ou apelido de família. A expressão "patronímico" significa derivado do nome do pai ou de um antecessor, designando uma linhagem.

j) Pseudônimo ou apelido notoriamente conhecidos, nome artístico singular ou coletivo, salvo com consentimento do titular, herdeiros ou sucessores (inciso XVI).

Pseudônimo é, na expressão do *Dicionário Aurélio*, nome falso ou suposto, em geral adotado por um escritor, por um artista etc.

Apelido é a alcunha, o cognome, o apodo. Poderia significar também o sobrenome, mas disso a lei já tratou no inciso anterior, ficando seu uso restrito a alcunha adotada ou imposta socialmente.

k) Obra literária, artística ou científica, assim como os títulos que estejam protegidos pelo direito autoral e sejam suscetíveis de causar confusão ou associação, salvo com consentimento do autor ou titular (inciso XVII).

A lei permite o uso de obras ou títulos de obras literárias ou científicas somente quando houver prévia autorização de seu autor ou titular. Titular é o detentor do direito autoral: herdeiro, editor ou cessionário etc. São exemplos os nomes de personagens de desenhos animados, revistas em quadrinhos, romances, livros de ficção etc. e sua imagem gráfica: Mônica, Cascão, Cebolinha, de Maurício de Souza, Mickey, Pateta, Pato Donald, Zorro, de Walt Disney. Obras de domínio público, em razão do decurso do prazo de proteção autoral, terão livre uso.

A Lei n. 9.610, de 19 de fevereiro de 1998, em seu art. 7º, define quais são as obras intelectuais protegidas: a) os textos de obras literárias, artísticas ou científicas; b) as conferências, alocuções, sermões e outras obras da mesma natureza; c) as obras dramáticas e dramático-musicais; d) as obras coreográficas e pantomímicas, cuja execução cênica se fixe por escrito ou por qualquer outra forma; e) as composições musicais, tenham ou não letra; f) as obras audiovisuais, sonorizadas ou não, inclusive as cinematográficas; g) as obras fotográficas e as produzidas por qualquer processo análogo ao da fotografia; h) as obras de desenho, pintura, gravura, escultura, litografia e arte cinética; i) as ilustrações, cartas geográficas e outras obras da mesma natureza; j) os projetos, esboços e obras plásticas concernentes à geografia, engenharia, topografia, arquitetura, paisagismo, cenografia e ciência; l) as adaptações, traduções e outras transformações de obras originais, apresentadas como criação intelectual nova; m) os programas de computador; n) as coletâneas ou compilações, antologias, enciclopédias, dicionários, bases de dados e outras obras que, por sua seleção, organização ou disposição de seu conteúdo, constituam uma criação intelectual.

l) Reprodução ou imitação, no todo ou em parte, ainda que com acréscimo de marca alheia registrada, para distinguir ou certificar produto ou serviço idêntico, semelhante ou afim, suscetível de causar confusão ou associação com marca alheia (inciso XIX).

Trata-se, neste inciso, de imitação pura e simples de outra marca existente, com ou sem pequenos acréscimos, mas cujo resultado mantém semelhança capaz de causar confusão ou associação com marca alheia. É o caso, por exemplo, de se utilizar a silhueta de um rato estilizado, com grandes orelhas, acrescido da expressão Dickey. A lembrança à marca e ao personagem Mickey é evidente; Mappin e Nappin; Coca-Cola e Coca-Bola; Omega e Omeca; Cartier e Kartier etc.

m) Dualidade de marcas de um só titular para o mesmo produto ou serviço, salvo quando, no caso de marcas de mesma natureza, se revestirem de suficiente forma distintiva (inciso XX).

Evita-se com esse dispositivo o duplo registro de uma marca para um mesmo produto, de um mesmo titular. Ora, se não houvesse restrição legal, o titular de um produto, de forma sucessiva, registraria a mesma marca sempre que o prazo de vigência da precedente estivesse para se encerrar. A dualidade, ainda, é desnecessária: se o direito já está amparado, qual a razão de um novo registro?

n) Objeto que estiver protegido por registro de desenho industrial de terceiro (inciso XXII).

Este inciso tem ligação com o anterior. Realizado o registro de um desenho industrial, atribuído a terceiro, segue-se que seu objeto não pode ser utilizado como marca. A forma plástica, por exemplo, de um computador com visual novo e original em sua configuração externa, como ocorre com o *i-mac*, da *Apple*, não pode ser licitamente usada e protegida na qualidade de marca figurativa ou tridimensional de uma loja vendedora de computadores. Se a criação já se encontra amparada pela concessão, na forma de registro de desenho industrial, não há como ser reivindicada para uso exclusivo de terceiro, agora como marca. As concepções criativas são protegidas de forma indistinta.

o) Sinal que imite ou reproduza, no todo ou em parte, marca que o requerente evidentemente não poderia desconhecer em razão de sua atividade, cujo titular seja sediado ou domiciliado em território nacional ou em país com o qual o Brasil mantenha acordo ou que assegure reciprocidade de tratamento, se a marca se destinar a distinguir produto ou serviço idêntico, semelhante ou afim, suscetível de causar confusão ou associação com aquela marca alheia (inciso XXIII).

Veda a lei o registro, no mesmo ramo de atividade, de outro produto brasileiro ou estrangeiro protegido por acordo, mesmo que este último não se encontre registrado no INPI. Evita-se, dessa forma, o aproveitamento de marcas conhecidas no Brasil e no estrangeiro, com locupletamento desse conceito e causando confusão ao consumidor nacional, que imagina estar, por exemplo, comprando um aparelho eletroeletrônico Sony, quando está adquirindo tecnologia barata, de outro fabricante, não associado àquele.

10.5.3. Sinais que causam ofensa (inciso III)

Em outro grupo de restrições encontram-se: expressão, figura, desenho ou qualquer outro sinal contrário à moral e aos bons costumes, que ofenda a honra ou a imagem de pessoas ou atente contra a liberdade de consciência, crença, culto religioso ou ideia e sentimento dignos de respeito e veneração (art. 124, III). A vedação visa proteger a moral média de determinado povo e seus valores religiosos, de liberdade, culturais ou dignos de respeito e veneração. Não se permite, por exemplo, o uso ofensivo de imagens de santos católicos, da cruz cristã, dos símbolos judaicos, dos nomes de divindades indianas ou orientais. Se o uso, entretanto, não se caracterizar como ofensivo, será permitido. Por outro lado, atenta contra os bons costumes o uso de expressões que exaltem o nome de drogas proibidas (maconha, cocaína, LSD, ópio etc.).

10.5.4. Expressões afastadas da proteção (inciso VII)

Sinal ou expressão empregada apenas como meio de propaganda. O sinal ou expressão de propaganda era protegido pela lei anterior, sendo registrável. Adotava-se como definição: "toda a legenda, anúncio, reclame, palavra, combinação de palavras, desenhos, gravuras, originais e característicos que se destinem a emprego como meio de recomendar quaisquer atividades lícitas, realçar qualidades de produtos, mercadorias ou serviços, ou atrair a atenção dos consumidores ou usuários". Sob a proteção do registro, muitas expressões ganharam a preferência do consumidor: "Gostoso como ele só", "a número 1", "isto é que é", "não dá chabu" etc., que acompanhavam a veiculação dos produtos e os distinguia. *Jingles* utilizando essas expressões em mensagens televisivas são lembrados por décadas.

Nesse aspecto, o Brasil se afastou do direito de outros povos. Em Portugal, por exemplo, o art. 224, n. 2, do Código da Propriedade Industrial (Decreto n. 197/VIII, aprovado em 20 de dezembro de 2001) admite o uso marcário de expressões de propaganda: "A marca pode, igualmente, ser constituída por frases publicitárias para os produtos ou serviços a que respeitem, desde que possuam carácter distintivo, independentemente da protecção que lhe seja reconhecida pelos direitos de autor".

Atualmente, a Lei da Propriedade Industrial apenas confere proteção indireta, por meio de tipificação criminal, à usurpação de sinal ou expressão de propaganda de outrem, ao definir como crime "reproduzir ou imitar, de modo que possa induzir em erro ou confusão, armas, brasões ou distintivos oficiais nacionais, estrangeiros ou internacionais, sem a necessária autorização, no todo ou em parte, em marca, título de estabelecimento, nome comercial, insígnia ou sinal de propaganda, ou usar essas reproduções ou imitações com fins econômicos" (LPI, art. 191).

Do contexto estudado, vê-se que o grande princípio a ser observado no registro de uma marca é o da legalidade. Será permitido o que a lei não proíbe expressamente. Observando, contudo, mais profundamente, são três os critérios da lei: a originalidade, a novidade e a licitude. Na originalidade pretendeu-se que o titular utilizasse sinais ou palavras que não sejam de uso comum, amparando ideias inéditas. Em novidade, exige a lei a não colidência com outras preexistentes, e na licitude visou não admitir o registro de marcas que ofendessem a moral e os bons costumes, restringido, ainda, o antigo universo da proteção, afastando as expressões de propaganda de sua tutela.

Os autores discutem a respeito da distinção entre originalidade e novidade. E de fato há grande semelhança entre os conceitos. Entretanto, uma ideia pode não ser original, mas será nova, para registro de marca, desde que não exista colidência com outra já existente. Toda reprodução integral (contrafação) ou imitação (apta a confundir o consumidor) de marca registrada viola o requisito da novidade.

Os incisos I (brasões, armas etc.), II (letra, algarismo e data), V (reprodução de título de estabelecimento e de nome comercial), VI (sinal de caráter genérico), VIII (cores e suas denominações), XI (cunho oficial), XIII (nome, prêmio ou símbolo de evento), XIV (reprodução de título, apólice etc.), XV (nome civil), XVI (pseudônimo), XVIII (termo técnico) e XXI (forma necessária etc.) podem ser classificados como de aplicação do requisito da originalidade.

Os incisos IV (sigla de entidade ou órgão público suscetível de registro como marca pelo próprio órgão), IX (indicação geográfica de produto), X (falsa indicação de origem etc.), XII (imitação de marca coletiva ou de certificação), XVII (obra literária etc.), XIX (marca alheia), XX (dualidade de marcas), XXII (desenho industrial de terceiro) e XXIII (marca conhecida) estabelecem a proibição por violação do requisito novidade.

Nos incisos III (expressão, figura, desenho etc., contrário à moral) e VII (limitação à proteção de sinal ou expressão de propaganda) se encontra a regulamentação da licitude.

O critério adotado neste livro difere de outros autores. Requião (1998, 1:217-219) classifica as hipóteses de forma diferente, embora utilize os mesmos vocábulos para os requisitos: originalidade, novidade e licitude. Fábio Ulhoa Coelho (2016, 1:188-191) prefere novidade relativa, não colidência com marca notória e desimpedimento.

10.6. Processo de concessão

O processo de concessão do registro das marcas segue uma tramitação muito parecida com o procedimento de concessão de patentes, podendo ser dividido, para efeitos didáticos, em cinco fases: pedido, exame formal preliminar, oposições, exame do pedido e expedição de certificado. Atualmente as regras gerais do exame substantivo dos pedidos de registro de marcas foram consolidadas pelo INPI por meio da Resolução n. 12, de 18 de março de 2013, podendo ser encontradas, ainda, na Resolução n. 177, de 18 de janeiro de 2017 (que instituiu a 2ª edição do Manual de Marcas), as orientações quanto às regras para o correto envio de pedidos e de petições de marca e as diretrizes e procedimentos de análise de pedidos, petições e registros de marcas.

10.6.1. Pedido

O pedido pode ser feito por pessoa natural ou jurídica de direito privado ou público, ou ainda por procurador destas, observando-se, entretanto, algumas restrições, dependendo da espécie de registro de marca a ser requerido. As regras de validade do instrumento de procuração estão reguladas nos arts. 216 e 217 da LPI.

A marca coletiva somente pode ser requerida por pessoa jurídica representativa de coletividade, mesmo que possua atividade distinta da de seus membros. Uma cooperativa vinícola ou uma associação de vinicultores estão legitimadas a requerer o registro de marca coletiva de interesse dos produtores de vinho de determinada região agrícola (LPI, art. 128, § 2º).

A pessoa jurídica de direito privado somente pode requerer o registro de marca relativa à empresa que, efetiva e licitamente, exerça diretamente ou mediante controle direto ou indireto (LPI, art. 128, § 1º). Exercer diretamente uma empresa é cumprir um, alguns ou todos os objetos constantes do objeto social de seu contrato ou estatuto social. Assim, se o objeto inclui, por exemplo, a compra e venda de comida congelada, serviços de restaurante, cozinha, lanchonete e *buffet* para festas e casamentos, importação, exportação e venda a atacado e varejo de vinhos da região do Porto, então, demonstrando o efetivo exercício de uma dessas atividades, o registro de marca poderá ser requerido em tantas classes e atividades quantas forem convenientes a seu titular, pessoa jurídica. Indiretamente significa dizer que a pessoa jurídica de direito privado exerce a atividade por intermédio de empresa subordinada por meio de *holding* ou subsidiária.

A marca de certificação – aquela usada para atestar a conformidade de um produto ou serviço com determinadas normas ou especificações técnicas, notadamente quanto à qualidade, natureza, material utilizado e metodologia empregada – pode ser requerida exclusivamente por pessoa física ou jurídica que não possua interesse comercial ou industrial direto no produto ou serviço atestado (LPI, art. 128, § 3º). Com o advento do Código Civil, essa última expressão pode ser substituída, sem prejuízos, pela expressão "interesse empresarial".

10.6.2. Exame formal preliminar

Nessa fase procedimental, o INPI se restringe a uma análise da apresentação dos documentos exigidos para o protocolo: o uso do modelo apropriado, a juntada das etiquetas referentes às marcas figurativas ou mistas, em quantidades e especificações requeridas, e o comprovante do pagamento da retribuição. Basicamente visa atender ao disposto nos arts.

155-157 e 216 da Lei n. 9.279/96. Vencida essa fase ou cumpridas eventuais diligências, o pedido então é formalmente protocolado, em ato que a lei chama de depósito, seguindo-se a publicação do pedido na *Revista da Propriedade Industrial*. Os atos que seguem integram o exame substantivo, que nada mais é que a "análise da registrabilidade do sinal requerido como marca" (Resolução n. 88, de 14 de maio de 2013, do INPI, art. 3º).

10.6.3. Oposições

Eventuais oposições – que podem ser apresentadas por pessoas com legítimo interesse, por exemplo, o titular de depósito anteriormente realizado – devem ser requeridas mediante formulário próprio, no prazo de sessenta dias da data da publicação, com o pagamento do valor correspondente constante da tabela de retribuições.

10.6.4. Exame

O exame é a análise do mérito do pedido e exige a busca de anterioridades, isto é, por requerimento próprio e expedição de certidão a respeito verificar-se-á se a marca é nova e se não colide com outra já depositada anteriormente. Nesse momento também se analisa a licitude do pedido e se definem as questões apresentadas nas eventuais oposições apresentadas. Novas exigências poderão ser feitas pelo órgão administrativo e deverão ser cumpridas em até sessenta dias, sob pena de arquivamento. Desse arquivamento não cabe recurso administrativo, nos termos do art. 212, § 2º, da Lei da Propriedade Industrial.

10.6.5. Expedição de certificado

Deferido o pedido, cabe ao interessado, no prazo de sessenta dias, comprovar o pagamento da retribuição correspondente à expedição do certificado de registro e também ao primeiro período de dez anos de proteção da marca. Se o requerente não fizer o depósito em sessenta dias ainda gozará de trinta, independentemente de notificação, para realizá-lo, contados a partir do fim do primeiro período. E, finalmente, não o fazendo, seu pedido será arquivado, não cabendo qualquer recurso administrativo contra esse ato.

10.6.6. Resumo gráfico do procedimento de concessão de registro

FASE I: DO PEDIDO
PRIORIDADE (art. 127) ➔ APRESENTAÇÃO DO PEDIDO (art. 155) • Quem pode requerer (art. 128). • Requisitos do pedido: a) requerimento (art. 155, I); b) etiquetas, quando for o caso (art. 155, II); e c) comprovante do pagamento da retribuição (art. 155, III).
FASE II: EXAME FORMAL PRELIMINAR (ART. 156) E DEPÓSITO
Exame formal preliminar (art. 156) 1) Com diligências (art. 157) ➔ Cumprimento (art. 157 e parágrafo único) ➔ Depósito. 2) Com diligências ➔ Não cumpridas ➔ Pedido inexistente (art. 157). 3) Sem diligências ➔ Depósito.
FASE III: OPOSIÇÕES
Publicação (art. 158) ➔ 60 dias ➔ Oposição ➔ 60 dias ➔ Resposta.
FASE IV: EXAME SUBSTANTIVO DO PEDIDO
1) Diligências para cumprimento no prazo de 60 dias (art. 159) ➔ Deferimento. 2) Diligências para cumprimento no prazo de 60 dias (art. 159) ➔ Indeferimento (art. 160) ➔ 60 dias ➔ Recurso (art. 212). 3) Diligências para cumprimento no prazo de 60 dias (art. 159) ➔ Não cumprimento (art. 159) ➔ arquivamento. 4) Sem diligências para cumprimento ➔ Deferimento.
FASE V: EXPEDIÇÃO DE CERTIFICADOS (ARTS. 161 A 164)
1) Deferido ➔ Pagamento de retribuições no prazo de 60 dias contados da data da publicação do pedido de registro ➔ Expedição de certificado. 2) Deferido ➔ Não pagamento de retribuições no prazo de 60 dias contados da data da publicação do pedido de registro ➔ Pagamento da retribuição no prazo de fluência de mais 30 dias contados do último dia do prazo anterior ➔ Expedição de certificado. 3) Deferido ➔ Não pagamento de retribuições no prazo de 60 dias contados da data da publicação do pedido de registro ➔ Não pagamento da retribuição no prazo de fluência de mais 30 dias contados do último dia do prazo anterior ➔ Arquivamento e encerramento da instância administrativa. 4) Indeferido ➔ Recurso administrativo.

10.6.7. Fluxograma do processo de registro

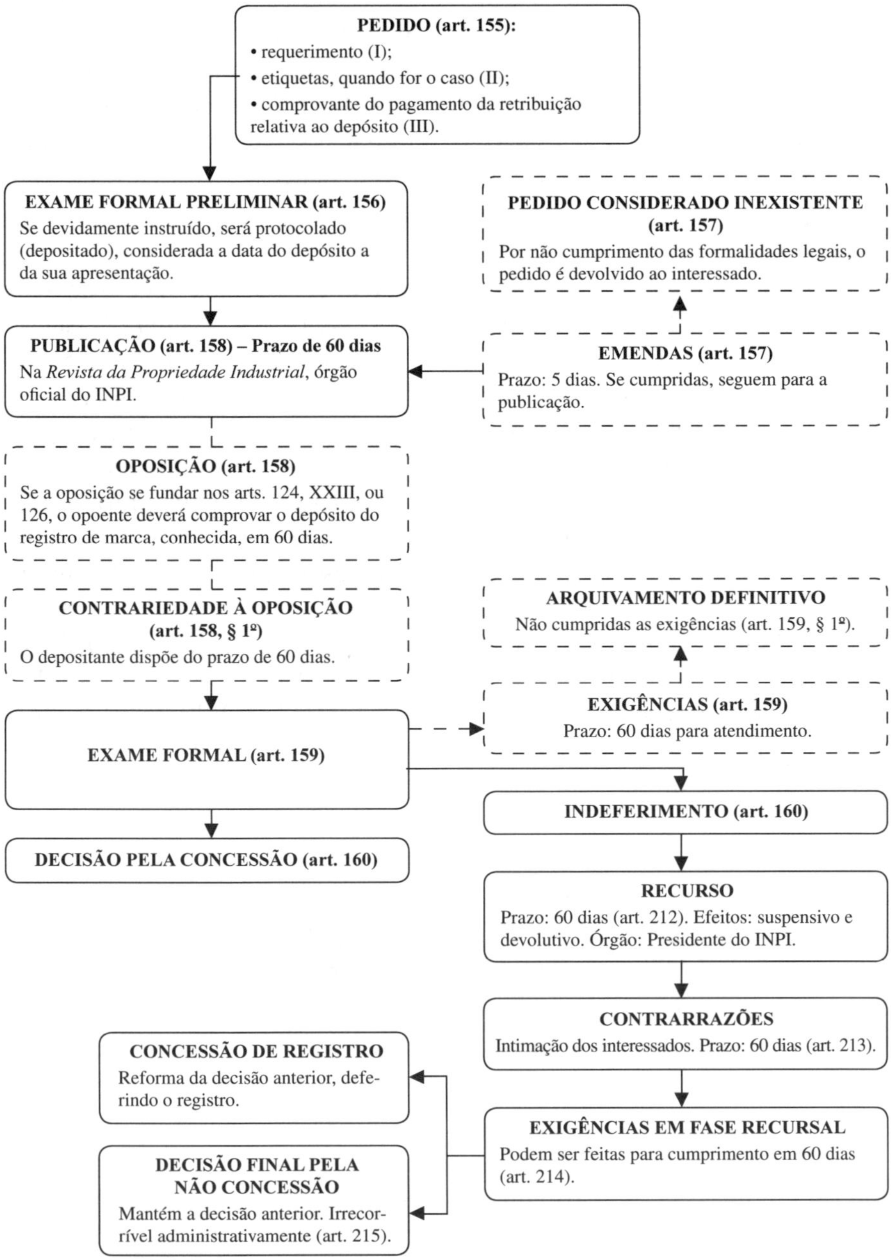

10.7. Direitos

Decorrem do registro da marca alguns direitos: a) a exclusividade de uso em todo o território nacional, pelo prazo inicial de dez anos, prorrogável por períodos iguais e sucessivos; b) o direito à cessão do registro ou mesmo do pedido de registro; c) o direito ao licenciamento de seu uso, por autorizações de uso a terceiros; d) o direito de exercer ações visando à integridade material e a reputação da marca depositada.

As ações necessárias à proteção desses direitos já foram objeto de estudo no capítulo anterior (item 9.5), devendo-se acrescentar, tão somente, os prazos para seu exercício em matéria marcária. Até o julgamento da Ação Rescisória n. 512 (AR 512/DF, Rel. Min. Waldemar Zveiter, 2ª Seção, j. 12-5-1999, *DJ*, 19-2-2001, p. 129), o Superior Tribunal de Justiça considerava o prazo de vinte anos, previsto para as ações pessoais (CC16, art. 177), o que veio a ser consolidado na Súmula 142, cancelada nesse julgamento. A partir daí, cumpre distinguir: a) nos casos submetidos à vigência do Código Civil de 1916, o prazo prescricional para a propositura de ação visando à abstenção de uso de marca rege-se pelo prazo das ações reais (CC16, art. 177): dez anos entre presentes e quinze anos entre ausentes – conforme entendimento do Superior Tribunal de Justiça (REsp 418.580/SP, Rel. Min. Carlos Alberto Menezes Direito, 3ª Turma, j. 11-2-2003, *DJ*, 10-3-2003, p. 191; Reconsideração de despacho no AgRg no REsp 691474/RS, Rel. Min. Raul Araújo, 4ª Turma, j. 5-12-2013, *DJe* 13-12-2013); b) as ações na vigência do Código Civil de 2002, na falta de fixação de prazo especial para as ações de direito real, o prazo para a propositura dessa ação segue a regra geral de dez anos (art. 205), conforme entendimento uniforme dos tribunais TJSP e STJ (REsp 1763419/SP, Rel. Nancy Andrighi, 3ª Turma, j. 25-9-2018, *DJe* 1-10-2018).

Quanto à indenização por perdas e danos pelo uso de marca comercial, vige a Súmula 143 que estabelece o prazo prescricional de cinco anos.

A lei estabelece que não violam esses direitos as ações mencionadas no art. 132 do Código da Propriedade Industrial e que são objeto das considerações que seguem.

O uso dos sinais distintivos dos distribuidores juntamente com o uso da marca do produto, visando a sua promoção e comercialização, é prática muito comum entre os distribuidores – exclusivos ou não – de determinada marca ou produto, sob a expressão “distribuidor autorizado” ou “revendedor exclusivo”.

Da mesma forma, não é vedado o uso da marca por fabricante de acessório que utiliza a marca para indicar a destinação do seu produto, salvo se desobedecidas as práticas leais de concorrência, hipótese em que poderá ocorrer crime de natureza concorrencial. Por exemplo: a fabricação e distribuição de um novo cartucho de jogos compatíveis com determinado aparelho de *videogame* da marca X. A menção singela a essa destinação (compatibilidade) do cartucho de jogos não é ilícita, e, portanto, não há como o titular da marca X impedir sua divulgação. Entretanto, se, na difusão de seu produto e de sua marca, o fabricante do acessório projetar-se sobre uma marca mais conhecida, navegando a reboque da difusão da marca de outro fabricante, caracterizada estará uma prática desleal de concorrência, e, evidentemente, o titular da marca usurpada possui o direito de zelar pela exclusividade de seu uso.

Diz o art. 132, II, que o registro da marca não concede a seu titular o direito de impedir a livre circulação de produto colocado no mercado interno, por si ou por outrem, com seu consentimento. A redação desse dispositivo (art. 132, III) não é clara e impõe melhor investigação. O direito de uso exclusivo sobre determinada marca de serviço ou produto não concede a seu detentor a possibilidade de interferir na circulação de produto que leva sua marca quando esse uso for objeto de licenciamento que ele concedeu a terceiros. Como exemplo, pode-se citar o uso da marca Sony para determinado fabricante de aparelhos DVD com tecnologia patenteada no Brasil. O titular da marca não pode impedir ou restringir a livre circulação dos produtos desse terceiro, que obteve a licença de forma regular. Somente poderá fazê-lo na hipótese de, tendo havido abuso do poder econômico por parte do licenciado da marca, detentor dos direitos sobre a fabricação do produto, ocorrer a colocação do produto por licenciado compulsório que não detenha o direito do uso da marca.

Por fim, o direito conferido pelo registro da marca não impede a citação desta em obra sem conotação comercial, como obra literária ou científica, como as menções que esta obra faz de inúmeras marcas conhecidas, para exemplo ilustrativo, de natureza jurídica.

10.8. Cessão de uso

Como ocorre em relação aos privilégios de invenção e de modelo de utilidade, o direito decorrente de registro de marcas é transferível por ato *inter vivos* e em razão de sucessão, facultando-se, da mesma forma, a concessão de licença de uso.

A transferência se dá em relação ao registro já concedido ou ao pedido depositado e obriga o titular a ceder todos os registros ou pedidos de registros de marcas iguais ou semelhantes, relativas a produto ou serviço idêntico ou afim, sob pena de cancelamento dos registros ou arquivamento dos pedidos, sempre *ex officio* daqueles que não o fizerem. Se ao cedente se reservasse o direito de manter determinada marca identificativa de um produto e permanecesse com seu uso, haveria prejuízo à cessionária, que, então, não teria o uso exclusivo para aquele produto ou serviço explorado. A razão da regra estabelecida no art. 135 da lei é a proteção à exclusividade de uso de certa marca a um produto ou serviço.

O contrato de cessão será anotado no INPI, que, por documento próprio, fará constar a qualificação completa do novo titular do registro ou pedido de depósito.

10.9. Licença de uso e franquia

A licença de uso da marca ou do pedido de registro envolve a autorização para sua exploração, com ou sem exclusividade, sem prejuízo do direito do licenciante de exercer controle sobre as especificações, natureza e qualidade dos produtos ou serviços. A concessão de uso se faz por meio de contrato entre as partes interessadas contendo: qualificação da pessoa física ou jurídica do titular ou licenciante e da pessoa física ou jurídica do licenciado, identificação clara da marca objeto do contrato e de seu certificado de registro, a modalidade ou modalidades de uso, eventual identificação do produto ou serviço a ser utilizado com a marca, prazo de vigência do contrato, sempre igual ou inferior ao direito do licenciante, restrições espaciais, vedação ou permissão a novo licenciamento, causas e multas por rescisões, foro de eleição ou escolha de árbitros para dirimir conflitos, valores da remuneração etc.

Muitas vezes, a licença para uso da marca é apenas um dos múltiplos objetos de um contrato mais abrangente, como ocorre no contrato de franquia, "sistema pelo qual um franqueador cede ao franqueado o direito de uso de marca ou patente, associado ao direito de distribuição exclusiva ou semiexclusiva de produtos ou serviços e, eventualmente, também o direito de uso de tecnologia de implantação e administração de negócio ou sistema operacional desenvolvidos ou detidos pelo franqueado, mediante remuneração direta ou indireta, sem que, no entanto, fique caracterizado vínculo empregatício" (LFE, art. 2º).

Em se tratando de marca coletiva ou marca de certificação, seu uso deve estar estabelecido no regulamento da entidade depositante, sendo desnecessário, portanto, contrato de licença. O uso decorre de força institucional e não por força de contrato. Por exemplo: a Cooperativa dos Cafeicultores da Região de Garça, em São Paulo, registra, para uso de seus membros, uma marca coletiva mista, identificando os produtos dos cooperados. Por assembleia fica decidido que todos os atuais cooperados e os que vierem a participar da entidade usarão da marca na comercialização das sacas de café produzidas. A qualidade de cooperado e a existência de regulamento autorizando esse uso são suficientes para validade da licença.

A fixação do valor da marca, para licenciamento ou cessão, pode ser precedida por pesquisa mercadológica realizada por profissionais que cada vez mais se especializam nesse segmento de mercado. Algumas marcas podem ter valor superior ao próprio conjunto patrimonial de seus titulares, sendo apropriado dizer que em alguns casos superam o valor de todo estabelecimento empresarial. É a hipótese, por exemplo, de algumas das marcas mais valiosas do mundo, avaliadas em moeda norte-americana e anotadas por Kurt Badenhausen, na revista *Forbes* (forbes.uol.com.br), em 22-5-2019: Apple: 205,5 bilhões; Google: 167,7 bilhões; Microsoft: 125,3 bilhões; Amazon: 97 bilhões; Facebook: 88,9 bilhões; Coca-Cola: 59,2 bilhões; Samsung: 53,1 bilhões; Disney: 52,2 bilhões; Toyota: 44,6 bilhões; McDonald: 43,8 bilhões.

10.10. Extinção do registro

Além dos casos de arquivamento do pedido de registro, pelo não cumprimento dos requisitos legais antes da expedição do certificado, a lei especifica algumas formas de extinção do direito do uso exclusivo da marca. Aplicam-se aqui as mesmas observações que foram feitas no item 8.16, ao se estudar a extinção da concessão da patente.

A expiração do prazo de proteção legal, sem que tenha havido prorrogação, faz extinguir o direito decorrente do registro. O prazo legal é de dez anos, contados da data da expedição do certificado, podendo ser prorrogado por períodos iguais e sucessivos. O pedido de prorrogação deve ser feito na vigência do último ano do decênio de proteção legal. Não ocorrendo a prorrogação, o direito se extingue.

No caso de renúncia, por se tratar de direito disponível, essa declaração de vontade deve ser expressa pelo titular, observando-se sua legitimidade, em se tratando de sociedade ou empresa falida, conforme anotado no capítulo anterior.

Ocorrendo a extinção da pessoa jurídica titular de marca coletiva ou de marca de certificação, o direito se extingue. É a hipótese prevista no art. 151, I, do Código da Propriedade Industrial. Os registros de marcas coletivas, utilizadas para identificar produtos ou serviços provindos de membros de uma entidade, são concedidos às pessoas que agregam esses mesmos membros. Extintas as pessoas jurídicas, por qualquer das razões legais (expiração de seu prazo, desvio de objeto, requerimento do Ministério Público, decisão por assembleia etc.), os laços de coletividade que unem cada um dos membros desaparecem, e, portanto, não podem mais ser oferecidos serviços ou produtos decorrentes destes; em consequência, extinguem-se igualmente os registros das marcas.

No tocante à marca de certificação, utilizada por agentes econômicos – pessoas físicas ou jurídicas – para atestar a conformidade de determinado produto ou serviço a certas normas ou especificações técnicas (qualidade, natureza, material utilizado e metodologia empregada), o interesse do requerente do depósito repousa na avaliação e controle de produção, circulação de bens ou prestação de serviços desenvolvidos por outros, geralmente fornecedores desses produtos ou serviços. Inexiste interesse econômico direto desse agente certificador. Extinta a entidade detentora, extingue-se, por consequência, o registro da respectiva marca. Em ambos os casos, portanto, na marca coletiva e na de certificação, a existência da entidade depositante é o próprio vínculo que faz nascer o direito ao registro da marca, e, como consequência, sua extinção acarreta o desaparecimento deste e do próprio direito dele decorrente.

Uma outra hipótese de extinção é a que ocorre se o registro foi concedido em desacordo com as disposições da Lei da Propriedade Industrial. Nesse caso, o registro poderá, por decisão judicial, ser declarado nulo, retroagindo a nulidade à data do depósito do pedido. Além da ação judicial, com curso na Justiça Federal, a própria autoridade administrativa está autorizada a proceder à revisão de seu ato de concessão, como dispõem os arts. 168 a 175 da Lei da Propriedade Industrial.

Igualmente, a caducidade, em virtude de não ter ocorrido o início de seu uso no Brasil pelo prazo de cinco anos, contados da data da concessão do registro (art. 143), ou se for interrompido seu uso por mais de cinco anos consecutivos (art. 143, II), é motivo para a extinção do direito de exclusividade. Cabe ao titular justificar o desuso por razões legítimas, tais como a eclosão de uma guerra que impeça o recebimento de partes essenciais à fabricação do produto, bloqueio econômico mundial ao fornecedor de matéria-prima ou proibição momentânea à importação de um dos componentes acessórios do produto.

Finalmente, a inobservância do art. 217 da lei: o detentor de registro não residente no País que não constitui nem mantém procurador qualificado e domiciliado no Brasil está sujeito à pena de extinção de seu direito. A observância da exigência cabe ao INPI, que pode exigir, de tempos em tempos, a comprovação de outorga de mandato com poderes suficientes.

Capítulo 11

REGISTRO DE EMPRESA

Sumário: 11.1. Breve histórico. 11.2. Finalidades do registro. 11.3. Efeitos jurídicos. 11.3.1. Efeitos jurídicos em relação às empresas individuais de responsabilidade limitada e às sociedades empresárias. 11.3.2. Efeitos decorrentes da personalidade jurídica. 11.3.3. A qualidade de comerciante e de empresário e o registro de empresa. 11.4. Órgãos do Registro de Empresa. 11.5. Atos de registro. 11.5.1. A matrícula. 11.5.2. O arquivamento. 11.5.3. A autenticação. 11.5.4. Quadro-resumo. 11.6. Proibições de arquivamento. 11.7. Dispensa de registro. 11.8. Simplificação de registro. 11.8.1. Princípios legislativos: integração e articulação. 11.8.2. Dinâmica procedimental.

11.1. Breve histórico

O exercício da mercancia, nos tempos feudais e no nascimento da burguesia, dependia exclusivamente da prática de atos de intermediação e do registro na corporação ou ligas de ofícios[1]. O sistema deu origem a um conceito subjetivo-corporativista de identificação do profissional comerciante. Reputava-se comerciante aquele que se submetia às corporações de ofício do comércio. Essa é a origem remota do registro de comércio.

Com o surgimento da legislação francesa do comércio, adotando o conceito objetivo de identificação do comerciante, desapareceram as

[1] Carvalho de Mendonça aponta a data mais remota dessas inscrições: "O registro do comércio tem, também, a sua história. Há quem descubra as suas origens na matrícula (*matricula, ruolo*) que as corporações comerciais italianas desde o século XIII organizavam com os nomes dos seus aderentes e, depois de certa época, dos fatos mais importantes da sua vida jurídica. Certo é que, no século XIX, o Código espanhol de 1829 foi o primeiro a delinear as regras sobre aquele instituto, dispondo nos arts. 22 a 31 sobre *el registro público del comercio*" (*Tratado de Direito Comercial Brasileiro*, 1. ed., atualizada por Ricardo Negrão, Campinas, Bookseller, 2000, v. 1, item 206).

corporações e, com estas, o registro corporativo. Na França, somente em 18 de março de 1919 é que a legislação restaurou o registro de comércio, em decorrência da guerra de 1914-1919, quando se pretendeu levantar a nacionalidade dos proprietários de empresas em funcionamento.

Apesar de estar sob a influência do Código de Comércio francês, o Brasil criou, em 1808, por ato de D. João VI, o Tribunal da Real Junta do Comércio, Agricultura, Fábrica e Navegação do Estado do Brasil e Domínios Ultramarinos, o qual se encarregou, conforme redação textual, "dos objetos de sua instituição que compreendem o que é respectivo ao comércio, agricultura, fábricas e navegação; e decidirá o que lhe requererem; consultando-me, quando for necessário e propondo-me tudo o que puder concorrer para o melhoramento de objetos tão interessantes ao bem do Estado".

Seguiram-se àquele os Tribunais do Comércio, onde se faziam os registros dos comerciantes e se decidiam as lides de interesse mercantil. Com a extinção dos Tribunais do Comércio, em 1875 (Decreto n. 2.672/75), o registro de comércio passou a ser atribuição das Juntas e Inspetorias Comerciais, criadas pelo Decreto n. 6.384, de 1876.

Posteriormente, foram promulgadas quatro normas de importância. Duas delas encontram-se em pleno vigor:

a) Decreto n. 916, de 24 de outubro de 1890: cria o registro das firmas ou razões comerciais a cargo da secretaria das Juntas Comerciais e das Inspetorias Comerciais (art. 1º), regulamenta a forma da constituição do nome comercial dos comerciantes individuais (arts. 5º e 6º), das sociedades de pessoas (arts. 3º e 8º) e das sociedades de capitais (arts. 4º e 13), os direitos decorrentes do nome comercial (art. 10) e as formalidades de registro (arts. 11, 12 e 14);

b) Lei n. 4.726, de 13 de junho de 1965: cria os serviços de registro do comércio e atividades afins a cargo do Departamento Nacional de Registro do Comércio, da Divisão Jurídica do Registro de Comércio e das Juntas Comerciais. Foi revogada expressamente pela Lei n. 8.934/94;

c) Lei n. 8.934, de 18 de novembro de 1994: dispõe sobre o registro público de empresas mercantis e atividades afins. Foi regulamentada pelo Decreto n. 1.800, de 30 de janeiro de 1996;

d) Lei n. 10.406, de 10 de janeiro de 2002, Código Civil brasileiro: arts. 45, 46 e 967 a 971.

11.2. Finalidades do registro

Atualmente, o registro é realizado perante as Juntas Comerciais, em cada Estado. Em vigor se encontra a Lei n. 8.934, de 18 de novembro de 1994, que regulamenta o registro público de empresas mercantis e atividades afins, com as seguintes finalidades:

a) dar garantia, publicidade, autenticidade, segurança e eficácia aos atos jurídicos das empresas mercantis (art. 1º, I);

b) cadastrar as empresas nacionais e estrangeiras em funcionamento no Brasil e manter atualizadas as informações pertinentes (art. 1º, II);

c) proceder à matrícula dos agentes auxiliares do comércio, bem como a seu cancelamento (art. 1º, III).

Assim como nos atos da vida civil, o Registro de Empresa garante a publicidade dos atos ali inseridos, dando a qualquer pessoa o direito de consultar os assentamentos e obter as certidões que desejar, independentemente de prova de interesse (art. 29 da Lei n. 8.934/94). Os atos inscritos no Registro de Empresa são públicos, conforme assim declarava o art. 14 do Título Único do Código Comercial.

11.3. Efeitos jurídicos

Dependendo da qualidade da pessoa que realiza os atos, são distintos os efeitos decorrentes da inscrição no Registro de Empresa, impondo a diferenciação: se efetuados por declaração do empresário individual, ou se o foram pelo arquivamento dos atos constitutivos de empresa individual de responsabilidade limitada (EIRELI ou empresa individual limitada) ou de sociedade empresária. No primeiro caso, o registro concede proteção jurídica e gozo das prerrogativas próprias de empresário, tratamento registrário e fiscal favorecido e diferenciado quando se tratar de pequeno empresário, e, nos dois últimos, além daquelas, faz nascer a pessoa jurídica.

A partir da entrada em vigor do Código Civil, a inscrição do empresário passa a ser obrigatória, antes do início de sua atividade (art. 967). É de observar, contudo, que a não inscrição – mesmo hoje e no passado, sob as regras facultativas do sistema da comercialidade e do Código Comercial de 1850 – traz impedimentos ao exercício de sua atividade, acarretando-lhe a pecha de irregular e impondo-lhe inúmeras restrições previstas na legislação administrativa, processual e mercantil.

Ao empresário não registrado é vedado requerer a falência de outro (LREF, art. 97, § 1º) e, ainda, pleitear sua própria recuperação judicial (LREF, art. 48). A nova Lei de Falências dispõe que somente poderão requerer sua recuperação judicial – instituto que substitui a concordata – os empresários que exerçam regularmente suas atividades há mais de dois anos.

Sem a inscrição, o titular da empresa não pode levar seus livros a registro na Junta Comercial e, no regime do Decreto-lei n. 7.661/45, ocorrendo a falência, sujeitava-se às penas dos crimes previstos no art. 186, VI (inexistência dos livros obrigatórios ou sua escrituração atrasada, lacunosa, defeituosa ou confusa) e VII (falta de apresentação do balanço, dentro de sessenta dias após a data fixada para seu encerramento, à rubrica do juiz sob cuja jurisdição estiver seu estabelecimento principal). A nova lei falimentar não reproduziu essas figuras, mas prevê a condenação do empresário que "deixar de elaborar, escriturar ou *autenticar*, antes ou depois da sentença que decretar a falência, conceder a recuperação judicial ou homologar o plano de recuperação extrajudicial, os documentos de escrituração contábil obrigatórios" a penas de 1 a 2 anos de detenção (LREF, art. 178).

A autenticação de livros empresariais somente é possível ao empresário regularmente inscrito no órgão de Registro de Empresa, conforme dispõe o parágrafo único do art. 1.181, do Código Civil: "A autenticação não se fará sem que esteja inscrito o empresário, ou a sociedade empresária, que poderá fazer autenticar livros não obrigatórios".

A Instrução Normativa n. 11, de 5 de dezembro de 2013, do Departamento de Registro Empresarial e Integração (DREI), ao dispor sobre o procedimento de autenticação reproduziu no art. 15, I, a proibição legal: "A autenticação de instrumentos de escrituração não se fará sem que: I – esteja inscrito o empresário ou registrada a sociedade empresária" (parágrafo único do art. 1.181 do Código Civil de 2002)".

Vê-se, pois, que sem o registro, o empresário, na hipótese de ser decretada sua falência, sofrerá a persecução penal por omissão de documentos contábeis obrigatórios.

A ausência de registro impossibilita, ainda, a faculdade de obter o enquadramento de microempresa, conforme decorre do art. 3º da Lei Complementar n. 123, de 14 de dezembro de 2006, que restringe a incidência legal à sociedade empresária, à sociedade simples e ao empresário "a que se refere o art. 966 da Lei n. 10.406, de 10 de janeiro de 2002, devidamente registrados no Registro de Empresas Mercantis ou no Registro Civil de Pessoas Jurídicas".

E, finalmente, a falta do arquivamento é obstáculo intransponível para o empresário interessado em participar de licitações públicas (art. 28, II e III, da Lei n. 8.666/93) e, ainda, em efetuar seu registro nos cadastros de contribuintes fiscais (CNPJ) e da seguridade social, acarretando, neste último caso, a impossibilidade de contratar com o Poder Público (art. 195, III, § 3º, da Constituição Federal).

11.3.1. Efeitos jurídicos em relação às empresas individuais de responsabilidade limitada e às sociedades empresárias

Além de dar publicidade aos atos jurídicos mercantis, o registro possui outro importante efeito em relação à vida da empresa individual de responsabilidade limitada e da sociedade empresária: faz nascê-las no mundo jurídico como pessoas jurídicas. O registro de empresário individual que não se revestir da forma empresa individual de responsabilidade limitada não gera efeitos próprios da personalidade jurídica. Isto porque o homem natural – a pessoa individual, o empresário individual – já goza, desde o nascimento, dos direitos de personalidade, conforme dispõe o art. 2º do CC: "a personalidade civil da pessoa começa do nascimento com vida; mas a lei põe a salvo, desde a concepção, os direitos do nascituro", e, a não ser que pretenda limitar sua responsabilidade patrimonial nos termos da LLE (que acrescentou dois parágrafos ao art. 1.052 do Código Civil) ou da Lei n. 12.441/2011 (que instituiu a EIRELI), não há razão para obter personalidade jurídica.

Assim, desde o registro, por concessão da lei, as empresas individuais de responsabilidade limitada e as sociedades adquirem personalidade jurídica, conforme dispõe o art. 45 do Código Civil de 2002: "Começa a existência legal das pessoas jurídicas de direito privado com a inscrição do ato constitutivo no respectivo registro, precedida, quando necessário, de autorização ou aprovação do Poder Executivo, averbando-se no registro todas as alterações por que passar o ato constitutivo". As sociedades empresárias estão arroladas como pessoas jurídicas de direito privado (CC, art. 44, II).

Reitere-se que somente as pessoas fictas – pessoas morais ou jurídicas – necessitam de personalidade jurídica.

Esse simples raciocínio, entretanto, muitas vezes pode dar origem a confusões para o estudante desatento. No concurso público realizado em 7 de maio de 1989 para ingresso na carreira do Ministério Público do Estado de São Paulo, indagou-se: "O comerciante individual, que adote o regime de microempresa, é pessoa jurídica? Justifique". A resposta a essa indagação não se encontra na ênfase que se dá ao exercício de pequeno comércio sob a forma de microempresa, uma vez que a estas podem submeter-se tanto o empresário individual como a sociedade empresária, salvo se constituída sob forma de sociedade anônima ou comandita por ações, excluídas do estatuto diferenciado, a partir da vigência da Lei Complementar n. 123/2006 (art. 3º, § 4º, X). Dessa forma, em se tratando de empresário coletivo regular – sociedade empresária –, sua personalidade jurídica decorre da inscrição de seus atos na Junta Comercial; no caso de comerciante – ou empresário – individual, sua natureza é de pessoa natural. Respondendo, pois, à indagação, conclui-se que a resposta é negativa: a pessoa individual do comerciante não é pessoa jurídica.

As pessoas jurídicas são apenas as enumeradas taxativamente pelo Código Civil, e não há outras no direito pátrio além delas:

<table>
<tr><th colspan="3">PESSOAS JURÍDICAS</th></tr>
<tr><th rowspan="2">PESSOAS JURÍDICAS DE DIREITO PRIVADO</th><th colspan="2">PESSOAS JURÍDICAS DE DIREITO PÚBLICO</th></tr>
<tr><th>EXTERNO</th><th>INTERNO</th></tr>
<tr><td>Associações
Sociedades (simples e empresárias)
Fundações
Empresas individuais de responsabilidade limitada (EIRELI)
Empresa individual sob a forma de limitada (CC, art. 1.052, § 1º)
Exercício individual de atividade não empresarial sob a forma de limitada (CC, art. 1.052, § 1º)</td><td>Estados estrangeiros
Todas as pessoas regidas pelo direito internacional público (exemplos: ONU, OEA, OPEP, Comunidade Europeia, OTAN etc.)</td><td>União
Estados
Distrito Federal
Territórios
Municípios
Autarquias
Demais entidades de caráter público criadas por lei</td></tr>
</table>

11.3.2. Efeitos decorrentes da personalidade jurídica

Na constituição das empresas individuais de responsabilidade limitada (EIRELI e a recém criada pela reforma da LLE no parágrafo único do art. 1.052) e sociedades, a declaração, no caso das primeiras, e o registro do contrato social ou dos estatutos das segundas, faz nascer a pessoa jurídica. São efeitos da personalidade jurídica:

- a assunção da capacidade para direitos e obrigações;
- os sócios não mais se confundem com a pessoa da sociedade;
- a pessoa jurídica possui patrimônio próprio, distinto do de seus sócios, ou, no caso das empresas individuais de responsabilidade limitada, a autonomia se dá em relação ao patrimônio de seu titular;
- a sociedade pode alterar sua estrutura interna.

A matéria será expandida em 14.3.

11.3.3. A qualidade de comerciante e de empresário e o registro de empresa

No sistema do Código Comercial, que torna facultativa a inscrição no Registro de Empresas, as sanções para a não inscrição são indiretas, ou, como acima estudado, impedem o exercício pleno das prerrogativas próprias atribuídas ao comerciante regular. Nessa perspectiva, costuma-se indagar se a inscrição no registro público é constitutiva ou meramente declaratória da qualidade de comerciante. Depreende-se do Código Comercial de 1850 que o registro não confere a condição de comerciante a quem quer que seja, isto é, o registro de comércio não é ato constitutivo de direito, pois, no sistema brasileiro, a qualidade de comerciante depende exclusivamente do exercício habitual de atos de comércio.

Advindo a qualidade de comerciante do exercício do comércio, de forma habitual, o registro apenas declara essa condição. Contudo, a qualidade constante do registro pode ser elidida por prova em contrário, conforme assentado pela doutrina (Requião, 1998:109).

Vê-se, portanto, que o registro de comércio nem sempre foi obrigatório e tampouco constitutivo de direito.

Entretanto, o Código Civil de 2002 trouxe regra de obrigatoriedade de registro, no art. 967: "É obrigatória a inscrição do empresário no Registro Público de Empresas Mercantis da respectiva sede, antes do início de sua atividade".

A exigência recebeu, ainda na fase de projeto, inúmeras críticas dos doutrinadores, por conceber o retorno do sistema de matrícula obrigatória, abolido desde a extinção das corporações de ofício, e, ainda, porque não prevê sanções diretas à ausência de registro por parte do empresário, permanecendo o regime indireto de concessão de prerrogativas aos regularmente inscritos.

O sistema adotado pelo Código Civil, portanto, tornando obrigatória a inscrição, em nada altera o previsto no Código Comercial; o registro permanece meramente declaratório da condição de empresário, mas sua não inscrição no Registro de Empresas coloca-o à margem das prerrogativas plenas previstas nas inúmeras leis que regulamentam sua atividade e que foram objeto de estudo, nas linhas anteriores (item 11.3).

11.4. Órgãos do Registro de Empresa

São órgãos incumbidos do registro público de empresas mercantis e atividades afins e integram o Sistema Nacional de Registro de Empresas Mercantis (SINREM): o Departamento de Registro Empresarial e Integração[2] (DREI) e as Juntas Comerciais de cada unidade da Federação.

Ao primeiro compete: a) supervisionar; b) orientar; c) coordenar e normatizar, no plano técnico; d) coordenar e suplementar, no plano administrativo.

As segundas – as Juntas Comerciais – nos Estados vinculam-se às secretarias de Estado. Em São Paulo é órgão vinculado à Secretaria da Justiça e da Cidadania, competindo-lhe, nos termos do art. 8º da LRM: I – executar e administrar os serviços de registro; II – elaborar a tabela de preços de seus serviços; III – processar a habilitação e a nomeação dos tradutores públicos e intérpretes comerciais; IV – elaborar os respectivos regimentos internos e suas alterações, bem como resoluções de caráter administrativo necessárias ao fiel cumprimento das normas legais, regulamentares e regimentais; V – expedir carteiras de exercício profissional de pessoas legalmente inscritas no Registro Público de Empresas Mercantis e Atividades Afins; e VI – o assentamento dos usos e práticas mercantis.

Dependendo da legislação da unidade federativa a que pertencer (art. 9º do Decreto n. 1.800/96), as Juntas compõem-se de oito, onze, quatorze, dezessete ou vinte vogais e igual número de suplentes; metade será formada por profissionais indicados em listas tríplices pelas Associações

---

[2] O Departamento Nacional de Registro de Comércio (DNRC), integrante do Ministério da Indústria e Comércio, foi extinto pelo Decreto n. 8.001, de 10 de maio de 2013, e suas funções foram absorvidas pelo Departamento de Registro Empresarial e Integração, órgão subordinado à Secretaria da Micro e Pequena Empresa da Presidência da República.

Comerciais com sede na jurisdição da Junta Comercial; um vogal representando a União, um representante da classe dos advogados, outro dos economistas e um terceiro entre os contadores, mediante indicação dos conselhos dessas categorias, e, nos Estados que a legislação estabelecer, os demais por livre escolha do governador. Todos devem obedecer às exigências previstas no art. 10 do Decreto n. 1.800/96:

a) ser brasileiro e estar em pleno gozo dos direitos civis e políticos;

b) não estar condenado por crime cuja pena vede o acesso a cargo, emprego e funções públicas ou por crime de prevaricação, falência fraudulenta, peita ou suborno, concussão, peculato, contra a propriedade, a fé pública e a economia popular;

c) ser, ou ter sido, por mais de cinco anos, titular de firma mercantil individual, sócio ou administrador de sociedade mercantil[3]. São dispensados dessa condição os representantes da União, os advogados, os economistas e os contadores, impondo, contudo, a legislação, a essas três últimas classes de representantes, a prova de efetivo exercício de suas profissões no mesmo interregno temporal;

d) estar quite com o serviço militar e o serviço eleitoral.

11.5. Atos de registro

O Registro Público de Empresas e Atividades Afins compreende três atos: a matrícula, o arquivamento e a autenticação.

11.5.1. A matrícula

A matrícula diz respeito aos leiloeiros, tradutores públicos, intérpretes comerciais, trapicheiros (administradores de armazéns onde se guardam mercadorias importadas ou para exportação) e administradores de armazéns-gerais (têm por fim a guarda e conservação de mercadorias e a emissão de títulos especiais que as representam), conforme o art. 32, I, da LRM.

---

[3] Com a promulgação do Código Civil de 2002, as expressões "firma mercantil" e "sociedade mercantil" devem ser entendidas como "titular de empresa" e "sócio ou administrador de sociedade empresária", adequando a redação da legislação de Registro de Empresas ao sistema atual que não mais faz distinção entre atividade mercantil e atividade civil.

a) Dos leiloeiros

A profissão de leiloeiro – profissional encarregado da venda, em público leilão, dentro ou fora de sua própria casa, de tudo de que, por autorização de seus donos, for encarregado – está regulada pelo Decreto n. 21.981, de 19 de outubro de 1932, que estabelece como únicos requisitos para seu exercício: nacionalidade brasileira, gozo de direitos civis e políticos, idade superior a vinte e cinco anos, domicílio no local há mais de cinco anos e idoneidade moral e financeira.

b) Dos tradutores públicos e intérpretes comerciais

Atualmente as funções de tradutor público e intérprete comercial são fixadas pelo Decreto n. 13.609, de 21 de outubro de 1943 (modificado pelo Decreto n. 20.245/45 e, posteriormente, revogado pelo Decreto s/n. de 6-9-1991, tendo sua vigência restaurada pelo Decreto s/n. de 22-6-1993), que estabelece o regulamento para ofício no território da República. A habilitação, a nomeação, a matrícula e seu cancelamento são processados pelas Juntas Comerciais de cada Estado (art. 7º, III, *a*, do Decreto n. 1.800, de 30-1-1996), mediante concurso público destinado a pessoas que atendam às seguintes condições pessoais:

- tenham idade mínima de vinte e um anos completos;
- não sejam falidos ou, se o foram, estejam reabilitados;
- ostentem a qualidade de cidadão brasileiro nato ou naturalizado;
- não estejam sendo processados nem tenham sido condenados por crime cuja pena importe em demissão de cargo público ou inabilitação para exercê-lo;
- tenham residência por mais de um ano na praça onde pretendam exercer o ofício;
- estejam quites com o serviço militar;
- não tenham sido anteriormente demitidos da mesma função.

São atribuições conferidas por lei a esses profissionais:

a) passar certidões, fazer traduções em língua vernácula de todos os livros, documentos e papéis escritos em qualquer língua estrangeira que tiverem de ser apresentados em Juízo ou em repartição pública federal, estadual ou municipal ou entidade mantida, orientada ou fiscalizada pelos Poderes Públicos;

b) intervir, quando nomeados judicialmente ou pela repartição competente, nos exames a que se tenha de proceder para a verificação da exatidão de tradução que tenha sido arguida de errada, dolosa ou menos conforme com o original;

c) interpretar e verter verbalmente em língua vulgar, quando também para isso forem nomeados judicialmente, as respostas ou depoimentos dados em Juízo por estrangeiros que não falarem o idioma do País e no mesmo Juízo tenham de ser interrogados na qualidade de interessados, testemunhas ou informantes, bem assim, no foro extrajudicial, repartições públicas federais, estaduais ou municipais;

d) examinar, quando solicitado pelas repartições públicas fiscais ou administrativas competentes ou por qualquer autoridade judicial, a falta de exatidão com que for impugnada tradução feita por corretores de navios dos manifestos e documentos que as embarcações estrangeiras tiverem de apresentar para despacho nas alfândegas, bem assim a realizada, em razão de suas funções, por ocupantes de cargos públicos de tradutores e intérpretes.

As funções são bastante amplas, porque a lei lhes outorga as atribuições com exclusividade, no que se refere ao direito terrestre. Afinal, "nenhum livro, documento ou papel de qualquer natureza que for exarado em idioma estrangeiro produzirá efeito em repartições da União, dos Estados e dos Municípios, em qualquer instância, Juízo ou Tribunal ou entidades mantidas, fiscalizadas ou orientadas pelos poderes públicos, sem ser acompanhado da respectiva tradução" (art. 18 do Decreto n. 13.609/43). Sem a tradução atestada por esses profissionais, os serventuários de notas e os Cartórios de Registro de Títulos e Documentos não poderão registrar, passar certidões ou públicas-formas de documento no todo ou em parte redigido em língua estrangeira.

As funções só não são totalmente exclusivas porque, no que se refere ao direito comercial marítimo, a lei permite que se aceitem traduções por corretores de navios, referentes aos manifestos e documentos que as embarcações estrangeiras tiverem de apresentar para despacho nas alfândegas.

11.5.2. O arquivamento

O arquivamento[4] é a segunda modalidade de ato registrário empresarial e refere-se a documentos de cinco espécies:

---

[4] A IN DREI n. 81, de 10 de junho, ao revogar a IN DREI 63, que dispunha sobre os manuais de registro, agora dispõe sobre as normas e diretrizes gerais do Registro Público de Empresa.

a) os relativos à constituição, alteração, dissolução e extinção de firmas mercantis individuais, sociedades mercantis e cooperativas (LRM, art. 32, II, *a*);

b) os relativos a consórcio e grupo de sociedades, previstos nos arts. 278 e 279 da Lei n. 6.404/76 (LRM, art. 32, II, *b*);

c) os relativos a empresas mercantis estrangeiras autorizadas a funcionar no Brasil (LRM, art. 32, II, *c*). Observe-se, ainda, que o arquivamento de atos de empresas, sociedades ou cooperativas de que participem estrangeiros residentes e domiciliados no Brasil, pessoas físicas, brasileiras ou estrangeiras, residentes e domiciliadas no exterior, e pessoas jurídicas com sede no exterior está regulado pela IN DREI n. 34, de 2 de março de 2017;

d) as declarações de microempresa (LRM, art. 32, II, *d*);

e) os atos e documentos que possam interessar ao empresário e às empresas mercantis (LRM, art. 32, II, *e*).

O arquivamento de determinados atos (constituição de sociedades anônimas, atas das assembleias gerais e demais atos relativos a essas sociedades, os referentes à transformação, incorporação, fusão e cisão de empresas e os de constituição de alteração de consórcio e de grupo de sociedade) e o julgamento de recursos administrativos estão sujeitos à deliberação colegiada da Turma ou do Plenário. Para essas decisões a lei fixa o prazo de cinco dias úteis a partir de seu recebimento (LRM, art. 43).

Os demais atos de registro – matrícula, arquivamento de atos de sociedades que não se revestem da forma de sociedade anônima, os concernentes a sociedades estrangeiras, as declarações de microempresa, a autenticação de documentos etc. – são objeto de decisão monocrática do Presidente da Junta Comercial, de Vogal ou de servidor da Junta Comercial designado pelo presidente. O prazo para o despacho é de dois dias úteis, contados a partir de seu recebimento (LRM, art.43).

A lei não prevê punição ao órgão colegiado ou ao servidor que descumprir o prazo para a prática dos mencionados atos. Entretanto, por provocação do interessado, o ato será considerado arquivado por decurso de prazo, sujeitando-se, contudo, ao exame das formalidades legais pela Procuradoria da Junta Comercial, órgão de fiscalização e de consulta, ao qual cabe agir de ofício ou mediante solicitação da Presidência, do Plenário ou das Turmas.

Os documentos expedidos pela Junta Comercial, relativamente aos atos de seu registro, dispõem de fé pública. A certidão da Junta Comercial tem o mesmo valor de escritura pública para efeito de transferir o imóvel dado para a formação ou aumento de capital social. Segundo o art. 64 da LRM, a certidão é documento hábil para a transferência no registro competente.

11.5.3. A autenticação

A autenticação de documentos reporta-se aos instrumentos de escrituração das empresas (livros mercantis), conforme o art. 32, III, da Lei n. 8.934/94, e às cópias dos documentos e usos e costumes assentados (art. 39, II, da Lei n. 8.934/94).

11.5.4. Quadro-resumo

Um quadro pode oferecer melhor visão dessas três modalidades de registro:

MODALIDADE	A QUE SE DESTINA
MATRÍCULA	Matrícula e cancelamento de: • leiloeiros; • tradutores públicos e intérpretes comerciais; • trapicheiros; • administradores de armazéns-gerais.
ARQUIVAMENTO	• constituição, alteração, dissolução e extinção de firmas individuais, sociedades e cooperativas; • os atos relativos a consórcio e grupo de sociedades previstos nos arts. 278 e 279 da Lei n. 6.404/76; • os atos relativos a empresas mercantis estrangeiras autorizadas a funcionar no Brasil; • as declarações de microempresa; • os atos e documentos que possam interessar ao empresário ou à empresa mercantil.
AUTENTICAÇÃO	• instrumentos de escrituração das empresas (livros mercantis); • as cópias dos documentos assentados.

A Lei de Registro de Comércio anterior (Lei n. 4.726, de 13-7-1965) previa, além das três espécies mencionadas na nova lei (matrícula, arquivamento e autenticação), duas outras modalidades: (a) registro, referente à nomeação de administradores de armazéns-gerais, quando não for o próprio empresário, bem como os títulos de habilitação comercial e os atos referentes a menores, mandatos, declarações de firmas individuais, nomes de sociedade comercial, exceto as anônimas, e outros (art. 37, III, da Lei n. 4.726/65); e (b) anotação, que eram as alterações ocorridas no registro de firmas individuais e nomes comerciais (art. 37, IV, da Lei n. 4.726/65).

11.6. Proibições de arquivamento

A LRM determina a proibição de arquivamento de documentos por ocorrência de vícios, que podem ser classificados em cinco categorias:

IMPEDIMENTOS EM RAZÃO DA PESSOA QUE CONTRATA
• O titular ou administrador condenado pela prática de crime cuja pena vede o acesso à atividade mercantil (art. 35, II). • O titular casado que não tiver juntado a outorga uxória ou marital, em havendo a incorporação de imóveis à sociedade (art. 35, VII, *b*). • O registro de empresa individual de responsabilidade limitada (EIRELI) por *pessoa natural* que já tenha constituído uma empresa dessa modalidade (a lei permite que o titular figure em uma única empresa individual de responsabilidade limitada – CC, art. 980-A, § 2º).
IMPEDIMENTOS EM DEFESA DOS SÓCIOS CONTRATANTES
• Alterações societárias por decisão majoritária, quando houver cláusula restritiva (art. 35, VI).
IMPEDIMENTOS EM DEFESA DE TERCEIROS
• Atos de empresas mercantis com nome idêntico ou semelhante a outro já existente (art. 35, V).
IMPEDIMENTOS INTRÍNSECOS AO CONTRATO
• Atos de prorrogação do contrato social das empresas mercantis, uma vez findo o prazo nele fixado (art. 35, IV). • Atos que colidirem com os respectivos estatutos ou contrato não modificado anteriormente (art. 35, I, final).

IMPEDIMENTOS FORMAIS
• Documentos que não obedecerem à forma legal, ferirem os bons costumes e a ordem pública (art. 35, I).
• Atos constitutivos que não designarem o respectivo capital ou não declararem precisamente seu objeto (art. 35, III).
• Documentos relativos à incorporação de imóveis, quando não houver descrição e identificação do imóvel, área, dados relativos a sua titulação e número de matrícula no Registro de Imóveis (art. 35, VII, *a*).
• Contratos, estatutos e alterações de empresas ainda não aprovados pelo governo, quando esta for necessária (art. 35, VIII).

De observar, quanto ao primeiro impedimento, que o art. 37 desse diploma legal exige a apresentação de alguns documentos para o ato de arquivamento, entre os quais a "declaração do titular ou administrador, firmada sob as penas da lei, de não estar impedido de exercer o comércio ou a administração de sociedade mercantil, em virtude de condenação criminal".

Basta, portanto, a simples declaração do interessado, não se exigindo a apresentação de certidão criminal para esse fim, o que deflui da expressão contida no parágrafo único desse dispositivo: "além dos referidos neste artigo, nenhum outro documento será exigido das firmas individuais e sociedades referidas nas alíneas *a*, *b* e *d* do inciso II do art. 32". Dessa leitura ficaram excepcionados tão somente os atos concernentes a empresas mercantis estrangeiras autorizadas a funcionar no Brasil, previstos na alínea *c* do inciso II do art. 32, porque de tais empresas a autorização governamental poderia impor a apresentação de outros documentos.

O art. 7º da Lei n. 11.598, de 3 de dezembro de 2007, veio salientar a proibição de se instituir "qualquer tipo de exigência de natureza documental ou formal, restritiva ou condicionante" vedando sejam exigidos "quaisquer documentos adicionais", "documento de propriedade, contrato de locação ou comprovação de regularidade de obrigações tributárias referentes ao imóvel", "comprovação de regularidade com os órgãos de classe" e, especialmente, no inciso IV, veda a exigência de "certidão de inexistência de condenação criminal, que será substituída por declaração do titular ou administrador" etc., repetindo, neste tópico, o que já constava no parágrafo único do art. 37 da Lei n. 8.934, de 1994.

A repetição à não exigência de outros documentos não tem o caráter de mero reforço legislativo à vedação já encontrada em legislação de idêntico nível hierárquico.

O objetivo do legislador é estender a proibição a outras modalidades registrárias não empresariais, isto é, não apenas às Juntas Comerciais, mas também aos Cartórios de Registro de Pessoas Jurídicas. Submete, igualmente, a proibição aos demais órgãos responsáveis por parcelas do extenso procedimento "de registro e legalização de empresários e pessoas jurídicas, relativamente aos seus atos constitutivos, de inscrição, alteração e baixa" (art. 16 da Lei n. 11.598, de 2007), expressão que inclui Receita Federal, Fazendas Estaduais e Municipais e outros entes dessas pessoas de direito público.

11.7. Dispensa de registro

O anteprojeto do Código Civil, em seu art. 973, com a redação dada pela Emenda n. 67, dispensava "de inscrição e deveres impostos aos empresários inscritos o empresário rural, assim considerado o que exerce atividade destinada à produção agrícola, silvícola, pecuária e outras conexas, como a que tenha por finalidade transformar ou alienar os respectivos produtos, quando pertinentes aos serviços rurais", e "o pequeno empresário, tal como definido em decreto, à vista da natureza artesanal da atividade; predominância do trabalho próprio e de familiares; capital efetivamente empregado; renda bruta anual e condições peculiares à atividade, reveladora da exiguidade da empresa exercida".

Na redação da Emenda n. 68, o texto foi reduzido para: "A lei assegurará tratamento favorecido, diferenciado e simplificado ao empresário rural e ao pequeno empresário, quanto à inscrição e aos efeitos daí decorrentes", vindo a ser o texto incluído no Código Civil promulgado, numerado como art. 970. Inexiste, portanto, dispensa de registro.

11.8. Simplificação de registro

A Lei n. 11.598, de 3 de dezembro de 2007, criou a Rede Nacional para Simplificação de Registro e da Legalização de Empresas e Negócios – REDESIM, cuja finalidade é propor ações e normas às entidades, autoridades e órgãos que a integrarem.

Embora o objetivo de sua criação seja a integração do processo de registro e de legalização de empresários e de pessoas jurídicas em âmbito nacional, a participação em sua constituição é facultativa aos entes municipais e estaduais e obrigatória aos órgãos federais. As normas de simplificação de registro e de legalização abrangem não somente as empresas (empresários individuais ou societários), mas também pessoas jurídicas não empresariais que exerçam atividade sujeita a registro público, com ou sem fins econômicos.

Cabe à União presidir o Comitê gestor, órgão máximo da administração da REDESIM.

11.8.1. Princípios legislativos: integração e articulação

Dois princípios – que se resumem nas expressões "integração" e "articulação" – devem ser observados na elaboração de normas pelos órgãos integrantes da REDESIM.

O primeiro – integração – indica a preocupação de o legislador dar unidade procedimental às várias etapas administrativas necessárias à legalização e ao registro da empresa, compatibilizando as exigências de diversos órgãos públicos e evitando, com isso, a duplicidade de atos nas diversas instâncias, com a apresentação dos mesmos documentos sucessivamente até a obtenção do registro definitivo. Essa prática redundante, vigente até a promulgação da Lei n. 11.598, colocava o país entre aqueles com mais entraves burocráticos para a constituição de uma empresa[5].

O segundo – articulação – possibilita o acesso de forma célere, por meio eletrônico, de dados e imagens dos atos arquivados, pelos órgãos municipais, estaduais e federais integrantes da REDESIM. Os dados são disponibilizados imediatamente após sua inscrição e as imagens dos documentos em até cinco dias úteis depois de seu arquivamento.

Decorre também desse princípio a obtenção de informações, o acompanhamento dos procedimentos ou, ainda, a realização de atos no sistema registrário, por meio eletrônico, sempre que houver possibilidade técnica, isto é, se os atos puderem ser realizados com a necessária segurança.

---

[5] Um estudo do Banco Mundial publicado anualmente (*doingbusiness*) mostra que o Brasil figurava em 109º lugar no *ranking* dos países mais burocráticos do mundo, no ano de 2019, subindo 2.96 pontos percentuais na posição do ano anterior. Em 2020 é indicado na posição 124, entre 190 nações (a primeira é Nova Zelândia e a última nesta lista é a Somália).

Nos casos em que a realização dos atos não puder efetivar-se por meio eletrônico ou, ainda, por opção da pessoa interessada, são criadas as Centrais de Atendimento Empresarial, compostas por um órgão de apoio e informação (Núcleo de Orientação e Informação) e outro, de operacionalização (Núcleo Operacional). Para a rede integrante do sistema, o primeiro é órgão de funcionamento obrigatório, e o segundo somente obrigatório nas capitais dos Estados e no Distrito Federal, sendo de funcionamento facultativo nas Centrais localizadas nos demais municípios aderentes.

11.8.2. Dinâmica procedimental

Estabeleceu o legislador um procedimento comum à legalização e ao registro das atividades econômicas possibilitando (a) a pesquisa prévia e a prenotação de nome e (b) a vistoria e emissão de alvará provisório, etapas que visam abreviar o processamento do registro e o início da atividade escolhida pelo interessado.

a) Pesquisa prévia e prenotação do nome

A pesquisa prévia compreende busca do nome empresarial (ou da pessoa jurídica – isto é, denominação da sociedade simples, da associação ou fundação) nos diversos órgãos de registro – Juntas Comerciais e Cartórios de Registro Civil de Pessoas Jurídicas – de forma presencial ou pela rede mundial de computadores, sendo permitida a reserva do nome escolhido pelo prazo de quarenta e oito horas, contadas da manifestação oficial favorável.

Criou a Lei n. 11.598 (§ 3º do art. 4º) verdadeira prenotação, isto é, prioridade de registro do nome a favor da pessoa – empresário ou sócio que fizer a consulta – evitando, com essa diligência, que ocorra, entre a data da manifestação do interesse e a da efetivação do pedido de registro, colidência com o registro de outro interessado, situação que impediria o arquivamento dos atos constitutivos nos termos do art. 35, V, da LRM (*v.* o item 11.6).

b) Vistoria

Muitas atividades dependem de expedição de licenças ou autorizações de funcionamento sujeitas a prévia vistoria a ser realizada pelos órgãos de segurança sanitária, controle ambiental e prevenção contra incêndios, existindo, nos diversos entes administrativos, procedimentos distintos a serem observados pelo interessado no registro ou na legalização de sua atividade.

No intuito de dar celeridade ao procedimento, a Lei n. 11.598, de 2007, impôs o dever de os entes do Estado que aderirem à REDESIM obedecerem às regras voltadas à simplificação, racionalização e uniformização procedimental. É a repetição dos princípios norteadores da reforma: a integração e a articulação entre os órgãos administrativos responsáveis pela fiscalização do cumprimento dos requisitos previstos em uma infinidade de normas.

Facultou-se ao Município vinculado à REDESIM a expedição de Alvará de Funcionamento Provisório ao interessado, o que permite o início das atividades imediatamente após o ato de registro. Esse documento somente será expedido quando a atividade pretendida não for de alto risco e mediante assinatura do interessado de Termo de Ciência e Responsabilidade, pelo qual o empresário ou o responsável legal compromete-se a observar os requisitos exigidos para consecução dos objetivos sociais previstos na declaração de firma individual, no contrato social ou estatuto da empresa registranda.

O Alvará de Funcionamento – este definitivo – somente será expedido após a apresentação das licenças ou autorizações emitidas pelos órgãos e entidades competentes ou, quando vencido o prazo do Alvará Provisório, esses órgãos e entidades deixarem de promover as respectivas vistorias.

Com o advento da Lei da Liberdade Econômica (Lei n. 13.874/2019) alguns princípios foram acrescentados para acelerar o desenvolvimento empresarial: a) a liberdade como uma garantia no exercício de atividades econômicas; b) a boa-fé do particular perante o poder público; c) a intervenção subsidiária e excepcional do Estado sobre o exercício das atividades econômicas; e d) o reconhecimento da vulnerabilidade do particular perante o Estado.

Estabelece, ainda, a nova legislação os direitos essenciais ao desenvolvimento e crescimento econômico da nação, entre os quais, o direito de "desenvolver atividade econômica de baixo risco, para qual se valha exclusivamente de propriedade privada própria ou de terceiros consensuais, sem a necessidade de quaisquer atos públicos de liberação da atividade econômica" (LLE, art. 3º, I).

Com isso, a LLE simplifica, ainda mais, a dinâmica procedimental anteriormente proposta pela Lei n. 11.598, de 3 de dezembro de 2007, revogando-a em parte.

Capítulo 12

NOME EMPRESARIAL

Sumário: 12.1. Noções e definições. 12.2. Natureza jurídica. 12.2.1. O nome como direito de propriedade industrial. 12.2.2. O nome como direito pessoal. 12.2.3. O nome como direito pessoal derivado da concorrência desleal. 12.2.4. A previsão constitucional. 12.3. Distinções. 12.4. Espécies. 12.5. Direitos decorrentes do registro. 12.6. Extensão da proteção do registro – o princípio da especialidade. 12.7. Extensão da proteção do registro – o princípio da territorialidade. 12.8. Colidência entre nome e marca – conclusões. 12.9. Sistemas de formação do nome empresarial. 12.10. Formação do nome. 12.11. Nome empresarial de sociedade estrangeira. 12.12. Alteração do nome empresarial.

12.1. Noções e definições

Diversamente do que estabelece o art. 7º do Decreto n. 916, de 24 de outubro de 1890, "É proibida a aquisição de firmas sem a do estabelecimento a que estiver ligada", levando ao entendimento de que as firmas são alienáveis em conjunto com o estabelecimento; o nome empresarial e suas subespécies (firmas e denominações) não o integram, sendo, antes, atributos pessoais do empresário ou da sociedade empresária. Sua função primordial é a identificação pessoal do titular, seja ele constituído sob a forma coletiva ou individual.

Após o estudo das correntes jurídicas que se formaram em busca da gênese e do desenvolvimento desse instituto, o estudante poderá concluir que o nome empresarial não integra o complexo de bens corpóreos e incorpóreos denominado "estabelecimento" porque não possui as características próprias das coisas.

Entretanto, e daí advém a dificuldade na formulação de sua natureza, ao contrário do que ocorre com o nome civil, o nome empresarial possui, além da qualidade de identificação de uma pessoa – atributo pessoal –, um outro, de natureza patrimonial.

Além de sua função identificadora, o nome se destina ao exercício da atividade empresarial. Nesse sentido, Dylson Doria (1995:110) o define como "o adotado pela pessoa física ou jurídica para o exercício do comércio e por cujo meio se identifica". O Decreto n. 916, de 24 de outubro de 1890, ao conceituar firma ou razão comercial, igualmente optou por enfatizar seu caráter funcional: "o nome sob o qual o comerciante ou sociedade exerce o comércio e assina-se nos atos a ele referentes". Da mesma forma faz o Código Civil: "Considera-se nome empresarial a firma ou a denominação adotada, de conformidade com este Capítulo, para o exercício de empresa".

12.2. Natureza jurídica

Essa opção legislativa do codificador segue a mesma direção traçada pela Lei de Registro de Empresas – Lei n. 8.934/94. Ao adotar a terminologia "nome empresarial", o Código Civil refere-se cumulativamente à atividade do empresário (empresa) e ao próprio empresário (empresarial, do empresário). Conforme linguagem de Gama Cerqueira e Gabriel Leonardos (1994:44), o nome teria dupla função: a função subjetiva, ligada à pessoa do empresário, e a função objetiva, prover sua individualização no universo das empresas.

Dessa dupla função decorrem as grandes dificuldades da doutrina em estabelecer a natureza jurídica, há muito conhecidas dos juristas pátrios. Spencer Vampré (1922:188) escreveu, em nota de rodapé de seu clássico *Tratado Elementar de Direito Comercial*: "Qual a verdadeira natureza jurídica do nome comercial é um dos temas mais controvertidos do direito moderno. *Vide* Almeida Nogueira & Fischer, *Marcas Industriais*, I, n. 522 ss.; Solidonio Leite, *O Nome Comercial e Suas Garantias*; J. X. Carvalho de Mendonça, *Trat. de Direito Comercial Brasileiro*, vol. II, n. 180; Augusto Leite, *O Nome Comercial*. Capítulo IV; Ruben de Couder, *Dictionnaire de Droit Comercial, vb. Nom Industriel*; Ouro Preto, *Marcas de Fábrica*, n. 111; Pedro de Toledo, *Usurpação do Nome Comercial*, p. 14; Bento de Faria, *Marcas de Fábrica*, p. 304 ss.; Clóvis, *Teoria Geral do Dir. Civil*, n. 56; Windscheid, *Pandette*, I, n. 636; Ihering, *Actio Injuriarum*, Cap. X; Reibel, *Du Nom Comercial en Droit Français* etc., e os autores que citam".

Ao estudar a função objetiva do nome, Gabriel F. Leonardos (1994:45) apresenta três possibilidades, quanto a sua natureza: a) é um direito de propriedade imaterial, semelhante àquele que disciplina marcas e patentes; b) é um direito pessoal, sucedâneo do direito de personalidade, numa concepção empresarial, isto é, um direito de personalidade comercial; c) é "um direito pessoal do empresário, derivado da repressão à concorrência desleal".

12.2.1. O nome como direito de propriedade industrial

Adotando a primeira corrente, Spencer Vampré (1922:180) declara textualmente a natureza de propriedade industrial do nome: "O nome comercial constitui uma verdadeira propriedade industrial, e cria relações jurídicas, análogas às das marcas de fábrica, das patentes de invenção, e da propriedade literária, artística, ou industrial. (...) Daí se segue que o nome: *a*) é suscetível de apreciação monetária, pois a indicação do estabelecimento, pela notoriedade, honradez, e boa escolha dos artigos, exerce decisiva influência na massa das populações; *b*) é sujeito a danificação, quando, por exemplo, um concorrente o usurpa, ou, ainda, o difama. A lesão, que daí decorre, não recai sobre a personalidade, mas sobre o estabelecimento, sobre o conjunto de coisas, que o compõem, inclusive o seu crédito e reputação; *c*) pode ser alienado, isoladamente, ou com o estabelecimento a que foi aposto; *d*) adquire-se pelo uso legítimo, e se perde pelo desuso".

Mas, no atual estágio de desenvolvimento doutrinário e legislativo, o nome não pode ser considerado direito de propriedade industrial, porque este se entende propriedade imaterial e se constitui coisa incorpórea, como ocorre com as marcas, patentes e desenhos industriais, que, após sua criação intelectual, ganham força de direito autônomo ao da personalidade de seu criador. O nome não dispõe dessa autonomia em razão de sua indissociabilidade da figura humana que o detém, como ocorre nas firmas, constituídas de nomes pessoais do empresário ou dos sócios da sociedade empresária, e, ainda, porque não pode ser alienado mesmo quando se tratar de sua forma denominativa, não vinculada a nomes pessoais (art. 1.164 do Código Civil).

12.2.2. O nome como direito pessoal

À corrente do direito pessoal se filiou entusiasticamente Carvalho de Mendonça (2000, 2:175-176):

"O nome do comerciante não é propriedade. Pode, é certo, constituir uma riqueza se a casa comercial adquiriu fama e crédito, graças ao trabalho, à inteligência e à probidade do seu fundador, mas isso está longe de constituí-lo em coisa, em objeto de comércio. Ele não tem valor patrimonial, *inestimabilis rest est* e assim: *a*) não figura no ativo do balanço da casa comercial; é inalienável e intransmissível, porque é inerente à pessoa e não pode ser considerado distintamente desta, pelo que não pode ser objeto de contrato, nem pode ser legado, doado, ou cedido; *b*) não é suscetível de penhora em execução; *c*) não entra na falência, nem a massa creditória dele dispõe; *d*) não pode constituir quota social; *e*) não é desapropriável. Ainda mais o nome é imprescritível (Clóvis, *Código Civil*, 2ª edição, v. 1. p. 424). Pelo fato de ser a firma comercial exclusiva de quem a inscreveu no registro não se conclui constituir objeto de propriedade. O direito de quem inscreveu a firma é meramente pessoal. É direito pessoal absoluto, diz-nos Clóvis Bevilaqua. O exclusivismo é instituído em benefício do comércio para evitar fraudes e, portanto, no interesse público. É a concorrência desleal que se procura combater".

Vê-se, portanto, que, embora não negando o valor econômico do nome, o grande tratadista o submete à categoria dos direitos pessoais. Essa mesma conclusão é apoiada, modernamente, por Karin Grau-Kuntz (1993:63), em sua indispensável monografia *Do Nome das Pessoas Jurídicas*: "No sistema do direito brasileiro, que concede personalidade a todas as pessoas jurídicas, e que vê na adoção do nome inclusive uma das condições para a concessão daquela, o nome comercial, tanto em seu elemento firma como denominação, não poderá ser objeto de cessão ou transferência, o que faz dele objeto de um direito pessoal".

Visto sob o mesmo aspecto do nome civil, ligado à personalidade humana, o valor econômico no concerto das empresas decorreria de sua força concorrencial, ao modo das marcas, daí por que alguns juristas relutam em submetê-lo exclusivamente à forma de um direito de personalidade – empresarial –, porque implicaria restringir sua natureza de valoração patrimonial.

12.2.3. O nome como direito pessoal derivado da concorrência desleal

Restaria a visão utilitária de Gabriel Leonardos (1994:45), que, defendendo uma terceira posição, insere o nome na classe dos direitos pessoais, mas o qualifica por sua utilidade: "Assim, parece-nos que o direito ao nome comercial não constitui uma propriedade autônoma como a marca ou a patente, mas sim incorpora-se ao fundo do comércio da empresa, com todas as consequências decorrentes". Essa função utilitária do nome seria manifesta em duplo objetivo: "proteger os investimentos feitos para se formar a reputação de um nome, a par de proteger os consumidores que se habituaram a associar uma determinada qualidade a um dado nome".

12.2.4. A previsão constitucional

Como direito protegido, o nome empresarial obteve *status* constitucional, erigindo-se à classe dos direitos individuais, de criação intelectual, prevista no art. 5º, XXIX: "a lei assegurará aos autores de inventos industriais privilégio temporário para sua utilização, bem como proteção às criações industriais, à propriedade das marcas, aos nomes de empresas e a outros signos distintivos, tendo em vista o interesse social e o desenvolvimento tecnológico e econômico do País". Com essas anotações e sem uma preocupação quanto à filiação entre as duas últimas correntes, uma vez que, no entender do autor, a ênfase ao caráter utilitário pouco acrescenta ao conteúdo prático-jurídico da proteção concedida, pode-se afirmar que o nome empresarial é um direito pessoal, protegido pela lei contra atos de concorrência desleal, com vistas ao interesse social e ao desenvolvimento tecnológico e econômico do País.

12.3. Distinções

Distingue-se o nome de outros institutos empresariais: marca, título do estabelecimento, insígnia. Como já estudado, o nome é atributo da personalidade, por meio do qual o empresário exerce sua atividade; a marca é sinal distintivo de um produto ou de um serviço; título de estabelecimento é a designação de um objeto de direito – o estabelecimento empresarial; e insígnia é um sinal, emblema, formado por figuras, desenhos, símbolos, conjugados ou não a expressões nominativas. Esta e o título do estabelecimento têm em comum sua idêntica destinação: designar o estabelecimento do empresário; na forma, contudo, diferem: a insígnia utiliza a forma emblemática, e o título, a nominativa.

A confusão muitas vezes se estabelece em virtude da possibilidade de utilização do núcleo de um nome empresarial como marca ou título de estabelecimento. É possível, por exemplo, utilizar-se da expressão linguística "Brinquedo Asteroide" como marca de produtos fabricados no estabelecimento industrial "Fábrica de Brinquedos Asteroide", que, por sua vez, pertence ao empresário "José Asteroide & Cia. Ltda.". O núcleo "Asteroide", que é, também, o nome civil de uma pessoa natural, foi utilizado para compor os três elementos distintivos do exercício da empresa:

Brinquedo Asteroide = marca de produto Fábrica de Brinquedos Asteroide = título de estabelecimento empresarial, de natureza fabril José Asteroide & Cia. Ltda. = firma social adotada pela sociedade empresária

A natureza jurídica de cada um desses elementos é distinta: a primeira – marca – tem caráter de propriedade imaterial, protegida mediante registro no Instituto Nacional da Propriedade Industrial, e, como tal, integra o estabelecimento empresarial; o segundo – título de estabelecimento – é direito intelectual, amparado contra uso indevido, sem necessidade de qualquer registro; e o último é nome empresarial, atributo do empresário ou da sociedade empresária, regido pelas disposições dos arts. 1.155 a 1.168 do Código Civil de 2002.

Outro exemplo: a sociedade empresária "Icecream S/A" possui como proteção de seus produtos as marcas para sorvete "Tutti Geli" e para bolo "Gostogel"; na cidade de Campinas, seu estabelecimento usa o título (fantasia) de "Casa do Sorvete d'Itália", e ali usa uma insígnia formada por essas palavras e pela figura de um sorvete, na forma da torre que tornou famosa a cidade de Pisa.

12.4. Espécies

São espécies do nome empresarial: a firma individual, a firma social (também conhecida como firma comercial ou razão social) e a denominação. Embora pertencentes ao mesmo gênero, essas espécies possuem características distintas quanto a sua estrutura e destinação.

Entre firmas e denominação, a distinção que se faz se refere tanto à estrutura como à destinação. As estruturas de uma e de outra são diferentes: a firma é sempre composta de nomes civis de seus sócios, diretores ou titulares, de forma completa ou abreviada; a denominação adota qualquer expressão linguística, complementada por seu objeto social.

No tocante à destinação, as firmas servem para identificar os empresários e as sociedades empresárias com características pessoais ou mesmo mistas, quais sejam: as que possuem, em seu quadro, sócios de responsabilidade ilimitada (em nome coletivo, em comandita simples e em comandita por ações; historicamente, aqui se incluíam as sociedades de capital e indústria, anteriormente contempladas no Código Comercial, desaparecidas após a regulamentação ocorrida no Código Civil) ou sócios de responsabilidade limitada à total integralização do capital social (limitadas); as denominações servem para identificar as sociedades denominadas de capitais e as mistas, ou seja, entre as primeiras, as sociedades anônimas, e, entre as últimas, as sociedades em comandita por ações e as limitadas.

Distingue-se a firma individual e a firma social por serem nomes, respectivamente, de empresário e de sociedade empresária, isto é, a firma individual somente se destina àquele que exerce individualmente sua empresa. O traço comum encontrado nas firmas é estrutural: o uso do nome completo ou abreviado de seu titular (empresário) ou dos sócios da sociedade empresária.

A partir dessa diferenciação, os conceitos poderiam ser assim formulados:

a) Firma individual é o nome adotado pelo empresário, pela empresa individual de responsabilidade limitada (EIRELI) e pela empresa individual sob a forma de limitada, criada pela LLE, no exercício de suas atividades, mediante o qual se identificam no mundo empresarial, sendo composto pelo nome civil (do empresário individual ou do titular da empresa) completo ou abreviado, acrescido ou não de designação precisa de sua pessoa ou do gênero de sua atividade. Na empresa individual de responsabilidade limitada exige-se, ainda, a inclusão, após o nome escolhido, da expressão "EIRELI".

b) Firma ou razão social é o nome adotado pela sociedade empresária para o exercício de sua atividade, pelo qual se identifica no mundo empresarial, sendo composto pelos nomes civis ou partes destes, de um, alguns ou todos os sócios da sociedade, sendo exigidos, em sua formação, acréscimos de expressões indicadoras da espécie societária (limitada ou comandita por ações) e/ou da existência de sócios que não deram nome à sociedade (e companhia), por extenso ou abreviadamente.

c) Denominação é o nome adotado pelo empresário individual de responsabilidade limitada e pela sociedade empresária para o exercício de suas atividades, pelo qual essas pessoas jurídicas se identificam no mundo empresarial; no primeiro caso é formado por expressão linguística que contenha o objeto social e deve ser acrescida da expressão EIRELI ou, quando se tratar de sociedade, do tipo societário escolhido. Observamos, quanto à empresa individual de responsabilidade limitada, que a autorização decorre do disposto no § 1º do art. 980-A do Código Civil, reforçando àquele com que ela contratar a ciência de que a responsabilidade patrimonial de seu parceiro negocial limita-se ao capital registrado.

Deve-se atentar para o correto uso da palavra "firma", que em Direito é uma das espécies de nome empresarial. Por influência do Direito estrangeiro, principalmente o alemão, utiliza-se vulgarmente "firma" como sinônimo da atividade empresarial, da pessoa do empresário ou da sociedade empresária. Esse grave erro terminológico ganhou força popular e alcança, hoje, infelizmente, editais públicos, documentos emitidos por repartições oficiais, petições e documentos exarados no exercício das atividades de advocacia, pareceres ministeriais, decisões de tribunais administrativos e sentenças judiciais.

12.5. Direitos decorrentes do registro

O nome não pode ser objeto de registro no Instituto Nacional da Propriedade Industrial, órgão incumbido de conceder privilégios industriais e registros de marcas e desenhos industriais. Contudo, mesmo no âmbito da Lei da Propriedade Industrial, é protegido contra usos indevidos ou imitações, dentro de sua perspectiva concorrencial. Limongi França (1994:1048), ao comentar a tutela do nome civil, aplicável aos nomes empresariais, divide as ações protetivas em três categorias: (a) a de reclamação, que assiste ao titular quando este "é recusado por parte de outrem"; (b) a de contestação, quando "é, de modo ilícito, usado pessoalmente por parte de outrem"; e (c) a de proibição, na ocorrência de seu uso ilícito "de maneira não pessoal". A proteção se dá por oposição, na esfera administrativa, ao INPI ou mediante ações de proibição ou indenizatórias.

A tutela jurídica abrange, entre outros, os seguintes direitos:

a) Não pode ter seu elemento característico ou diferenciador reproduzido ou imitado em marcas a ponto de causar confusão ou associação indevida (LPI, art. 124, V). Entende-se por elemento característico ou diferenciador do nome empresarial qualquer parte deste capaz de causar engano no mercado consumidor. A questão tem grande relevância quando se trata do nome civil. Como saber quando seu uso, muitas vezes comum, ensejará a tutela concorrencial? Karin Grau-Kuntz (1998:102-103) apresenta algumas soluções: "Se não houver confusão de identidade entre o nome civil empregado para formar a marca e a pessoa de um terceiro homônimo, o emprego civil na marca deverá ser suportado por todos os terceiros homônimos, mesmo que por uma razão qualquer tal uso não lhes seja agradável ou conveniente. O mesmo raciocínio se empregará nos casos em que o nome civil coincida com uma expressão de fantasia. Assim, o membro da família 'Coelho', 'Lobo', 'Leite', 'Café' etc. só poderá impedir que um terceiro empregue uma dessas expressões de fantasia em sua marca, que por mero acaso coincidem com seu patronímico, se provar que aquela marca reporta à sua identidade".

b) Não pode ser usado indevidamente em produto destinado à venda, em exposição ou em estoque (LPI, art. 195, V).

c) É passível de indenização requerida por seu titular quando ocorrer violação por atos de concorrência desleal (LPI, art. 209).

d) Permite ação para anulação de inscrição de nome empresarial feita com violação da lei ou do contrato (CC, art. 1.167).

Sua proteção decorre da iniciativa do titular da empresa de levar seus atos constitutivos para o registro no órgão de Registro Público das Empresas Mercantis – a Junta Comercial. De fato, estabelece o art. 33 da Lei n. 8.934, de 18 de novembro de 1994, que "a proteção ao nome empresarial decorre automaticamente do arquivamento dos atos constitutivos de firma individual e de sociedades, ou de suas alterações". Um dos efeitos do arquivamento dos documentos relativos à constituição e alteração das empresas é, portanto, a proteção de seu nome empresarial.

12.6. Extensão da proteção do registro – o princípio da especialidade

Indaga-se quanto à extensão da proteção concedida pelo registro, em relação ao ramo de atividade, ou, em outras palavras: a proteção é absoluta – *erga omnes* –, impedindo o uso para qualquer empreendimento empresarial, ou é de aplicar o princípio da especialidade, concedendo-se uma tutela relativa, limitada ao ramo de atividade de seu titular?

Gabriel F. Leonardos (1994:46) entende que o nome empresarial sofre as mesmas restrições da marca, sendo protegido pelo registro apenas em relação a empresários que desempenhem atividade semelhante ou afim. Tal não parece ser a solução encontrada pelo legislador nacional. A proteção, estatuída no art. 35, V, da Lei n. 8.934/94, é absoluta, na medida em que impede o arquivamento de "atos de empresas mercantis com nome idêntico ou semelhante a outro existente", sem excetuar os casos de não colidência, em razão de diverso objeto social.

A solução dada pela Lei de Registros de Empresas Mercantis, no regime anterior à promulgação do Código Civil, mostrava-se rigorosamente certa, uma vez que o uso do objeto social na constituição dos nomes empresariais era facultativo. Nesse regime, se a lei permitisse a proteção somente aos casos de semelhança e de identidade do objeto social, as operações mercantis com empresas que adotassem o mesmo nome seriam absolutamente inseguras ou exigiriam a busca de certidão da Junta Comercial visando descobrir a realidade social da empresa consultada, sob pena de se contratar com pessoa diversa da inicialmente sugerida pelo nome. Exemplificando: um empresário, ao celebrar acordo com Ford do Brasil S/A, empresa voltada para artigos do ramo de papelaria, poderia se ver imaginando contratar com a fabricante de veículos, homônima da primeira; outro empresário, ao vender o estoque de um ano de sua fábrica para Casa Anglo-Brasileira S/A, poderia ser induzido à operação por estar certo que contratava com aquele tradicional magazine, quando, na realidade, firmara contrato com sociedade empresária do ramo de mineração.

O objeto social e outros atributos da personalidade que distinguem os empresários não eram no regime registrário precedente ao Código Civil desde logo conhecidos, gerando confusão no mercado consumidor e entre fornecedores.

No tocante às marcas, o princípio da especialidade sempre se mostrou adequado, porque a identificação recai sobre o produto ou sobre o serviço. Desejando comprar brinquedos da marca Gepeto, o consumidor não se verá confundido com a oferta de móveis de marca homônima.

Paula Negrão, em seu trabalho de graduação em Direito, teve oportunidade de analisar algumas posições doutrinárias e jurisprudenciais acerca do tema, mostrando os conflitos antagônicos existentes entre as duas posições: para os primeiros o nome empresarial tem proteção não restrita ao ramo de sua atividade[1], e, entretanto, a jurisprudência sempre contemplou

---

[1] "O professor Newton Silveira, cujos ensinamentos são abaixo transcritos, firma seu entendimento no mesmo sentido, alegando que o nome comercial tem proteção irrestrita ao ramo de atividade do comerciante, razão pela qual o princípio da especialidade não deve ser aplicado quando da existência de conflitos entre marcas e nomes comerciais: 'O nome comercial encontra sua proteção não restrita ao ramo de atividade. Assim, não deve ser permitida a coexistência de nomes comerciais idênticos ou muito semelhantes mesmo para ramos de indústria e comércio diversos. Ora, se a exclusividade sobre o nome comercial não está restrita a classes,

entendimento favorável a tese diversa, aplicando o princípio da especialidade ao tutelar o conflito entre marca e nome empresarial[2].

O Código Civil procurou solucionar os conflitos gerados pelas colidências entre empresários e sociedades empresárias, cujas atividades são distintas, determinando o acréscimo de seu objeto na constituição da denominação adotada pelas sociedades limitadas, anônimas e em comandita por ações (arts. 1.158, § 2º, 1.160 e 1.161). Para a firma individual, o Código tornou facultativa a inclusão do objeto ou gênero de atividade (art. 1.156), omitindo-se em relação às firmas sociais. Na tendência jurisprudencial, a legislação parece caminhar para garantir a proteção dos nomes empresariais nos limites de sua atividade, isto é, do objeto social, cuja designação se torna obrigatória para as denominações.

12.7. Extensão da proteção do registro – o princípio da territorialidade

Uma segunda indagação se refere à extensão da proteção territorial do nome empresarial. O art. 61 do Decreto n. 916, de 24 de outubro de 1890, estabelece que "toda firma nova deverá se distinguir de qualquer outra que exista inscrita no registro do lugar", restringindo a proteção dos nomes ao âmbito de atuação do órgão de registro.

podendo seu titular impedir que outro o utilize como tal, é decorrência necessária que poderá também impedir que terceiros o utilizem como marca em qualquer ramo' (Apud SILVEIRA, Newton, *Curso da Propriedade Industrial*, São Paulo, Revista dos Tribunais, 1997, p. 32). À mesma corrente se filia Karin Grau-Kuntz, escrevendo que: '(...) uma vez que o nome comercial também reporta à identidade do empresário individual ou da pessoa jurídica, o seu legítimo portador poderá impedir o seu emprego para compor a marca de um terceiro, mesmo que o resultado do trabalho deste terceiro não se assemelhe aos objetivos perseguidos por sua empresa. Neste caso, a proteção como 'sinal de identidade' contém a proteção concorrencial' (Apud GRAU-KUNTZ, Karin. *Do Nome das Pessoas Jurídicas*. 1989, São Paulo, Malheiros, p. 100)". (Da Propriedade Intelectual: Marca e Nome Empresarial, trabalho apresentado por Paula Toledo Corrêa Negrão Nogueira, na conclusão de Curso de Direito, sob orientação do Prof. Ricardo José Negrão Nogueira, em Campinas, dezembro de 2001, p. 32-33).

2 "(...) em que pesem tais entendimentos doutrinários, forçoso observar que na prática não puderam ser aplicados desta maneira. Tal afirmativa é facilmente comprovada, observando-se que atualmente a jurisprudência está firmada no sentido de que, havendo conflito entre uma marca e um nome comercial, seja sempre observado o princípio da especialidade. Destarte, para que seja considerado um conflito de marca e nome comercial, é necessário que tais institutos se refiram a produtos ou serviços idênticos ou afins, podendo, portanto, existir semelhança ou identidade entre os mesmos, se não houver qualquer similaridade ou identidade entre os bens que assinalam" (Ibidem, p. 33).

Essa é a posição encontrada no Decreto n. 1.800/96 ao regulamentar a Lei de Registro de Empresas Mercantis (Lei n. 8.934/94), estabelecendo que a proteção se circunscreve à unidade federativa de jurisdição da Junta Comercial que procedeu ao arquivamento respectivo (Decreto n. 1.800/96, art. 61), podendo ser estendida a outras unidades a pedido do interessado, desde que observada instrução normativa do Departamento Nacional de Registro do Comércio[3].

Seguiu-se a opção pela proteção absoluta, limitada à unidade federativa, prevista no art. 1.166 do Código Civil de 2002: "A inscrição do empresário, ou dos atos constitutivos das pessoas jurídicas, ou as respectivas averbações, no registro próprio, asseguram o uso exclusivo do nome nos limites do respectivo Estado". O parágrafo único desse artigo permite a extensão a todo o território nacional, se registrado na forma da lei especial.

12.8. Colidência entre nome e marca – conclusões

A utilização da marca e do nome empresarial decorre de registros diferentes e para fins diversos. A proteção ao nome é concedida desde o registro da pessoa física ou jurídica no órgão de registro de empresa dos Estados, as Juntas Comerciais. A marca depende de prévio depósito e exame pelo Instituto Nacional da Propriedade Industrial.

Tratando-se de direitos distintos, seus detentores têm, ambos, legitimidade para utilizá-los em seus campos específicos, para a finalidade a que se propõem: a marca para identificar o produto ou serviço e o nome para identificar a pessoa do empresário. Entretanto, no caso de exercício de uma

---

[3] A regulamentação deu-se inicialmente por força da IN do DNRC n. 53, de 6 de março de 1996, em seu art. 13. Com a extinção do DNRC, a IN DREI n. 15, de 5 de dezembro de 2013, apresentou, em seu art. 11, redação atualizada à terminologia do Código Civil de 2002 e da introdução da empresa individual de responsabilidade limitada: "A proteção ao nome empresarial decorre, automaticamente, do ato de inscrição do empresário individual ou do arquivamento de ato constitutivo de empresa individual de responsabilidade limitada – EIRELI, de sociedade empresária ou cooperativa, bem como de sua alteração nesse sentido, e circunscreve-se à unidade federativa de jurisdição da Junta Comercial que o tiver procedido". Mantida a mesma redação aos §§ 1º e 2º. Atualmente, a matéria vem definida na IN DREI n. 81, de 10 de junho de 2020 que trata de modo abrangente as diretrizes do Registro Público de Empresas, revogando expressamente inúmeras instruções normativas que tratavam individualmente cada espécie de atividade empresarial. Em seu art. 25, traz a seguinte redação sobre a proteção do nome adotado: "A proteção ao nome empresarial decorre, automaticamente, do ato de registro e circunscreve-se à unidade federativa da jurisdição da Junta Comercial que o tiver procedido".

mesma atividade pelos detentores dos direitos, e, podendo disso resultar confusão ao consumidor ou desvio de clientela, deve-se atender a dois critérios para sua solução: (a) a especificidade: o ramo de atividade de uma e de outra empresa; e (b) a novidade ou precedência de registro: na hipótese de colidência entre empresários de um mesmo ramo, impõe-se atentar primeiramente à anterioridade de cada um dos registros, prevalecendo o princípio da novidade.

V. exemplo extraído da jurisprudência:

"AÇÃO DE ABSTENÇÃO DE USO DE MARCA E NOME EMPRESARIAL C.C. INDENIZATÓRIA – Sentença de procedência, para determinar à ré a abstenção do uso do nome comercial PARTECH [...] – Colidência fonética entre a marca da apelada (PART TECH) e o ex-nome empresarial da apelante – Prevalência da marca, à luz dos critérios da anterioridade, especificidade e territorialidade – Dano moral *in re ipsa* – Danos materiais a serem apurados em fase de liquidação – Precedentes do C. STJ e desta C. Câmara Julgadora – Ratificação do critério de fixação dos honorários advocatícios – Sentença ajustada – Recurso provido em parte" (Apel. 1028685-56.2017.8.26.0114, j. 13-8-2018, Rel. Des. Grava Brazil, 2ª CRDE).

12.9. Sistemas de formação do nome empresarial

São três os sistemas utilizados para estabelecer os critérios de formação do nome empresarial: o da veracidade, o da plena liberdade e o eclético, ou misto, também chamado das firmas derivadas.

No sistema da veracidade, a constituição do nome empresarial obedecerá, no caso das firmas individuais e das firmas sociais, ao nome de seu titular (firma individual) e ao de seus sócios (firmas sociais, para as sociedades, à exceção da anônima).

No sistema de plena liberdade há ampla escolha do nome, não se o vinculando, necessariamente, ao nome de seus titulares ou sócios.

No sistema eclético, exige-se a aplicação do princípio da veracidade para o registro do primeiro nome do empresário. Transferida a titularidade da empresa ou das cotas sociais, permite-se a permanência do mesmo nome, com a concordância dos antigos titulares. Esse é o sistema adotado pelo

Código Civil italiano, de 1942, nos arts. 2.563 e 2.565[4]: "O empresário tem o direito de uso exclusivo da firma escolhida. A firma assim formada deve conter ao menos o patronímico ou sigla do empresário, salvo quanto ao disposto no artigo 2.565. A firma não pode ser transferida separadamente do estabelecimento. Na transferência do estabelecimento por ato entre vivos a firma não passa ao adquirente sem o consentimento do alienante. Na sucessão do estabelecimento, em razão de morte, a firma se transmite ao sucessor, salvo diversa disposição testamentária".

A lei brasileira adotou o sistema da veracidade, de forma expressa: "O nome empresarial obedecerá aos princípios da veracidade e da novidade" (LRM, art. 34). Entretanto, o princípio que dele decorre somente é aplicável para as firmas, pois exige a indicação do nome pessoal, completo ou abreviado, do empresário ou de um dos sócios das sociedades empresárias, à exceção da anônima.

Evita-se, com a exigência da verdade na composição das firmas, a possibilidade de fraudes a terceiros no exercício da atividade empresarial. O nome dos sócios nas sociedades em nome coletivo e em comandita simples e por ações (bem como na extinta de capital e indústria) tem a função de indicar que sua responsabilidade é solidária e ilimitada no tocante às obrigações contraídas pela sociedade. Solidária, porque todos os sócios assim mencionados no contrato social respondem perante terceiros, independentemente de benefício de ordem. Ilimitada, porque ultrapassa os limites fixados a título de capital social e alcança o integral pagamento do passivo existente, sempre secundariamente ao patrimônio da sociedade. Respondem, portanto, solidariamente entre eles, pelas dívidas assumidas pela pessoa jurídica que integram, na hipótese de os bens sociais não serem suficientes ao pagamento dos credores.

Em razão dessa função indicativa de responsabilidade – solidária e ilimitada – é que a lei exige o acréscimo da expressão "limitada", sob pena de não restringi-la (CC, art. 1.158, § 3º).

---

[4] ITÁLIA, *Codice Civile*: "Art. 2563 Ditta – L'imprenditore (2082) ha diritto all'uso esclusivo della ditta da lui prescelta. La ditta, comunque sia formata, deve contenere almeno il cognome o la sigla dell'imprenditore, salvo quanto è disposto dall'art. 2565". "Art. 2565 Trasferimento della ditta – La ditta non può essere trasferita separatamente dall'azienda (2610). Nel trasferimento dell'azienda per atto tra vivi (2556) la ditta non passa all'acquirente senza il consenso dell'alienante. Nella successione nell'azienda per causa di morte la ditta si trasmette al successore, salvo diversa disposizione testamentaria."

12.10. Formação do nome

As regras encontradas no Código Civil para a formação do nome empresarial são bastante simples. Além da veracidade, a lei brasileira adota o requisito da novidade para constituição do nome comercial, consistindo este último no impedimento de utilização de um já existente no Registro Público de Empresas Mercantis (na Junta Comercial):

a) a firma individual é constituída pelo nome do empresário, admitindo-se o aditamento de designação mais precisa de sua pessoa ou do gênero de atividade (art. 1.156). No caso da empresa individual de responsabilidade limitada, a expressão "EIRELI" deve ser acrescentada ao nome do seu titular (art. 980-A, § 1º) e, na empresa individual sob forma de responsabilidade individual instituída pela LLE (denominada de sociedade unipessoal, a nosso ver equivocamente), após o nome do titular da empresa deve ser acrescentada a palavra "limitada", por extenso ou abreviada;

b) o nome do empresário deve distinguir-se de qualquer outro já inscrito na Junta Comercial, na unidade da Federação (art. 1.163);

c) na hipótese de o nome ser comum a outros empresários já registrados, o interessado deve acrescentar designação que o distinga (art. 1.163, parágrafo único);

d) a firma social pode ser utilizada por todas as sociedades, à exceção da anônima (art. 1.160), e é constituída pelo nome dos sócios, que respondem solidária e ilimitadamente pelas obrigações contraídas pela sociedade (art. 1.157), salvo quando se tratar de sociedade limitada e em comandita por ações, que devem, obrigatoriamente, fazer uso das expressões "limitada" e "comandita por ações", respectivamente (arts. 1.158, § 3º, 1.157 e 1.161);

e) a denominação pode ser utilizada pelas empresas individuais de responsabilidade limitada (art. 980-A, § 1º), pelas sociedades limitadas (art. 1.158, § 2º), sociedades em comandita por ações (art. 1.161) e sociedades anônimas (art. 1.160), sendo formada por expressão linguística não vedada em lei, acrescida da designação de seu objeto social e das expressões "EIRELI", para as primeiras, e os correspondentes ao tipo societário "limitada" ou "ltda." para as segundas, "comandita por ações" para as terceiras e "sociedade anônima", "s/a", "companhia" ou "cia." para as últimas. Observa-se que a inclusão do objeto social nas denominações das sociedades limitadas e por ações é novidade introduzida pelo Código Civil de 2002 e vem gerando dúvidas quanto a sua aplicação. Leslie Amendolara (2004:19) suscita alguns desses problemas em artigo publicado no jornal *Carta*

Forense, apresentando questionamentos de direito intertemporal e de índole relativa à extensão desse objeto.

De fato, a IN n. 98, de 23 de dezembro de 2003, do antigo Departamento Nacional de Registro do Comércio (DNRC) fixara o seguinte entendimento a respeito do nome das sociedades limitadas constituídas anteriormente à data da vigência do Código Civil: "as sociedades empresárias constituídas anteriormente a 11-1-2003 não estão obrigadas a modificar seus nomes empresariais", esclarecendo, ainda, quanto ao objeto social, que "a denominação social deve ser composta por expressão indicativa de seu objeto social, de modo específico, não se admitindo expressões genéricas isoladas, tais como: comércio, indústria, serviços. Havendo mais de uma atividade, poderão ser escolhidas uma ou mais dentre elas". Com a extinção do DNRC, as regras para a formação do nome encontram-se nas IN DREI n. 45, com as alterações feitas pela IN DREI n. 46, de 25 de maio de 2018, passando-se a exigir, desde 1º de janeiro de 2018, para as denominações, que a interessada no registro informe o objeto social. A IN DREI n. 81, de 10 de junho de 2020, revogou inúmeras instruções anteriores e agora trata de maneira abrangente sobre as diretrizes gerais do Registro Público de Empresa. Em seu artigo 18 traz regra concisa sobre a formação do nome empresarial: "O nome empresarial atenderá aos princípios da veracidade e da novidade e identificará, quando assim exigir a lei, o tipo jurídico adotado";

f) o nome do fundador, acionista, pessoa que haja concorrido para o bom êxito da formação da empresa, nas sociedades anônimas (art. 1.160, parágrafo único), bem como o dos sócios, na limitada (art. 1.158, § 2º), pode figurar nas denominações;

g) até 1º de janeiro de 2018, se o empresário e/ou a sociedade empresária obtivessem o enquadramento fiscal especial, deveriam utilizar as expressões correspondentes (microempresa – ME – ou empresa de pequeno porte – EPP, conforme determinava o art. 72 da Lei Complementar n. 123/2006). Com a promulgação da LC n. 155/2016, esse dispositivo foi revogado e a partir de então passou-se a vedar a inclusão no final do nome do porte da empresa, primeiramente pelo art. 2º na IN DREI n. 45, de 8 de março de 2008, e, com sua revogação, pela IN DREI N. 81, que, em seu art. 22, inciso V, expressamente veda o registro de nome empresarial que traga designação de porte ao seu final.

Aplicando o sistema da veracidade às regras para formação do nome empresarial, obtém-se o seguinte quadro-resumo:

EXERCÍCIO DA EMPRESA	TIPO DE NOME EMPRESARIAL POSSÍVEL	ACRÉSCIMOS
INDIVIDUAL	FIRMA INDIVIDUAL, formada pelo nome civil do empresário, completo ou abreviado (CC, art. 1.156, IN DREI n. 81, art. 18, § 2º).	Facultativo: designação mais precisa de sua pessoa ou do gênero de atividade (CC, art. 1.156). Obrigatório: designação mais precisa de sua pessoa, quando houver nome idêntico já inscrito (CC, art. 1.163, parágrafo único).
INDIVIDUAL DE RESPONSABILIDADE LIMITADA	FIRMA INDIVIDUAL, formada pelo nome civil do empresário, completo ou abreviado (CC, art. 1.156, IN DREI n. 81, art. 18, § 2º).	Facultativo: designação mais precisa de sua pessoa ou do gênero de atividade (CC, art. 1.156). Obrigatório: designação mais precisa de sua pessoa, quando houver nome idêntico já inscrito (CC, art. 1.163, parágrafo único). Obrigatório: EIRELI, logo após o nome escolhido (CC, art. 980-A, § 1º). Obrigatório: Ltda. ou limitada, logo após o nome escolhido pelo titular da empresa individual sob essa forma (CC, art. 1.052, § 2º).
	DENOMINAÇÃO, formada por quaisquer palavras da língua nacional ou estrangeira (IN DREI n. 81, art. 18, § 3º).	Obrigatório: informação do objeto social (CC, arts. 1.158, § 2º, e 980-A, § 6º) + EIRELI (CC, art. 980-A, § 1º).
SOCIEDADE EM NOME COLETIVO	FIRMA SOCIAL, formada pelo nome de um, alguns ou todos os sócios. No caso de não se usar todos os nomes, deve-se aditar a expressão "& Cia." ou "& Companhia" (CC, art. 1.157).	Facultativo: a lei não prevê a possibilidade de acréscimos facultativos, mas, a exemplo do empresário individual, parece possível a designação do gênero de sua atividade. Obrigatório: o acréscimo da expressão "& Cia." ou "& Companhia", após o nome dos sócios, somente quando o nome de todos não for aproveitado na formação da firma social.
SOCIEDADE EM COMANDITA SIMPLES	FIRMA SOCIAL, formada pelo nome de um, alguns ou todos os sócios comanditados, acrescidos da expressão "& Cia." ou "& Companhia" (CC, art. 1.157).	Facultativo: a lei não prevê a possibilidade de acréscimos facultativos, mas, a exemplo do empresário individual, parece possível a designação do gênero de sua atividade. Obrigatório: o acréscimo da expressão "& Cia." ou "& Companhia", após o nome dos sócios.
SOCIEDADE DE CAPITAL E INDÚSTRIA	FIRMA SOCIAL, formada pelo nome de um, alguns ou todos os sócios de capital, acrescidos da expressão "& Cia." ou "& Companhia". O novo Código Civil não mais contempla esta sociedade, fazendo-a desaparecer do ordenamento jurídico.	Facultativo: a lei não prevê a possibilidade de acréscimos facultativos, mas, a exemplo do empresário individual, parece possível a designação do gênero de sua atividade. Obrigatório: o acréscimo da expressão "& Cia." ou "& Companhia", após o nome dos sócios.

EXERCÍCIO DA EMPRESA	TIPO DE NOME EMPRESARIAL POSSÍVEL	ACRÉSCIMOS
SOCIEDADE EM COMANDITA POR AÇÕES	FIRMA SOCIAL, formada pelo nome de um, alguns ou todos os sócios comanditados, acrescidos, quando não forem usados todos os nomes, da expressão "& Cia. Comandita por ações" ou, sendo utilizados todos os nomes, "& Companhia Comandita por ações".	Facultativo: a lei não prevê a possibilidade de acréscimos facultativos, mas, a exemplo do empresário individual, parece possível a designação do gênero de sua atividade.
	DENOMINAÇÃO, formada por quaisquer palavras da língua nacional ou estrangeira (IN DREI n. 81, art. 18, § 3º), admitindo-se o uso do nome do fundador ou de pessoa que haja concorrido para o bom êxito da formação da empresa (arts. 1.160 e 1.161, parágrafo único).	Obrigatório: informação do objeto social + "comandita por ações" (CC, art. 1.161).
SOCIEDADE ANÔNIMA	DENOMINAÇÃO, formada por quaisquer palavras da língua nacional ou estrangeira (IN DREI n. 81, art. 18, § 3º), admitindo-se o uso do nome do fundador ou de pessoa que haja concorrido para o bom êxito da formação da empresa (art. 1.160, parágrafo único).	Obrigatório: informação do objeto social + "sociedade anônima" ou "companhia", abreviada ou por extenso (CC, art. 1.160).
SOCIEDADE LIMITADA	FIRMA SOCIAL, formada pelo nome de um, alguns ou todos os sócios, acrescidos, quando não forem usados todos os nomes, da expressão "& Cia. Ltda." ou "& Companhia Limitada".	Facultativo: a lei não prevê a possibilidade de acréscimos facultativos, mas, a exemplo do empresário individual, parece possível a designação do gênero de sua atividade.
	DENOMINAÇÃO, formada por quaisquer palavras da língua nacional ou estrangeira (IN DREI n. 81, art. 18, § 3º), admitindo-se o uso do nome de um ou mais sócios. Não é vedado, a exemplo da sociedade anônima, o uso do nome do fundador ou de pessoa que haja concorrido para o bom êxito da formação da empresa (arts. 1.160 e 1.161, parágrafo único).	Obrigatório: informação do objeto social + "limitada" ou "ltda." (CC, art. 1.158, §§ 2º e 3º).

12.11. Nome empresarial de sociedade estrangeira

As regras de constituição de nome de sociedade não se aplicam às estrangeiras (*v.* n. 14.8.7). O Código Civil estabeleceu uma própria, impondo-lhes o uso do nome de origem – formado segundo as leis do país onde primeiro se estabeleceram –, facultando-lhes acrescer a expressão "do Brasil" ou "para o Brasil" (art. 1.137, parágrafo único).

O Tratado para o Estabelecimento de um Estatuto das Empresas Binacionais Brasileiro-Argentinas, assinado em 6 de julho de 1990 em Buenos Aires, foi aprovado pelo Decreto Legislativo n. 26, de 26 de maio de 1992 e promulgado pelo Decreto n. 619, de 29 de julho de 1992. O Decreto Legislativo trouxe regra especial para o nome empresarial dessas empresas em seu artigo III ao dispor que essas empresas devem se revestir de uma das forma jurídicas admitidas pela legislação do país escolhido para sede social e agregar ao seu nome as palavras "Empresa Binacional Brasileiro--Argentina", "EBBA" ou "EBAB".

12.12. Alteração do nome empresarial

A alteração das firmas torna-se obrigatória em alguns casos, como consequência da adoção dos princípios da veracidade e da novidade:

a) no caso de retirada, exclusão ou morte de sócio cujo nome civil constava da firma social (art. 1.165);

b) na alteração da categoria de sócio figurante na firma social, para as sociedades de capital e indústria, em comandita simples e por ações (interpretação do art. 1.157, parágrafo único);

c) na alienação do estabelecimento empresarial por ato entre vivos, facultando-se, entretanto, se o contrato de alienação permitir, ao novo adquirente aditar o antigo nome ao seu, precedendo-o: "Fulano de Tal & Cia., sucessor de Primeira Firma Social".

Capítulo 13

LIVROS EMPRESARIAIS

13.1. Noções

O Código Comercial (Lei n. 556, de 25-6-1850) estabelecia que, entre as obrigações comuns a todos os comerciantes, encontravam-se: (a) "seguir uma ordem uniforme de contabilidade e escrituração e ter os livros para esse fim necessários"; e (b) "conservar em boa guarda toda a escrituração, correspondência e mais papéis pertencentes ao giro de seu comércio, enquanto não prescreverem as ações que lhes possam ser relativas" (art. 10, 1 e 3).

Essa determinação veio reproduzida no Decreto-lei n. 486, de 3 de março de 1969, que impôs a obrigação de todo comerciante "seguir ordem uniforme de escrituração, mecanizada ou não, utilizando os livros e papéis adequados, cujo número e espécie ficam a seu critério" (art. 11).

Essas são, com algumas outras, as singelas regulamentações contábeis previstas nas leis comerciais, mantidas nos arts. 1.179 e 1.194 do Código Civil de 2002.

As semelhanças entre o sistema anterior e o introduzido pelo Código Civil não se resumem a esses artigos. Contudo, a nova disposição legal aperfeiçoou a legislação existente, trazendo, nos arts. 1.179 a 1.195, extensa normatização a respeito da escrituração empresarial, apresentando algumas hábeis soluções para problemas encontrados no exercício da empresa, no relacionamento do empresário com os fornecedores e nos laços formados entre os sócios da sociedade empresária.

O aperfeiçoamento, como se vê no quadro que segue, é fruto de consulta pelo autor do Livro II, Professor Sylvio Marcondes (1977:24), feita à Federação dos Contabilistas do Estado de São Paulo. Em decorrência, deu-se ao capítulo "Da Escrituração" um papel quase didático, no sentido de exigir daqueles que conhecem a matéria o mínimo necessário à boa ordem de qualquer empresa, e, em relação aos que a ignoram, de ensinar como proceder a uma regular contabilidade.

DECRETO-LEI N. 486/69	CÓDIGO CIVIL
OBRIGATORIEDADE	
Art. 1º Todo comerciante é obrigado a seguir ordem uniforme de escrituração, mecanizada ou não, utilizando os livros e papéis adequados, cujo número e espécie ficam a seu critério.	Art. 1.179. O empresário e a sociedade empresária são obrigados a seguir um sistema de contabilidade, mecanizado ou não, com base na escrituração uniforme de seus livros, em correspondência com a documentação respectiva, e a levantar o balanço patrimonial e o de resultado econômico. § 1º Salvo o disposto no art. 1.180, o número e a espécie de livros ficam a critério dos interessados.
DISPENSA	
Art. 1º, parágrafo único. Fica dispensado desta obrigação o pequeno comerciante, tal como definido em regulamento, à vista dos seguintes elementos, considerados isoladamente ou em conjunto: a) a natureza artesanal da atividade; b) predominância do trabalho próprio e de familiares, ainda que organizada a atividade; c) capital efetivamente empregado; d) renda bruta anual; e) condições peculiares da atividade, reveladoras da exiguidade do comércio exercido.	Art. 1.179, § 2º. É dispensado das exigências deste artigo o pequeno empresário a que se refere o art. 970.

DECRETO-LEI N. 486/69	CÓDIGO CIVIL
FORMA DE ESCRITURAÇÃO	
Art. 2º A escrituração será completa, em idioma e moeda corrente nacionais, em forma mercantil, com individuação e clareza, por ordem cronológica de dia, mês e ano, sem intervalos em branco, nem entrelinhas, borraduras, rasuras, emendas e transportes para as margens. § 1º É permitido o uso do código de números ou de abreviaturas desde que estes constem de livro próprio, revestidos das formalidades estabelecidas neste Decreto-Lei. § 2º Os erros cometidos serão corrigidos por meio de lançamento de estornos.	Art. 1.183. A escrituração será feita em idioma e moeda corrente nacionais, e em forma contábil, por ordem cronológica de dia, mês e ano, sem intervalos em branco, nem entrelinhas, borrões, rasuras, emenda ou transportes para as margens. Parágrafo único. É permitido o uso de código de números ou de abreviaturas, que constem de livro próprio, regularmente autenticado.
RESPONSABILIDADE TÉCNICA	
Art. 3º A escrituração ficará sob responsabilidade de profissional qualificado, nos termos da legislação específica, exceto nas localidades em que não haja elemento nestas condições.	Art. 1.182. Sem prejuízo do disposto no art. 1.174, a escrituração ficará a cargo de contabilista legalmente habilitado, salvo se nenhum houver na localidade.
RESPONSABILIDADE DE CONSERVAÇÃO	
Art. 4º O comerciante é ainda obrigado a conservar em ordem, enquanto não prescritas, eventuais ações que lhe sejam pertinentes, a escrituração, correspondência e demais papéis relativos à atividade, ou que se refiram a atos ou operações que modifiquem ou possam vir a modificar sua situação patrimonial.	Art. 1.194. O empresário e a sociedade empresária são obrigados a conservar em boa guarda toda a escrituração, correspondência e mais papéis concernentes à sua atividade, enquanto não ocorrer prescrição ou decadência no tocante aos atos neles consignados.

É de aplaudir, por exemplo, a exigência, na coleta dos elementos para o inventário dos bens, de adoção de critérios de avaliação para os diversos elementos corpóreos e incorpóreos que formam o estabelecimento empresarial: bens destinados à exploração da atividade, valores mobiliários, matéria-prima, coisas reservadas à alienação e outros, previstos no art. 1.187, evitando a prática condenável de superavaliação de bens na demonstração contábil apresentada no encerramento do exercício.

13.2. Princípios informadores

Adotou o Código Civil alguns princípios informadores novos e outros oriundos do antigo sistema, podendo, em sua totalidade, ser resumidos nos que seguem.

13.2.1. Fidelidade

A escrituração contábil é a bússola do empresário (Mendonça, 2000:1:214). A exigência legal de exprimir, com fidelidade e clareza, a real situação da empresa serve a, pelo menos, três propósitos: 1) é a história da vida mercantil, na feliz expressão de Carvalho de Mendonça (2000:1:213), permitindo a seu titular o levantamento, a qualquer tempo, do vigor de sua empresa, das alterações ocorridas no patrimônio empresarial, possibilitando-lhe tomar decisões tendentes à redução ou ampliação de sua atividade; 2) propicia a fiscalização e a adoção de medidas visando a coibir simulação de capital para obtenção de maior crédito, pagamentos antecipados ou irregulares, fraudes mediante desvio de bens ou simulação de dívidas etc.; 3) permite que o empresário faça prova em Juízo quando em litígio contra outro empresário.

O Professor Spencer Vampré (1922, v. 1, § 54) enfatiza a finalidade da escrituração contábil: "A contabilidade e escrituração regulares se impõem, com indeclinável necessidade: a) em relação ao comerciante, porque constituem, como que sua bússola, que lhe possibilita averiguar, a cada momento, o estado de seus negócios, e o aconselha a realizar, ou abster-se, de novas transações; b) em relação a terceiros, porque fornecem a prova mais natural, e mais simples, dos seus débitos, e recebimentos; elucidam direitos contestados; facilitam liquidações, e prestações de contas; e, em caso de falência, demonstram as origens dela, a sua boa, ou má-fé, e a possibilidade de pagamento proporcional aos credores".

13.2.2. Sigilo

Seguindo a tradição do direito pátrio, a legislação civil manteve o princípio do sigilo dos livros empresariais, estabelecido pelo revogado art. 17 do Código Comercial, e dos lançamentos que eles contêm. A garantia vem hoje reproduzida pelos arts. 1.190 e 1.191 do Código Civil. Protegidos pela garantia da inviolabilidade, os livros somente se submetem à exibição integral quando esta for necessária à solução de questões relativas à administração ou gestão por conta de outrem, comunhão ou sociedade, sucessão ou liquidação.

Trata-se de garantia indispensável ao bom andamento de sua atividade empresarial. Nos livros se encontram todo o sucesso e fracasso de seus negócios, onde o empresário obteve melhores preços, a estratégia de venda utilizada, os custos, o desenvolvimento de seu crédito etc., ou, na visão de Carvalho de Mendonça (2000, 1:255), "na escrituração e correspondência da casa comercial acham-se gravados os traços das operações, a história do comércio do seu proprietário. É justo, pois, que o comerciante se esforce para manter sob absoluta reserva esses documentos, acentuando-se, dia a dia, a necessidade dessa precaução, em virtude do aumento da livre concorrência, da complexidade da vida comercial, do desenvolvimento do crédito, e ainda por exigência implícita de terceiros. Aos banqueiros, por exemplo, muitas operações são confiadas, especialmente as de comissão e depósito, a título implicitamente confidencial. O segredo é a alma do comércio, proclamava o alvará de 16 de dezembro de 1756, capítulo 17; ele é para os comerciantes, disse-o também Bédarride, a alma de suas operações, o elemento essencial e indispensável ao êxito dos negócios".

O escopo do princípio do sigilo imposto sobre os livros e documentos mercantis "é evitar ou impedir a concorrência desleal, cada dia crescente, na medida da complexidade da vida comercial contemporânea", conforme explica Sylvio Marcondes (1977:69), argumentando, ainda, que "não é curial se exponha o estabelecimento comercial ou industrial em público". É por essa razão que não se aplica às autoridades fazendárias, no exercício da fiscalização do pagamento de impostos (CC, art. 1.193).

Nos casos mencionados e a requerimento da parte contrária, o juiz pode determinar a exibição integral dos livros comerciais e dos documentos de seu arquivo. A regra de limitação do exame, restrita às transações entre os litigantes, hoje firmada como princípio legal, já era objeto de previsão pelo Supremo Tribunal Federal, no entendimento sumular n. 260 ("O exame de livros comerciais, em ação judicial, fica limitado às transações entre os litigantes"), mesmo antes de sua adoção pelo art. 382 do Código de Processo Civil.

A exibição total é, portanto, exceção, e somente ocorrerá nos casos mencionados nos arts. 1.191 do Código Civil e 420 do Código de Processo Civil de 2015, podendo ser requerida preventivamente:

a) Na liquidação da sociedade (CPC15, art. 420, I). A expressão utilizada pela lei adjetiva é superior à do Código Civil, uma vez que o vocábulo "liquidação", além de se alinhar com o espírito da Lei de Recuperação Judicial, inclui todos os casos de dificuldades econômicas, abrangendo não somente a falência, única hipótese dessa natureza contemplada pelo art. 1.191, mas, também, a liquidação extrajudicial, prevista na Lei n. 6.024/74, e a judicial, decorrente de extinção ou dissolução de sociedades.

b) Na sucessão por morte de sócio (CPC15, art. 420, II). O segundo caso refere-se a questões de sucessão, tal como previsto anteriormente pelo art. 18 do Código Comercial, certo que os herdeiros, credores e donatários têm interesse legítimo de conhecer os assuntos relativos a seu direito na ordem hereditária. O Código Civil não limitou a expressão "sucessão" à hipótese de morte, como fez a lei processual, podendo-se concluir que os casos de sucessão ocorridos na administração da empresa poderão vir a motivar a abertura total dos livros em juízo. Mas tal conclusão é falsa. Na sucessão *inter vivos*, os interesses entre os atuais e os antigos titulares da empresa podem ser conflitantes, a ponto de comprometer, com a abertura, os negócios da empresa, em razão da ciência que se dá de todas as atividades desenvolvidas. Interessam às causas de sucessão somente os fatos comuns aos litigantes, sendo razoável a autorização para que a exibição ocorra apenas parcialmente, limitada às operações que os antigos detentores pretendam discutir ou demonstrar.

c) Quando e como determinar a lei (CPC15, art. 420, III). Entre as hipóteses permitidas, o Código Comercial, no art. 18, acrescentava a exibição total em caso de administração ou gestão mercantil por conta de outrem, e em caso de comunhão. Essas duas hipóteses foram contempladas pelo Código Civil. Além dessas, o art. 105 da LSA prevê a possibilidade de ser motivada a abertura dos livros das sociedades por ações quando pelo menos cinco por cento do capital social requerer essa providência e, ainda, sejam apontados atos violadores da lei ou do estatuto, ou haja fundada suspeita de graves irregularidades praticadas por qualquer dos órgãos da companhia.

13.2.3. Liberdade

Dois são os sistemas adotados pela legislação comercial a respeito dos livros e do número necessário ao cumprimento das exigências legais. O primeiro limita-se a impor a obrigação de escrituração, deixando ao empresário o direito de escolher o sistema de contabilidade a ser utilizado, bem como os livros que julgar necessários para essa tarefa. O segundo impõe não apenas a obrigação de manter os livros, mas também os enumera como obrigatórios. A regra brasileira sempre optou pela liberdade de escolha, caracterizada pelas expressões hoje utilizadas pelo art. 1.179 do Código Civil e seu § 1º: "O empresário e a sociedade empresária são obrigados a seguir um sistema de contabilidade, mecanizado ou não, com base na escrituração uniforme de seus livros, em correspondência com a documentação respectiva, e a levantar anualmente o balanço patrimonial e o de resultado econômico. § 1º: Salvo o disposto no art. 1.180, o número e a espécie de livros ficam a critério dos interessados".

A exceção é, e sempre foi, o livro Diário, único obrigatório comum a todos os empresários, matéria que será objeto de melhor explanação a seguir.

13.3. Sanções penais decorrentes da ausência ou fraude na escrituração

A omissão no cumprimento das obrigações contábeis pode gerar consequências de ordem obrigacional, penal e profissional na vida do empresário, embora não retire o caráter empresarial de sua atividade. Já se anotou acima que o antigo comerciante e o atual empresário, mesmo não se inscrevendo na Junta Comercial, submetem-se à perda de privilégios de toda ordem, mantendo-se, contudo, sujeitos ao regime da lei comercial ou do novo direito de empresa.

Em relação à escrituração dos livros comerciais, o empresário pode ser constrangido a penas de natureza criminal, sendo condicionada sua aplicação, porém, em alguns casos, à ocorrência do evento falimentar. São exemplos das sanções de ordem penal os que seguem.

13.3.1. Omissão dos documentos contábeis obrigatórios

O art. 178 da LERF trata de três ações delituosas omissivas: deixar de elaborar, escriturar ou autenticar documentos de escrituração contábil obrigatórios. Essa nova figura penal amplia a antiga figura de inexistência de livros obrigatórios ou atraso na escrituração, prevista no art. 186, VI, do Decreto-lei n. 7.661/45, completando, com as novas disposições previstas no art. 168, o arcabouço jurídico destinado a evitar artifícios do devedor com vistas a impedir que se extraia, com exatidão, os dados indispensáveis à correta elaboração do quadro geral de credores, contribuindo para a insegurança e incerteza dos créditos habilitados, dando margem às impugnações e recursos que atrasam o andamento do processo falimentar e, consequentemente, à solução dos débitos, com a realização do ativo e pagamento do passivo.

Observe-se que o empresário pode deixar de levar os livros obrigatórios ao registro do órgão oficial durante toda a sua vida mercantil e, entretanto, não se sujeitar a qualquer sanção. Mas, uma vez decretada sua falência, a simples constatação de omissão de autenticação de documentação obrigatória – por certidão expedida pela Junta Comercial – subsome-o à presente hipótese criminal.

Para não sofrer a sanção penal, aqui analisada, não basta ao empresário apresentar os livros obrigatórios; deve, ainda, exibi-los formalmente em ordem – extrínseca e intrinsecamente –, isto é, autenticados pela Junta Comercial e contendo todos os requisitos de uma boa contabilidade, não agasalhar lacunas, defeitos, confusões, ou atrasos injustificáveis.

13.3.2. Balanço omisso ou com dados inexatos

O fechamento de um balanço anual é obrigação imposta a todos os empresários, conforme já preconizava o Código Comercial (art. 10, n. 4), e deve compreender seu ativo e passivo, todos os bens de raiz, móveis e semoventes, mercadorias, dinheiro, papéis de crédito, e outra qualquer espécie de valores, e, bem assim, todas as dívidas e obrigações passivas. Na moderna linguagem, trata-se de inventário, de balanço patrimonial e de resultado econômico[1].

Carvalho de Mendonça (2000, 2:248) denomina o balanço "um quadro sinótico do ativo e passivo, demonstrando o saldo credor ou devedor". Sua finalidade, segundo o mestre, é servir de "salutar advertência ao comerciante, habilitando-o a providenciar, oportunamente, em bem dos interesses seus e dos credores".

A Lei Falimentar anterior (Decreto-lei n. 7.661/45) impunha a exigência de o empresário levar o balanço à rubrica do juiz (art. 186, VII) para demonstração da regular e oportuna escrituração empresarial. Com a nova Lei Falimentar desapareceu a obrigatoriedade da rubrica do juiz e, consequentemente, a criminalização de sua omissão. Contudo, se verificado que o balanço escriturado pelo falido traz dados inexatos, omite ou altera dados verdadeiros, configuram-se as circunstâncias de agravação da pena previstas no art. 168, § 1º, II e III, da Lei n. 11.101/2005.

13.3.3. Escrituração inexata, omissa ou adulterada e contabilidade paralela

Muitas vezes, o empresário, simulando uma situação de crédito ou débito que lhe seja vantajosa, cria lançamentos inverídicos, por meio de operações contábeis fictícias, podendo, ainda, manter ou movimentar recursos ou valores paralelamente à contabilidade obrigatória.

A LREF estabelece que tais atos implicam aumento de pena no art. 168, devendo-se observar que a ação do falido – e dos profissionais que o auxiliaram – pode constituir crime extrafalimentar, e, neste caso, pelo princípio da especialidade, será qualificado, tão somente, na modalidade prevista na Lei Falimentar.

---

[1] BRASIL, *Código Civil*, art. 1.020: "Os administradores são obrigados a prestar aos sócios contas justificadas de sua administração, e apresentar-lhes o inventário anualmente, bem como o balanço patrimonial e o de resultado econômico".

É o caso, por exemplo, da hipótese de adulteração da escrituração – obrigatória ou não – que caracteriza violação ao art. 297 do Código Penal[2], independentemente da ocorrência do evento falimentar. Outro exemplo: a falsificação ou adulteração do Livro de Registro de Duplicatas, punível pelo art. 172, parágrafo único, do Código Penal. O empresário não apenas simula lançamentos, mas adultera a escrituração já existente. Isto ocorre na criação de um livro obrigatório com registros falsos, visando a esconder do Juízo os verdadeiros lançamentos constantes do livro registrado.

Na modalidade omissiva o empresário, dolosamente, deixa de realizar lançamento para, por exemplo, excluir credor ou a alienação de um determinado bem integrante do estabelecimento empresarial.

Os casos envolvendo irregularidades na escrituração do falido devem ser objeto de demonstração, com a apresentação de prova adequada à configuração dos crimes tipificados.

13.3.4. Destruição de livros obrigatórios

A destruição, ocultação ou inutilização, total ou parcial, dos documentos de escrituração obrigatória e a destruição, o apagamento ou corrompimento de dados contábeis ou negociais, armazenados em computador ou sistema informatizado, são ações punidas com aumento de pena (LREF, art. 168, § 1º, III e V). A intenção aqui é fazer desaparecerem os registros que comprometem o empresário, como, por exemplo, o desvio de bens ou sua alienação a terceiros pouco antes da decretação da falência ou da sentença que concede a recuperação judicial ou homologa a recuperação extrajudicial, tudo com o objetivo de fraudar credores.

O primeiro dispositivo mencionado (inciso III) coíbe a conduta de empresário que dispõe unicamente de sistema informatizado para o registro contábil. O Departamento de Registro Empresarial e Integração – DREI – regula, na Instrução Normativa n. 11, de 5 de dezembro de 2013, a autenticação de instrumentos de escrituração, incluindo livros em papel, conjunto

---

[2] BRASIL, *Código Penal*, art. 297: "Falsificar, no todo ou em parte, documento público, ou alterar documento público verdadeiro. (...) § 2º Para os efeitos penais, equiparam-se a documento público o emanado de entidade paraestatal, o título ao portador ou transmissível por endosso, as ações da sociedade comercial, os livros mercantis e o testamento particular".

de fichas avulsas, de fichas ou folhas contínuas, livros em microfichas geradas através de microfilmagem de saída direta do computador e livros digitais. A autenticação de livros digitais é feita nas Juntas Comerciais, que disponibilizam aos interessados *software* denominado Programa Validador e Assinador (PVA), que possibilita, entre outras funcionalidades, a validação da escrituração; a visualização do livro, segundo formatos tradicionais do livro em papel; a geração do requerimento próprio para o caso, dirigido à Junta Comercial; a assinatura digital do livro e do requerimento pertinente; a transmissão para o Sped – Sistema Público de Escrituração Digital; a consulta para fins de acompanhamento do processo de autenticação, inclusive conhecimento de exigências decorrentes de deficiências identificadas no instrumento; e o *download* do Termo de Autenticação do livro (IN DREI n. 11/2013, art. 23).

O inciso V ocorre por atos dolosos de destruição, ocultação ou inutilização de livros obrigatórios. Por exemplo: o empresário lança livros obrigatórios em água; ateia fogo sobre eles; esconde ou rasga suas folhas, submetendo-as a processo mecânico de picote ou de perfuração ou simplesmente deixa documentos de escrituração obrigatória ao sabor de intempéries ou ao ataque de traças. A conduta criminosa contrapõe-se ao dever imposto ao empresário de "conservar em boa guarda toda a escrituração, correspondências e mais papéis concernentes à sua atividade, enquanto não ocorrer prescrição ou decadência no tocante aos atos neles consignados" (CC, art. 1.194).

13.4. Espécies de livros

Classificam-se os livros empresariais em obrigatórios e não obrigatórios ou facultativos, também chamados auxiliares. Os primeiros são aqueles cuja escrituração é imposta ao empresário, sob pena de sanções administrativas, processuais ou penais; os segundos são aqueles em que a omissão de escrituração não implica qualquer sanção.

Subdividem-se os livros obrigatórios em comuns e especiais, conforme sejam destinados a todos os empresários ou a determinada categoria destes. Em um breve quadro-resumo, pode-se perceber que, além dos livros comerciais, há livros obrigatórios de natureza tributária, trabalhista ou previdenciária:

<table>
<tr><td rowspan="4">Livros do Empresário</td><td rowspan="3">Livros Empresariais</td><td rowspan="2">Obrigatórios</td><td>Comum
Livro Diário</td></tr>
<tr><td>Especiais
Exemplos:
Livro de Registro de Duplicatas (art. 19 da Lei n. 5.474/68).
Para as sociedades por ações, a lei exige, conforme o caso, a adoção de livros especiais para o registro de valores mobiliários e dos atos de administração:
a) Livros exigidos para o registro de valores mobiliários, quando a sociedade for emissora desses títulos:
Livro de Registro de Ações Nominativas (art. 100, I, da Lei n. 6.404/76).
Livro de Transferência de Ações Nominativas (art. 100, II, da Lei n. 6.404/76).
Livro de Registro de Partes Beneficiárias Nominativas (art. 100, III, da Lei n. 6.404/76).
Livro de Registro de Transferência de Partes Beneficiárias Nominativas (art. 100, III, da Lei n. 6.404/76).
b) Livros exigidos para o registro de atos de administração, quando a sociedade adotar a forma de administração respectiva:
Livro de Atas das Assembleias Gerais (art. 100, IV, da Lei n. 6.404/76).
Livro de Presença dos Acionistas (art. 100, V, da Lei n. 6.404/76).
Livro de Atas das Reuniões do Conselho de Administração (art. 100, VI, da Lei n. 6.404/76).
Livro de Atas das Reuniões da Diretoria (art. 100, VI, da Lei n. 6.404/76).
Livro de Atas e Pareceres do Conselho Fiscal (art. 100, VII, da Lei n. 6.404/76).</td></tr>
<tr><td colspan="2">Facultativos
O empresário pode, querendo, adotar o Livro-Caixa, o Conta-Corrente, o Copiador de Cartas, Razão, Obrigações a Pagar e a Receber etc., ou criar novos livros, visando a facilitar a administração de sua atividade mercantil. São também chamados livros auxiliares ou facultativos.</td></tr>
<tr><td>Livros Obrigatórios Não Empresariais</td><td colspan="2">Trabalhista
Registro de Empregados.
Fiscais
Entrada e Saída de Mercadorias.
Apuração de ICMS.
Apuração de IPI.
Registro de Inventário.</td></tr>
</table>

13.5. Livro obrigatório comum

Dentre os livros utilizados pelo empresário, somente um pode ser citado como obrigatório comum. Trata-se do Livro Diário, previsto anteriormente no art. 11 do Código Comercial e, atualmente, no art. 1.180 do

Código Civil. Até 1969 citava-se, como obrigatório comum, além do Diário, o Livro Copiador de Cartas, posteriormente abolido pelo art. 11 do Decreto-lei n. 486, de 3 de março de 1969, que modernizou o antigo sistema de escrituração. Esse diploma legal trouxe algumas inovações, mantidas pelo Código Civil, em relação à escrituração do Livro Diário:

<table>
<tr><th>DECRETO-LEI N. 486/69</th><th>CÓDIGO CIVIL DE 2002</th></tr>
<tr><th colspan="2">OBRIGATORIEDADE DO DIÁRIO</th></tr>
<tr><td>Art. 5º Sem prejuízo de exigências especiais da lei, é obrigatório o uso de livro Diário, encadernado com folhas numeradas seguidamente, em que serão lançados, dia a dia, diretamente ou por reprodução, os atos ou operações da atividade mercantil, ou que modifiquem ou possam vir a modificar a situação patrimonial do comerciante.

§ 1º O comerciante que empregar escrituração mecanizada poderá substituir o Diário e os livros facultativos ou auxiliares por fichas seguidamente numeradas, mecânica ou tipograficamente.</td><td>Art. 1.180. Além dos demais livros exigidos por lei, é indispensável o Diário, que pode ser substituído por fichas no caso de escrituração mecanizada ou eletrônica.

Parágrafo único. A adoção de fichas não dispensa o uso de livro apropriado para o lançamento do balanço patrimonial e do resultado econômico.

Art. 1.184. No Diário serão lançadas, com individuação, clareza e caracterização do documento respectivo, dia a dia, por escrita direta ou reprodução, todas as operações relativas ao exercício da empresa.

§ 1º Admite-se a escrituração resumida do Diário, com totais que não excedam o período de um mês, relativamente a contas cujas operações sejam numerosas ou realizadas fora da sede do estabelecimento, desde que utilizados livros auxiliares regularmente autenticados para registro individualizado, e conservados os documentos que permitam sua perfeita verificação.

§ 2º Serão lançados no mesmo livro Diário o balanço patrimonial e o de resultado econômico, devendo ambos ser assinados por técnico em Ciências Contábeis legalmente habilitado e pelo empresário ou sociedade empresária.</td></tr>
</table>

DECRETO-LEI N. 486/69	CÓDIGO CIVIL DE 2002
REGISTRO	
Art. 5º, § 2º. Os livros ou fichas do Diário deverão conter termos de abertura e de encerramento, e ser submetidos à autenticação do órgão competente do Registro do Comércio.	Art. 1.181. Salvo disposição especial de lei, os livros obrigatórios e, se for o caso, as fichas, antes de postos em uso, devem ser autenticados no Registro Público de Empresas. Parágrafo único. A autenticação não se fará sem que esteja inscrito o empresário, ou a sociedade empresária, que poderá, outrossim, fazer autenticar livros não obrigatórios.

Entre as novidades introduzidas pela nova lei civil encontra-se a possibilidade de sua substituição pelo Livro Balancetes Diários e Balanços, desde que se mantenham as mesmas formalidades extrínsecas exigidas para o primeiro. Esse novo livro é de introdução inédita na tradição contábil pátria, e sua escrituração visa expressar as mesmas situações contábeis do Livro Diário, conforme se depreende do art. 1.186:

I – a posição diária de cada uma das contas ou títulos contábeis, pelo respectivo saldo, em forma de balancetes diários;

II – o balanço patrimonial e o de resultado econômico, no encerramento do exercício.

13.6. Livros obrigatórios especiais

Dependendo da atividade desenvolvida pelo empresário ou sociedade empresária, a lei impõe outros livros, com caráter obrigatório, como ocorre, por exemplo, ao empresário que adota o regime de compra e venda, com prazo não inferior a trinta dias, contado da data da empresa ou despacho das mercadorias, obrigando-o, na emissão de duplicatas, a manter e escriturar o Livro de Registro de Duplicatas (LDA, art. 19).

Para as sociedades por ações, a lei exige, conforme o caso, a adoção de livros especiais para o registro de valores mobiliários e dos atos de administração:

a) Livros exigidos para o registro de valores mobiliários, quando a sociedade for emissora desses títulos (LSA, art. 100):

- Livro de Registro de Ações Nominativas;
- Livro de Transferência de Ações Nominativas;

• Livro de Registro de Partes Beneficiárias Nominativas;

• Livro de Registro de Transferência de Partes Beneficiárias Nominativas;

b) Livros exigidos para o registro de atos de administração, anotando-se que, para alguns casos, sua obrigatoriedade dependerá de a sociedade adotar a forma de administração respectiva (LSA, art. 100, V a VIII):

• Livro de Atas das Assembleias Gerais (inciso IV);

• Livro de Presença dos Acionistas (inciso V);

• Livro de Atas das Reuniões do Conselho de Administração (inciso VI);

• Livro de Atas das Reuniões da Diretoria (inciso VI);

• Livro de Atas e Pareceres do Conselho Fiscal (inciso VII).

Rubens Requião prefere denominar os livros previstos no art. 100 da LSA de obrigatórios comuns às sociedades anônimas. É possível, portanto, sem erro, classificá-los como "obrigatórios comuns às sociedades por ações" ou "especiais às sociedades por ações". Importante salientar que esses livros somente são obrigatórios às sociedades por ações na medida em que emitirem o respectivo valor mobiliário ou adotarem a forma de administração que exija o registro dos atos respectivos.

13.7. Livros facultativos

O empresário pode, querendo, adotar outros livros, a seu critério, visando à melhor organização de seus negócios. Entre os livros facultativos podem ser citados: Livro-Caixa, Contas-Correntes, Copiador de Cartas, Razão, Obrigações a Pagar e a Receber etc. É-lhe facultado, ainda, criar novos livros, sempre com vistas à liberdade de administração de sua atividade empresarial. Esses livros são também chamados de auxiliares ou facultativos, constantes da antiga expressão legal registrada no art. 11 do Decreto-lei n. 486/69: "livros e papéis adequados, cujo número e espécie ficam a critério do comerciante".

Carvalho de Mendonça (2000, 2:227) cita alguns outros livros auxiliares, ordinariamente utilizados pelos comerciantes à época de seus escritos: Costaneira, Memorial ou Borrador, destinados a registrar a natureza das operações e as condições do domicílio do devedor; o Caixa, para registro do movimento do numerário entrado e saído; Razão, Livro-Mestre ou Livro de Extratos, de uso na classificação das operações do comerciante; Contas-Correntes, que especifica o objeto das operações com clientes específicos, facilitando a extração de suas contas, individualmente; Inventário e Balanço, que registram a inclusão dos balanços anuais e a posição patrimonial naquele exercício; Livro de Mercadorias, Fazendas Gerais, Entradas e Saídas, Livro de Armazém, utilizados para conhecer o balanço geral das mercadorias, após operações de compra e venda; Livro de Letras e Obrigações a Receber, equivalente parcial ao atual obrigatório Registro de Duplicatas; Livro de Letras e Obrigações a Pagar, de registro dos títulos a vencer.

O número de livros facultativos é ilimitado, enquanto os obrigatórios são somente os definidos pela lei, segundo a atividade desempenhada pelo empresário.

A rigor, a ausência dos livros facultativos não enseja, em caso de falência, sanção penal, salvo se o uso de tais livros se tornar complemento obrigatório do Livro Diário, como é o caso do livro auxiliar de código de números ou de abreviaturas, previsto no § 1º do art. 2º do Decreto-lei n. 486/69, ou se referir aos registros completos da escrituração resumida contida no Livro Diário (§ 3º do art. 5º do Decreto-lei n. 486/69). Em tais casos, os livros auxiliares ou facultativos são a extensão do Livro Diário, e, nessa condição, recebem a classificação de obrigatórios.

13.8. Livros não empresariais obrigatórios

Entre os livros de interesse fiscal se encontram os de Entrada e Saída de Mercadorias, de Apuração de ICMS, de Apuração de IPI, Registro de Inventário etc. Há, ainda, o de caráter trabalhista: Registro de Empregados, além de outros.

Tais livros são obrigatórios por força de legislação própria, não empresarial. São livros que podem ser – facultativamente – levados a registro na Junta Comercial (IN DREI n. 11/2013, art. 12, II, § 1º, e CC, art. 1.181). Sobre estes incidem as normas penais previstas no art. 168, § 1º, II, da LREF (omite, na escrituração contábil ou no balanço, lançamento que deles deveria constar, ou altera escrituração ou balanço verdadeiros).

Note-se que a legislação falimentar tanto pune o empresário que destrói, oculta ou inutiliza *livros obrigatórios* (art. 168, § 1º, V) como o que omite ou altera *escrituração não obrigatória* (facultativa ou obrigatória fiscal) (art. 168, § 1º, II).

13.9. Requisitos dos livros

Para ter valor probante, os livros devem revestir-se de formalidades de ordem extrínseca (externa) e intrínseca (interna). A primeira ordem de exigências formais refere-se ao modo de abertura e encerramento dos livros e fichas e seu registro. A segunda ordem assenta na necessidade de ser completa, em idioma e moeda corrente nacionais, em forma mercantil, com individualização e clareza, por ordem cronológica de dia, mês e ano, sem intervalos em branco, nem entrelinhas, borraduras, rasuras, emendas e transportes sobre as margens (CC, art. 1.183). A matéria será mais bem explicitada à frente, quando se estudar o valor probatório dos livros empresariais.

13.10. Livros obrigatórios e microempresa

Em relação aos microempresários e aos empresários de pequeno porte, a legislação nacional vem-se alternando quanto à exigência sobre os livros obrigatórios, ora dispensando-os da obrigação de manter escrituração contábil, ora submetendo-os ao regime geral.

A Lei n. 7.256, de 27 de novembro de 1984, estabelecia em seu art. 15 a dispensa do microempresário e do empresário de pequeno porte da obrigação de manter escrituração contábil: "A microempresa está dispensada de escrituração, ficando obrigada a manter arquivada a documentação relativa aos atos negociais que praticar ou em que intervier". Por essa primeira, consideravam-se microempresários as pessoas jurídicas e as firmas individuais que tivessem receita bruta anual igual ou inferior ao valor nominal de 10.000 ORTNs.

Posteriormente, a Lei n. 8.864, de 28 de março de 1994, definiu como microempresa a pessoa jurídica e a firma individual que tivessem receita bruta anual igual ou inferior ao valor nominal de 250.000 UFIRs (art. 2º, I), e empresários de pequeno porte aquelas mesmas pessoas que tivessem receita bruta anual igual ou inferior a 700.000 UFIRs (art. 2º, II), estabelecendo a simplificação da escrituração dessas atividades e remetendo ao Poder Executivo a elaboração de outra norma para sua regulamentação (art. 11). Pelas disposições dessa lei, o art. 15 foi modificado, deixando de existir a dispensa genérica de escrituração comercial, anteriormente facultada às empresas de pequeno porte e às microempresas.

Sobreveio a Lei n. 9.317, de 5 de dezembro de 1996, que estabeleceu os valores de R$ 120.000,00 e 1.200.000,00 (art. 2º, I e II), respectivamente, para o enquadramento das atividades em microempresas e em empresas de pequeno porte, revogando, entre outros, o art. 15 da Lei n. 7.256/84.

A Lei n. 9.841, de 5 de outubro de 1999, alterou os parâmetros e definiu como microempresa a que tenha receita anual bruta igual ou inferior a R$ 244.000,00 (art. 2º, I) e empresa de pequeno porte a que mantenha sua receita em valores iguais ou inferiores a R$ 1.200.000,00 (art. 2º, II), revogando expressamente as Leis n. 7.256/84 e 8.864/94. Em relação à escrituração, o art. 10 trouxe menções genéricas à adoção de procedimentos simplificados, não isentando essas empresas de suas obrigações referentes à escrituração comercial.

Conclui-se, pois, que, da vigência da Lei n. 7.256, de 27 de novembro de 1984, até a da Lei n. 8.864, de 28 de março de 1994, por quase dez anos, portanto, os microempresários estiveram dispensados de manter qualquer escrituração contábil, inclusive a obrigatória comercial, não incidindo, em caso de falência, a previsão do art. 186, VI, do Decreto-lei n. 7.661/45, em ocorrendo a inexistência de livros obrigatórios, bem como do inciso subsequente, referente à rubrica judicial sobre o balanço. Nesse sentido é a posição dos Tribunais Superiores, há muito assentada[3].

O pequeno empresário está dispensado de qualquer escrituração contábil (art. 1.179, § 2º), contudo, o Código não define o que vem a ser pequeno empresário, remetendo a regulamentação à lei ordinária[4].

---

[3] BRASIL, Superior Tribunal de Justiça, Recurso em *Habeas Corpus* n. 451, Rel. Min. Flaquer Scartezzini, j. 20-6-1990: "Em se tratando de microempresário e ocorrendo para si a desobrigatoriedade de manter escrituração contábil (artigo 15 da Lei n. 7.256/84), a denúncia que descreve e imputa crime previsto no artigo 186, VI do Decreto-lei 7.661/45, perde sua tipicidade, e o prosseguimento de ação penal por tal fato constitui-se em constrangimento ilegal".

BRASIL, Supremo Tribunal Federal, *Habeas Corpus* n. 72.691-RS, Rel. Min. Celso de Mello, j. 29-8-1995: "O microempresário que não mantém escrituração mercantil ou fiscal ou que a conserva atrasada, lacunosa, defeituosa ou confusa, em ocorrendo a decretação de sua falência – artigo 11 –, não pratica o delito falimentar previsto no artigo 186, VI, da Lei de Falências, eis que o Estatuto da Microempresa expressamente dispensou o microempresário da obrigação genérica de manter escrituração contábil (Lei n. 7.256/84, artigo 15). Em consequência, não se reveste de tipicidade penal comportamento atribuído ao microempresário que, até a edição da Lei n. 8.864/94 (artigo 11), deixou de possuir e/ou manter escrituração contábil em forma regular, sendo-lhe juridicamente inaplicável cláusula de incriminação definida no artigo 186, VI, da Lei de Falências. A dispensa legal concedida ao microempresário pelo artigo 15 da Lei n. 7.256/84 cessou a partir da edição da Lei n. 8.864/94, cujo artigo 11, agora, impõe ao microempresário – e, também, ao empresário de pequeno porte – o dever de manter, ainda que de forma simplificada, a necessária escrituração contábil pertinente aos documentos de natureza fiscal, trabalhista e/ou previdenciária, bem assim aqueles relativos aos atos negociais que praticar ou nos quais intervier".

[4] BRASIL, *Código Civil*, art. 970: "A lei assegurará tratamento favorecido, diferenciado e simplificado ao empresário rural e ao pequeno empresário, quanto à inscrição e aos efeitos daí decorrentes".

Ao Código Civil sobreveio, em 14 de dezembro de 2006, a Lei Complementar n. 123 (com as alterações da LC n. 155, de 14 de dezembro de 2016), que regulamentou, em seu art. 3º, as microempresas e empresas de pequeno porte, determinando fossem observados os seguintes requisitos:

a) registro no Registro de Empresas Mercantis ou no Registro Civil de Pessoas Jurídicas, conforme o caso (empresário, sociedade simples ou empresária);

b) limite de receita bruta (produto da venda de bens e serviços nas operações de conta própria, o preço dos serviços prestados e o resultado das operações em conta alheia, não incluídas as vendas canceladas e os descontos incondicionais concedidos) igual ou inferior a R$ 360.000,00 (trezentos e sessenta mil reais) para as microempresas e de valor superior a R$ 360.000,00 (trezentos e sessenta mil reais) e igual ou inferior a R$ 4.800.000,00 (quatro milhões e oitocentos mil reais) para as empresas de pequeno porte.

Acrescenta-se aos conceitos de microempresário (ME) e de empresário de pequeno porte (EPP) o de microempreendedor individual (MEI) previsto nos arts. 18-A, B e C, acrescentados pela Lei Complementar n. 128, de 19 de dezembro de 2008, à Lei Complementar n. 123, de 14 de dezembro de 2006.

Além do regime fiscal, matéria de interesse do direito tributário, distinguem-se esses três conceitos em razão de suas características próprias, destacando-se as seguintes: a) *a renda bruta anual*: até R$ 60.000,00, para os MEIs; até R$ 360.000,00, para os MEs, e de R$ 360.000,01 a R$ 4.800.000,00, para as EPPs; b) *a atividade e forma de seu exercício*: os MEIs são sempre empresários individuais, enquanto o MEs e EPPs podem ser empresários individuais, sociedades simples ou sociedades empresárias não constituídas sob a forma institucional (isto é, não podem ser sociedades por ações ou cooperativas – para estas há a exceção relativa às cooperativas de consumo); c) *o número de empregados*: limita-se ao MEI a colaboração de um único empregado que perceba até um salário mínimo ou o piso salarial da categoria profissional, enquanto para os MEs e EPPs não há qualquer limitação; d) *a obrigatoriedade de escrituração*: os MEIs são considerados pequenos empresários para fins do disposto nos arts. 970 e 1.179 do Código Civil, ficando dispensados de seguir um sistema de contabilidade, com base na escrituração de seus livros. É o que decorre da regra do art. 68 da Lei Complementar n. 123/2006; os MEs somente são dispensados dessas exigências se exercerem a atividade de forma individual e sua renda bruta anual for igual ou inferior a R$ 60.000,00; os EPPs submetem-se à regra geral de escrituração.

	Requisito comum	Limites da renda bruta anual	Dispensa de escrituração	Pessoa jurídica impedida de enquadramento
ME	Registro no órgão competente	Igual ou inferior a R$ 360.000,00	Somente se a renda bruta anual for igual ou inferior a R$ 60.000,00	I – de cujo capital participe outra pessoa jurídica; II – que seja filial, sucursal, agência ou representação, no País, de pessoa jurídica com sede no exterior;
EPP				III – de cujo capital participe pessoa física que seja inscrita como empresário ou seja sócia de outra empresa que receba tratamento jurídico diferenciado nos termos desta Lei Complementar, desde que a receita bruta global ultrapasse os limites da renda bruta anual; IV – cujo titular ou sócio participe com mais de 10% (dez por cento) do capital de outra empresa não beneficiada por esta Lei Complementar, desde que a receita bruta global ultrapasse o limite fixado; V – cujo sócio ou titular seja administrador ou equiparado de outra pessoa jurídica com fins lucrativos, desde que a receita bruta global ultrapasse o limite fixado; VI – constituída sob a forma de cooperativas, salvo as de consumo;
EPP	Registro no órgão competente	Superior a R$ 360.000,00 e inferior a R$ 4.800.000,00	Não é dispensado	VII – que participe do capital de outra pessoa jurídica; VIII – que exerça atividade de banco comercial, de investimentos e de desenvolvimento, de caixa econômica, de sociedade de crédito, financiamento e investimento ou de crédito imobiliário, de corretora ou de distribuidora de títulos, valores mobiliários e câmbio, de empresa de arrendamento mercantil, de seguros privados e de capitalização ou de previdência complementar; IX – resultante ou remanescente de cisão ou qualquer outra forma de desmembramento de pessoa jurídica que tenha ocorrido em um dos 5 (cinco) anos-calendário anteriores; X – constituída sob a forma de sociedade por ações; XI – cujos titulares ou sócios guardem, cumulativamente, com o contratante de serviço, relação de pessoalidade, subordinação e habitualidade.

13.11. Natureza jurídica dos livros

Embora particulares, os livros reputam-se públicos para efeito de aplicação e incidência da lei penal (CP, art. 297, § 2º). Essa equiparação advém da relevância dos registros empresariais, dos quais decorrem efeitos de grande influência patrimonial, resultantes das atividades que exerce, dentro de uma esfera que transcende o estabelecimento de seu titular, transpondo um feixe amplo de relações que envolvem a própria confiança no crédito público. O Código Penal apenas acentua esse caráter de interesse público. No dizer de Carvalho de Mendonça (2000, 2:216) ao citar Goldschmidt: "não é sem fundamento que se afirma serem os livros comerciais instituto de interesse público".

E, ainda, segundo o Mestre: "nota-se, nesse assunto, manifesta divergência entre o direito civil e o direito comercial. A quem não exerce o comércio, as leis civis não prescrevem regras para a conservação e administração do patrimônio (...) As leis comerciais, ligando ao exercício do comércio algo de interesse público, procedem de modo diverso, começando por impor ao comerciante a obrigação de ter livros e seguir neles um sistema de contabilidade e escrituração".

13.12. Valor probante dos livros – noções

Muitas vezes, na vida mercantil, empresários individuais e sociedades empresárias se encontrarão em situações cuja prova dependerá exclusiva ou principalmente do registro que mantêm em seus livros. Os lançamentos contábeis, que são atos unilaterais de registro, a cargo exclusivo do empresário individual ou da sociedade empresária, terão grande importância na solução desses conflitos, desde que cercados de certos princípios e formalidades legais.

Duas indagações podem ser objeto desta matéria: qual o valor probatório dos livros utilizados pelo empresário? Quais as exigências legais para que esse ato unilateral tenha validade em juízo?

Os empresários são obrigados a ter seus livros revestidos das formalidades legais intrínsecas e extrínsecas, exigindo-se que, no exame e na apreciação de seu conteúdo perante o juiz, observem-se as regras previstas tanto na legislação de direito material (no revogado Código Comercial, art. 23, e no Código Civil de 2002, art. 226) como na processual civil (CPC15, arts. 417 e 418).

13.13. Extensão da prova

No Brasil, a matéria vem regulada desde a promulgação do Código Comercial, em 1850. O art. 23 da legislação revogada contemplava a extensão valorativa dos livros revestidos das formalidades legais, admitindo terem caráter probatório:

1) contra as pessoas de seus proprietários, originariamente ou por sucessão;

2) contra comerciantes com quem os proprietários, por si ou por seus antecessores, tiverem ou houverem tido transações mercantis, se os assentos respectivos se referirem a documentos existentes que mostrem a natureza das mesmas transações, e os proprietários provarem, também por documentos, que não foram omissos em dar em tempo competente os avisos necessários, e que a parte contrária os recebeu;

3) contra pessoas não comerciantes, se os assentos forem comprovados por algum documento que só por si não possa fazer prova plena.

No primeiro inciso, o Código Comercial tratava do valor que os lançamentos contábeis produzem contra seus autores. De fato, referindo-se a lançamento atribuído ao próprio comerciante, sua escrituração equivale à confissão. Por exemplo, se o comerciante afirma em seus livros contábeis ter adquirido certa quantidade de mercadoria de fornecedor, tal fato é considerado verdadeiro, mesmo se arguido contra o próprio comerciante autor da escrituração, justamente porque atribuído a ele.

Os dois últimos incisos diziam respeito ao valor probatório dos livros do comerciante ante um litígio contra outro comerciante (inciso 2) ou perante pessoas não comerciantes (inciso 3), afirmando que, nesses dois casos, servem de prova a favor do comerciante que fez os lançamentos, se respeitadas as condições indicadas.

A matéria encontra-se também explicitada pelas regras do Código de Processo Civil de 2015, nos arts. 417 e 418:

"Art. 417. Os livros comerciais provam contra o seu autor, sendo lícito ao empresário, todavia, demonstrar, por todos os meios permitidos em direito, que os lançamentos não correspondem à verdade dos fatos.

Art. 418. Os livros empresariais que preencham os requisitos exigidos por lei provam a favor do seu autor no litígio entre empresários".

Confrontando-se os dispositivos do Código Comercial com os do Código de Processo Civil e, ainda, atentando-se à regra do art. 8º do Decreto-lei n. 486/69[5], tem-se, em resumo:

I – Os livros empresariais provam contra seu autor (art. 23, I, do Código Comercial e art. 417 do Código de Processo Civil de 2015), cabendo a este o ônus de obter prova em contrário. Assim, os livros equivalem a confissão do empresário sobre os fatos neles contidos. A contraprova deve fundar-se em erro de fato ou dolo, isto é, erro sobre circunstância de fato, como qualidade essencial da pessoa ou da coisa ou erro intencionalmente provocado por si ou por terceiro.

II – Os livros empresariais provam a favor de seu autor nos litígios entre empresários (art. 23, II, do Código Comercial e art. 418 do Código de Processo Civil de 2015), desde que preencham os requisitos legais:

1) formalidades extrínsecas, que se referem ao aspecto exterior dos livros: encadernação, numeração de folhas, termos de abertura e encerramento, conforme exigido pela legislação no art. 13 do Código Comercial e no art. 5º do Decreto-lei n. 486/69;

2) formalidades intrínsecas, isto é, aquelas que se referem ao modo de escrituração, previsto no art. 2º do Decreto-lei n. 486/69 e no art. 1.183 do Código Civil: a) completa: a descrição dos lançamentos conterá todos os dados que particularizam aquela operação (quantidade, preço, cliente etc.); b) em idioma e moeda corrente nacionais; c) em forma mercantil: cabe ao comerciante utilizar uma ordem uniforme, contabilmente aceitável; d) com individuação e clareza, isto é, os lançamentos devem ser claros e individualizar cada operação, descrevendo-as por completo; e) por ordem cronológica de dia, mês e ano: os lançamentos serão feitos na sequência em que os fatos comerciais ocorreram, demonstrando, com essa exigência, a regularidade destes. Tal dispositivo visa evitar fraude no lançamento de operações às vésperas de uma decretação de falência, momento em que se busca modelar a situação patrimonial ao novo estado do comerciante; f) sem intervalos em branco, nem entrelinhas, borraduras, rasuras, emendas e transportes para as margens: eventuais correções serão realizadas por meio de lançamentos de estorno, conforme prevê o § 2º do art. 2º do Decreto-lei n. 486/69, e nunca por meio das práticas condenadas, acima citadas;

---

[5] BRASIL, Decreto-lei n. 486/69, art. 8º: "Os livros e fichas de escrituração mercantil somente provam a favor do comerciante quando mantidos com observância das formalidades legais".

3) refiram-se a documentos existentes que mostrem a natureza das operações e exista prova de ter o comerciante autor do livro dado o aviso à parte contrária, quando exigido, conforme determinava o art. 23, 2, do Código Comercial.

III – Os livros empresariais auxiliam a prova documental no caso de litígio contra não empresário. O art. 23, 3, do Código Comercial estabelecia que os livros comerciais faziam prova plena contra pessoas não comerciantes se os assentos fossem comprovados por algum documento que só por si não pudesse fazer prova plena. Se o documento, por si mesmo, fizesse prova contra o devedor não comerciante, desnecessário seria provar por meio do registro contábil. Por exemplo, se o não comerciante dispusesse de nota fiscal de documento que comprovasse o recebimento da mercadoria e da duplicata referente à operação, o exame dessa operação no livro contábil seria absolutamente dispensável; o não comerciante possuiria prova suficiente da existência do fato e da determinação de seu valor.

O Código Civil de 2002 manteve os dispositivos do Código Comercial, do Decreto-lei n. 486 e, com rara clareza e concisão, o legislador civil dispôs no art. 226: "Os livros e fichas dos empresários e sociedades provam contra as pessoas a que pertencem, e, em seu favor, quando, escriturados sem vício extrínseco ou intrínseco, forem confirmados por outros subsídios. Parágrafo único. A prova resultante dos livros e fichas não é bastante nos casos em que a lei exige escritura pública, ou escrito particular revestido de requisitos especiais, e pode ser ilidida pela comprovação da falsidade ou inexatidão dos lançamentos".

13.14. A unidade dos lançamentos contábeis

A força probante dos livros, entretanto, dependerá de sua unidade, pois a escrituração contábil é indivisível, nos termos do art. 419 do Código de Processo Civil de 2015. A regra aplicável aqui é a mesma para a prova de confissão[6]. A indivisibilidade se refere a cada operação considerada individualmente: se o empresário afirmou em seu Livro Diário ter recebido certa quantidade de uma

[6] BRASIL, *Código de Processo Civil de 2015*, art. 395: "A confissão é, em regra, indivisível, não podendo a parte que a quiser invocar como prova aceitá-la no tópico que a beneficiar e rejeitá-la no que lhe for desfavorável, porém cindir-se-á quando o confitente a ela aduzir fatos novos, capazes de constituir fundamento de defesa de direito material ou de reconvenção".

mercadoria, pagando determinada importância em dinheiro ao fornecedor, esse fato em sua inteireza será assim considerado, não se podendo aceitar como correta a quantidade, rejeitando-se, por exemplo, o valor pago. Entretanto, se os lançamentos são distintos, referindo-se a duas ou mais operações diversas entre os mesmos empresários, não há por que falar em indivisibilidade.

A unidade da prova extraída dos livros empresariais, contudo, resulta do que se colheu dos fatos, isto é, do conjunto das provas: a escrituração do credor, a escrituração do devedor e demais documentos juntados aos autos, formando um todo unitário destinado à livre convicção do juiz.

13.15. A fé que se extrai dos livros mercantis

Antonio Bento de Faria (1920,1:54) entendeu que o art. 23 do Código Comercial era omisso quanto à fé que os livros comerciais mereciam, recorrendo aos princípios gerais do direito encontrados no art. 48 do Código espanhol de sua época, aqui comentados, em harmonia com o que dispôs o Código de Processo Civil brasileiro:

"1º Os livros dos comerciantes fazem prova contra eles em que estes sejam admitidos a dar prova contrária; porém o adversário não pode aceitar a parte que lhe for favorável e rejeitar aquelas que lhe forem prejudiciais e quando tiver aceitado este modo de prova ficará sujeito às consequências resultantes da sua escrituração". A legislação processual brasileira é semelhante no que se refere ao valor e à indivisibilidade (arts. 378 e 380), mas, ao contrário da antiga espanhola, permite a contraprova (art. 378).

"2º Quando os lançamentos dos livros apresentados por dois comerciantes não estiverem conformes, e os livros de um deles estiver escriturado de acordo com as prescrições legais e os do outro apresentarem uma irregularidade qualquer ou não satisfizerem as condições exigidas por lei, os lançamentos dos livros regulares terão fé contra os lançamentos dos livros defeituosos, a menos que o contrário não resulte dos outros modos de provas admissíveis em direito". Tal conclusão é aceitável em nosso direito, por força do que dispõe o art. 8º do Decreto-lei n. 486/69: "Os livros e fichas de escrituração mercantil provam a favor do comerciante quando mantidos com observância das formalidades legais".

No art. 15 do Código Comercial também se encontrava disposição que apoiava essa conclusão. Observa-se, contudo, que ao juiz cabe apreciar o valor probatório dos lançamentos, em caso de entrelinha, emenda, borrão ou cancelamento, ocorrentes em ponto substancial do documento, podendo entender estar comprometida sua eficácia probatória (CPC15, art. 426). Se declarada a falsidade, por sentença, cessa a fé do livro comercial (CPC15, art. 427).

"3º Se um dos comerciantes não apresentar seus livros ou declarar não possuí-los, os livros de seu adversário merecerão inteira fé, se estiverem revestidos de todas as formalidades legais, a menos que não fique demonstrado que a falta dos livros provenha de um caso de força maior, ficando sempre salvo o direito de contestar os lançamentos dos livros apresentados pela provas em direito admitidas". Permite-se, no direito processual brasileiro, a defesa baseada na recusa à apresentação de livros.

"4º Quando os livros dos comerciantes satisfizerem todas as condições exigidas por lei e forem contraditórios, o Tribunal decidirá segundo as outras provas jurídicas, apreciando-as segundo as regras gerais do direito". Aplica-se o princípio do livre convencimento do juiz, que buscará a unidade da prova (CPC15, art. 419).

13.16. A recusa em apresentar os livros em Juízo

A recusa em apresentar os livros em Juízo pode firmar-se em vários fatores, como menciona Moacyr Amaral Santos (1976, 4:144-146): a) no fato de o documento não existir ou não estar em poder do comerciante, por perda ou perecimento; b) na inexistência de obrigação legal de exibir; c) na falta de interesse do requerente; d) em um dos motivos previstos no art. 363 do Código de Processo Civil de 1973 (cuja redação foi reproduzida no art. 404 do Código de Processo Civil de 2015, com o acréscimo de um inciso que remete à obviedade: "disposição legal que justifique a recusa de exibição").

Na hipótese de verificação judicial, entretanto, de natureza falimentar, a recusa por inexistência de obrigação legal ou falta de interesse do requerente será tida como inadmissível, pois o requerido tem obrigação legal de exibir os livros em litígio contra outro empresário que demonstre, por indícios extraídos de seus próprios livros, a existência de relação comercial entre eles. É de aplicar, nesse caso, o art. 400 do Código de Processo Civil de 2015, considerando-se verdadeiros os fatos que, por meio de documento, a parte pretendia provar, ou, na expressão da Lei Falimentar de 1945: "a recusa de exibição ou a irregularidade dos livros provam contra o devedor, salvo a sua destruição ou perda em virtude de força maior" (art. 1º, § 1º, III, do Decreto-lei n. 7.661/45, já revogado).

A mesma solução foi dada pelo Código Civil, no art. 1.192, ao distinguir as soluções para a recusa da apresentação dos livros: a) quando se tratar de exibição integral (comunhão, sucessão, gestão e falência), os livros serão apreendidos judicialmente; e b) nas hipóteses de exibição parcial, ter-se-á como verdadeiro o alegado pela parte contrária para se provar pelos livros. Entretanto, essa confissão resultante da recusa pode ser elidida por prova documental em contrário.

Se a negativa se basear na alegação de estar o documento em poder de terceiro, a solução é outra: o juiz deve mandar citar o terceiro a responder, no prazo de quinze dias (CPC15, art. 401). Negando-se a exibir os livros, o terceiro será ouvido em depoimento, podendo ser expedido mandado de apreensão, com uso de força policial e posterior apuração de crime de desobediência.

Anote-se, por fim, que o perecimento do livro não é motivo bastante para a recusa, uma vez que competem ao empresário a guarda e a conservação do livro, impondo-lhe a lei, igualmente, sua restauração em caso de perda ou extravio. Se a perda ou extravio se deu por motivo de força maior, o ônus dessa prova cabe a quem alega, como bem esclarece Spencer Vampré, ao comentar o art. 1º, n. 8, *b*, da antiga Lei de Falências (Lei n. 2.024, de 1908): "Se o comerciante invoca a perda, ou destruição, dos livros, em virtude de força maior, deve provar esses fatos" (1922, 1:215).

Capítulo 14

DIREITO SOCIETÁRIO – DAS SOCIEDADES EM GERAL

14.1. Noções

Antes da promulgação do novo Código Civil, três eram os diplomas legais que dispunham sobre as espécies societárias admitidas no Direito Comercial brasileiro: o Código Comercial de 1850, o Decreto n. 3.708, de 10 de janeiro de 1919, e a Lei n. 6.404, de 15 de dezembro de 1976. A matéria vem agora tratada nos arts. 40 a 52 e 981 a 1.141 do Código Civil de 2002, revogando expressamente os dispositivos societários constantes do Código Comercial e, tacitamente, do Decreto n. 3.708/19. Permanecem em vigor as disposições referentes às sociedades por ações, previstas na Lei n. 6.404/76. Pela nova legislação, o Direito Societário passa a compreender as seguintes sociedades:

a) sociedade em comum – arts. 986 a 990;

b) sociedade em conta de participação – arts. 991 a 996;

c) sociedade simples – arts. 997 a 1.000;

d) sociedade em nome coletivo – arts. 1.039 a 1.044;

e) sociedade em comandita simples – arts. 1.045 a 1.051;

f) sociedade limitada – arts. 1.052 a 1.087;

g) sociedade anônima – arts. 1.088 e 1.089;

h) sociedade em comandita por ações – arts. 1.090 a 1.092;

i) sociedade cooperativa – arts. 1.093 a 1.096.

14.2. Personalidade jurídica

A personalidade jurídica é uma ficção jurídica, cuja existência decorre da lei. É evidente que às pessoas jurídicas falta existência biológica, característica própria das pessoas naturais. Entretanto, para efeitos jurídicos e, leia-se, para facilitar a vida em sociedade, concede-se a capacidade para uma entidade puramente legal subsistir e desenvolver-se no mundo jurídico. Sua realidade, dessa forma, é social, concedendo-lhe direitos e obrigações.

Nos limites deste *Curso* não há como explorar apropriadamente a importância da personalidade jurídica e seu desenvolvimento histórico até os dias de hoje. Contudo, deve-se conferir o relato que dele faz Franz Wieacker (1967:270): "Uma das criações mais importantes neste domínio é a teoria da pessoa jurídica (*persona moralis*), apenas sugerida no direito justinianeu e construída de forma refletida pela canonística e pelos conciliadores. Na sua atual forma, ela constitui um monumento do trabalho sistemático e conceitual moderno, trabalho cujos fatores propulsores foram: por um lado, a constituição e organização, desde logo, da igreja e, mais tarde e principalmente, do Estado moderno e dos seus organismos territoriais e, por outro lado, a moderna sociedade mercantil".

É unânime o entendimento no sentido de que o passo definitivo para a evolução do conceito jurídico de personalidade deve-se a Savigny, mas o Professor António Menezes Cordeiro (2000:37-38), da Faculdade de Direito de Lisboa, lembra que foi Glück quem introduziu a distinção entre pessoa natural e pessoa moral, cabendo a Heise propor às pessoas jurídicas uma noção geral e diversas classificações, ao anotar: "Os diversos tipos de pessoas jurídicas não são, na minha opinião, quase nunca indicados. Pessoa jurídica é tudo o que, para além da pessoa singular, é reconhecido, pelo Estado, como um sujeito de direitos. Cada uma delas deve, contudo, ter um substrato qualquer, que forme ou represente a pessoa jurídica. Esse substrato pode consistir: 1) em pessoas singulares e isso a) numa única em cada momento (por funcionários públicos), ou b) num conjunto simultâneo de várias pessoas (*universitates*); 2) em coisas, designadamente a) em prédios (por servidões e pelos nossos direitos subjetivos reais) ou b) pelo patrimônio duma pessoa (*fiscus, heriditas*) ou c) por qualquer massa de bens, destinados a um escopo comum e colocados sob uma administração especial (...)".

Carvalho de Mendonça (1953, 3:78), adotando definição de Giorgi, afirma que "a pessoa jurídica é a unidade jurídica, resultante da associação humana, constituída para obter, pelos meios patrimoniais, um ou mais fins, sendo distinta dos indivíduos singulares e dotada da capacidade de possuir e de exercer *adversus ommes* direitos patrimoniais". Para Spencer Vampré (1:350), "pessoa jurídica é uma coletividade de homens, constituída para certo fim, com vida e patrimônio próprios, distintos dos indivíduos que a compõem". Essas definições são suficientes para fixar a noção de pessoa e personalidade jurídica, notando que a lei brasileira é taxativa quanto ao número de pessoas jurídicas admitidas (arts. 40 a 44 do Código Civil).

14.3. Efeitos da personalidade jurídica

Decorre do documento escrito – contrato social ou estatuto – levado a registro a personalidade jurídica, gerando alguns efeitos que já foram mencionados anteriormente e que agora são mais bem desenvolvidos:

a) Titularidade negocial e processual. A sociedade, desde a inscrição de seus atos constitutivos, assume capacidade legal para adquirir direitos e contrair obrigações, podendo figurar, nas ações processuais, tanto no polo ativo como no passivo, para a defesa de seus interesses. É a sociedade que adquire bens, contrata e realiza negócios, embora o faça mediante a intervenção física de uma pessoa humana. A pessoa jurídica não possui membros ou características anímicas que lhe permitam expressar sua vontade à margem dos atos humanos, por isso se obriga por atos de seus administradores, nos limites de seus poderes definidos no ato constitutivo (CC, art. 47).

b) Individualidade própria: os sócios não mais se confundem com a pessoa da sociedade, inclusive quanto à qualidade empresarial. O art. 20 do Código Civil de 1916 já expressava de forma clara esse efeito: "As pessoas jurídicas têm existência distinta da dos seus membros".

c) Responsabilidade patrimonial: a pessoa jurídica possui patrimônio próprio, distinto do de seus sócios. É este patrimônio que se sujeita primariamente a responder pelas dívidas assumidas pela pessoa jurídica. Em algumas sociedades, o contrato prevê a responsabilidade dos sócios por saldos eventualmente existentes, mas esta será sempre de natureza subsidiária ou secundária, não se permitindo a execução de bens pessoais dos sócios antes dos bens da sociedade.

d) Alteração em sua estrutura possibilitando modificar sua ordenação interna, sua realidade societária (limitada, anônima, em comandita simples e por ações, em nome coletivo), seu objeto social, sua estrutura societária, com o ingresso de novos sócios ou a retirada de outros, seu endereço, capital etc. Os autores clássicos não incluem a alteração orgânica como efeito ou elemento da personalidade jurídica. Essa contribuição doutrinária cabe a Rubens Requião (1998:353).

A existência legal das sociedades – como ocorre com as demais pessoas jurídicas de direito privado – começa com a inscrição do ato constitutivo – contrato social ou estatuto. Essa inscrição se faz no Registro Público das Empresas Mercantis, a cargo das Juntas Comerciais, em se tratando de sociedades empresárias, e nos Cartórios Civis das Pessoas Jurídicas, quanto às sociedades simples.

Embora a empresa individual de responsabilidade limitada (EIRELI) e a empresa individual sob forma de limitada, introduzida pela LLE sejam tão somente novas figuras de pessoa jurídica de direito privado ao lado das associações, sociedades e fundações (e não uma nova espécie de sociedade), é bom lembrar que os efeitos do registro aqui estudados aplicam-se a elas, porque encontram-se submetidas ao tratamento legal de regência das sociedades limitadas (CC, art. 980-A, § 6º e art. 1.052, § 2º).

14.4. Direitos da pessoa jurídica

Após a inscrição do ato de constituição da sociedade, com a obtenção de sua personalidade jurídica, alguns direitos são outorgados pelas leis em geral, sendo os mais importantes os que se destinam a prevenir a concorrência desleal.

Como norma, aplica-se às pessoas jurídicas a proteção dos direitos da personalidade (CC, art. 52). Alguns desses direitos vêm estabelecidos em outras leis, como, por exemplo, o direito ao nome, expressamente previsto na atual Constituição Federal e que já foi objeto de estudos nos capítulos anteriores: "a lei assegurará aos autores de inventos industriais privilégio temporário para sua utilização, bem como proteção às criações industriais, à propriedade das marcas, aos nomes de empresas e a outros signos distintivos, tendo em vista o interesse social e o desenvolvimento tecnológico e econômico do País" (art. 5º, XXIX); o direito ao sigilo de suas atividades, abrangendo proteção aos dados registrados em livros empresariais, contas telefônicas, documentos bancários e fiscais; o direito à propriedade em geral, inclusive à intelectual e industrial, capacitando-a a adquirir direitos e assumir obrigações, em ampla atividade negocial. É em seu próprio nome que a sociedade adquire bens móveis e imóveis e, entre aqueles, a propriedade artística, literária, científica e industrial.

Embora se cerque de ampla discussão doutrinária, o direito à indenização por dano moral tem sido admitido entre os juristas e jurisconsultos. Por definição, o dano de natureza moral se caracteriza pelo sofrimento psíquico ou moral, ou, no conceito de Rui Stoco: "ou aceitamos a ideia de que a ofensa moral se traduz em dano efetivo, embora não patrimonial, atingindo valores internos e anímicos da pessoa, ou haveremos de concluir que a indenização tem mero caráter de pena, como punição ao ofensor e não como reparação ou compensação do ofendido. E não temos dúvida de que de dano se trata, na medida em que a Constituição Federal elevou à categoria de bens legítimos que devem ser resguardados por aqueles que são a expressão imaterial do sujeito; seu patrimônio subjetivo, como a dor, a intimidade, a vida privada, a honra e a imagem que, se agredidos, sofrem lesão ou dano que exige reparação" (1997:523).

A indagação que segue é simples: a pessoa jurídica possui valores morais ou, leia-se, "valores internos ou valores da alma" passíveis de ser indenizáveis? Evidentemente, deve-se entender que o conceito moderno de valor moral não se prende a aspectos da dor íntima, mas a muitos outros valores, objetivos, que as pessoas jurídicas, como as físicas, lutam por ver protegidos, por exemplo: o bom nome empresarial, a imagem diante do público, o crédito pessoal. Dessa forma, se a sociedade se vê prejudicada por uma notícia inverídica que a abala perante sua clientela, ou, ainda, se erroneamente, um título já pago é encaminhado a protesto ou se cheque de sua emissão é devolvido, cabe-lhe, sem dúvida, a tutela processual correspondente para sua proteção.

Alexandre Ferreira de Assumpção Alves (1998:121), em excelente monografia a respeito do tema, traz vários exemplos retirados da doutrina e da jurisprudência reconhecendo a existência de dano moral na destruição de algum elemento de seu patrimônio histórico, artístico, cultural ou ecológico; no abalo de seu conceito no mercado; na difusão radiofônica que atinge sua reputação e bom nome; no protesto indevido de título etc.

No campo jurisprudencial a questão encontra-se pacificada com a edição da Súmula 227 do Superior Tribunal de Justiça: "A pessoa jurídica pode sofrer dano moral".

14.5. Desconsideração da personalidade jurídica

A concessão de personalidade jurídica, tendo em vista seus efeitos, leva, muitas vezes, a determinados abusos por parte do titular da empresa individual de responsabilidade limitada e dos sócios das sociedades, atingindo direitos de credores e de terceiros. Nesse caso, vem-se admitindo o superamento da personalidade jurídica com o fim exclusivo de atingir o patrimônio do titular da empresa individual de responsabilidade limitada ou dos sócios da sociedade empresária envolvidos na administração dos negócios. Por essa razão, a teoria do superamento da personalidade jurídica – *disregard of legal entity* – é também conhecida como teoria da penetração (*v.* item 15.2 quanto à responsabilidade dos sócios por fraude no uso da personalidade jurídica).

Historicamente fundamentada no art. 21 do Código Civil de 1916, na parte final do inciso III, a teoria do superamento apenas recentemente vem sendo enfrentada pelos tribunais. De fato, em sua origem, já se previu seu término "quando a pessoa jurídica incorra em atos opostos aos seus fins ou nocivos ao bem público".

Leis recentes deram feição mais moderna às hipóteses de aplicação, por exemplo, o Código do Consumidor (Lei n. 8.078, de 11-9-1990), no art. 28: "O juiz poderá desconsiderar a personalidade jurídica da sociedade quando, em detrimento do consumidor, houver abuso de direito, excesso de poder, infração da lei ou ato ilícito ou violação dos estatutos ou contrato social. A desconsideração também será efetiva quando houver falência, estado de insolvência, encerramento ou inatividade da pessoa jurídica provocados por má administração".

O Código Civil de 2002 determina que, "em caso de abuso da personalidade jurídica, caracterizado pelo desvio de finalidade, ou pela confusão patrimonial, pode o juiz decidir, a requerimento da parte, ou do Ministério Público quando lhe couber intervir no processo, que os efeitos de certas e determinadas relações de obrigações sejam estendidos aos bens particulares dos administradores ou sócios da pessoa jurídica" (art. 50).

O Professor Miguel Pupo Correia (1999:476), da Universidade Lusíada, em Portugal, relaciona casos coletados da jurisprudência portuguesa e mencionados por Pedro Cordeiro, seu conterrâneo[1]:

a) descapitalização de uma sociedade de responsabilidade limitada, transferindo-se o risco da empresa para os credores;

b) empréstimos dos sócios à sociedade de responsabilidade limitada, de modo que, em caso de falência, se arvorem em credores daquela;

---

[1] Algumas hipóteses não são mencionadas na redação do original, razão pela qual se evitou o uso de aspas.

c) confusão entre os bens do sócio e da sociedade, em caso de execução contra a sociedade ou contra o sócio, de forma que se possa sempre apresentar defesa com base na separação patrimonial;

d) contornar o sócio uma proibição de concorrência, por meio do uso da personalidade de sociedade que ele controla;

e) exercício do voto por sócio impedido de deliberar, por meio de sociedade que ele controla;

f) violação de restrição de distribuição de patrimônio social aos sócios, mediante expedientes condenados, tais como elevada remuneração de sócio como se fosse empregado, realização de gastos ruinosos ou elevados em proveito próprio etc.;

g) uma sociedade impedida de adquirir ações próprias adquire-as indiretamente por meio de outra sociedade, de que é sócia majoritária ou controladora;

h) estrangeiros, impedidos de exercer pessoalmente determinadas atividades num país, constituem sociedade para esse mesmo fim.

Casos práticos, coletados na jurisprudência brasileira, serão estudados no capítulo das responsabilidades dos sócios e administradores da sociedade simples.

14.6. Conceito de sociedade

O conceito de pessoa jurídica abrange criações legislativas de direito público – interno ou externo – e de direito privado, cujo número se limita às mencionadas nos arts. 40 a 44 do Código Civil. Entre as de direito privado se encontram as sociedades inscritas no registro público competente.

Sociedade é o contrato celebrado entre pessoas físicas e/ou jurídicas, ou somente entre pessoas físicas (CC, art. 1.039), por meio do qual estas se obrigam reciprocamente a contribuir, com bens ou serviços, para o exercício de atividade econômica e a partilhar, entre si, os resultados.

Esse conceito resulta do novo ordenamento previsto no Código Civil e foi extraído do art. 981. No sistema anterior era possível classificar as sociedades sempre como pessoas jurídicas, embora houvesse doutrinadores que entendessem não ser da essência das sociedades a personalidade jurídica, como, por exemplo, o Professor Mauro Brandão Lopes: "Com o exame desses sistemas – o alemão, o inglês, o americano e o italiano – fica estabelecido o fato de que à figura jurídica da sociedade não é essencial a personalidade" (1990:26).

Assim, em edições desta obra anteriores ao Código Civil de 2002 adotou-se o seguinte conceito: "Sociedade comercial é a pessoa jurídica de direito privado que tem por objeto social a exploração de atividade mercantil". Entretanto, a mudança operada não apenas remodelou o sistema societário como alterou as bases da formação jurídica das sociedades.

Para o novo sistema, nem toda sociedade é pessoa jurídica, tendo sido previstas duas espécies não personificadas. Na primeira, o Código reconhece a existência de relações negociais entre os sócios antes mesmo de inscritos os atos constitutivos. A essa espécie de sociedade sem personalidade o legislador optou por denominar "sociedade em comum" (CC, arts. 986 a 990), elaborando regras que permitem pacificar os conflitos decorrentes da assunção de obrigações entre os sócios e para com terceiros. Na segunda, a nova legislação assenta o entendimento de que os contratos em conta de participação são sociedades, embora desprovidas de personalidade jurídica, regulamentando-as nos arts. 991 a 996.

Além de personificadas e não personificadas, as sociedades foram divididas, quanto ao objeto de suas atividades, em duas grandes categorias: as sociedades simples e as empresárias. Simples[2] é a sociedade que possui objeto social distinto da atividade própria de empresário, que, por sua vez, consiste no exercício de atividade econômica organizada para a produção ou circulação de bens ou serviços[3]. O objeto da sociedade simples poderá incluir a prestação de serviços intelectuais, artísticos, científicos ou literários.

No conceito adotado pelo Código Civil de 2002 a expressão "simples" faz distinção entre o empresário e o não empresário, na mesma linha da dicotomia anterior existente entre o ato de comércio e o ato civil. Dentro da estrutura do Direito de Empresa a diferenciação ocorre no confronto entre a atividade empresarial – complexo de atos de natureza econômica, realizados profissionalmente sob uma organização – e os atos que não o são.

---

[2] BRASIL, *Código Civil*, art. 982: "Salvo as exceções expressas, considera-se empresária a sociedade que tem por objeto o exercício de atividade própria de empresário sujeito a registro (art. 967); e, simples, as demais. Parágrafo único. Independentemente de seu objeto, considera-se empresária a sociedade por ações; e, simples, a cooperativa".

[3] BRASIL, *Código Civil*, art. 966: "Considera-se empresário quem exerce profissionalmente atividade econômica organizada para a produção ou a circulação de bens ou de serviços. Parágrafo único. Não se considera empresário quem exerce profissão intelectual, de natureza científica, literária ou artística, ainda com o concurso de auxiliares ou colaboradores, salvo se o exercício da profissão constituir elemento de empresa".

Distingue-se, pois, a sociedade empresária da simples porque sua atividade é caracterizada por três elementos formadores: a) a economicidade – consistente na criação de riquezas; b) a organização – representada por uma estrutura visível, de fatores objetivos e subjetivos de produção; e c) a profissionalidade – ou habitualidade de seu exercício[4].

Fundindo essas noções com o conceito de sociedade, pode-se concluir que sociedade empresária é o contrato celebrado entre pessoas físicas ou jurídicas, ou somente entre pessoas físicas (art. 1.039), por meio do qual estas se obrigam reciprocamente a contribuir, com bens ou serviços, para o exercício de atividade econômica organizada para a produção ou a circulação de bens ou serviços.

A lei brasileira exige a reunião de duas ou mais pessoas não sendo possível, em regra, no direito pátrio, a expressão sociedade unipessoal, preferindo o legislador brasileiro outra forma de unipessoalidade, atribuindo-a à empresa – não à sociedade – e denominando-a de empresa individual de responsabilidade limitada.

A EIRELI mostra-se obsoleta a partir da sanção da LLE (Lei n. 13.874/2019) que alterou o Código Civil (art. 1.052, § 1º) e possibilitou o exercício da atividade econômica por uma única pessoa, sob a forma de responsabilidade limitada.

Entendemos que essa nova forma de exercício de atividade econômica que, na prática, a substitui não é uma sociedade unipessoal, mas uma

---

[4] Sylvio Marcondes, autor do projeto do Livro II, em conferência produzida na Comissão Especial do Código Civil, da Câmara dos Deputados, apresentou a matéria do seguinte modo: "Esse conceito conjuga, ou nele se conjugam, três elementos que formam a noção de empresário. Em primeiro lugar, trata-se de atividade econômica, isto é, atividade referente à criação de riquezas, bens ou serviços. A economicidade da atividade está na criação de riquezas; de modo que aquele que profissionalmente exerce qualquer atividade, que não seja econômica ou não seja atividade de produção de riquezas, não é empresário. Em segundo lugar, esta atividade deve ser organizada, isto é, atividade em que se coordenam e se organizam os fatos de produção: trabalho, natureza, capital. É a conjugação desses fatores, para produção de bens ou de serviços, que constitui a atividade considerada organizada, nos termos do preceito do projeto. Finalmente, ela é uma atividade profissional: 'Considera-se empresário quem exerce profissionalmente...', isto é, a habitualidade da prática da atividade, a sistemática dessa atividade e que, por ser profissional, tem implícito que é exercida em nome próprio e com ânimo de lucro. Essas duas ideias estão implícitas na profissionalidade do empresário" (*Questões de Direito Mercantil*, São Paulo, Saraiva, 1977, p. 10-11).

variação da empresa individual de responsabilidade limitada sem limitação de capital, permitida a qualquer atividade – simples ou empresarial.

Trata-se de uma nova pessoa jurídica de responsabilidade limitada, para a qual o legislador não encontrou denominação adequada, preferindo, à margem do sistema jurídico, denominá-la sociedade limitada unipessoal.

E, realmente, há dificuldade de dar-lhe um nome: empresa individual não é porque possível a adoção desse modelo para o exercício de atividades não empresariais.

E embora o sumário executivo da Lei n. 13.874/2019, redigido quando da tramitação no Senado Federal, proclame que o dispositivo previsto no art. 7º "admite sociedade limitada com apenas um sócio (sociedade limitada unipessoal) nos novos parágrafos ao art. 1.052 do Código Civil, seguindo tendência de países como Alemanha, China e Estados Unidos da América", na verdade não o faz.

Isto se afirma porque não há menção no novo texto legislativo de alteração do disposto no art. 981 do Código Civil que, textualmente, desabona a possibilidade de criação de uma sociedade unipessoal no Direito brasileiro: "celebram contrato de sociedade as pessoas que reciprocamente se obrigam a contribuir, com bens ou serviços, para o exercício da atividade econômica e a partilha, entre si, dos resultados".

Diversamente do que ocorre entre os sócios que *celebram* sociedade limitada, para se constituir uma pessoa jurídica, em que o único instituidor responde limitadamente, não há necessidade de contrato (ninguém contrata consigo mesmo). Nesse caso, o instituidor não contrata pessoa jurídica, mas simplesmente a institui.

Entre todas as dificuldades técnicas que apresenta, o texto aprovado inclui nova redação ao art. 980-A, § 7º, e afirma que "somente o patrimônio social da empresa responderá pelas dívidas da empresa individual de responsabilidade limitada, hipótese em que se confundirá, em qualquer situação, com o patrimônio do titular que a constitui, ressalvados os casos de fraude".

Veja-se que, neste dispositivo, o legislador utiliza o vocábulo "empresa" e não "sociedade", dando a entender que, longe de saber distinguir entre esses conceitos, pretendeu reafirmar que o exercício de empresa ou outra atividade econômica sob forma unipessoal se dá mediante a separação patrimonial (como já ocorre na EIRELI), não por celebração de "contrato unipessoal".

14.7. Classificação das sociedades mercantis

No ordenamento vigente no sistema da comercialidade eram utilizados alguns critérios de classificação das sociedades mercantis. Rubens Requião (2003:361-364) menciona quatro: a) responsabilidade dos sócios; b) personificação; c) forma de capital; e d) estrutura econômica. Fábio Ulhoa Coelho (2017:139) apresenta os seguintes: a) responsabilidade; b) regime de constituição e dissolução; c) condições de alienação da participação acionária; d) quantidade de sócios; e e) nacionalidade. Dylson Doria (1995:161-163) estuda os outros semelhantes: a) extensão da responsabilidade dos sócios; b) influência dos sócios sobre a sociedade; e c) variação do capital social.

De todas essas classificações, mostram-se relevantes as que consideravam os critérios da responsabilidade dos sócios e da estrutura econômica, que correspondem às hipóteses *a* e *d* do primeiro autor; *a* e *c* do segundo e *a* e *b* do terceiro autor.

Na verdade, os autores dão nomes diferentes para uma só classificação. A que Rubens Requião nomeia como "estrutura econômica" Fábio Ulhoa denomina "condições de alienação da participação acionária", e Dylson Doria prefere classificar sob a rubrica "influência dos sócios".

Do estudo desses três autores é possível traçar um quadro resumido:

CRITÉRIOS	REQUIÃO	ULHOA	DORIA
Responsabilidade dos Sócios	• limitadas (ltda., s/a) • ilimitadas (em nome coletivo, irregulares, de fato e tácitas) • mistas (comandita simples, comandita por ações, capital e indústria e em conta de participação)	• limitadas (ltda., s/a) • ilimitadas (em nome coletivo) • mistas (em comandita simples, em comandita por ações, capital e indústria e em conta de participação)	• limitadas (ltda., s/a) • ilimitadas (em nome coletivo, irregulares) • mistas (em comandita simples, em comandita por ações, de capital e indústria e em conta de participação)
Personificação	• personificadas (todas as demais) • não personificadas (sociedades de fato, irregulares e em conta de participação)	• não menciona	• não menciona
Forma de Capital	• capital variável (cooperativas) • capital fixo (todas as sociedades)	• não menciona	• idem a Requião

CRITÉRIOS	REQUIÃO	ULHOA	DORIA
Estrutura Econômica (Requião) – Condições de Alienação (Ulhoa)	• de pessoas (sociedades em nome coletivo, em comandita simples, de capital e indústria, em conta de participação e limitadas) • de capitais (s/a e em comandita por ações)	• inclui o tipo misto, no qual estaria inserida a sociedade limitada	• inclui as sociedades limitadas entre as de capitais
Regime de Constituição e Dissolução	• não menciona	• institucionais: s/a e em comandita por ações • contratuais: todas as demais	• não menciona
Quantidade de sócios	• não menciona	• unipessoais • pluripessoais	• não menciona
Quanto à Nacionalidade	• não menciona	• estrangeiras • nacionais	• não menciona

14.8. Classificação das sociedades no sistema da empresalidade

A apresentação da matéria no novo Código Civil, no Livro II – do Direito de Empresa, permite o estudo das sociedades em classificações que decorrem dos títulos e subtítulos dos capítulos, bem como de seu conteúdo.

14.8.1. Sociedades não personificadas e personificadas

Atendendo ao critério da apresentação da matéria legislativa, em relação à divisão proposta quanto à existência de personalidade, as sociedades são divididas em: (1) não personificadas, as que não gozam de personalidade jurídica; e (2) personificadas, as que se constituem por documento inscrito no Registro Público das Empresas Mercantis ou no Registro Civil das Pessoas Jurídicas. Inserem-se entre as primeiras as sociedades em comum (arts. 986 a 990) e as em conta de participação (arts. 991 a 996).

14.8.2. Sociedades simples e sociedades empresárias

Em relação à atividade desenvolvida, as sociedades se classificam em: (1) empresárias, as que exercem atividade econômica organizada para a produção ou a circulação de bens ou serviços; e (2) simples, todas as demais, isto é, as que, embora exerçam atividade econômica, não desenvolvem o objeto próprio das empresárias (CC, art. 982).

14.8.3. Sociedades empresárias por natureza e empresárias por equiparação

Considerando, ainda, a natureza da atividade econômica desenvolvida, as sociedades podem ser empresárias por força de lei (CC, art. 982) e empresárias por equiparação (CC, art. 984), constituindo estas as que tenham por objeto o exercício de atividade rural.

14.8.4. Sociedades de pessoas e de capitais

Em relação à maior ou menor importância da *affectio societatis* na vida da sociedade, estas se classificam em sociedades de pessoas, de capitais e mistas. Spencer Vampré (vol. 2:10) distingue as sociedades de capitais das de pessoas pelo critério da "transmissibilidade dos direitos e obrigações de cada sócio, permitindo a qualquer indivíduo adquirir uma parte de direitos na sociedade, ou dela retirar-se à vontade. As sociedades de pessoas não têm este último característico e, além disso, todos os sócios não têm responsabilidade limitada, salvo na sociedade limitada por quotas".

É, portanto, em razão dessa maior ou menor importância da *affectio societatis* que as sociedades se classificam em sociedades de pessoas e de capitais.

Obviamente, em ambos os grupos há necessidade, em sua formação, de elementos pessoais e de capital; sem eles inexistiria contrato de sociedade. Entretanto, se há predominância em sua formação de qualidades pessoais, de sorte que a mera substituição de um sócio pode acarretar sua dissolução ou a impossibilidade de sua continuação, então se diz que a sociedade é pessoal. Se o caráter pessoal é secundário, e a substituição de sócio se faz livremente, sem necessidade de prévia consulta ou até mesmo conhecimento dos demais sócios, então, à evidência, trata-se de sociedade de capitais.

Carvalho de Mendonça bem descreve a distinção entre ambas (1953, 3:62): "Nas primeiras, os sócios aceitam-se, tendo em consideração suas qualidades pessoais e, por isso, se dizem formadas *intuitu personae*; os credores sociais podem contar, além do capital social, com o patrimônio de todos ou de alguns dos sócios. Essas sociedades repousam na confiança recíproca dos sócios. Essas sociedades repousam na confiança recíproca, na solvência, no crédito, na honradez, na experiência dos sócios. A morte de um deles importa a dissolução, e a parte dos sócios, denominada quota, não pode ser acessível entre vivos nem transmissível *causa mortis*, salvo com o consentimento unânime dos outros sócios. Os sócios não podem subtrair essa quota das obrigações sociais. Nas segundas, atende-se exclusivamente às entradas de cada sócio. São os capitais que se unem, não as pessoas. A garantia de terceiros está unicamente no capital social. Essas sociedades fundam-se na força do capital, pelo que as entradas de todos os sócios, representadas por ações, são títulos transmissíveis e negociáveis. A morte do sócio de responsabilidade limitada não exerce a menor influência sobre a sociedade e nem se concebe que possa haver nulidade de tais sociedades fundada em erro sobre a pessoa".

Os doutrinadores mais antigos não mencionam as sociedades mistas, mas alguns juristas modernos o fazem, como é o caso de Waldirio Bulgarelli (1996:36), que as inclui, "tendo em vista a questão da responsabilidade dos sócios". Nessas sociedades convivem sócios de responsabilidade capitalista e outros com responsabilidade pessoal.

Na vigência do Código Comercial, nas sociedades chamadas pessoais, a cessão da participação dos sócios na sociedade ou o ingresso de um novo sócio por aumento de capital somente se processava por decisão unânime dos sócios (CCom, art. 334); a morte de um sócio acarretava a extinção da sociedade (CCom, art. 335, 4). No novo sistema, as exigências para a alteração social foram abrandadas e algumas regras acrescentadas, visando evitar o perecimento da empresa por ocasião da redução da quantidade de sócios a número inferior a dois: os sócios ainda não podem ser substituídos no exercício de suas funções sem o consentimento dos demais (CC, art. 1.002), nem ceder suas cotas sem a anuência de todos os outros (CC, art. 1.003), cabendo a administração da sociedade, em alguns casos, somente a sócios (CC, art. 1.042), que serão, necessariamente, pessoas físicas (CC, art. 1.039).

Com base nesses novos delineamentos, mantém-se, ainda hoje, possível a classificação das sociedades em pessoais, mistas e de capitais. São tipicamente pessoais as simples e as em nome coletivo. Possuem elementos mistos, a sociedade em conta de participação e as sociedades em comandita, simples e por ações, e, finalmente, é característica de capital a sociedade anônima. As sociedades limitadas receberam tratamento especial:

a) faculta-se-lhes a regência pelas normas das sociedades simples (art. 1.053);

b) seus sócios poderão ou não dispor livremente de suas cotas (CC, art. 1.057);

c) o contrato pode permitir que a administração se faça por sócios ou por não sócios (CC, art. 1.061).

Dessa forma, dependendo da estrutura escolhida em sua constituição, a sociedade limitada será uma sociedade de pessoa ou de capital. O tratamento especial dado a ela já existia na vigência do Decreto n. 3.708/19, razão pela qual a doutrina não se definia quanto a sua natureza, havendo quem a classificasse como sociedade pessoal, de capital, mista ou especial. Parece mais correto afirmar que essa sociedade poderá, pelas características que adotar, ter o formato de pessoas ou de capital.

14.8.5. Sociedades não identificadas por nome, identificadas por firmas, sociedades com denominação e sociedades com firma ou denominação

Em relação ao nome que adotam, as sociedades podem ser classificadas em:

a) sociedades não identificadas por nome, que são as que, faltando-lhes a personalidade jurídica, não comportam identificação própria. Incluem-se nessa categoria as sociedades em comum e as em conta de participação;

b) sociedades caracterizadas exclusivamente por firma, formada por nomes pessoais dos sócios, de forma completa ou abreviada: sociedade em nome coletivo e sociedade em comandita;

c) sociedades que usam exclusivamente denominação consistente na adoção de uma expressão linguística não vedada: sociedade anônima;

d) sociedades às quais se permite a identificação por firma ou denominação: sociedade limitada, em comandita por ações, simples (CC, arts. 997, II e VIII, e 1.157).

14.8.6. Sociedades dependentes de autorização

Algumas sociedades, em razão de sua atividade ou origem, subordinam-se à obtenção de autorização para funcionamento, alteração ou modificação de seus atos de constituição. Assim ocorrendo, a autorização será outorgada sempre pelo Poder Executivo federal, e, uma vez concedida, salvo estipulação em contrário, obrigará o início das atividades até doze meses depois da publicação do ato autorizador.

São dependentes de autorização, entre outras, as seguintes:

a) as sociedades estrangeiras;

b) as sociedades que tenham por objeto a subscrição para revenda e a distribuição de títulos ou valores imobiliários (art. 3º, III, da Lei n. 4.728/65);

c) as sociedades corretoras de títulos financeiros (art. 3º, II, da Lei n. 4.728/65);

d) as sociedades que tenham por objeto atividades de intermediação na distribuição de títulos ou valores mobiliários (arts. 5º, IV, e 12 da Lei n. 4.728/65);

e) as sociedades de investimento que tenham por objeto a aplicação de capital em carteira diversificada de títulos ou valores mobiliários (art. 49, I, da Lei n. 4.728/65);

f) as sociedades de investimento que tenham por objeto a administração de fundos em condomínio ou de terceiros, para aplicação em carteira diversificada de títulos ou valores mobiliários (art. 49, II, da Lei n. 4.728/65);

g) as sociedades ou instituições financeiras (art. 3º, III, da Lei n. 4.728/65);

h) as companhias hipotecárias (art. 2º da Resolução n. 2.122/94 do Banco Central do Brasil);

i) as sociedades de seguros, resseguro, previdência e capitalização (arts. 36 e 74 a 77 do Decreto-lei n. 73, de 21-12-1966);

j) as sociedades cooperativas, quando a lei exigir, como ocorre, por exemplo, com as cooperativas de crédito (BACEN, Resolução n. 3.106, de 25 de junho de 2003) e as de plano de assistência à saúde (art. 8º da Lei n. 9.656/96, com a redação que lhe deu a MP n. 2.177-44/2001);

k) as sociedades operadoras de plano de assistência à saúde (art. 8º da Lei n. 9.656/96, com a redação que lhe deu a MP n. 2.177-44/2001).

14.8.7. Sociedades nacionais e estrangeiras

Na distinção entre sociedades nacionais e estrangeiras reside tormentosa questão sobre a nacionalidade das pessoas jurídicas. O conceito de nacionalidade de sociedades comerciais tem origem na Bélgica. No Brasil, conforme ensina João Grandino Rodas (1995:78), desde a promulgação do Decreto n. 123, de 11 de novembro de 1892, que regulava a navegação de cabotagem, definiu-se o conceito de sociedade ou empresa brasileira. Posteriormente diversas leis trataram do tema.

O art. 11 do Decreto-lei n. 4.657, de 4 de setembro de 1942 (Lei de Introdução às Normas do Direito Brasileiro), afirma que "as organizações destinadas a fins de interesse coletivo, como as sociedades e as fundações, obedecem à lei do Estado em que se constituírem". Em seguida, arremata, no § 1º: "Não poderão, entretanto, ter no Brasil filiais, agências ou estabelecimentos antes de serem os atos constitutivos aprovados pelo Governo brasileiro, ficando sujeitas à lei brasileira".

Por esse sistema, as sociedades estrangeiras se constituem sob a égide da lei de seu Estado de origem, mas se sujeitam à lei brasileira durante seu funcionamento no Brasil.

A Constituição de 1988 trouxe, no art. 171, distinção entre empresa brasileira, empresa brasileira de capital nacional e empresa estrangeira, diferenciando uma e outras segundo os seguintes critérios:

a) brasileira: a constituída sob as leis brasileiras e que tenha sede e administração no País;

b) brasileira de capital nacional: aquela cujo controle efetivo esteja em caráter permanente sob a titularidade direta ou indireta de pessoas físicas domiciliadas e residentes no País ou de entidades de direito público interno, entendendo-se por controle efetivo da empresa a titularidade da maioria do capital votante e o exercício de fato e de direito do poder decisório para gerir suas atividades;

c) estrangeira, as demais, *a contrario sensu*.

A Emenda Constitucional n. 6/95, de 15 de agosto de 1995, revogou o art. 171 e trouxe uma forma de tratamento diferenciado às empresas "de pequeno porte constituídas sob as leis brasileiras e que tenham sua sede e administração no País" (art. 170, IX, da Constituição). O novo texto considerou serem brasileiras as empresas que se constituírem sob as leis brasileiras, com sede e administração no Brasil, tal qual estatuído na Lei de Introdução ao Código Civil de 1916.

O Anteprojeto do Código Civil (Projeto de Lei da Câmara n. 634/75) originalmente trazia idêntica distinção nos arts. 1.126 e s., ao estabelecer: "é nacional a sociedade organizada de conformidade com a lei brasileira e que tenha no País a sede de sua administração" (art. 1.126).

Posteriormente, pela Emenda n. 119, de 17 de setembro de 1984, apresentada pelo então congressista Fernando Henrique Cardoso, deu-se nova redação ao dispositivo: "Para ser nacional, a sociedade deve, cumulativamente: I – ser organizada de conformidade com a lei brasileira; II – ter no Brasil a sede de sua administração; e III – ter seu capital votante sob o controle de brasileiro ou de sociedade nacional".

O novo acréscimo, "capital votante sob o controle de brasileiro ou de sociedade nacional", pretendeu restringir o conceito, incluindo, além da organização ou localização da sede da sociedade, também a origem de seu capital.

Entretanto, na qualidade de Presidente da República, coube ao mesmo congressista sancionar o novo Código Civil com a redação original, considerando nacional a sociedade organizada de conformidade com a lei brasileira e que tenha no País a sede de sua administração (art. 1.126).

A contrario sensu, são estrangeiras todas as sociedades que não se sujeitarem ao duplo requisito, e, nessa condição, necessitam de autorização do Poder Executivo para funcionarem no País (art. 1.134), mediante concessão em requerimento de seu interesse, que poderá estabelecer condições convenientes à defesa dos interesses nacionais (art. 1.135).

Uma vez autorizadas, as sociedades estrangeiras: (a) sujeitam-se ao mesmo procedimento autorizatório do Poder Executivo para alterar seu contrato ou estatutos (art. 1.139); (b) submetem-se, às leis e aos tribunais brasileiros, quanto aos atos praticados no Brasil (art. 1.137); (c) obrigam-se a manter, de forma permanente, representante no território nacional, com poderes para resolver quaisquer questões e receber citação judicial (art. 1.138); e (d) podem nacionalizar-se, mediante autorização do Poder Executivo, transferindo sua sede para o Brasil (art. 1.141).

A sociedade estrangeira usará seu nome comercial inscrito no país de origem, sendo-lhe facultado acrescer a expressão "do Brasil" ou "para o Brasil" (art. 1.137, parágrafo único).

Os pedidos de autorização para funcionamento de filial, agência, sucursal ou estabelecimento no Brasil, por sociedade empresária estrangeira, estão regulados pela IN DREI n. 77, de 18 de março de 2020.

14.8.8. Sociedade de capital fixo ou variável

Em regra, os sócios, no momento da constituição das sociedades, fixam seu capital inicial, estipulando-o em moeda ou bens suscetíveis de avaliação pecuniária. Trata-se de elemento essencial à constituição de toda e qualquer sociedade – simples ou empresária. Entretanto, é da tradição do direito pátrio a existência de sociedade cujo capital se caracterize por ser variável.

É de capital variável a sociedade cooperativa para cuja constituição concorre um número mínimo de sócios, mas sem a limitação de número máximo, possibilitando, com adesões supervenientes, sem que seja necessária a alteração da cláusula correspondente, o aumento do montante do capital social.

O Código Civil de 2002, além de manter a característica de variabilidade do capital social (art. 1.094, I), que já se encontra na Lei n. 5.764, de 16 de dezembro de 1971, em seu art. 4º, II, acrescentou a expressão "dispensa do capital social". Há, a partir da vigência da nova legislação, portanto, a possibilidade de existir sociedade sem fixação de capital social.

A esse respeito Carvalho de Mendonça já mencionava a existência de sociedade cooperativa sem capital: "se podem organizar sem capital (Decreto n. 22.239, art. 6º, § 6º), tais são: as cooperativas de crédito agrícola, organizadas em pequenas circunscrições rurais, sob a responsabilidade pessoal, solidária e ilimitada dos sócios, para o fim de emprestar dinheiro a estes e receber em depósito as suas economias. Tais sociedades podem constituir-se com ou sem capital (Lei n. 1.637, art. 14, n. 5, *in fine*, 23). Não se tratando dessa extraordinária exceção, as cooperativas devem ter o seu capital, ainda que, como dissemos, não seja determinada previamente a importância total no ato constitutivo" (1953, 4:258). Advirta-se que o exemplo não vale para os dias de hoje, uma vez que as cooperativas de crédito são obrigadas a observar limites mínimos em relação ao capital integralizado e ao Patrimônio Líquido, conforme dispõe o art. 19 da Resolução do Banco Central do Brasil n. 4.434, de 5 de agosto de 2015.

14.8.9. Sociedades coligadas e não coligadas

Em relação à existência ou não de relações de capital entre as sociedades, estas se classificam em não coligadas e coligadas. São chamadas coligadas as sociedades cujo capital ou parte dele pertence a outra sociedade. A coligada será considerada em outras três subespécies: controlada, filiada ou de simples participação, conforme a extensão da relação de capital em poder de outra.

A controlada distingue-se em controlada por controle direto ou por controle indireto. A primeira é aquela cujo capital pertence a outra sociedade, que possui a maioria de votos nas deliberações dos cotistas ou assembleia geral, permitindo-lhe eleger a maioria dos administradores (CC, art. 1.098, I); a segunda – controlada por controle indireto – é aquela cujo controle de ações ou quotas se encontra em poder de outra sociedade ou sociedades, que, por sua vez, é ou são controladas por outra, que possui a maioria de votos nas deliberações dos cotistas ou assembleia geral, permitindo-lhe eleger a maioria dos administradores (CC, art. 1.098, II).

Filiada é a sociedade cujo capital, na ordem de dez por cento ou mais, pertence a outra sociedade, que, entretanto, não a controla (CC, art. 1.099).

De simples participação é a sociedade de cujo capital outra sociedade possua menos de dez por cento com direito a voto (CC, art. 1.100).

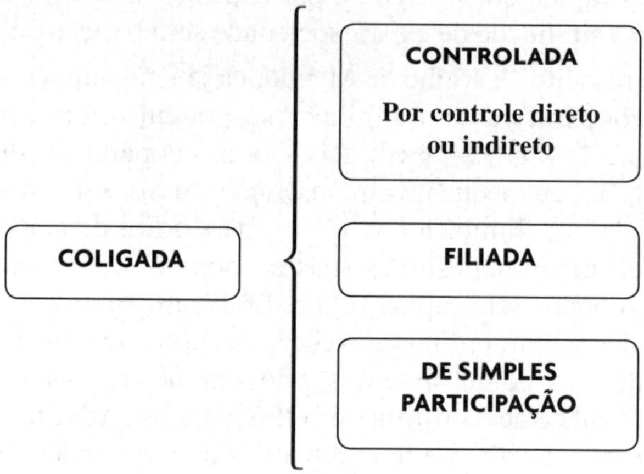

Capítulo 15

RESPONSABILIDADE DA SOCIEDADE E DOS SÓCIOS – PRINCÍPIOS GERAIS

15.1. A responsabilidade das pessoas em geral

Antecedendo o estudo propriamente dito da responsabilidade dos sócios pelo pagamento de obrigação da sociedade a que estiverem associados, é essencial estabelecer um quadro sobre a responsabilidade do empresário – ou mesmo do não empresário – que exerça sua atividade de forma individual ou coletiva.

Quatro princípios norteiam a responsabilidade patrimonial da pessoa física ou jurídica: a) o princípio da responsabilidade ilimitada, primária, comum a todas as pessoas, pela prática de ato próprio; b) o princípio da unidade patrimonial; c) o princípio da igualdade de tratamento entre os credores comuns do devedor, e, na execução coletiva, decorrente de falência ou de decretação de insolvência civil; d) o concurso universal de credores, moldado pela *pars conditio creditorum.*

15.2. Responsabilidade primária e secundária

O primeiro princípio estabelece que qualquer pessoa, física ou jurídica – empresária ou não –, responde sempre de forma ilimitada, com bens presentes e futuros, pelas obrigações assumidas, conforme dispõe o art. 789 do Código de Processo Civil de 2015. Trata-se de responsabilidade patrimonial primária: "O devedor responde, para o cumprimento de suas obrigações, com todos os seus bens presentes e futuros, salvo as restrições estabelecidas em lei".

Por responsabilidade patrimonial secundária entende-se aquela que sujeita outras pessoas e respectivos patrimônios às obrigações do responsável primário. Na hipótese de constituição societária, o sócio é responsável secundário, nos termos das regras legais que distinguem cada uma das sociedades. É o que decorre do art. 790 do Código de Processo Civil de 2015.

A lei processual concede ao sócio de responsabilidade ilimitada – em razão de sua posição secundária na linha executória – o benefício de ver excutidos primeiramente os bens pertencentes à sociedade, antes da execução dos seus próprios bens. O *beneficium excussionis personalis* encontra-se no § 1º do art. 795 do CPC15, em harmonia com as regras inseridas nos capítulos referentes às sociedades, no Código Civil: "Os bens particulares dos sócios não respondem pelas dívidas da sociedade senão nos casos previstos em lei; o sócio, demandado pelo pagamento da dívida, tem direito a exigir que sejam primeiro excutidos bens da sociedade".

15.3. Unidade patrimonial do devedor

No direito brasileiro, as pessoas naturais e jurídicas, de forma geral e ordinariamente, possuem somente um patrimônio. Esse princípio, denominado unidade patrimonial do devedor – empresário ou não –, vinha previsto no art. 57 do Código Civil brasileiro de 1916: "O patrimônio e a herança constituem coisas universais, ou universalidades, e como tais subsistem, embora não constem de objetos materiais". O novo Código preferiu a expressão "complexo de relações jurídicas", caracterizando-o com outra: "dotadas de valor econômico" (art. 91).

A cada pessoa – natural ou jurídica – a lei atribui um e somente um complexo de relações jurídicas (patrimônio) dotadas de valor econômico, rejeitando a ideia de conceber universalidades separadas para o fim de, com essas, pagar exclusivamente um conjunto específico de credores.

Como corolário desse dispositivo, que confere a cada pessoa um e somente um patrimônio, segue-se a regra do art. 1.566 do Código Civil de 1916: "Não havendo título legal à preferência terão os credores igual direito sobre os bens do devedor comum", reproduzido pelo art. 957 do novo diploma. As considerações que decorrem desses dispositivos já foram objeto de exposição anterior (*v.* item 5.2).

15.4. Unidade patrimonial – impenhorabilidade e estabelecimento empresarial

A lei, contudo, por razões sociais, religiosas e humanitárias, reserva alguns casos de não incidência de responsabilidade patrimonial sobre alguns bens, como ocorre na instituição do bem de família pela Lei n. 8.009/90 ou nas hipóteses de impenhorabilidade previstas no art. 833 do CPC15. Desse rol, especial atenção deve ser dada ao fundo de comércio – ou estabelecimento empresarial –, definido como o complexo de bens corpóreos e incorpóreos utilizados pelo empresário para o exercício de sua atividade.

Embora ao empresário se atribua a escolha de bens que integrarão o estabelecimento, essa separação volitiva não outorga a eles o caráter de universalidade diversa ou, como em outras legislações, o caráter de pessoa jurídica autônoma, conforme já se estudou no capítulo referente ao estabelecimento empresarial.

Uma segunda observação se faz à hipótese de impenhorabilidade prevista no art. 883, V, do Código de Processo Civil de 2015, tornando impenhoráveis os livros, as máquinas, os utensílios e os instrumentos necessários ou úteis ao exercício da profissão do executado. Visto sob essa ótica, o estabelecimento se define como instrumento de exercício da profissão empresarial, integrado por máquinas, utensílios e instrumentos necessários ou úteis ao exercício da profissão. Indaga-se: o estabelecimento se situaria entre os bens impenhoráveis?

A jurisprudência vem interpretando restritivamente a regra processual, acentuando o caráter pessoal do exercício de qualquer profissão. Nesse caso, somente o empresário individual – e de pequeno porte – poderia suscitar a impenhorabilidade, como tem sido reiterado na Alta Corte em matéria infraconstitucional: "RECURSO ESPECIAL. PROCESSUAL CIVIL. ART. 649, V, DO CPC/73. INSTRUMENTOS OU OUTROS BENS MÓVEIS NECESSÁRIOS OU ÚTEIS AO EXERCÍCIO PROFISSIONAL. IMPENHORABILIDADE. PESSOAS JURÍDICAS. MICROEMPRESA. 1. A Corte Especial do Superior Tribunal de Justiça, por ocasião do julgamento do REsp 1.114.767/SP, representativo da controvérsia, apreciando hipótese de empresário individual, considerou ser aplicável a impenhorabilidade do art. 649, inciso V, do Código de Processo Civil de 1973 a pessoas jurídicas, notadamente às pequenas empresas, empresas de pequeno porte ou firma individual quanto aos bens necessários ao desenvolvimento da atividade objeto do contrato social. 2. A impenhorabilidade do art. 649 inciso V do CPC/73, correspondente ao art. 833 do CPC/2015, protege os empresários individuais, as pequenas e as microempresas, onde os sócios exerçam sua profissão pessoalmente, alcançando apenas os bens necessários às suas atividades. 3. Recurso especial parcialmente provido" (REsp n. 1224774/MG, a 4ª Turma do STJ, em 10-11-2016, Rel. Min. Maria Isabel Gallotti).

Observa-se, contudo, sua total inaplicabilidade ao empresário individual falido, uma vez que, com o decreto falimentar, cessa o exercício da atividade empresarial. Tais bens são perfeitamente arrecadáveis na falência, conquanto possam não ser penhorados na execução comum.

15.5. Unidade patrimonial e falência

Em se tratando de sociedades, a regra da unidade patrimonial não se altera: os bens sociais respondem pelas obrigações decorrentes do exercício da atividade – empresarial ou não. Havendo falência ou insolvência, a lei traz regra clara acerca da universalidade de bens arrecadáveis, sejam direitos, ações, assim como bens adquiridos no curso do processo, conforme dispõem o art. 103 da LREF e o art. 766, I, do CPC73. Observe-se que as disposições (CPC73, arts. 748 até 786-A) relativas às execuções contra devedor insolvente foram mantidas, conforme expressamente dispõe o art. 1.052 do CPC15.

Fica evidenciado que a lei não distingue os credores por classes que indiquem a origem de seus créditos. Na falência não há separação entre credores decorrentes da atividade empresarial daqueles que não o são. Da mesma forma na insolvência civil.

O título representativo de cobrança ou de habilitação na falência do empresário pode ter natureza puramente empresarial ou decorrer de exercício de atividade não empresarial. Em ambos os casos, esse título estará sujeito ao mesmo rateio, observando-se, no concurso de credores – na insolvência civil ou na falência –, a classe que lhe couber, de acordo com o direito de preferência que possuir.

15.6. Unidade patrimonial e a *pars conditio creditorum*

Na execução coletiva – falimentar ou insolvente – a regra da unidade patrimonial se une a outra, a do concurso universal de credores, previsto no art. 115, com as exceções do art. 5º, ambos da LREF, e no art. 768 do CPC73, visando obediência a um quarto princípio, o da *pars conditio creditorum,* a igualdade de tratamento dos credores no concurso universal.

O princípio da igualdade, conforme nos lembra Carvalho de Mendonça, tem origem no direito romano[1] e consiste, entre outras aplicações, no pagamento por rateio, segundo cada classe de credores (v. g., privilegiados, fiscais, acidentários, quirografários), impedindo se dê tratamento privilegiado ou se faça pagamento antecipado a qualquer credor da massa.

Exemplo: considerando a habilitação de quatro credores trabalhistas, somando R$ 100.000,00 (50.000,00 + 10.000,00 + 25.000,00 + 15.000,00), e, ainda, supondo que a massa arrecadada atinja apenas 80.000,00, cada credor receberá proporcionalmente ao valor arrecadado: o credor com direito a 50.000,00 receberá oitenta por cento desse montante, ou seja, 40.000,00; o outro credor, habilitado por 10.000,00, receberá 8.000,00; o credor com direito a 25.000,00 receberá 20.000,00; o último, habilitado com 15.000,00, receberá 12.000,00, totalizando os 80.000,00 disponíveis (40.000,00 + 8.000,00 + 20.000,00 + 12.000,00). Os credores pertencentes às classes menos privilegiadas, neste exemplo, nada recebem.

Todos os credores, por esse princípio, receberão num só momento, a fase de liquidação dos créditos, e sempre na ordem da classe que a pertencerem. As classes admitidas no direito concursal são as previstas na Lei Falimentar, aplicáveis igualmente à execução coletiva encontrada no Código de Processo Civil. No estágio atual do direito falimentar, segundo se adotou nesta obra, os créditos podem ser divididos em onze classes distintas (mais o rateio entre os sócios), que comportam, por sua vez, dezoito subclasses, a saber:

---

[1] "O princípio dominante na falência é a estrita igualdade entre os credores, garantidos, porém, os direitos daqueles que tiverem legítima causa de preferência. Este princípio pode ser expresso nos termos da L. 6, § 7º, Dig. XLII. 8 '*Post bona possessa... Par conditio omnium creditorum*'" (*Tratado de Direito Comercial Brasileiro*, 5. ed., Rio de Janeiro, Freitas Bastos, 1953, v. 7, l.5, parte 1, item 91).

<table>
<tr><th>ORDEM GERAL DE PAGAMENTOS</th><th colspan="2">CLASSES E SUBCLASSES
(OS DISPOSITIVOS LEGAIS CORRESPONDEM À LEI N. 11.101/2005)</th></tr>
<tr><td>1</td><td rowspan="2">1. Despesas de pagamento antecipado</td><td>1.1. Créditos trabalhistas de natureza estritamente salarial vencidos nos três meses anteriores à decretação da falência, até o limite de cinco salários mínimos por trabalhador (art. 151).</td></tr>
<tr><td>2</td><td>1.2. Despesas cujo pagamento antecipado seja indispensável à administração da falência (art. 150).</td></tr>
<tr><td>3</td><td colspan="2">2. Créditos decorrentes de restituição (art. 149).</td></tr>
<tr><td>4</td><td rowspan="5">3. Créditos extraconcursais (art. 84)</td><td>3.1. Remunerações do administrador judicial e seus auxiliares e créditos derivados da legislação de trabalho ou decorrentes de acidentes de trabalho relativos a serviços prestados após a decretação da falência.</td></tr>
<tr><td>5</td><td>3.2. Quantias fornecidas à massa pelos credores.</td></tr>
<tr><td>6</td><td>3.3. Despesas com arrecadação, administração e realização do ativo e distribuição do seu produto, bem como custas do processo de falência.</td></tr>
<tr><td>7</td><td>3.4. Custas judiciais relativas às ações e execuções em que a massa falida tenha sido vencida.</td></tr>
<tr><td>8
(*) 8.1 a 8.8</td><td>3.5. Obrigações resultantes de atos jurídicos válidos praticados durante a recuperação judicial, ou após a decretação da falência, e tributos relativos a fatos geradores ocorridos após a decretação da falência.
(*) Há uma ordem interna que respeita a classificação do crédito em sua constituição original.</td></tr>
<tr><td>9</td><td>4. Créditos privilegiados laborais (art. 83, I):</td><td>(a) derivados da legislação do trabalho até 150 salários mínimos por credor, e
(b) os decorrentes de acidentes de trabalho.</td></tr>
<tr><td>10</td><td colspan="2">5. Créditos com garantia real até o limite do valor do bem gravado (art. 83, II).</td></tr>
<tr><td>11-12-13</td><td colspan="2">6. Créditos tributários relativos a fatos geradores anteriores à decretação da falência, excetuadas as multas tributárias (art. 83, III). Há uma ordem interna: créditos federais, estaduais e municipais.</td></tr>
<tr><td>14</td><td>7. Créditos com privilégio especial (art. 83, IV):</td><td>(a) previstos no art. 964 do Código Civil;
(b) definidos em outras leis;
(c) a cujo titular a lei confira o direito de retenção sobre a coisa dada em garantia;
(d) aqueles a favor dos microempreendedores individuais e das microempresas e empresas de pequeno porte de que trata a Lei Complementar n. 123, de 14 de dezembro de 2006.</td></tr>
<tr><td>15</td><td>8. Créditos com privilégio geral (art. 83, V):</td><td>(a) previstos no art. 965 do Código Civil;
(b) decorrentes das obrigações contraídas pelo devedor durante a recuperação judicial com fornecedores de bens ou serviços, na forma do art. 67 da Lei Falimentar;
(c) definidos em outras leis.</td></tr>
</table>

ORDEM GERAL DE PAGAMENTOS	CLASSES E SUBCLASSES (OS DISPOSITIVOS LEGAIS CORRESPONDEM À LEI N. 11.101/2005)	
16	9. Créditos quirografários (art. 83, VI):	(a) os que não foram privilegiados pela Lei Falimentar; (b) os saldos dos créditos não cobertos pelo produto da alienação dos bens vinculados ao seu pagamento; (c) os saldos dos créditos derivados da legislação do trabalho que excederem a 150 salários mínimos; (d) créditos trabalhistas cedidos a terceiros (art. 83, VIII, § 4º).
17	10. Créditos subquirografários	Multas contratuais e penas pecuniárias por infração das leis penais ou administrativas, inclusive multas tributárias.
18	11. Créditos subordinados	Créditos subordinados por previsão legal ou contratual e os créditos dos sócios e dos administradores sem vínculo empregatício.
19	Devolução ao falido ou rateio entre os sócios (art. 153).	

15.7. Responsabilidade dos sócios em decorrência da espécie societária

Estabelecidas as premissas iniciais, torna-se possível analisar a responsabilidade da figura do sócio, por dívida da sociedade, em cada tipo societário.

O direito societário brasileiro concebia, no sistema da comercialidade, sete tipos de sociedades, ao lado das chamadas irregulares e das sociedades cooperativas: a sociedade em nome coletivo (CCom, arts. 315 e 316), a sociedade em comandita simples (CCom, arts. 311 a 314), a sociedade de capital e indústria (CCom, arts. 317 a 324), a sociedade em conta de participação (CCom, arts. 325 a 328), a sociedade por cotas de responsabilidade limitada (Decreto n. 3.708/19), a sociedade anônima (Lei n. 6.404/76) e a sociedade em comandita por ações (Lei n. 6.404/76, arts. 280 a 284). No atual estágio do direito de empresa, esse número se altera para oito sociedades regulamentadas, não cooperativas, com o desaparecimento da sociedade de capital e indústria e a introdução da sociedade simples, bem como da sociedade em comum: a) duas sociedades não personificadas: a sociedade em comum e a em conta de participação; b) uma sociedade padrão, para o exercício de atividades não empresárias, denominada simples; c) duas sociedades solidárias contratuais: em nome coletivo e em comandita simples; d) a sociedade limitada; e) duas sociedades por ações: a anônima e a em comandita por ações.

Em regra, os comercialistas classificam as sociedades, em relação à responsabilidade dos sócios, em responsabilidade limitada, ilimitada e responsabilidade mista, ou, na terminologia de Eunápio Borges (1959, 2:19-20):

"I – sociedades de responsabilidade ilimitada são aquelas nas quais todos os sócios, sem exceção, respondem ilimitadamente pelas obrigações contraídas pela sociedade. No caso do direito pertencem a essa classe: a) as sociedades em nome coletivo; b) as sociedades irregulares de qualquer tipo". Estas, segundo o atual Código Civil, chamadas simplesmente de sociedades em comum.

"II – sociedades de responsabilidade limitada são aquelas nas quais todos os sócios respondem limitadamente pelas obrigações da sociedade. Só temos dois tipos de sociedade de responsabilidade limitada: a) as sociedades anônimas; b) as sociedades por quotas de responsabilidade limitada". Estas últimas, hoje, nominadas simplesmente como sociedades limitadas.

"III – sociedades por cotas de responsabilidade mista são todas aquelas em que há duas espécies de sócios, uns que respondem ilimitadamente e outros que ou não têm qualquer responsabilidade de ordem pecuniária ou respondem limitadamente pelas obrigações sociais. São elas: sociedades em comandita simples; sociedades em comandita por ações; sociedades de capital e indústria". Quanto a esse número deve-se anotar o desaparecimento, na nova legislação civil, da sociedade de capital e indústria e acrescentar a sociedade em conta de participação, elevada à condição de sociedade, e cujo sócio meramente participante, ou oculto, não tem qualquer responsabilidade perante terceiros credores.

Nos autores modernos existe pouca ou quase nenhuma variação em relação a esses conceitos.

Embora a classificação de Eunápio Borges seja aceita pela unanimidade dos autores, deve-se advertir que ela se apresenta incompleta ao submeter os sócios acionistas e os cotistas das sociedades limitadas debaixo de um mesmo gênero, "sócios de responsabilidade limitada", quando se sabe que a responsabilidade de um e de outro tipo societário é diversa: restrita nas sociedades anônimas ao preço de emissão das ações que subscrever ou adquirir, conforme deflui do art. 1º da LSA, e à importância total do capital social, solidariamente, "pela integralização do capital social", nas limitadas (CC, art. 1.052).

15.8. Tipos ordinários de responsabilidade

Desse conjunto resulta existirem no Direito brasileiro sete tipos ordinários de responsabilidade de sócios perante os credores:

a) ausência completa de responsabilidade perante terceiros, salvo dolo ou fraude de sua parte: hipótese que ocorria na extinta sociedade de capital e indústria, e hoje permanece na sociedade em conta de participação, com referência ao sócio participante;

b) responsabilidade limitada ao preço de emissão das ações subscritas ou adquiridas, como é o caso dos sócios acionistas das sociedades anônimas e dos comanditários das sociedades em comandita por ações;

c) responsabilidade individual limitada à integralização do capital subscrito pelos sócios comanditários, nas sociedades em comandita simples;

d) responsabilidade pelo total do capital social não integralizado, pelo sócio instituidor na EIRELI e na empresa individual sob forma de responsabilidade limitada e, na sociedade limitada, de forma solidária entre os sócios cotistas;

e) responsabilidade pelo saldo das dívidas da sociedade, na hipótese de os bens sociais não cobrirem as dívidas, na proporção em que participem das perdas sociais, atribuída aos sócios das sociedades simples (CC, art. 1.023);

f) responsabilidade ilimitada e solidária entre os sócios, de forma subsidiária ao patrimônio social, atribuída: a todos os sócios na sociedade em nome coletivo, aos sócios de capital, na extinta sociedade de capital e indústria; ao sócio ostensivo, na sociedade em conta de participação, ao sócio comanditado, nas sociedades em comandita simples e nas sociedades em comandita por ações, ao sócio não tratador, na sociedade em comum, e ao sócio da sociedade simples, se assim for estipulado no contrato social;

g) responsabilidade ilimitada e solidária entre os sócios da sociedade em comum, pelas dívidas assumidas em nome da sociedade, não podendo ser invocado o benefício de ordem ou a subsidiariedade ao patrimônio social.

Em regra e salvo hipóteses extraordinárias (*v.* próximos tópicos – de 15.10 a 15.12) o titular da empresa individual de responsabilidade limitada não responde perante terceiros porque o capital não inferior a cem vezes o maior salário mínimo vigente no País deve ser integralizado no ato da constituição (CC, art. 980-A). Na empresa individual sob a forma de limitada, instituída pela LLE, a responsabilidade limita-se ao capital integralizado.

15.9. Quadro dos diversos tipos de responsabilidade do sócio

Um quadro ilustrará os tipos de responsabilidade patrimonial dos sócios perante terceiros, por dívida da sociedade, conforme dispõem as várias leis societárias:

TIPO DE SÓCIO	RESPONSABILIDADE ORDINÁRIA PERANTE TERCEIROS
• De indústria (na extinta sociedade de capital e indústria). • Participante (oculto: na sociedade em conta de participação).	Nenhuma.
• Acionista (S/A). • Comanditário (na comandita por ações).	Preço de emissão das ações subscritas ou adquiridas.
• Comanditário (na comandita simples).	Integralização do capital subscrito.
• Cotista (Eireli, individual ltda. e sociedade ltda.).	Total do capital não integralizado, na sociedade limitada, de forma solidária entre os sócios.
• Cotista (na sociedade simples).	Pelo saldo, na proporção em que participe das perdas sociais, subsidiariamente ao patrimônio social.
• Sócio em nome coletivo. • Sócio de capital (na extinta de capital e indústria). • Sócio ostensivo (na sociedade em conta de participação). • Sócio comanditado (nas sociedades em comandita simples e nas sociedades em comandita por ações). • Sócio de sociedade simples, quando houver cláusula de solidariedade. • Sócio não tratador nas sociedades em comum.	Ilimitada e solidária entre os sócios, subsidiariamente ao patrimônio social.
• Sócio tratador nas sociedades em comum.	Ilimitada e solidária, de forma não subsidiária ao patrimônio social.

É de lembrar que as sociedades com personalidade jurídica, como ocorre com outra qualquer, pessoa física ou jurídica, respondem sempre de forma ilimitada pelas obrigações assumidas, conforme dispõe o art. 789 do CPC15. Trata-se de responsabilidade patrimonial primária[2]. Os sócios responderão ordinariamente, conforme a estrutura social a que se submeteram, sempre subsidiariamente ao patrimônio social, ou, como se convencionou chamar (Liebman, 1973, 1-65, n. 39; Assis, 2001: it. 103, nota 24) na linguagem processual[3], com responsabilidade patrimonial secundária, também chamada de responsabilidade subsidiária, conforme Alcides de Mendonça Lima (1974, 6.2:482).

15.10. Responsabilidade extraordinária dos sócios

É possível que o sócio, em qualquer das sociedades mencionadas, venha a praticar atos que violem a lei e, como consequência, se sujeite à responsabilidade decorrente dessa infração. Esse tipo de responsabilidade ultrapassa aquela ordinária pretendida no momento em que se convencionou a sociedade e, portanto, é excepcional ou extraordinária.

Numa tentativa de sistematização dos casos nos quais se admite uma extensão da responsabilidade, é perfeitamente admissível agrupá-los em três classes de ocorrência: a) violação de regras societárias; b) fraude no uso da personalidade jurídica – aplicação da teoria da desconsideração; c) responsabilização por culpa ou dolo cuja autoria e imputação são, desde logo, identificadas.

Na primeira, os fatos são objetivamente identificados na lei. São hipóteses em que o legislador estabeleceu a responsabilidade do sócio perante os credores da sociedade, por transgressão de regras societárias pertinentes a cada tipo societário, incluindo situações em que a intenção não é fraudar credores.

---

[2] Conforme esclarece Araken de Assis (2001:366): "Curialmente, o primeiro patrimônio exposto aos meios executórios é o do devedor, a um só tempo obrigado e responsável. Esta situação se designa de responsabilidade primária. Mas, além do devedor, outros sujeitos e outros patrimônios eventualmente se sujeitam à demanda executória. Isto se explica pelo corte entre responsabilidade e obrigação. Embora sob o ângulo subjetivo em geral coincidam, não se afigura rara a hipótese de atribuição a pessoas diversas. O artigo 592 do CPC possui a virtude única de apontar os casos mais comuns dessa dicotomia, a que Liebman averba de responsabilidade secundária. Nenhum reparo, até esse ponto, comporta a tese".

[3] CPC15, art. 790: "São sujeitos à execução os bens: (...) II – do sócio, nos termos da lei".

Na segunda, a fraude é o elemento utilizado para prejudicar credores por meio do uso da personalidade jurídica, como ocorre nos casos em que se admite a desconsideração da pessoa jurídica.

Na terceira, o sócio, agindo com culpa ou dolo, pratica atos que causam prejuízos a terceiros e que são, desde logo, por força de lei ou de contrato, atribuídos a ele pessoalmente.

A essas três categorias se soma, ainda, a que decorre de excesso de mandato do administrador, que será objeto de estudo no capítulo destinado à definição dos órgãos de administração da sociedade.

15.11. Responsabilidade por violação das regras societárias

Os atos de violação das regras estruturais da sociedade encontram-se atualmente inscritos no Código Civil, em artigos que preveem não somente a infração à regra contratual, como também a mesma sanção para sua ocorrência: a extensão das obrigações do sócio infrator perante os terceiros credores.

Considerando o atual Código Civil, que repete em quase todos os casos a previsão anteriormente encontrada no Código Comercial, são previstas as seguintes infrações:

1) A prática de ato de gestão por parte de sócio participante (oculto) nas relações do sócio ostensivo com terceiros (CC, art. 993).

2) A prática de ato de gestão por parte do sócio comanditário inicialmente prevista no art. 314 do Código Comercial e reformulada no art. 1.047 do Código Civil, permitindo-se, hodiernamente, ser constituído procurador da sociedade, para negócio determinado e com poderes especiais.

3) O uso do nome pessoal do sócio comanditário na formação do nome empresarial (CCom, art. 314 e CC, arts. 1.047 e 1.157, parágrafo único).

4) O uso do nome pessoal do sócio de responsabilidade não solidária na formação do nome da sociedade simples, da sociedade em conta de participação ou da sociedade em comandita por ações. Essa conclusão se extrai por simples exclusão. O legislador afirma que "ficam solidária e ilimitadamente responsáveis pelas obrigações contraídas sob a firma social aqueles que, por seus nomes, figurarem na firma da sociedade de que trata este artigo" (CC, art. 1.157, parágrafo único). O *caput* do artigo menciona sua aplicação às sociedades em que houver sócios de responsabilidade

ilimitada, restringindo a incidência para quatro sociedades: em conta de participação (arts. 991 e 993, parágrafo único), simples (art. 997, VIII), em nome coletivo (art. 1.039) e em comandita simples (art. 1.045) e por ações (art. 1.091). Como a sociedade em comandita simples foi objeto de previsão expressa (art. 1.047), e na sociedade em nome coletivo a responsabilidade de todos os sócios é sempre ilimitada e solidária, sendo esta sua característica predominante, resta que a sanção prevista no parágrafo único do art. 1.157 aplica-se às sociedades simples, em conta de participação e em comandita por ações.

5) A contribuição para a formação do capital, com dinheiro, bens ou efeitos, ou o exercício da gerência social pelo sócio de indústria, na sociedade de capital e indústria, hoje em extinção (CCom, art. 321). Por analogia, deve-se acrescentar o uso do nome pessoal do sócio de indústria na formação do nome comercial.

Percebe-se claramente que essas violações se resumem em realizarem os sócios não solidários, nas sociedades de pessoas, atos próprios dos sócios solidários com referência a gerência, uso do nome social e composição deste. A sanção decorre da proteção que se deve dar aos credores das sociedades *intuitu personae*, de forma que estes não se vejam iludidos pela aparência do nome ou do exercício da empresa por quem não possua, efetivamente, a qualidade de responsável solidário pelas obrigações sociais.

15.12. Responsabilidade por fraude no uso da personalidade jurídica

A matéria introduzida no item 14.5 diz respeito à teoria da penetração, que é agora ampliada e exemplificada. A lei permite que, "em caso de abuso da personalidade jurídica, caracterizado pelo desvio de finalidade, ou pela confusão patrimonial, pode o juiz decidir, a requerimento da parte, ou do Ministério Público quando lhe couber intervir no processo, que os efeitos de certas e determinadas relações de obrigações sejam estendidos aos bens particulares dos administradores ou sócios da pessoa jurídica" (CC, art. 50).

Por abuso da personalidade jurídica entende-se, objetivamente, o desvio de finalidade e a confusão patrimonial, que se podem materializar por uma infinidade de formas fraudatórias e que causam prejuízo aos credores.

Haverá desvio de finalidade quando o objeto social é mera fachada para exploração de atividade diversa. Na confusão patrimonial, os bens pessoais e sociais embaralham-se, servindo-se, os administradores, de uns e de outros para, indistintamente, realizar pagamento de dívidas particulares dos sócios e da sociedade. Um exemplo de confusão patrimonial é a distribuição de patrimônio social aos sócios simuladamente, mediante elevada remuneração de sócio, gastos ruinosos ou em proveito próprio.

As situações previstas no Código Civil devem ser demonstradas, provando-as o credor que se vê prejudicado pela constatação de ausência ou insuficiência de patrimônio social para pagamento de seu crédito. A estas, Fábio Ulhoa Coelho (2003, 2:46) denominava *teoria maior da desconsideração*. Em estudos mais recentes, o doutrinador paulista considerou ultrapassada essa classificação em decorrência da "evolução do tema na jurisprudência brasileira" (2016, 2:71).

A outra formulação teórica a que se referia Coelho denominava-se *menor*, que não considerava a existência das mencionadas situações, mas tão somente a prova de insolvência.

As Jornadas de Direito Civil da Justiça Federal proclamam a adoção da teoria maior, conforme resulta da leitura dos Enunciados n. 7, 146 e 282:

"Enunciado n. 7 – Só se aplica a desconsideração da personalidade jurídica quando houver a prática de ato irregular e, limitadamente, aos administradores ou sócios que nela hajam incorrido.

Enunciado n. 146 – Nas relações civis, interpretam-se restritivamente os parâmetros de desconsideração da personalidade jurídica previstos no art. 50 (desvio de finalidade social ou confusão patrimonial).

Enunciado n. 282 – O encerramento irregular das atividades da pessoa jurídica, por si só, não basta para caracterizar abuso da personalidade jurídica".

Antes do Código Civil, três leis anteriores, todas da década de 90: 1990, 1994 e 1998, trataram da desconsideração em outros microssistemas jurídicos: (a) na defesa do consumidor, o art. 28 da Lei n. 8.078/90; (b) na defesa do mercado, o art. 18 da Lei n. 8.884/94, denominada antitruste; (c) na defesa do meio ambiente, o art. 4º da Lei n. 9.605/98, que regula a responsabilidade por lesões ao meio ambiente.

Em algumas situações descritas nessa legislação extravagante, exige-se, para a desconsideração, tão somente a demonstração da insolvência da sociedade. É a aplicação da teoria menor do superamento da personalidade jurídica.

Esses parâmetros precedentes não foram revogados com a promulgação do Código Civil, conforme o Enunciado n. 51 (Jornadas de Direito Civil da Justiça Federal): "A teoria da desconsideração da personalidade jurídica (*disregard doctrine*) fica positivada no novo Código Civil, mantidos os parâmetros existentes nos microssistemas legais e na construção jurídica sobre o tema".

Na aplicação da teoria do superamento, também chamada da penetração ou *disregard of legal entity*, não se extingue a sociedade, mas apenas se afastam os efeitos legais decorrentes da personalidade jurídica para estender a um, alguns ou todos os sócios os efeitos de obrigações que a rigor seriam suportados exclusivamente pela pessoa jurídica. A forma processual de obter esse efeito é, ainda, matéria controvertida: julgados se dividem quanto à necessidade de prévia ação de conhecimento para apuração da fraude (*RT*, 620/122, necessária; *RT*, 418/213, não necessária).

O Código menciona requerimento do Ministério Público. Em regra, a legitimidade para requerer a desconsideração da personalidade jurídica é atribuída ao credor prejudicado. Entretanto, nas hipóteses legais em que esse órgão intervém, por existir interesse público, cabe-lhe promover, quando for o caso, a aplicação da teoria da desconsideração da personalidade jurídica, visando recompor o patrimônio abusiva ou fraudulentamente dilapidado pelos sócios. São exemplos de intervenção ministerial: as ações de defesa do meio ambiente, do consumidor, de defesa de investidores no mercado de valores mobiliários, de proteção ao patrimônio público e social, de proteção às populações indígenas, de reparação de danos morais e patrimoniais a interesses difusos, coletivos e individuais homogêneos etc.

A esse respeito tem-se que, com a promulgação da Constituição Federal de 1988, houve explícita ampliação da legitimidade do Ministério Público na promoção de ações civis públicas visando à proteção do interesse coletivo e difuso.

15.12.1. Fraude decorrente de constituição de sociedade entre marido e mulher

Como exemplo de confusão patrimonial, no passado se entendia que a sociedade entre marido e mulher constituiria fraude aos credores. Contudo, a jurisprudência adotou o entendimento unânime no sentido de que a sociedade entre marido e mulher não é, por si só, caracterizadora de fraude contra credores, havendo necessidade de provar, caso a caso, o abuso, a intenção de fraudar credores, a existência de simulação ou infração de preceito de lei, conforme já antigo entendimento jurisprudencial (TJSP, Apel. Cível 202.868-1, Rel. P. Costa Manso, j. 7-10-1993).

O Estatuto da Mulher Casada (Lei n. 4.121/62) possibilitou a separação dos patrimônios da mulher e do marido, independente do regime de casamento adotado, permitindo, ainda, à mulher a proteção dos bens comuns. No regime constitucional atual, a mulher possui os mesmos direitos do marido, permitindo-se que possa exercer livremente a profissão empresarial, onerando, se necessário, os bens que administra em comum com o marido.

Contudo, mesmo após a promulgação do Estatuto da Mulher Casada era possível encontrar julgados como o proferido em 13 de agosto de 1970 pelo Tribunal de Alçada Civil do Estado de São Paulo: "(...) inadmissível a sociedade comercial por cotas de responsabilidade limitada entre marido e mulher, porque, salienta Anacleto de Oliveira Faria, 'estar-se-ia adotando o princípio da limitação da responsabilidade do comerciante individual' que a lei não prevê" (Tribunal de Alçada Civil de São Paulo, Apel. 140.261, Rel. Juiz Moreno Gonzales, *JTA*, 13/134-135, jul./set. 1970).

Atento a essas discussões, mas em verdadeiro retrocesso ao que ficara assentado na jurisprudência, o Código Civil estabeleceu a possibilidade de os cônjuges contratarem sociedade, entre si ou com terceiros, desde que não tenham casado no regime da comunhão universal de bens, ou no da separação obrigatória (art. 977). Em emenda apresentada em 17 de outubro de 1984, na fase de tramitação na Câmara, o Deputado Gabriel Hermes pretendeu a supressão do texto a partir da expressão "desde que...", por entender não haver razão para vedar a constituição de sociedade entre cônjuges quando o regime de casamentos seja o da comunhão universal.

A vedação estatuída para as sociedades simples tem aplicação às sociedades empresárias, conforme decidiu a 3ª Turma do STJ no REsp 1.058.165/RS, Rel. Min. Nancy Andrighi, j. 14-4-2009: "As restrições previstas no art. 977 do CC/02 impossibilitam que os cônjuges casados sob os regimes de bens ali previstos contratem entre si tanto sociedades empresárias quanto sociedades simples".

O Enunciado n. 204 da Justiça Federal considera que "a proibição de sociedade entre pessoas casadas sob o regime da comunhão universal ou da separação obrigatória só atinge as sociedades constituídas após a vigência do Código Civil de 2002".

15.12.2. Ausência de patrimônio da sociedade

A ausência de patrimônio social, evidenciando a existência apenas formal da sociedade e o uso da estrutura social apenas para resguardar o patrimônio pessoal dos sócios, tem sido suficiente para caracterizar a aplicação da teoria da desconsideração da personalidade jurídica.

E, de fato, são várias as modalidades de fraude pelo uso da aparência jurídica pelo simples registro do contrato social, sem que se opere efetivamente a empresa ou assumindo compromissos sociais sem a existência de patrimônio convencionado no contrato social.

Há casos de obtenção da personalidade jurídica para a aquisição de bens e créditos no mercado, para uso exclusivo dos sócios (*leasing* de veículos para uso particular, compra de produtos para consumo próprio etc.), mantendo-se inerte a empresa, sem possibilidade de cumprimento dos compromissos assumidos sob o manto da personalidade jurídica. É comum chegar a uma situação de inexistência de bens suficientes para a satisfação dos créditos; outras vezes, o fim social é inatingível em razão do irrisório capital expresso nominalmente. Não é incomum, ainda, a substituição de sócios tão logo se realize compra vultosa, e seu imediato desvio, deixando a sociedade a cargo de pessoas inexistentes ou desprovidas de patrimônio para satisfação dos credores.

A não satisfação dos credores não é, por si só, caracterizadora da fraude exigida para aplicação do superamento da personalidade jurídica. Se assim fosse, toda falência ou insolvência civil de sociedades exigiria a arrecadação dos bens pessoais dos sócios. A lei exige mais: o uso abusivo da personalidade jurídica, cuja caracterização deve ser objeto de apreciação judicial, caso a caso.

Entretanto, a fraude estará caracterizada se comprovado que houve a dissolução irregular da sociedade devedora e, concomitantemente, a criação de nova empresa com o mesmo objeto social, estabelecida no mesmo endereço (Apel. 0000690-34.2013.8.26.0435, 13ª Câmara de Direito Público, TJSP, Rel. Desª Isabel Cogan, j. em 23-9-2020).

Na questão patrimonial, as perdas havidas durante a vida da sociedade devem estar suficientemente demonstradas por uma escrituração regular e precisa que ampare a tese da infelicidade nos negócios. Entretanto, se o desaparecimento de bens do patrimônio não puder ser justificado, e os sócios não indicarem claramente seu destino, a fraude estará evidenciada. Ficará patente a confusão patrimonial entre as pessoas dos sócios e a pessoa jurídica por eles constituída.

Como exemplo de ato fraudulento na jurisprudência encontram-se casos isolados de aplicação da teoria por emissão de cheques sem fundo ou acobertamento da figura do sócio (RT, 654/182).

Outro exemplo: na Apelação Cível n. 206.787-2 (Rel. Des. Pinheiro Franco, j. 17-6-1993, *JTJ*, Ed. Lex, 167/133-137) arrolaram-se como elementos indicativos da fraude os seguintes atos dos sócios: "(a) mantêm a sociedade sem qualquer patrimônio, patrimônio esse que sempre foi formado tão só na pessoa de seus sócios; (b) estes se desligaram da sociedade; (c) assumem, em nome da sociedade, compromissos perante terceiros; (d) deixam a sociedade com suas atividades paralisadas por anos; (e) não cumprem os compromissos assumidos; e (f) executada a empresa, para fugir à responsabilidade, alegam que não têm patrimônio e que a pessoa jurídica tem existência distinta da dos seus membros". Na súmula do julgamento se estabeleceu: "A despeito da existência do princípio da responsabilidade limitada de sócios, consagrados em lei específica e no contrato social, não pode haver restrição de responsabilidade, quando o sócio tenha se havido com culpa na constituição e gestão de empresa, originando-a e conduzindo-a sem recursos mínimos a viabilizá-la".

15.13. Sócio que, agindo com culpa ou dolo, pratica atos que causam prejuízos a terceiros

Com frequência se associam as expressões "atos ilegais" ou "violadores do contrato social" à aplicação da teoria da desconsideração da personalidade jurídica. Embora se entenda que em alguns casos tais atos podem caracterizar essa situação, em outros apenas indicarão a existência de culpa ou dolo por parte do sócio e, em razão da lei, do contrato ou do ordenamento societário, será ele diretamente responsabilizado por esses fatos. Sobre o que se deve entender pelas expressões "atos ilegais" ou "atos de violação do contrato social" escreve, com acentuada clareza, Carlos Celso Orcesi da Costa (1984): "aqueles dolosamente praticados e dirigidos para deliberadamente prejudicar terceiros. Assim, não pagar um fornecedor é ato ilegal; constitui uma falta. Mas para os fins dos princípios da responsabilidade o não pagar pode configurar ou não uma violação da lei ou do contrato social. Se a sociedade não paga por estar impossibilitada, por motivo justo, o credor pode cobrar da empresa, mas não há infração dolosa, nem responsabilidade contingente. Se a sociedade desvia o numerário, e não paga ou se em estado pré-falimentar, sai por aí comprando sem lastro, evidencia-se o dolo, e, consequentemente, haveria responsabilidade".

Confere esse entendimento com o do Ministro Franciulli Netto no AgREsp 508.717, j. 19 de agosto de 2003 (publicado em 28 de outubro de 2003, no *Diário Oficial da União*): "(...) a decisão agravada foi proferida com base na jurisprudência pacífica deste Superior Tribunal de Justiça, no sentido de que o não recolhimento do tributo, por si só, não pode constituir infração legal. É preciso que tenha agido o representante da sociedade com excesso de poderes ou infração de contrato social ou estatuto".

Entre os casos de fraude que justificam a ampliação da responsabilidade dos sócios podem ser encontradas ocorrências de encerramento, dissolução e liquidação irregular da sociedade. Em vários acórdãos, a jurisprudência admite o ingresso sobre o patrimônio dos sócios em tais hipóteses. Nesses casos aplicou-se a teoria maior da desconsideração da personalidade jurídica com o fim de atingir o patrimônio dos sócios.

Conquanto o resultado alcançado tenha sido correto, as situações não se amoldam ao rigor da *disregard doctrine.* A responsabilidade dos sócios por encerramento irregular de sociedade é desde logo prevista ou decorrente de normas encontradas no ordenamento jurídico. Os sócios são os criadores da sociedade, competindo-lhes também os atos para sua extinção. A regularidade formal do registro para a aquisição da personalidade jurídica e seu consequente ingresso no mundo jurídico implicam deveres próprios não somente para com os sócios, mas também para com o Estado e a sociedade. O simples desaparecimento do mundo jurídico, como se não devesse satisfações à sociedade, é ato que revela dolo ou, no mínimo, grave culpa por parte de seus sócios e, como tal, implica responsabilidade pessoal.

O nascimento da sociedade como pessoa capaz de direitos e obrigações faz criar novas relações entre esse novo ente e as pessoas naturais e jurídicas preexistentes, daí por que não há como desaparecer sem ter o cuidado de solver todos os direitos decorrentes dessas relações criadas durante sua existência legal.

O dever de encerrar a empresa, liquidar o ativo, solver o passivo, atribuir os resultados aos sócios e dissolver a sociedade, extinguindo-a, cabe aos sócios e deve, necessariamente, seguir a regra legal.

O processo de dissolução compreende a fase de liquidação – apuração dos haveres e pagamento dos credores –, e somente após esta se seguirá a partilha entre os sócios, proporcionalmente a sua participação no capital social. Na dissolução devem os sócios observar a existência de débitos pendentes, encerrar os contratos, resolver ou aguardar as soluções judiciais pendentes para, somente após o cumprimento de todas as obrigações, extinguir a sociedade. Se os sócios deliberadamente invertem as fases, retirando seus fundos sem o pagamento de credores, evidentemente agem fraudulentamente, causando prejuízo, que deve, na falta da sociedade (porque extinta), recair sobre os bens particulares dos sócios, solidariamente.

O Juiz Debatim Cardoso, do então 2º Tribunal de Alçada Civil de São Paulo, bem situou a responsabilidade dos acionistas em questão de dissolução irregular, nos seguintes termos: "Dissolvida a sociedade anônima, compete aos interessados na liquidação realizar o ativo e solver o passivo, inclusive com os fundos particulares dos sócios (C. Comercial, art. 346). Recebendo estes seus haveres sem o cumprimento antecipado das obrigações sociais, ficam solidariamente responsáveis pelo débito, pena de se enriquecerem ilicitamente à custa de terceiros. Em situação que tal não é possível manter a clássica distinção entre pessoa jurídica e pessoa natural. Preexistindo à dissolução débito oriundo de execução encerrada quando a empresa se encontrava em regular funcionamento, foi aquela feita em fraude contra os credores, justificando a penhora dos bens suficientes à satisfação do crédito exequendo (RT 620/135)".

Fábio Ulhoa Coelho (2016, 2:68) corretamente distingue os casos de aplicação da teoria da penetração de outras hipóteses de responsabilidade dos sócios: "O pressuposto da licitude serve, em decorrência, para distinguir a desconsideração de outras hipóteses de responsabilização de sócios ou administradores de sociedade empresária, hipóteses estas que não guardam relação com o uso fraudulento da autonomia patrimonial. A responsabilização, por exemplo, do administrador de instituição financeira sob intervenção por atos de má administração faz-se independentemente da suspensão da eficácia do ato constitutivo da sociedade. Ela independe, por assim dizer, da autonomia patrimonial da pessoa jurídica da instituição financeira. Tanto faz se a companhia bancária é considerada ou desconsiderada, a má administração é ato imputável ao administrador. É ele o direto responsável, porque administrou mal a sociedade; a obrigação é imputada a ele diretamente, sem o menor entrave, derivado da personalidade jurídica desta".

Capítulo 16

RESPONSABILIDADE DOS SÓCIOS: INGRESSO, RETIRADA E FALÊNCIA

16.1. Outras situações de responsabilidade dos sócios solidários

A classificação das responsabilidades dos sócios em sete tipos ordinários (*v*. n. 15.8) compreende, entre outros, aqueles que, por força de cláusula contratual ou da lei, respondem de forma subsidiária ao patrimônio social, ilimitada e solidariamente entre eles. Esse tipo de sócio é encontrado na composição da maioria das sociedades previstas na legislação societária: o sócio da sociedade em nome coletivo; o sócio de indústria, na extinta sociedade de capital e indústria; o sócio comanditado nas sociedades em comandita simples e por ações; o sócio ostensivo nas sociedades em conta de participação; o sócio tratador na sociedade em comum; e o sócio da sociedade simples, se assim estabelecer o contrato.

Todos esses sócios têm em comum a responsabilidade ordinária de responderem com bens pessoais após o exaurimento do patrimônio social. Há entre eles um elo de solidariedade no pagamento dos credores da sociedade, por valores que excedem o patrimônio desta, e não limitada ao capital social que, eventualmente, já tivessem integralizado.

Além dessa responsabilidade, ordinária e comum a todos eles, a lei prevê outras situações que ocorrem durante a vida societária: sócios solidários que se despedem da sociedade, levando ou não os fundos com que contribuíram; sócios que ingressam no lugar destes; sócios que ingressam sem a saída de outros sócios; e, finalmente, a ocorrência da situação falimentar.

16.1.1. Sócio de responsabilidade ilimitada que ingressa por aumento do capital social e sócio que adquire cotas daquele que se retira

A primeira hipótese abrange duas situações: a do sócio que ingressa na sociedade por aumento do capital social e a do que adquire cotas de sócio retirante. Em ambos os casos, a doutrina dissentia em relação às obrigações decorrentes de dívidas sociais preexistentes ao tempo de seu ingresso.

A lei brasileira anterior ao Código Civil era omissa, havendo calorosos debates entre Carvalho de Mendonça e Cunha Gonçalves, ambos pela não responsabilização, e Bento de Faria, por admiti-la.

Carvalho de Mendonça (1953, 3:144), na defesa da não responsabilização, argumentava tratar-se de exigência descabida a solidariedade por atos que o sócio ingressante – por aumento ou cessão de cotas – não praticara: "Trata-se, em resumo, de saber se é possível responsabilizar alguém em razão de atos que lhe são completamente alheios, dos quais não participou; a posição do sócio retirante e a do novo sócio são as mesmas. A solidariedade supõe codevedores, tendo contraído a mesma obrigação *vis-à-vis* do credor. Nas sociedades, a solidariedade supõe sócios contemporâneos. Aquele que adere à sociedade não tomou parte na obrigação pelo simples fato de não ser ainda sócio. Parece contrassenso dar força retroativa à qualidade de sócio".

O Código Civil italiano apresenta norma expressa sobre a matéria, adotando o entendimento no sentido de que o sócio que ingressa é responsável pelas dívidas preexistentes: "Quem entrar para uma sociedade já constituída responde com os demais sócios pelas obrigações sociais anteriores à aquisição da qualidade de sócio"[1]. A doutrina italiana é pacífica quanto à equidade dessa solução. O Professor Franco Di Sabato (1999:86-87), da Universidade de Nápoles, entende que a necessidade de manter a integridade patrimonial da sociedade impõe a adoção de regra que obrigue tanto os antigos como os novos sócios na sociedade de pessoas. Não decorre a norma legal apenas do fato de existirem direitos de credores precedentes à modificação contratual: "Esta *ratio* não é, ao contrário, a mais adequada para justificar a responsabilidade do novo sócio pelas obrigações anteriores ao seu ingresso na sociedade. Provavelmente a norma legal se baseia em razões de equidade, avaliadas em relação às condições patrimoniais em cujas bases foi estabelecido o ingresso do novo sócio: deve-se considerar que a importância da contribuição social, a medida da participação nos lucros e perdas e, de modo geral, que a consistência da participação social tenham sido convencionadas em relação à consistência do patrimônio social e ao grau de participação dos sócios antigos, pelas quais é justo que o novo sócio assuma a responsabilidade relativa ao estado do patrimônio social no momento de seu ingresso na sociedade".

Na omissão de norma expressa no Direito brasileiro, entendia-se que o sócio admitido por cessão de sócio retirante respondia solidariamente com este pelas obrigações então existentes à época da cessão. Isto porque, em se tratando de comunhão de caráter pessoal, a sociedade mantém com os credores um compromisso *intuitu personae*. Modificações societárias, que não recebem a intervenção ou autorização dos credores, implicam responsabilidade dos que se envolveram na alteração, de forma solidária, uma vez que os credores não podem ver reduzida a garantia natural recebida na realização das operações mercantis.

Em relação ao sócio que ingressa em razão de aumento de capital – situação benéfica aos credores –, o entendimento daquele autor era no

[1] ITÁLIA, *Codice Civile*, aggiornata al 1º febbraio 1973. Editore Ulrico Hopli, Milano: "2269 – Responsabilità del nuovo socio. – Chi entra a far parte di una società già costituita riponde com gli altri soci per le obbligazioni sociali anteriori all'acquisto della qualità di socio".

sentido de responder a partir de seu ingresso. A solução encontrada objetivava o direito dos credores que, ao contratarem com sociedade *intuitu personae,* o faziam na expectativa de receberem as garantias decorrentes desse tipo societário. Nestas se incluem a solidariedade dos sócios de responsabilidade ilimitada, que respondem com patrimônio próprio sempre que os bens da sociedade forem insuficientes à liquidação de seus créditos.

O Código Civil pôs termo aos debates ao estabelecer que "o sócio, admitido em sociedade já constituída, não se exime das dívidas sociais anteriores à admissão" (CC, art. 1.025), não fazendo qualquer distinção em relação ao modo de ingresso: se em decorrência de retirada de outro sócio ou de aumento de capital.

16.1.2. Sócio de responsabilidade ilimitada que se retira da sociedade antes da falência, cedendo ou não suas cotas sociais

Ao sócio de responsabilidade ilimitada que se retira da sociedade, com ou sem cessão de suas cotas sociais a terceiros, aplica-se o disposto no art. 1.032 do Código Civil (anteriormente CCom, art. 339), ficando responsável pelas obrigações contraídas anteriormente, até dois anos depois de averbada a resolução da sociedade: "A retirada, exclusão ou morte do sócio, não o exime, ou a seus herdeiros, da responsabilidade pelas obrigações sociais anteriores, até dois anos após averbada a resolução da sociedade; nem nos dois primeiros casos, pelas posteriores e em igual prazo, enquanto não se requerer a averbação".

Entende-se que o momento da despedida é o do arquivamento da alteração societária no órgão de Registro de Empresas, uma vez que, a partir de então, se dá conhecimento *erga omnes* da nova situação societária, cabendo ao Registro Público das Empresas Mercantis "dar garantia, publicidade, autenticidade, segurança e eficácia aos atos jurídicos das empresas mercantis..." (LRM, art. 1º, I).

Isso significa dizer que, enquanto o contrato social contendo a cláusula de retirada não for averbado no órgão de registro público – Junta Comercial para as sociedades empresárias e Cartório de Registro das Pessoas Jurídicas para as sociedades simples –, os sócios retirantes permanecem responsáveis pelas obrigações, mesmo em relação às posteriores a sua retirada não averbada e que forem sendo contraídas pelos sócios remanescentes.

A responsabilidade por dívidas posteriores à retirada somente não ocorre na hipótese de a retirada do sócio ter ocorrido por força de falecimento. Nesse caso, os herdeiros ficam responsáveis, no limite da herança, pelas obrigações existentes nos dois anos anteriores a esse evento.

16.1.3. Cláusula de exoneração

Eventual cláusula estipulando a desobrigação do sócio cedente não tem valor em relação aos credores, pois não participam do contrato de alteração social. No sistema do Código Comercial, o art. 343 dispunha no sentido de que tal ressalva, exonerando os sócios no caso de dissolução da sociedade, não podia prejudicar terceiros se estes não tivessem concordado expressamente, mesmo que um dos sócios tomasse sobre si receber os créditos e pagar as dívidas passivas.

Era essa a orientação da jurisprudência: "Cessão – Cláusula – Exoneração do sócio que se retira – Irrelevância – Cedente que fica vinculado, ao lado do cessionário, pelas obrigações existentes até a época de sua retirada – Recurso não provido. De nada vale, em relação a terceiros credores, cláusula contratual na qual fique estipulada entre os sócios a exoneração do que se retira. Os credores não tendo sido partes, nesse contrato, não estão a ele sujeitos" (TJSP, AI 223.395-2, São Carlos, Rel. Des. Hermes Pinotti, j. 19-10-1993).

A lei, entretanto, trazia previsão de desoneração do sócio que se retira, ressalvando as hipóteses de novação (CCom, arts. 343 a 438) e de presunção de aceitação tácita de suas condições pelos credores que permanecessem negociando com o sócio remanescente, no giro que fazia objeto da sociedade. O Código Civil de 2002 é omisso em relação à possibilidade de desoneração nos casos mencionados.

16.1.4. Falência e arrecadação de bens de sócios com responsabilidade ilimitada

Deve-se atentar, aqui, para a posição dos sócios e suas responsabilidades na falência. Dependendo do tipo societário, haverá diferentes soluções legais para a arrecadação ou não dos bens pessoais daqueles.

Na falência, os sócios, em regra, não são atingidos pela responsabilidade sobre dívidas da sociedade, a não ser que sejam sócios de responsabilidade ilimitada. No sistema do Decreto-lei n. 7.661/45, a extensão da falência sobre esses sócios era restrita aos efeitos jurídicos que a sentença declaratória produzisse em relação à sociedade falida (art. 5º), o que, na prática, equivalia responderem de forma solidária entre si, mas subsidiariamente aos bens da sociedade, conforme estabelecia o art. 128 daquele mesmo diploma revogado, ou seja: a) os credores da sociedade eram pagos com os bens da sociedade; b) os credores dos sócios solidários eram satisfeitos com os bens destes; c) se houvesse sobra de bens sociais estes seriam rateados às massas de bens particulares dos sócios solidários; e, finalmente, d) havendo necessidade, os bens dos sócios solidários responderiam também pelas obrigações sociais.

Pelo sistema falimentar revogado, ao credor que estivesse executando seu crédito individualmente contra devedor participante de sociedade, na qualidade de sócio com responsabilidade ilimitada, impunha-se, em sobrevindo a falência da sociedade da qual participasse o devedor, seguir a regra do art. 24 do Decreto-lei n. 7.661/45, suspendendo-se a execução para que habilitasse seu crédito na massa objetiva formada com os bens arrecadados do devedor, salvo se os bens já se encontrassem em praça ou tivessem sido arrematados antes da falência; no primeiro caso, o numerário entraria para a massa e, no segundo, somente a sobra, após pago o credor.

Eram esses os efeitos sobre os bens dos sócios solidários, o que não implicava qualquer mudança em seu *status* econômico.

A Lei Falimentar de 2005 ressuscitou a redação que o Prof. Waldemar Ferreira, quando deputado federal, queria dar ao art. 5º do Decreto-lei n. 7.661/45, ampliando, no art. 81, os efeitos da falência da sociedade sobre o sócio de responsabilidade ilimitada: "A decisão que decreta a falência da sociedade com sócios ilimitadamente responsáveis também acarreta a falência destes, que ficam sujeitos aos mesmos efeitos jurídicos produzidos em relação à sociedade falida e, por isso, deverão ser citados para apresentar contestação, se assim o desejarem".

O novo dispositivo é merecedor de sérias críticas da comunidade jurídica por duas fortes razões: a) a primeira porque atenta contra o princípio da autonomia da personalidade jurídica em relação à personalidade natural de seus sócios. Embora os sócios sejam responsáveis pela dívida da sociedade, somente o são de forma subsidiária, isto é, se os bens da sociedade não forem suficientes ao pagamento dos credores; b) a segunda porque declara falidas pessoas que não são empresárias, isto é, os sócios da sociedade empresária não são, necessariamente, empresários, isto é, não exercem diretamente atividade econômica organizada para a produção ou circulação de bens e de serviços.

A redação do projeto aprovado pelo Senado Federal, modificado na Câmara dos Deputados, atingia, ainda, sócios de responsabilidade limitada, impondo também aos sócios comanditários os efeitos da quebra, desde que tivessem exercido a gerência da sociedade: "A falência da sociedade acarreta, de pleno direito, a falência dos sócios solidários de responsabilidade ilimitada e dos comanditários que figurem na firma ou lhe hajam inequivocamente assumido a gerência".

A solução encontrada pelos legisladores estende os efeitos da falência da pessoa jurídica aos sócios que, mesmo sendo solventes e estando em dia com suas obrigações para com o capital social e terceiros, assumirão a condição de falidos, o que lhe veda o exercício para a atividade empresarial, entre outras implicações.

E se a executada for a sociedade e sobrevier a falência do sócio com responsabilidade ilimitada? A falência do sócio com responsabilidade ilimitada acarreta para a execução movida contra a sociedade da qual participe, tão somente, a apuração dos haveres na sociedade e a arrecadação pela massa do sócio falido. Essa apuração de haveres será contratual, se prevista no contrato, e judicial, quando omisso o contrato.

Eventualmente, portanto, haverá uma redução do montante a ser penhorado na execução movida contra a sociedade, podendo, contudo, o exequente prosseguir contra os demais sócios solidários, se o patrimônio social for insuficiente.

Se o falido fizer parte de outra sociedade, sua participação será apurada conforme o contrato da sociedade ou, na omissão, judicialmente. Se a sociedade tiver que liquidar-se (sociedade com dois sócios, por exemplo), somente após o pagamento de seus credores é que o montante resultante entrará para a massa.

Nos contratos de condomínio, a parte indivisível do falido pode ser arrecadada e vendida em leilão (LREF, art. 123, § 2º).

16.1.5. Retirada e falência

Se, antes de se completarem os dois anos da morte, da retirada ou exclusão do sócio solidário, sobrevier a falência da sociedade, a obrigação de cada um deles se circunscreverá ao período a que estão obrigados (LREF, art. 81, § 1º). Essa limitação quanto ao montante de sua responsabilidade não afasta a condição de falidos que a nova Lei Falimentar lhes impôs.

Por exemplo: numa sociedade formada por quatro sócios em nome coletivo, sendo, portanto, todos sujeitos a responsabilidade solidária e ilimitada, dois se retiram, um em maio de 2000 e outro em junho de 2001. Averbadas nessas datas as alterações contratuais, o primeiro ficou responsável pelas obrigações existentes à data de sua retirada, em maio de 2000, que totalizavam R$ 100.000,00; o segundo se sujeitou às obrigações existentes até junho de 2001, que importavam em R$ 350.000,00. Sabendo-se que a falência ocorreu em janeiro de 2002, ambos os sócios retirantes permanecem solidariamente responsáveis com os dois outros remanescentes, nos limites acima mencionados. Sua obrigação na falência, subsidiária ao patrimônio social arrecadado, limitar-se-á aos credores então existentes nas datas de sua retirada, mesmo que a dívida total existente na data da falência seja superior a esses valores. Embora solidários, os sócios respondem por valores diferentes: o primeiro retirante, por até R$ 100.000,00, solidariamente com os demais; o segundo, por até R$ 350.000,00, solidariamente com os demais, e os dois remanescentes, solidariamente entre si, pela dívida existente na data da falência, que, exemplificando, chegava a R$ 1.000.000,00.

16.2. Outras situações dos sócios de responsabilidade limitada

Do mesmo modo que os sócios de responsabilidade ilimitada se sujeitam a certas obrigações em caso de retirada e na superveniência do evento falimentar, os de responsabilidade limitada, igualmente, subordinam-se a certos vínculos jurídicos em decorrência desses mesmos fatos.

Os sócios que mantêm responsabilidade limitada nas diversas sociedades admitidas no direito brasileiro são os comanditários, os cotistas (da sociedade de responsabilidade limitada e das sociedades simples, cujos contratos assim deliberarem) e os acionistas. Como já se estudou, embora pertencendo ao mesmo grupo de responsabilidade, há grande distinção entre as limitações legais de cada um deles:

a) responsabilidade limitada ao preço de emissão das ações subscritas ou adquiridas, como é o caso dos sócios acionistas das sociedades anônimas e dos sócios comanditários das sociedades em comandita por ações;

b) responsabilidade individual limitada à integralização do capital subscrito pelos sócios comanditários, nas sociedades em comandita simples;

c) responsabilidade pelo total do capital social não integralizado, solidariamente com os demais sócios, nas sociedades limitadas;

d) responsabilidade pelo saldo das dívidas da sociedade, na hipótese de os bens sociais não cobri-las, na proporção em que participem das perdas sociais, nas sociedades simples.

Se, ordinariamente, a responsabilidade desses sócios é sempre limitada, em caso de retirada ou falência podem surgir algumas particularidades, específicas a cada tipo societário.

16.2.1. Responsabilidade pela integralização do capital

É correto afirmar que, uma vez integralizado o capital social numa sociedade por cotas de responsabilidade limitada, ou pago o preço de emissão ou o valor nominal das ações subscritas ou adquiridas nas sociedades por ações, os sócios dessas sociedades não respondem por qualquer outra obrigação, com patrimônio próprio, durante a vida da sociedade ou na ocorrência do episódio falimentar.

Entretanto, se o sócio ou acionista não cumprir sua obrigação voluntariamente, nem for compelido pelos coparticipantes durante a existência da sociedade, em sobrevindo a falência, a legitimidade para exigir seu cumprimento passa ao administrador. Em relação às sociedades por ações, entre os direitos arrecadáveis na falência está o valor subscrito pelos acionistas na constituição da sociedade. A responsabilidade dos acionistas é pessoal, individualizada, de acordo com cada subscrição.

Na sociedade por cotas de responsabilidade limitada a obrigação mostra-se solidária, pelo total que deveria ser integralizado, isto é, cada sócio responde pela totalidade da integralização do capital social, independentemente de ter completado o pagamento de sua parte. A exigência já vinha estabelecida no art. 9º do Decreto n. 3.708/19: "Em caso de falência, todos os sócios respondem solidariamente pela parte que faltar para preencher o pagamento das cotas não inteiramente liberadas". O novo Código Civil manteve esse mesmo entendimento em texto que merece encômios, pois, suprimindo a palavra "falência", afastou qualquer dúvida quanto à responsabilidade dos sócios a todo tempo: "Na sociedade limitada, a responsabilidade de cada sócio é restrita ao valor de sua quota, mas todos respondem solidariamente pela integralização do capital social" (CC, art. 1.052).

A Lei Falimentar de 2005 acrescenta, para ambos os casos, que a ação destinada a trazer tais bens à massa independe da venda dos bens da sociedade e, ainda, de prova de insuficiência do patrimônio da falida para pagamento do passivo da falência (art. 82). Trata-se, portanto, de responsabilidade primária dos sócios, não sujeita ao *beneficium excussionis personalis*, previsto no art. 795, § 1º, do Código de Processo Civil de 2015.

Na falência, pois:

a) a responsabilidade dos acionistas da sociedade anônima falida pela integralização do capital subscrito é pessoal, mas solidária para com a sociedade. Tal regra estende-se ao sócio comanditário, na sociedade em comandita por ações, por força do art. 280 da Lei n. 6.404/76;

b) os sócios comanditários da sociedade em comandita simples igualmente respondem de forma pessoal pelo capital subscrito, solidariamente para com a sociedade (CC, art. 1.045);

c) a responsabilidade dos cotistas da sociedade por cotas de responsabilidade limitada pela integralização do total do capital subscrito é solidária entre os sócios e para com a sociedade falida;

d) a responsabilidade dos acionistas, sócios comanditários e cotistas (nas sociedades por cotas de responsabilidade limitada) independe da suficiência do patrimônio da sociedade falida, para pagamento dos credores.

16.2.2. Responsabilidade limitada, porém excedente à mera integralização do capital social

Embora podendo pertencer à categoria dos sócios com responsabilidade limitada, o sócio de sociedade simples pode sujeitar-se, segundo dispuser o contrato social, a ambos os grupos de responsabilidade. Ou se reveste da forma ilimitada de responsabilidade, subsidiária ao patrimônio social, adotando o regime dos sócios em nome coletivo, ostensivo tratador, comanditado, em comum e de capital (na extinta sociedade de capital e indústria), ou o faz segundo os sócios com responsabilidade limitada. Entretanto, nessa segunda hipótese, a limitação não se restringe à integralização do capital social, como ocorre com os sócios comanditário, cotista da sociedade limitada ou acionista das sociedades por ações, mas pelo saldo das dívidas da sociedade, na hipótese de os bens sociais não cobri-las, na proporção em que participem das perdas sociais.

Na insolvência ou fora dela, o sócio da sociedade simples que não responder subsidiariamente ao patrimônio (CC, art. 1.023) estará obrigado a fazê-lo pelo saldo das dívidas existentes, além da integralização a que se sujeitou. Diversamente, contudo, do que ocorre com os sócios de responsabilidade solidária, há um limite para essa obrigação: na proporção em que participe das perdas sociais, e não ilimitadamente pelo total da dívida existente.

16.2.3. Responsabilidade em caso de retirada

Em regra, o sócio com responsabilidade limitada ou o acionista das sociedades por ações que se retiram ficam obrigados pelas dívidas existentes à data da alteração social, até o limite dos fundos retirados, pelo prazo de dois anos (CC, art. 1.032). Entretanto, há particularidades em cada uma das espécies societárias, e, assim, se as estuda separadamente, tendo em vista a natureza da sociedade de que participarem.

16.2.3.1. Responsabilidade em caso de retirada do sócio comanditário, na sociedade em comandita simples

O sócio comanditário, na sociedade em comandita simples, em sua retirada, tendo levado consigo os fundos sociais que lhe correspondiam, ficará responsável pelas obrigações existentes até aquela data, dentro do limite do valor que lhe coube. A lei estabelece um prazo geral para todas as sociedades, dentro do qual, ocorrendo a retirada, a recomposição deve ocorrer: dois anos.

Na hipótese de cessão de quotas a terceiros, aos cedentes e cessionários se impõe, solidariamente, a obrigação (CC, art. 1.003, parágrafo único). Essa regra deve ser entendida dentro dos limites da responsabilidade do tipo societário: o valor da obrigação não pode ultrapassar o do reembolso que representar seu quinhão social.

16.2.3.2. Responsabilidade em caso de retirada do sócio cotista

Na sociedade por cotas de responsabilidade limitada, a retirada do sócio dissidente, regulada pelo art. 15 do Decreto n. 3.708/19, obrigava-o ao limite do valor do reembolso, pelas obrigações contraídas até a data do registro definitivo da modificação do estatuto social.

O Código Civil, como já visto, traz regra geral: "a retirada, exclusão ou morte do sócio, não o exime, ou a seus herdeiros, da responsabilidade pelas obrigações sociais anteriores, até dois anos após averbada a resolução da sociedade; nem nos dois primeiros casos, pelas posteriores e em igual prazo, enquanto não se requerer a averbação" (art. 1.032). Essa norma, prevista para as sociedades simples, aplica-se às demais formas societárias empresariais e, de forma expressa, às sociedades limitadas (art. 1.057, parágrafo único). Do mesmo modo como se dá a incidência sobre os sócios comanditários que se retiram, essa norma deve ser entendida dentro dos limites da responsabilidade do tipo societário: o valor da obrigação não pode ultrapassar o do reembolso que representar seu quinhão social.

Exemplificando: o sócio Tício retira-se da sociedade XYZ Ltda. em 5 de julho de 2005 e a averbação dessa alteração social é levada à Junta Comercial somente em 8 de agosto de 2006. Dessa última data conta-se o prazo de dois anos para que os credores ou a sociedade o acionem pelas obrigações contraídas até 8 de agosto de 2006 (CC, arts. 1.003 e 1.057, parágrafo único).

16.2.3.3. Responsabilidade em caso de retirada do acionista

Em caso de retirada do acionista – da sociedade anônima ou da sociedade em comandita por ações –, há duas situações a serem analisadas: a do acionista dissidente e a do acionista que cede suas ações, antes de integralizá-las:

a) Responsabilidade do acionista dissidente

Na hipótese de o acionista tornar-se dissidente, isto é, retirar-se em razão de deliberação em que se viu vencido, nos casos que a lei regula, o legislador lhe impôs a devolução do reembolso somente em ocorrendo a falência, para pagamento de credores mais antigos não satisfeitos, desde que tenha ocorrido, com a operação de reembolso, a diminuição do capital social (LSA, art. 45, § 6º). Trata-se de responsabilidade solidária com os demais acionistas cujas ações tenham sido reembolsadas.

Reembolso, nas sociedades por ações, é a operação pela qual a companhia paga aos acionistas dissidentes – aqueles que discordam de deliberações da assembleia geral – o valor de suas ações, dentro dos casos previstos na LSA.

Credores mais antigos são os preexistentes à data do reembolso; portanto, o valor dos débitos e sua correta identificação já são conhecidos pelos acionistas no momento de sua retirada.

A devolução do reembolso que não ocorrer voluntariamente se fará por ação revocatória, obedecendo-se ao rito dos arts. 129 e seguintes da LREF. Observe-se que a massa falida não precisará demonstrar a intenção de fraudar credores ou a existência de conluio entre os acionistas dissidentes e a administração da sociedade, mas, tão somente, o registro da retirada com a correspondente redução do capital social. É ato que deixa de produzir efeito jurídico na falência, independentemente do conhecimento do estado econômico do devedor ou de sua intenção.

b) Responsabilidade do acionista que cede as ações antes de integralizá-las

O acionista que ceder suas ações antes da total integralização fica solidariamente responsável com o comprador pelo prazo de dois anos, contados da data em que se efetuou a transferência das ações (LSA, art. 108).

16.2.4. Responsabilidade em caso de ingresso

O sócio de responsabilidade limitada que ingressa na sociedade por subscrição de aumento de capital ou como cessionário de outro que se retira obriga-se, a partir de então, na extensão do que a lei prescrever para aquele tipo societário, não se podendo fazer distinção entre uma e outra situação. Esse princípio de equidade parece vir expresso no art. 45, § 8º, da LSA, ao limitar a responsabilidade do acionista remisso aos créditos mais antigos, estabelecendo regra para o início temporal de cada obrigação.

16.3. Resumo gráfico das responsabilidades por ingresso, retirada e falência

<table>
<tr><td rowspan="13">TIPO DE RESPONSABILIDADE</td><td rowspan="4">ILIMITADA</td><td>RESPONSABILIDADE ORDINÁRIA E FALIMENTAR</td><td>O sócio tratador, na sociedade em comum, responde solidária e ilimitadamente, não subsidiariamente ao patrimônio social (não podem invocar o benefício de ordem).
Os bens dos seguintes sócios respondem ordinariamente de forma subsidiária (permite-se que invoquem benefício de ordem) ao patrimônio social, e, em caso de falência da sociedade, serão utilizados para pagamento da dívida existente, depois de exaurido o patrimônio social:
• sócios em nome coletivo;
• sócios capitalistas (na extinta sociedade de capital e indústria);
• sócios comanditados (sociedade em comandita simples);
• sócios administradores (sociedade em comandita por ações);
• sócios não tratadores (na sociedade em comum);
• sócios (na sociedade simples, se houver previsão contratual nesse sentido).</td></tr>
<tr><td>SÓCIOS QUE SE RETIRAM</td><td>Ficam responsáveis pelas obrigações contraídas até o momento da despedida por um período de dois anos, contados da data do arquivamento da alteração contratual no órgão de Registro.</td></tr>
<tr><td rowspan="2">SÓCIOS QUE INGRESSAM</td><td>Ingresso por aumento de capital social: no sistema do Código Comercial o sócio respondia pelas obrigações a partir de seu ingresso. No Código Civil, responde pelas dívidas anteriores a sua admissão.</td></tr>
<tr><td>Ingresso por cessão de cotas de sócio retirante: responde com o retirante de forma solidária pelas obrigações existentes à data da saída daquele. Pelas obrigações posteriores, responde solidariamente com os sócios que permanecem.</td></tr>
<tr><td rowspan="9">LIMITADA</td><td rowspan="5">RESPONSABILIDADE ORDINÁRIA E FALIMENTAR</td><td>Respondem pela integralização, independente da suficiência do patrimônio da sociedade falida para pagamento dos credores, de três formas distintas, segundo o tipo societário:</td></tr>
<tr><td>1) Na sociedade anônima e na sociedade em comandita por ações, o sócio, desde que não seja administrador na segunda, pela integralização das ações até o limite do preço de emissão das ações subscritas ou adquiridas (art. 1º da Lei n. 6.404/76 e art. 1.088 do Código Civil).</td></tr>
<tr><td>2) Na sociedade em comandita simples, o sócio comanditário, pelos fundos que se obrigou, devendo integralizar o montante a que se sujeitou.</td></tr>
<tr><td>3) Na sociedade limitada, o sócio cotista, pela integralização do capital subscrito, de forma solidária entre os sócios.</td></tr>
<tr><td>Na sociedade simples os sócios respondem pela integralização do capital social e, ainda, pelo saldo das dívidas, na proporção em que participarem das perdas sociais.</td></tr>
<tr><td rowspan="3">SÓCIOS QUE SE RETIRAM</td><td>O sócio comanditário, na sociedade em comandita simples, responde pelas obrigações existentes até a data da retirada, dentro do limite do valor que lhe coube, pelo período de dois anos, contados da data do arquivamento da alteração social na Junta Comercial.</td></tr>
<tr><td>O sócio cotista dissidente, na sociedade limitada, é responsável, até o limite do reembolso, pelas obrigações contraídas até a data do registro da alteração, pelo período de dois anos, contados da data do arquivamento da alteração na Junta Comercial.</td></tr>
<tr><td>O acionista responderá conforme a situação:
a) se é acionista dissidente, pelo reembolso para pagamento dos credores mais antigos;
b) se a retirada ocorreu antes da integralização das ações adquiridas, haverá solidariedade, pelo prazo de dois anos, com o acionista adquirente.</td></tr>
<tr><td>SÓCIOS QUE INGRESSAM</td><td>O sócio de responsabilidade limitada (acionista, comanditário, cotista) não fica responsável pelas dívidas sociais anteriores à data de sua admissão. Sua responsabilidade é fixada pelo limite previsto para o tipo societário:
a) sócio cotista: até o total da integralização do capital social, de forma solidária com os sócios preexistentes;
b) sócio comanditário: até o valor de sua quota;
c) acionista: até o valor nominal das ações subscritas ou adquiridas.</td></tr>
</table>

Capítulo 17

DA CONSTITUIÇÃO DAS SOCIEDADES EM GERAL – ASPECTOS COMUNS

Sumário: 17.1. Da constituição das sociedades em geral. 17.2. Regras comuns aos contratos. 17.3. Capacidade e ingresso de sócio menor no regime do Código Comercial. 17.4. Capacidade e sócio menor no regime do Código Civil. 17.5. Capacidade e consentimento. 17.6. Objeto lícito. 17.7. Objeto possível, determinado ou determinável. 17.8. Forma prescrita ou não defesa em lei. 17.9. Requisitos específicos. 17.9.1. Pluralidade de sócios. 17.9.2. Constituição do capital social. 17.9.3. *Affectio societatis (animus contrahendi societatis)*. 17.9.4. Coparticipação nos lucros e perdas. 17.10. Cláusulas essenciais. 17.11. Cláusulas acidentais.

17.1. Da constituição das sociedades em geral

Grande parte das sociedades se constitui mediante contrato escrito, com cláusulas estabelecidas pelos sócios; são as chamadas sociedades contratuais, e nessa categoria se inserem as sociedades: em comum, em conta de participação, simples, em nome coletivo, em comandita simples, as limitadas e as extintas de capital e indústria. Outras se constituem mediante adesão a um estatuto social, sendo chamadas sociedades institucionais, nas quais se incluem as sociedades anônimas, as sociedades em comandita por ações e as sociedades cooperativas.

17.2. Regras comuns aos contratos

As sociedades contratuais devem obedecer às regras comuns aos contratos em geral, cuja validade requer: agente capaz, objeto lícito, possível, determinado ou determinável, e forma prescrita ou não defesa em lei, segundo o que determina o art. 104 do Código Civil.

17.3. Capacidade e ingresso de sócio menor no regime do Código Comercial

A capacidade para participar, como sócio, de uma sociedade de pessoas possuía regra rígida no Código Comercial: o art. 308 estabelecia a proibição da participação de menores não emancipados, sucessores de sócio falecido, mesmo quando prevista contratualmente a sucessão de herdeiros, vedando, ainda, a autorização judicial nesse sentido. O destino dessa sociedade, em não havendo herdeiros maiores, era a extinção, nos termos do art. 335, n. 4, daquela legislação.

Proibia a lei comercial a participação de menores nas sociedades chamadas de pessoas, instituídas nos arts. 311 *usque* 328. A razão jurídica se encontrava na responsabilidade ilimitada e solidária dos sócios e, em consequência, na necessária participação na administração direta nos negócios da sociedade. A rigor, qualquer sócio com responsabilidade ilimitada pode ser administrador da sociedade.

Discutia-se, na vigência do sistema da comercialidade, se nas demais sociedades, não previstas no Código Comercial, subsistia tal vedação.

Em relação às chamadas sociedades de capitais (sociedade anônima e sociedade em comandita por ações) nenhuma dúvida havia: os menores podiam dela participar como acionistas, desde que possuíssem somente ações totalmente integralizadas, sendo representados pelos pais em seu *status* de acionista.

A dúvida surgia em relação às sociedades por cotas de responsabilidade limitada, então regidas pelo Decreto n. 3.708/19. Estas se situam numa classificação mista: conservam características das sociedades de pessoas e das sociedades de capitais, dependendo de sua estrutura e do desenvolvimento de seu objeto social. Há, no mercado, pequenas empresas familiares regidas pela forma limitada, como também ocorre a constituição de empresas multinacionais sob esse tipo societário, que, com grande capital e recursos, atuam agressivamente como poderosos investidores no mercado. Estas não poderiam ser classificadas como sociedades de pessoas e sujeitar-se às regras próprias previstas no vetusto Código Comercial de 1850.

O plenário do Supremo Tribunal Federal teve oportunidade de decidir, em sessão realizada em 8 de julho de 1976, questão que envolvia o ingresso de dois menores em sociedade por cotas de responsabilidade limitada, de capital inteiramente realizado. A Junta Comercial de São

Paulo denegara o registro, motivando a discussão judicial da medida, cuja decisão definitiva foi: "Sociedade por cotas de responsabilidade limitada. Participação de menores, com capital integralizado e sem poderes de gerência e administração com cotistas. Admissibilidade reconhecida, sem ofensa ao art. 1º do Código Comercial. Recurso extraordinário não conhecido". No acórdão lê-se a lição do Ministro Cunha Peixoto, sustentando a decisão que mantinha o entendimento das instâncias paulistas: "(...) De fato, consoante nossas leis civis, o pai e, na falta, a mãe, só têm limitada a administração dos bens imóveis dos filhos, não existindo nenhuma restrição quanto aos móveis, inclusive o dinheiro de contado. Podem, pois, os pais dispor dos bens móveis como entenderem e, consequentemente, nada impede que eles subscrevam, em nome dos filhos, cotas de responsabilidade limitada" (STF, RE 82.433-SP, Rel. Min. Xavier de Albuquerque).

José Waldecy Lucena (1997:176-177), aderindo à posição adotada pela alta Corte, afastou com fundamentos lúcidos as oposições doutrinárias a esse entendimento, fundadas no art. 9º do Decreto n. 3.708/19. Argumentaram os opositores que, no caso de falência ou retirada a qualquer título, com prejuízo ao capital social, os menores seriam prejudicados por atos e omissões dos outros sócios, com diminuição de seu capital, conforme dispõe a lei. A resposta do autor é correta:

a) ao argumento no sentido de que o menor sócio cotista, mesmo integralizando suas cotas, estaria solidariamente sujeito ao pagamento de partes não totalmente integralizadas de outros sócios, em caso de falência, Lucena aponta a solução dada pelo Supremo Tribunal Federal: o capital deverá sempre estar integralizado, tanto no ingresso como durante a permanência do menor na sociedade, afastando os perigos de eventual inadimplência por parte dos demais componentes da sociedade;

b) ao segundo argumento, o autor responde que essa mesma exigência consta na Lei das Sociedades por Ações (art. 201, § 2º, da Lei n. 6.404/76), além de que o menor não será prejudicado se restituir, tão somente, quanto a lei exige: a quantia que indevidamente lhe veio às mãos, com violação do capital social. Permitir o locupletamento de tal importância equivaleria a tolerar o enriquecimento sem causa.

Há dois últimos argumentos, levantados por Waldemar Ferreira, que se referem ao elemento pessoal essencial nas deliberações sociais das sociedades contratuais e ao exercício das funções de representação da sociedade. O primeiro é contraposto pela possibilidade de os pais participarem, como representantes legais, das deliberações, e o segundo pelo simples fato de que, havendo sócio capaz, a este sempre incumbirá o exercício da administração.

Observa-se que possibilitar a participação indireta do sócio menor – permitindo que o faça por seus responsáveis legais, mediante representação ou assistência, conforme for o caso – afasta a sociedade limitada do caráter personalista das sociedades contratuais. Nas sociedades de pessoas, a participação de cada sócio é sempre pessoal e direta, daí por que a lei comercial restringia a livre transferência das cotas sociais, tal é o vínculo pessoal que se forma entre os componentes durante a vida da sociedade. É por essa razão que a sociedade por cotas de responsabilidade limitada é uma sociedade mista, no que se refere à estrutura econômica, na linguagem de Requião, ou às condições de alienação das cotas, na linguagem de Fábio Ulhoa Coelho.

Sempre nos colocamos entre aqueles que entendem ser possível o ingresso e a permanência de menores como sócios de sociedade por cotas de responsabilidade limitada, nas seguintes condições:

a) as cotas de todos os sócios devem estar inteiramente integralizadas;

b) as cotas de todos os sócios permanecerão, obrigatoriamente, integralizadas em sua totalidade enquanto os menores permanecerem na sociedade; aumentos de capital devem ser integralizados no ato de sua ocorrência;

c) os sócios menores não poderão exercer a administração da sociedade, mas, por meio de seus responsáveis legais, poderão deliberar e fiscalizar o andamento dos negócios.

17.4. Capacidade e sócio menor no regime do Código Civil

Dissipando toda a controvérsia existente no regime do Código Comercial e inversamente ao pensamento então dominante, o Código Civil de 2002 possibilitou ao incapaz, por meio de representante ou devidamente assistido, prosseguir o exercício da empresa que anteriormente era por ele exercida enquanto capaz, por seus pais ou pelo autor da herança (art. 974). A autorização para esse exercício dependerá de suprimento judicial, após o exame das circunstâncias e dos riscos da empresa, bem como da conveniência de continuá-la, sujeitando-se à revogação.

No espírito que permeia toda a nova disciplina da atividade negocial, qual seja, o de garantir a continuidade da empresa, individual ou coletiva, foram previstas duas situações pelo legislador:

a) seu titular se torna incapaz de exprimir sua vontade, de forma transitória ou não, em razão de enfermidade ou deficiência mental, ou, ainda, tem seu discernimento reduzido em virtude de ebriedade habitual, vício em tóxico, bem como nos casos de desenvolvimento mental incompleto ou prodigalidade (CC, arts. 3º e 4º);

b) o titular da empresa vem a falecer e o herdeiro não é maior de dezoito anos nem emancipado.

Parece evidente que, ao permitir o exercício pessoal da empresa individual, a lei civil autorizou o menor – ou outro incapaz – a participar, como sócio, de sociedade nas mesmas hipóteses. Isso porque não haverá, no sistema adotado, qualquer prejuízo ao patrimônio amealhado anteriormente pela pessoa autorizada. Em ambas as previsões legais, a lei civil resguardou de sujeição à responsabilidade perante terceiros os bens pertencentes ao incapaz ao tempo da sucessão ou da interdição, desde que estranhos ao acervo da empresa.

Somente não se operará a sucessão, em razão da morte, se o contrato não dispuser sobre esta e não houver acordo entre os herdeiros e os sócios remanescentes, conforme se depreende da interpretação que se faz do art. 1.028, I e III.

17.5. Capacidade e consentimento

Jungida à capacidade está o livre consentimento. Somente pode expressar de forma independente sua vontade, sem dolo, coação ou simulação, o agente capaz. Consentimento, portanto, é, igualmente, um elemento do contrato, de tal forma aderente à capacidade que se torna didaticamente aceitável seu estudo conjunto.

17.6. Objeto lícito

O art. 104, II, do Código Civil exige, em relação ao objeto, que este seja lícito, possível, determinado ou determinável.

Entende-se, ainda, que as atividades desenvolvidas devem ser lícitas e de acordo com os bons costumes. Nas normas que regem o Registro de Empresa encontra-se a proibição de arquivamento de "documentos que não obedecerem às prescrições legais ou regulamentares ou que contiverem matéria contrária aos bons costumes ou à ordem pública, bem como os que colidirem com o respectivo estatuto ou contrato não modificado anteriormente" (art. 35, I, da Lei n. 8.934/94).

O Código Comercial já trazia disposição semelhante nos arts. 287 e 129: "Art. 287. É da essência das companhias e sociedades comerciais que o objeto e fim a que se propõem seja lícito (...)"; e "Art. 129. São nulos todos os contratos comerciais: (...) 2 – que recaírem sobre objetos proibidos pela lei, ou cujo uso ou fim for manifestamente ofensivo da sã moral e bons costumes".

Lícito é tudo aquilo que não contraria a lei e está conforme o ordenamento jurídico. Já as expressões "bons costumes e ordem pública" não são de tão fácil conceituação, embora encontradas na legislação pátria de forma abundante, como, por exemplo, no art. 17 da Lei de Introdução às Normas do Direito Brasileiro (Decreto-lei n. 4.657/42), nos arts. 18, I, 100, I, e 124, I, da Lei da Propriedade Industrial (Lei n. 9.279/96) e nos arts. 2º e 97 da Lei das Sociedades por Ações (Lei n. 6.404/76). Em todos esses casos veda-se a prática de ato que viole os bons costumes ou a ordem pública.

Clóvis Bevilaqua (1975:155-156), comentando o dispositivo da Lei de Introdução, expressou-se, como de costume, magistralmente sobre a inconsistência das expressões: "A noção de ordem pública é uma das mais inconsistentes do direito. Mas o senso jurídico percebe-a, sem dificuldade, no momento em que ela deve reagir contra o elemento, que a perturba. É que ela se estende, tutelar, sobre toda a vida orgânica do Estado, e, por isso mesmo, variam, consideravelmente, as possibilidades de ofendê-la. Intervindo os exageros de sensibilidade de um lado e as tendências invasoras de outro, faz-se a perturbação nos espíritos. Por isso o instituto de direito internacional, há anos, fazia votos para que, em cada Estado, se definisse o que se devia entender por ordem pública. Leis de ordem pública são aquelas que, em um Estado, estabelecem os princípios, cuja manutenção se considera indispensável à organização da vida social, segundo os preceitos do direito. Por duas faces se manifesta a ordem pública, a interna e a externa. A ambas se refere o art. 17, porque, além das leis, atos e sentenças de outro país, considera as disposições particulares e os contratos, abrangendo não somente os atos jurídicos que os indivíduos pratiquem no estrangeiro, como os que se passarem no país. A ordem pública externa é considerada quando o artigo afasta a eficácia de leis, atos e sentenças de outro país. As duas, interna e externa, quando se ocupa do testamento e outras declarações de vontade (...) Bons costumes são os que estabelecem as regras de proceder, nas relações domésticas e sociais, em harmonia com os elevados fins da vida humana. São preceitos da moral. Nem todos eles terão força para impedir a aplicação da lei estrangeira, a execução das sentenças, ou a eficácia das convenções. Têm-na, porém, os que se referem mais diretamente à honestidade das famílias, ao recato do indivíduo e à dignidade social, *quae loedunt pietatem, existimationem, verecundiam nostram*, como dizia Ulpiano. São duas noções um tanto flutuantes, a da ordem pública e a dos bons costumes, porém necessárias à regular aplicação da lei estrangeira".

17.7. Objeto possível, determinado ou determinável

Por último, deve-se anotar que, além de lícito, o objeto deve ser possível, determinado ou determinável, como manda a lei, ou, como já ensinava Caio Mário da Silva Pereira (1997, 1:311), "além da liceidade, é condição objetiva de validade a possibilidade: se o objeto for impossível, é frustro o negócio, em razão de se não poder configurar a relação jurídica, que, na verdade, reclama a existência do elemento objetivo para armar-se e ser impossível o objeto, o mesmo é que não haver".

A impossibilidade deve ser absoluta ou, na linguagem do mesmo mestre acima citado, quando "a prestação for irrealizável por qualquer pessoa, ou insuscetível de determinação". Incorrem em impossibilidade absoluta, por exemplo, a venda e compra de coisas fora do comércio em decorrência da própria lei ou do estado da atual tecnologia, o agenciamento de viagens interplanetárias (embora já se cogitem viagens espaciais), o contrato de transporte com promessa de volta ao mundo em 88 minutos, a especulação sobre viagens no tempo, a venda de herança de pessoa viva etc.

17.8. Forma prescrita ou não defesa em lei

A forma "dá existência ao ato jurídico. Sem ela, não passará de uma ação humana estranha à vida jurídica" (cf. Bevilaqua, 1975:329).

Em geral inexiste regra especial para grande parte dos negócios jurídicos, tendo o sistema jurídico pátrio adotado a forma livre. Contudo, alguns contratos exigem formas especiais, também chamadas solenes, que podem ser, na terminologia do Professor Limongi França (1994:152-153): (1) única – que não pode ser preterida por outra; (2) plural, "aquela que corresponde aos atos jurídicos para cujo entabulamento é legalmente possível optar por uma ou várias formas fixas"; ou, ainda, (3) genérica, quando "implica uma solenidade de natureza mais geral", imposta pela norma jurídica.

Optou o regime empresarial, como também fazia o sistema anterior, por exigir uma forma solene, escrita e plural, podendo, se os contraentes preferirem, a formalização ser por escrito público ou particular. Assim, para a constituição das sociedades exige a lei contrato ou estatutos escritos e seu registro no Cartório Civil de Pessoas Jurídicas ou na Junta Comercial da unidade federativa onde se encontrar a sede da empresa, conforme se trate de sociedade simples ou empresária. É o que decorre do art. 1.150 do Código Civil e do art. 53 da Lei n. 8.934/94.

17.9. Requisitos específicos

Além dos requisitos comuns à generalidade dos contratos, são também elementos da constituição de qualquer sociedade os explicitados a seguir.

17.9.1. Pluralidade de sócios

À exceção da sociedade subsidiária integral, prevista no art. 251 da Lei das Sociedades Anônimas (Lei n. 6.404/76) e da empresa pública criada por lei, cujo capital seja formado exclusivamente de recursos público do ente que a criou, não se conhece, no direito pátrio, a *sociedade unipessoal*.

E nem mesmo estas podem ser consideradas sociedades unipessoais.

Nada obstante parcela respeitável da doutrina não acompanhar a conclusão de que o modelo adotado em ambos os casos se distancia de um contrato de sociedade, essa é a nossa posição. Trata-se, a nosso ver, de mera *constituição* de pessoa jurídica mediante separação de parcela patrimonial do instituidor. Exatamente como ocorre em outras pessoas jurídicas, como as EIRELIs e as fundações.

Outra situação distinta das duas primeiras é a perda transitória da pluralidade de sócios. Antes mesmo do advento do Código Civil, a jurisprudência admitia a possibilidade de subsistir uma sociedade constituída por dois sócios, na hipótese de morte de um deles ou sua retirada voluntária ou judicial, desde que não fosse ultrapassado determinado período de tempo, suficiente a sua regularização, pelo sócio remanescente (STJ, REsp 8.474, Rel. Min. Dias Trindade, j. 3-4-1991). A tendência da jurisprudência vinha sendo a de preservação da atividade empresarial, mitigando os efeitos da dissolução total, exigência de expresso texto legal (CCom, art. 335, n. 4).

Fundamentado nessa tendência, o Código Civil fixou, no art. 1.033, IV, o prazo de cento e oitenta dias para a recomposição do requisito da pluralidade de sócios.

Com a promulgação da LLE, permitindo a constituição de ente individual com responsabilidade limitada, esse dispositivo foi revogado. Assim, a perda da pluralidade de sócios não implica, necessariamente, a dissolução da sociedade limitada, podendo o sócio remanescente proceder à transformação de sociedade em atividade regida por EIRELI, mantendo capital mínimo de cem salários mínimos ou por empresa individual sob a forma limitada, sem esse limite.

Todos os casos aqui mencionados distinguem-se do modelo de uma "sociedade unipessoal" formada por parcela de patrimônio de uma única pessoa natural, seja porque fere o modelo contratual previsto no art. 981 do Código Civil, seja porque se afasta do princípio do patrimônio unitário também previsto nesse mesmo diploma, no art. 91.

Nessa linha entendeu o Enunciado n. 3 da CJF, em matéria de Direito Comercial: "A empresa individual de responsabilidade limitada (EIRELI) não é sociedade unipessoal, mas um novo ente, distinto da pessoa do empresário e da sociedade empresária".

E, completamos: a pessoa jurídica criada pela Lei n. 13.874/2019 é apenas uma variação da EIRELI, da qual se diferencia apenas quanto à inexistência de valor mínimo na integralização do capital e a possibilidade de constituição, sem reservas, para as atividades não empresariais.

O legislador pátrio optou por conceder personalidade jurídica ao patrimônio separado a título de capital integralizado no momento de sua constituição. Isso também ocorre com o ente jurídico fruto da LLE (Lei n. 13.874/2019), constituído por uma única pessoa para o exercício de qualquer atividade econômica, sob forma de responsabilidade limitada.

Assim, embora uma mesma pessoa disponha de duas massas patrimoniais, uma das quais para suportar as obrigações de sua atividade empresarial, é certo que, no momento da instituição da empresa individual EIRELI ou do ente jurídico criado pela LLE, nasce uma pessoa jurídica, distinta da pessoa de seu titular.

Na criação desse novo instituto, o legislador teve o cuidado de respeitar o princípio da unidade patrimonial, embora com redação tecnicamente sofrível, dando a entender a criação de uma sociedade unipessoal, o que não se mostra compatível com o conceito de sociedade que o próprio legislador civil concebeu no art. 981.

Deve-se compreender que se trata de duas pessoas distintas: a pessoa constituidora de outra pessoa jurídica. Cada uma das pessoas mantém uma única massa patrimonial.

17.9.2. Constituição do capital social

Cada um dos sócios deve contribuir para a formação do capital social, segundo já preceituava o art. 287 do Código Comercial e repete o Código Civil (art. 1.004).

Os doutrinadores clássicos definiam capital social como "a totalidade, expressa em dinheiro, das contribuições, realizadas, ou prometidas, pelos sócios, para promover os fins da sociedade" (cf. Vampré, 1921, 1:348). Rubens Requião (1998, 1:358), por sua vez, observa que "o capital constitui o patrimônio inicial da sociedade comercial. Após o início das atividades, o capital permanece nominal, expresso na soma declarada no contrato, ao passo que o patrimônio social – ou fundo social – tende a crescer, se a sociedade for próspera, ou a diminuir, se tiver insucesso. Esse patrimônio é que gera, em última análise, o lucro, que é periodicamente dividido entre os sócios".

No regime do Código Comercial, a lei era omissa em relação à forma de constituição do capital social, somente especificando a possibilidade de um sócio ingressar com sua indústria (art. 317), referindo-se aos sócios prestadores de serviço, na sociedade de capital e indústria, extinta com o advento do Código Civil.

No sistema atual o capital deve ser expresso em moeda corrente, mas a contribuição pode ser realizada em dinheiro ou qualquer outro bem suscetível de avaliação pecuniária (art. 997, III, do Código Civil), conceito que inclui bens corpóreos ou incorpóreos, móveis ou imóveis, direitos sobre coisas alheias etc., permitindo-se um leque de possibilidades que, muitas vezes, não apenas facilita a constituição da sociedade, mas, igualmente, presta-se à prática de fraudes por meio da empresa. Na sociedade simples, não empresária, é possível que a contribuição consista em serviços (arts. 1.006 e 997, V), sendo expressamente vedado seu emprego na sociedade limitada (art. 1.055, § 2º).

A Lei de Registro de Empresas trouxe novidade em relação a esse tema, exigindo, além da designação do capital no contrato levado a registro (LRM, art. 35, III), a descrição e identificação do imóvel, sua área, dados relativos a sua titulação, bem como o número da matrícula no

Registro Imobiliário e, quando necessária, a outorga uxória ou marital (LRM, art. 35, VII), na hipótese de incorporação de imóveis à sociedade.

A Lei de Sociedades por Ações exige, por sua vez, a realização mínima, como entrada, de dez por cento do preço de emissão das ações subscritas em dinheiro, em depósito no Banco do Brasil (LSA, art. 80). No caso de transferência de bens a favor da companhia, impõe-se a avaliação por três peritos ou por empresa especializada, conforme decorre dos arts. 7º a 9º da LSA.

Tais cuidados, na atual legislação, não são regra para as demais sociedades, resultando em dificuldades para apurar o real valor do capital da sociedade constituída, permitindo-se a inclusão de valores irreais e fantásticos e, com isso, toda espécie de fraude ao crédito de fornecedores e bancos. Embora tal prática seja considerada criminosa, somente é apurada em caso de falência ou de recuperação judicial ou extrajudicial (LREF, art. 168, IV), quando os sócios já se locupletaram e, provavelmente, não serão encontrados para prestar contas.

A nova legislação civil não amplia as exigências, permitindo a mera indicação do capital da sociedade em moeda corrente. As únicas que constam se limitam a impor ao sócio que transmitir domínio, posse ou uso de coisa a responsabilidade pela evicção e, em se tratando de transferência de crédito, a solvência do devedor. Essas prescrições estatuídas para as sociedades simples (art. 1.005) são de aplicação genérica a todas as sociedades. Para as limitadas, contudo, foi imposta, ainda, a responsabilidade solidária dos sócios pela exata estimação dos bens conferidos ao capital social, pelo prazo de cinco anos, contados da data do registro da sociedade (art. 1.055).

17.9.3. *Affectio societatis* (*animus contrahendi societatis*)

A vontade de união, aceitação de cláusulas comuns e participação ativa no objeto a ser realizado. Esse elemento é altamente distinguidor do contrato de sociedade. Nos contratos em geral inexiste regra tão marcante como essa. Os sócios se dispõem a participar da sociedade visando a um fim comum. Nas sociedades de capitais, esse elemento é pouco preponderante, mas nas de pessoas ele é essencial.

De Plácido e Silva (1946:131) descreve esse requisito com outras palavras: "Para que as sociedades se digam comerciais, não é somente necessário que tomem a forma legal, preconizada pelas leis comerciais. É indispensável que as pessoas que a compõem se tenham unido num objetivo comum de caráter mercantil, tal seja o de explorar um certo ramo de comércio, em interesse comum, isto é, tendo todos o mesmo desejo e intenções de especular ou lucrar".

Da *affectio societatis*, como contribuição pessoal de cada sócio ao fim comum, resultou a formação de regras que distinguiam as sociedades de pessoas: a solidariedade na sociedade em nome coletivo (art. 315 do Código Comercial), o impedimento de uso dos fundos em causa própria (art. 333), a vedação à cessão de cotas a terceiros sem autorização dos demais sócios (art. 334), a dissolução por mútuo consenso de todos os sócios (art. 335, 3), a dissolução por vontade de apenas um sócio (art. 335, 5) etc.

São da essência da *affectio societatis*, segundo Carvalho de Mendonça (1953, 3:23), a (1) colaboração ativa, (2) consciente e (3) igualitária dos contratantes (4) para a realização de um lucro a partilhar.

17.9.4. Coparticipação nos lucros e perdas

É da essência do contrato de constituição a participação nos lucros e perdas da sociedade por parte de cada um dos sócios, sendo vedada a atribuição da totalidade deles a apenas um dos sócios, conforme já previa a legislação revogada (art. 288 do Código Comercial). Denomina-se leonina a sociedade que fere esse princípio.

A regra é antiga e constava das legislações portuguesas. Nas Ordenações Filipinas (Livro IV, Tít. XLIV) já se previa a regra do ganho e da perda em partes iguais: "Não se declarando no contrato da companhia quanta parte do ganho, ou perda haverá cada um dos companheiros, entender-se-á que cada um haverá assim do ganho, como da perda, partes iguais (...) não poderão porém os companheiros por tal pacto e condição, que um companheiro leve o ganho todo, e na perda não tenha parte, porquanto o tal contrato, como este, é ilícito e reprovado".

No Código Civil de 2002, a regra vem prevista nos arts. 997, VII, e 1.008, prescrevendo, neste último, a nulidade de estipulação contratual que exclua qualquer sócio de participar dos lucros e das perdas.

17.10. Cláusulas essenciais

Presentes os requisitos acima expostos – capacidade, objeto lícito e forma prescrita e não defesa em lei –, os sócios devem redigir o contrato social, articuladamente, estipulando as cláusulas que regerão as relações entre os sócios e perante terceiros.

São chamadas essenciais as cláusulas indispensáveis ao registro do contrato de sociedade no órgão de Registro Público correspondente à natureza da atividade: em se tratando de sociedade simples, não empresária, o Cartório de Registro Civil de Pessoa Jurídica, ou, para as sociedades empresárias, a Junta Comercial.

A lei enumera as cláusulas essenciais nos arts. 997 e 1.000 do Código Civil, ao introduzir a sociedade simples: I – nome, nacionalidade, estado civil, profissão e residência dos sócios, se pessoas naturais, e a firma ou a denominação, nacionalidade e sede dos sócios, se jurídicas; II – denominação, objeto, sede e prazo da sociedade; III – capital da sociedade, expresso em moeda corrente, podendo compreender qualquer espécie de bens, suscetíveis de avaliação pecuniária; IV – a quota de cada sócio no capital social e o modo de realizá-la; V – as prestações a que se obriga o sócio, cuja contribuição consista em serviços; VI – as pessoas naturais incumbidas da administração da sociedade e seus poderes e atribuições; VII – a participação de cada sócio nos lucros e nas perdas; VIII – se os sócios respondem, ou não, subsidiariamente, pelas obrigações sociais, e, no art. 1.000, a existência de sucursal, filial ou agência.

São essenciais, ainda, as previstas no art. 53, III, do Decreto n. 1.800/96, que regulamentou a Lei de Registro Público de Empresas, que explicitam ou simplesmente acrescem elementos às cláusulas acima:

a) cláusula I: para as pessoas naturais: o domicílio, o documento de identificação, seu número e órgão expedidor e número de inscrição no Cadastro de Pessoas Físicas, dispensado este último no caso de brasileiro ou estrangeiro domiciliado no exterior (art. 53, III, *d*); e, para as pessoas jurídicas: se sediadas no Brasil, o Número de Identificação do Registro de Empresas – NIRE ou do Cartório de Registro Civil das Pessoas Jurídicas competente e o número no Cadastro Nacional das Pessoas Jurídicas – CNPJ (art. 53, III, *d*);

b) cláusula II: a declaração precisa e detalhada do objeto social (art. 53, III, *b*);

c) cláusula III: no contrato em que haja, por instrumento particular, incorporação de imóveis à sociedade, contendo a descrição e identificação do imóvel, área, dados relativos à titulação e número de matrícula no Registro Imobiliário e a outorga uxória ou marital, quando necessária (art. 53, VIII, *a* e *b*);

d) cláusula VI: declaração, sob as penas da lei, datada e assinada pelo administrador ou procurador com poderes específicos, de que não está condenado por nenhum crime cuja pena vede o acesso à atividade mercantil (art. 53, IV);

e) cláusula do art. 1.000 do Código Civil: o município da sede, com endereço completo e foro, bem como os endereços completos das filiais declaradas (art. 53, III, *e*);

f) cláusulas não contempladas pelo Código Civil: a data de encerramento do exercício social, quando não coincidentes com o ano civil (art. 53, III, *f*), e o tipo de sociedade empresarial adotado (art. 53, III, *a*).

Deve-se anotar, ainda, que há, de sociedade para sociedade, algumas particularidades, no que diz respeito à essência do tipo societário escolhido:

a) cláusula I: nas sociedades em nome coletivo, somente podem tomar parte no contrato as pessoas físicas;

b) cláusula II: algumas sociedades adotam firma social, obrigatoriamente: as em nome coletivo e as em comandita simples; outras podem adotar tanto denominação como firma social: as limitadas e as em comandita por ações; uma terceira categoria somente pode adotar denominação: as sociedades anônimas e as cooperativas;

c) cláusula V: não se aplica para a sociedade limitada, por força do art. 1.055, § 2º, do Código Civil, tampouco aos outros tipos societários, tendo em vista a natureza das contribuições e da responsabilidade dos sócios das sociedades empresárias: os sócios em nome coletivo e os comanditados respondem de forma ilimitada, incompatível com a estipulação limitada de participação nas perdas na proporção de suas cotas – art. 1.007; os sócios comanditários não podem praticar atos de gestão – art. 1.047;

d) cláusula VIII: a discriminação da qualidade de sócio comanditado ou comanditário (art. 1.045, parágrafo único).

17.11. Cláusulas acidentais

São chamadas acidentais as cláusulas que não impedem o arquivamento do contrato social no órgão de registro e, especificadas pelos contratantes, regulam inúmeras situações da vida social. Exemplos:

a) a previsão de não liquidação e a forma de substituição de sócio pré-morto (art. 1.028, I, do Código Civil);

b) cláusulas de dissolução não previstas na lei, a serem verificadas judicialmente quando contestadas (art. 1.035);

c) a previsão sobre a continuação ou não da sociedade com os herdeiros de sócio comanditário que vier a falecer (art. 1.050);

d) a regência supletiva da sociedade limitada pelas normas da sociedade anônima (art. 1.053, parágrafo único);

e) a possibilidade ou não de cessão de quota, total ou parcialmente, a pessoa estranha, na sociedade limitada (art. 1.057);

f) a permissão ou não de administradores não sócios nas sociedades limitadas (art. 1.061);

g) a instituição de conselho fiscal nas sociedades limitadas, com a fixação de seu número, forma de investidura (art. 1.066) e outras atribuições não previstas na lei (art. 1.069);

h) a previsão de realização de reunião ou assembleia de sócios (art. 1.072);

i) os valores de remuneração dos administradores e a distribuição das tarefas administrativas etc.

Capítulo 18

DAS SOCIEDADES EM ESPÉCIE – SOCIEDADES NÃO PERSONIFICADAS

18.1. Sociedades não personificadas

O capítulo introdutório à Teoria Geral das Sociedades é, no Código Civil, encabeçado pelas sociedades não personificadas – sociedades em comum e em conta de participação –, seguindo-se o capítulo das sociedades personificadas, iniciado por uma sociedade padrão – sociedade simples –, cujas regras são aplicáveis às não empresárias e, supletivamente, às empresariais.

Por princípio, as sociedades são sempre personificadas porque classificadas, ao lado das associações e das fundações, como pessoas jurídicas de direito privado. Entretanto, o Código Comercial já excetuava essa natureza à sociedade em conta de participação (arts. 325 a 328), no que o seguiu o novo Código Civil (arts. 991 a 996).

18.2. As sociedades irregulares – sociedades em comum

No sistema anterior ao Código Civil, a doutrina distinguia as sociedades de fato – aquelas que nem sequer elaboravam seus contratos sociais – das irregulares que, estabilizando as relações entre os sócios, não os inscreviam na Junta Comercial. Era assentado que ambas inexistiam legalmente como pessoas jurídicas, e, assim, a responsabilidade dos sócios pelas obrigações sociais assumidas sempre foi admitida como pessoal, primária e solidária entre os sócios. Não havendo patrimônio social, os sócios, igualmente, eram privados de invocar qualquer benefício de ordem em relação aos bens da sociedade. Sua responsabilidade, portanto, era havida como primária pelos compromissos aceitos em nome de sociedade inexistente ou irregular. Na execução das dívidas, os bens dos sócios respondiam diretamente pelo pagamento, solidariamente entre eles.

Na nova legislação, enquanto não inscritos os atos constitutivos, as sociedades são regidas, sob a rubrica "Da Sociedade em Comum", por regras próprias nos arts. 986 a 990, entre as quais se prevê o reconhecimento de um patrimônio especial, formado por bens e dívidas da sociedade não registrada, e, ainda, a faculdade de o sócio não tratador fazer uso do benefício de ordem. Essa conclusão é extraída *a contrario sensu* do disposto no art. 990 do novo Código Civil: "Todos os sócios respondem solidária e ilimitadamente pelas obrigações sociais, excluído do benefício de ordem, previsto no art. 1.024, aquele que tratou pela sociedade". É possível, portanto, que, não tendo participado da realização de determinado negócio jurídico, um dos sócios em comum invoque o direito de ver seus bens excutidos somente após o esgotamento do patrimônio social e dos demais sócios que, diretamente, trataram com o credor.

A expressão "sociedade comum" nada mais é do que a sociedade cujos atos ainda não foram inscritos em um dos órgãos de Registro Público – Junta Comercial e Cartório de Registro Civil de Pessoas Jurídicas –, que a doutrina anterior tratava sob as rubricas "sociedade irregular" e "de fato". A nova lei, aproveitando a evolução doutrinária anterior, contudo, distinguiu a forma de se provar em Juízo a existência da sociedade em comum: o terceiro que com ela contratar pode fazê-lo de qualquer modo (art. 987), como já previa o Código Comercial, em seu art. 305, ao presumi-la "sempre que alguém exercita atos próprios de sociedade, e que regularmente se não costumam praticar sem a qualidade social", exemplificando nove atos indicativos dessa existência:

1) negociação promíscua e comum;

2) aquisição, alheação, permutação ou pagamento comum;

3) se um dos associados se confessa sócio, e os outros o não contradizem por uma forma pública;

4) se duas ou mais pessoas propõem um administrador ou gerente comum;

5) a dissolução da associação como sociedade;

6) o emprego do pronome "nós" ou "nosso" nas cartas de correspondência, livros, faturas, contas e mais papéis comerciais;

7) o fato de receber ou responder cartas endereçadas ao nome ou firma social;

8) o uso de marca comum nas fazendas ou volumes;

9) o uso de nome com a adição "e companhia".

Para os sócios, entretanto, em suas relações e para com terceiros, a prova de existência da sociedade somente pode ser feita por escrito (art. 987 do Código Civil).

18.3. A sociedade em conta de participação

As sociedades em conta de participação e as sociedades em comandita – estas objeto de estudo nos próximos capítulos – têm a mesma origem e é possível que sejam as precursoras entre as sociedades regulamentadas: foram encontrados documentos datados entre 1155 e 1164, de lavra de notários genoveses e marselheses (cf. Braudel, 1996:383). Chamadas inicialmente de *societas maris* (sociedade marítima), *societas vera* (sociedade verdadeira), *collegantia* ou *commenda*, essas sociedades traziam em sua composição um sócio *stans* (sócio que permanece no local) e um sócio *tractator* (sócio que embarca no navio para efetivamente exercer as operações mercantis), e eram constituídas em geral para uma única viagem, que, conforme lembra Braudel, estendia-se por vários meses[1].

De duração efêmera estas sociedades se amoldam à figura de contrato de investimentos e se apresentam sob inúmeras combinações entre os contratantes, ora ocultando os financiadores, ora registrando-os nas corporações.

[1] Edwin S. Hunt e James M. Murray explicam as origens mais remotas, as funções econômicas e as distinções entre a *societas maris* e a *commenda*: "Outro modo de os mercadores partilharem os riscos era através de sociedades marítimas e de contratos de empréstimo. É natural que os contratos típicos das sociedades tivessem sido adaptados dos há muito em uso pelos negociantes islâmicos do Norte da África, a palavra 'risco' calcula-se derivar do árabe *risq*. Estes apareceram sob uma grande variedade de nomes, sendo os mais conhecidos *commenda* e *societas maris*. Ambos se referiam a acordos sobre uma viagem em que um sócio permanecia na cidade e o outro sócio aceitava o desafio pessoal da viagem marítima. Quando se tratava de *commenda*, o investidor investia todo o dinheiro necessário e recebia três quartos do lucro; quando optavam por uma *societas maris*, ele investia três quartos do dinheiro e o viajante um quarto, com os eventuais lucros (e perdas) divididos igualmente pelos dois" (*Uma História do Comércio na Europa Medieval*. Lisboa: Publicações Dom Quixote, 2000, p. 101).

Daí por que alguns historiadores preferem apontar outra sociedade, a *accomandita*, fundada em 8 de maio de 1532, em Florença (Melis; Braudel, 1996:387), como a verdadeira origem das sociedades em comandita simples e em conta de participação. Seu nascimento teria ocorrido para substituir a sociedade de base familiar em nome coletivo. Nesse contrato de *accomandita*, há clara distinção de responsabilidade entre os que gerem a empresa, com responsabilidade ilimitada, daqueles que se contentam em ser responsáveis, tão somente, pelo aporte de dinheiro.

Braudel historia que, em alguns contratos, o sócio comanditário preferiu permanecer oculto, aproveitando-se de oportuna interpretação ao texto de legislação da época: "O decreto francês de 1673 o diz expressamente: 'Os sócios em comandita só serão obrigados à prestação de sua parte'. Aqui temos uma escritura (ou *scripta*) de sociedade realizada em Marselha, em 29 de março de 1786: a comanditária (trata-se de uma mulher) 'não poderá ser responsável em caso algum nem por qualquer pretexto pelas dívidas e compromissos da referida sociedade para além dos fundos que houver aplicado'. Aqui, as coisas são bem claras, mas nem sempre é o caso. Outros comanditários escolhem essa associação por lhes permitir ficar na sombra, mesmo que entrem com capitais importantes e partilhem riscos. Com efeito, como o decreto de 1673 (que impõe a declaração das sociedades em comandita perante o notário, com assinatura dos interessados) fala apenas das 'sociedades entre comerciantes e negociantes', a interpretação aceita é de que 'qualquer pessoa que não exerça profissão mercantil' está dispensada de figurar entre os sócios na escritura registrada na jurisdição consular. Os nobres ficam assim no abrigo da perda dos foros de nobreza; os oficiais do rei escondem seus interesses nesta ou naquela empresa. Isso decerto explica o sucesso da comandita na França, onde o mercador é ainda mantido à margem da boa sociedade, mesmo quando ocorre a efervescência especulativa do século XVIII. Paris não é Londres, nem Amsterdam" (Braudel, 1996:388).

O Código Comercial brasileiro parece ter adotado a interpretação dada à lei francesa, adaptando-a a um novo texto, que incorporava essa prática: "Quando duas ou mais pessoas, sendo ao menos uma comerciante, se reúnem, sem firma social, para lucro comum, em uma ou mais operações de comércio..." (CCom, art. 325).

Em relação às chamadas sociedades em conta de participação, anteriormente previstas no art. 325 do Código Comercial, desde sua origem no ordenamento jurídico brasileiro tiveram sua natureza jurídica discutida pelos doutrinadores, gerando duas correntes antagônicas: a primeira, que lhes atribuía o caráter de sociedade, e a segunda, que entendia tratar-se de contrato entre as partes, de variada espécie.

Entre os defensores da primeira corrente apresentava-se Mauro Brandão Lopes (1990:34-35), que, em monografia sobre a matéria, esmiuçou os argumentos que contestavam a realidade social do contrato em conta de participação, demonstrando que nele estariam presentes os requisitos da figura jurídica da sociedade: a *affectio societatis,* que decorreria da expressão "para lucro comum", apontada pelo art. 325 do Código Comercial; a obrigação de unir esforços e recursos encontrar-se-ia na formação de fundos distintos, mas ambos destinados às operações sociais, e, finalmente, a co-participação nos lucros e perdas emergiria da aplicação do art. 288, comum a todas as sociedades previstas no Título XV do Código Comercial.

Na outra vertente, não menos erudito era o magistério de Eunápio Borges (1959, 2:116-117), que entendia ter sido a inclusão do contrato em conta de participação no concerto das sociedades obra de "esdruxularia", que residiria "na sua disciplina defeituosa e arcaica e, sobretudo, em ser e não ser, ao mesmo tempo, uma sociedade"; e arremata: "(...) como simples contrato, seu lugar não é, evidentemente, entre as pessoas comerciantes". Entre os que assim professam, podem ser mencionados ainda Rubens Requião e José Edwaldo Tavares Borba: "A conta de participação apresenta elementos de sociedade – conjugação de recursos para uma exploração comum – mas não reúne os pressupostos necessários à sua classificação como tal. Pode-se, então, afirmar que se trata de um contrato de participação" (Borba, 1997:71).

De parte do autor deste *Curso*, sempre se reconheceu que a sociedade em conta de participação não passava de mero contrato de parceria, no qual o contratante financiador não assume riscos ou obrigações perante terceiros e pode exigir do financiado o retorno do capital empregado para um ou para um número variado de negócios, acrescido de lucros.

De fato, somente o sócio ostensivo exerce a atividade mercantil, sem firma social, isto é, em nome individual, não estando sujeito o contrato, formado com o sócio oculto, a qualquer formalidade de registro ou de validade *erga omnes*.

Nesse tipo de contrato, apenas o sócio ostensivo responde perante terceiros, e o faz de forma ilimitada e solidária entre os sócios da mesma categoria.

Do ponto de vista do comércio, portanto, somente há interesse na prova do contrato nas relações entre o sócio oculto e o sócio ostensivo, mas nunca nas relações com terceiros credores. A expressão utilizada por De Plácido e

Silva (1946:165) resume a natureza jurídica do contrato: "A situação jurídica do sócio ostensivo é a do comerciante em nome ou em firma individual".

Na vigência do Código Comercial era esta a estrutura da sociedade:

SOCIEDADE EM CONTA DE PARTICIPAÇÃO	
Previsão legal	Arts. 325 e 328 do Código Comercial.
Tipos de sócios	Sócios ostensivos, responsáveis solidária e ilimitadamente pelas obrigações sociais, de forma subsidiária ao patrimônio social, e sócios ocultos, que não mantêm qualquer vínculo jurídico com os credores.
Nome comercial	Não possuem, por não terem sequer personalidade jurídica.
Gerência	Pode ser exercida por qualquer sócio ostensivo.
Outras características	A estrutura dessa sociedade amolda-se mais a um contrato de investimento do que a um tipo societário. Rubens Requião (1998:375) afirma que ela "constitui moderno instrumento de captação de recursos financeiros para o desenvolvimento econômico...".

18.4. A sociedade em conta de participação no Código Civil

Adota a nova legislação a corrente doutrinária que considera o contrato em conta de participação como uma sociedade, regulamentando-a nos mesmos moldes do que já estabelecia o Código Comercial, arts. 325 a 328, com particularidades que a modernizam, resolvendo questões que não foram enfrentadas pelo legislador precedente e que eram objeto de disputas judiciais.

O Código Civil de 2002 tornou interessante a adoção da sociedade em conta de participação, regulamentando a natureza especial da contribuição do sócio oculto, denominando-o sócio participante, e permitindo sua habilitação como credor quirografário na falência do sócio ostensivo. Pela legislação comercial, o sócio oculto, no caso de falência do sócio ostensivo, vê os fundos com que contribuiu servirem para pagamento dos credores. Sua posição jurídica, nesse caso, é a de sócio com responsabilidade limitada aos fundos com que concorreu. No novo sistema, passa a figurar como credor concorrente ao concurso universal de credores.

REGRAS APLICÁVEIS	CÓDIGO CIVIL	CÓDIGO COMERCIAL
EXERCÍCIO DA ATIVIDADE: A atividade é exercida unicamente pelo sócio ostensivo, em seu próprio nome, sem a adoção de nome social.	Art. 991	Art. 325
RESPONSABILIDADE PERANTE TERCEIROS: Somente o sócio ostensivo se obriga perante terceiros.	Art. 991, parágrafo único	Art. 326
PROVA DA SOCIEDADE: Independe de qualquer formalidade, provando-se por todos os meios de direito.	Art. 992	Art. 325
EFEITOS DO CONTRATO: Somente entre os sócios. A inscrição no Registro Público não confere personalidade jurídica.	Art. 993	Art. 325
DIREITOS DO SÓCIO PARTICIPANTE (OCULTO): Fiscalizar a gestão dos negócios sociais.	Art. 993, parágrafo único	Arts. 290 e 293
PATRIMÔNIO: Os fundos admitidos são considerados patrimônio especial.	Art. 994	Omisso
EFEITOS DA FALÊNCIA DO SÓCIO OSTENSIVO: Dissolução da sociedade e liquidação da conta. O crédito do participante é quirografário.	Art. 994, § 2º	Art. 328 – o sócio oculto (participante) somente era admitido como credor se provasse que terceiros credores tinham conhecimento da existência da sociedade. Caso contrário, os fundos sociais serviriam para o pagamento das dívidas particulares do sócio ostensivo[2].

REGRAS APLICÁVEIS	CÓDIGO CIVIL	CÓDIGO COMERCIAL
EFEITOS DA FALÊNCIA DO SÓCIO PARTICIPANTE (OCULTO): O contrato é tratado segundo as regras do contrato bilateral na falência (art. 117 da Lei n. 11.101/2005): o administrador judicial poderá cumpri-lo, se convier à massa.	Art. 994, § 3º	Omisso
INGRESSO DE NOVO SÓCIO: Somente com o consentimento do sócio participante.	Art. 995	Omisso
MODO DE LIQUIDAÇÃO: Seguem-se as regras da ação de exigir contas prevista nos arts. 550-553 do Código de Processo Civil de 2015.	Art. 996	Omisso

Capítulo 19

DAS SOCIEDADES EM ESPÉCIE – A SOCIEDADE SIMPLES

19.1. Sociedades simples e sociedades empresárias

O Código Civil de 2002 deu forma a uma nova modalidade de contrato social no Direito Positivo brasileiro, originário do *Codice Civile* de 1942: a sociedade simples. Francesco Galgano (1972:132) acentua a primazia italiana, acrescentando a inexistência de precedentes na tradição legislativa daquele país, e tampouco em outra legislação. Foi concebida com dupla finalidade, a primeira de se distinguir das sociedades empresárias, adotando objeto diverso da atividade empresarial, e a segunda de servir de modelo ou fonte supletiva dos demais tipos societários, como idealizou o autor do projeto que deu origem à nova legislação: "contrato social, aplicável a todos os tipos de sociedade; dos direitos e obrigações dos sócios, isto é, aqueles direitos e obrigações que não estejam especificados em determinado tipo; da administração das sociedades, naquilo que não esteja regulado no contrato ou em certo tipo; das relações com terceiros; da resolução da sociedade em relação a um sócio; e, finalmente, da dissolução" (Marcondes, 1977:17).

Há, por assim dizer, certa mancebia entre as sociedades simples e as sociedades empresárias, que não se restringe à possibilidade de estas últimas adotarem, no que for omissa sua regulamentação, as regras previstas para aquelas (arts. 1.040, 1.046, 1.055 e 1.096). É possível, ainda, que as sociedades simples adotem um dos tipos das sociedades empresárias (art. 983).

É a sociedade simples, ao mesmo tempo, uma sociedade-padrão para as sociedades empresárias, como também uma espécie distinta quanto ao objeto, destinada exclusivamente às atividades não empresariais; nessa função, pode revestir-se de uma das formas societárias empresariais.

A conversão de uma sociedade simples em sociedade empresária (e vice-versa) pode ocorrer. O arquivamento dessa conversão deve seguir o regulamento previsto na IN DREI n. 81, de 10 de junho de 2020 (arts. 84-85).

19.2. Objeto da sociedade simples

Convém enfatizar que a sociedade simples sempre possui objeto social distinto da atividade própria de empresário, que, por sua vez, consiste no exercício de atividade econômica organizada para a produção ou circulação de bens ou serviços. O objeto da sociedade simples poderá incluir, por exemplo, a prestação de serviços intelectuais, artísticos, científicos ou literários.

Esses serviços são espécies de um mesmo gênero e podem ser caracterizados pelo fato de a prestação ter natureza estritamente pessoal. É o trabalho prestado pelo médico, advogado, dentista, pesquisador, escritor etc. Ainda que esses profissionais realizem suas atividades com o concurso de auxiliares ou colaboradores, a organização não terá caráter empresarial.

Poderá, entretanto, o exercício dessas mesmas profissões constituir elemento de empresa, e, nesse caso, submeter-se-á ao conceito de empresalidade. Dessa forma, os médicos que se organizam em sociedade para oferecer serviços que eles mesmos prestam a seus clientes, contratando em comum os meios para melhor servi-los (v. g., imóvel, empregados, uso de insígnias e marcas comuns etc.), não constituem sociedade empresária, mas haverá esse caráter quando terceiros contratam médicos e outros profissionais com o objetivo de oferecer planos de saúde à população. A sociedade assim constituída é mera intermediária de serviços profissionais de caráter intelectual. Ela não exerce pessoalmente a atividade profissional de medicina, sendo esta um elemento de suas atividades empresariais.

Já se assinalou que a expressão "simples" faz distinção entre o empresário e o não empresário, na mesma linha da divisão lógica anterior que evidenciava as diferenças entre o ato de comércio e o ato civil. Na estrutura do direito de empresa, a desigualdade é salientada no confronto entre a atividade empresarial – complexo de atos de natureza econômica, realizados profissionalmente sob uma organização – e os atos que não o são.

O Código Civil brasileiro preferiu não enumerar os atos de empresalidade, como faz o italiano no art. 2195, que submete à inscrição no registro de empresa as seguintes atividades[1]: (1) industrial dirigida à produção de bens ou de serviços; (2) intermediária de circulação de bens; (3) de transporte terrestre, aéreo ou marítimo; (4) bancária ou securitária; (5) outra, auxiliar das precedentes.

Optou a legislação pátria por distinguir a sociedade empresarial da simples, caracterizando-a pelos mesmos três elementos formadores (*v.* item 14.6) do conceito da pessoa do empresário que se encontra no art. 966: a) a economicidade; b) a organização; e c) a profissionalidade. À exceção das sociedades cooperativas e das sociedades por ações, que foram ordenadas, por força do art. 982 do CC, em uma ou em outra categoria, independentemente de seu objeto, as primeiras como simples e as segundas como empresárias, caberá ao intérprete submeter os casos concretos à apreciação da presença ou não dos três elementos identificadores, determinando se suas atividades são ou não empresárias.

19.3. Contrato social

A sociedade simples pode ser classificada como sociedade pessoal, tendo em vista a rigidez imposta pela regra legal no tocante à modificação do contrato social. Há necessidade de consentimento unânime dos sócios nas deliberações

[1] ITÁLIA, *Codice Civile*, art. 2195: "Sono soggetti all'obbligo dell'iscrizione nel registro delle imprese gli imprenditori che esercitano: 1) un'attività industriale diretta alla produzione di beni o di servizi; 2) un'attività intermediaria nella circolazione dei beni; 3) un'attività di trasporto per terra, o per acqua o per aria; 4) un'attività bancaria o assicurativa; 5) altre attività ausiliarie delle precedenti".

que alterem as cláusulas referentes aos elementos essenciais do contrato:

a) nome, nacionalidade, estado civil, profissão e residência dos sócios, se pessoas naturais, e a firma ou a denominação, nacionalidade e sede dos sócios, se jurídicas;

b) denominação, objeto, sede e prazo da sociedade;

c) capital da sociedade, expresso em moeda corrente, podendo compreender qualquer espécie de bens suscetíveis de avaliação pecuniária;

d) a quota de cada sócio no capital social e o modo de realizá-la;

e) as prestações a que se obriga o sócio cuja contribuição consista em serviços. Observa-se que a nova legislação civil extingue a sociedade de capital e indústria, mas permite, em alguns tipos, a integralização do capital social sob a forma de prestação de serviços (CC, art. 1.006);

f) as pessoas naturais incumbidas da administração da sociedade, e seus poderes e atribuições;

g) a participação de cada sócio nos lucros e nas perdas;

h) se os sócios respondem ou não, subsidiariamente, pelas obrigações sociais.

Nas demais cláusulas, estipuladas pelos sócios, a alteração depende da aprovação da maioria, considerada esta o percentual de participação acima da metade sobre o montante previsto para o capital social.

19.4. Inscrição do contrato

Por se destinar às atividades não empresariais, a sociedade simples deve ser inscrita no Cartório de Registro Civil das Pessoas Jurídicas do local de sua sede, dentro de trinta dias subsequentes a sua constituição (art. 988), e, se estabelecer sucursal, filial ou agência, deverá fazê-lo na circunscrição correspondente, averbando-a, de qualquer modo, no registro civil da sede.

As expressões "sucursal", "filial" e "agência" não possuem distinção jurídica e, embora sejam mencionadas de forma diversificada em outros dispositivos do Código (arts. 969, 1.000, 1.136 e 1.172), referem-se a uma só realidade: o estabelecimento subordinado a um principal. São, portanto, ramificações de uma estrutura administrativa. Vistas sob a ótica hierárquica, organizacional da empresa, é possível considerar a sucursal como um braço institucional ligado à matriz, mas com certa autonomia decisória, apresentando-se muitas vezes como departamento regional de uma empresa; as filiais operam diretamente sob o comando de um estabelecimento-matriz, mantendo ou não agências representativas em mercados menores (conforme *Vocabulário Jurídico*, de De Plácido e Silva).

19.5. Direitos e obrigações dos sócios

Desde a assinatura do contrato, os sócios estabelecem as obrigações recíprocas e para com a sociedade criada, antes mesmo de sua inscrição no registro público. A partir daquele momento, se outro não for fixado, os sócios se comprometem com as cláusulas acertadas, obrigando-se, também, a alguns deveres essenciais.

19.5.1. Dever de contribuir

Em primeiro lugar, obrigam-se a ingressar com os aportes estabelecidos, na forma e prazo previstos no contrato social, sob pena de serem considerados remissos e, consequentemente, se sujeitarem à caracterização da mora, que, uma vez verificada, pode conduzir a três soluções distintas: a) cobrança do valor devido à integralização subscrita, acrescida da indenização devida pelo dano emergente, isto é, o que realmente se perdeu, a diminuição do patrimônio social; b) exclusão do sócio remisso; c) redução de sua participação na sociedade ao montante já realizado. Nos dois últimos casos se dará, necessariamente, a redução do capital social, salvo se os demais sócios suprirem o valor faltante. A constituição em mora do sócio remisso faz-se por notificação, judicial ou extrajudicial, e configura-se uma vez decorridos trinta dias de seu recebimento.

a) A constituição do capital social deve ser efetiva

O sócio que tenha contribuído com coisa que se transmite por domínio, posse ou uso responde pelos riscos de seu desapossamento por terceiro reivindicante, isto é, responde por evicção. Tornando-se evicta a sociedade, cabe-lhe o direito à restituição integral dos valores correspondentes à contribuição do sócio que lhe transmitiu o bem, acrescidos de: a) indenização dos frutos que tiver sido obrigada a restituir; b) indenização pelas despesas dos contratos e pelos prejuízos que diretamente resultarem da evicção; c) custas judiciais e honorários do advogado por ela constituído (CC, arts. 450 e 1.005). Isso porque é da natureza dos contratos onerosos a garantia de o alienante responder pela evicção.

Sob essa rubrica deve ser acrescentada a obrigação de o sócio responder pela solvência do devedor, na hipótese de ter cedido direito de crédito para constituição do capital social. A regra especial para as sociedades (art. 1.005 do Código Civil) excetua a geral da disciplina da cessão de créditos, operação que, ordinariamente, não impõe ao cedente a obrigação de responder pela solvência do devedor (art. 296).

O sócio não responde além do valor que subscreveu para aquisição de sua quota social, acrescido dos respectivos juros legais ou contratuais, mas tem o dever de ressarcir à sociedade as despesas da cessão e as que ela houver feito com a cobrança (art. 297).

b) A dedicação na contribuição de serviço pessoal

Para o bom desempenho das atividades prometidas e o cumprimento dos fins sociais, o sócio deve abster-se de empregar-se em ocupação estranha à sociedade, se sua contribuição consistir em serviços, salvo convenção em contrário. Exige a lei, no silêncio do contrato, a dedicação exclusiva do sócio prestador de serviço.

19.5.2. Dever de probidade na gestão financeira

O dever de probidade na condução dos negócios sociais é, principalmente, endereçado ao administrador, de quem a lei exigiu "o cuidado e a diligência que todo homem ativo e probo costuma empregar na administração de seus próprios negócios" (CC, art. 1.011). Inclui-se nesse conjunto a realização de operações em consenso com a maioria. Fazê-lo em desacordo implica responsabilidade pessoal (art. 1.013, § 2º).

Contudo, a lei impõe a responsabilidade solidária pela ocorrência de distribuição de lucros ilícitos ou fictícios. A solidariedade dá-se entre os administradores e os sócios que forem beneficiados de forma objetiva, sem necessidade de demonstração de culpa ou dolo.

A responsabilidade objetiva não é desconhecida entre nós. A Lei n. 6.024, de 13 de março de 1974, que dispõe sobre a intervenção e liquidação extrajudicial de instituições financeiras, prevê que os administradores e membros do conselho fiscal dessas instituições respondem, "a qualquer tempo, salvo prescrição extintiva", pelos atos que tiverem praticado ou omissões em que houverem incorrido. Nessa mesma linha de responsabilização, o art. 1.009 estabeleceu que "a distribuição de lucros ilícitos ou fictícios acarreta responsabilidade solidária (...) conhecendo ou devendo conhecer-lhes a ilegitimidade".

Os atos, em uma e outra legislação, são da mesma natureza: no exercício da administração de sociedade, os diretores beneficiaram-se e a terceiros, causando prejuízo aos credores, com a redução de suas garantias, ou ao Estado, pela distribuição ilegal de lucros. Os administradores não podem alegar desconhecimento da lei ou da situação financeiro-contábil da empresa, tampouco eximir-se os beneficiados, que, a qualquer tempo, têm o direito de fiscalizar as operações e os livros da sociedade.

A hipótese se assemelha à do art. 50 do Código Civil, que prevê a desconsideração da pessoa jurídica quando houver confusão patrimonial, permitindo-se ingressar no patrimônio pessoal dos sócios.

Insere-se na lealdade o dever de qualquer sócio se abster de participar de deliberações que envolvam alguma operação na qual tenha interesse contrário ao da sociedade. Se, ao participar, obtiver, com seu voto, a aprovação do negócio, sujeita-se a pagar perdas e danos à sociedade (art. 1.010, § 3º).

19.5.3. Direito-dever de coparticipação nos lucros e perdas

Em toda sociedade, o sócio fica sujeito à participação nos lucros e nas perdas, na proporção de sua quota. Assim, se sua contribuição corresponde a cinquenta por cento do capital, será essa sua participação nos lucros e nas perdas. É possível que o contrato estipule outros valores, distintos da participação societária, mas em hipótese alguma pode prever a não participação de algum sócio nos lucros e/ou nas perdas.

19.5.4. Direito de participar das deliberações

A administração da sociedade nem sempre cabe a todos os sócios, porém, na omissão do contrato, cada um deles a exercerá separadamente. Entretanto, mesmo não exercendo a direção executiva dos negócios, a todos os sócios cabe o direito de participar das deliberações sobre as atividades da sociedade.

As decisões na condução dos negócios sociais serão sempre tomadas por maioria de votos – metade mais um –, segundo o valor das quotas de cada sócio, salvo se o contrato exigir deliberação por número superior ou unanimidade.

Havendo empate nas deliberações, competirá ao juiz decidir. Antes, porém, deve-se tentar, mediante novo sufrágio, obter a participação do maior número de sócios, e somente se persistir o empate recorrer às vias judiciais.

Algumas deliberações implicam modificação do contrato social, e, nesse caso, sua eficácia perante terceiros dependerá de inscrição no registro público. Certas modificações podem incidir sobre cláusulas essenciais do contrato social – as previstas no art. 997 –, exigindo o consentimento unânime dos sócios. São, portanto, essenciais as deliberações que impliquem alteração contratual que tenha por objeto: a) a cessão e o ingresso de novo sócio (arts. 999, 997, I, e 1.003); b) a denominação, o objeto e o prazo da sociedade; c) a alteração do capital social; d) a realização e a participação da quota de cada sócio; e) a alteração do modo de contribuição de sócio; f) os poderes da administração; g) a forma de participação nos lucros e nas perdas; h) a alteração da responsabilidade dos sócios pelas obrigações sociais, de subsidiária para não subsidiária ou vice-versa.

19.5.5. Direito de fiscalização

Os sócios têm o direito de fiscalizar o andamento dos negócios sociais, podendo, para tanto, examinar a qualquer tempo, ou em data que o contrato estipular, os livros e documentos sociais, o estado da caixa e da carteira da sociedade, isto é, a situação dos créditos e dos débitos sociais.

Decorre do direito de fiscalizar o de exigir a prestação de contas da administração em épocas determinadas no contrato, reclamando, judicial ou extrajudicialmente, da administração que não o fizer voluntariamente a apresentação do inventário anual, bem como do balanço patrimonial e o resultado econômico dos negócios.

19.5.6. Direito de retirada

O direito de retirada voluntária da sociedade simples não é absoluto, sujeitando-se a um rígido regramento e abrangendo duas modalidades: (a) o comum, ordinário ou imotivado, que pode ser exercido na sociedade constituída por prazo indeterminado, mediante simples notificação do sócio retirante dirigida aos demais sócios com antecedência mínima de sessenta dias (art. 1.029); e (b) o extraordinário, na hipótese de o contrato ter previsto prazo determinado para a duração da sociedade. Nesse caso, a retirada dependerá do consentimento unânime dos sócios; não sendo concedido, sujeitará o sócio a decisão judicial, em ação de resolução de contrato de sociedade, na qual se buscará demonstrar a justa causa alegada.

No que consistiria a justa causa? Há que se fazer aqui uma breve digressão acerca do direito de recesso, criado para a defesa das minorias nas sociedades de capitais, sendo seu principal escopo prevenir abusos por parte de detentores da maioria do capital social. Nas sociedades por ações foi previsto um sem-número de casos de direito de recesso, e entre eles há alguns que poderiam ser objeto de aplicação analógica às demais sociedades: a) a fusão da sociedade, ou sua incorporação em outra (LSA, arts. 136, IV, e 230); b) a participação em grupo de sociedade (LSA, art. 136, V); e c) a mudança do objeto da companhia (LSA, art. 136, VI).

Com essa mesma finalidade, o Código Civil identificou de forma expressa um único caso para o exercício do direito de recesso por parte de sócio dissidente: a transformação da sociedade (art. 1.114). No direito anterior também havia a previsão de uma única situação para as sociedades limitadas, de âmbito genérico bastante amplo, englobando toda e qualquer divergência da alteração do contrato social (art. 15 do Decreto n. 3.708/19).

As causas que justificam o direito de recesso, protegendo a minoria nas sociedades de capitais, entretanto, só forçosamente são aplicáveis às sociedades simples. Nestas se exige a unanimidade para qualquer modificação do contrato social que tenha por objeto as matérias do art. 997, nas quais se incluem, entre outras, a denominação, o capital, o objeto social etc. O direito do sócio minoritário, portanto, na sociedade simples, está resguardado, em decorrência da exigência de unanimidade, nos casos de a maioria pretender a fusão, a transformação, a mudança do objeto ou a coligação societária. Seu voto é impeditivo à alteração pretendida (art. 998).

Igualmente, não há como entender de justa causa a expressão genericamente adotada pelo revogado art. 15 do Decreto n. 3.708/19, porque ali a proteção da minoria se dá a "qualquer divergência de alteração do contrato social", e, consabidamente, nem toda divergência pessoal entre os sócios justificará a legitimidade da retirada.

É possível indicar causas justificadoras que decorrem do fim comum, *a affectio societatis*, que compõe, com outros requisitos, a própria natureza da sociedade. Franco Di Sabato (1999:90) considera justa causa para o exercício desse direito "aquela que não permite o normal prosseguimento das relações sociais e que seja decorrente do comportamento de outros sócios, consistente na violação de obrigações contratuais específicas ou dos deveres de boa fé e de probidade, ressalvado, obviamente, a possibilidade de exclusão do sócio ao qual forem imputados esses comportamentos".

No Brasil, violações praticadas pelos sócios eram consideradas causas de dissolução total das sociedades de cunho pessoal, admitindo-se que qualquer sócio requeresse judicialmente a medida quando houvesse abuso, prevaricação, violação ou falta de cumprimento das obrigações sociais, ou fuga de algum dos sócios (art. 336, 3, do Código Comercial). A jurisprudência, contudo, procurava abrandar os efeitos desses pedidos, transformando-os em casos de dissolução parcial e não total, preservando a empresa.

Parece claro, portanto, que o Código Civil se alinhou àquela parcela da jurisprudência, transformando a norma de dissolução total da sociedade de cunho pessoal em direito de retirada de sócio, cabendo a este demonstrar a ocorrência de justa causa e, com isso, permitindo uma flexibilização maior na abrangência de casos em que ele pode ser exercido.

Por justa causa, portanto, entende-se todo e qualquer ato, ou conjunto de atos, de um ou alguns sócios que impeça o prosseguimento da atividade comum, da vida societária. Não são situações delineadas na lei, como ocorre com as aplicáveis para as sociedades por ações, tampouco hipóteses de largo espectro, como a que previa o Decreto n. 3.708/19. São demonstrações claras de fatos que, para o homem comum, impedem a realização dos fins sociais.

19.5.7. Direito de participar do acervo, em caso de liquidação

A sociedade pode vir a se dissolver por inúmeras razões legais ou em virtude de consenso entre os sócios, judicial ou extrajudicialmente, passando à liquidação, com a venda de seus bens e satisfação de suas dívidas.

É possível fazer o rateio por antecipação da partilha, à medida que forem apurados os haveres sociais que sobejarem após realizados os pagamentos aos credores, segundo a proporção de cada um no capital social (LSA, art. 215; CC, arts. 1.107 e 1.108).

Dessa forma, pagos os credores, o sócio que possuir, por exemplo, trinta e cinco por cento do capital social deverá receber nessa mesma proporção à medida que forem vendidos os bens ou, ao final, após a liquidação de todo o conjunto de haveres.

19.6. Administração da sociedade simples

Além das obrigações já estudadas, comuns a todos os sócios, envolvendo principalmente o ingresso dos aportes para a formação do capital, os contratantes de uma sociedade podem fixar cláusulas regulando suas relações durante a vida da sociedade, inclusive a distribuição das funções que serão exercidas pessoalmente por cada um deles. Salvo consentimento dos demais sócios, portanto, unânime, e com modificação do contrato social, estas não podem ser delegadas a outro sócio, tampouco a terceiros (art. 1.002).

Entre essas tarefas, de cunho operacional ou administrativo, há as que se referem à administração da sociedade. A nomeação do administrador da sociedade deve ser indicada no contrato social levado a registro no órgão competente, e, se não o for, no silêncio a respeito de quem a exerce, a administração competirá separadamente a cada um dos sócios.

19.6.1. Qualidade pessoal do administrador

Na sociedade simples, o administrador é sempre uma pessoa natural (art. 997, VI), vedando-se seu exercício às pessoas jurídicas. Durante a tramitação do projeto do Código Civil, o Deputado Gabriel Hermes propôs, em 17 de outubro de 1984, a alteração do art. 997 em redação que retirava a expressão original "pessoas físicas para propiciar a administração também por pessoas jurídicas" (Projeto n. 634, emenda n. 72). Rejeitada a proposta, a redação final manteve a exigência de somente serem administradores as pessoas naturais.

A lei não proíbe expressamente que a administração da sociedade simples seja encarregada a não sócios, como o faz para outras sociedades de cunho pessoal, definidas no Código Civil. Na sociedade em nome coletivo, somente os sócios podem fazer uso da firma (art. 1.042), como também ocorre nas sociedades em comandita simples e em conta de participação (respectivamente: aos sócios comanditados: arts. 1.045 e 1.046 e aos sócios ostensivos: art. 991). Tampouco o legislador se encarregou de remeter a matéria para o contrato social, como fez em relação às sociedades limitadas (art. 1.061): "se o contrato permitir administradores não sócios (...)".

A tudo isso se deve acrescer o fato de a redação do parágrafo único do art. 1.019 não esclarecer se os poderes ali mencionados são os de administração geral, comunicando-os a sócios e a não sócios. Do exame desse artigo é possível interpretar que o legislador tenha pretendido fazer distinção entre um e outro, reportando-se, no *caput*, aos poderes de administração geral em relação aos sócios (*poderes* do sócio investido na *administração*), e, no parágrafo único, aos *poderes* conferidos na qualidade de mandatários ("são revogáveis os poderes conferidos a sócio por ato separado, ou *a quem* não seja sócio").

A redação de toda a seção (arts. 1.010 *usque* 1.021) não permite uma conclusão única, pois distingue sócios e administradores, como se estes últimos pudessem não pertencer àquela categoria. O art. 1.013, estabelecendo que "a administração da sociedade, nada dispondo o contrato social, compete separadamente a cada um dos sócios", permite entender que, se o contrato social tiver cláusula expressa, a administração tanto poderia competir aos sócios em conjunto como, ainda, a não sócios, em conjunto ou separadamente.

No Código Civil italiano, o primeiro parágrafo do art. 2257 tem redação idêntica à do nosso art. 1.013 ("Salvo diversa pattuizione, l'amministrazione della società spetta a ciascuno dei soci disgiuntamente dagli altri"), mas o segundo parágrafo, tratando a mesma matéria do Código brasileiro, não possui texto coincidente com o parágrafo único do art. 1.013:

a) Código italiano: "Se a administração competir separadamente a vários sócios, cada um dos administradores pode opor-se à operação pretendida pelo outro";[2]

b) Código brasileiro: "Se a administração competir separadamente a vários *administradores*, cada um pode impugnar operação pretendida por outro (...)".

A alteração da expressão *vários sócios* para *vários administradores*, utilizada pela lei brasileira, poderia indicar que o *caput* do art. 1.013 refere-se à possibilidade de haver administrador não sócio, se o contrato social permitir.

Essa faculdade, atribuindo poderes gerenciais a pessoa estranha aos quadros sociais, distinguiria a sociedade simples de outras de cunho pessoal definidas no Código Civil. Na sociedade em nome coletivo, somente os sócios podem fazer uso da firma (art. 1.042), como também ocorre nas sociedades em comandita simples e em conta de participação (respectivamente: aos sócios comanditados: arts. 1.045 e 1.046, e, aos sócios ostensivos: art. 991).

---

[2] "Se l'amministrazione spetta disgiuntamente a *più soci*, ciascun socio amministratore ha diritto di opporsi all'operazione che un altro voglia compiere, prima che sia compiuta".

Feitas essas observações, deve-se anotar que, a rigor, as sociedades simples, por terem objeto social distinto da atividade empresária e, por conceito, se referirem a atos pessoais de exercício profissional, não comportam administração estranha à pessoa de seus sócios. Entretanto, a jurisprudência se encarregará de traçar o melhor entendimento, como é da tradição dos tribunais pátrios.

19.6.2. Incompatibilidades e impedimentos

A matéria referente aos impedimentos é parcialmente comum a todas as sociedades, sejam simples ou empresárias. Embora a lei use o mesmo vocábulo, é necessário distinguir entre as duas modalidades de impedimentos tratadas pelo art. 1.011, § 1º. Algumas hipóteses são incompatibilidades profissionais e, nesse caso, com tratamento distinto para o exercício das atividades empresárias e das não empresárias; outras são impedimentos de ordem geral aplicáveis para a administração de quaisquer sociedades, simples ou empresárias.

a) Impedimentos de ordem geral

Estão impedidas de exercer a administração das sociedades em geral as pessoas condenadas a pena que vede, ainda que temporariamente, o acesso a cargos públicos, ou por crime falimentar, de prevaricação, peita ou suborno, concussão, contra a economia popular, o sistema financeiro nacional, as normas de defesa de concorrência, as relações de consumo, a fé pública ou a propriedade, enquanto durarem os efeitos da condenação.

A redação do art. 1.011, § 1º, ressuscita o que dispunha o art. 38, III, da antiga Lei de Registro do Comércio (Lei n. 4.726, de 13-7-1965). Ao revogá-la, a nova Lei de Registro Público das Empresas Mercantis (Lei n. 8.934/94) afastou aquelas restrições, impondo, no art. 35, II, proibições de caráter mais genérico, abrangendo qualquer pessoa condenada por crime cuja pena impeça o acesso à atividade mercantil. São dessa natureza as hipóteses previstas no Código Penal e na Lei Falimentar: a) os proibidos por força de decisão judicial criminal, que receberam penas de interdição temporária de direitos ou proibição de exercício de profissão, atividade ou ofício que dependam de habilitação especial, de licença ou autorização do Poder Público (Código Penal, art. 47); e b) as pessoas que tenham sido condenadas por crime previsto na lei falimentar e assim tenham sido declaradas em sentença (art. 181, II, da Lei n. 11.101/2005).

O artigo do Código Civil recebeu, durante a tramitação do projeto, críticas por seu caráter difuso e, sobretudo, por compreender modalidades criminosas de rubricas não mais utilizadas pela legislação penal. Pela Emenda n. 77, de 17 de setembro de 1984, apresentada pelo então Deputado Fernando Henrique Cardoso, pretendeu-se "ordenar organicamente os crimes", numa superior redação: "não podem ser administradores, além das pessoas impedidas por lei especial, os condenados a pena que vede, ainda que temporariamente, o acesso a cargos públicos; bem como os condenados por crime contra o patrimônio, a administração pública, a fé pública, a administração da justiça, a economia popular ou por crime falimentar". Prevaleceu, entretanto, a redação primitiva.

Por conseguinte, estão impedidas de administrar qualquer sociedade, no período de duração dos efeitos da pena, as pessoas condenadas definitivamente pela prática:

a) de fato que impeça o acesso a cargos públicos: são dessa natureza as hipóteses previstas na Lei n. 8.429, de 2 de junho de 1992, que incluem enriquecimento ilícito e atos que causam prejuízo ao erário público ou que atentem contra os princípios da Administração Pública;

b) de crimes falimentares, a quem forem impostos esses efeitos na sentença criminal;

c) de prevaricação, peita ou suborno, concussão: anote-se que as duas últimas expressões se referem ao mesmo tipo penal. São as modalidades criminosas encontradas no Código Penal nos arts. 316 (concussão), 317 (corrupção) e 319 (prevaricação). Do capítulo dos crimes praticados por funcionários públicos foram deixados de lado outros que causam prejuízo ao erário ou à função pública, como o peculato (art. 312), a advocacia administrativa (art. 321), a facilitação de contrabando ou descaminho e a violação de sigilo funcional (art. 325), daí por que a menção ao título geral "Dos crimes contra a Administração Pública", conforme proposta do Deputado Fernando Henrique, teria sido mais eficiente;

d) de crimes contra a economia popular (Lei n. 1.521, de 26-12-1951);

e) de crimes contra o sistema financeiro nacional (Lei n. 7.492, de 16-6-1986);

f) de crimes contra as normas de defesa da concorrência (art. 195 da Lei n. 9.279/96);

g) de crimes contra as relações de consumo, especialmente os indicados no Código do Consumidor, Lei n. 8.078, de 11 de setembro de 1990;

h) de crimes contra a fé pública, definidos no Código Penal e abrangendo as hipóteses de moeda falsa e similares (arts. 289 a 292), falsidade de títulos e outros papéis públicos (arts. 292 a 295), falsidade documental (arts. 296 a 305) e outras falsidades (arts. 306 a 311);

i) de crimes contra a propriedade. Sob esse título o Código Civil abrange: (1) os crimes contra o patrimônio, definidos no Código Penal (furto, roubo, extorsão, usurpação, dano, apropriação indébita, estelionato e outras fraudes, receptação); (2) os crimes de violação de direito autoral ou usurpação de nome ou pseudônimo alheio (arts. 184 e 185 do Código Penal); (3) a propriedade intelectual em geral, incluindo a violação de direitos de autor de programa de computador (art. 12 da Lei n. 9.609/98); (4) os crimes contra a propriedade industrial (arts. 183 a 194 da Lei n. 9.279/96).

São de ordem geral, ainda, os impedimentos impostos aos estrangeiros, sobretudo os decorrentes dos arts. 95 a 110 do estatuto específico (Lei n. 6.815/80):

a) não podem exercer atividade remunerada no Brasil, quando portadores de visto temporário, de turista ou de trânsito (art. 98), nem exercer a administração de sociedades em geral (art. 99);

b) mesmo na condição de permanentes, não podem ser administradores de empresas: (1) que explorem serviços de navegação fluvial e lacustre; (2) jornalísticas; (3) de televisão e de radiodifusão; (4) de pesquisa, prospecção, exploração e aproveitamento de jazidas, minas e demais recursos minerais e dos potenciais de energia hidráulica (art. 106).

b) Impedimentos de ordem profissional

Nos impedimentos de ordem profissional cumpre distinguir o objeto da sociedade: em se tratando de sociedade simples, o Código remete para lei especial, ainda não sancionada. Para as sociedades empresárias subsistem os mesmos impedimentos previstos para o exercício do comércio, até que nova legislação venha a substituir as hipóteses legais (*v.* item 4.3.3).

Estão impedidos de exercer a atividade empresarial ou a administração de empresas alguns agentes políticos, para os quais a lei pretendeu preservar a liberdade e o *status* político para o exercício pleno de suas funções: os membros do Ministério Público (art. 128, II, *c*, da Constituição Federal e art. 44, III, da Lei n. 8.625, de 11-2-1993), magistrados (Lei Complementar n. 35, de 14-3-1979, art. 36, I), deputados e senadores em empresa que goze de favor decorrente de contrato com pessoa jurídica de direito público (art. 54, II, *a*, da Constituição Federal).

Há outras funções às quais a lei estabelece regras próprias para o exercício da empresa, visando ao bom andamento do serviço público e impedindo que, de forma abusiva, se faça da repartição uma extensão do estabelecimento empresarial do próprio servidor. Compreendem-se nessas vedações os funcionários públicos em geral e em especial os funcionários da Fazenda e militares.

Algumas leis exigem habilitação especial, licença ou autorização do Poder Público, como, por exemplo, a atividade securitária (Lei n. 4.594/64), financeira (Leis n. 4.595/64 e 6.385/76), transporte rodoviário de bens (Lei n. 7.092/83), serviços de vigilância e de transporte de valores (Lei n. 7.102/83), administração de grupos de consórcio etc.

19.6.3. Formas de exercício

Do confronto dos arts. 1.013 e 1.014 do Código Civil, é possível identificar algumas possibilidades legais e contratuais de formas de administração na sociedade simples:

a) administração disjuntiva: cada um dos sócios exercerá os atos de administração separadamente, cabendo-lhes reciprocamente o direito de impugnar a operação pretendida pelo outro (art. 1.013, § 1º);

b) administração conjunta atribuída a todos os sócios: as decisões são tomadas por consenso entre todos, salvo nos casos urgentes, que poderão ser objeto de decisão de um ou alguns deles (art. 1.014);

c) administração conjunta facultada a alguns sócios, tão somente: nesse caso, os atos de execução não podem desobedecer às deliberações dos sócios, que decidem por maioria (arts. 1.010 e 1.013, § 1º).

Numa administração disjuntiva, muito provavelmente ocorrerão conflitos de decisões, e, nesse caso, a lei brasileira, a exemplo do modelo italiano, que dispõe que, neste caso, cada sócio-administrador terá o direito de se opor à operação proposta pelo outro, antes de ser executada, decidindo-se por maioria[3], igualmente prevê que a solução caberá aos sócios,

[3] ITÁLIA, *Codice Civile*, art. 2257: "Amministrazione disgiuntiva. Salvo diversa pattuizione, l'amministrazione della società spetta a ciascuno dei soci disgiuntamente dagli altri. Se l'amministrazione spetta disgiuntamente a più soci, ciascun socio amministratore ha diritto di opporsi all'operazione che un altro voglia compiere, prima che sia compiuta. La maggioranza dei soci, determinata secondo la parte attribuita a ciascun socio negli utili, decide sull'opposizione".

que decidirão por maioria de votos (art. 1.013). É de observar, com Franco Di Sabato (1999:76), contudo, que a lei não atribuiu aos sócios o poder de decidir sobre a operação em si, mas, tão somente, quanto à impugnação, ou oposição interposta pelo outro sócio.

A administração conjunta pode referir-se a um, alguns ou todos os atos de administração, e, em qualquer desses casos, o legislador exigiu concurso de todos, que somente pode ser excepcionado nos casos urgentes, nos quais a omissão ou o retardamento das providências possa ocasionar dano irreparável ou grave (art. 1.014).

19.6.4. Natureza das funções

A personalidade das sociedades decorre de construção jurídica, e, como tal, ela somente existe em razão da vontade humana expressa pelos sócios, pessoas naturais. Para manifestar validamente sua vontade, a sociedade fará uso de órgão próprio de administração, denominado *diretoria* ou *gerência*.

As leis comerciais conceberam várias formas de administração: o exercício pessoal pelo sócio, nas sociedades de pessoas; o administrador profissional, não necessariamente sócio, nas sociedades de capitais; os órgãos de administração coletiva, como a diretoria e o conselho de administração, nas sociedades de capitais.

Discute-se, entre os juristas, a natureza jurídica da administração da sociedade. Alguns entendem tratar-se de simples mandato – teoria da representação –, enquanto outros a veem como órgão permanente e essencial à sociedade – teoria organicista.

Para os defensores da primeira corrente, os administradores são apenas representantes da sociedade, mantendo-se clara distinção entre as pessoas dos representantes e da representada: aqueles se manifestam por atos próprios de sua própria personalidade, e, contudo, os efeitos de seus atos refletem exclusivamente sobre o patrimônio da representada, a sociedade. Assemelha-se a teoria da representação ao contrato de mandato, por meio do qual o mandatário recebe poderes para praticar, segundo sua pessoal diligência, atos em nome do mandante.

Na segunda teoria os administradores se identificam como órgão da sociedade, integrando organicamente sua estrutura. Passam a ser a voz e os membros físicos da sociedade, que age por intermédio deles. Ela mesma pratica o ato jurídico, e, nesse caso, o gerente ou administrador, diante de terceiros, é a própria sociedade.

Nossa lei se filiou à segunda corrente ao estabelecer no art. 1.018 clara distinção entre a função do administrador e a do mandatário. Há outros exemplos na Lei n. 6.404/76, que dispõe que o conselho de administração é órgão de deliberação colegiada (art. 138, § 1º) e que "é lícito aos diretores constituir mandatários da companhia..." (art. 144, parágrafo único).

19.6.5. Deveres do administrador

No exercício da administração da sociedade simples, como, igualmente, nas demais sociedades de pessoas, três são os principais deveres impostos ao administrador: a) diligência; b) lealdade; e c) informação e prestação de contas.

a) Dever de diligência

Exige-se probidade no exercício da administração social, imposição que a lei resume na expressão "cuidado e diligência que todo homem ativo e probo costuma empregar na administração de seus próprios negócios", incluindo boa-fé e diligência, máximas há muito encontradas no direito romano: "a culpa é concebida como desvio de um modelo ideal de conduta: o modelo vem representado, umas vezes, pela *fides* ou *bona fides* e outras, pela *diligentia* de um *paterfamilias* cuidadoso – *diligens paterfamilias.* Dentro dos *iudicia bonae fidei,* a conduta contrária à *fides* é assemelhada, em seu efeito, ao *dolus*" (cf. Iglesias, 1972:494).

A diligência na condução dos negócios não pode ser inferior àquela que o mandatário está obrigado a realizar em cumprimento do contrato firmado com o mandante, e, como se sabe, o mandatário "é obrigado a aplicar toda a sua diligência habitual na execução do mandato, e a indenizar qualquer prejuízo causado por culpa sua ou daquele a quem substabelecer, sem autorização, poderes que devia exercer pessoalmente" (CC, art. 667).

b) Dever de lealdade

O administrador deve ser leal aos interesses e finalidades da sociedade, prestando fielmente os serviços necessários para que ela atinja os fins comuns para o qual foi constituída. Esse dever, imposto a toda e qualquer forma societária, alcançou na Lei das Sociedades por Ações melhor detalhamento, discriminando o art. 155 atos que pudessem comprometer a lisura exigida na condução dos negócios sociais: a) usar, em benefício próprio ou de outrem, com ou sem prejuízo para a companhia, as oportunidades comerciais de que tenha conhecimento em razão do exercício de seu cargo; b) omitir-se no exercício ou proteção de direitos da companhia ou, visando à obtenção de vantagens, para si ou para outrem, deixar de aproveitar oportunidades de negócio de interesse da companhia; c) adquirir, para revender com lucro, bem ou direito que sabe necessário à companhia, ou que esta tencione adquirir.

c) Dever de informação e prestação de contas

Do direito do sócio de fiscalizar os atos de gerência nasce o respectivo dever de informar e de prestar contas atribuído aos administradores. Elevada à condição de direito essencial do sócio na sociedade anônima, a fiscalização dos atos gerenciais visa a proteção dos interesses dos sócios, consistentes não apenas na obtenção mediata dos lucros, mas também na consecução última dos fins sociais. É possível que o sócio, não habituado à técnica contábil ou ao exame dos documentos e contratos, tenha de se valer de profissionais competentes para essa tarefa, e, nesse caso, se os administradores lhe negarem acesso, caberá a ele o uso do remédio jurídico adequado: a exibição e abertura dos livros e documentos em juízo.

19.6.6. Substituição

O administrador não pode ser substituído no exercício de suas funções, mas lhe é permitido constituir mandatários com poderes para a prática de atos e operações especificadas na procuração. Os mandatos assim firmados seguem a disciplina geral desse contrato, mas não podem conter cláusula de irrevogabilidade, salvo com autorização unânime dos sócios (art. 1.109, parágrafo único).

Quando os poderes do administrador lhe forem conferidos por cláusula expressa no contrato social, serão tidos por irrevogáveis, exceto se houver modificação de cláusula contratual, morte do administrador indicado, sua interdição ou inabilitação por decisão judicial, decorrente de ação intentada por quaisquer sócios, demonstrando justa causa para a revogação (art. 1.019). Entretanto, se os poderes foram conferidos por ato separado do contrato social – outorga por mandato conferido por um dos outros sócios ou deliberação social posterior ao contrato social –, o princípio aplicável é o da revogabilidade a qualquer tempo.

A regra de irrevogabilidade dos poderes de administração harmoniza-se com o sistema adotado pelo legislador, exigindo decisão unânime para as alterações sociais que impliquem mudanças nas matérias do art. 997 (art. 999), entre as quais se incluem as cláusulas que mencionam "as pessoas naturais incumbidas da administração da sociedade, e seus poderes e atribuições" (art. 997, VI).

19.6.7. Poderes

Para a condução dos negócios, os administradores dispõem de poderes para a prática de todos os atos pertinentes à gestão de sociedade, nos quais não se incluem a alienação e a imposição de ônus sobre os bens imóveis, operações que dependem de deliberação da maioria. Igualmente, é-lhes vedada qualquer operação a título gratuito com ônus ao patrimônio social ou a aplicação de créditos ou bens sociais em proveito próprio ou de terceiros.

Ordinariamente, compreendem esses poderes, sem necessidade de estarem indicados na cláusula contratual:

a) a prática de atos e operações incluídos no contrato social da sociedade, inclusive a alienação de imóveis, quando for este o objeto da sociedade. Não seria produtivo impor como necessária a deliberação de sócios sobre a venda de imóveis se a sociedade tivesse por objeto a compra e venda ou incorporação de imóveis;

b) emissão, endosso e circulação de títulos de crédito, decorrentes do exercício de atividades pertinentes ao objeto social;

c) administração dos bens sociais com vistas a sua conservação e manutenção;

d) representação da sociedade, judicial e extrajudicialmente.

19.6.8. Abusos dos poderes gerenciais

Haverá obrigação pessoal do administrador sempre que ocorrer a prática de excesso nos atos de administração, conhecida como responsabilidade por abuso dos poderes gerenciais ou por abuso da firma social. Dentro desse plano obrigacional insere-se a teoria *ultra vires*.

a) Atos de excesso, violadores da regra social

Na concepção do Código Comercial, ao administrador da sociedade *intuitu personae* proibia-se o abuso da firma social (art. 316), não lhe sendo lícito aplicar os fundos ou efeitos da sociedade para negócio ou uso de conta própria, ou de terceiro (art. 333). Violando essas regras, o sócio administrador respondia pessoalmente perante os demais sócios e terceiros prejudicados. No mesmo diapasão, o Código Civil vedou-lhe a realização de operações quando tivesse ou devesse ter ciência de que estava agindo em desacordo com a vontade da maioria (art. 1.013, § 2º) e, ainda, negou-lhe a aplicação de créditos ou bens sociais em proveito próprio ou de terceiros (art. 1.017). Em ambas as figuras normativas se coíbe o excesso, punindo-se, no primeiro caso, com perdas e danos, e, no segundo, com o pagamento do equivalente, com todos os lucros resultantes, e, se houver prejuízo, por ele também responderá. Ambas podem, ainda, ser classificadas como espécies da conduta genérica prevista no art. 1.016: "os administradores respondem solidariamente perante a sociedade e os terceiros prejudicados, por culpa no desempenho de suas funções".

Nas sociedades limitadas, regramento semelhante vinha estatuído no art. 10 do Decreto n. 3.708/19, que determinava: "Os sócios gerentes ou que derem o nome à firma não respondem pessoalmente pelas obrigações contraídas em nome da sociedade, mas respondem para com esta e para com terceiros solidária e ilimitadamente pelo excesso de mandato e pelos atos praticados com violação do contrato ou da lei".

A mesma responsabilidade é atribuída ao acionista controlador na sociedade por ações, por danos causados em decorrência de atos praticados com abuso de poder (LSA, art. 117), prevendo o legislador várias modalidades de exercício abusivo, de forma exemplificativa.

Haverá abuso de poder quando o ato inquinado, apesar de previsto ou não vedado por cláusula do objeto social, é realizado em proveito próprio do administrador ou de terceiro. Neste caso, a colidência de interesses dá-se entre o administrador e a sociedade.

Numa segunda possibilidade, a responsabilidade se consuma pela prática de atividade não estranha ao objeto social, mas realizada sem o consentimento unânime dos demais sócios (CC, arts. 1.013, § 2º, e 1.017) ou de forma a não respeitar os limites impostos por outra cláusula contratual. Por fim, pode ocorrer abuso porque o ato do administrador extrapolou os limites das atividades previstas na cláusula do objeto social.

Nessas duas últimas hipóteses, o conflito de interesses envolve terceiro com quem o administrador realizou o negócio censurado. São elas que interessam a um estudo mais pormenorizado: os excessos decorrentes do fato de o administrador ultrapassar: a) as limitações impostas em geral, diversas da cláusula do objeto social; e b) as limitações da cláusula do objeto social.

b) Restrições contratuais

O contrato social pode restringir o uso dos poderes gerenciais, vedando, por exemplo, saque, emissão, aval, endosso de títulos cambiários, fianças etc. Indaga-se sobre a validade de tal restrição em relação aos terceiros de boa-fé. Rubens Requião (1995:320) sustenta a invalidade de tal cláusula, em face do espírito informal do Direito Comercial: "É de se exigir demais, com efeito, no âmbito do comércio, onde as operações se realizam em massa, e por isso sempre em antagonismo com o formalismo, que a todo instante o terceiro que contrata com uma sociedade comercial solicite desta a exibição do contrato social, para verificação dos poderes de gerente...". Nesse sentido a jurisprudência também se inclina.

c) Prática de atos ultra vires

A segunda modalidade mencionada envolvendo sociedade, administrador e terceiro refere-se a operações estranhas ao objeto social e deu origem à aplicação da teoria inglesa denominada *ultra vires societatis*. A seu respeito esclarece o Professor Waldirio Bulgarelli (1983:1): "liga-se essa doutrina estreitamente aos limites impostos à sociedade pela cláusula do objeto social. Daí que a descrição do objeto social é de maior importância, pois parte-se da ideia de que a sociedade existe apenas para a realização do objeto social e sendo perigosos os atos que o violam, tanto para os acionistas como para os credores, devem ser declarados nulos por terem sido praticados *ultra vires*". Concluindo seus argumentos, esse renomado professor paulista (1983:16) posiciona-se a favor do "reconhecimento da invalidade das decisões e sua execução quando fora do objeto social, com o que se protegeriam a sociedade e os acionistas e se faria com que terceiros tomassem as cautelas necessárias ao contratar com sociedades personificadas, salvo ratificação unânime da assembleia geral. A ratificação unânime só seria válida se não prejudicasse terceiro, a quem seria facultado invocar a teoria *ultra vires* para não ser prejudicado".

Na jurisprudência brasileira podem ser encontrados casos semelhantes de aplicação da teoria *ultra vires*, dando como nulos atos praticados por gerentes sociais em atividades estranhas ao objeto social da sociedade, mas, ao contrário dos efeitos buscados na aplicação da teoria, entende-se que a sociedade deve responder por atos de seus administradores perante terceiros de boa-fé, porque esses atos foram realizados sob a aparência da legalidade contratual ou estatutária – teoria da aparência.

Com razão, portanto, Fábio Ulhoa Coelho (2016, 2:432) quando afirma que "da teoria inglesa, apenas a responsabilização, em regresso, dos administradores pela prática de extravagância entusiasma, por vezes, a tecnologia jurídica brasileira".

O Enunciado n. 219 das Jornadas de Direito Civil da Justiça Federal, ao lado de entender positivada a teoria *ultra vires*, assinala sua adoção de modo restrito pelo direito brasileiro: "Está positivada a teoria *ultra vires* no Direito brasileiro, com as seguintes ressalvas: (a) o ato *ultra vires* não produz efeito apenas em relação à sociedade; (b) sem embargo, a sociedade poderá, por meio de seu órgão deliberativo, ratificá-lo; (c) o Código Civil amenizou o rigor da teoria *ultra vires*, admitindo os poderes implícitos dos administradores para realizar negócios acessórios ou conexos ao objeto social, os quais não constituem operações evidentemente estranhas aos negócios da sociedade; (d) não se aplica o art. 1.015 às sociedades por ações, em virtude da existência de regra especial de responsabilidade dos administradores (art. 158, II, Lei n. 6.404/76)".

A respeito dos requisitos necessários ao resguardo do direito do terceiro, pela aplicação da teoria da aparência – e, portanto, a favor da não incidência dos efeitos da teoria *ultra vires* plena –, o Juiz João Batista Lopes (Tribunal de Alçada Civil de São Paulo, 2ª Câmara, Apel. 201.303, j. 4-2-1987, *JTA* (RT), 107/402) trouxe a lume, em suas conceituadas decisões, exemplar acórdão: "De um modo geral, a doutrina tem exigido os seguintes *essentialia* para a admissibilidade da teoria da aparência: a) existência de situação de fato que se apresente como situação de direito; b) que tal situação não contrarie os fatos normais da vida, nem o ordenamento jurídico; c) que o sujeito em favor de quem se invoca a teoria tenha sido induzido em erro pelas circunstâncias do fato; d) que o erro seja escusável".

d) Atos de excesso no Código Civil

No Código Civil a matéria foi regulamentada no art. 1.015, ficando assentado que o abuso de poderes do gerente – de qualquer natureza – poderá ser oposto a terceiros, em três hipóteses, agrupadas didaticamente, em duas situações distintas: limitação e *ultra vires*:

a) no tocante à limitação de poderes: se esta estiver arquivada no órgão de registro ou se ficar provado que a limitação era conhecida do terceiro contratante;

b) em relação aos atos *ultra vires*: quando se tratar de operação evidentemente estranha aos negócios da sociedade.

Vê-se, portanto, que a nova legislação previu expressamente a aplicação plena dos efeitos da *ultra vires doctrine,* atingindo o ato quando "evidentemente estranho" aos negócios sociais, invalidando-o.

Ressuscitada a doutrina inglesa em seu efeito mais temido pela jurisprudência brasileira, sua aplicação prática pode trazer certas dificuldades, em virtude da informalidade dos negócios empresariais, que muitas vezes exigem decisões rápidas e negociações por meios eletrônicos cada vez mais velozes. Sua aplicação inflexível pode vir a tornar comum, na vida empresarial, entre fornecedores e compradores, a exigência de certidão atualizada nos órgãos de registro, tendentes ao conhecimento exato do objeto social dos envolvidos em operações a prazo.

Se os prazos para o cumprimento do entrave burocrático serão ou não suportados pelo mercado globalizado é algo que dependerá do aprimoramento dos meios de segurança cadastral ou de decisões que sobrevirão ao mundo empresarial, diante do dilema entre a perda do negócio e o risco próprio da ausência de dados informadores mais precisos. Ademais, dificilmente se poderá estabelecer objetivamente o que deve e o que não deve ser estranho aos negócios sociais: a compra de brindes aos clientes em determinadas épocas do ano, encomendados a uma fábrica de artigos esportivos, é negócio estranho ao objeto social de um restaurante, contudo, pode ser justificada em razão de uma bem elaborada campanha publicitária.

19.7. Responsabilidade da sociedade perante terceiros

A sociedade é primariamente responsável, como pessoa jurídica, pelas obrigações assumidas perante terceiros. Entretanto, se os bens sociais não cobrirem as dívidas sociais, os sócios respondem pelo saldo, na proporção em que participem das perdas sociais, conforme já se estudou. É possível, ainda, que o contrato estabeleça a responsabilidade solidária dos sócios, e, assim, a obrigação será ilimitada em relação a seus bens particulares até o pagamento integral dos débitos existentes. Em um ou outro caso, a responsabilidade dos sócios é secundária, garantindo-lhes o benefício de ordem: os bens particulares somente serão executados após todos os bens sociais.

19.7.1. Liquidação de quota de sócio

Em relação ao sócio, sua condição pessoal na sociedade impede que credor particular seu faça recair a execução diretamente sobre sua quota social, substituindo sua posição, função e privilégios na sociedade, conforme decidiu o STJ: "AGRAVO REGIMENTAL NO RECURSO ESPECIAL. EXECUÇÃO. SÓCIO. PENHORA DE QUOTAS. POSSIBILIDADE. 1. A jurisprudência desta Corte se firmou no sentido de que a penhora de quotas sociais não encontra vedação legal e nem afronta o princípio da *affectio societatis*, já que não enseja, necessariamente, a inclusão de novo sócio. 2. Agravo regimental a que se nega provimento" (AgRg no REsp 1.221.579/MS, Rel. Min. Maria Isabel Gallotti, 4ª Turma, j. 1º-3-2016, *DJe*, 4-3-2016).

Isto porque não somente podem os demais sócios manifestar o direito de preferência, como também impor-se a redução do capital social, com a alienação da cota do sócio. A legislação permite que a execução se dê sobre os lucros que o sócio tiver direito a retirar na sociedade, e, ainda, sobre o valor que se apurar pela liquidação especial da quota do devedor, com necessária redução do capital da sociedade, salvo se os remanescentes suprirem a falta do valor apurado e excutido. Esse modo de execução – sobre os lucros e o valor da quota – somente terá lugar na hipótese de insuficiência de outros bens do devedor.

19.8. Resolução da sociedade em relação a um sócio

Além da hipótese de retirada voluntária de sócio estudada acima, a sociedade se resolve em relação a um sócio em razão de sua morte ou exclusão, acarretando muitas vezes a redução do capital social, na parte que corresponder à quota resolvida.

19.8.1. Resolução em virtude de morte

A inevitabilidade do evento morte pode ser objeto de cláusula social que defina, de antemão, a sucessão do sócio premorto, a forma de apuração e liquidação de sua participação e a dissolução total ou não da sociedade. Num contrato bem elaborado os itens referentes a essas circunstâncias, por mais dolorosas que sejam, devem ser previamente acertados, evitando-se disputas futuras que comprometam o andamento dos negócios sociais.

A lei, entretanto, na omissão contratual, previu, ao contrário da dissolução total que dispunha o Código Comercial, a dissolução parcial da sociedade, preferindo denominá-la resolução em relação a um sócio.

Falecido um dos sócios, e no silêncio do contrato social, podem os demais optar por: a) dissolver a sociedade (art. 1.028, II); b) acordar, com os herdeiros, sua substituição no quadro social (art. 1.028, III); ou c) pagar o valor da quota aos herdeiros, com base na situação patrimonial da sociedade, à data da resolução, que coincide com a do evento morte, verificada em balanço especialmente levantado (art. 1.031).

19.8.2. Resolução em virtude de exclusão

A exclusão do sócio pode ocorrer em cinco circunstâncias: a) o sócio se torna remisso, pelo descumprimento do dever de contribuição correspondente a sua participação no capital social, na forma e prazo previstos (art. 1.004); b) sua quota foi liquidada em execução de seus credores particulares, conforme estudado acima (*v.* n. 19.7.1); c) falta grave no cumprimento de suas obrigações; d) ocorrência de incapacidade superveniente; e) decretação de sua falência.

As duas primeiras hipóteses foram objeto de estudo em itens anteriores deste capítulo, restando breves considerações sobre as três últimas.

a) Falta grave

A falta grave corresponde ao outro lado da mesma moeda tratada sob a rubrica "direito de retirada". São graves as faltas que impedem o prosseguimento da atividade comum: a desídia, a incapacidade moral, o abuso, a prevaricação ou a fuga do sócio, conforme definia o art. 336 do Código Comercial.

b) Incapacidade superveniente

Refere-se o legislador civil aos casos por ele mesmo enunciados nos arts. 3º e 4º: superveniência de enfermidade ou deficiência mental que retirem do sócio o discernimento para a prática da atividade social ou de causa, transitória ou não, que o impeça de exprimir sua vontade. Alinham-se, também, os casos de incapacidade relativa: embriaguez habitual e vício em substância tóxica, bem como deficiência mental superveniente que reduza seu discernimento e a prodigalidade.

Observa-se, nos casos de incapacidade não permanente, que o juiz pode mandar avaliar a extensão dos danos causados pela enfermidade e, ainda, a perspectiva temporal de sua recuperação antes de decidir pela resolução da sociedade em relação ao sócio, sobretudo quando decorrentes de ações involuntárias de sua parte.

c) Falência superveniente

Na falência, o devedor perde a administração de seus bens, e todo o seu patrimônio é arrecadado para pagamento dos credores constantes do quadro geral. A Lei Falimentar determina que os haveres que o falido – pessoa física ou jurídica – possuir na sociedade da qual participe sejam apurados e entrem para a massa falida, fazendo referência expressa às sociedades comanditadas e limitadas (art. 123).

Nas sociedades que menciona, a Lei Falimentar procurou preservar o respeito à estrutura social desejada pelos integrantes e, nesse sentido, estabeleceu que a liquidação dos haveres do sócio falido se dê (a) na forma que o contrato ou estatuto social prescreverem; (b) judicialmente, se nada dispuser a respeito; ou, ainda, (c) mediante resolução prevista em contrato ou decorrente de determinação legal.

No primeiro caso, conforme preveem as regras contratuais, a apuração dos haveres do sócio falido submeter-se-á ao que dispôs o contrato que, anteriormente, firmara com os demais integrantes da sociedade. O contrato pode envolver pagamento parcelado, apuração contábil, avaliação de bens etc. Em geral, os contratos de sociedade são omissos a respeito desse tema.

No segundo, na omissão do contrato ou estatuto social – que é o que ocorre como regra geral –, a liquidação da parte que cabe ao sócio falido far-se-á por ação proposta pelo administrador judicial no foro da falência, em razão da *vis attractiva* firmada pelo art. 76 da Lei Falimentar. A apuração dar-se-á com base na situação patrimonial da sociedade à data da falência do sócio, verificada em balanço especialmente levantado, conforme dispõe o art. 1.031 do Código Civil.

O terceiro ocorre nas hipóteses em que a sociedade (da qual o sócio falido participa) deva sofrer sua dissolução, seja porque há previsão contratual nesse sentido, seja porque a sociedade foi constituída com apenas dois sócios e não há precedente regra contratual a respeito da substituição em virtude de falência, ou, ainda, porque o objeto social se tornou inviável com a falência de um dos sócios. Nessa eventualidade – dissolução total da sociedade – os valores que entrarão para a massa falida, com referência à quota que couber ao sócio falido, somente poderão ser atribuídos após o pagamento dos credores sociais da sociedade que se dissolveu. Isso ocorrerá na fase própria, denominada liquidação. O procedimento a ser respeitado é aquele previsto nos arts. 1.102 *usque* 1.112 do Código Civil.

19.9. Dissolução da sociedade

A matéria de dissolução da sociedade é tratada em conjunto com o tema liquidação das sociedades em geral, no capítulo próprio, em razão dos inúmeros pontos em comum entre os tipos societários.

19.10. Quadro-resumo

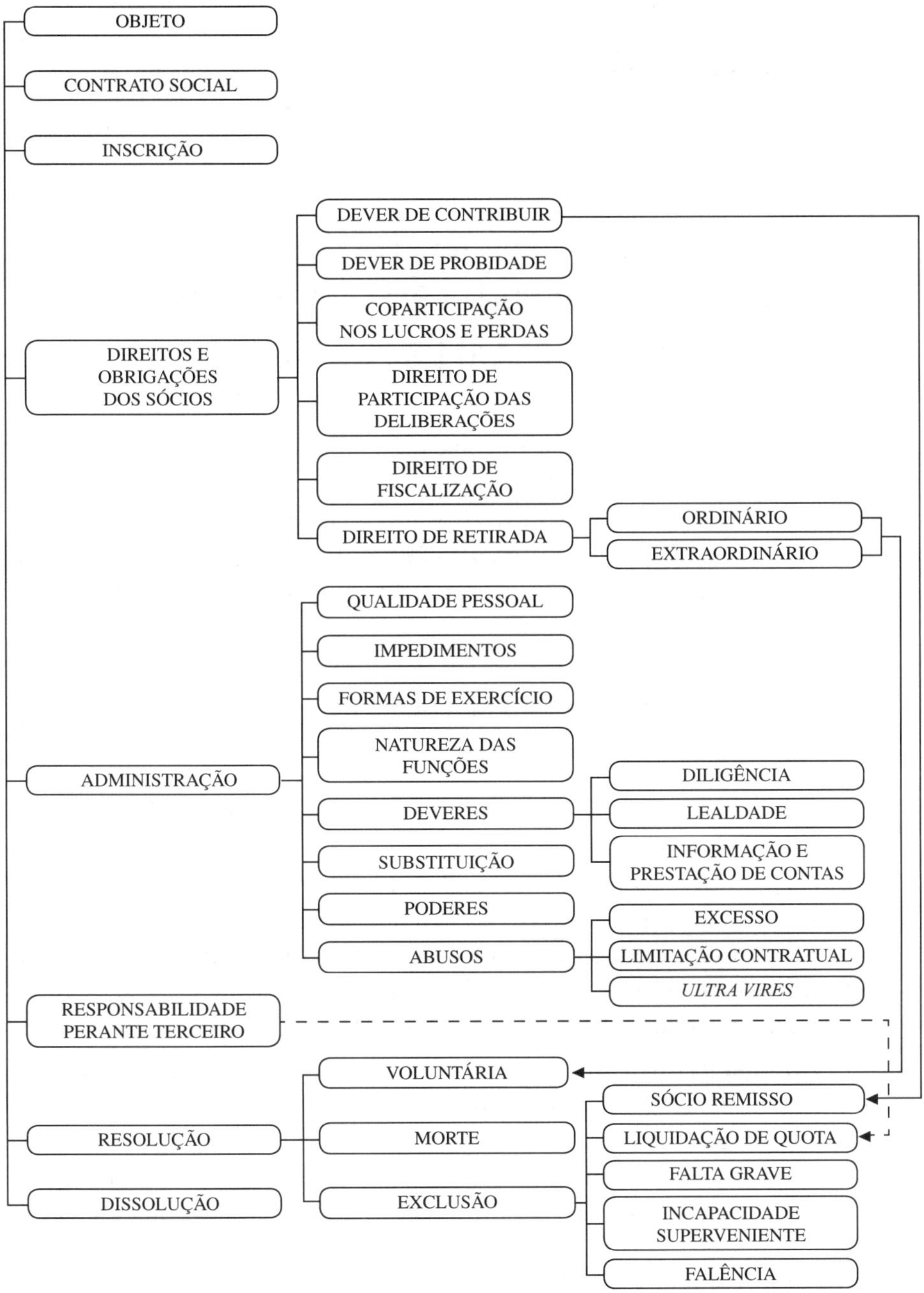

Capítulo 20

DAS SOCIEDADES EM ESPÉCIE – AS SOCIEDADES EM NOME COLETIVO, EM COMANDITA SIMPLES E DE CAPITAL E INDÚSTRIA

20.1. As sociedades comerciais no Código Comercial de 1850 – generalidades

O Código Comercial de 1850 regulava em seu Título XV a teoria geral das sociedades comerciais, as sociedades em espécies e a dissolução e liquidação das sociedades em geral (arts. 287 a 353). Sob essa rubrica eram definidas as regras legais de quatro tipos societários: as sociedades em nome coletivo, as sociedades em comandita simples, as sociedades de capital e indústria e as sociedades em conta de participação, que, por não se revestirem de personalidade jurídica, foram objeto de estudo no capítulo anterior.

São características comuns aos três tipos mencionados: a) a existência em cada uma delas de pelo menos um sócio com responsabilidade ilimitada, de forma subsidiária ao patrimônio social da sociedade comercial, e solidária entre os sócios dessa mesma categoria; b) a rigidez na decisão de ingresso e retirada de sócios, não sendo possível qualquer alteração societária nesse sentido, salvo com o consentimento expresso de todos os demais sócios (art. 334 do Código Comercial); c) a adoção de firma social para a formação do nome comercial, com a utilização do nome completo ou abreviado de um, alguns ou todos os sócios de responsabilidade ilimitada.

Na sociedade em nome coletivo, todos os sócios possuem igual responsabilidade: subsidiária ou secundária em relação ao patrimônio da sociedade, solidariamente entre eles, isto é, seus bens somente serão chamados ao pagamento de dívida da sociedade quando o patrimônio desta não for suficiente para satisfação integral desses débitos. Há solidariedade entre os sócios, mas, em relação à dívida da sociedade, sua responsabilidade é subsidiária ou em segundo plano.

Numa demonstração gráfica, tem-se:

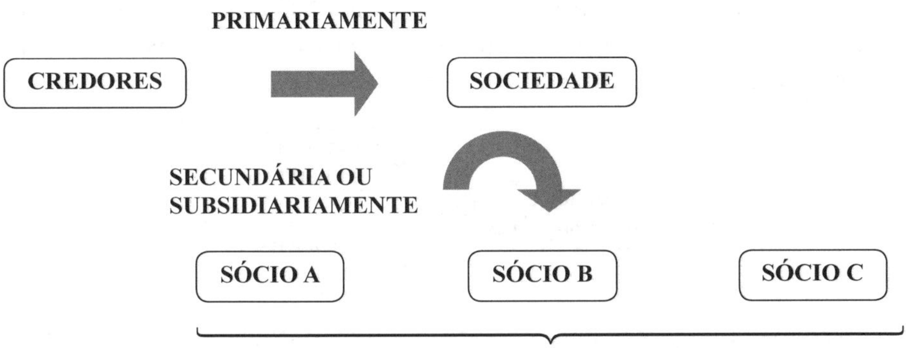

A RESPONSABILIDADE ENTRE ELES É SOLIDÁRIA. O CREDOR PODE ACIONAR TODOS, ALGUNS OU APENAS UM, CABENDO A CADA UM UTILIZAR-SE, POSTERIORMENTE, DE SEU DIREITO DE REGRESSO CONTRA O OUTRO, EM CASO DE PAGAMENTO DE DIVIDENDO MAIOR QUE O DEVIDO.

Na sociedade em comandita simples há pelo menos um sócio com responsabilidade ilimitada, e, havendo mais de um com essa natureza, a responsabilidade será solidária entre eles. Nessa categoria estão os sócios comanditados. Entretanto, a sociedade possui sócios de outra natureza, os comanditários, que não respondem além dos fundos com que ingressam ou que se obrigam a integralizar na sociedade. A responsabilidade de uma classe e de outra de sócio é, portanto, distinta: os sócios comanditados respondem como os sócios de nome coletivo, e os sócios comanditários, uma vez integralizada sua obrigação perante a sociedade, não mais respondem perante terceiros.

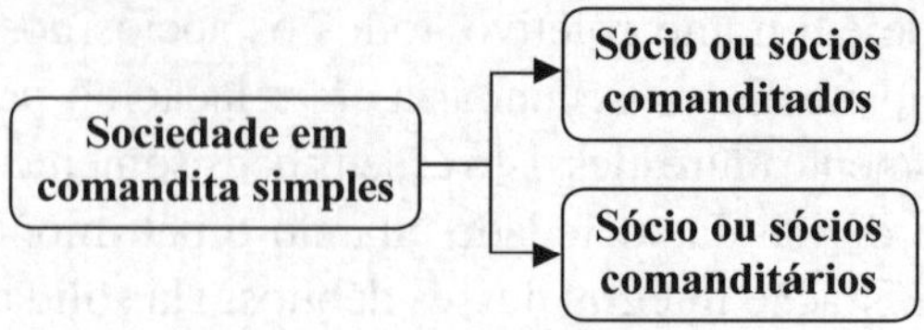

Na extinta sociedade de capital e indústria, a posição dos sócios era semelhante: havia uma categoria de sócios com responsabilidade ilimitada, subsidiária ao patrimônio social e solidária entre eles, denominada sócios capitalistas, e outra de sócios sem responsabilidade perante terceiros, os chamados sócios de indústria. Os capitalistas respondiam como os sócios de nome coletivo, e os sócios de indústria não se obrigavam perante terceiros.

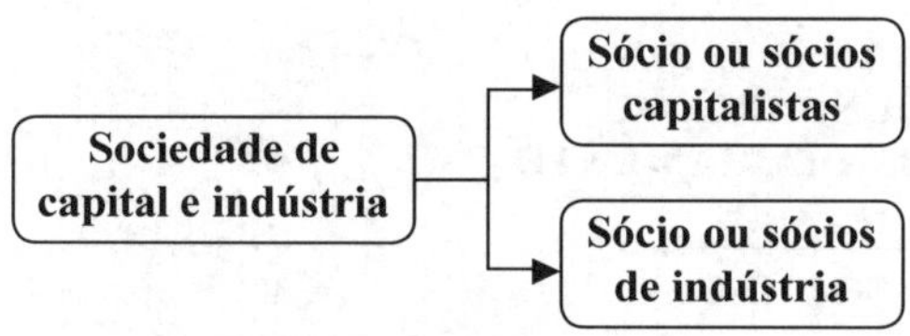

Numa visão global dessas sociedades previstas no Código Comercial, têm-se três tipos diferentes de sócios:

TIPOS DE SÓCIOS	SOCIEDADES EM QUE OCORREM	RESPONSABILIDADE
De responsabilidade ilimitada, subsidiária para com a sociedade e solidária entre os sócios da mesma categoria.	– Sociedade em nome coletivo. – Sociedade em comandita simples (sócio comanditado). – Sociedade de capital e indústria (sócio capitalista).	Respondem secundária ou subsidiariamente pelas obrigações da sociedade, podendo invocar o benefício de ordem, isto é, indicar bens da sociedade antes de terem seus bens constritos.
De responsabilidade limitada ao valor subscrito até o limite da integralização.	– Sociedade em comandita simples (sócios comanditários).	Respondem perante a sociedade e terceiros, de forma primária, pelos fundos com que prometeram ingressar à sociedade.
De nenhuma responsabilidade perante terceiros.	– Sociedade de capital e indústria (sócio de indústria).	Não respondem com seu patrimônio particular perante terceiros.

20.2. A sociedade de capital e indústria

Com a promulgação do novo Código Civil desaparece a figura da sociedade de capital e indústria, mas não a possibilidade de os sócios contribuírem com serviços na constituição da sociedade (art. 997, V).

No regime do Código Comercial, essa sociedade poderia ser representada por um quadro didático que identifica suas principais características:

SOCIEDADE DE CAPITAL E INDÚSTRIA	
Previsão legal	Arts. 317 a 324 do Código Comercial.
Tipos de sócios	Sócios de indústria, que contribuem apenas com trabalho, não possuindo responsabilidade alguma em relação ao passivo, e sócios capitalistas, responsáveis solidária e ilimitadamente pelas obrigações sociais, de forma subsidiária ao patrimônio social.
Nome comercial	Firma social, formada a partir de um, alguns ou todos os nomes dos sócios capitalistas. Deve-se usar a expressão "e companhia", por extenso ou abreviadamente.
Gerência	Pode ser exercida por qualquer sócio capitalista. Na falta de menção no contrato social, todos os sócios capitalistas a exercem.
Outras características	Tipo societário em desuso. Foi substituído pela contratação de empregado altamente qualificado, concedendo-lhe certa participação nos lucros da empresa.

Constando apenas das legislações dos países formadores do Mercosul (Brasil, Argentina, Uruguai e Paraguai), a sociedade de capital e indústria tem sua origem no Direito português. Seriamente criticada desde sua origem, teve poucos adeptos, e seu desaparecimento se deve ao desuso. Braudel (1996:384) a menciona: "Em Portugal, já tarde, em 1578, um tractato distingue dois tipos de contratos de companhia; o segundo – que imediatamente reconhecemos – é estabelecido entre duas pessoas – quando um põe o dinheiro e outro o trabalho. Vejo como que um eco dessa espécie de reunião de trabalho e de capital na complicada frase de um negociante de Reims (1655), que escreve em seu diário:

... é certo que não podeis fazer sociedade com gente que não tenha fundos; porque eles compartilham os lucros; e todas as perdas caem em cima de vós. No entanto bastantes são feitos assim, mas eu nunca os aconselharia".

Nas Ordenações Filipinas (Livro IV, Tít. XLIV) encontra-se a justificativa para o nascimento da sociedade de capital e indústria: "Não se declarando no contrato da companhia quanta parte do ganho, ou perda haverá cada um dos companheiros, entender-se-á que cada um haverá assim do ganho, como da perda, partes iguais. Não tolhemos, porém que os companheiros logo no tempo do contrato possam repartir entre si a perda e o ganho doutra maneira; porque poderá muitas vezes a indústria e o saber de algum deles ser de maior valia e proveito para a mesma companhia, que o cabedal que os outros meterem, e assim será justo, que este tal tenha mais no ganho e menos na perda; não poderão, porém os companheiros por tal pacto e condição, que um companheiro leve o ganho todo, e na perda não tenha parte, porquanto o tal contrato, como este, é ilícito e reprovado".

Em sua origem, portanto, a criação do sócio de indústria se baseava na possibilidade de ser de interesse da sociedade a indústria e o saber, isto é, o conhecimento e a destreza técnica de um deles, a ponto de lhe ser oferecida sociedade sem ingresso de cabedal ou participação nos prejuízos.

O avanço tecnológico e a revolução industrial, exigindo a criação de linha de produção em série, os perigos de manter o segredo da técnica em mãos de quem não participa dos prejuízos da empreitada, a necessidade de constante atualização tecnológica e a possibilidade de remuneração especial a esses serviços, mediante consultorias ou criação de departamentos técnicos especializados, lançaram a sociedade de capital e indústria à extinção.

No campo da propriedade industrial, por exemplo, não é indispensável manter no corpo de sócios o empregado capaz de desenvolver novos inventos ou modelos de utilidade. Ao suprir adequadamente – por meio de departamento de pesquisas – o empregado contratado para o desenvolvimento de projetos, a empresa preserva como criação sua as novas tecnologias. Já se estudou que as chamadas invenções de empresa, aquelas obtidas no estabelecimento empresarial, sem a individualização do inventor, e, ainda, as invenções de serviço alcançadas sob contrato destinado à pesquisa pertencem exclusivamente à empresa e não ao empregado. Essas tecnologias, modernamente, são conquistadas com mais eficiência mediante remuneração do trabalho altamente especializado, possibilitando a conjugação ordenada de recursos humanos e capital, sob coordenação do empresário, atento à frequência das evoluções científicas e às exigências do mercado.

20.3. Sociedade em nome coletivo

As sociedades em nome coletivo – também chamadas solidárias ou, ainda, livres ou gerais, como faz o decreto francês de 1673 – têm sua origem na *compagnia,* sociedade familiar, assim identificada pelo próprio nome: *com pão (cum panis),* isto é, entre aqueles que compartilham o alimento cotidiano. Mesmo quando as pessoas não pertencem à mesma família, sua característica é sempre familiar. Prova disso é o texto citado por Braudel (1996:387) referente a contrato realizado em Nantes, em 23 de abril de 1719, entre pessoas que não pertenciam à mesma família: "Não serão tomados bens da sociedade a não ser para sustento e manutenção do lar de cada um, a fim de não alterar os fundos, e não para outra coisa; e quando um tirar dinheiro avisará o outro, que tirará o mesmo tanto, e isto para não manter contas a esse respeito...".

Embora os primeiros contratos documentados a respeito dessas sociedades sejam datados de 1250, Anthony Sampson (1995:136) aponta como a mais antiga empresa familiar o Hotel Hoshi, no Japão, que teria sido fundado em 718 e estaria sendo dirigido pela 46ª geração da mesma família. Outras empresas familiares antigas também são citadas: a vinícola italiana Antinori (1385); armas Beretta (1526); bebidas Hugel, na França (1639); bebidas Codorniu, na Espanha (1551); construtora Durtnell's, de Kent, na Inglaterra (1591); Hoare's Bank, na Inglaterra (1672); cobertores Witney, na Inglaterra (1672).

A característica principal de uma sociedade em nome coletivo é a responsabilidade solidária dos sócios pelas obrigações sociais, subsidiariamente ao patrimônio social e de forma ilimitada.

As sociedades em nome coletivo podem ser representadas em suas principais características pelo seguinte quadro:

SOCIEDADE EM NOME COLETIVO		
Aspectos relevantes	**Código Comercial**	**Código Civil**
Previsão legal	Arts. 315 e 316.	Arts. 1.039 a 1.044.
Tipos de sócios	Sócios em nome coletivo, de responsabilidade ilimitada e solidária entre eles, subsidiária ao capital social.	Sócios em nome coletivo – sempre pessoas físicas – de responsabilidade ilimitada e solidária entre eles, subsidiária ao capital social.
Nome empresarial	Firma social, formada a partir de um, alguns ou todos os nomes dos sócios. Nos dois primeiros casos deve-se usar a expressão "e companhia", por extenso ou abreviadamente.	Idem. Art. 1.157.
Gerência	Pode ser exercida por qualquer sócio. Na falta de menção no contrato social, todos a exercem.	Pode ser exercida por qualquer sócio, alguns ou todos, conforme o contrato social definir (arts. 997, VI, combinado com os arts. 1.040 e 1.042). Na omissão do contrato, compete separadamente a cada um dos sócios (art. 1.013).
Outras características	Tipo societário em desuso.	Permanece em desuso. Segue, na omissão do legislador, o regramento da sociedade simples (art. 1.040).

Embora em franco desuso, a sociedade em nome coletivo ganhou espaço no Código Civil, recebendo seis artigos (1.039 a 1.044), em contraste com os dois (315 e 316) que a regulamentavam no Código Comercial. Uma comparação entre as legislações mostra que as mudanças operadas visam a trazer clareza ao antiquado texto do Código Comercial, operando poucas ou quase nenhuma modificação na estrutura societária. A nova legislação dissipou dúvidas doutrinárias que eram objeto de posições divergentes adotadas ao longo de um século e meio de vigência do Código Comercial. Estabeleceu, por exemplo, de forma expressa, que somente as pessoas físicas podem tomar parte na sociedade (CC, art. 1.039) e a impossibilidade de o credor particular do sócio pretender a liquidação da quota do devedor (CC, art. 1.043), salvo nas hipóteses que serão estudadas a seguir (*v.* n. 20.3.3).

20.3.1. Natureza dos sócios

Somente as pessoas físicas podem tomar parte na sociedade (art. 1.039). O Código Comercial era omisso em relação à necessidade de os sócios serem pessoas físicas, embora alguns entendessem que a exigência estava implícita no art. 315.

20.3.2. Responsabilidade dos sócios

A responsabilidade dos sócios é sempre solidária e ilimitada pelas obrigações sociais. Ilimitada porque ultrapassa os limites do patrimônio social quando este é insuficiente. Solidária em razão de responderem todos os sócios pelo que faltar para total satisfação dos credores sociais, ou, na conformidade da lei: "quando na mesma obrigação concorre mais de um credor, ou mais de um devedor, cada um com direito, ou obrigado, à dívida toda" (CC, art. 264).

Esgotados os bens sociais, os credores poderão acionar um, alguns ou todos os sócios indistintamente, sem obedecer a qualquer ordem de prioridade na cobrança, pois a solidariedade se contrapõe ao *beneficium ordinis et excussionis* entre os sócios. Essa solidariedade é a característica distintiva da sociedade em nome coletivo, desde sua origem, abraçada não só pelo Código Comercial (art. 317) como também pela legislação civil de 2002 (art. 1.039).

Por definição, sendo pessoa distinta da dos sócios, a sociedade responde em primeiro plano pelas obrigações assumidas, e, em segundo, subsidiariamente, os sócios em nome coletivo, pelo que faltar para a composição dos créditos sociais devidos, somente depois de esgotado o patrimônio da sociedade.

20.3.3. Execução realizada por credor particular

Em regra, os credores particulares dos sócios solidários não podem pretender a liquidação da quota que seu devedor possuir em sociedade em nome coletivo, ou mesmo como comanditado, em sociedade em comandita simples, porque a qualidade de sócio é pessoal, não podendo outra pessoa estranha ingressar no quadro social para substituir a retirada dos fundos do sócio executado, e, ainda, porque essa retirada implica redução do capital social, com grave prejuízo à empresa e aos sócios remanescentes. Somente na liquidação da sociedade, quando a empresa não se encontra em exercício, torna-se possível apurar a parte atribuível ao sócio devedor e sua execução, para pagamento de sua dívida particular.

Entretanto, o Código Civil previu duas possibilidades para a execução dos bens do sócio em nome coletivo (ou solidário) por parte de seu credor particular:

a) na prorrogação tácita do exercício da sociedade (art. 1.043, parágrafo único, I);

b) na prorrogação contratual, em havendo oposição judicial de credor no prazo de noventa dias da data da publicação do ato dilatório (art. 1.043, parágrafo único, II).

Explica-se.

As sociedades constituídas por prazo determinado extinguem-se quando esgotado o estabelecido no contrato ou nos estatutos. O Código Civil previu, entretanto, a hipótese de prorrogação tácita quando, vencido o prazo de duração, a sociedade não entrar em liquidação, sem oposição de sócio (art. 1.033). Nessa ocorrência, os credores poderão não concordar em se sujeitar à prorrogação e exigir seus créditos como se a sociedade estivesse em liquidação, promovendo a cobrança contra os bens comuns até o limite da participação do sócio devedor. Igualmente, os credores poderão opor-se judicialmente à prorrogação de contrato firmado por tempo determinado, dentro do prazo de noventa dias, contados da publicação realizada pela Junta Comercial, por ocasião da averbação da dilação no Registro Público das Empresas.

20.3.4. Limitação de responsabilidade entre os sócios

O Código Comercial era omisso quanto à possibilidade de limitação de responsabilidade entre os sócios, mas a doutrina a admitia (Mendonça, 1953, 3:170): "Os sócios podem limitar a responsabilidade entre si, repartindo-a em proporções distintas. Exemplo: podem estipular no contrato que um ou mais sócios não serão obrigados para com os outros sócios, senão até à concorrência das suas quotas ou de certa quantia". O Código Civil tornou expressa a possibilidade de convenção a esse respeito (art. 1.039).

Observe-se que o acordo somente produz efeitos entre os sócios. Os credores, que não são parte no acordo de limitação recíproca de responsabilidades, não perdem o direito de executar os sócios na hipótese de o patrimônio não ser suficiente. Dessa forma, esgotados os bens da sociedade e verificando-se a insuficiência para pagamento de seu crédito, o credor pode valer-se da solidariedade entre os sócios, executando-os, independentemente de qualquer ordem de precedência entre eles.

Somente depois de pagos os credores sociais é que os sócios farão uso da convenção limitativa de sua responsabilidade, no exercício do direito de regresso uns contra os outros: aquele que pagou além do estipulado poderá exigir dos demais a diferença para reaver o quanto excedeu em pagamentos (CC, art. 283). A regra prevê a possibilidade de subtração do valor da parte de sócio que se tornou insolvente, matéria que será objeto de estudos no volume desta obra que discorre sobre o direito falimentar.

20.3.5. Nome empresarial

A sociedade em nome coletivo, como ocorria na legislação comercial, pode adotar exclusivamente firma social (art. 1.041). Dessa forma, o nome da sociedade somente pode ser composto pelo nome de um ou alguns dos sócios, por extenso ou abreviadamente, acrescidos da expressão "e companhia", de forma abreviada ou por extenso. Se todos os nomes dos sócios que a compõem forem utilizados, nenhum acréscimo poderá ser usado, em obediência ao princípio da veracidade, previsto no art. 34 da Lei n. 8.934/94.

20.3.6. Administração da sociedade

A administração da sociedade sempre cabe à pessoa física que, necessariamente ostentando a qualidade de sócio, é designada no contrato social. Na ausência, todos os sócios respondiam, na previsão da Lei Comercial (art. 316), pelo uso da firma social. A mesma regra foi mantida no novo Código, na parte comum às sociedades (art. 1.013), aplicável por força do art. 1.040.

É da tradição do direito pátrio a impossibilidade de pessoa estranha figurar como órgão de administração da sociedade em nome coletivo, mas é possível que o sócio administrador outorgue mandato a terceiros em situações específicas, como preposto, sem, contudo, assumir a condição de órgão gerencial.

20.4. Sociedade em comandita simples

A sociedade em comandita já teve seu papel na história econômica do homem, como bem anotou Eunápio Borges (1959, 2:76): "(...) representou para o comércio europeu e sobretudo italiano do século XIV e para o incipiente capitalismo daquela época o mesmo papel, guardadas as devidas proporções, das anônimas modernas em relação às grandes atividades comerciais e industriais de nossos dias".

John Gilissen (1995:773) aponta uma origem mais remota, coincidente com o que se anotou anteriormente, ao se estabelecer a identidade de origem destas e das sociedades em conta de participação (*v.* n. 18.3). Para o historiador europeu, da Universidade de Bruxelas, "este tipo de sociedade surgiu a partir dos séculos X-XI no quadro de comércio marítimo, no Mediterrâneo. Deriva do empréstimo marítimo (ou empréstimo de grande risco), no qual um financiador empresta dinheiro a um capitão de navio por uma ou várias viagens determinadas. Na *commenda* (de *commendare* = confiar, emprestar), o financiador (comanditário) associa-se ao capitão de navio (comanditado); partilha com ele os lucros, mas não suporta as perdas senão até ao limite do seu contributo em capital. Este tipo de contrato permitia escapar mais facilmente à proibição do juro que o empréstimo marítimo; a procura de meios para fazer frutificar os capitais, não obstante a proibição canônica, contribuiu para o nascer da ideia duma responsabilidade limitada ao capital investido".

A principal característica da sociedade em comandita simples é a existência de sócio ou sócios com responsabilidade ilimitada, e, no mesmo contrato, de sócio ou sócios com responsabilidade limitada ao aporte de capital que conferiu aos negócios.

A lei brasileira permite somente ao sócio com responsabilidade ilimitada – sócio comanditado – o exercício das operações mercantis, a gerência da sociedade e a atribuição de seu nome para constituição do nome empresarial. A violação dessas restrições pelos sócios comanditários acarreta a imposição da mesma responsabilidade atribuída aos sócios comanditados.

Prevista inicialmente nos arts. 311 a 314 do Código Comercial, a sociedade em comandita simples está em desuso em razão de seus inúmeros inconvenientes, sobretudo aos sócios comanditários, entre os quais, anota o Professor Eunápio Borges: "Reduzidos à situação de meros prestadores de capital, sem poderem tomar parte na administração da sociedade, os comanditários cujo capital é considerado precioso no início da sociedade, ou em seus momentos de dificuldades, passam a ser vistos com má vontade, logo que a empresa entra em fase de franca prosperidade. Se são grandes os lucros, ou por pouco que superem as taxas bancárias, começam logo os comanditados a achar que o comanditário não passa de peso morto a ser alijado na primeira oportunidade, que fazem aparecer sem demora, esquecidos de que sem o apoio do capital comanditário a sociedade não teria se constituído" (1959, 2:85).

As disposições legais prescritas no vetusto Código eram interpretadas com muita cautela, por conta da desatualizada terminologia de seus artigos, por exemplo: a) o art. 311 estabelecia a exigência de um dos sócios ser comerciante. Tal conceito não se harmonizava com o advento da personificação da sociedade, pelo Código Civil, em 1916. A sociedade era comerciante e não seus sócios, pessoas distintas daquela; b) o art. 312 estabelecia a não necessidade de inscrição do nome do sócio comanditário no Registro de Comércio. Contudo, a atual Lei de Registro de Empresas veio a exigir, tão somente, o arquivamento do contrato social e não a inscrição dos nomes dos sócios. É possível comparar com um quadro didático sua estrutura no sistema da comercialidade com o adotado pelo Código Civil:

SOCIEDADE EM COMANDITA SIMPLES		
Aspectos relevantes	**Código Comercial**	**Código Civil**
Previsão legal	Arts. 311 a 314.	Arts. 1.045 a 1.051.
Tipos de sócios	Sócios comanditários (prestadores de capital, responsáveis pela integralização do capital prometido, com responsabilidade proporcional ao passivo da sociedade) e sócios comanditados ou em nome coletivo (responsáveis solidária e ilimitadamente pelas obrigações sociais, de forma subsidiária ao patrimônio social).	Sócios comanditários, obrigados somente pelo valor de sua cota, e sócios comanditados, responsáveis solidária e ilimitadamente pelas obrigações sociais, de forma subsidiária ao patrimônio social (art. 1.045).

Aspectos relevantes	Código Comercial	Código Civil
Nome empresarial	Firma social, formada a partir de um, alguns ou todos os nomes dos sócios comanditados. Deve-se usar a expressão "e companhia", por extenso ou abreviadamente.	Idem (art. 1.157).
Gerência	Pode ser exercida por qualquer sócio comanditado. Na falta de menção no contrato social, todos os sócios comanditados a exercem.	Pode ser exercida por qualquer sócio comanditado, alguns ou todos, conforme o contrato social definir (art. 997, VI, combinado com os arts. 1.040, 1.042, 1.046 e 1.047). Na omissão do contrato, compete separadamente a cada um dos sócios (art. 1.013). Ao sócio comanditário, contudo, se permite: (a) participar das deliberações da sociedade; (b) fiscalizar as operações; e (c) ser constituído procurador da sociedade para negócios determinados e com poderes especiais (art. 1.047).
Outras características	Tipo societário em desuso. A faculdade prevista no art. 312 do Código Comercial não mais existe, em face da necessidade de arquivamento do contrato social (art. 32 da Lei n. 8.934/94).	Ausente uma das categorias de sócios por mais de seis meses, a sociedade se dissolve (art. 1.051).

Em razão do emprego peculiar dos termos utilizados pelo Código Comercial, gerando dificuldades[1] de toda a sorte para a doutrina e a jurisprudência,

[1] Exemplo de redação defeituosa e confusa é a que se encontra no art. 311 e é comentada por Carvalho de Mendonça: "O Código Comercial, na 2ª alínea do art. 311, dispõe que se houver mais de um sócio de responsabilidade ilimitada, sejam muitos os encarregados da gerência ou um só, a sociedade será, ao mesmo tempo, em nome coletivo para estes e em comandita para os sócios prestadores de capitais. O Código parece figurar uma sociedade-jano, aliás, impossível. A sociedade em comandita é uma só em seu conjunto. A redação do art. 311 do nosso Código, copiado do artigo 24 do cód. comercial francês (...), ressente-se de grave defeito. Os comanditados não constituem por si sós uma sociedade em nome coletivo, nem se trata da coexistência de duas sociedades diversas. A lei quer dizer que os

as alterações mais eficazes introduzidas pelo Código Civil se encontram, no entender deste autor, no capítulo destinado a regular a sociedade em comandita simples. O legislador reservou-lhe sete artigos (1.045 a 1.051), que podem ser resumidos em uma apresentação didática de fácil entendimento:

a) definição das duas categorias de sócios: exigiu-se a discriminação dos comanditados e dos comanditários, estabelecendo que os sócios comanditados sejam sempre pessoas físicas (art. 1.045);

b) aplicação das disposições da sociedade em nome coletivo (art. 1.046): sempre que forem compatíveis, as normas da sociedade em nome coletivo aplicam-se às sociedades em comandita simples, lembrando a lei que os direitos dos comanditados são os mesmos do sócio em nome coletivo, em expressa referência ao confuso dispositivo do Código Comercial que estabelecia: "a sociedade será ao mesmo tempo em nome coletivo para estes, e em comandita para os sócios prestadores de capitais" (CCom, art. 311, segunda parte);

c) restrições ao sócio comanditário (art. 1.047): da mesma forma que a lei comercial, o Código impõe restrições aos sócios comanditários, vedando a prática de atos de gestão e o uso de seu nome na composição da firma empresarial. Permitiu-se, contudo, o exercício de mandato em nome da sociedade para negócio determinado e com poderes especiais, ao contrário do que estabelecia o art. 314 do Código Comercial;

d) responsabilidade em caso de redução do capital (art. 1.048): na diminuição da quota do sócio comanditário no capital social, em decorrência da redução deste, as alterações somente terão validade no que diz respeito aos novos credores. Os comanditários respondem, portanto, pela integralização de sua parte no capital então existente somente em relação aos credores preexistentes. Esse dispositivo e o próximo inovam em relação ao Código Comercial, que era omisso em relação às dívidas preexistentes e à situação dos credores posteriores;

e) responsabilidade pelo recebimento de lucros (art. 1.049): agindo de boa-fé, o sócio comanditário não é obrigado a repor lucros recebidos, desde que estejam de acordo com o balanço e não tenha havido perdas supervenientes que motivaram a diminuição do capital social. Trata-se de nova redação, melhorada, do art. 313 do Código Comercial;

---

comanditados, encarregados ou não da gerência, são ilimitada e solidariamente responsáveis como os sócios na sociedade em nome coletivo" (*Tratado de Direito Comercial Brasileiro*, 5. ed., Rio de Janeiro, Freitas Bastos, 1954, v. 3, p. 177, item n. 732).

f) sucessão em caso de morte (art. 1.050): a morte de algum sócio comanditário não acarreta a dissolução da sociedade – situação omitida pelo Código Comercial. Os sucessores indicarão quem os represente, em sucessão;

g) casos de dissolução (art. 1.051): o Código acrescentou, como hipótese de dissolução, a ausência, por mais de seis meses, de uma das categorias de sócio, prevendo, na falta de sócio comanditado, a nomeação de administrador provisório, por até seis meses, para continuação dos negócios até a regularização, isto é, o ingresso de sócio comanditado.

Capítulo 21

DAS SOCIEDADES LIMITADAS

21.1. Breve histórico e principal característica

Originária da Alemanha, onde nasceu por força da lei de 20 de abril de 1892, a sociedade limitada se tornou a mais comum em solo brasileiro, ganhando a preferência de empresários e não empresários para o exercício de atividades de pequeno, médio e grande porte.

Fruto do projeto de Inglês de Souza, o Decreto n. 3.708/19, até a promulgação do Código Civil, era o único diploma que trazia as regras para a criação da sociedade por quotas de responsabilidade limitada, cuja característica principal é a responsabilidade de seus sócios limitada ao total do capital social, solidariamente entre eles. Com o advento da nova legislação civil, a sociedade passou a denominar-se, simplesmente, sociedade limitada.

Nesse tipo societário, se cada sócio integralizar a parte que subscreveu no capital social – se cada um deles ingressar com o valor prometido no contrato –, nada mais podem exigir os credores. Entretanto, se um, alguns ou todos deixarem de entrar com os fundos que prometeram, haverá solidariedade entre eles pelo total da importância faltante, perante a sociedade e terceiros.

21.2. Limites da responsabilidade dos sócios

Apesar de essa regra ser bastante simples, a redação ambígua dos arts. 2º e 9º do Decreto n. 3.708/19 deu origem a três distintas opiniões acerca da matéria: a) a primeira indagava sobre a extensão da palavra "integralização"; b) a segunda discutia se a obrigação de integralizar todo o capital subscrito era exigível por qualquer credor em ação comum ou somente poderia ser exigível em caso de falência; c) a terceira entendia que o credor não estava legitimado a propor a integralização dos fundos subscritos pelos sócios, por se tratar de matéria *interna corporis*, não sendo ele, credor, parte no contrato social.

Essas discussões têm grande efeito prático. Se o credor não estava legitimado a propor a ação de integralização, quando ficasse constatado que os bens sociais não seriam suficientes, e, sobretudo, se essa obrigação de integralizar todo o capital subscrito somente poderia ocorrer na falência, então ficaria ele – credor – totalmente desguarnecido: a lei nem lhe permitiria prosseguir a execução contra os sócios remissos ou contra os demais sócios, entendendo-os solidários pela complementação do capital social, tampouco poderia fazê-lo na falência, porque a Lei Falimentar era expressa em atribuir essa obrigação ao síndico (hoje ao administrador judicial).

21.2.1. Responsabilidade pela integridade futura do capital

Entre os estudiosos havia os que entendiam que os sócios são responsáveis solidariamente pela integralização de todo o capital social, em qualquer circunstância, e ainda pela integridade futura desse mesmo capital. É o caso da lição do renomado jurista cearense Fran Martins (1993:274), que escreve: "Infelizmente, em face dos termos taxativos do artigo 2º do Decreto n. 3.708, somos de opinião que, enquanto não for modificada a lei brasileira, a responsabilidade dos sócios, no Brasil, é sempre pelo total do capital social e, assim, mesmo integralizado o capital da sociedade, se, posteriormente, esse for desfalcado, os sócios poderão ser compelidos, solidariamente, a completá-lo. O artigo 2º do Decreto n. 3.708, ao declarar que 'a responsabilidade dos sócios é pelo total do capital social', traçou norma geral, dando aos sócios responsabilidade subsidiária até o total do capital social, diversa, portanto, da responsabilidade imposta pelas leis que serviram de base para a nossa – a lei alemã (arts. 19 a 24) e a portuguesa (arts. 15 e 16), em que o sócio responde não pelo total do capital social, mas pela efetivação desse capital, cada um sujeitando-se a, solidariamente, completá-lo, se por acaso um dos sócios deixar de pagar suas quotas. O legislador brasileiro pode ter tido essa mesma intenção, mas ao dispor a respeito, deu aos sócios a responsabilidade pelo total do capital social, razão por que, muito embora achando errada essa norma da lei brasileira, julgamos que ela é a que, segundo a regra legal em vigor, expressamente marca a responsabilidade dos sócios, devendo esses, assim, em qualquer circunstância, mesmo depois de integralizado o capital, responder pela integridade do mesmo, já que os terceiros contrataram com a sociedade baseados em que os sócios assumiam essa responsabilidade subsidiária. Necessário é que a lei seja, nesse passo, alterada".

21.2.2. Solidariedade pela integralização de todo o capital

Outros autores julgavam que todos os sócios passavam a responder solidariamente até o limite do total do capital social, independentemente do fato de terem integralizado sua parte, por força do art. 2º do Decreto n. 3.708/19; mas, uma vez integralizado o capital total, não mais responderiam por dívidas da sociedade. Nesse sentido as inúmeras decisões dos Tribunais: *RT*, 682/123, *JTACSP*-RT, 97/386; *RJTJESP*, 126/242, e *RT*, 531/269. E, mais: "[...] AUSÊNCIA DE ADMINISTRAÇÃO IRREGULAR E DO CAPITAL SOCIAL INTEGRALIZADO. SÓCIOS NÃO RESPONDEM PELO PREJUÍZO SOCIAL. PRECEDENTES. [...] – Os sócios de empresa constituída sob a forma de sociedade por quotas de responsabilidade limitada não respondem pelos prejuízos sociais, desde que não tenha havido administração irregular e haja integralização do capital social" (REsp 876.974/SP, Rel. Min. Nancy Andrighi, 3ª turma, j. em 9-8-2007, *DJ* 27-8-2007, p. 236).

21.2.3. Solidariedade pela integralização somente em caso de falência

Rubens Requião (1998, 1:429-430) e Waldirio Bulgarelli (1996:195) defendiam posição diversa, sustentando que somente em caso de falência se aplicava a regra da solidariedade entre os sócios, na sociedade por quotas de responsabilidade limitada: "Deve-se, pois, estar atento para essa circunstância: a solidariedade entre os sócios, para a integralização do capital social, pelo qual eles respondem em face dos terceiros credores, realiza-se apenas no processo de falência. É expresso, a respeito, como se viu, o texto do artigo 9º. Não se pode pretender a efetivação dessa responsabilidade solidária em processo comum, pois pressupõe, apenas, a falência da sociedade". "Como pessoa jurídica, o patrimônio da sociedade por quotas é autônomo em relação ao patrimônio dos sócios. Já verificamos que o modelo brasileiro da sociedade por quotas prevê a responsabilidade dos sócios até o valor total do capital social. Remanesce, contudo, uma responsabilidade subsidiária, a bem dizer, quando as quotas não estejam totalmente integralizadas. Essa responsabilidade, contudo, só se faz efetiva, em termos de solidariedade, quando da falência da sociedade".

Filiando-se a essa terceira corrente, Raimundo M. B. Carvalho (1989:33) escreveu na *Revista de Direito Mercantil, Industrial, Econômico e Financeiro* o seguinte argumento: "A obrigação de o sócio integralizar a quota do capital social por ele subscrita, conforme já salientamos, é débito dele, sócio, perante a sociedade que, em fase normal de suas atividades, pode até deixar de exigir esse pagamento do sócio. O sócio remisso, por conseguinte, é devedor da sociedade, como qualquer outro, fato que não pode ampliar sua responsabilidade além da obrigação de pagar esse débito. De modo que ao credor da sociedade é facultado penhorar esse crédito que ela possui junto ao sócio, como de resto, pode fazer em relação a qualquer outro crédito ou direito da sociedade; o que não pode, entretanto, é penhorar diretamente os bens do sócio, porquanto este não é seu devedor".

Respeitadas as judiciosas posições acima expostas, o autor deste *Curso* entendia que a responsabilidade do sócio na sociedade por quotas de responsabilidade limitada restringia-se, perante terceiros, à integralização da parte do capital que subscreveu ou, em caso de falência, ao total do capital, solidariamente, pela parte que faltava. Em execução individual, uma vez feita a constatação de inexistência de bens sociais suficientes para o pagamento de dívidas da sociedade, o credor deveria apurar em ação própria, ou na discussão que se seguisse nos embargos do devedor, a responsabilidade pela não integralização das quotas dos demais sócios ou pelo desaparecimento do fundo social, isso porque a norma do art. 2º do Decreto n. 3.708/19 tinha o caráter genérico de definir a responsabilidade máxima dos sócios gerentes, o que ocorria quando do evento falimentar, como dispunha o art. 9º do mesmo diploma legal, ou quando o sócio fosse responsável, por culpa ou dolo, pelo desaparecimento dos bens sociais.

Somente em ação própria ou em sede de embargos, na execução, fazia-se a apuração dessa responsabilidade, porque inúmeras razões justificavam a redução dos bens sociais que não dependiam da existência de culpa de qualquer sócio. Ainda hoje, exemplo claro é o episódio falimentar, que, muitas vezes, ocorre por má sorte nos negócios, mesmo tendo os sócios agido com lisura e boa-fé em todas as atividades empresariais.

21.2.4. Responsabilidade solidária no Código Civil

A lei civil, no que se refere à responsabilidade dos sócios, afasta-se da antiga redação do art. 9º do diploma comercial, dissipando todas as dúvidas em relação à obrigação do sócio-cotista pela integralização de todo o capital social, independente do evento falimentar: "Art. 1.052. Na sociedade limitada, a responsabilidade de cada sócio é restrita ao valor de sua quota, mas todos respondem solidariamente pela integralização do capital social".

21.3. Responsabilidade ordinária dos sócios

Resultam da obrigação de os sócios integralizarem, primária e pessoalmente, a contribuição a que se sujeitaram e, ainda primariamente, mas de forma solidária entre eles, o preenchimento de todo o capital social as responsabilidades a seguir.

21.3.1. Responsabilidade pessoal pela integralização

Ordinariamente os sócios respondem pela integralização de sua contribuição na constituição do capital social. A subscrição pode ser realizada à vista ou em parcelas iguais vencíveis em certo prazo, ensejando eventuais atrasos ou inadimplência por parte do sócio contratante. Nesse caso, a sociedade deve notificar o sócio remisso para que, no prazo de trinta dias, regularize a pendência, nos termos do art. 1.004 do Código Civil.

Persistindo o não cumprimento, a sociedade poderá, alternativamente: a) exigir-lhe o valor faltante, acrescida indenização pela mora; b) reduzir-lhe a quota ao montante já realizado, com a redução do capital social; c) reduzir-lhe a quota ao valor já integralizado, com a aquisição da diferença pelos demais sócios, mantendo o capital social; d) excluir o sócio, transferindo sua quota a outros sócios; e) excluir o sócio, com cessão de sua quota a terceiros não sócios.

21.3.2. Responsabilidade solidária pela integralização de todo o capital social

O sócio responde, solidariamente com os outros sócios, pela integralização de todo o capital social, mesmo que tenha integralizado sua parte. Essa obrigação visa à intangibilidade do capital social, segurança dos credores que negociam com a sociedade limitada.

Qualquer distribuição que reduza a garantia dos credores, decorrente de retirada de fundos ou disfarçada na repartição de lucros, obriga os sócios à devolução até inteira recomposição dos fundos sociais (art. 1.059). Aplica-se aqui a solidariedade, não apenas em razão da incidência da regra prevista no art. 1.009, como também porque os sócios são, por definição, responsáveis pela integralização do capital social e, como tal, não podem descapitalizar a sociedade, nem permitir que os outros sócios o façam.

A solidariedade se mantém, na hipótese de retirada do sócio, até dois anos após seu afastamento, considerado este pela data do arquivamento da alteração social no órgão respectivo de registro, sem que, à data de sua saída, tenha sido cumprida a integralização do capital social. É de aplicar a regra geral das sociedades simples (art. 1.032), por força de expressa remissão feita pelo art. 1.086. Se a retirada se deu em razão de morte, o prazo de dois anos é contado a partir da data do óbito.

Se ocorrer o evento falimentar dentro desse período – dois anos contados da data do arquivamento da retirada ou da morte do sócio –, os cotistas retirantes ou os herdeiros do falecido permanecem responsáveis pela integralização de todo o capital subscrito, solidariamente entre eles e para com a sociedade falida. Essa responsabilidade independe da suficiência do patrimônio da sociedade falida para o pagamento dos credores, isto é, mesmo que o patrimônio arrecadado seja suficiente para o pagamento dos credores habilitados, incumbe-lhe propor a ação de integralização do capital social, que terá curso no Juízo falimentar (LREF, art. 82).

É consequência dessa obrigação a responsabilidade solidária com os demais sócios pela exata estimação dos bens conferidos ao capital social, até o prazo de cinco anos da data do registro da sociedade. Observa-se, portanto, que, se o capital não estiver integralizado, a responsabilidade dos sócios, após sua retirada, será de dois anos, mas, se a integralização se deu com bens sobreavaliados por parte de algum sócio, a responsabilidade de todos se amplia para o período de cinco anos. Ocorrendo a falência nesse período, os sócios responderão solidariamente para com a massa falida.

21.3.3. Responsabilidade pela retirada da sociedade estando integralizado o capital social

Se o capital estiver integralizado quando do evento falimentar, os sócios que se tenham retirado há menos de dois anos ficam responsáveis, solidariamente com os sócios admitidos, pelas obrigações que tinham como sócios. Diversamente, contudo, do que ocorre na hipótese de integralização do capital social, o sócio pode eximir-se da responsabilidade nos mesmos casos que eram contemplados pelos arts. 51 e 5º do Decreto-lei n. 7.661/45, aplicáveis por força de interpretação histórica à lacuna da nova Lei Falimentar (v. De Cicco, 2006:303-305): a) provar que as obrigações anteriores a sua retirada estavam solvidas; b) os credores, à época, consentiram expressamente com sua retirada; c) esses mesmos credores realizaram novação ou continuaram a negociar com a sociedade.

21.3.4. Responsabilidade pelo ingresso

O sócio que ingressa em caso de aumento de capital ou por cessão de quotas fica sujeito à responsabilidade ordinária desse tipo societário, a partir da data de seu ingresso. Será solidário com todos os outros pela integralização de todo o capital social e, especialmente, com o sócio cedente pela integralização das quotas adquiridas.

Num quadro didático, a matéria pode ser mais bem visualizada:

<table>
<tr><td rowspan="8">RESPONSABILIDADE DOS SÓCIOS</td><td rowspan="3">NA CONTRIBUIÇÃO SOCIAL</td><td>Até o limite da integralização de sua contribuição na constituição do capital social.</td></tr>
<tr><td>Solidariamente com os outros sócios, pela integralização de todo o capital social, mesmo que tenha completado sua quota-parte.</td></tr>
<tr><td>Solidariamente com os demais sócios pela exata estimação dos bens conferidos ao capital social, até o prazo de cinco anos da data do registro da sociedade. Essa responsabilidade persiste nas outras hipóteses: na retirada, no ingresso e na falência.</td></tr>
<tr><td rowspan="3">RETIRADA E INGRESSO</td><td>O sócio dissidente, excluído ou os herdeiros do falecido ficam responsáveis pelas dívidas existentes, no limite de sua responsabilidade ordinária, até dois anos depois da averbação da alteração social de sua saída ou expulsão ou da data do evento morte, no caso de sucessão.</td></tr>
<tr><td>Se a retirada de valores, resultante de saída ou de distribuição disfarçada de lucros, ocasionar redução do capital social, os sócios respondem solidariamente perante os credores (art. 1.059).</td></tr>
<tr><td>Responsabilidade do sócio que ingressa, em caso de aumento de capital e por cessão: a responsabilidade é ordinária, conforme o tipo societário, a partir da data do ingresso, isto é, responde pela integralização de sua quota-parte, solidariamente com o cedente, e pela integralização total do capital, com os demais sócios.</td></tr>
<tr><td rowspan="2">FALÊNCIA</td><td>Em caso de falência os cotistas respondem pela integralização de todo o capital subscrito, solidariamente entre si e para com a sociedade falida. Essa responsabilidade independe da suficiência do patrimônio da sociedade falida para o pagamento dos credores.</td></tr>
<tr><td>Responsabilidade por retirada, em caso de falência posterior: devolução dos fundos retirados até dois anos antes da data da falência, pelas obrigações contraídas até a data da alteração social, salvo se houver consentimento dos credores (art. 51 do Decreto-lei n. 7.661/45, por força de interpretação histórica).</td></tr>
</table>

21.4. Aspectos característicos da sociedade limitada

A abrangência da legislação aplicável às sociedades limitadas é uma característica básica deste tipo societário. Além das regras próprias, previstas nos arts. 1.052 *usque* 1.087, a sociedade limitada rege-se, nas omissões, pelas normas da sociedade simples e, supletivamente, pelas regras das sociedades anônimas.

A aplicação, nas omissões do legislador *e não tendo o contrato deliberado a regência supletiva da Lei de Sociedades Anônimas*, será consoante as regras das sociedades simples, como ocorre com a resolução da sociedade em relação a um dos sócios, regulada minimamente no capítulo da sociedade limitada, de forma a exigir a aplicação complementar daquela outra sociedade. Em relação às sociedades anônimas, *as regras serão supletivas se, no contrato social, os contratantes ressalvaram sua aplicação* (art. 1.053, parágrafo único).

Fábio Ulhoa Coelho (2003:23-25) esclarece que "a LSA não é mais, no sistema do Código Civil, supletiva da vontade dos sócios, mas sim da disciplina legal" e propõe a existência de dois subtipos societários: (a) o que se sujeita à regência supletiva das normas da sociedade simples, a que denomina *limitada com vínculo societário instável* e (b) um segundo, submetido à regência das regras das sociedades anônimas, subtipo que batizou de *limitada com vínculo societário estável*. Para o emérito professor da PUC-SP as diferenças mais relevantes entre esses dois subtipos repousariam no regramento da dissolução parcial, no desempate em deliberação de sócios, na destinação do resultado e na vinculação a atos estranhos ao objeto social.

Fábio Ulhoa Coelho (2003:21; v. tb. 2016:365) mostra, com eficiência, a existência de duas modalidades de aplicação da Lei das Sociedades Anônimas: "Além da incidência *supletiva* ao regime específico do Código Civil, quando omissas as cláusulas contratuais, nas matérias sujeitas a negociação, cabe, também a aplicação *analógica* da legislação do anonimato".

São matérias não negociáveis as relativas à natureza essencial das sociedades limitadas e às de constituição e de dissolução total da sociedade, em que se aplicam, com exclusividade, o que dispõe o capítulo das sociedades limitadas. Se houver lacunas legais aplicam-se as normas da sociedade anônima, invocando o princípio geral da analogia.

Nas matérias negociáveis, havendo omissão do capítulo específico, aplicam-se o que o Código Civil dispõe sobre as sociedades simples, salvo se o contrato previr a regência da Lei das Sociedades Anônimas, que passa a ter função supletiva à disciplina legal do Código Civil.

	MATÉRIA	REGÊNCIA
Matéria não passível de contratação pelos sócios	Específica das sociedades limitadas.	Aplicam-se *somente as regras* da sociedade limitada (arts. 1.052-1.087).
	Relativa à constituição e à dissolução.	
	Não reguladas no Código Civil.	Aplicam-se, por *analogia*, as regras da LSA.
Matéria contratual – passível de ser contratada pelos sócios	O contrato prevê a regência supletiva da LSA.	Aplicam-se *supletivamente* à disciplina legal do Código Civil as regras da LSA.
	O contrato não prevê a regência supletiva da LSA.	Aplicam-se *subsidiariamente* as regras da Sociedade Simples.

Esta é a conclusão que Manoel de Queiroz Pereira Calças (2003:39) apresenta ao afirmar que a aplicação supletiva do regime das sociedades anônimas às limitadas subordina-se a "três pressupostos: (a) matéria não regulada no capítulo das sociedades limitadas; (b) contrato social omisso sobre a matéria; (c) contratualidade da matéria, isto é, tema inserido no campo dispositivo dos contratantes".

Apesar dessa amplitude normativa, há características que lhe são bem próprias, levando a unanimidade de autores a uma classificação: nem se trata de sociedade de pessoa, tampouco pode ser admitida como sociedade de capitais. Georges Ripert (1954:41-42) comenta a dificuldade de sua inclusão no Direito francês: "Um novo tipo de sociedade foi criado em 1925: a sociedade de responsabilidade limitada. Importada da Alemanha, é difícil encontrar-lhe lugar na classificação tradicional do direito francês. A Lei de 7 de março de 1925 julgou inútil pronunciar-se acerca da natureza da sociedade que regulamentava. A questão foi suscitada, não obstante, porque toda a regulamentação apresenta um defeito em algum ponto. Estas sociedades não são, propriamente, de pessoas, pois as quotas não são negociáveis. Entretanto, adotam certas regras peculiares às sociedades de capitais".

21.4.1. Diferenciações em relação à sociedade simples

A sociedade limitada mantém estrutura própria, distinta das outras sociedades, e, embora os casos omitidos pela legislação sejam preenchidos por regras estabelecidas para as sociedades simples, é possível diferenciá-la destas em muitos pontos importantes:

a) constituição do capital social: é vedada a contribuição de sócios, para a constituição do capital social, que consista em prestação de serviços (art. 1.055, § 2º), ao contrário daquela outra sociedade (art. 1.006);

b) objeto: as sociedades simples possuem sempre objeto não empresarial, podendo constituir-se sob as normas que lhes são próprias ou revestir-se da forma das sociedades limitadas (art. 983). É possível, portanto, uma sociedade simples no objeto e limitada na forma;

c) cessão das quotas: na omissão do contrato, o sócio de responsabilidade limitada pode cedê-las, total ou parcialmente, a quem seja sócio, independente da anuência dos outros, ou mesmo a estranho, se não houver oposição dos outros sócios que representem mais de vinte e cinco por cento do capital social (art. 1.057). O sócio da sociedade simples depende do consentimento de todos os sócios (art. 1.003);

d) sócio remisso: na hipótese de o sócio não completar sua contribuição ao capital social, os demais sócios podem transferi-la a terceiros na sociedade limitada (art. 1.058). É possível, ainda, valer-se das outras soluções dadas pela regra aplicável às sociedades simples: exclusão, com ou sem redução do capital social, ou redução de sua participação, pelo valor já integralizado (art. 1.004);

e) administração da sociedade limitada: competirá indistintamente a sócios ou a não sócios, conforme dispuser o contrato social (art. 1.061), havendo controvérsias sobre a possibilidade de recair sobre pessoa jurídica (*v.* n. 21.6); na sociedade simples, a administração é sempre realizada por pessoa natural (art. 997, VI), sendo discutível a possibilidade de atribuí-la a pessoa estranha ao quadro social;

f) destituição de administrador: ocorrerá a qualquer tempo, na sociedade limitada, dependendo, se o administrador for sócio, da aprovação de titulares de quotas correspondentes, no mínimo, a dois terços do capital social, salvo estipulação em contrário (art. 1.063, § 1º); na sociedade simples, a destituição de administrador sócio investido por cláusula expressa do contrato social depende de reconhecimento judicial (art. 1.019);

g) conselho fiscal: faculta-se sua constituição na sociedade limitada (art. 1.066), inexistindo semelhante disposição para a sociedade simples;

h) deliberação dos sócios: depende da realização de assembleia, se o número dos sócios for superior a dez, na sociedade limitada (art. 1.072, § 1º), inexistindo similar na sociedade simples;

i) deliberação dos sócios: na sociedade limitada, as deliberações são tomadas por votos de três quartos, maioria do capital social ou maioria dos presentes (art. 1.076); na sociedade simples, grande parte das deliberações exige unanimidade ou maioria absoluta (art. 999);

j) exclusão de sócio: o sócio que estiver pondo em risco a continuidade da empresa pode ser excluído por decisão dos titulares de mais da metade do capital social, na sociedade limitada (art. 1.085); na sociedade simples, a alegação de falta grave para exclusão de sócio dependerá sempre de decisão judicial, em pedido formulado pela maioria social (art. 1.030);

k) responsabilidade ordinária: os sócios de responsabilidade limitada respondem pessoalmente pela integralização de sua quota e solidariamente com os demais sócios pela integralização de todo o capital social; o sócio na sociedade simples responde pela integralização de sua quota e, ainda, subsidiariamente ao patrimônio social pelo valor que exceder a dívida social, na medida de sua participação nas perdas sociais (art. 1.023);

l) responsabilidade pela efetivação da contribuição: na sociedade limitada todos os sócios são solidariamente responsáveis pela exata estimação dos bens conferidos ao capital social (art. 1.055); na sociedade simples, a responsabilidade é individual (art. 1.005).

21.4.2. Ingresso de incapazes

A jurisprudência, na constância da legislação anterior, sempre admitiu a possibilidade de ingresso e permanência de menores como sócios de sociedade por quotas de responsabilidade limitada, nas seguintes condições (*v.* item 17.3):

a) as quotas de todos os sócios deviam estar inteiramente integralizadas;

b) as quotas de todos os sócios, obrigatoriamente, permaneceriam inteiramente integralizadas enquanto os menores participassem da sociedade; aumentos de capital deviam ser integralizados no ato de sua ocorrência;

c) os sócios menores não podiam exercer a administração da sociedade, mas, por intermédio de seus responsáveis legais, estavam autorizados a deliberar e fiscalizar o andamento dos negócios.

No Código Civil de 2002 parece não existir dúvidas quanto à possibilidade de o menor poder prosseguir na qualidade de sócio, em virtude de sucessão por morte do titular da quota, mediante suprimento judicial e por meio de representante, devidamente assistido (art. 974). Se a lei autoriza o prosseguimento da atividade empresarial individual, não há qualquer restrição ao exercício do direito de sócio.

Entretanto, o ingresso na sociedade, por ato *inter vivos*, disciplinado pelo julgamento do Recurso Extraordinário n. 82.433 (*v.* n. 17.3), não foi previsto pela nova legislação, merecendo algumas considerações: a) as razões formadoras da *ratio* da mais alta Corte persistem: "consoante nossas leis civis, o pai, e, na falta, a mãe, só tem limitada a administração dos bens imóveis dos filhos, não existindo nenhuma restrição quanto aos móveis"; b) a extensão da responsabilidade não se altera, motivando as mesmas salvaguardas do direito anterior, agora corroboradas pela regra do art. 974, § 2º; c) desde que o ingresso dos menores não implique alienação ou imposição de ônus real sobre os imóveis, não há, no Código Civil, qualquer restrição (art. 1.691), uma vez obtida a necessária autorização judicial depois de demonstrada a necessidade ou o evidente interesse da prole.

21.5. Quotas sociais – natureza e direitos decorrentes

As quotas sociais conferem a seu titular duas espécies de direitos: os de natureza patrimonial e os de natureza pessoal. Consistem os primeiros, segundo bem ensina Carvalho de Mendonça (1953, 3:71): "(...) em perceber o quinhão de lucros durante a existência social; e b) em participar na partilha da massa residual, depois de liquidada a sociedade. Este direito de crédito é, como se vê, *condicionado,* podendo ser exercido somente sobre os lucros líquidos, partilháveis conforme os termos do contrato social, e sobre o ativo líquido, a dizer, sobre o saldo verificado depois da liquidação. Os sócios, sob qualquer pretexto, não concorrem com os credores da sociedade; têm um direito de crédito subordinado inteiramente à liquidação social, de modo que este poderá ser igual a zero ou ainda descer abaixo de zero, tornando-se quantidade negativa, passivo. No caso de falência da sociedade, este direito dos sócios aparece somente quando, pagos os credores, é apurado o saldo. Por isso, entre os credores da falência não figura o sócio por esse direito".

Os direitos pessoais são os que lhe facultam a participação na vida social, em atos de deliberação social, administração ou fiscalização.

21.5.1. Número e forma de divisão de quotas

Prevê o Código Civil a divisão do capital em quotas – iguais ou desiguais – atribuíveis aos sócios.

No regime anterior adotou-se o sistema da quota única inicial, prevista na legislação portuguesa, estabelecendo a lei brasileira que, "para todos os efeitos, serão havidas como quotas distintas a quota primitiva de um sócio e as que posteriormente adquirir" (art. 5º do Decreto n. 3.708/1919). Por esse sistema se distinguia a quota original da derivada, ou adquirida posteriormente, na intenção de não se considerar remisso o sócio que, tendo integralizado a primeira (quota original), viesse a atrasar o pagamento das posteriormente adquiridas.

Entretanto, como enfatizado por Eunápio Borges (1959, 2:140), o sistema da quota única primitiva é absolutamente destituído de qualquer fundamento utilitário, tendo sido abolido na prática e substituído pelo modo da fração acionária: cada sócio adquire determinado número de quotas ou ações.

A adoção costumeira da multiplicidade das quotas, em desarmonia com o imperativo legal, trouxe consequências práticas, porque havia quem entendesse que, legalmente, aquele número múltiplo de quotas subscrito pelo sócio correspondia, na realidade, a tão somente uma quota, e, portanto, a venda de fração dessa única parcela tornava o cessionário associado ao sócio vendedor e não sócio da sociedade. O adquirente de parte da parcela do sócio (que, originariamente, somente possui uma quota), não tendo adquirido toda ela, tornava-se mero condômino, nos termos do art. 334 do Código Comercial.

O Código Civil pôs fim a essa esdrúxula solução: as quotas podem ser conferidas em uma única ou em múltiplas unidades a cada sócio. Dizem-se iguais ou desiguais porque um sócio pode adquirir um número diferente do que outro vier a adquirir.

21.5.2. Divisibilidade e comunhão

Mesmo inexistindo o conceito de quota única primitiva indivisível, fruto do sistema anterior, é possível uma quota pertencer a vários condôminos, mantendo-se a indivisibilidade. Isso se dá, por exemplo, em razão de sucessão: o autor da herança possuía uma só quota, e, sendo vários os herdeiros, cada um deles se tornou proprietário de uma fração ideal daquela única quota. Nesse caso, os direitos decorrentes da propriedade serão exercidos pelo representante do condomínio, eleito pelos cossócios ou pelo inventariante, antes da expedição do formal de partilha.

As mesmas obrigações ao sócio individual são impostas aos condôminos: respondem solidariamente entre si pela integralização da quota-parte, pelas parcelas que faltarem a seu cumprimento e com todos os sócios da sociedade pela integralização total do capital social. Respondem, igualmente, pela exata estimação dos bens outorgados, solidariamente com os demais sócios, e pelas obrigações remanescentes, se ocorrer o evento falimentar.

21.5.3. Cessão das quotas

A cessão de quotas na sociedade limitada, no regime do Decreto n. 3.708/19, deu origem a quatro correntes na doutrina:

(a) O ingresso de sócio exige decisão unânime: a primeira corrente afirmava que, na ausência de norma específica no Decreto n. 3.708/19, aplicava-se a regra do art. 334 do Código Comercial, tendo em vista a natureza *intuitu personae* das sociedades por quotas de responsabilidade limitada. Entre os defensores dessa linha cita-se Waldemar Ferreira.

(b) A cessão de quotas depende do assentimento dos demais sócios, contudo os sócios podem estabelecer dispensa dessa anuência no contrato. Adotava essa posição o Professor Rubens Requião (1995:342-343): "Para nós, entretanto, que consideramos a sociedade limitada como ligada mais às sociedades *intuitu personae* do que à de capital, não temos dúvida em invocar, na falta de estipulação contratual, a regra geral do art. 334 do Código Comercial. Em síntese: o contrato pode dispor livremente sobre a cessão de quotas, a forma de realizá-la, dando aos cotistas o direito de opção em relação às quotas que o sócio deseje transferir; pode estipular que não havendo interesse da sociedade em adquirir as ações do cotista, nem dos demais companheiros, o sócio pode cedê-las a terceiro. Silenciando o contrato, a cessão não pode efetivar. É a nossa opinião".

(c) É livre a cessão de quotas: em oposição à primeira corrente, outra se formou, firmada na disposição do conjunto do Decreto n. 3.708/19 ou do seu artigo que determina a aplicação supletiva das regras das sociedades anônimas. Para os doutrinadores, a cessão de quotas é livre, nas sociedades por quotas de responsabilidade limitada, na omissão do contrato social. Destacam-se nessa corrente Spencer Vampré (1921, 2:504) e Waldecy Lucena (1997:260).

(d) A cessão se dará por maioria: Carlos Fulgêncio da Cunha Peixoto (1958:210-216), comentando as posições de Waldemar Ferreira e de Eunápio Borges, admitia a transferência das quotas por decisão da maioria: "Ousamos divergir dos dois eminentes mestres e dos julgados que se filiam a uma e a outra corrente. Ficamos em posição intermediária. Para nós, o Decreto n. 3.708, de 1919, no tocante à transferência das quotas, afastou-se da Lei de Sociedade Anônima e das normas do Código Comercial, para adotar princípios próprios. Ele não exige o consentimento da unanimidade dos sócios, mas também não se satisfaz com a vontade apenas do sócio cedente; julga indispensável o assentimento da maioria dos componentes da sociedade". Com efeito, o art. 15 desse diploma legal reza que "assiste aos sócios que divergirem da alteração do contrato social a faculdade de se retirarem da sociedade, obtendo o reembolso da quantia correspondente a seu capital, na proporção do último balanço aprovado".

O Código Civil aderiu claramente ao princípio da liberdade de cessão das quotas sociais na omissão do contrato social, mas trouxe soluções distintas para as hipóteses de cessão a outro sócio e a estranho ao quadro social. No primeiro caso, a cessão a outro sócio é livre e independe de consulta aos demais sócios, e, no segundo, dependerá da não oposição de titulares que possuam mais de vinte e cinco por cento do capital social.

Operam-se os efeitos da cessão, diante de terceiros e da sociedade, pela assinatura do instrumento de alteração do contrato social e seu arquivamento no órgão do registro. É a partir da data do arquivamento que se contam os períodos respectivos de dois e cinco anos, liberatórios de responsabilidade em caso de retirada e de estimação de bens conferidos ao capital social. Enquanto não registrada a alteração social, os sócios cedentes permanecem obrigados não apenas pelas obrigações precedentes à retirada, mas, igualmente, às posteriores a sua saída não regularizada no órgão de registro.

21.5.4. Penhorabilidade das quotas

Em relação às quotas sociais, após ampla discussão doutrinária sobre o tema, no regime do Decreto n. 3.708/19, o Superior Tribunal de Justiça concluiu pela possibilidade de sua penhora, ainda que a sociedade esteja sob regime de concordata preventiva (REsp 114.130-MG, Rel. Min. César Asfor Rocha, j. 23-11-1999). A questão da *affectio societatis*, que poderia ser impeditiva, é respondida com absoluta propriedade pelo Ministro Cláudio Santos: "O problema da quebra da *affectio societatis* não é de tal monta que acarrete uma impenhorabilidade não prescrita em lei. Por outro lado, não pode a questão acobertar para sempre devedores relapsos que viessem a carrear para uma sociedade por quota todos os seus bens, livrando-se das dívidas. A questão do rompimento da *affectio societatis* pode ser resolvida com a aquisição dos demais sócios e pagamento do valor correspondente à quota ou, com a dissolução da sociedade, na falta de alternativa" (voto-vista no REsp 21.223-0/PR, Rel. Min. Dias Trindade, 3ª Turma, j. 15-12-1992, *DJ* 1º-3-1993, p. 2510).

O Código Civil não dispôs sobre a possibilidade de penhora das quotas sociais em execução por dívida pessoal do sócio, ou a arrecadação na ocorrência de sua falência, no âmbito da sociedade limitada, mas regulou a matéria para o sócio de sociedade simples, permitindo a execução sobre o que o devedor tenha de direito nos lucros sociais, ou na parte que lhe caiba em liquidação (art. 1.026). Naquela sociedade, ao credor particular de sócio é garantido o direito de requerer a liquidação de sua quota (arts. 1.026, parágrafo único, e 1.031).

Essa solução é aplicável, em sua inteireza, para a sociedade limitada, não somente em razão da omissão do legislador, ao tratar da matéria no capítulo correspondente, mas também porque, admitida expressamente pela lei a excussão de parcela do capital social em sociedade *intuitu personae* – como é a sociedade simples –, não há qualquer óbice para sua aplicação no campo societário tipicamente de capital ou misto, natureza a que se subordina a sociedade limitada.

Nesse sentido há jurisprudência firmada no STJ no sentido de que a penhora de quotas legais não encontra vedação legal, nem afronta o princípio da *affectio societatis* (AgInt no AREsp 1058599/RS, Rel Min. Maria Isabel Galotti, Quarta Turma, j. em 14-11-2917). E mais recentemente: "É perfeitamente possível a penhora de cotas de sociedade limitada, haja vista que tal constrição, além de não implicar ofensa ao princípio da *affectio societatis*, não encontra nenhuma vedação legal" (AgRg no AREsp 551.613/RJ, Rel. Min. Ricardo Villas Bôas Cueva, Terceira Turma, julgado em 29-0-6-2020).

21.6. Administração social

Em relação à administração social, a sociedade limitada, historicamente, sempre acompanhou o padrão das sociedades de pessoas, designando sócio para o exercício da administração social, facultando-se, contudo, a delegação dos poderes pelo sócio-gerente, sob sua responsabilidade pessoal.

No Código Civil se estabelece a possibilidade de nomeação de estranho ao quadro social para as funções de administrador, por aprovação unânime dos sócios, quando o capital não estiver integralizado, e, após a integralização, por três quartos do capital social, não lhe sendo vedada a assunção dessas responsabilidades por parte de pessoa jurídica.

Doutrina recente entende que a proibição de pessoa jurídica assumir a qualidade de administrador da sociedade limitada resultaria do disposto no art. 997, VI, aplicável à sociedade limitada por força do art. 1.054, do Código Civil. Esse é, por exemplo, o ensino de Pereira Calças (2003:141). Controvertida, pois, a matéria.

21.6.1. Nomeação e remuneração

A nomeação do administrador se faz por designação no contrato social ou em ato separado. Se o contrato atribuir as funções a todos os sócios, a cláusula somente se aplica aos sócios preexistentes, não se constituindo em direito subjetivo dos novos sócios que ingressem no corpo social por força de cessão de quotas ou por aumento de capital social.

O termo de posse se faz sem qualquer formalidade: ou se prova pela própria cláusula contratual que designou o ocupante ou pela assinatura no livro de atas da administração, na hipótese de a nomeação ter ocorrido em ato separado. Neste segundo caso, não ocorrendo a formalização da posse dentro de trinta dias, nova deliberação deverá ser realizada pelos sócios, ficando a primeira sem efeito. Até dez dias depois da investidura, o gerente social deve requerer o arquivamento do ato de nomeação no registro público competente – Registro Civil das Pessoas Jurídicas, para as sociedades simples que se revestirem da forma limitada, ou Junta Comercial, para as sociedades empresárias.

Embora o Código Civil mencione averbação (art. 1.062, § 2º), a Lei de Registro Público das Empresas Mercantis não contemplou essa modalidade de ato registrário, reservando o termo técnico "arquivamento" para os atos e documentos que, por determinação legal, sejam atribuídos ao registro ou para aqueles que possam interessar ao empresário e à empresa mercantis (art. 32, II, *e*, da Lei n. 8.934/94). No âmbito do registro civil, "a averbação é, teoricamente, um ato decorrente de sentença judicial, através do qual se adita, a uma transcrição, notícia de uma circunstância advinda posteriormente e necessária para ressalva de direitos", conforme ensina Silvio Rodrigues (1972:396-397).

O sócio-gerente, além do que lhe corresponde na parcela de lucros, faz jus a remuneração pelo trabalho desenvolvido, e sua fixação pode estar disciplinada no contrato social ou ser matéria de deliberação entre os sócios, *a posteriori*. Na falta de estipulação, cabe ao sócio-gerente ação para determinação da quantia devida, na Justiça comum, mediante pedido declaratório para o estabelecimento desse valor. O juiz deverá observar, no cálculo dos valores, à falta de outra regra, as normas do art. 152 da LSA.

21.6.2. Destituição e renúncia

A destituição do gerente não sócio se dá por deliberação dos sócios (art. 1.071, III) pelos votos correspondentes a mais da metade do capital social (art. 1.076, II), a qualquer momento, podendo o destituído valer-se dos meios judiciais para ressarcimento por eventuais danos materiais e morais que possa vir a sofrer por ocasião de sua remoção. De boa cautela, portanto, que as decisões nesse sentido se tomem amigavelmente e sem menção a eventuais motivos desabonadores que não puderem ser demonstrados em juízo.

O legislador tornou um pouco mais rígida a hipótese de destituição de administrador sócio da sociedade que tenha sido nomeado no contrato social: seu afastamento dependerá da aprovação de titulares de quotas correspondentes, no mínimo, a dois terços do capital social, salvo outra disposição contratual.

A renúncia do administrador gera efeitos concomitantemente ao conhecimento do ato pela sociedade, mas sua liberação diante de terceiros somente acontece após, com a cessação legal do exercício, sobrevinda depois do arquivamento da decisão – destituição ou renúncia – no registro público correspondente, devendo para tal fim ser apresentada dentro de dez dias da data da ocorrência.

21.7. Conselho fiscal

Entre as novidades previstas pelo novo Código Civil está a possibilidade de adoção de um conselho fiscal, composto com um mínimo de três membros, sócios ou não sócios, eleitos em assembleia ordinária.

21.7.1. Atribuições do conselho fiscal

É facultativa a constituição de um conselho fiscal na sociedade limitada, mas, uma vez constituído, a ele são atribuídos privativamente os seguintes deveres: a) examinar, pelo menos trimestralmente, os livros e papéis da sociedade e o estado da caixa e da carteira, devendo os administradores ou liquidantes prestar-lhe as informações solicitadas; b) lavrar no livro de atas e pareceres o resultado dos exames mencionados; c) exarar parecer anual sobre os negócios e operações sociais, tomando por base o balanço patrimonial e o de resultado econômico; d) denunciar os erros, fraudes ou crimes que descobrir, sugerindo providências úteis à sociedade; e) convocar a assembleia dos sócios se a diretoria retardar por mais de trinta dias sua convocação anual, ou sempre que ocorram motivos graves e urgentes; f) praticar esses mesmos atos durante a liquidação da sociedade.

21.7.2. Condições pessoais, impedimentos e vedações do membro do conselho fiscal

Qualquer pessoa capaz, idônea, no gozo da administração de seus bens, pode exercer as funções no conselho fiscal, não exigindo a lei nenhuma formação acadêmica especial. Entretanto, o contrato social pode fazer-se regular, nesse aspecto, pelas normas das sociedades anônimas, e, nessa hipótese, exigir-se-lhe-á o curso universitário ou que tenha exercido, pelo prazo mínimo de três anos, cargo de administrador de empresa ou de conselheiro fiscal (LSA, art. 162).

Independentemente da formação exigida, o órgão pode escolher contabilista legalmente habilitado para assisti-lo no exame dos livros, papéis e demais documentos contábeis.

É vedado o exercício das funções por: a) pessoa condenada às penas mencionadas no art. 1.011, objeto de exame anterior; b) membro da administração da sociedade ou de controlada por ela; c) empregados da sociedade ou de empresa controlada pela sociedade ou, ainda, controlada por administrador de quaisquer dessas sociedades; d) cônjuge ou parente até o terceiro grau dos administradores da sociedade ou das controladas.

O conselho fiscal é órgão que deve manter-se independente da administração que fiscaliza, daí a razão pela qual os membros da administração não podem participar desses atos, sob pena de se confundirem numa só pessoa sua execução a fiscalização, tornando-se órgão meramente referendário e, portanto, dispensável. Nessa mesma linha de argumentação, qualquer pessoa subordinada ou ligada por laços de parentesco ao administrador estará impedida de assentar-se no conselho que o fiscalizará. O empregado das empresas controladas, igualmente, não possui a necessária independência para o exercício das funções. Para garantia de seu exercício com desassombro, sua legitimidade tem origem em eleição realizada pela assembleia de sócios, destinatários últimos dos resultados sociais.

21.8. Deliberações dos sócios

Os atos de administração geral cabem aos gerentes nomeados pelo contrato social ou escolhidos posteriormente, mas as diretrizes organizacionais da sociedade competem privativamente aos sócios que devem deliberar a respeito.

21.8.1. Obrigatoriedade

Dependem do voto dos sócios as matérias que o contrato social assim indicar e, além dessas, obrigatoriamente as que a lei determina expressamente. O art. 1.071 do Código Civil enumera as seguintes: a) aprovação das contas da administração; b) designação, destituição e modo de remuneração de administradores, quando não prevista no contrato social; c) modificação do contrato social; d) incorporação, fusão, dissolução e cessação do estado de liquidação da sociedade; e) nomeação e destituição de liquidantes; f) pedido de concordata – preventiva ou suspensiva.

Três observações devem ser feitas a este texto legal:

a) em relação à última matéria (pedido de concordata), verifica-se que a partir da vigência da nova Lei Falimentar (Lei n. 11.101/2005) desaparece essa via judicial, substituída pelos procedimentos de recuperação em Juízo – recuperação judicial ou extrajudicial;

b) embora omissa a nova Lei Falimentar, compreende-se que os pedidos de autofalência (art. 105), recuperação judicial (art. 48) e recuperação extrajudicial (art. 161) devam ser precedidos de deliberação dos sócios, sobretudo em razão dos efeitos jurídicos que decorrem da decisão judicial que se seguir a esses pedidos;

c) o rol do art. 1.071 não é taxativo. Há outras situações que, dada sua especificidade, não foram mencionadas naquele dispositivo e que, igualmente, dependem de deliberação dos sócios, como, por exemplo, a exigência de os sócios reunirem-se em assembleia, para eleger e fixar a remuneração dos membros do conselho fiscal (art. 1.068) e para estabelecer a remuneração do contabilista assistente (art. 1.070, parágrafo único).

21.8.2. Formas de deliberação

Os sócios podem decidir, por unanimidade, em documento por escrito. Entretanto, além dessa forma, a lei prevê outros dois modos de deliberação: reunião ou assembleia de sócios, sendo esta última obrigatória para as sociedades cujo número de sócios for superior a dez. Nesses dois casos, a iniciativa para a convocação dos sócios para deliberação compete aos administradores, nas hipóteses contempladas em lei ou no contrato, e, de forma concorrente: a) ao sócio, quando os administradores retardarem a convocação obrigatória por período superior a sessenta dias; b) aos titulares de mais de um quinto do capital, quando não atendido, no prazo de oito dias, pedido de convocação fundamentado, com indicação das matérias a serem tratadas; c) pelo conselho fiscal, quando houver retardamento, por mais de trinta dias, da convocação anual da assembleia de sócios; d) pelo conselho fiscal, nos casos graves e urgentes.

O sócio se fará presente à reunião ou assembleia ou representado por outro sócio ou advogado, mediante a apresentação de instrumento de mandato com poderes específicos.

21.8.3. *Quorum* para deliberação

Os sócios deliberarão pelo voto de: a) no mínimo três quartos do capital social, para a modificação do contrato social, incorporação, fusão, dissolução ou cessação do estado de liquidação da sociedade; b) mais de metade do capital social, nos casos de designação, destituição e remuneração dos administradores, bem como na hipótese de autorização para requerimento de recuperação judicial ou extrajudicial; c) maioria simples dos presentes nos demais casos, salvo se outra coisa estipular a lei ou o contrato social.

21.8.4. Assembleia de sócios

A assembleia de sócios somente se instala com a presença, na primeira convocação, de titulares de, no mínimo, três quartos do capital social e, em segunda, com qualquer número (art. 1.074), sendo obrigatória a publicação de anúncio de chamamento em jornal oficial da União ou do Estado, conforme o local da sede da sociedade, e em jornal de grande circulação, por três vezes, ao menos, com prazo mínimo de oito dias entre a data da primeira inserção e de cinco dias para as posteriores. A dispensa da formalidade de publicação pode dar-se quando todos os sócios comparecerem à assembleia e declararem, por escrito, sua ciência sobre o local, data, hora e ordem do dia.

Quando previsto seu funcionamento no contrato social ou, não o sendo, houver mais de dez sócios, é obrigatória a realização de, pelo menos, uma assembleia de sócios, nos quatro meses seguintes à do término do exercício social, com a finalidade de: a) tomar as contas dos administradores; b) deliberar sobre o balanço patrimonial e o de resultado econômico; c) designar administradores; d) tratar de qualquer outro assunto constante da ordem do dia.

A reunião ou assembleia de sócios pode ser realizada de forma digital, desde que respeitados os direitos de participação e de manifestação dos sócios, cumpridos os requisitos legais, conforme prevê o art. 1.080-A, do Código Civil, na modificação introduzida pela Lei n. 14.030, de 28 de julho de 2020.

21.8.5. Responsabilidades

Os sócios se vinculam às deliberações sociais em geral, quando em conformidade com a lei ou com o contrato social, mas às que vierem a infringi-los somente respondem os que as aprovarem, isentando os que se tornaram vencidos. A aprovação dos resultados – balanço patrimonial e de resultado econômico – aceitos sem reservas pelos sócios, salvo hipóteses de erro, dolo ou simulação, desoneram de responsabilidade os administradores, bem como os membros do conselho fiscal, se existente este órgão.

21.9. Aumento do capital social

A fixação de um capital social inicial é indispensável à constituição da sociedade, e, uma vez integralizado, pode sofrer modificações, visando aumentá-lo. Deliberado o aumento pelos sócios, em reunião ou assembleia, cuja decisão se dará pelo voto correspondente, no mínimo, a três quartos do capital social (art. 1.076, V), os sócios terão trinta dias para exercer o direito de preferência na aquisição de novas quotas, na proporção das de que já sejam titulares. Dessa forma, se o sócio detiver trinta por cento do capital social integralizado, poderá exercer o direito de preferência sobre até trinta por cento do aumento deliberado.

É possível que terceiros não sócios participem do direito de preferência em razão de cessão realizada por sócio. Nesse caso, não pode haver oposição de titulares de mais de um quarto do capital social. A lei não especifica a forma de oposição, mas é curial que os outros sócios somente possam exercer o direito de se opor quando tomarem ciência inequívoca do contrato de cessão. Cabe, portanto, ao sócio cedente ou ao terceiro cessionário assumir as providências necessárias à notificação de todos os sócios ou obter a anuência de, pelo menos, três quartos dos detentores do capital social no instrumento de cessão.

Decorrido o prazo de trinta dias após a deliberação de aumento, duas situações podem ocorrer: a) os sócios ou terceiros portadores do direito de preferência adquiriram a totalidade do aumento, e, nesse caso, haverá uma reunião ou assembleia de sócios para aprovar a modificação do contrato social, visando levá-lo a registro no órgão competente; b) alguns sócios ou terceiros não exerceram o direito de preferência: a subscrição do aumento passa a ser livre entre os sócios, cabendo aos interessados exercê-la não mais vinculados a sua proporção anterior, podendo, agora, aumentar sua participação no total do capital.

21.10. Redução do capital social

É possível que se torne necessária a redução do capital social, em razão de algumas situações – arroladas a seguir – que podem vir a ocorrer antes ou depois da integralização do capital social.

21.10.1. Redução em virtude de inadimplência de sócio remisso ou sua exclusão

Se, antes da integralização, um, alguns ou todos os sócios deixarem de contribuir com a parte que prometeram e, mesmo depois de notificados, omitirem-se em realizar sua obrigação, no prazo de trinta dias, e, ainda, se não suprida a falta de capital pelo ingresso de novo sócio ou pela aquisição da parte faltante pelos demais sócios, o capital social deverá ser obrigatoriamente reduzido (art. 1.058).

A redução far-se-á no valor total do capital, na proporção do montante que faltar, com o aumento da participação proporcional dos demais sócios. Supondo que o capital seja de R$ 100.000,00, divididos entre quatro sócios, com iguais participações (25% ou R$ 25.000,00), sendo que um deles deixou de integralizar sua parte por inteiro, a redução, nesse exemplo, far-se-á no valor do capital social, mantendo-se o de cada quota, mas aumentando a participação dos remanescentes. Dessa forma, o capital, que se dividia em 1.000 quotas de R$ 100,00, passa a corresponder a 750 quotas de R$ 100,00. O detentor de 250 quotas manterá sua participação em R$ 25.000,00, mas, em relação ao total, seu poder se ampliou para trinta e três por cento do capital.

Se, no exemplo acima, o sócio não completar sua contribuição, mas ingressar com cinquenta por cento desse valor, e os sócios decidirem mantê-lo na sociedade, mediante a redução de sua participação, terá de se contentar com parte inferior à que couber aos demais. O capital passa a ser de R$ 87.500,00 (R$ 100.000,00 - R$ 12.500,00), divididos de acordo com quanto cada um entrou: R$ 12.500,00 (ou 14,28%) para o inadimplente e R$ 25.000,00 (28,57%) para cada um dos demais.

Não nos parece possível que, com a exclusão do sócio remisso, dê-se a redução do valor da quota de cada participante. Embora aritmeticamente a operação seja mais simples (por exemplo: cada um possuía 250 quotas de R$ 100,00, passando a possuir 250 quotas de R$ 75,00), sua aplicação resultaria em reduzir o montante realmente aplicado pelos sócios: aquele que ingressou com R$ 25.000,00, suficientes para adquirir 250 quotas de

R$ 100,00, não pode, do dia para a noite, ver reduzido seu capital para R$ 18.750,00 (250 x R$ 75,00), sobretudo se realizou operações com essas quotas (cessão ou promessa de cessão). Inexistindo perda de capital, deve-se manter o valor real de cada aplicação, aumentando a participação de cada sócio no total do capital social.

21.10.2. Redução do capital em virtude de perdas irreparáveis

Se, depois de integralizado o capital social, houver perdas irreparáveis, a redução far-se-á pela diminuição proporcional do valor nominal da quota de cada sócio. Aqui todos participam da perda. Assim, se houver necessidade de reduzir vinte por cento do capital de uma sociedade, a cláusula contratual que fixava o valor de cada quota será modificada para indicar um valor correspondente a essa redução, como, por exemplo, de R$ 1,00 cada uma para R$ 0,80; o capital, que era de R$ 1.000.000,00, passa a ser de R$ 800.000,00, dividido no mesmo número de quotas, de valor unitário inferior; cada sócio mantém o mesmo número de quotas.

21.10.3. Redução do capital em razão de ser excessivo

É possível que os sócios tenham superavaliado a necessidade de capital e deliberem sua redução. Nessa hipótese, ou os valores excedentes serão restituídos aos sócios, ou as prestações futuras devidas serão dispensadas. Da mesma forma anterior, a modificação social far-se-á pela redução do valor nominal da quota de cada sócio.

O credor quirografário, por título anterior à redução do capital social, poderá opor-se a ela, no prazo de noventa dias da publicação da ata que deliberar a modificação.

21.10.4. Redução do capital em razão de retirada de sócio

Nas inúmeras hipóteses de retirada de sócio, matéria dos próximos tópicos, é sempre possível a previsão de cláusulas contratuais que regulem os pagamentos e o estado do capital social. Contudo, se nenhuma previsão for feita, o capital poderá sofrer redução, salvo se os demais sócios suprirem o valor da quota retirada. O pagamento aos sócios retirantes, a seus herdeiros ou credores particulares, conforme o caso, far-se-á em dinheiro, no prazo de noventa dias a partir da liquidação de sua quota, tomando por base a situação patrimonial da sociedade à data da resolução, verificada em balanço especial.

21.11. Resolução da sociedade em relação a sócios

O sócio pode deixar livremente a sociedade, simplesmente notificando os demais sócios, nos termos do art. 1.029 do Código Civil (*v.* o item 19.5.6).

Esse também é o entendimento jurisprudencial: "DISSOLUÇÃO PARCIAL DE SOCIEDADE CUMULADA COM PEDIDO DE INDENIZAÇÃO – Ação julgada parcialmente procedente – Acolhimento do pedido da autora de indenização por danos morais em face da revelia dos réus – Insurgência da demandante quanto ao indeferimento do pedido de dissolução parcial de sociedade – Cabível o pretendido exercício do direito de retirada, pois atendidos os requisitos legais – Discussão sobre ocorrência ou não de quebra da *affectio societatis* é irrelevante para o exercício do direito de recesso – Art. 1.029 do Código Civil permite de modo abrangente o direito de retirada nas sociedades simples, bastando para tanto a vontade do sócio – Dispositivo legal que também se aplica às sociedades limitadas, consoante a doutrina e jurisprudência predominantes – Distribuição da sucumbência mantida – Recurso provido" (Apel. 4006522-64.2013.8.26.0019, Rel. Des. Francisco Loureiro, Americana, 1ª CDRE, j. 1º-8-2016).

Se a sociedade tiver sido constituída por prazo indeterminado e, em qualquer caso, pode, ainda, ceder suas quotas a outro sócio ou a terceiro estranho ao quadro social, desde que, nesta segunda hipótese, não ocorra a oposição de titulares de mais de um quarto do capital.

Além do direito voluntário de retirada, nos dois casos acima mencionados, a saída de sócio pode ocorrer por outras razões: a) quando, tornando-se remisso, for excluído em razão da não integralização de sua quota no tempo e modo contratados (art. 1.058); b) se excluído por justa causa, deliberada por entendimento da maioria dos sócios, quando colocar em risco a continuidade da empresa, em virtude de atos de inegável gravidade (art. 1.085); c) se excluído por decisão judicial, mediante iniciativa da maioria dos demais sócios, por falta grave no cumprimento de suas obrigações (arts. 1.030 e 1.085); d) expulsão judicial por incapacidade superveniente (arts. 1.030 e 1.085); e) quando declarado falido (art. 1.030, parágrafo único); f) quando sua quota tiver sido liquidada em razão de execução promovida por credor particular (art. 1.030, parágrafo único); g) no caso de morte, sem o ingresso dos herdeiros; h) nos cinco casos de exercício do direito de recesso (arts. 1.077 e 1.114).

São, portanto, quatorze os casos de dissolução parcial da sociedade, que podem ser classificados em quatro categorias distintas: (1) dois de retirada voluntária: por cessão a sócio e a terceiros; (2) quatro de exclusão:

por se tornar remisso; por justa causa decidida administrativamente, por falta grave decidida judicialmente e por incapacidade superveniente, reconhecida judicialmente; (3) três de resolução de pleno direito: em razão de falência, em decorrência de execução movida por credor particular e por morte do sócio; e (4) cinco por exercício do direito de recesso: modificação do contrato social, fusão da sociedade, incorporação de outra, ou dela por outra, e, ainda, sua transformação.

21.11.1. Retirada voluntária de sócio

Sendo o contrato omisso, o sócio pode ceder total ou parcialmente sua quota a outro sócio ou a terceiros. No primeiro caso não dependerá da anuência dos demais sócios, e, no segundo – cessão a não sócio –, sujeita-se à não oposição de mais de um quarto do capital social.

A forma de apurar a ocorrência ou não da oposição já foi matéria de estudo (*v.* n. 21.5.3, *supra*), podendo-se provar por qualquer forma admitida em direito. Se não motivada anteriormente, a oposição poderá verificar-se no momento em que o cessionário apresentar o instrumento de cessão e pretender valer-se de seus direitos de sócio.

21.11.2. Exclusão de sócio

a) Sócio que se tornou remisso

Sócio remisso é aquele que deixou de integralizar as quotas subscritas: não trouxe à sociedade as entradas que prometeu fazer, nos prazos e condições estipuladas no contrato. Essa era a única hipótese de exclusão prevista no Decreto n. 3.708/19. O art. 7º da legislação societária estabelecia que "em qualquer caso do art. 289 do Código Comercial poderão os outros sócios preferir a exclusão do sócio remisso. Sendo impossível cobrar amigavelmente do sócio, seus herdeiros ou sucessores a soma devida pelas suas quotas ou preferindo sua exclusão, poderão os outros sócios tomar a si as quotas anuladas ou transferi-las a estranhos, pagando ao proprietário primitivo as entradas por ele realizadas, deduzindo os juros da mora e mais prestações estabelecidas no contrato social e as despesas".

Atualmente, a tentativa amigável de composição do capital faltante faz-se por notificação ao sócio remisso, que terá trinta dias para realizá-la, sob pena de ser obrigado a indenizar o dano emergente decorrente da mora, ver sua participação reduzida ao valor já pago ou, ainda, ser excluído da sociedade, pura e simplesmente (art. 1.004). Nestes dois últimos casos, haverá ou não a redução do capital social, dependendo do suprimento que os demais sócios fizerem para recompor o valor inicialmente contratado.

A lei permite que os demais sócios decidam pela execução da quantia devida ou pela exclusão do sócio remisso, ensejando decisão pautada na conveniência da sociedade: se o momento da vida social exige a obtenção de fundos para fazer frente a prejuízos, evidentemente a busca desses recursos sobre o patrimônio do sócio remisso é de rigor.

A forma de deliberação sobre a exclusão do sócio remisso ou a adoção de outra conduta – indenização ou redução da participação – não foi prevista entre os casos regulamentados na lei. Contudo, se houver exclusão ou redução da participação do sócio remisso, com ou sem redução do capital social, haverá, necessariamente, modificação do contrato social, e, em ambos os casos, serão necessários os votos correspondentes, no mínimo, a três quartos do capital social (arts. 1.076, I, e 1.071, V). A decisão por maioria, ressalvada a existência de outra previsão contratual, somente se dará em caso de se optar pela indenização mediante cobrança amigável e/ou judicial, sem expulsão do sócio. Nos demais, a lei prevê, indiretamente, o *quorum* qualificado.

b) Justa causa deliberada pelos sócios

A justa causa encontra-se na seção que trata da resolução da sociedade em relação a sócios minoritários e prevê que a maioria, representativa de mais da metade do capital social, pode excluir sócio ou sócios que, a seu juízo, estejam pondo em risco a continuidade da empresa, em virtude de atos de inegável gravidade.

Para o exercício desse direito por parte dos sócios, é necessário que o contrato social faça previsão da retirada por justa causa, podendo identificar, de forma exemplificada, alguns casos de seu cabimento. Se o contrato for omisso quanto à expulsão, somente caberá a exclusão se ocorrer falta grave, ocasião em que o reconhecimento se dará judicialmente, por aplicação das normas da sociedade simples (art. 1.030).

c) Falta grave reconhecida judicialmente

As hipóteses de falta grave, mediante reconhecimento judicial (*v.* item 19.5.6), referem-se a qualquer ato ou conjunto de atos que, praticados por um ou mais sócios, impeçam o prosseguimento da atividade comum. Diferem das de justa causa somente porque, naquelas, por previsão contratual, os sócios decidem por maioria, e, nestas, o reconhecimento será sempre judicial (art. 1.030).

d) Incapacidade superveniente, reconhecida por sentença

As situações de incapacidade já foram estudadas (n. 19.8.2, *b*), podendo ser aqui reiteradas.

Em toda e qualquer hipótese, caberá ao sócio demitido valer-se de ação própria ou defesa nas ações propostas pela sociedade, visando obstar sua retirada, se a considerar abusiva ou, simplesmente, para discutir os valores colocados a sua disposição pela maioria.

21.11.3. Dissolução parcial de pleno direito

São três os casos de dissolução parcial de pleno direito, cujas regras se encontram no capítulo reservado às sociedades simples: a falência (*v.* item 19.8.2.c), a execução de credor particular do sócio (*v.* item 19.7.1) e a morte deste (*v.* item 19.8.1) sem ingresso de herdeiros ou previsão contratual para a circunstância ou não ocorrendo acordo com os herdeiros.

Nesses três episódios, há em comum a aplicação da regra prevista no art. 1.031, § 2º: a quota será liquidada e paga em dinheiro, no prazo de noventa dias, contados a partir da liquidação, salvo acordo ou estipulação contratual em contrário.

21.11.4. Direito de recesso

Conceitua-se direito de recesso (*v.* item 19.5.6) como o direito do sócio, por ato unilateral seu, de retirar-se da sociedade, levando os fundos que somente lhe caberiam em caso de liquidação. O Decreto n. 3.708/19 estipula: "Assiste aos sócios que divergirem da alteração do contrato social a faculdade de se retirarem da sociedade, obtendo o reembolso da quantia correspondente ao seu capital, na proporção do último balanço provado. Ficam, porém, obrigados às prestações correspondentes às quotas respectivas, na parte em que essas prestações forem necessárias para pagamento das obrigações contraídas, até a data do registro definitivo da modificação do estatuto social".

José Waldecy Lucena aponta, com acuidade, a perda da importância do direito de recesso, no sistema anterior ao Código Civil, para as sociedades por quotas de responsabilidade limitada, em razão da possibilidade de aplicação do art. 335, 5, do Código Comercial (dissolução da sociedade), por vontade unilateral do sócio, sem necessidade de trazer à discussão, muitas vezes em juízo, a causa ensejadora de seu direito de recesso. Seu argumento é de ser considerado (1997:555): "... como notara Carvalho de Mendonça em relação às sociedades solidárias, o sócio que dispõe de um meio menos gravoso de liberar-se da sociedade jamais recorrerá ao mais gravoso. Por que exercer o direito de recesso, cuja causa há de ser comprovada e avaliada, se com o pedido de dissolução parcial de sociedade, apenas fundado em ato unilateral de denúncia do sócio, qual o permite o Código Comercial (art. 335, 5), atinge o dissidente o mesmo desiderato e de forma menos onerosa, mais simples e de resultado mais seguro?".

No regime do Código Civil não é mais possível a dissolução da sociedade pela retirada de apenas um dos sócios, exigindo-se o consenso unânime ou a deliberação da maioria absoluta (art. 1.033, II e III). O direito de recesso – expressão da vontade unilateral de um sócio, sem a amplitude anotada pelo insigne autor – é admitido em cinco casos: a) na modificação do contrato social, hipótese de amplo espectro, referindo-se a qualquer modificação do contrato social, em seus elementos essenciais; b) na fusão da sociedade; c) na incorporação de outra sociedade por ela; d) na incorporação dela por outra sociedade; e) na transformação da sociedade, quando prevista anteriormente no contrato social; se não prevista e não havendo consentimento unânime, ocorrerá sua dissolução (art. 1.114).

O sócio dissidente deverá manifestar seu pedido de retirada no prazo de trinta dias subsequentes à reunião ou assembleia que decidiu a matéria em que se viu vencido. A liquidação de sua quota far-se-á nos termos do art. 1.031, salvo previsão contratual diversa.

21.12. Empresa individual de responsabilidade limitada

A Lei n. 12.441, de 11 de julho de 2011, manda aplicar à empresa individual de responsabilidade limitada, no que couber, as regras previstas para as sociedades limitadas.

Da mesma forma, a LLE originária da MP 881/2019 determina a aplicação no documento de constituição do "sócio único" (leia-se: do instituidor ou simplesmente omita-se "do sócio único"), no que couber, das disposições sobre o contrato social.

Ambas as empresas – EIRELI e empresa individual sob a forma de responsabilidade limitada – são compatíveis, entre outras, com as regras relativas à estimação dos bens conferidos ao capital social (art. 1.055, § 1º); aumento e redução do capital (arts. 1.081, *caput*, e 1.082); dissolução (art. 1.087, c.c. arts. 1.033, I e V, e 1.044).

O legislador pátrio possibilitou a constituição de empresa individual de responsabilidade limitada ou sob a forma de responsabilidade limitada por "uma única pessoa titular da totalidade do capital social" (art. 980-A) ou "por uma ou mais pessoas" (art. 1.052, § 1º), sem distinguir tratar-se de pessoa natural ou jurídica.

Frederico Garcia Pinheiro ensina que "[...] a Lei n. 12.441/2011 vai além e também admite que, sob a roupagem da EIRELI, qualquer pessoa jurídica, isoladamente, constitua uma ou mais subsidiárias integrais, alargando a faculdade que já era admitida, exclusivamente, para as sociedades anônimas" (Disponível em: www.conteudojuridico.com.br).

A Jornada de Direito Civil, entretanto, manifestou entendimento contrário a esses, no Enunciado n. 468: "Art. 980-A: A empresa individual de responsabilidade limitada só poderá ser constituída por pessoa natural".

Essa posição do Conselho da Justiça Federal, contudo, encontra-se superada, diante de orientação encontrada no Manual de Registro de EIRELI dada pela IN DREI n. 47, de 3 de agosto de 2018, que dispôs que "a empresa individual de responsabilidade limitada – EIRELI poderá ser constituída tanto por pessoa natural quanto por pessoa jurídica, nacional ou estrangeira. Quando o titular da EIRELI for pessoa natural deverá constar do corpo do ato constitutivo cláusula com a declaração de que o seu constituinte não figura em nenhuma outra empresa dessa modalidade. A pessoa jurídica pode figurar em mais de uma EIRELI".

Embora revogada a IN DREI n. 47 pela IN DREI n. 81, de 10 de junho de 2020, essa orientação permanece como regra geral para todas as sociedades limitadas, nos termos do anexo 4 dessa instrução normativa, especialmente o item 3.1., que trata da capacidade de ser sócio.

Dúvida há quanto à possibilidade de essas empresas serem administradas por pessoa natural não titular da empresa, como ocorre com a sociedade limitada (art. 1.061).

O professor do Instituto Goiano de Direito Empresarial (IGDE) entende que "a administração da EIRELI pode ser conferida a terceiro indicado pelo instituidor ou a este último mesmo, desde que seja pessoa natural", sem fazer distinção entre a empresa individual de responsabilidade limitada constituída por pessoa natural e a instituída por pessoa jurídica.

Parece-nos que foge ao espírito da lei possibilitar a administração por terceiro quando o titular de uma empresa individual for uma pessoa natural. Ponderamos apenas que, na hipótese de a constituição ser realizada por pessoa jurídica, adequado permitir-se a administração por pessoa que não seja a titular da empresa.

Em qualquer caso, constituída por pessoa natural ou por pessoa jurídica, a administração da empresa individual de responsabilidade limitada não poderá recair sobre pessoa jurídica. Isso porque, como estudado (*v.* item 21.6), as regras da sociedade limitada lhe são aplicáveis e, assim, ambas devem submeter-se ao regramento previsto no art. 997, VI, por força do disposto no art. 1.054 do Código Civil.

Por se tratar de mera variação da EIRELI, ao novo ente criado pela LLE se aplica inteiramente essa orientação.

21.13. Empresa simples de crédito

A Empresa Simples de Crédito (ESC) foi especialmente criada pela Lei Complementar n. 167 de 24 de abril de 2019 objetivando propiciar maior facilidade de acesso ao crédito por parte de microempreendedores individuais, microempresas e empresas de pequeno porte.

São características próprias dessa sociedade:

a) Objeto social: exclusivamente a realização de operações de empréstimo, de financiamento e de desconto de títulos de crédito, com recursos próprios e dirigidos a microempreendedores individuais, microempresas e empresas de pequeno porte (MEI, ME, EPP);

b) Capital social: a integralização deve ser realizada somente em moeda corrente (§ 2º do art. 2º da Lei Complementar no 167, de 2019);

c) Porte econômico: cabe aos instituidores escolher o porte econômico de seu empreendimento entre microempresa e empresa de pequeno porte, pois sua receita bruta anual não pode exceder o limite da receita bruta da EPP (art. 4º da Lei Complementar n. 167/2019);

d) Regime tributário: as empresas simples de crédito não podem recolher tributos e contribuições na forma do Simples Nacional destinado às ME e às EPPs em razão da vedação contida no art. 17 da Lei Complementar n. 123/2006, na redação que foi dada pelo art. 13 da Lei Complementar n. 167/2019: "Art. 17. Não poderão recolher os impostos e contribuições na forma do Simples Nacional a microempresa ou empresa de pequeno porte: I – que explore atividade de prestação cumulativa e contínua de serviços de assessoria creditícia, gestão de crédito, seleção e riscos, administração de contas a pagar e a receber, gerenciamento de ativos (*asset management*) ou compra de direitos creditórios resultantes de vendas mercantis a prazo ou de prestação de serviços (*factoring*) ou que execute operações de empréstimo, de financiamento e de desconto de títulos de crédito, exclusivamente com recursos próprios, tendo como contrapartes microempreendedores individuais, microempresas e empresas de pequeno porte, inclusive sob a forma de empresa simples de crédito;

e) Forma jurídica: a ESC somente pode ser constituída por pessoas naturais, devendo adotar a forma de empresário individual, sociedade limitada, Eireli ou empresa individual sob forma de sociedade limitada. Os instituidores somente podem participar de uma única empresa simples de crédito, seja como titular, seja como sócio;

f) Natureza jurídica: a ESC não é legalmente considerada instituição financeira e, como tal, não pode usar a expressão "banco" ou equivalente, sujeitando-se, nas crises econômico-financeira, à falência, à recuperação judicial (e não à intervenção ou liquidação pelo Banco Central). Contudo, desenvolve típica atividade bancária: concessão de empréstimos e contratação de financiamentos, desconto de títulos, não se limitando, ainda, à taxa de juros superior a 12% a.a., em seus contratos, sendo que o contrato desse fornecimento de crédito deverá ser feito por escrito, podendo conter cláusula de juros a taxa superior a 12% ano e conter cláusula de garantia de alienação fiduciária;

g) Limite territorial: a atuação da ESC é limitada ao âmbito municipal (ou distrital, se Distrito Federal) e aos munícipios limítrofes. Não lhe é permitida a abertura de filiais;

h) Limite operacional: a ESC não pode captar recursos, seja em nome próprio, seja em nome de terceiros, e o total das operações de empréstimo, de financiamento e de desconto de títulos de crédito não pode ser superior ao capital registrado pela ESC;

i) Dinâmica operacional: o contrato será sempre firmado por escrito e o crédito será fornecido de forma escritural; a movimentação ocorre mediante crédito e débito entre as contas da ESC e a conta dos clientes destinatários;

j) Vedação de cobrança de tarifas bancárias: a remuneração da Empresa Simples de Crédito advém inteiramente dos juros contratados, sendo-lhe vedada obter receita pela cobrança de tarifas ou de outros encargos (comissão de permanência, tarifa de abertura de crédito, tarifa de registro de contrato etc.), como ocorre nas operações realizadas por instituições financeiras.

O estudo quanto ao objeto específico da empresa simples de crédito encontra-se no segundo volume desta coleção, sob o item 15.7.

21.14. Quadro-resumo

SOCIEDADES LIMITADAS	RESPONSABILIDADE DOS SÓCIOS	TEORIAS	INTEGRALIZAÇÃO FUTURA
			SOLIDARIEDADE
			SOLIDARIEDADE SOMENTE NA FALÊNCIA
		ORDINÁRIA	PESSOAL
			SOLIDÁRIA
			POR RETIRADA
			PELO INGRESSO
	CARACTERÍSTICAS	REGRAS APLICÁVEIS	
		DIFERENCIAÇÃO EM RELAÇÃO ÀS SOCIEDADES SIMPLES	
		INGRESSO DE INCAPAZES	
	QUOTAS SOCIAIS	NATUREZA	
		NÚMERO E DIVISIBILIDADE	
		INDIVISIBILIDADE E COMUNHÃO	
		CESSÃO	
		PENHORABILIDADE	
	ADMINISTRAÇÃO SOCIAL	NOMEAÇÃO E REMUNERAÇÃO	
		DESTITUIÇÃO E RENÚNCIA	
	CONSELHO FISCAL	ATRIBUIÇÕES	
		CONDIÇÕES PESSOAIS	
	DELIBERAÇÃO DOS SÓCIOS	OBRIGATORIEDADE	
		FORMAS	
		QUORUM	
		ASSEMBLEIA DE SÓCIOS	
		RESPONSABILIDADES	
	AUMENTO DO CAPITAL SOCIAL		
	REDUÇÃO DO CAPITAL SOCIAL	INADIMPLÊNCIA DE SÓCIO REMISSO	
		PERDAS IRREPARÁVEIS	
		EXCESSO DE CAPITAL	
		RETIRADA DE SÓCIO	
	RESOLUÇÃO DA SOCIEDADE	VOLUNTÁRIA	CESSÃO PARA SÓCIO
			CESSÃO PARA TERCEIROS
		EXCLUSÃO	DO SÓCIO REMISSO
			POR JUSTA CAUSA
			POR FALTA GRAVE
			POR INCAPACIDADE
		DISSOLUÇÃO PARCIAL DE PLENO DIREITO	FALÊNCIA
			EXECUÇÃO
			MORTE
		RECESSO	MODIFICAÇÃO DO CONTRATO SOCIAL
			FUSÃO
			INCORPORAÇÃO PELA SOCIEDADE
			INCORPORAÇÃO DA SOCIEDADE
			TRANSFORMAÇÃO
		EMPRESA INDIVIDUAL DE RESPONSABILIDADE LIMITADA	NOÇÕES E PRINCIPAIS CARACTERÍSTICAS
		EMPRESA SIMPLES DE CRÉDITO	NOÇÕES E PRINCIPAIS CARACTERÍSTICAS

Capítulo 22

DAS SOCIEDADES POR AÇÕES

22.1. Origens das sociedades por ações

Braudel (1996:391; 392-393) menciona três gerações de sociedades mercantis: as gerais, as sociedades em comandita e as sociedades por ações; sua evolução, contudo, somente sob o ponto de vista teórico pode ser considerada, uma vez que as sociedades de um e de outro tipo se mesclavam entre pequenos e grandes negócios na Idade Média. O notável historiador explica que uma grande empresa dependia, nessa época, de três realidades: "primeiro o Estado, mais ou menos eficaz, nunca ausente; o mundo mercantil, isto é, os capitais, o banco, o crédito, os clientes – um mundo hostil ou cúmplice, ou as duas coisas ao mesmo tempo; e por fim uma zona de comércio para ser explorada de longe, a qual, por si só, determina muitas coisas".

O Estado, associando-se aos investidores, como acionista majoritário ou, muitas vezes, único, ou, quando ausente do quadro social, autorizador dos negócios e a efervescência dos novos mercados, resultado imediato das novas descobertas de terras e das famosas viagens marítimas às Índias, fizeram proliferar um tipo de sociedade que limitava a responsabilidade dos investidores, permitindo o livre ingresso de um grande número de sócios, o que era necessário porque as novas companhias tinham, entre outras atividades implícitas em seu objeto social, as de "erguer fortalezas, estabelecer guarnições de homens no posto, efetuar acordos com os nativos, levar a cabo o comércio, descobrir métodos de manter afastados os estranhos, isto para não falar dos preparativos longos e dispendiosos como comprar ou construir navios, engajar tripulações e fornecer alimentação e equipamento durante as jornadas incertas e perigosas" (cf. Huberman, 1986:90-91).

O custo dessas operações era altíssimo, exigindo a cooperação de muitos investidores. Para atraí-los os fundadores empregavam nomes emocionantes, como "Mistério e Companhia dos Aventureiros Mercadores para a Descoberta de Regiões, Domínios, Ilhas e Lugares Desconhecidos" (citado por Huberman, 1986:90), sociedade que veio a contar com duzentos e quarenta acionistas, subscritores de um total de 6.000 libras de capital social, valor considerável na época[1]. É nesse período que surgem as onze famosas Companhias das Índias, sete Orientais e quatro Ocidentais, sendo que, entre as primeiras, as mais conhecidas eram a holandesa e a inglesa, esta criada por Colbert em 1664; as segundas se organizaram na Holanda, França, Suécia e Dinamarca (cf. Huberman, 1986:92).

Em relação ao nascimento das sociedades em geral, as sociedades anônimas foram as últimas a surgir. Braudel relata a existência, em 1553, da primeira sociedade inglesa por ações, a *Moscovy Companie* (cf. Braudel, 1996:388). A Gênova, contudo, se atribui a constituição da primeira sociedade por ações, a *Casa di San Giorgio*, em 1408. Rubens Requião (1995, 2:3) afirma, entretanto, que o surgimento desse tipo societário somente ocorreu posteriormente, em 1602, na Holanda, com as sociedades colonizadoras, atribuindo a Goldschmidt a crença da primazia genovesa. Braudel (1986:389) explica que a *Casa di San Giorgio* é, na verdade, um Estado dentro do Estado, constituída a partir de sociedades que se encarregavam de tarefas que competiam ao Estado e recebiam empréstimos avalizados por este.

Eunápio Borges aceita esse entendimento, mas afirma que, "embora não coincida inteiramente na sua constituição e no seu funcionamento

[1] O Professor de Economia e História da Universidade Santo Antonio, no Texas, John J. McCusker, em artigo publicado na *Internet*, relata que, em 1774, 400 libras esterlinas, com curso em Boston, equivaleriam a 28.000 dólares norte-americanos no ano 2000. Com essa consideração é possível encontrar o valor de 420.000 dólares, em dinheiro de hoje, para as 6.000 libras que constituíam aquele capital.

com a moderna sociedade anônima, o Banco de São Giorgio foi, sem dúvida, em sua época, a instituição mercantil que dela mais se aproxima". Seu capital "era dividido em ações e os acionistas denominavam-se *collonnanti*, pelo fato de serem suas ações anotadas em colunas dos registros do Banco" (1959, 2:187-188).

É do mesmo autor a explicação do processo que elevou a *Casa di San Giorgio* à estrutura de um verdadeiro Estado: "Contraindo empréstimos vultosos, a república de Gênova cedia a seus credores, para garantia de seu reembolso, o direito à percepção de determinados tributos. Denominava-se *compera* a aquisição de tal direito e, por isso, os débitos públicos tomavam o nome de *compere*" (cf. Borges, 1959, 2:187-188). Em estratégicas negociações, esses créditos se concentraram nas mãos do *Monte* ou *Società delle Compere e di Banchi di S. Giorgio,* fazendo surgir o histórico Banco de S. Giorgio, sociedade de credores da República de Gênova, que passa a realizar inúmeras operações bancárias – depósito, desconto, pagamentos, recebimentos, cobranças, câmbio etc. –, atuando ao redor de todo o mundo até 1816.

Inicialmente, o vínculo das sociedades por ações com o Estado era bastante estreito, dependente de carta real de autorização para funcionamento, tornando-as verdadeiras instituições de direito público. Durante os quatro séculos de sua existência, o Banco de S. Giorgio manteve essa íntima ligação com o Estado, financiando campanhas militares e a defesa dos territórios genoveses. O fim da sociedade bancária coincide com a queda da opulência do Estado genovês: a cidade, que esteve sob o domínio da Espanha, França e Áustria, veio a ser anexada em 1814, pelo Congresso de Viena, ao Reino de Sardenha.

Em uma segunda fase, coincidente com a eclosão da República e a Revolução Francesa, proclamou-se a liberdade de comércio, e com ela as sociedades anônimas passaram a depender, tão somente, de autorização legislativa, por força do Decreto de 24 de agosto de 1793. Outro decreto, um ano depois, suprimiu a possibilidade de criação de novas companhias, denominando-as "destruidoras do crédito público". Passados dois anos, foram autorizados a constituição e o funcionamento de novas sociedades por ações, sem a imposição de quaisquer regras, conforme ensina Ripert (1954:214).

22.2. Características das sociedades por ações

Desde seu nascedouro, distingue-se a sociedade por ações das demais porque seus títulos são negociáveis sem necessidade de anuência dos demais sócios, facultando-se o livre ingresso na sociedade. Outra característica própria das sociedades por ações é que elas são sempre empresárias, independentemente de seu objeto social, isto é, mesmo que este não se constitua em atividade econômica organizada para a produção ou circulação de bens ou serviços, sua estrutura denunciará sua qualidade empresarial. Em consequência, torna-se possível a constituição de sociedades anônimas para o exercício de atividades não empresariais por natureza, cujos fins sejam meramente intelectuais, artísticos, científicos ou literários (v. g., hospitais, escolas, centros de pesquisas), transmudando, *ipso facto,* a qualidade de seu objeto.

O capital social divide-se em unidades denominadas ações, e os compradores destas, acionistas, respondem apenas até o preço de emissão das ações que subscreverem ou adquirirem.

22.3. Sociedade em comandita por ações

A sociedade anônima é, entre as sociedades de capitais, o instituto mais conhecido, mas não é a única sociedade por ações. Há também a menos utilizada, a sociedade em comandita por ações:

	SOCIEDADE EM COMANDITA POR AÇÕES
Previsão legal	Arts. 280 a 284 da Lei n. 6.404/76 e 1.090 a 1.092 do Código Civil.
Tipos de sócios	Sócios diretores ou gerentes, solidária e ilimitadamente responsáveis pelas obrigações sociais, de forma subsidiária ao patrimônio social, e sócios acionistas, que respondem tão somente pela integralização das ações subscritas ou adquiridas.
Nome empresarial	Firma social formada pelo nome de um, alguns ou todos os sócios diretores. Denominação social. Em ambos os casos a firma ou a denominação deve ser seguida das palavras *comandita por ações*, por extenso ou abreviadamente.
Gerência	Pode ser exercida por qualquer acionista, que, nessa qualidade, responderá ilimitada e solidariamente pelas obrigações da sociedade, de forma subsidiária aos bens sociais. A responsabilidade perdura até dois anos após a destituição ou exoneração, pelas obrigações contraídas durante sua gestão.

	SOCIEDADE EM COMANDITA POR AÇÕES
Outras características	Há restrições aos poderes da assembleia geral, que não pode, sem o consentimento dos diretores, mudar o objeto essencial da sociedade, prorrogar-lhe o prazo de duração, aumentar ou diminuir o capital social, criar debêntures ou partes beneficiárias, nem aprovar a participação em grupo de sociedades (art. 283 da Lei n. 6.404/76 e art. 1.092 do Código Civil). Não se aplicam a ela o que a lei dispõe sobre conselho de administração, autorização estatutária de aumento de capital e emissão de bônus de subscrição (art. 284 da Lei n. 6.404/76).

Historicamente, essa sociedade tem a mesma origem da sociedade em comandita simples e da em conta de participação. Nasceu da necessidade de restringir a responsabilidade de alguns sócios, fazendo surgir a figura do sócio comanditário, com responsabilidade limitada aos fundos com que contribuiu à atividade empresarial, num universo que, até então, somente conhecia a responsabilidade ilimitada e solidária entre sócios comerciantes.

Trata-se de um modelo híbrido, uma mistura de sociedade em comandita simples e sociedade anônima. Na responsabilidade dos sócios e na administração da sociedade, segue o modelo proposto pelas comanditas, como se fosse uma perfeita sociedade de pessoas: somente os sócios podem administrá-la. Na estrutura econômica, seu capital é dividido em ações, facultando-lhe emitir outros valores mobiliários para plenamente exercer seu objeto social.

A intenção do legislador foi fazer "coincidir o poder de gestão com a responsabilidade pessoal, além de favorecer, em particular, a ampliação da empresa individual permitindo-lhe obter recursos no mercado de capitais e possibilitando, por outro lado, que seu fundador conserve com segurança uma posição de estabilidade em sua direção" (Sabato, 1999:398).

Entretanto, como lembra o Professor Sabato, a sociedade limitada igualmente se propõe a garantir o comando da direção e gestão da sociedade sem abrir mão da limitação da responsabilidade dos sócios, sendo essa a razão de não ter obtido a popularidade desejada pelo legislador.

Difere da sociedade em comandita simples tão somente porque sua estrutura é de uma sociedade anônima, seu capital é dividido em ações e, ainda, porque os sócios comanditários podem exercer a gerência, com o ônus de responderem como se comanditados fossem.

As comanditas por ações estão regulamentadas na Lei n. 6.404/76, que trata das sociedades por ações, nos arts. 280 a 284, e já são tradição no direito pátrio desde 1882, quando foram instituídas por força da Lei n. 3.150, de 4 de novembro. Entretanto, apesar de tradicionalmente previstas há mais de cento e vinte anos na legislação, não granjearam a estima do mundo empresarial, sobretudo em razão de imporem aos sócios administradores a responsabilidade solidária e ilimitada pelas obrigações sociais.

O Código Civil prevê esse tipo societário nos arts. 1.090 a 1.092, com estrutura semelhante à que lhe deram os arts. 280 a 284 da Lei das Sociedades por Ações. Nenhuma novidade essencial é introduzida, razão pela qual sua eliminação em nosso sistema deveria ter sido seriamente considerada, sobretudo constatado seu desuso.

ESTRUTURA ACIONÁRIA E NOME EMPRESARIAL	
CÓDIGO CIVIL	**LEI N. 6.404/76**
Art. 1.090. A sociedade em comandita por ações tem o capital dividido em ações, regendo-se pelas normas relativas à sociedade anônima, sem prejuízo das modificações constantes deste Capítulo, e opera sob firma ou denominação.	Art. 280. A sociedade em comandita por ações terá o capital dividido em ações e reger-se-á pelas normas relativas às companhias ou sociedades anônimas, sem prejuízo das modificações constantes deste Capítulo. Art. 281. A sociedade poderá comerciar sob firma ou razão social, da qual só farão parte os nomes dos sócios diretores ou gerentes. Ficam ilimitada e solidariamente responsáveis, nos termos desta Lei, pelas obrigações sociais, os que, por seus nomes, figurarem na firma ou razão social. Parágrafo único. A denominação ou a firma deve ser seguida das palavras “Comandita por Ações”, por extenso ou abreviadamente.

ADMINISTRAÇÃO DA SOCIEDADE	
CÓDIGO CIVIL	**LEI N. 6.404/76**
Art. 1.091. Somente o acionista tem qualidade para administrar a sociedade e, como diretor, responde subsidiária e ilimitadamente pelas obrigações da sociedade. § 1º Se houver mais de um diretor, serão solidariamente responsáveis, depois de esgotados os bens sociais. § 2º Os diretores serão nomeados no ato constitutivo da sociedade, sem limitação de tempo, e somente poderão ser destituídos por deliberação de acionistas que representem dois terços, no mínimo, do capital social. § 3º O diretor destituído ou exonerado continua, durante dois anos, responsável pelas obrigações sociais contraídas sob sua administração.	Art. 282. Apenas o sócio ou acionista tem qualidade para administrar ou gerir a sociedade e, como diretor ou gerente, responder subsidiária, mas ilimitada e solidariamente, pelas obrigações da sociedade. § 1º Os diretores ou gerentes serão nomeados, sem limitação de tempo, no estatuto da sociedade, e somente poderão ser destituídos por deliberação de acionistas que representem dois terços, no mínimo, do capital social. § 2º O diretor ou gerente que for destituído ou se exonerar continuará responsável pelas obrigações sociais contraídas sob sua administração.

LIMITAÇÕES DOS PODERES DA ASSEMBLEIA GERAL	
CÓDIGO CIVIL	**LEI N. 6.404/76**
Art. 1.092. A assembleia geral não pode, sem o consentimento dos diretores, mudar o objeto essencial da sociedade, prorrogar-lhe o prazo de duração, aumentar ou diminuir o capital social, criar debêntures, ou partes beneficiárias.	Art. 283. A assembleia geral não pode, sem o consentimento dos diretores ou gerentes, mudar o objeto essencial da sociedade, prorrogar-lhe o prazo de duração, aumentar ou diminuir o capital social, emitir debêntures ou criar partes beneficiárias nem aprovar a participação em grupo de sociedade.

RESTRIÇÕES À APLICAÇÃO DA LEI DAS SOCIEDADES POR AÇÕES	
CÓDIGO CIVIL	**LEI N. 6.404/76**
	Art. 284. Não se aplica à sociedade em comandita por ações o disposto nesta Lei sobre Conselho de Administração, autorização estatutária de aumento de capital e emissão de bônus de subscrição.

22.4. Constituição das sociedades por ações

Como em todo e qualquer contrato, a constituição das sociedades por ações exigirá a presença de consentimento válido entre os contratantes, objeto possível, determinado ou determinável e forma prescrita ou não defesa em lei, bem como requisitos específicos de pluralidade de sócios, constituição de capital social, *animus contrahendi societatis (affectio societatis)* e coparticipação nos lucros e perdas.

22.4.1. Requisitos preliminares

A constituição da sociedade por ações dar-se-á pela forma institucional, exigindo a adesão dos interessados mediante subscrição de parcela do capital social. É, pois, curial que exista um projeto definindo detalhadamente o objeto a que se propõem os fundadores, a definição da sede, o valor inicial do capital, o número de ações e acionistas e outros aspectos de interesse dos instituidores.

Ao se reunirem para o ato de fundação da sociedade é possível que todos os interessados já conheçam o projeto e, nesse mesmo ato, paguem o valor da subscrição e assinem a ata da assembleia ou a escritura pública, conforme a forma escolhida pelos fundadores, aderindo aos termos ali propostos. É a hipótese de constituição simultânea, caracterizada pela subscrição particular.

Faculta-se, ainda, aos idealizadores da nova sociedade instituírem-na por meio de chamamento público de investidores, e, nesse caso, a constituição dependerá de alguns passos iniciais: a) pedido prévio de registro de emissão de ações na Comissão de Valores Mobiliários, que se fará acompanhar de um estudo de viabilidade econômica e financeira do empreendimento, de projeto do estatuto e de prospecto, documento assinado pelos fundadores e por instituição financeira que intermediará a operação, no qual constarão as bases da nova companhia e os motivos que justificam a expectativa de bom êxito do empreendimento; b) subscrição das ações pelos interessados, mediante pagamento e assinatura da lista ou do boletim de entrada; c) realização de assembleia geral visando à avaliação de eventuais bens outorgados durante o período de subscrição e à constituição da sociedade. É a constituição sucessiva, caracterizada pela subscrição pública.

Em qualquer das modalidades escolhidas, os requisitos preliminares serão sempre os mesmos: a) subscrição, por pelo menos duas pessoas, de todas as ações em que se divide o capital social fixado no estatuto; b) realização, como entrada, de dez por cento no mínimo, do preço de emissão das ações subscritas, em dinheiro; c) depósito em estabelecimento bancário da parte do capital realizado em dinheiro (10% ou mais).

22.4.2. Denominação social

O nome empresarial adotado pelas sociedades por ações é regulado pelos arts. 1.160 e 1.161 do Código Civil: a) as sociedades anônimas somente podem operar mediante denominação designativa do objeto social, integrada pelas expressões "sociedade anônima" ou "companhia", por extenso ou abreviadamente, permitindo-se, contudo, que conste o nome do fundador, acionista ou de outra pessoa física que tenha contribuído para a formação da empresa. A expressão "companhia" não pode vir ao final do nome porque, nesse caso, poderia confundir-se com as sociedades de pessoas que adotam firma social; b) as sociedades em comandita por ações podem tanto adotar denominação como firma social, constituída pelo nome de sócios que respondam ilimitada e solidariamente entre eles, subsidiariamente ao patrimônio social. À denominação ou à firma social deve seguir-se, obrigatoriamente, a expressão "comandita por ações".

Como em qualquer outro arquivamento que se opera na Junta Comercial, havendo colidência entre o nome empresarial pretendido pela nova sociedade e um outro já anteriormente inscrito, deve-se acrescer designação idônea que o distinga da preexistente.

A proteção do nome empresarial decorre de sua função essencial distintiva, diferenciando a empresa das demais existentes no mercado, protegendo-a contra a concorrência desleal e identificando-a perante os consumidores de seus produtos ou serviços.

22.4.3. Fundadores

Na constituição simultânea todos os subscritores são considerados fundadores (art. 88 da Lei n. 6.404/76), o que não ocorre na constituição sucessiva. Nesta última, realizada mediante a subscrição pública das ações, sua função se mostra mais relevante, exercendo papel preponderante na consecução desse objetivo. O fundador providenciará o pedido de registro de emissão de ações na Comissão de Valores Mobiliários, elaborará o projeto e o prospecto de chamamento dos novos acionistas e assumirá obrigações, assinando, eventualmente, contratos (v. g., contratação de peritos contábeis e advogados) precedentes à constituição. Em razão dessa relevante tarefa, o fundador faz jus a uma remuneração e responderá por prejuízos resultantes da inobservância dos preceitos legais ou, ainda, por dolo ou culpa em atos ou operações anteriores à constituição da companhia.

Uma questão deve ser enfrentada em relação aos fundadores, no tocante às despesas que fizer, uma vez que, não havendo sociedade constituída, os recursos destinados à fundação e a sua remuneração deverão ser indicados no interesse dos novos acionistas.

Algumas despesas são absolutamente necessárias à constituição da sociedade: registro, publicidade, difusão dos prospectos e boletins de ações, elaboração e impressão de cópias dos estatutos, despesas com tabelião, na hipótese de escritura pública. Tullio Ascarelli (2001:675-677) distingue as despesas em (a) legalmente obrigatórias e (b) normalmente necessárias, considerando que as primeiras, mesmo não constantes dos prospectos, deverão ser suportadas pelos recursos arrecadados durante a subscrição realizada. Em relação às segundas, somente poderão ser feitas com esses recursos se constantes do prospecto (art. 84, V, da Lei n. 6.404/76); se forem realizadas e debitadas aos fundos oriundos da subscrição, sem o cumprimento da publicidade (inclusão no prospecto), resultarão em responsabilidade pessoal do fundador.

22.4.4. Constituição por subscrição pública ou privada

a) Subscrição privada

Distingue-se a subscrição privada da pública porque não há publicidade em sua oferta. Os interessados se reúnem e recebem cópia do projeto de estatuto, deliberando a respeito. Duas formas podem ser adotadas para a decisão: assembleia geral ou escritura pública.

A assembleia geral tem ampla finalidade: é o momento para a subscrição das ações, para decidir a respeito da avaliação de bens (no caso de a integralização não se dar em dinheiro e de terem de ser avaliados os bens oferecidos) e, finalmente, deliberar sobre a constituição da companhia e a nomeação dos primeiros administradores, a quem competirão o arquivamento e a publicação dos atos de constituição.

No ato de arquivamento, os administradores apresentarão: I – um exemplar do estatuto social, assinado por todos os subscritores (LSA, art. 88, § 1º), ou, se a subscrição houver sido pública, os originais do estatuto e do prospecto, assinados pelos fundadores, bem como do jornal em que tiverem sido publicados; II – a relação completa, autenticada pelos fundadores ou pelo presidente da assembleia, dos subscritores do capital social, com a qualificação, número das ações e o total da entrada de cada subscritor (art. 85); III – o recibo do depósito a que se refere o inciso III do art. 80; IV – duplicata das atas das assembleias realizadas para a avaliação de bens, quando for o caso (art. 8º); V – duplicata da ata da assembleia geral dos subscritores que houver deliberado sobre a constituição da companhia (art. 87).

Ao preferirem a escritura pública, esta conterá necessariamente os requisitos exigidos pela lei (LSA, art. 88): a) a qualificação dos subscritores, pelo nome, nacionalidade, residência, estado civil, profissão e documento de identidade, ou, se pessoa jurídica, pela firma ou denominação, nacionalidade e sede; b) o estatuto da companhia; c) a relação das ações tomadas pelos subscritores e a importância das entradas pagas; d) a transcrição do recibo do depósito referido no inciso III do art. 80; e) a transcrição do laudo de avaliação dos peritos, caso tenha havido subscrição do capital social em bens (art. 8º); f) a nomeação dos primeiros administradores e, quando for o caso, dos fiscais. Salvo no caso em que a liquidação de oferta pública ocorra por meio de sistema administrado por entidade administradora de mercados organizados de valores mobiliários em que não se mostra necessário colher as assinaturas (cf. redação dada pelo art. 8º da LLE ao art. 85 da LSA), em todos os demais casos, os subscritores assinarão a escritura e a entregarão aos administradores nomeados para registro na Junta Comercial. A subscrição pode ser realizada por carta, nas condições previstas no prospecto, devendo ser especificados o número de ações e os dados de identificação do subscritor (nome, nacionalidade, residência, estado civil, profissão, documento de identidade ou, para as pessoas jurídicas pela firma ou denominação, nacionalidade e sede). Desnecessária a juntada de todos os documentos exigidos na constituição por assembleia geral, uma vez que esses elementos já constam da escritura pública.

b) Subscrição pública

A subscrição pública depende de requisitos prévios: autorização da CVM, elaboração de projeto de estatuto e prospecto.

Estão sujeitas à subscrição pública as companhias cujos valores mobiliários (ações, debêntures, bônus de subscrição, partes beneficiárias) são admitidos à venda em bolsas ou mercado de balcão. Essas sociedades são denominadas companhias abertas, sendo obrigatória, nesse primeiro momento, a intermediação da instituição financeira que será a responsável pela colocação dos títulos no mercado de balcão. Até a constituição, essas sociedades não dispõem de autorização para operar diretamente nas bolsas de valores, daí por que necessitam de agentes – instituições financeiras – que atuam diretamente com o público, buscando futuros subscritores entre seus clientes.

É possível dividir, para efeitos didáticos, em sete fases o procedimento necessário à subscrição pública de constituição das sociedades por ações:

a) **Fase preliminar do projeto:** elaboração do estudo de viabilidade econômica e financeira da empresa, do projeto de estatuto social e do prospecto. Este último deve conter as bases da companhia e os motivos que justifiquem a expectativa de bom êxito do empreendimento, e em especial os elementos do art. 84 da Lei n. 6.404/76: I – o valor do capital social a ser subscrito, o modo de sua realização e a existência ou não de autorização para aumento futuro; II – a parte do capital a ser formada com bens, a discriminação destes e o valor a eles atribuído pelos fundadores; III – o número, as espécies e classes de ações em que se dividirá o capital, o valor nominal das ações e o preço da sua emissão; IV – a importância da entrada a ser realizada no ato da subscrição; V – as obrigações assumidas pelos fundadores, os contratos assinados no interesse da futura companhia e as quantias já despendidas e por despender; VI – as vantagens particulares a que terão direito os fundadores ou terceiros e o dispositivo do projeto do estatuto que as regula; VII – a autorização governamental para constituir-se a companhia, se necessária; VIII – as datas de início e término da subscrição e as instituições autorizadas a receber as entradas; IX – a solução prevista se houver excesso de subscrição; X – o prazo dentro do qual deverá realizar-se a assembleia de constituição da companhia, ou a preliminar para avaliação dos bens, se for o caso; XI – o nome, nacionalidade, estado civil, profissão e residência dos fundadores, ou, se pessoa jurídica, a firma ou denominação, nacionalidade e sede, bem como o número e espécie de ações que cada um houver subscrito; XII – a instituição financeira intermediária do lançamento, em cujo poder ficarão depositados os originais do prospecto e do projeto de estatuto, com os documentos a que fizerem menção, para exame de qualquer interessado.

b) **Fase de registro na CVM:** pedido de registro de emissão das novas ações perante a Comissão de Valores Mobiliários, juntando os documentos precedentes.

c) **Fase de subscrição:** oferecimento público das ações pelas instituições financeiras intermediárias no mercado de balcão. No ato de subscrição o subscritor pagará a entrada na instituição financeira autorizada e assinará a lista ou o boletim individual, qualificando-se (nome, nacionalidade, residência, estado civil, profissão e documento de identidade, ou, se pessoa jurídica, firma ou denominação, nacionalidade e sede). Poderá, entretanto, recolher a entrada na conta autorizada e remeter carta à instituição contendo os elementos de identificação.

d) **Fase de avaliação:** encerrada a subscrição e havendo sido subscrito todo o capital social, os fundadores devem convocar assembleia geral com a finalidade de promover a avaliação de bens que eventualmente tenham sido oferecidos à integralização das ações subscritas.

e) **Fase de deliberação de constituição:** superada a avaliação de bens ou não sendo necessária, os fundadores convocarão os subscritores à assembleia de constituição, que se reunirá em dia, hora e local devidamente anunciados, instalando-se, em primeira convocação, com a presença de subscritores que representem, no mínimo, metade do capital social, e, em segunda convocação, com qualquer número. O projeto não pode ser alterado pela maioria, pela simples razão de que já houve adesão unânime dos subscritores ao conteúdo do projeto no momento da subscrição. Inexistindo oposição, e uma vez observadas as formalidades legais, um dos fundadores que presidir a assembleia declarará constituída a sociedade.

f) **Fase de eleição dos primeiros administradores:** na mesma assembleia, logo após a constituição, o presidente procede ao pleito de eleição dos primeiros administradores, na forma que constar dos estatutos.

g) **Fase de registro:** os registros da ata de constituição e eleição serão feitos em duplicata, e os primeiros administradores levarão um exemplar para arquivamento na Junta Comercial – os mesmos documentos exigidos para a constituição simultânea realizada por assembleia geral: I – um exemplar do estatuto social, assinado por todos os subscritores (art. 88, § 1º), ou, se a subscrição houver sido pública, os originais do estatuto e do prospecto, assinados pelos fundadores, bem como do jornal em que tiverem sido publicados; II – a relação completa, autenticada pelos fundadores ou pelo presidente da assembleia, dos subscritores do capital social, com a qualificação, número das ações e o total da entrada de cada subscritor (art. 85); III – o recibo do depósito a que se refere o inciso III do art. 80; IV – duplicata das atas das assembleias realizadas para a avaliação de bens, quando for o caso (art. 8º); V – duplicata da ata da assembleia geral dos subscritores que houver deliberado a constituição da companhia (art. 87).

22.4.5. Primeiros administradores

Os primeiros administradores estão obrigados a providenciar em até trinta dias a publicação e o registro dos atos de constituição da nova sociedade e são pessoal e solidariamente responsáveis pelos prejuízos causados na demora no cumprimento dessas formalidades. Na ausência do arquivamento respondem pessoalmente pelos atos e operações realizados em nome da companhia.

A severa imposição pela negligência ou demora no cumprimento da obrigação decorre do princípio segundo o qual nenhuma companhia pode funcionar sem que sejam arquivados e publicados os atos constitutivos (LSA, art. 94). Inexiste, portanto, no direito pátrio sociedade por ações irregular, ou, na terminologia do novo Código Civil, sociedade por ações em comum (arts. 986 a 990). Nas sociedades de pessoas faculta-se o exercício da atividade social e impõe-se aos sócios a responsabilidade solidária e ilimitada, com ou sem benefício de ordem, conforme a posição ou não de tratador do sócio. Na sociedade por ações já constituída, o funcionamento, sem o registro de seus atos, é vedado, mas ela não se torna irregular.

22.4.6. Estatutos

Os estatutos sociais devem conter os elementos essenciais comuns a qualquer contrato de constituição de sociedade, tais como sede, nome empresarial e objeto social e alguns outros específicos à forma adotada, encontrados na Lei n. 6.404/76, obrigatória ou facultativamente, dependendo da estrutura adotada: a) o objeto social, de modo preciso e completo (art. 2º, § 2º); b) a fixação do capital social, expresso em moeda nacional (art. 5º); c) a forma de alteração do capital social (art. 6º); d) o número das ações em que se divide o capital social, estabelecendo se as ações terão ou não valor nominal (art. 11); e) a criação ou não de uma ou mais classes de ações preferenciais com valor nominal; f) a previsão, precisa e minuciosa, de outras preferências ou vantagens que sejam atribuídas aos acionistas sem direito a voto, ou com voto restrito, além das previstas no artigo (art. 17, § 2º); g) a definição ou não a uma ou mais classes de ações preferenciais do direito de eleger, em votação em separado, um ou mais membros dos órgãos de administração (art. 18); h) se o capital for dividido em ações preferenciais, a declaração das vantagens ou preferências atribuídas a cada classe dessas ações e das restrições a que ficarão sujeitas; poderá prever o resgate ou a amortização, a conversão de ações de uma classe em ações de outra e em ações ordinárias, e destas em preferenciais, fixando as respectivas condições (art. 19); i) a forma das ações e a conversibilidade de uma forma em outra (art. 22); j) a forma de convocação e instalação da assembleia geral (art. 121); k) *quorum* para deliberação das matérias, nas companhias fechadas (art. 129, § 1º); l) a organização e estruturação administrativa da sociedade (art. 138); m) a criação de órgão com funções técnicas (art. 160); n) autorização para aumento de capital social (art. 168); o) a data de término do exercício social (art. 175); p) a criação de reservas (art. 194); q) o modo de liquidação da sociedade (art. 208); r) *quorum* diferenciado para promover a transformação da sociedade (art. 221) etc.

22.4.7. Número de sócios

Para a constituição da sociedade por ações é necessário se faça a subscrição de todas as ações em que se divide o capital social por, no mínimo, duas pessoas (LSA, art. 80, I). Contudo, há duas únicas exceções: a) a companhia subsidiária integral; e b) a sociedade com um único acionista, verificada em assembleia geral ordinária, no prazo em que a lei permite sua reconstituição: até a assembleia geral ordinária do ano seguinte (LSA, art. 206, I, *d*).

Subsidiária integral é a sociedade prevista no art. 251 da Lei n. 6.404/76, podendo originar-se mediante escritura pública ou pela aquisição de todas as ações de uma companhia por outra. É essencial que seu único acionista seja uma sociedade brasileira.

22.4.8. Capital social

O capital social deve ser fixado nos estatutos e corresponde ao montante inicial que a sociedade disporá para a consecução de seus objetivos sociais. A lei brasileira não estabelece um capital mínimo obrigatório, como também não dispôs uma faixa de valores para a obrigatoriedade de se adotar esta ou aquela estrutura social. Salvo na hipótese das sociedades dependentes de autorização[2] e das companhias abertas, inexiste interferência do Poder Público ou do legislador na consideração do valor necessário à viabilidade do empreendimento a ser desenvolvido pelas sociedades no território brasileiro.

---

[2] Exemplificando: os bancos comerciais, os bancos de investimento, as sociedades de crédito, financiamento e investimentos, as companhias hipotecárias, segundo o Anexo II da Resolução n. 2.099, de 17 de agosto de 1994, nos termos da alteração introduzida pela Resolução n. 2.607, de 27 de maio de 1999, do Banco Central do Brasil, somente podem constituir-se com um mínimo de capital realizado de R$ 17.500.000,00, R$ 12.500.000,00, R$ 7.000.000,00 e R$ 3.000.000,00, respectivamente.

Ao deixar de fixar um capital mínimo, possibilitou o legislador a criação de sociedade por ações para pequenos empreendimentos, de âmbito até familiar. Não havendo faixas obrigatórias para a escolha do tipo societário, é possível a constituição de sociedades limitadas para grandes empreendimentos, como realmente ocorre na prática.

A lei utiliza alguns termos para qualificar o capital social conforme se encontre ou não totalmente integralizado pelos subscritores. A expressão "capital subscrito" é usada para expressar o total que consta nos estatutos da sociedade, tenha sido ou não efetivamente pago pelos acionistas subscritores das ações. "Capital realizado" corresponde à soma do que efetivamente ingressou na sociedade, isto é, a parte que os acionistas subscritores realmente efetivaram. "Capital a realizar" é o valor que falta a ser integralizado pelos acionistas.

a) Realização inicial

Na constituição do capital social, a Lei de Sociedades por Ações exige a realização mínima, a título de entrada, de dez por cento sobre o preço de emissão das ações subscritas em dinheiro, em depósito no Banco do Brasil ou instituição autorizada (art. 80).

A lei societária autoriza a formação do capital social com contribuições em dinheiro ou em qualquer espécie de bens suscetíveis de avaliação monetária. No caso de transferência de bens a favor da companhia, exige-se avaliação por três peritos ou por empresa especializada, sendo certo que estes, bem como o subscritor, respondem perante a companhia, os acionistas e terceiros pelos danos que lhes causarem por culpa ou dolo na avaliação, sem prejuízo da responsabilidade penal em que tenham incorrido. No caso de bens em condomínio, a responsabilidade dos subscritores é solidária.

A algumas sociedades, contudo, exige-se a realização de seu capital inicial sempre em dinheiro, como é o caso das instituições financeiras públicas e privadas (art. 26 da Lei n. 4.595/64).

b) Aumento de capital autorizado

Durante a vida da sociedade, seu capital pode ser mantido, aumentado ou até reduzido, dependendo da conveniência e situações que ocorrem. Em geral compete à assembleia geral, em reunião ordinária ou extraordinária (LSA, art. 166), aumentar o capital social; contudo, nem sempre a modificação depende de sua decisão. Há casos de aumento de capital automático, por força do que determinar o estatuto da companhia. É o que ocorre, por exemplo, na companhia de capital autorizado, cujo estatuto pode conter autorização para aumento de capital social independente de reforma estatutária. Nesse caso, a autorização deve especificar: a) o limite de aumento, em valor do capital ou em número de ações, e as espécies e classes das ações que poderão ser emitidas; b) o órgão competente para deliberar sobre as emissões, que poderá ser a assembleia geral ou o conselho de administração; c) as condições a que estiverem sujeitas as emissões; d) os casos ou as condições em que os acionistas terão direito de preferência para subscrição, ou de inexistência desse direito. Se o limite de autorização for fixado em valor do capital social, será anualmente corrigido pela assembleia geral ordinária, com base nos mesmos índices adotados na correção do capital social.

Emprega-se, ainda, o capital autorizado para beneficiar administradores, empregados e pessoas naturais que prestem serviços direta ou indiretamente à sociedade, por meio de opção de compra de ações.

Sociedade anônima de capital autorizado é, portanto, aquela que adotou, como sistema de formação do capital, a subscrição em valores inferiores ao autorizado pelos estatutos sociais. Nesse caso, o capital a ser realizado já está autorizado de antemão, independente de reforma dos estatutos ou convocação de assembleia para deliberação, bastando aos órgãos de administração lançar novas ações, paulatinamente, conforme sua necessidade.

Impõe a lei que as sociedades que adotarem esse tipo de aumento de capital devem, necessariamente, estabelecer como órgão de deliberação, ao lado da diretoria, o conselho de administração (LSA, art. 138). Em razão dessa particularidade, Waldirio Bulgarelli (1996:94) entende que as sociedades anônimas de capital autorizado são "um verdadeiro subtipo de sociedade anônima, com características próprias", expressão rejeitada por Rubens Requião (1995:48), que assim entende: "a companhia constituída com o capital autorizado, de que agora cuidaremos, não é uma espécie de sociedade anônima. Não se confunde com companhia aberta, pois esta pode adotar o sistema de capital autorizado ou de capital determinado ou fixo. O capital autorizado, pois, constitui um sistema de formação do capital, apenas, e não de sociedade. A companhia fechada ou aberta, indiferentemente, podem constituir seu capital na forma de autorização".

c) Redução do capital social

É possível a redução do capital social anteriormente fixado em quatro hipóteses, contempladas pela Lei n. 6.404/76:

(1) Perdas. A primeira hipótese é o acúmulo de perda ou prejuízo pela companhia. A redução dar-se-á até o limite do prejuízo acumulado

pela sociedade, conforme estipula o art. 173 da Lei das Sociedades por Ações: "A assembleia geral poderá deliberar a redução do capital social se houver perda, até o montante dos prejuízos acumulados, ou se julgá-lo excessivo".

(2) Excesso de capital. Mas não é apenas no caso de perda e acúmulo de prejuízos que se dará a redução do capital. A lei contempla a eventualidade de excesso de capital, e, nesse caso, a solução é a retirada de circulação definitiva de determinado volume de ações, mediante o resgate do excesso que se encontra em mãos dos acionistas. O art. 44 da Lei n. 6.404/76 regulamenta a matéria em seu § 1º.

(3) Reembolso dos acionistas dissidentes sem substituição. A redução do capital pode ocorrer pelo pagamento dos acionistas dissidentes, isto é, aqueles que, não se conformando com as decisões tomadas pelos órgãos sociais, decidem, unilateralmente, retirar-se, levando consigo fundos aplicados. Se, no prazo de cento e vinte dias, contados da publicação da ata da assembleia que autorizou a retirada, não se substituir o acionista dissidente, considerar-se-á reduzido o capital da companhia, no limite dos fundos retirados.

Em caso de falência se anteveem duas situações: a primeira, na hipótese de os dissidentes terem recebido seus créditos, e a segunda, se não retiraram os fundos autorizados pela assembleia quando do evento falimentar.

A matéria é tratada no art. 45 da Lei n. 6.404/76, especialmente nos §§ 6º, 7º e 8º. Os acionistas dissidentes ficam responsáveis pela restituição do reembolso pago, até o limite dos credores então existentes, na mesma proporção, pelo valor dividido entre todos os acionistas cujas ações tenham sido reembolsadas. Exemplificando: cinco acionistas dissidentes deixaram a sociedade retirando, no total, 10% do capital, ou, em valores monetários, a importância de R$ 100.000,00, sendo que dois deles retiraram 3% do total do capital social cada um (R$ 30.000,00 cada); outros dois, 1% cada (R$ 10.000,00) e o último, R$ 20.000,00 ou 2% do capital social. Sobrevindo a falência, em data posterior, apurando-se existir entre os credores habilitados a soma de R$ 500.000,00 de créditos mais antigos, ainda não satisfeitos e anteriores à data da assembleia que decidiu pelo exercício do direito de recesso desses sócios, o valor proporcional de devolução do reembolso de cada um será:

- aqueles que receberam 3% do capital (R$ 30.000,00) reembolsarão até 3% dos débitos antigos (ou o limite de R$ 15.000,00);

- os que receberam 1% do capital (R$ 10.000,00) reembolsarão até 1% dos débitos antigos (ou até R$ 5.000,00);
- o que retirou 2% (R$ 20.000,00) reembolsará até o limite de 2% da dívida existente (no exemplo, R$ 10.000,00).

Considerou-se que o reembolso não deva ser integral, mas proporcional a sua participação no capital social e, ao mesmo tempo, na dívida existente, para não impor aos dissidentes obrigação superior àquela a que se sujeitariam se permanecessem na sociedade. O reembolso se baseia em balanço especial que leva em conta o patrimônio líquido apurado no momento da retirada. Operações posteriores podem inviabilizar a manutenção daqueles valores, mas não se justifica sua imposição aos sócios retirantes. É justo, portanto, que não respondam com o valor integral da retirada – salvo se a apuração levantada por balanço especial for inidônea –, mas, tão somente, na proporção do que aquela retirada representava no capital social e sobre a dívida acumulada até a data da operação e que não foi saldada em razão de fatos posteriores não atribuíveis a esses sócios dissidentes.

No caso de os acionistas dissidentes não saldarem amigavelmente os débitos, a ação para o recebimento dessas importâncias é de natureza tipicamente falimentar, prevista no art. 82 da Lei Falimentar: o administrador judicial proporá a ação revocatória, declarando-se ineficaz o ato de reembolso, independentemente de apuração de culpa ou dolo por parte dos administradores da companhia e dos acionistas dissidentes.

Se, à data da falência, o acionista dissidente ainda não recebeu seu crédito, apesar de autorizado pela assembleia, sua situação não é a de devedor por reembolso, mas a de credor da massa, na qualidade de quirografário. Contudo, somente receberá os rateios que lhe competirem após o pagamento, proporcionalmente, dos credores existentes à época de sua retirada. Pagos os credores antigos, seu crédito subsiste pelos bens que ainda existirem na massa falida.

(4) Pagamento de acionista remisso. A redução ainda pode ocorrer na hipótese de devolução das importâncias já efetuadas pela integralização parcial do capital subscrito, pelo acionista remisso, sem que a sociedade tenha êxito em sua venda a terceiros.

Acionista remisso é aquele que não paga, no prazo e forma acordados, a importância que originalmente prometeu integralizar, ficando em mora diante da sociedade. Nesse caso, a companhia pode executar o acionista, recebendo as importâncias faltantes, ou vender as ações em bolsa de valores, em leilão especial previamente comunicado mediante publicação de aviso, recebendo do novo comprador o preço das ações.

Se a sociedade não obtiver resultados por nenhum dos dois meios (execução contra o remisso ou venda em bolsa), só lhe restará ela mesma integralizá-las com lucros ou reservas que tiver. Se, ainda assim, não for possível, porque ausentes esses valores, as ações aguardarão o prazo de um ano para "cair em comisso", e, não sendo encontrado comprador, a assembleia decidirá sobre a redução do capital até o limite das ações não integralizadas. A lei utiliza a expressão "ações caídas em comisso", significando que estas já não possuem direito à integralização, por inadimplência do subscritor e por não ter sido possível a execução ou a venda em bolsa.

22.5. Classificação das sociedades por ações

Além de estudar as sociedades por ações sob a faceta de seu capital, definindo as sociedades de capital autorizado, e, ainda, sob a ótica do número de integrantes – apontando a singular subsidiária integral –, ambas objeto de exame nos itens anteriores, a perfeita compreensão do multiforme papel utilitário das sociedades por ações impõe o exame de certas peculiaridades que as sociedades podem assumir durante sua existência quanto à: a) emissão e distribuição de valores mobiliários: as sociedades serão abertas ou fechadas; b) origem de seu capital: considerar-se-ão de capital privado ou misto; c) transnacionalidade de seu capital, de sua direção e atuação, classificando-se em multinacionais, nacionais ou estrangeiras.

22.5.1. Sociedades abertas e fechadas

As sociedades anônimas podem ser divididas em sociedades abertas e fechadas, conforme tenham ou não seus valores mobiliários admitidos à venda em bolsa ou no mercado de balcão.

a) Comissão de Valores Mobiliários

Para ter acesso a esse mercado aberto, as sociedades necessitam de autorização da Comissão de Valores Mobiliários, entidade autárquica vinculada ao Ministério da Fazenda e administrada por um presidente e quatro diretores, nomeados pelo Presidente da República, dentre pessoas de ilibada reputação e reconhecida competência em matéria de mercado de capitais. O art. 8º da Lei n. 6.385, de 7 de dezembro de 1976, estabelece as atribuições da Comissão de Valores Mobiliários em todo o território nacional:

I – regulamentar, com observância da política definida pelo Conselho Monetário Nacional, as matérias expressamente previstas nesta lei e na Lei de Sociedades por Ações;

II – administrar os registros instituídos por esta lei;

III – fiscalizar permanentemente as atividades e os serviços do mercado de valores mobiliários, de que trata o art. 1º, bem como a veiculação de informações relativas ao mercado, às pessoas que dele participem e aos valores nele negociados;

IV – propor ao Conselho Monetário Nacional a eventual fixação de limites máximos de preço, comissões, emolumentos e quaisquer outras vantagens cobradas pelos intermediários de mercado;

V – fiscalizar e inspecionar as companhias abertas, dada prioridade às que não apresentem lucro em balanço ou às que deixem de pagar o dividendo mínimo obrigatório.

b) Bolsas de valores

Bolsa de valores é uma entidade privada cujo órgão máximo é a Assembleia Geral, que se reúne ordinariamente com a finalidade de deliberar sobre sua proposta orçamentária e a aprovação das demonstrações financeiras do exercício anterior, bem como para a eleição dos membros do conselho de administração.

Na BM&FBOVESPA S/A – Bolsa de Valores, Mercadorias e Futuros, sediada em São Paulo, a administração é exercida pelo conselho de administração, órgão integrado por no mínimo 7 e no máximo 13 membros, eleitos pela Assembleia Geral para um mandato unificado de 2 anos, sendo permitida a reeleição.

As bolsas de valores mantêm um local para negociação de valores mobiliários organizado e fiscalizado pelos próprios corretores e pelas autoridades monetárias, sendo exatamente estes seus dois principais objetivos: a) manter local para a realização de venda e compra de títulos e valores mobiliários, destinado a seus membros; b) fiscalizar o cumprimento das disposições legais e regulamentares de seus membros – corretoras – e das sociedades emissoras de títulos.

Especificamente, a Bolsa de São Paulo estabelece entre seus objetivos sociais o exercício ou a participação em sociedades que mantenham "ambientes ou sistemas adequados à realização de negócios de compras e vendas, leilões e operações especiais envolvendo valores mobiliários, títulos, direitos e ativos, no mercado de bolsa e no mercado de balcão organizado" (art. 3º, II, do estatuto social na versão aprovada em 20 de maio de 2016).

No Brasil[3] organizaram-se nove bolsas de valores, sendo as mais conhecidas a de São Paulo e a do Rio de Janeiro. A de São Paulo foi criada em 23 de agosto de 1890, sob o nome Bolsa Livre de São Paulo, por iniciativa de Emílio Rangel Pestana – irmão de Francisco Rangel Pestana, um dos fundadores do jornal *O Estado de S. Paulo* –, e instalada na Rua do Rosário (hoje denominada Rua João Brícola) n. 2. Contando inicialmente com noventa e três membros, caracterizava-se por pregões breves, de trinta minutos diários, entre as 14h00 e as 14h30, oportunidade em que as ofertas de venda e compra de títulos eram realizadas pelos próprios sócios ou seus agentes.

Sobrevindo uma grande oferta de papéis sem lastro no mercado, fruto de quinze novos bancos e duzentas e sete companhias, encerraram-se várias empresas, atingindo os negócios da Bolsa Livre de São Paulo, que, em decorrência, fechou suas portas em 31 de outubro de 1891. Nessa época funcionava com os principais bancos de São Paulo, na Rua XV de Novembro n. 37.

Superadas as crises financeiras, surgiu, em 24 de janeiro de 1895, a Bolsa de Fundos Públicos de São Paulo, fundada por seis principais corretores da praça de São Paulo: Estevam Estrella, Leônidas Moreira, Francisco Carneiro, Frederico Luz e Ernesto Silva. Nesse ano o número de cadeiras era inferior a nove, bem menor que as noventa e três da bolsa precedente. Seu registro somente veio em 7 de junho de 1897, pelo Decreto n. 454. Em 1935 seu nome foi alterado para Bolsa Oficial de Valores de São Paulo, funcionando em regime semiautônomo, diretamente vinculada à Secretaria da Fazenda de São Paulo. A transformação em entidade privada, autônoma, somente ocorre a partir da vigência da Lei n. 4.728, de 14 de julho de 1965, que, em seu art. 6º, declarou sua autonomia administrativa, financeira e patrimonial e operação sob a supervisão do Banco Central do Brasil, de acordo com a regulamentação expedida pelo Conselho Monetário Nacional. Assim, em 1967, a antiga Bolsa Oficial passou a denominar-se Bolsa de Valores de São Paulo.

---

[3] Para uma história completa veja BOVESPA, *Uma História Centenária*, São Paulo, MPF Produções Culturais, 1990, publicação em comemoração aos cem anos da Bolsa de Valores de São Paulo.

Em 2008 nasceu a BM&FBovespa, a partir da integração da BM&F e da Bovespa, sendo atualmente a única bolsa de valores mobiliários atuante no Brasil.

c) Mercado de balcão

Algumas ações, embora autorizadas pela Comissão de Valores Mobiliários, não são listadas entre as negociadas em bolsa, por não satisfazerem determinados requisitos para efeito de negociação de seus títulos em pregão. Cada bolsa fixa suas exigências em termos de tamanho de capital, rentabilidade mínima etc. Assim, negada a negociação em determinado pregão, o valor mobiliário pode ser comercializado em outra bolsa ou no mercado de balcão.

"Mercado de balcão é simplesmente um mercado organizado de títulos, mas cuja negociação não se faz em local determinado (como o mercado de bolsa) e sim por telefone, através do qual os operadores promovem entre si ofertas de compra e venda de títulos, cumprindo ordens de seus clientes ou por conta própria" (CNBV, 1980:57).

Além da Comissão de Valores Mobiliários, o mercado acionário está sujeito à fiscalização do Ministério Público, cabendo a este órgão do Estado propor ação civil pública (Lei n. 7.913/89, art. 1º) para evitar prejuízos ou obter o ressarcimento de danos causados aos titulares de valores mobiliários e aos investidores do mercado, decorrentes de práticas irregulares, especialmente quando ocorrer: a) operação fraudulenta, prática não equitativa, manipulação de preços ou criação de condições artificiais de procura, oferta ou preço de valores mobiliários; b) compra ou venda de valores mobiliários, por parte dos administradores e acionistas controladores de companhia aberta, utilizando-se de informação relevante, ainda não divulgada para conhecimento do mercado, ou a mesma operação realizada por quem a detenha em razão de sua profissão ou função, ou por quem quer que a tenha obtido por intermédio dessas pessoas; c) omissão de informação relevante por parte de quem estava obrigado a divulgá-la, bem como sua prestação de forma incompleta, falsa ou tendenciosa.

22.5.2. Sociedade de economia mista

Prevista nos arts. 235 a 240 da Lei n. 6.404/76, a sociedade de economia mista faz parte do complexo de empresas estatais, ao lado das empresas públicas e outras mantidas pelo Poder Público. Por força do art. 173, § 1º, II, da Constituição Federal, é criada para explorar atividade econômica de produção ou comercialização de bens ou prestação de serviços, visando atender a uma função social e sujeitando-se ao regime jurídico próprio das empresas privadas.

Em razão de seu regime ambígeno, sujeita-se à obediência aos princípios da Administração Pública, inclusive na contratação de obras, serviços, compras e alienações. Obriga-se, ainda, a manter conselhos de administração e fiscal, órgãos facultativos, em regra, para as sociedades anônimas em geral. Esse hibridismo é condenado por Ripert, dada a dificuldade de tentar "conciliar o inconciliável" (1954, 2:597): "Se o Estado é o mais forte, se trata, na realidade, de uma empresa estatal que adota a aparência de uma empresa privada. Se o Estado não pode impor sua vontade, intervém na economia unicamente para proteger e subvencionar".

As principais características da sociedade de economia mista são: a) criação e extinção por lei (art. 236 da Lei n. 6.404/76); b) ter como objeto atividade econômica de produção ou comercialização de bens ou prestação de serviços; c) ser necessária aos imperativos da segurança nacional ou a relevante interesse coletivo, conforme definido em lei; d) sujeitar-se ao controle governamental; e) sujeitar-se às normas de direito público nas licitações, contratações de serviços e compras, mas reger-se também pelas regras da sociedade por ações; f) distinguir-se da empresa pública em razão da forma que adota – sociedade anônima – e, ainda, porque seu capital tem origem híbrida: fundos públicos e em investimento de particulares; g) o controle da sociedade encontrar-se em poder de pessoa jurídica de direito público; h) a função de acionista controlador ser exercida, com todos os seus encargos, pela pessoa jurídica de direito público que a criou e mantém; i) seus administradores, além da responsabilidade ordinária dos diretores das sociedades anônimas, estarem subordinados a regime próprio da administração estatal (CF88, art. 173, § 1º, V), inclusive às penas em decorrência de improbidade administrativa (art. 1º da Lei n. 8.429/92).

A partir dessas características próprias quanto a seu controle, criação e objeto, é possível formular o seguinte conceito de sociedade de economia mista: sociedade anônima de direito privado, mas sujeita aos princípios da Administração Pública e controlada pelo Poder Público, criada por lei para atender aos imperativos da segurança nacional ou a relevante interesse coletivo, tendo por objeto atividade econômica de produção ou comercialização de bens ou prestação de serviços.

22.5.3. Sociedade anônima multinacional

Três usos podem ser feitos da expressão "empresa multinacional": a) o uso econômico, mostrando o processo de expansão extraterritorial dessas empresas; b) a indicação de Estados-sócios comuns a um empreendimento; e c) empresas constituídas sob regras comuns e uniformes de dois ou mais Estados.

Rubens Requião adverte para o uso da expressão "empresa multinacional" como sinônima de grande empresa estrangeira: "Nos últimos anos surgiu essa nova designação para as grandes empresas, que operam em vários países, e cujo poderio econômico se sobrepõe ao dos governos nacionais economicamente fracos, imiscuindo-se não raro na política interna dessas nações. Muitas empresas, que até agora eram simplesmente consideradas estrangeiras, ou cujas subsidiárias tomam a nacionalidade brasileira mas têm seu centro de decisões no exterior, estão sendo impropriamente denominadas sociedades multinacionais, sobretudo pela imprensa e pelos políticos. É muito conveniente, na verdade, para as empresas alienígenas, essa mudança de designação genérica, pois a expressão empresa estrangeira provoca desconfiança e repulsa dos movimentos xenófobos..." (Requião, 1995, 2:39). Para o renomado autor, "sociedade multinacional é sinônimo de sociedade supranacional", citando como exemplo a empresa brasileiro-paraguaia Itaipu.

Em *Empresas* "Multinacionais e Interesses de Classes" (1978:12), Bresser Pereira explica que a expressão parece ter sido utilizada para denotar esse significado a partir de abril de 1960, quando proferida por David E. Lilienthal em conferência no *Carnegie Institute of Technology*, sendo adotada pelas Nações Unidas. Citando a obra *Multinational Corporations in World Development,* da ONU, o Professor Luiz C. Bresser Pereira aponta seu uso corrente para "todas as empresas que controlam ativos – fábricas, minas, escritórios de venda etc. – em dois ou mais países", entretanto prefere distinguir empresas internacionais – as que possuem filiais em mais de um país – de multinacionais – as "grandes empresas oligopolísticas que se expandem em escala mundial a partir dos anos cinquenta" do século XX.

Seja esse ou, ainda, o fator transnacional das legislações a caracterizar o conceito de empresa multinacional, certo é que a competitividade empresarial, num mercado cada vez mais globalizado, sobretudo em decorrência de acordos internacionais e constituição de grandes conglomerados comuns – ALCA, CEE, MERCOSUL, NAFTA etc. –, leva à busca de soluções jurídicas coincidentes, impondo a adoção de disciplinas legais uniformes.

Nessa matéria, a União Europeia caminha a passos largos, tendo aprovado o Regulamento do Conselho n. 44/2001, de 22 de dezembro de 2000, relativo à competência judiciária, ao reconhecimento e à execução de decisões em matéria civil e comercial, que, embora exclua (art. 1º, 2, *b*) os processos de falência, concordata e análogos, abrange toda a matéria contratual e contratos celebrados por consumidores, inscrição ou validade de propriedade industrial.

Seus investimentos não se restringem à matéria de decisão e execução de sentenças judiciárias sobre os litígios empresariais, mas a ousados programas de incentivo à promoção de empresas comuns – concentração de empresas locais ou do mercado comum e outras localizadas fora do continente – em várias regiões do mundo, incluindo as de pequeno e médio porte.

O relatório da Comissão das Comunidades Europeias ao Conselho, ao Parlamento Europeu e aos Comitês Econômico-Social e das Regiões, apresentado em 1º de março de 2001, traz o subtítulo "Construir uma Europa empresarial – as atividades da União Europeia a favor de programas das pequenas e médias empresas (PME)", destacando, entre outros pontos: a) a criação de um instrumento específico, o *European Communities Investment Partner*s – ECIP – 290, com investimentos da ordem de 250 milhões de euros para o período de 1995 a 1999, visando facilitar a aplicação direta nos países mediterrânicos, asiáticos, da América Latina e da África do Sul; b) o programa financia a criação de parcerias entre empreendimentos da União Europeia e os locais e acordos de licença, atingindo principalmente pequenas e médias empresas. Os grandes empreendedores podem ser beneficiados, contanto que não sejam multinacionais. O relatório afirma que entre 1997 e 1998 foram aprovados 648 pedidos de financiamento, num montante total superior a 65 milhões de euros; c) algumas facilidades são oferecidas no processo de identificação de parceiros de investimentos, estudos de viabilidade, ações de formação, assistência técnica ou gestão de empresas: subvenções, adiantamentos sem juros, participação no capital, subvenções para as PME ou adiantamentos sem juros para as grandes empresas.

Nesse mesmo documento é descrito o mecanismo de incentivo à criação de empresas comuns transnacionais:

"Dotado de um orçamento indicativo de 84 milhões de euros para o período de 1997-2000, o programa *Joint European Venture* tem por objetivo estimular a cooperação entre as PME, apoiando a criação de empresas comuns transnacionais entre PME da União Europeia. Numa primeira fase, o programa JEV financia 50% do total das despesas associadas à concepção e criação de uma empresa comum (até um limite máximo de 50.000 euros). No final desta fase, as duas empresas decidem se e de que forma a empresa comum será criada. Está prevista uma ajuda de 10% para os investimentos realizados pela nova empresa. O apoio total por projeto JEV limita-se a 100.000 euros. Os projetos são apresentados pelas PME junto de uma rede formada por 80 intermediários financeiros provenientes dos 15 Estados--Membros. Em 1999, foram adotados 65 projetos (contra 11 em 1998) e são atualmente objeto de exame cerca de 40".

"A fim de promover o programa JEV junto dos dirigentes de empresas, foi adotado um mecanismo de promoção e realizaram-se vários seminários em toda a Europa. A Comissão participou em mais de 20 conferências sobre este tema, organizadas por representantes de PME ou por intermediários financeiros. O 'mecanismo de promoção' das empresas comuns transnacionais prevê, por um lado, uma subvenção máxima de 20.000 euros e de 50% das despesas elegíveis para a organização deste tipo de evento e, por outro lado, uma subvenção máxima de 10.000 euros e de 50% das despesas elegíveis para o material de promoção. Em junho de 1999, o programa JEV foi alargado aos países do EEE, por decisão do Comitê Misto UE-EFTA. Consequentemente, as PME do Liechenstein, assim como da Noruega e da Islândia, também são elegíveis para participarem no programa."

Em inúmeros campos os institutos de Direito Comercial trazem a marca cosmopolita de suas origens, e é possível que, em futuro não muito distante, as regras do Direito Societário e as soluções jurisdicionais alcancem expansões jamais idealizadas pelos estudiosos do Direito. E isso não apenas no tocante às regras das sociedades anônimas, como já previra Rubens Requião (1995, 2:41) há mais de trinta anos, mas também às das sociedades com fins econômicos em geral, e, em especial, à concentração de empresas. Todas deverão obedecer a um comando único, visando facilitar os negócios e a expansão empresarial em todo o mundo.

22.6. Elaboração e divulgação de demonstrações financeiras

Às sociedades por ações o legislador impôs certas regras para a escrituração de sua contabilidade que as diferenciam de todas as demais sociedades e, entre elas, a obrigação de dar conhecimento público de sua real situação econômico-financeira ao final de cada exercício social.

22.6.1. Princípios da periodicidade, da anualidade e da competência exclusiva

São três os princípios que regem a divulgação dos resultados sociais: o princípio da periodicidade, o da anualidade e o da competência exclusiva da assembleia geral.

a) Da periodicidade e da anualidade

A fixação de um exercício social para apuração dos resultados sociais é norma adotada pelas legislações empresariais em todo o mundo. No direito brasileiro esse princípio – denominado periodicidade da apuração contábil e demonstração econômico-financeira da companhia – vem previsto no art. 175 da Lei n. 6.404/76:

"Art. 175. O exercício social terá duração de 1 (um) ano e a data do término fixada no estatuto. Parágrafo único. Na constituição da companhia e nos casos de alteração estatutária o exercício social poderá ter duração diversa".

Em outras palavras, cada exercício tem a duração de um ano. Contudo, seu término é fixado livremente no estatuto de cada companhia. Desse dispositivo extraem-se a mencionada regra da periodicidade, e a adoção do princípio da anualidade que comporta, por sua vez, duas exceções: na alteração estatutária e na constituição da companhia. É que o período compreendido entre as datas dessas ocorrências e a data do término do primeiro exercício pode ser inferior a um ano. Por exemplo: a sociedade foi constituída em maio de 2008 e seus estatutos fixaram como data de término da apuração das operações sociais, em cada exercício, todo dia 31 de dezembro. O primeiro resultado dessa companhia, portanto, corresponderá a um período de sete meses, inferior a um ano.

Quanto às funções do princípio da anualidade, Egberto Lacerda Teixeira (1979, 2:515) enfatiza seu caráter tríplice: "[...] serve como parâmetro para a apuração dos resultados sociais, para o julgamento da gestão social e para a fixação dos valores a serem tributados [...]".

b) Da competência exclusiva

A fixação do término do exercício social é de competência exclusiva da assembleia geral, porque cabe a ela aprovar os estatutos no momento da constituição da sociedade (LSA, art. 87) e, posteriormente, deliberar sobre a reforma desse mesmo estatuto social (LSA, art. 122, I).

22.6.2. Demonstrações financeiras comuns

A legislação das sociedades por ações estabelece cinco ordens de demonstrações contábeis, três comuns e duas especiais, estas últimas exigidas de um universo menor de companhias, considerando distinções de tamanho patrimonial e de possibilidade de oferecimento de seus valores mobiliários no mercado aberto.

As três demonstrações financeiras comuns a todas as sociedades por ações, a serem elaboradas pela diretoria da companhia e submetidas à aprovação da assembleia geral, são: (I) balanço patrimonial, (II) demonstração dos lucros ou prejuízos acumulados e (III) demonstração do resultado do exercício.

a) Balanço patrimonial

Balanço patrimonial é a representação contábil, gráfica e aproximada, da situação econômico-financeira da empresa, sempre quantitativa, isto é, a partir de valores do ativo e do passivo relativos à sua universalidade jurídica. Deve, portanto, retratar de forma mais fidedigna possível uma situação estática – isto é, a conhecida num momento determinado – dos bens e direitos (ativo) e das obrigações e responsabilidades (passivo) que integram o complexo de relações jurídicas dotadas de valor econômico da empresa.

• É *representação contábil* porque informada por princípios da Contabilidade.

• É *gráfica* no que se refere à forma sintética de apresentação: as contas totalizadoras são classificadas e agrupadas com vistas à facilitação de sua leitura e compreensão. A Lei das Sociedades Anônimas estabelece regras rígidas quanto à classificação no art. 178.

No ativo devem figurar cinco grupos de contas: ativo circulante, ativo realizável a longo prazo, investimentos, ativo imobilizado e conta intangível. Estes três últimos compunham até a reforma de maio de 2009 o gênero ativo permanente, que se dividia, por sua vez, em quatro outros subgrupos: investimentos, imobilizado, intangível e diferido.

Os incisos I e II do art. 179 da LSA definem a classificação de cada um dos dois primeiros grupos: (I) no ativo circulante: as disponibilidades, os direitos realizáveis no curso do exercício social subsequente e as aplicações de recurso em despesas do exercício seguinte; (II) no ativo realizável a longo prazo: os direitos realizáveis após o término do exercício seguinte, assim como os derivados de vendas, adiantamentos ou empréstimos a sociedades coligadas ou controladas (art. 243), diretores, acionistas ou participantes no lucro da companhia, que não constituírem negócios usuais na exploração do objeto da companhia.

Estão definidos nos incisos III a VI do art. 179 da LSA, com a redação que lhe deu a Lei n. 11.941, de 27 de maio de 2009: "III – em investimentos: as participações permanentes em outras sociedades e os direitos de qualquer natureza, não classificáveis no ativo circulante, e que não se destinem à manutenção da atividade da companhia ou da empresa; IV – no ativo imobilizado: os direitos que tenham por objeto bens corpóreos destinados à manutenção das atividades da companhia ou da empresa ou exercidos com essa finalidade, inclusive os decorrentes de operações que transfiram à companhia os benefícios, riscos e controle desses bens; V – (diferido, revogado) e VI – no intangível: os direitos que tenham por objeto bens incorpóreos destinados à manutenção da companhia ou exercidos com essa finalidade, inclusive o fundo de comércio adquirido".

O passivo compreende dois grupos de contas: passivo circulante e passivo não circulante. São obrigações da companhia. Distinguem-se passivo circulante e passivo não circulante por se referir o primeiro àquelas que se vencerem no exercício seguinte e, o segundo, às obrigações com prazo mais longo.

A Lei das Sociedades Anônimas regulamenta os critérios de avaliação do ativo e do passivo de forma detalhada nos arts. 183 e 184.

• Diz-se *aproximada* porque nem sempre o balanço espelha a real situação da empresa, mesmo quando não fundado em bases falsas, isto porque seus lançamentos sujeitam-se a valorações nem sempre exatas e interpretações diversas por parte dos profissionais que o elaboram. Essa relatividade não justifica qualquer descuido em sua elaboração, como adverte Carvalho de Mendonça (2000, 2:253):

"Tenha o comerciante em muita consideração que o balanço é uma peça conscienciosa. Não se preocupe em iludir nem enganar os seus credores. Dando elevados valores, descrevendo créditos perdidos ou prescritos etc., o comerciante ilude-se a si próprio e falsifica o balanço. Sem honestidade nesta importante operação não há êxito possível".

É por essa razão que o jurista (Mendonça, 2000, 2:250) o denomina "quadro sinótico do ativo e passivo" que "serve de salutar advertência ao comerciante, habilitando-o a providenciar, oportunamente, em bem dos interesses seus e dos credores".

Elaborar balanço com dados inexatos ou omitir lançamento que nele deveria constar são causas de aumento de pena de crime previsto na legislação falimentar (LREF, art. 168, § 1º, I e II).

• É *quantitativa* por se referir sempre a valores do ativo e do passivo.

• Por fim, o balanço é *representação estática* por refletir um momento específico, fixado nos estatutos, da dinâmica empresarial.

Quanto à natureza jurídica, o balanço é, na visão de Tullio Ascarelli (2001:604-605), "negócio declaratório, que visa simultaneamente a determinados fatos e às consequências que deles decorrem à vista das regras jurídicas aplicáveis; visa, com efeito, o balanço, a verificar o ativo e o passivo da sociedade, à vista da gestão do exercício; os lucros (ou as perdas) realizados; os lucros distribuíveis".

b) Demonstração dos lucros ou prejuízos acumulados

É o instrumento em que se dá a conhecer os fatos contábeis a partir do início do exercício, visando apurar quanto operacionalmente a empresa recebeu e quanto gastou no período de apuração, permitindo uma análise comparativa com exercícios precedentes. O resultado da operação aritmética de subtração dessas contas é denominado lucro, se positivo, ou prejuízo, se negativo.

O ponto de partida das operações é o saldo do início do exercício, os ajustes de exercícios anteriores e a correção monetária daquele primeiro saldo. Devem ser discriminadas, ainda, as reversões de reservas e o lucro líquido do exercício; as transferências para reservas, os dividendos, a parcela dos lucros incorporada ao capital e o saldo no final do período. Com a publicação das demonstrações dos lucros ou prejuízos acumulados faz-se chegar ao conhecimento de todos os interessados – acionistas, credores, fisco e outros – "uma perspectiva da vida social que leva em consideração a interpenetração dos exercícios e os efeitos de resultados precedentes sobre as mudanças ocorridas no período demonstrado", conforme Egberto Lacerda Teixeira (1979, 2:542).

O balanço patrimonial, como também lembra Egberto Lacerda (1979, 2:542), mostra um momento específico da vida da empresa – caráter estático –, enquanto o demonstrativo dos lucros ou prejuízos acumulados revela a *dinâmica* evolutiva em determinado período da vida empresarial.

c) Demonstração do resultado do exercício

As informações importantes relativas à apuração de lucro líquido ou de prejuízo no exercício devem constar, necessariamente, desse demonstrativo. O rol da lei é extenso (LSA, art. 187): "I – receita bruta das vendas e serviços, as deduções das vendas, os abatimentos e os impostos; II – a receita líquida das vendas e serviços, o custo das mercadorias e serviços vendidos e o lucro bruto; III – as despesas com as vendas, as despesas financeiras, deduzidas as receitas, as despesas gerais e administrativas, e outras despesas operacionais; IV – o lucro ou prejuízo operacional, as outras receitas e as outras despesas; V – o resultado do exercício antes do Imposto de Renda e a provisão para o imposto; VI – as participações de debêntures, empregados, administradores e partes beneficiárias, mesmo na forma de instrumentos financeiros, e de instituições ou fundos de assistência ou previdência de empregados, que não se caracterizem como despesa; VII – o lucro ou prejuízo líquido do exercício e o seu montante por ação do capital social".

A Demonstração do Resultado do Exercício é a conta que reflete o desempenho da empresa no período e que, *ipso facto*, permite extrair conclusões sobre a gestão, ao mesmo tempo que fornece elementos de comparação com outras companhias do mesmo segmento.

O valor denominado lucro líquido é o que deve ser apresentado à assembleia geral ordinária (*v.* n. 24.2.2) com proposta sobre sua destinação (LSA, art. 192), tanto em relação às reservas como no tocante à distribuição de dividendos aos acionistas.

22.6.3. Demonstrações financeiras especiais

Uma quarta ordem de instrumento contábil – a *demonstração dos fluxos de caixa* – somente é obrigatória às companhias fechadas com patrimônio líquido, na data do balanço, não inferior a R$ 2.000.000,00 (dois milhões de reais) e às companhias abertas.

A Demonstração dos Fluxos de Caixa é o instrumento legal destinado a identificar as alterações ocorridas no saldo de caixa durante o período de apuração, mediante apresentação de três fluxos em que são mostradas as operações, os financiamentos e os investimentos e pelos quais se torna possível identificar a origem e a destinação que se deu a esses recursos. No regime anterior à Lei n. 11.638, de 28 de dezembro de 2007, era denominada Demonstração das Origens e Aplicações de Recursos.

A quinta modalidade – *demonstração do valor adicionado* – deve ser providenciada somente pelas sociedades abertas. É, segundo definição legal (LSA, art. 188, II), "o valor da riqueza gerada pela companhia, a sua distribuição entre os elementos que contribuíram para a geração dessa riqueza, tais como empregados, financiadores, acionistas, governo e outros, bem como a parcela da riqueza não distribuída".

22.6.4. Companhias abertas – extensão de obrigações

Cabe lembrar que as companhias abertas devem observar, além dessas regras relativas às demonstrações financeiras, as normas expedidas pela Comissão de Valores Mobiliários. Submetem-se, ainda, à auditoria independente por profissionais registrados na CVM.

22.6.5. Quadro-resumo

Em resumo, portanto, temos:

DEMONSTRAÇÕES CONTÁBEIS	CIAS. ABERTAS	CIAS. FECHADAS	
		PATRIMÔNIO › R$ 2 MILHÕES	PATRIMÔNIO ‹ R$ 2 MILHÕES
BALANÇO PATRIMONIAL	L	L	L
DEMONSTRAÇÃO DOS LUCROS OU PREJUÍZOS ACUMULADOS	L	L	L
DEMONSTRAÇÃO DO RESULTADO DO EXERCÍCIO	L	L	L
DEMONSTRAÇÃO DOS FLUXOS DE CAIXA	L	L	○
DEMONSTRAÇÃO DO VALOR ADICIONADO	L	○	○

LEGENDA: L = OBRIGATÓRIO ○ = DISPENSADO

22.7. Sociedades de grande porte

A Lei n. 11.638, de 28 de dezembro de 2007 (art. 3º, parágrafo único), definiu sociedade de grande porte: "sociedade ou conjunto de sociedades sob controle comum que tiver, no exercício social anterior, ativo total superior a R$ 240.000.000,00 (duzentos e quarenta milhões de reais) ou receita bruta anual superior a R$ 300.000.000,00 (trezentos milhões de reais)" equiparando-a, para efeitos de escrituração e elaboração das demonstrações financeiras, às sociedades por ações, mesmo quando não constituídas segundo essa forma legal. Sujeitam-se, ainda, à obrigatoriedade de auditoria independente por profissional registrado na Comissão de Valores Mobiliários.

Capítulo 23

AÇÕES, ACIONISTAS E VALORES MOBILIÁRIOS

23.1. Capital social e ações

O capital social de uma sociedade por ações divide-se em unidades, denominadas ações, e os compradores destas, acionistas, respondem apenas até o limite da integralização das frações de que sejam titulares, em seus valores de emissão.

Conceituam-se as ações como a menor parte do capital social. Essa definição é restrita à ideia de unidade de capital. Há outras duas ideias: representam o direito à participação acionária, para exercício de direitos próprios de sócio, e, ainda, são consideradas por alguns como títulos de crédito. A esse respeito se posiciona Waldirio Bulgarelli (1996:112): "não se trata, como se vê, de um título exatamente igual ao modelo da letra de câmbio ou da letra promissória que serviram de base para a construção da teoria geral dos títulos de crédito e do direito cambiário, mas de um título característico ligado às próprias características da sociedade anônima".

De fato, conforme ensina Tullio Ascarelli (1999:174), "as ações não conferem ao seu titular um crédito, mas, com mais precisão, uma 'posição', o *status* de sócio, do qual, por sua vez, decorre uma série de direitos e poderes diversos, e, até, de obrigações, as relativas ao pagamento de entradas das ações eventualmente não integralizadas: também estas obrigações incumbem a todos os sucessivos titulares da ação".

Classificam-se as ações em três critérios distintos: espécie, classe e forma.

a) **Quanto à espécie ou natureza do direito conferido:** em relação à espécie, as ações podem ser: a) ordinárias: as que conferem direitos normalmente concedidos ao acionista comum. São também chamadas de comuns e outorgam direito a voto; b) preferenciais, as que proporcionam vantagens especiais, consistentes em prioridade na distribuição de dividendos fixos ou mínimos, prioridade no reembolso do capital, com prêmio ou sem ele, e acumulação de ambas as vantagens (LSA, art. 17). A lei admite que até cinquenta por cento do total do capital social seja dividido em ações preferenciais sem direito a voto (LSA, art. 15, § 2º); c) de fruição: são aquelas que resultam da amortização das ações ordinárias e das ações preferenciais. Distinguem-se o resgate e a amortização: o primeiro se dá no pagamento do valor das ações, retirando-as de circulação; já a amortização é a distribuição aos acionistas, a título de antecipação e sem redução do capital social, de quantias que lhes seriam devidas em caso de liquidação. Se integralmente amortizadas, podem ser substituídas por ações de fruição (LSA, art. 44, § 5º).

b) **Quanto à classe:** nessa classificação se faz uma divisão das ações preferenciais e ordinárias, estas últimas exclusivamente nas companhias fechadas, conforme as vantagens que concederem em função: (1) de sua conversibilidade ou não em ações preferenciais; (2) da exigência ou não de nacionalidade brasileira do acionista; ou (3) do direito de voto em separado para o preenchimento de determinados cargos de órgãos administrativos (LSA, art. 16).

c) **Quanto à forma:** as ações devem ser sempre nominativas, isto é, a lei brasileira exige que se inscreva o nome de seu proprietário no título, fazendo-se constá-lo nos registros da companhia. São chamadas escriturais quando mantidas em conta de depósito em nome de seu titular, sem emissão de certificados, em instituição do sistema financeiro, autorizada pela

Comissão de Valores Mobiliários. Sua regulamentação se encontra nos arts. 34 e 35 da Lei n. 6.404/76. Em razão dessa exigência, a circulação das ações se faz pela transcrição no livro de registro. Anteriormente à Lei n. 8.021, de 12 de abril de 1990, eram conhecidas as ações ao portador e as endossáveis, revogadas em razão de disposição que impôs a identificação dos contribuintes para fins fiscais.

Dentro dessa classificação, as bolsas de valores utilizam uma codificação para identificar os títulos negociados. Incluindo os títulos endossáveis e ao portador, extintos quando da promulgação da Lei n. 8.021/90, era possível encontrar as seguintes expressões no mercado acionário:

OE – ordinárias endossáveis

ON – ordinárias nominativas

OP – ordinárias ao portador

OS – ordinárias escriturais

PE – preferenciais endossáveis

PN – preferenciais nominativas

PP – preferenciais ao portador

PS – preferenciais escriturais

AN até HN – preferenciais nominativas classes "a" até "h"

PA até PE – preferenciais ao portador classes "a" até "e"

AS até CS – preferenciais escriturais classes "a" até "c"

EA até EH – preferenciais endossáveis classes "a" até "h"

Hoje, as ações encontradas no mercado são identificadas com as siglas ES (escriturais), ON (ordinárias nominativas) e PN (preferenciais nominativas). Estas últimas podem ser divididas por classes (A, B, C, D etc.), gerando códigos como PNA, PNB etc.

23.2. Valores da ação

Embora a ação tenha um preço de emissão, pago por quem a subscreve, há outros três valores, conforme o objetivo que se persegue: nominal, patrimonial e bolsístico, este último também conhecido pelas expressões "valor de mercado" ou "bursátil".

23.2.1. Valor nominal

É o obtido pela divisão do capital social pelo número de ações. Se o estatuto expressar esse valor, ter-se-á ação com valor nominal. Nas companhias abertas, ele não poderá ser inferior ao mínimo fixado pela Comissão de Valores Mobiliários.

Como a ação representa parcela do capital social, segue-se que o preço de emissão das ações não pode ser inferior a esse valor nominal, porque representaria uma venda de parcela de capital a preço abaixo de seu valor real, ou, na linguagem de mercado, a venda se daria com abatimento ou deságio. A garantia dos credores – o capital – seria reduzida (o capital é nominalmente 100, mas o ingresso efetivo é, por exemplo, 70), violando o princípio da intangibilidade do capital social.

Se a venda se efetivar a preço inferior ao valor nominal, a lei impõe a nulidade do ato ou da operação e a responsabilidade dos infratores, sem prejuízo da ação penal que no caso couber, por fraude aos credores (CP, art. 177).

É possível que a venda de ações a preço inferior ao valor nominal se dê na constituição da sociedade, atingindo todo o capital. Nesse caso, a nulidade atinge o próprio ato de constituição da sociedade.

Se a venda da ação por preço inferior ao valor de emissão é vedada, contudo, a prática do inverso – venda com valor superior ao nominal – é permitida. A diferença entre o valor e o preço de venda é chamada de ágio, classificado pela lei como reserva de capital, categoria de valores positivos não resultantes do lucro realizado pela companhia, cuja finalidade servirá para: a) absorver prejuízos que ultrapassarem os lucros acumulados e as reservas de lucros; b) resgatar, reembolsar ou comprar ações; c) resgatar partes beneficiárias; d) incorporar-se ao capital social; e) pagar dividendo a ações preferenciais, quando essa vantagem lhes for assegurada.

Além dessa fonte – valor superior obtido na venda de ações ou de outros valores mobiliários –, a reserva de capital pode ter origem em: a) produto da alienação de partes beneficiárias e bônus de subscrição; b) prêmio recebido na emissão de debêntures; c) doações e subvenções para investimento; d) resultado da correção monetária do capital realizado, enquanto não capitalizado.

23.2.2. Ações sem valor nominal

É possível que a companhia não fixe um valor nominal, isto é, não estabeleça um pré-valor para a venda da ação, deixando ao alvedrio do mercado a formação de seu preço, obedecendo aos princípios ordenadores dos investimentos: a perspectiva de lucros, o bom nome da empresa, a cotação na bolsa ou no mercado de balcão, o patrimônio e a solidez dos negócios etc.

Não há, entretanto, como fugir à realidade da operação aritmética da divisão do capital social pelo número de ações emitidas. Toda ação possui, necessariamente, um valor patrimonial expresso pelo resultado dessa simples operação. A ação sem valor nominal, contudo, não expressa tal valor. Os fundadores da companhia estabelecem um preço de mercado para a ação, que não pode ser inferior àquela operação aritmética, sob pena de – na hipótese de ações com valor nominal – violarem o princípio da intangibilidade do capital social e, ainda, de não obterem aceitação no mercado comprador. Dificilmente alguém, ao verificar os resultados contábeis da sociedade, fará a aquisição de ação cujo preço esteja abaixo de seu valor patrimonial, salvo se sua intenção for a de adquirir o controle acionário.

O art. 170 da Lei n. 6.404/76 estabelece que o preço de emissão de novas ações deverá ser fixado, sem diluição injustificada da participação dos antigos acionistas, ainda que tenham direito de preferência para subscrevê-las, tendo em vista, alternativa ou conjuntamente: I – a perspectiva de rentabilidade da companhia; II – o valor do patrimônio líquido da ação; III – a cotação de suas ações em bolsa de valores ou no mercado de balcão organizado, admitido ágio ou deságio em função das condições do mercado.

É correto, portanto, afirmar que ambas as modalidades de emissão – com ou sem valor – têm em comum a necessidade de ter seu preço de emissão em valores iguais ou superiores ao encontrado no resultado da divisão capital/número de ações, sob pena de ver anulada ou frustrada sua colocação no mercado.

Qual seria, então, a função da ação sem valor nominal? Em sua origem, no direito norte-americano – *Stock Corporation Law*, de 1912 –, no Estado de Nova York, as ações sem valor nominal foram adotadas visando a três objetivos: a) evitar fraudes na emissão, contendo valores nominais não reais, em desarmonia com o seu valor de mercado; b) adequar seu valor ao de sua aceitação pelo mercado da bolsa de valores; c) impedir avaliações fictícias de bens no momento da constituição da sociedade ou nas novas subscrições (conforme J. Barrera Graf, citado por Egberto Lacerda Teixeira, 1979:177).

Fixado seu preço, na constituição da companhia e nos aumentos de capital, a ação ingressa no mercado sem valor facial, isto é, sem indicação do valor da parcela a que corresponde do capital social. No Brasil esse sistema foi adotado pelo legislador, mas vem sendo aceito com certa relutância pelo mercado acionário.

É possível a coexistência, numa mesma sociedade, de ações com e sem valor nominal (LSA, art. 11, § 1º), sendo, entretanto, preferível a escolha de apenas uma modalidade, em razão de dificuldades de ordem prática.

23.2.3. Valor patrimonial ou contábil

Valor patrimonial é o resultado da divisão entre o valor do patrimônio líquido e o número de ações. É o que se paga ao acionista em caso de liquidação ou reembolso. A lei fixa minuciosos critérios contábeis para a avaliação do ativo e do passivo da sociedade, bem como a apuração dos lucros e perdas da sociedade, tudo visando dar a conhecer a real situação da empresa.

23.2.4. Valor de mercado ou bolsístico

Valor de mercado é aquele de compra e venda na alienação da ação e que depende do desempenho da empresa e da economia em geral. Compreende uma classificação própria do mercado: ações de primeira, segunda e terceira linhas. As primeiras são chamadas *blue chips* e representam as que são mais procuradas em razão da reputação ou âmbito de atividade da empresa emissora; as segundas possuem um volume menor de negócios, e as terceiras são de companhias menos conhecidas.

Os preços das ações são formados em pregão e, como ocorre com todo produto de comércio, dependem da lei da oferta e da procura. O mercado investidor comporta-se como comprador ou vendedor do papel acionário à vista das informações que recebe sobre a lucratividade, a expansão, o desempenho da empresa, a distribuição de dividendos e outros fatores, inclusive elementos imponderáveis, como a confiança ou desconfiança na economia como um todo ou em determinado segmento.

23.3. Certificado de ações e agente emissor

Depois de praticados todos os atos necessários à constituição da companhia – e, se a subscrição não se fez em dinheiro, cumpridas eventuais formalidades necessárias à avaliação e à transmissão de bens –, a sociedade deverá emitir certificados representativos da propriedade das ações, que são os documentos cartulares denotativos do direito que desempenham, devendo conter necessariamente: I – denominação da companhia, sua sede e prazo de duração; II – o valor do capital social, a data do ato que o tiver fixado, o número de ações em que se divide e o valor nominal das ações, ou a declaração de que não têm valor nominal; III – nas companhias com capital autorizado, o limite da autorização, em número de ações ou valor do capital social; IV – o número de ações ordinárias e preferenciais das diversas classes, se houver, as vantagens ou preferências conferidas a cada classe e as limitações ou restrições a que as ações estiverem sujeitas; V – o número de ordem do certificado e da ação e a espécie e classe a que pertence; VI – os direitos conferidos às partes beneficiárias, se houver; VII – a época e o lugar da reunião da assembleia geral ordinária; VIII – a data da constituição da companhia e do arquivamento e publicação de seus atos constitutivos; IX – o nome do acionista; X – o débito do acionista e a época e o lugar de seu pagamento, se a ação não estiver integralizada; XI – a data da emissão do certificado e as assinaturas de dois diretores, ou do agente emissor de certificados (art. 27).

O acionista tem direito à indenização pelos danos que lhe forem causados por erros contidos no documento, sendo certo que a responsabilidade pela correta emissão dos certificados cabe aos diretores em cuja gestão tenham sido emitidos.

É possível, ainda, a emissão de cautelas e de certificados múltiplos de ações, servindo as primeiras para demonstração provisória dos direitos representados, e os segundos para agrupar inúmeras ações em um só documento.

Para se desincumbir do importante papel de escrituração, registro, transferência de ações e emissão de certificados, a companhia pode contratar instituição financeira autorizada pela Comissão de Valores Mobiliários a manter esse serviço – agente emissor –, a quem competirá realizá-los com exclusividade, e cujo nome constará das publicações e ofertas públicas de valores mobiliários feitas pela companhia.

A impressão, reprodução ou, de qualquer modo, fabricação ou colocação de certificado, cautela ou outro documento representativo de título ou valor mobiliário sem autorização escrita da sociedade emissora são figuras típicas previstas no art. 2º da Lei n. 7.492, de 16 de junho de 1986.

Igualmente, configura o crime do art. 7º da mesma lei emitir, oferecer ou negociar, de qualquer modo, títulos ou valores mobiliários: a) falsos ou falsificados; b) sem registro prévio de emissão na autoridade competente, em condições divergentes das constantes do registro ou irregularmente registrados; c) sem lastro ou garantia insuficiente nos termos da legislação; d) sem autorização prévia da autoridade competente, quando legalmente exigida.

23.4. Custódia de ações

A exposição justificadora das inovações introduzidas no projeto que se transformou na Lei n. 6.404/76 descreve que se adotou a custódia das ações no direito acionário pátrio com o objetivo de reduzir os custos de administração de carteiras de títulos. Partindo da premissa de que os valores mobiliários são títulos emitidos em lotes, conferindo em cada classe e espécie direitos iguais, o acionista, tendo entregue determinado número de ações para serem administradas por instituição financeira, pode vir a receber igual número de ações, consubstanciadas em certificado diverso do originalmente confiado. A instituição depositária obriga-se a devolver o mesmo número de ações daquela modalidade – classe e espécie –, embora com outro número de ordem, representada por certificado diverso do primitivo.

Essa qualidade de as ações poderem ser substituídas por outras da mesma espécie e quantidade decorre de sua natureza fungível (art. 85 do Código Civil: "São fungíveis os móveis que podem substituir-se por outros da mesma espécie, qualidade e quantidade").

Dessa forma, se a instituição recebeu em custódia um milhão de ações de determinada companhia, todas ordinárias, representadas por 1.345 certificados múltiplos, pertencentes a 567 acionistas, apenas registrará o número de ações pertencentes a cada um deles e obrigar-se-á a devolver o mesmo número de ações, em papéis diversos daqueles inicialmente entregues.

O contrato de custódia não gera qualquer responsabilidade à companhia emissora, uma vez que é firmado apenas entre acionista e instituição financeira. A depositária obriga-se a representar os acionistas na sociedade emissora somente para o exercício de dois atos jurídicos: a) receber dividendos e ações bonificadas; e b) exercer direito de preferência para subscrição de ações. Vê-se, portanto, que o contrato de custódia não outorga à instituição o exercício do direito de voto, e é por essa razão que a depositária deve comunicar, em listas ao menos uma vez por ano, à sociedade emissora o nome dos depositantes das ações, assim como a quantidade das pertencentes a cada um.

23.5. Certificado de depósito de ações

Quando a instituição financeira depositária de ações for autorizada pela Comissão de Valores Mobiliários a emitir certificados de ações, também poderá pôr em circulação título representativo das que receber em depósito, do qual constarão: I – o local e a data da emissão; II – o nome da instituição emitente e as assinaturas de seus representantes; III – a denominação "Certificado de Depósito de Ações"; IV – a especificação das ações depositadas; V – a declaração de que as ações depositadas, seus rendimentos e o valor recebido nos casos de resgate ou amortização somente serão entregues ao titular do certificado de depósito, contra apresentação deste; VI – o nome e a qualificação do depositante; VII – o preço do depósito cobrado pelo banco, se devido na entrega das ações depositadas; VIII – o lugar da entrega do objeto do depósito.

A função desses títulos – certificados de depósito de ações – é permitir que o contrato de custódia de títulos seja representado por papel de livre negociação, sem a necessidade de o titular movimentar os títulos originais em poder da instituição financeira.

23.6. Sistema único de custódia

O sistema de tradição física de certificados representativos de valores mobiliários traz alguns inconvenientes: ao se operar a venda ou a compra de um título nas bolsas de valores, as cautelas que representam as ações negociadas ou os certificados devem ser transferidos de um lugar a outro, gerando o risco de sua perda ou roubo. Com a evolução dos sistemas de bancos de dados informatizados, introduziu-se um serviço único de custódia, a cargo das bolsas: os certificados representativos de companhias abertas passaram a ser emitidos de forma unicamente contábil (escritural), permitindo sua transferência sem necessidade de deslocamento ou guarda física de títulos que representam milhões de reais.

A Bolsa de Valores de São Paulo centralizou os serviços de custódia dos títulos das companhias abertas, e as transferências de titularidade das ações começaram a ser feitas em um único ambiente.

23.7. Constituição de direitos reais sobre as ações – o penhor

Por serem coisas móveis, as ações podem ser objeto de penhor e de outros direitos e ônus reais, regulados pelos arts. 39 e 40 da Lei n. 6.404/76.

Estipula o Código Civil que o penhor se constitui pela transferência efetiva da posse que faz o devedor, ou alguém por ele, de uma coisa móvel, suscetível de alienação, em garantia do débito ao credor ou a quem o represente.

Se o penhor compõe-se de ações nominativas, sua efetivação se dará pela averbação do respectivo contrato no livro de "Registro de Ações Nominativas"; se elas forem escriturais, pela averbação nos livros da instituição financeira e anotação no extrato contábil correspondente.

Contrariamente ao que preceitua o Código Civil italiano, que atribui, salvo convenção em contrário, o direito de voto ao credor pignoratício[1], o art. 113 da Lei n. 6.404/76 prega que o "penhor da ação não impede o acionista de exercer o direito de voto; será lícito, todavia, estabelecer, no contrato, que o acionista não poderá, sem consentimento do credor pignoratício, votar em certas deliberações". Embora a lei brasileira não atribua o exercício do direito de voto ao credor pignoratício, conferiu-lhe o de praticar os atos necessários à conservação e defesa do direito empenhado (art. 1.454 do Código Civil) e, consequentemente, facultou-lhe, por meio de cláusula contratual, a possibilidade de intervir em decisões sociais que comprometam ou reduzam as garantias ofertadas.

Uma das possibilidades de uso do penhor é mencionada pela própria lei societária, ao permitir, no art. 148, que o estatuto estabeleça que o exercício do cargo de administrador da companhia seja assegurado mediante o penhor de ações de propriedade de terceiros ou do próprio administrador, podendo essa garantia somente ser levantada após a aprovação das últimas contas desse diretor.

23.7.1. Usufruto

O art. 40 da Lei n. 6.404/76 determina o registro do exercício de direitos reais e outros ônus, de forma escritural ou por averbação nos livros de registro das ações, indicando expressamente o usufruto, o fideicomisso, a alienação fiduciária em garantia e "quaisquer cláusulas ou ônus que gravarem a ação".

---

[1] ITÁLIA, *Codice Civile*, art. 2352: "Pegno e usufrutto di azioni: Nel caso di pegno (2086) o di usufrutto (981) sulle azioni (1997 e seguente), il diritto di voto spetta, salvo convenzione contraria, al creditore pignoratizio o all'usufruttuario".

O Código Civil de 1916 conceituava com precisão o direito de usufruto: "Art. 713 – Constitui usufruto o direito real de fruir as utilidades e frutos de uma coisa, enquanto temporariamente destacado da propriedade".

Se as ações forem gravadas com cláusula de usufruto, o direito de voto deverá estar previsto no contrato que estipulou o gravame, e, não o sendo, somente poderá ser exercido mediante prévio acordo entre o proprietário e o usufrutuário (art. 114 da Lei n. 6.404/76).

Há outras hipóteses de imposição de ônus sobre as ações, tais como o fideicomisso e a alienação fiduciária em garantia.

23.7.2. Fideicomisso

Consiste o fideicomisso em verdadeira substituição de herdeiro ou legatário: o testador institui herdeiros ou legatários – chamados fiduciários ou gravados –, a quem, por ocasião de sua morte, a herança ou o legado se transmitirá. Entretanto, o direito desses fiduciários se resolve em favor de outrem – qualificados como fideicomissários – pela ocorrência de três eventos: (a) pela morte dos fiduciários; (b) a certo tempo; ou (c) sob certa condição. Ocorrendo umas das condições, por força do que dispuser o testamento, o fiduciário fica obrigado a transmitir ao fideicomissário a herança ou o legado.

23.7.3. Alienação fiduciária

As ações podem ser objeto de contrato de financiamento com cláusula de alienação fiduciária em garantia, sujeitando-se às regras dessa operação, que, segundo Orlando Gomes (apud Bulgarelli, 1997:307), conceitua-se como "o negócio jurídico pelo qual o devedor, para garantir o pagamento da dívida, transmite ao credor a propriedade de um bem, normalmente retendo-lhe a posse direta, sob a condição resolutiva de saldá-la".

Pelo mecanismo legal, na alienação fiduciária em garantia, o devedor transfere ao credor o domínio resolúvel e a posse indireta da coisa móvel alienada, independente da tradição efetiva do bem. O alienante – devedor – passa a ser possuidor direto e depositário, com todas as responsabilidades e encargos que lhe incumbem.

O domínio definitivo encontra-se sob condição resolutiva, daí por que a lei utiliza a expressão "domínio resolúvel", visto tratar-se de domínio que jamais será pleno, tampouco definitivo. O credor possui uma propriedade restrita e transitória, enquanto não ocorrer a condição resolutiva. Uma vez paga a dívida, o devedor terá, automaticamente, readquirido o pleno domínio sobre a coisa adquirida.

O credor – também chamado financiador – empresta determinada importância ao devedor – denominado financiado –, que, por sua vez, com o dinheiro obtido nessa operação, adquire um bem e, ato contínuo, o transfere, em garantia da primeira operação, a seu financiador. O interesse deste último é receber o que lhe é devido, e, quando isso ocorre, perde ele a propriedade do bem a favor do devedor, chamado financiado, fiduciante ou alienante.

Aquele que recebe o financiamento – o devedor – aliena a coisa a favor do financiador, em garantia do pagamento da dívida, caracterizando eficientemente o contrato: o bem é garantia do dinheiro entregue ao devedor.

23.8. Dividendos

Dividendo é a parte do lucro líquido do exercício, dos lucros acumulados ou da reserva de lucros a ser distribuída em dinheiro aos acionistas, na proporção que cada um possuir da fração do capital social. Se os estatutos não fixarem um dividendo mínimo, a companhia deverá distribuir pelo menos vinte e cinco por cento de seu lucro líquido no final de cada exercício, sendo que as ações preferenciais devem receber dez por cento a mais que as ordinárias (art. 17, § 1º, I e II, da Lei n. 6.404/76).

O direito à percepção de dividendos é um direito essencial do acionista e, dessa forma, não pode ser objeto de decisão contrária ou de previsão diversa nos estatutos sociais. Contudo, seu exercício depende de haver numerário suficiente em caixa, conforme estabelece o art. 202 da Lei n. 6.404/76: "os acionistas têm direito de receber como dividendo obrigatório, em cada exercício, a parcela dos lucros estabelecida no estatuto ou, se este for omisso, a importância determinada de acordo com as seguintes normas: I – metade do lucro líquido do exercício diminuído ou acrescido dos seguintes valores: a) importância destinada à constituição da reserva legal (art. 193); e b) importância destinada à formação da reserva para contingências (art. 195) e reversão da mesma reserva formada em exercícios anteriores; II – o pagamento do dividendo determinado nos termos do inciso I poderá ser limitado ao montante do lucro líquido do exercício que tiver sido realizado, desde que a diferença seja registrada como reserva de lucros a realizar (art. 197); III – os lucros registrados na reserva de lucros a realizar, quando realizados e se não tiverem sido absorvidos por prejuízos em exercícios subsequentes, deverão ser acrescidos ao primeiro dividendo declarado após a realização".

Vimos que o direito pátrio adota o princípio da anualidade do exercício social, ao lado de outros dois: da periodicidade e da exclusividade de competência da assembleia geral. No final de cada exercício, fixado no estatuto da companhia, a diretoria deve elaborar demonstrações financeiras que exprimam, com clareza, a situação econômico-financeira da empresa e as alterações ocorridas no período, matéria objeto de explanação em 22.6.

É com base nessas demonstrações sociais que se calculam os lucros, que por sua vez fundamentam a distribuição de dividendos. Entretanto, é possível que isso ocorra também em outra época, dando origem ao chamado dividendo intermediário, semestral ou intercalar, previsto no art. 204 da Lei n. 6.404/76. Nesse caso, quando a companhia, por força de lei ou de disposição estatutária, tiver de levantar balanço semestral, poderá declarar – se assim for deliberado, devidamente autorizado pelos estatutos – dividendo, que pode, ainda, ser levantado em períodos menores, desde que o total dos dividendos pagos em cada semestre do exercício social não exceda o montante das reservas de capital de que trata o § 1º do art. 182 da mesma lei.

23.9. Obrigações do acionista – noções

Basicamente, ao acionista se impõe a obrigação de integralizar o valor subscrito. Essa obrigação permanece mesmo em caso de falência da companhia e independe da suficiência de fundos para o pagamento do passivo da sociedade.

O acionista estará em mora quando vencido o prazo ou a data de pagamento constantes do estatuto da companhia ou do boletim de subscrição. Se houver omissão desses termos, cabe aos órgãos da administração da sociedade convocar os acionistas, mediante aviso publicado em jornal, com prazo de trinta dias, segundo dispõe o art. 106 e parágrafos da Lei n. 6.404/76.

Será considerado remisso o acionista que não efetuar, no tempo e modo estabelecidos nos estatutos, boletim de subscrição ou aviso de convocação, os pagamentos devidos, sujeitando-se, como já visto, à execução, venda de suas ações em leilão especial na bolsa de valores ou à declaração de decadência de seu direito de integralizar, subordinando-se, além disso, ao pagamento de juros, correção e multa não superior a dez por cento do valor da prestação devida.

Se o acionista vender as ações subscritas, antes de integralizá-las, ficará solidariamente responsável pelo pagamento das prestações que faltarem, pelo prazo de dois anos, contado da data da transferência.

23.10. Acionistas – exercício de direitos e retirada

Conforme a situação em que se encontrem na sociedade, os acionistas podem ser classificados em acionista comum, controlador, dissidente, minoritário e remisso, decorrendo de cada situação certas particularidades no que se refere a direitos e obrigações.

23.10.1. Acionista controlador

Acionista controlador ou majoritário é a pessoa natural ou jurídica ou o grupo de pessoas vinculadas por acordo de voto, ou sob controle comum, que: é titular de direitos de sócios que lhe assegurem, de modo permanente, a maioria dos votos nas deliberações da assembleia geral e a capacidade de eleger a maioria dos administradores da companhia; *use efetivamente seu poder* para dirigir as atividades sociais e orientar o funcionamento dos órgãos da companhia.

O controlador deve utilizar seu poder para fazer a companhia realizar seu objeto social, respondendo por exercício abusivo se orientá-la para fim estranho ao objeto social ou praticar algumas das ações previstas no art. 117 da Lei das Sociedades Anônimas.

23.10.2. Acionista dissidente

Acionista dissidente é o que, inconformado com as deliberações tomadas pelos órgãos administrativos, por ato unilateral, retira-se da sociedade, levando consigo os fundos sociais. A Lei n. 6.404/76 arrola inúmeras hipóteses que amparam o direito de dissidência:

<table>
<tr><th>Deliberação aprovada pela assembleia</th><th>Observação (art. 137 da Lei n. 6.404/76)</th></tr>
<tr><td>Art. 136, I – criação de ações preferenciais ou aumento de classe de ações preferenciais existentes, sem guardar proporção com as demais classes de ações preferenciais, salvo se já previstos ou autorizados pelo estatuto.</td><td rowspan="2">Somente terá direito de retirada o titular de ações de espécie ou classe prejudicadas.</td></tr>
<tr><td>Art. 136, II – alteração nas preferências, vantagens e condições de resgate ou amortização de uma ou mais classes de ações preferenciais, ou criação de nova classe mais favorecida.</td></tr>
<tr><td>Art. 136, III – redução do dividendo obrigatório.</td><td></td></tr>
<tr><td>Art. 136, IV – fusão da companhia, ou sua incorporação em outra.</td><td rowspan="2">Não terá direito de retirada o titular de ação de espécie ou classe que tenha liquidez e dispersão no mercado, considerando-se haver:
a) liquidez, quando a espécie ou classe de ação, ou certificado que a represente, integre índice geral representativo de carteira de valores mobiliários admitido à negociação no mercado de valores mobiliários, no Brasil ou no exterior, definido pela Comissão de Valores Mobiliários; e
b) dispersão, quando o acionista controlador, a sociedade controladora ou outras sociedades sob seu controle detiverem menos da metade da espécie ou classe de ação.</td></tr>
<tr><td>Art. 136, V – participação em grupo de sociedade (art. 265).</td></tr>
<tr><td>Art. 136, VI – mudança do objeto da companhia.</td><td></td></tr>
<tr><td>Art. 136, IX – cisão da companhia.</td><td>Somente haverá direito de retirada se a cisão implicar:
a) mudança do objeto social, salvo quando o patrimônio cindido for vertido para sociedade cuja atividade preponderante coincida com a decorrente do objeto social da sociedade cindida;
b) redução do dividendo obrigatório; ou
c) participação em grupo de sociedades.</td></tr>
<tr><td>Na transformação de sociedade (art. 221).</td><td>Salvo cláusula de renúncia, no contrato social, ao direito da retirada (art. 221).</td></tr>
<tr><td>Na incorporação ou fusão de sociedades (art. 225, IV).</td><td></td></tr>
<tr><td>Na constituição de sociedade de economia mista por desapropriação (art. 236, parágrafo único).</td><td>Salvo se a companhia já se achava sob o controle, direto ou indireto, de outra pessoa jurídica de direito público, ou no caso de concessionária de serviço público (art. 236, parágrafo único).</td></tr>
<tr><td>Na incorporação de ações na companhia subsidiária integral (art. 252, § 1º).</td><td>Idem ao art. 136, IV.</td></tr>
<tr><td>Na alienação do controle da companhia (art. 256).</td><td>Somente na hipótese do art. 256, § 2º, quando o preço da aquisição ultrapassar os valores que menciona.</td></tr>
<tr><td>Na incorporação, pela controladora, de companhia controlada (art. 264, § 3º).</td><td>Idem ao art. 136, IV.</td></tr>
<tr><td>Na aprovação de convenção de grupo de sociedades (art. 270, parágrafo único).</td><td></td></tr>
</table>

23.10.3. Acionista minoritário e acordo de acionistas

Acionista minoritário é o proprietário de ações com direito a voto, cujo total não lhe garante o controle da sociedade.

Acordo de acionista é o contrato pelo qual os sócios das sociedades por ações estipulam sobre (1) a compra e venda de suas ações; (2) a preferência para adquiri-las; (3) o exercício do direito de voto; ou (4) do poder de controle. As cláusulas são oponíveis a terceiros, desde que o contrato esteja averbado nos livros de registro e nos certificados de ações, retirando-lhes o direito de negociação na bolsa ou no mercado de balcão.

23.11. Direitos essenciais do acionista

Entre os direitos gerais, a lei arrola, no art. 109, os chamados essenciais, que não são passíveis de privação pela assembleia geral ou pelo estatuto. O direito de voto não se insere entre eles por existirem frações do capital que não o concedem.

a) Participação nos lucros sociais

Em regra, o acionista tem o direito de participar dos lucros da empresa, recebendo dividendos periodicamente. A lei estabelece a exigência de pagamento de parcela dos lucros pelo menos uma vez em cada exercício da sociedade. Esse dividendo é chamado de obrigatório (art. 202), e é de tal forma protegido que cabe à Comissão de Valores Mobiliários, no exercício de seus atos de fiscalização, verificar o cumprimento desse dispositivo, por parte das companhias de capital aberto (Lei n. 6.385/76). Sua redução, ainda, exige *quorum* qualificado (art. 136).

b) Participação do acervo da companhia, em caso de liquidação

Liquidação é o processo de apuração do ativo e pagamento do passivo da companhia, com vistas a sua extinção. Durante esse período o acionista tem não só o direito de participar do acervo da companhia, isto é, de receber a parte que lhe cabe por rateio, depois de pagos os credores, mas também o de exercício de voto nas assembleias gerais, independente da natureza das ações que possuir (art. 213).

c) Fiscalização, na forma prevista na lei, da gestão dos negócios sociais

Ao administrador em qualquer sociedade incumbe prestar contas de sua administração, informando o andamento dos trabalhos aos sócios. Como decorrência, cabe a qualquer acionista o direito de fiscalizar a gestão dos negócios.

d) Preferência para subscrição de ações, partes beneficiárias conversíveis em ações, debêntures conversíveis em ações e bônus de subscrição, observado o disposto nos arts. 171 e 172

Esse direito visa à conservação da posição do acionista no quadro social em relação aos demais sócios. O possuidor de vinte por cento das ações de uma companhia que não seja consultado sobre a emissão de grande número de debêntures conversíveis em ações pode perder sua participação acionária se não exercer o direito de aquisição. Essas debêntures posteriormente convertidas em ações podem corresponder, por exemplo, a um aumento de cem por cento do capital social. Para conservar sua posição, esse acionista deveria ter adquirido vinte por cento dessas debêntures (e por consequência dessas novas ações), sob pena de ver sua proporção cair de vinte para dez por cento do capital social.

e) Retirar-se da sociedade nos casos previstos na lei

Configura o chamado direito de recesso, objeto das anotações *supra* (23.10.2).

23.12. Outros valores mobiliários – noções

Além das ações, a sociedade pode emitir outros títulos visando obter recursos de que necessite para o exercício da empresa. São chamados valores mobiliários tanto a ação como os demais títulos de investimento previstos na Lei n. 6.404/76: as debêntures, as partes beneficiárias e os bônus de subscrição. A diferença essencial entre as ações e os demais valores mobiliários é que as primeiras formam o capital próprio da sociedade, concedendo aos titulares a participação na vida da sociedade, e os segundos são obrigações assumidas pela companhia perante terceiros que ingressam com seu capital, ou mesmo sem ele, objetivando receber, no prazo estipulado, direito de crédito contra a sociedade.

23.12.1. Debêntures

As debêntures – também chamadas simplesmente de obrigações, expressão preferida pela legislação portuguesa – foram originalmente instituídas no direito pátrio pelo Decreto Imperial n. 8.821, de 1882, e atualmente se encontram previstas nos arts. 52 a 74 da Lei n. 6.404/76. Por sua natureza de instrumento de captação de recursos às sociedades por ações, concedem direito de crédito a seu possuidor. A companhia, de acordo com sua necessidade, pode realizar várias emissões, sempre por meio da assembleia geral, podendo dividi-las em séries que guardarão, em cada conjunto, as mesmas características de valores nominais e a concessão de iguais direitos.

Tullio Ascarelli (2001:736) anota a particularidade na emissão das debêntures: "(...) são títulos de crédito emitidos em série; idênticos, por isso, devem ser os direitos decorrentes de qualquer dos títulos da mesma emissão; a emissão de todos os títulos corresponde a uma operação única. É por isso, natural, o interesse em organizar coletivamente os debenturistas e com efeito tal se deu, em virtude de associações voluntárias dos debenturistas, mesmo anteriormente à disciplina legal de uma organização coletiva deles".

a) Classificação das debêntures segundo a conversibilidade

Em relação à conversibilidade, ou seja, à transformação ou não em ações, a lei permite duas espécies de debêntures: as conversíveis e as não conversíveis. A regra é a não conversibilidade, quando omissa a escritura de emissão. Vale dizer que somente serão conversíveis em ações se a escritura de emissão assim dispuser.

O mercado adotou ainda a expressão "debêntures permutáveis", correspondendo àquelas que podem ser convertidas em ações de outra companhia que não a emissora dos papéis, o que ocorre quando as sociedades participam do mesmo grupo societário.

No ato de emissão dos títulos, em sendo possível a conversão para ações da companhia, a escritura deve especificar: (a) as bases da conversão, tanto em número de ações em que poderá ser convertida cada debênture como na relação entre seu valor nominal e o preço de emissão das ações; (b) a espécie e a classe das ações em que admitirá sua conversão; (c) o prazo ou época para o exercício do direito à conversão; d) as demais condições às quais a conversão acaso fique sujeita.

Nesse tipo de debênture, justamente por ser conversível em parcela do capital social, os possuidores terão preferência em sua aquisição, na proporção do número de ações, espécies e classes que a escritura permite sejam titulares, seguindo a regra geral de preferência prevista nos arts. 171 e 172.

Obviamente, enquanto ainda não são acionistas, mas na expectativa de virem a sê-lo pela conversão que seus títulos outorgam, os debenturistas têm o direito de opor-se a certas mudanças que possam prejudicar seus direitos. Exige, portanto, a lei a prévia aprovação dos titulares de debêntures conversíveis em ações para qualquer alteração do estatuto da companhia no que se refere: (a) à mudança do objeto da companhia; (b) à criação de ações preferenciais ou modificação das vantagens das existentes, em prejuízo das ações em que são conversíveis as debêntures.

b) Classificação das debêntures segundo as garantias outorgadas

Em relação às garantias outorgadas, subdividem-se as debêntures em:

(a) com garantia real: é a outorgada sobre determinado bem ou conjunto de bens: um prédio, um terreno etc. Os credores debenturistas, com tal garantia, possuem privilégio real, e, como tal, a coisa dada em garantia sujeita-se ao cumprimento da obrigação. Sua posição em caso de concurso de credores é a do credor com direito real de garantia;

(b) com garantia flutuante: possuirá o credor, nesse caso, garantia geral sobre o ativo da companhia, mas não poderá impedir a negociação dos bens que compõem esse ativo. Os debenturistas estarão na situação comum de qualquer credor: o ativo da sociedade é a garantia futura do pagamento de seus créditos, não possuindo nenhuma ação contra eventual venda do ativo por parte da companhia. Em caso de execução ou falência da sociedade, têm preferência sobre os créditos quirografários e receberão logo após o pagamento da classe dos credores com privilégio especial sobre determinado bem. Se as debêntures forem emitidas por companhia integrante de grupo de sociedades (art. 265), poderão ter garantia flutuante do ativo de duas ou mais sociedades do grupo, conforme dispõe o art. 58, § 6º, da Lei n. 6.404/76;

(c) sem preferência: emitidas como título quirografário, ostentando essa qualidade no quadro geral de credores;

(d) subordinadas aos demais credores da companhia: essa hipótese contempla a pior posição no quadro de credores da companhia: estarão eles abaixo do último credor, e somente terão preferência sobre os acionistas.

Para entender a funcionalidade da classificação acima, interessante é estabelecer a ordem de preferência no concurso universal de credores na falência ou em caso de liquidação. Se a sociedade for atingida pela infelicidade da liquidação forçada, os credores receberão segundo uma ordem determinada pela Lei Falimentar e por outras leis que trataram da matéria. Vendem-se os bens, pagam-se os credores obedecendo a uma rígida sequência de preferências e, depois, se sobejarem bens e valores, procede-se ao pagamento dos sócios ou acionistas.

Um quadro demonstrará a posição de cada debenturista, segundo os direitos que a escritura de emissão lhe outorgar:

<table>
<tr><th>ORDEM GERAL</th><th colspan="2">CLASSES E SUBCLASSES NA FALÊNCIA
(REFERÊNCIA AOS ARTIGOS DA NOVA LEI FALIMENTAR)</th></tr>
<tr><td rowspan="2">1</td><td rowspan="2">1. Despesas de pagamento antecipado</td><td>1.1. Créditos trabalhistas de natureza estritamente salarial vencidos nos três meses anteriores à decretação da falência, até o limite de cinco salários mínimos por trabalhador (art. 151).</td></tr>
<tr><td>1.2. Despesas cujo pagamento antecipado seja indispensável à administração da falência (art. 150).</td></tr>
<tr><td>2</td><td colspan="2">2. Créditos decorrentes de restituição (art. 149).</td></tr>
<tr><td>3</td><td rowspan="5">3. Créditos extraconcursais (art. 84)</td><td>3.1. Remunerações do administrador judicial e seus auxiliares e créditos derivados da legislação de trabalho ou decorrentes de acidentes de trabalho relativos a serviços prestados após a decretação da falência.</td></tr>
<tr><td>4</td><td>3.2. Quantias fornecidas à massa pelos credores.</td></tr>
<tr><td>5</td><td>3.3. Despesas com arrecadação, administração e realização do ativo e distribuição do seu produto, bem como custas do processo de falência.</td></tr>
<tr><td>6</td><td>3.4. Custas judiciais relativas às ações e execuções em que a massa falida tenha sido vencida.</td></tr>
<tr><td>7</td><td>3.5. Obrigações resultantes de atos jurídicos válidos praticados durante a recuperação judicial, ou após a decretação da falência, e tributos relativos a fatos geradores ocorridos após a decretação da falência.</td></tr>
<tr><td>8</td><td>4. Créditos prioritários (art. 83, I):</td><td>(a) derivados da legislação do trabalho até 150 salários mínimos por credor, e
(b) decorrentes de acidentes de trabalho.</td></tr>
<tr><td>9</td><td colspan="2">5. Créditos com garantia real até o limite do valor do bem gravado (art. 83, II).</td></tr>
<tr><td>10</td><td colspan="2">6. Créditos tributários relativos a fatos geradores anteriores à decretação da falência, excetuadas as multas tributárias (art. 83, III).</td></tr>
</table>

<table>
<tr><th>ORDEM GERAL</th><th colspan="2">CLASSES E SUBCLASSES NA FALÊNCIA
(REFERÊNCIA AOS ARTIGOS DA NOVA LEI FALIMENTAR)</th></tr>
<tr><td>11</td><td>7. Créditos com privilégio especial (art. 83, IV):</td><td>(a) previstos no art. 964 do Código Civil;
(b) definidos em outras leis, como, por exemplo, as DEBÊNTURES COM GARANTIA REAL (art. 58, caput, da Lei n. 6.404/76);
(c) a cujo titular a lei confira o direito de retenção sobre a coisa dada em garantia;
(d) aqueles em favor dos microempreendedores individuais e das microempresas e empresas de pequeno porte.</td></tr>
<tr><td>12</td><td>8. Créditos com privilégio geral (art. 83, V):</td><td>(a) previstos no art. 965 do Código Civil;
(b) decorrentes das obrigações contraídas pelo devedor durante a recuperação judicial com fornecedores de bens ou serviços, na forma do art. 67 da Lei Falimentar;
(c) definidos em outras leis, como, por exemplo, as DEBÊNTURES COM GARANTIA FLUTUANTE (art. 58, § 1º, da Lei n. 6.404/76).</td></tr>
<tr><td>13</td><td>9. Créditos quirografários (art. 83, VI):</td><td>(a) os que não foram privilegiados pela Lei Falimentar, como, por exemplo, as DEBÊNTURES SEM GARANTIA (art. 58, caput, da Lei n. 6.404/76);
(b) os saldos dos créditos não cobertos pelo produto da alienação dos bens vinculados ao seu pagamento;
(c) os saldos dos créditos derivados da legislação do trabalho que excederem a 150 salários mínimos;
(d) créditos trabalhistas cedidos a terceiros (art. 83, § 4º).</td></tr>
<tr><td>14</td><td colspan="2">10. Créditos subquirografários: Multas contratuais e penas pecuniárias por infração das leis penais ou administrativas, inclusive multas tributárias.</td></tr>
<tr><td>15</td><td colspan="2">11. Créditos subordinados: Créditos subordinados por previsão legal ou contratual e os créditos dos sócios e dos administradores sem vínculo empregatício. É o caso das DEBÊNTURES SUBORDINADAS previstas no art. 58, § 4º, da Lei n. 6.404/76.</td></tr>
<tr><td>16</td><td colspan="2">Devolução ao falido ou rateio entre os sócios (art. 153).</td></tr>
</table>

Percebe-se claramente que, mesmo quando garantidas, as debêntures não ocupam posição de grande privilégio no universo dos credores da sociedade.

c) Classificação das debêntures segundo a forma de emissão

A Lei n. 8.021/90 extinguiu a possibilidade de emissão de debêntures endossáveis e ao portador (art. 2º, II), e, assim, elas serão sempre nominativas, podendo ser emitidas na forma escritural.

A emissão dar-se-á por meio de certificados contendo unidades ou com múltiplos de debêntures. Poderão, entretanto, ser lançadas cautelas provisórias que representem esses títulos.

Os requisitos dos certificados e das cautelas estão previstos no art. 64 da Lei n. 6.404/76: I – denominação, sede, prazo de duração e objeto da companhia; II – data da constituição da companhia e do arquivamento e publicação de seus atos constitutivos; III – data da publicação da ata da assembleia geral que deliberou sobre a emissão; IV – data e ofício do Registro de Imóveis em que foi inscrita a emissão; V – denominação "debênture" e a indicação da sua espécie pelas palavras "com garantia real", "com garantia flutuante", "sem preferência" ou "subordinada"; VI – designação da emissão e da série; VII – número de ordem; VIII – valor nominal e cláusula de correção monetária, se houver, condições de vencimento, amortização, resgate, juros, participação no lucro ou prêmio de reembolso e a época em que serão devidos; IX – condições de conversibilidade em ações, quando houver essa modalidade; X – nome do debenturista; XI – nome do agente fiduciário dos debenturistas, se houver; XII – data da emissão do certificado e assinatura de dois diretores da companhia; XIII – autenticação do agente fiduciário, se for o caso.

d) Forma de remuneração das debêntures

Decisão conjunta n. 13, de 14 de março de 2003, do Banco Central do Brasil e da Comissão de Valores Mobiliários estabeleceu a forma de remuneração das debêntures.

Segundo essa decisão, somente alguns índices podem ser utilizados para a fixação da remuneração das debêntures, devendo ter por base uma das cinco taxas utilizadas pelo mercado:

I – taxa de juros prefixada;

II – Taxa Referencial – TR ou Taxa de Juros de Longo Prazo – TJLP, observado o prazo mínimo de um mês para vencimento ou período de repactuação;

III – Taxa Básica Financeira – TBF, observado o prazo mínimo de dois meses para vencimento ou período de repactuação;

IV – taxas flutuantes, na forma admitida pela Resolução n. 1.143, de 26 de junho de 1986, observando-se que a taxa utilizada como referencial deve: a) ser regularmente calculada e de conhecimento público; b) basear-se em operações contratadas a taxas de mercado prefixadas, com prazo não inferior ao período de reajuste estipulado contratualmente;

V – taxa de juros fixa e cláusula de atualização com base em índice de preços, atendido o prazo mínimo de um ano para vencimento ou período de repactuação, obedecendo ao seguinte: a) o índice de preços referido neste inciso deve ter série regularmente calculada e ser de conhecimento público; b) a periodicidade de aplicação da cláusula de atualização não pode ser inferior a um ano; c) o pagamento do valor correspondente à atualização somente pode ocorrer por ocasião do vencimento ou da repactuação das debêntures; d) o pagamento de juros e a amortização realizados em períodos inferiores a um ano devem ter como base de cálculo o valor nominal das debêntures, sem considerar atualização monetária de período inferior a um ano.

e) Agente fiduciário

Dois são os órgãos de gestão dos debenturistas: a assembleia e o agente fiduciário. Chama-se agente fiduciário o representante da comunhão dos debenturistas, nomeado no momento da lavratura da escritura de emissão das debêntures. Sua função é proteger os interesses dos debenturistas, notificando-os de qualquer inadimplência da sociedade e elaborando relatórios à disposição dos titulares desse direito, anualmente, ou conforme dispõe a lei (art. 68 da Lei n. 6.404/76):

(a) proteger os direitos e interesses dos debenturistas, empregando no exercício da função o cuidado e a diligência que todo homem ativo e probo costuma empregar na administração de seus próprios bens;

(b) elaborar relatório e colocá-lo anualmente à disposição dos debenturistas, dentro de quatro meses do encerramento do exercício social da companhia, informando os fatos relevantes ocorridos durante o período, relativos à execução das obrigações assumidas pela companhia, aos bens garantidores das debêntures e à constituição e aplicação do fundo de amortização, se houver; do relatório constará, ainda, declaração do agente sobre sua aptidão para continuar no desempenho da função;

(c) notificar os debenturistas, no prazo máximo de sessenta dias, de qualquer inadimplemento, pela companhia, de obrigações assumidas na escritura da emissão.

A figura do agente fiduciário é semelhante à de outros representantes de entes não personalizados, cabendo-lhe usar qualquer ação para proteger direitos ou defender os interesses dos debenturistas, sobretudo em caso de inadimplemento da companhia. Sua função, nessa oportunidade, será: (a) declarar antecipadamente vencidas as debêntures; (b) cobrar o principal e acessórios; (c) executar garantias reais, receber o produto da cobrança e aplicá-lo no pagamento, integral ou proporcional, das obrigações; (d) requerer a falência da companhia emissora; (e) representar os debenturistas em processos de falência, concordatas em curso, recuperação judicial ou extrajudicial, intervenção ou liquidação extrajudicial da companhia emissora, exceto deliberação em contrário da assembleia dos debenturistas; (f) tomar qualquer providência necessária para que os obrigacionistas realizem seus créditos.

A escritura de emissão pode atribuir outras funções ao agente fiduciário, como autenticar os certificados, administrar o fundo de amortização, manter em custódia os bens dados em garantia e efetuar pagamentos de juros, amortização e resgate.

f) Assembleia de debenturistas

A assembleia de debenturistas reúne titulares de debêntures da mesma emissão ou série e tem por finalidade deliberar sobre matéria de interesse da comunhão dos obrigacionistas, podendo ser convocada: a) pelo agente fiduciário; b) pela companhia emissora; c) por debenturistas que representem dez por cento, no mínimo, dos títulos em circulação; e d) pela Comissão de Valores Mobiliários.

A convocação será indispensável em alguns casos previstos na Lei n. 6.404/76: a) para deliberar sobre a redução do capital da sociedade emissora, nos casos previstos no art. 174; b) para decidir sobre a incorporação, fusão ou cisão da companhia emissora (art. 231); c) para alterar o estatuto a fim de mudar o objeto da companhia, criar ações preferenciais ou modificar as vantagens das existentes, em prejuízo das ações em que são conversíveis as debêntures, quando emitidas com esse direito e enquanto puder ser exercida a conversão.

23.12.2. Partes beneficiárias

Previstas nos arts. 46 a 51 da Lei n. 6.404/76, as partes beneficiárias são títulos de crédito, literais, autônomos, onerosos ou gratuitos, sempre nominativos, estranhos ao capital social, que conferem direito de crédito eventual contra a companhia, consistente na participação, de até dez por cento dos lucros anuais. Somente podem ser emitidas por companhias fechadas.

De Plácido e Silva (1946:184) esclarece a função original desses títulos: "são títulos negociáveis, sem valor nominal, emitidos pela sociedade, sem alteração ou modificação do capital social, como bonificação, ou paga a serviços prestados, aos fundadores, acionistas ou mesmo a estranhos".

Sua criação remonta a 1856, ano em que foi fundada a Companhia Universal do Canal Marítimo de Suez[2], tendo como principais acionistas a França e o Reino Unido. Seu objetivo era a construção de um canal que ligasse os Mares Vermelho e Mediterrâneo e reduzisse a distância entre a Europa e o sul da Ásia. Para chegarem aos Oceanos Índico e Pacífico, os navios que partissem do Mar Mediterrâneo não mais precisariam contornar o sul da África (Cabo da Boa Esperança). No curso dos trabalhos, em 1858, o coordenador do projeto, o embaixador e engenheiro francês Ferdinand de Lesseps, criou um título denominado *parts de fondateur,* consistente em papéis que atribuíam aos possuidores originais – grupo de capitalistas influentes no Egito – certa porcentagem nos lucros decorrentes da exploração comercial da passagem dos navios por aquele canal.

Modernamente, durante o prazo estipulado nos estatutos, o titular desses títulos receberá participação sobre os lucros anuais, sem que possa exercer qualquer direito privativo dos acionistas, a não ser o de fiscalizar os atos dos administradores. O prazo de duração das partes beneficiárias, quando estas forem emitidas gratuitamente, é de dez anos.

---

[2] Trajano de Miranda Valverde apresenta outra data para a criação: "As partes beneficiárias, também chamadas partes de fundador, surgiram, pela primeira vez, na França, em 1860, com o lançamento da Companhia do Canal de Suez. Generalizou-se o seu uso, depois que a lei de 1893 proibiu a negociação das ações representativas de entrada em bens (*actions d'apport*), durante os dois anos consecutivos à sua criação. Esse regime foi estendido às partes de fundador ou partes beneficiárias pela lei de 31 de março de 1927. Só em 1929, pela lei de 23 de janeiro, foi regulada a emissão desses títulos e a situação de seus possuidores" (*Sociedade por Ações*, 3. ed., Rio de Janeiro, Forense, 1959, p. 225-226). Contudo, deve-se louvar, para a prevalência de 1856, ano em que Lesseps criou a companhia, dividindo seu capital em 400.000 ações de 500 francos cada uma, que foram subscritas pela França e pelo Vice-Rei do Egito (207.111), pelo Império Otomano (96.517), pela Inglaterra, Áustria, Estados Unidos e Hungria, no total de 85.506 ações e 10.866 distribuídas entre outros 14 países (FRÉMY, Dominique et Michele. *Quid 2002,* Paris, Robert Laffont).

Em caso de liquidação ou falência, os titulares receberão apenas antes dos acionistas, após pagos os credores quirografários.

23.12.3. Bônus de subscrição

Previstos nos arts. 75 a 79 da Lei n. 6.404/76, os bônus de subscrição são títulos nominativos emitidos pelas companhias de capital autorizado, no limite do aumento consentido pelo estatuto, conferindo o direito de subscrever ações do capital social, mediante sua apresentação e o pagamento do preço de emissão. A lei concede preferência ao acionista em sua aquisição.

Os bônus de subscrição podem ser onerosos ou gratuitos, outorgados como vantagem adicional aos subscritores de emissões de ações ou de debêntures, e o certificado de sua emissão deve conter, necessariamente:

I – as declarações previstas nos incisos I a IV do art. 24 da Lei n. 6.404/76 (ou seja: I – a denominação da companhia, sua sede e prazo de duração; II – o valor do capital social, a data do ato que o tiver fixado, o número de ações em que se divide e o valor nominal das ações, ou a declaração de que não têm valor nominal; III – nas companhias com capital autorizado, o limite da autorização, em número de ações ou valor do capital social; IV – o número de ações ordinárias e preferenciais das diversas classes, se houver, as vantagens ou preferências conferidas a cada classe e as limitações ou restrições a que as ações estiverem sujeitas);

II – a denominação "bônus de subscrição";

III – o número de ordem;

IV – o número, a espécie e a classe das ações que poderão ser subscritas, o preço de emissão ou os critérios para sua determinação;

V – a época em que o direito de subscrição poderá ser exercido e a data do término do prazo para esse exercício;

VI – o nome do titular;

VII – a data da emissão do certificado e as assinaturas de dois diretores.

23.12.4. *Commercial papers*

Também chamados notas promissórias de emissão pública, são, como denota o nome, promessas de pagamento vencíveis no prazo de trinta a trezentos e sessenta dias, emitidas com exclusividade pelas sociedades por ações. O prazo máximo é reduzido para cento e oitenta dias quando a emitente for companhia fechada. Têm por origem os *commercial papers* norte-americanos e os *billet de trésorerie* financeiro do direito francês, segundo ensina José Manuel Gonçalves Santos Quelhas (apud Veiga, 1997:489).

No Brasil foram inicialmente regulamentados pela Instrução n. 134, de 1º de fevereiro de 1990, da Comissão de Valores Mobiliários, posteriormente alterada pela Instrução n. 292, de 15 de outubro de 1998, seguindo-se as de n. 155, de 7 de agosto de 1991, e 429, de 22 de março de 2006, e, mais recentemente as de n. 400, de 29 de dezembro de 2003, e a 566, de 31 de julho de 2015, com a redação dada pela Instrução CVM n. 583/2016.

A finalidade desses papéis comerciais é obter recursos para a consecução dos objetivos e desenvolvimento da sociedade por ações. Suas principais características são:

a) conferem a seus titulares direito de crédito contra a companhia emitente;

b) circulam por endosso em preto, de mera transferência de titularidade, conforme previsto no art. 15 do Anexo I da Convenção para Adoção de uma Lei Uniforme sobre Letras de Câmbio e Notas Promissórias, promulgada pelo Decreto n. 57.663, de 24 de janeiro de 1966;

c) o valor nominal unitário não poderá ser inferior a R$ 500.000,00;

d) a emissão é precedida de concessão de registro na Comissão de Valores Mobiliários e de divulgação de aviso contendo, de forma resumida, as principais características de distribuição, constantes da deliberação da assembleia geral ou dos órgãos da administração, conforme dispuserem os estatutos da companhia: I – o valor da emissão, e a sua divisão em séries, se for o caso; II – a quantidade e valor nominal das notas promissórias; III – as condições de remuneração e de atualização monetária, se houver; IV – o prazo de vencimento dos títulos; V – as garantias, quando for o caso; VI – o demonstrativo para comprovação dos limites previstos na regulamentação da CVM; VII – o local de pagamento; VIII – a contratação de prestação de serviços, tais como custódia, liquidação, emissão de certificados, agente pagador, conforme o caso;

e) negociabilidade em bolsa de valores ou mercado de balcão.

23.13. Quadro-resumo dos valores mobiliários

VALOR MOBILIÁRIO	DIREITOS CONFERIDOS E ESPÉCIES	G?	O?	QUEM PODE EMITIR	BASE LEGAL
Debêntures	Conferem direito de crédito e podem ser: **Quanto à conversibilidade:** • Conversíveis em ações • Permutáveis **Quanto às garantias:** • Com garantia real • Com garantia flutuante • Sem preferência • Subordinadas	Não	Sim	Companhias abertas – emissão pública. Companhias fechadas – emissão privada	LSA, arts. 52-74
Partes beneficiárias	Direito de participação nos lucros anuais, no limite máximo de 10%	Sim	Sim	Companhias abertas ou fechadas	LSA, arts. 46-51
Bônus de subscrição	Direito de subscrever ações do capital social	Sim	Sim	Companhias de capital autorizado	LSA, arts. 75-79
Commercial papers	Conferem direito de crédito; são promessas de pagamento	Não	Sim	Companhias com elevado patrimônio líquido	Instruções CVM n. 400/2003, 566/2015 e 583/2016
LEGENDA: G? – gratuitos?; O? – onerosos?.					

Capítulo 24

ÓRGÃOS DA SOCIEDADE POR AÇÕES

24.1. Órgãos sociais – espécies

O estudo da administração das sociedades empresárias em geral foi introduzido nos capítulos correspondentes às sociedades simples e às limitadas (Capítulos 19 e 21), podendo ambos ser aproveitados neste novo capítulo, ressalvadas as particularidades das sociedades por ações.

São quatro os órgãos sociais previstos para as sociedades por ações, aos quais compete dirigir os negócios sociais: o conselho de administração, o conselho fiscal, a assembleia geral e a diretoria, sendo que os dois primeiros são facultativos à maioria das sociedades constituídas.

24.2. Assembleia geral

Segundo Dylson Doria (1995:224), a assembleia geral "é a reunião de subscritores ou acionistas de uma sociedade por ações, convocada e instalada de acordo com a lei ou estatuto, a fim de constituir a companhia ou, se já constituída esta, deliberar sobre todos os negócios relativos ao seu objeto social". Esse conceito pode ser ampliado para incluir outras atribuições privativas da assembleia geral, resultando numa expressão mais completa: reunião de subscritores ou acionistas de uma sociedade por ações convocada e instalada de acordo com a lei ou o estatuto, a fim de constituir a companhia ou, se já organizada, deliberar sobre todos os negócios relativos ao seu objeto social e, ainda, sobre os assuntos referentes a sua reorganização, dissolução e liquidação.

24.2.1. Competência exclusiva

Como órgão soberano de deliberação, com poderes para exprimir a vontade social e decidir seus principais assuntos, compete à assembleia geral privativamente (art. 122):

a) Reformar o estatuto social

O estatuto social é elaborado e aprovado no momento da constituição da companhia, fixando cláusulas de aceitação comum aos sócios e contendo os elementos essenciais encontrados em qualquer contrato de constituição de sociedade, tais como sede, nome empresarial e objeto social e alguns outros específicos à forma adotada (*v.* n. 22.4.6). Por esses elementos essenciais é que se estabelecem os laços comuns que unem os associados a uma determinada empresa; o estatuto é expressão do liame social entre todos os acionistas, e, portanto, somente estes podem decidir sobre a alteração de suas cláusulas.

A reforma do estatuto ocorre em assembleia geral extraordinária, sendo instalada em primeira convocação com a presença de acionistas que representem dois terços, no mínimo, do capital com direito a voto (art. 135).

Por se tratar de matéria de alta relevância, os documentos pertinentes ao assunto a ser debatido deverão ser postos à disposição dos acionistas, na sede da companhia, por ocasião da publicação do primeiro anúncio de convocação da assembleia geral (art. 135, § 3º).

b) Eleger ou destituir, a qualquer tempo, os administradores e fiscais da companhia

É da atribuição privativa da assembleia geral eleger e destituir os administradores, com a ressalva prevista no inciso II do art. 142. Nas sociedades que constituírem o conselho de administração, órgão de deliberação colegiada, este será eleito pela assembleia geral (art. 140), mas o estatuto pode prever a competência desse segundo órgão para eleger e destituir os diretores da companhia e fixar-lhes as atribuições. Nesse caso, será sua a atribuição de destituir aqueles que elegeu.

Em relação ao conselho fiscal, sua eleição e destituição ocorrem sempre por deliberação da assembleia geral (art. 161, § 1º).

c) Tomar, anualmente, as contas dos administradores e deliberar sobre as demonstrações financeiras por eles apresentadas

As demonstrações financeiras espelham o sucesso ou o insucesso da empresa, e os acionistas são os principais interessados nesses resultados, expressão clara da situação do patrimônio da companhia e das mutações ocorridas no exercício. Uma vez por ano, apresentadas as contas pelos administradores, a assembleia geral deve, nos quatro primeiros meses seguintes ao término do exercício social, reunir-se para examinar, discutir e votá-las (art. 132).

De fato, o art. 176 estabelece que, ao fim de cada exercício social, a diretoria deve elaborar, com base na escrituração mercantil da companhia, de três a cinco demonstrações financeiras, dependendo do porte e do modo pelo qual emite e coloca em circulação valores mobiliários (*v.* n. 22.6).

Nas sociedades por ações que preveem conselho de administração e conselho fiscal, esses órgãos terão papel prévio na manifestação e análise das contas apresentadas, cabendo-lhes, respectivamente: a) manifestar-se sobre o relatório da administração e as contas da diretoria (art. 142, V); e b) analisar, ao menos trimestralmente, o balancete e demais demonstrações financeiras elaboradas periodicamente pela companhia, bem como examinar as referentes ao exercício social e sobre elas opinar (art. 163, VI e VII). A deliberação, contudo, cabe privativamente à assembleia geral.

d) Autorizar a emissão de debêntures, ressalvado o disposto no § 1º do art. 59, e autorizar a emissão de partes beneficiárias

Os títulos mencionados correspondem a obrigações da sociedade, sendo que as debêntures são recursos de crédito, emitidos a título oneroso, por meio dos quais a sociedade obtém recursos para o desenvolvimento da empresa. As partes beneficiárias são títulos onerosos ou gratuitos que concedem participação nos lucros da companhia.

Por se tratar de obrigações que podem comprometer o acervo social ou reduzir a participação dos acionistas nos lucros sociais, a assembleia geral deve deliberar a respeito de sua emissão.

Entretanto, a competência privativa da assembleia geral para autorizar ambas as emissões não é universal. Nas companhias abertas, o estatuto pode fixar que a atribuição caiba ao conselho de administração quando se trate de debêntures simples – não conversíveis em ações e sem garantia real. É possível, ainda, a delegação dessa atribuição da assembleia geral ao conselho de administração para que este fixe a época e as condições do pagamento dos juros, da participação nos lucros e do prêmio de reembolso, se houver, o modo de subscrição ou colocação e o tipo das debêntures.

Além dessas duas modalidades, previstas no art. 122, IV e VII, há outras obrigações emitidas em massa que conferem direito de crédito contra a companhia, e, nessa condição, devem ser objeto de deliberação pela assembleia geral, como ocorre com os *commercial papers*, salvo se o estatuto possibilitar a emissão por um dos órgãos de administração, conforme faculta o art. 9º da Instrução n. 134, de 1º de fevereiro de 1990, da Comissão de Valores Mobiliários.

e) Suspender o exercício dos direitos do acionista (art. 120)

Compete privativamente à assembleia geral suspender o exercício dos direitos do acionista que deixar de cumprir obrigação imposta pela lei ou pelo estatuto.

O principal encargo do acionista já foi objeto de estudo anterior (*v*. n. 23.9): integralizar, na forma e condições previstas no estatuto, as ações subscritas. Há, ainda, alguns outros deveres: (a) manter no País representante com poderes para receber citação em ações contra ele propostas com fundamento nos preceitos da Lei das Sociedades por Ações (art. 119); (b) exercer o direito a voto no interesse da companhia; considerar-se-á abusivo o voto exercido com o fim de causar dano à companhia ou a outros acionistas ou de obter, para si ou para outrem, vantagem a que não faz jus e de que resulte, ou possa resultar, prejuízo para a companhia ou para outros acionistas (art. 115); (c) abster-se de votar nas deliberações da assembleia geral relativas ao laudo de avaliação de bens com que concorrer para a formação do capital social e à aprovação de suas contas como administrador, ou em quaisquer outras que puderem beneficiá-lo de modo particular, ou em que tiver interesse conflitante com o da companhia; (d) usar o poder com o fim de fazer a companhia realizar seu objeto e cumprir sua função social, quando acionista controlador (art. 116, parágrafo único).

f) Deliberar sobre a avaliação de bens com que o acionista concorrer para a formação do capital social

O capital social constitui um dos elementos essenciais à formação da sociedade e pode ser integrado por valores em dinheiro ou bens móveis ou imóveis, corpóreos ou incorpóreos, que serão incorporados somente depois de sua avaliação e de deliberação da assembleia geral.

A falta de realização do capital subscrito, sua redução em razão de incorporação de valores irreais ou a fraude decorrente de superavaliação podem inviabilizar a empresa, gerando responsabilidades perante terceiros, daí por que é do interesse exclusivo dos sócios a deliberação sobre a incorporação de bens ao capital social.

g) Deliberar sobre transformação, fusão, incorporação e cisão da companhia, sua dissolução e liquidação, eleger e destituir liquidantes e julgar-lhes as contas

As hipóteses de transformação, fusão, incorporação e cisão da companhia representam mudanças de forte efeito sobre o pacto social: a sociedade altera sua forma societária; funde-se com outra, desaparecendo do cenário empresarial; incorpora outra, aumentando seu capital social e, eventualmente, modificando seu objeto; desagrega valores de seu patrimônio ou se dissolve, passando ao regime de liquidação. Em todos esses casos, valores essenciais da vida social são modificados, alterando-se direitos e cominando novas obrigações perante a sociedade e terceiros. É essencial, portanto, que a assembleia geral, constituída soberanamente por todos os acionistas titulares de direito de voto, manifeste-se sobre as importantes alterações que as deliberações trarão à vida social.

h) Autorizar os administradores a confessar falência e requerer recuperação judicial

A recuperação judicial submete alguns atos de administração ao controle jurisdicional e à fiscalização externa do administrador judicial, comitê e assembleia de credores, órgão do Ministério Público e Poder Judiciário, inibindo o livre desempenho empresarial, sobretudo no que se refere a sua vida financeira. Impõe-se, portanto, a manifestação da assembleia geral da sociedade para tão importante decisão.

A falência é um dos modos de se operar a dissolução judicial da sociedade, e, desta forma, deve ser, como os demais, submetida à deliberação dos sócios em assembleia geral.

O art. 122, parágrafo único, da Lei n. 6.404/76 acrescenta que, "em caso de urgência, a confissão de falência ou o pedido de concordata poderá ser formulado pelos administradores, com a concordância do acionista controlador, se houver, convocando-se imediatamente a assembleia geral, para manifestar-se sobre a matéria". Essa exigência, no regime da nova Lei Falimentar, é mantida, alterando-se tão somente a expressão "pedido de concordata" para "pedido de recuperação judicial".

Na hipótese de a assembleia geral discordar da iniciativa, poderá manifestar-se contrariamente à deliberação dos administradores, e, neste caso, apresentará desistência ao pedido formulado. Se os efeitos desse pedido ainda não atingiram terceiros – v. g., se a falência não tiver sido decretada ou se o pedido de recuperação não tiver sido processado por decisão judicial –, nada obsta a que o magistrado o defira de plano, homologando-o. Entretanto, se já houver sentença declaratória transitada em julgado, o levantamento da falência somente poderá ocorrer com o pagamento ou concordância de todos os credores habilitados, ouvidos o administrador judicial e o Ministério Público ou, ainda, mediante pedido de recuperação judicial incidental. Na hipótese de pedido de recuperação com decisão de processamento, a desistência, após o deferimento de seu processamento, dependerá da manifestação da assembleia geral de credores, ouvido o Ministério Público (LREF, art. 52, §§ 3º e 4º).

24.2.2. Espécies de assembleia

Conforme o fim a que se destina, a assembleia pode ser classificada em quatro tipos diferentes: assembleia geral constituinte, ordinária e extraordinária e assembleias especiais. A primeira já foi objeto de estudos (*v.* n. 22.4) e diferencia-se das outras três porque sua função precede o exercício da empresa, objetivando unicamente realizar a constituição da sociedade, ao passo que as demais deliberam sobre os atos durante toda a vida social:

a) Assembleia geral ordinária

A assembleia geral ordinária é realizada anualmente, nos quatro primeiros meses seguintes ao término do exercício social, e tem por fim apreciar as matérias enumeradas no art. 132 da Lei n. 6.404/76:

I – tomar as contas dos administradores, examinar, discutir e votar as demonstrações financeiras;

II – deliberar sobre a destinação do lucro líquido do exercício e a distribuição de dividendos;

III – eleger os administradores e os membros do conselho fiscal, quando for o caso;

IV – aprovar a correção da expressão monetária do capital social (art. 167).

Vê-se, portanto, que a época de sua realização e seus objetivos são fixados por lei, fatos que explicam a razão de sua denominação ordinária, no sentido de ser obrigatória e comum a todas as sociedades por ações.

b) Assembleia geral extraordinária

As matérias que não forem objeto de deliberação da assembleia geral ordinária – *numerus clausus* previsto no art. 132 – serão objeto de decisão em assembleia geral extraordinária, convocada sempre que necessário. Em algumas oportunidades a legislação exige *quorum* qualificado, por força da importância da questão a ser votada, como é o caso das ocorrências previstas no art. 136 da Lei das Sociedades por Ações, que reclamam a adesão de acionistas que representem metade, no mínimo, das ações com direito a voto, se maior *quorum* não for exigido pelo estatuto da companhia:

I – criação de ações preferenciais ou aumento de classe de ações preferenciais existentes, sem guardar proporção com as demais classes de ações preferenciais, salvo se já previstos ou autorizados pelo estatuto;

II – alteração nas preferências, vantagens e condições de resgate ou amortização de uma ou mais classes de ações preferenciais, ou criação de nova classe mais favorecida;

III – redução do dividendo obrigatório;

IV – fusão da companhia ou sua incorporação em outra;

V – participação em grupo de sociedades (art. 265);

VI – mudança do objeto da companhia;

VII – cessação do estado de liquidação da companhia;

VIII – criação de partes beneficiárias;

IX – cisão da companhia;

X – dissolução da companhia; e, no art. 136-A;

XI – aprovação da inserção de convenção de arbitragem.

c) Assembleias especiais

Enquanto as assembleias gerais se destinam às deliberações de interesse dos sócios titulares de ações ordinárias, com direito de voto, as assembleias especiais reservam-se às reuniões de titulares de ações ordinárias quando houver diversidade de classes, na companhia fechada, e de titulares de outros valores mobiliários. Há, dessa forma, assembleia especial de titulares de: a) determinada classe de ação ordinária, na sociedade fechada; b) uma ou mais classes de ações preferenciais; c) debêntures; e d) partes beneficiárias.

As primeiras são previstas no art. 16 da Lei n. 6.404/76, que permite, na companhia fechada, a emissão de ações ordinárias, divididas em outras três classes distintas em função de: a) sua conversibilidade em ações preferenciais; b) exigência ou não de nacionalidade brasileira do acionista; e c) direito de voto em separado para o preenchimento de determinados cargos de órgãos administrativos – diretoria e conselho de administração.

Se o estatuto da companhia for omisso, as ações ordinárias serão de classe única. Haverá, entretanto, a possibilidade de existir numa companhia fechada quatro categorias distintas de ações ordinárias: a formada pelas ordinárias comuns e as outras três mencionadas.

As mudanças pretendidas nos direitos de cada uma das classes de acionistas dependerão de aprovação dos titulares dessas ações reunidos em assembleia especial dessa respectiva categoria (art. 16, parágrafo único).

A assembleia dos titulares de uma ou mais classes de ações preferenciais é prevista na Lei n. 6.404/76 e objetiva deliberar a respeito de assuntos pertinentes a essa categoria de acionista, como, por exemplo: a) a eleição de um ou mais membros dos órgãos da administração, quando o estatuto assegurar esse direito àquela classe de acionistas (art. 18, parágrafo único); b) o resgate de ações de uma ou mais classes, devendo ser aprovado por acionistas que representem, no mínimo, a metade das ações da classe atingida (art. 44, § 6º); c) a criação de ações preferenciais ou aumento de classe de ações preferenciais existentes, sem guardar proporção com as demais classes de ações preferenciais, salvo se já previstos ou autorizados pelo estatuto (art. 136, I e § 1º); d) a alteração nas preferências, vantagens e condições de resgate ou amortização de uma ou mais classes de ações preferenciais ou criação de nova classe mais favorecida (art. 136, II e § 1º).

Os debenturistas são credores da sociedade e, nessa condição, têm o direito de se manifestar em algumas oportunidades, reunindo-se em assembleia para deliberar sobre questões sociais que possam repercutir sobre seus direitos, por exemplo:

a) na mudança do objeto da companhia (art. 57, § 2º, *a*), se titulares de debêntures conversíveis em ações, porque seu direito à conversão será afetado com a mudança da atividade empresarial;

b) na criação de ações preferenciais ou modificação das vantagens das existentes, em prejuízo das ações em que são conversíveis as debêntures (art. 57, § 2º, *b*);

c) para deliberar, a qualquer tempo, sobre matéria de interesse da comunhão dos debenturistas titulares de debêntures da mesma emissão ou série (art. 71);

d) na redução do capital social nos casos do art. 174 (§ 3º): considerando que o capital social é a garantia dos credores, sua modificação para torná-lo menor, em razão de restituição de valores aos acionistas ou em decorrência da não integralização de ações, atinge o direito de crédito dos debenturistas, que se verão proporcionalmente afetados pela redução operada;

e) na incorporação, fusão ou cisão, uma vez que suas garantias poderão vir a ser alteradas substancialmente (art. 231).

Da mesma forma, os titulares de partes beneficiárias possuem direitos sobre os lucros da companhia, que podem ser atingidos por uma reforma estatutária. Nesse caso, sempre que a reforma do estatuto modificar ou reduzir suas vantagens, os titulares de partes beneficiárias reunir-se-ão em assembleia geral especial para deliberar a respeito.

24.2.3. *Quorum* de instalação e de deliberação

Conforme Egberto Lacerda Teixeira (1979:395), uma distinção preliminar deve ser feita em relação ao número exigido para a instalação e deliberação das matérias em assembleia. O primeiro – *quorum* de instalação – é requisito de sua instalação: sem sua obediência, a reunião não se realiza. O segundo – *quorum* de deliberação – é condição necessária para a validade das resoluções tomadas.

Para a instalação das assembleias, a Lei n. 6.404/76 previu a exigência de três números distintos de sócios ou debenturistas (um quarto, metade e dois terços), em quatro situações que não se confundem: a) o *quorum* ordinário do art. 125, que estabelece a necessidade da presença de acionistas que representem, no mínimo, um quarto do capital social com direito de voto; b) o *quorum* especial de constituição, previsto no art. 87, que exige inicialmente a presença de metade do capital social; c) o *quorum* especial da assembleia de debenturistas, que reclama, em primeira convocação, a presença de credores que representem metade, no mínimo, das debêntures em circulação; d) o *quorum* especial qualificado (art. 135), que impõe, em primeira convocação, a presença de acionistas que representem dois terços, no mínimo, do capital com direito a voto para a reforma do estatuto social. Em segunda convocação, a instalação de todas elas dar-se-á com qualquer número de presentes.

Para as deliberações, a Lei das Sociedades por Ações apresenta cinco ordens de *quorum*: a) o ordinário, previsto no art. 129: maioria absoluta de votos dos presentes, não se computando os votos em branco; b) o qualificado, encontrado no art. 136, que exige a aprovação de acionistas que representem metade, no mínimo, das ações com direito a voto; c) o especial qualificado (art. 71, § 5º), que exige a aprovação mínima por parte de metade dos titulares das debêntures em circulação quando a matéria da assembleia especial pretender a aprovação da modificação nas condições das debêntures; d) estatutário, superior ao previsto na lei, nas sociedades fechadas; e) a unanimidade, quando a matéria se referir, na assembleia constituinte, a alteração do projeto de estatuto (art. 87, § 2º) e na hipótese de transformação da sociedade (art. 221).

Este é o quadro geral de deliberações, contendo, em ordem alfabética, as matérias previstas na Lei de Sociedades por Ações:

Matéria	**Tipo de Assembleia**	***Quorum* de Instalação**	***Quorum* de Deliberação**
Alteração do projeto de estatuto.	Constituinte.	Especial: em primeira convocação, mínimo da metade do capital social (art. 87). Em segunda convocação, qualquer número.	Unanimidade (art. 87, § 2º).
Alteração nas preferências, vantagens e condições de resgate ou amortização de uma ou mais classes de ações preferenciais, ou criação de nova classe mais favorecida (art. 136, II).	Geral extraordinária. Sua validade depende de decisão de assembleia especial dos acionistas preferenciais.	Ordinário (art. 125).	Qualificado (metade das ações com direito a voto – art. 136). OU O estatuto pode prever exigência maior nas companhias fechadas (art. 136).
Alteração nas preferências, vantagens e condições de resgate ou amortização de uma ou mais classes de ações preferenciais, ou criação de nova classe mais favorecida (art. 136, II).	Especial de titulares de ações preferenciais.	Ordinário (art. 125).	Qualificado (art. 136). OU Estatutário (art. 136).

Matéria	**Tipo de Assembleia**	***Quorum* de Instalação**	***Quorum* de Deliberação**
Autorizar a emissão de debêntures (art. 122, IV).	Geral extraordinária.	Ordinário (art. 125).	Ordinário: maioria absoluta de votos, não se computando os votos em branco (art. 129). OU Estatutário (art. 129, § 1º).
Autorizar a emissão de partes beneficiárias (art. 122, VII).	Geral extraordinária.	Ordinário (art. 125).	Ordinário (art. 129). OU Estatutário (art. 129, § 1º).
Autorizar os administradores a confessar falência e pedir concordata (art. 122, IX).	Geral extraordinária.	Ordinário (art. 125).	Ordinário (art. 129). OU Estatutário (art. 129, § 1º).
Cessação do estado de liquidação da companhia (art. 136, VII).	Geral extraordinária.	Ordinário (art. 125).	Qualificado (art. 136). OU Estatutário (art. 136).
Cisão da companhia (art. 136, IX).	Geral extraordinária.	Ordinário (art. 125).	Qualificado (art. 136). OU Estatutário (art. 136).
Constituição da companhia (art. 87).	Constituinte.	Especial: em primeira convocação, mínimo da metade do capital social (art. 87). Em segunda convocação, qualquer número.	Ordinário (art. 129).
Convenção de grupo (art. 270).	Geral extraordinária.	Ordinário (art. 125).	Qualificado (art. 136). OU Estatutário (art. 136).
Criação de ações preferenciais ou aumento de classe de ações preferenciais existentes, sem guardar proporção com as demais classes de ações preferenciais, salvo se já previstos ou autorizados pelo estatuto (art. 136, I).	Geral extraordinária. Sua validade depende de decisão de assembleia especial dos acionistas preferenciais.	Ordinário (art. 125).	Qualificado (art. 136). OU Estatutário (art. 136).
Criação de ações preferenciais ou aumento de classe de ações preferenciais existentes, sem guardar proporção com as demais classes de ações preferenciais, salvo se já previstos ou autorizados pelo estatuto (art. 136, I).	Especial de titulares de ações preferenciais.	Ordinário (art. 125).	Qualificado (art. 136). OU Estatutário (art. 136).
Criação de partes beneficiárias (art. 136, VIII).	Geral extraordinária.	Ordinário (art. 125).	Qualificado (art. 136). OU Estatutário (art. 136).
Decisões ordinárias (art. 125).	Geral.	Ordinário (art. 125).	Ordinário (art. 129) OU Estatutário (art. 129, § 1º).

Matéria	Tipo de Assembleia	*Quorum* de Instalação	*Quorum* de Deliberação
Deliberar sobre a avaliação de bens com que o acionista concorrer para a formação do capital social (art. 122, VI).	Geral extraordinária.	Ordinário (art. 125).	Ordinário (art. 129) OU Estatutário (art. 129, § 1º).
Dissolução da companhia (art. 136, X).	Geral extraordinária.	Ordinário (art. 125).	Qualificado (art. 136). OU Estatutário (art. 136).
Eleger ou destituir, a qualquer tempo, os administradores e fiscais da companhia (art. 122, II).	Geral extraordinária.	Ordinário (art. 125).	Ordinário (art. 129). OU Estatutário (art. 129, § 1º).
Fusão da companhia ou sua incorporação em outra (arts. 136, IV, e 122, VIII).	Geral extraordinária.	Ordinário (art. 125).	Qualificado (art. 136). OU Estatutário (art. 136).
Fusão, incorporação ou cisão da companhia emissora de debêntures (art. 231).	Especial de debenturistas.	Ordinário (art. 125).	Especial qualificado (art. 71, § 5º).
Inserção de convenção de arbitragem (art. 136-A)	Geral extraordinária.	Ordinário (art. 125).	Qualificado (art. 136). OU Estatutário (art. 136).
Matéria de interesse da comunhão de debenturistas (art. 71), não referente à fusão, incorporação ou cisão, nem à modificação das condições das debêntures.	Especial de debenturistas.	Especial: em primeira convocação, metade das debêntures em circulação (art. 71, § 3º). Em segunda convocação, qualquer número.	Ordinário (art. 129).
Modificação das condições das debêntures (art. 71, § 5º).	Especial de debenturistas.	Especial (art. 71, § 3º).	Especial qualificado (art. 71, § 5º).
Mudança do objeto da companhia (art. 136, VI).	Geral extraordinária.	Ordinário (art. 125).	Qualificado (art. 136). OU Estatutário (art. 136).
Participação em grupo de sociedades (arts. 136, V, e 265).	Geral extraordinária.	Ordinário (art. 125).	Qualificado (art. 136). OU Estatutário (art. 136).
Redução do dividendo obrigatório (art. 136, III).	Geral extraordinária.	Ordinário (art. 125).	Qualificado (art. 136). OU Estatutário (art. 136).
Reforma do estatuto (art. 135).	Geral extraordinária.	Especial qualificado: em primeira convocação, com a presença de acionistas que representem dois terços, no mínimo, do capital com direito a voto. Em segunda, com qualquer número.	Ordinário (art. 129). OU Estatutário (art. 129, § 1º).
Suspender o exercício dos direitos do acionista (arts. 120 e 122, V).	Geral extraordinária.	Ordinário (art. 125).	Ordinário (art. 129). OU Estatutário (art. 129, § 1º).
Tomar, anualmente, as contas dos administradores e deliberar sobre as demonstrações financeiras por eles apresentadas (art. 122, III).	Geral extraordinária.	Ordinário (art. 125).	Ordinário (art. 129). OU Estatutário (art. 129, § 1º).
Transformação (art. 221).	Geral extraordinária.	Unânime.	Consentimento unânime.

24.2.4. Funcionamento da assembleia

Há certos atos a serem obedecidos para a instalação da assembleia e para a colheita da presença e dos votos dos acionistas a ela presentes: a) em primeiro lugar, há a convocação, que deve ser feita pelos acionistas ou pelos órgãos sociais, conforme dispuser a lei; b) os acionistas assinam o livro de presença (art. 127); c) compõe-se a mesa dos trabalhos, com a eleição de um presidente e de um secretário (art. 128); d) em seguida verifica-se o *quorum* de instalação, conforme o caso (arts. 125, 71, § 3º, 87, 135 ou 221), e a qualidade e a representação do acionista (art. 126), declarando-se instalada a assembleia; e) inicia-se a ordem do dia; f) colhem-se os votos; g) declara-se encerrada a assembleia, lavrando-se a ata, assinando-a os membros da mesa e os presentes.

24.3. Disposições comuns aos administradores

Há certas práticas vedadas no exercício da administração, previstas no art. 154, § 2º, da Lei n. 6.404/76: a) o ato de liberalidade à custa da companhia; b) tomar por empréstimo bens ou recurso da companhia ou usar, em proveito próprio, de sociedade em que tenha interesse, ou de terceiros, de seus bens, serviços ou créditos, salvo prévia autorização da assembleia geral ou do conselho de administração; c) receber de terceiros, sem autorização estatutária ou da assembleia geral, qualquer modalidade de vantagem pessoal, direta ou indireta, em razão do exercício de seu cargo.

Tais regras resultam genericamente das obrigações implícitas a todo administrador – gerente de uma sociedade de pessoas ou de capitais:

(a) O dever de diligência imposto aos administradores da sociedade por ações (art. 153) ou das sociedades de pessoas significa que devem agir com a mesma diligência que um empresário individual ativo costuma empregar na gerência de seus próprios negócios. Observe-se que esse empenho não pode ser inferior ao que o mandatário está obrigado a realizar em cumprimento do contrato firmado com o mandante, e, como se sabe, o mandatário "é obrigado a aplicar toda a sua diligência habitual na execução do mandato, e a indenizar qualquer prejuízo causado por culpa sua ou daquele a quem substabelecer, sem autorização, poderes que devia exercer pessoalmente" (CC16, art. 1.300). O Código Civil de 2002, ao impor tal dever ao administrador das sociedades em geral, utilizou a expressão "cuidado e diligência que todo homem ativo e probo costuma empregar na administração de seus próprios negócios" (art. 1.011).

(b) O dever de lealdade: o administrador deve ser leal aos interesses e finalidades da empresa, prestando fielmente os serviços necessários para que ela atinja os fins comuns para os quais foi constituída. É em razão desse dever que a lei impôs as vedações do art. 155 da Lei das Sociedades por Ações. No Código Comercial havia outras proibições visando infundir o mesmo dever, como, por exemplo, o art. 316, parte final: "contra o sócio que abusar da firma social, dá-se ação de perdas e danos, tanto da parte dos sócios como de terceiro; e se com o abuso concorrer também fraude ou dolo, este poderá intentar contra ele a ação criminal que no caso couber".

(c) O dever de informar os atos de sua administração, previsto implicitamente na regra do revogado art. 290 do Código Comercial e no art. 109, III, da Lei n. 6.404/76, em decorrência do direito dos demais sócios na fiscalização da gestão social. Nas sociedades por ações abertas essa obrigação é mais ampla, exigindo que comunique à bolsa de valores e à imprensa qualquer deliberação da assembleia geral ou dos órgãos da administração ou outro fato relevante ocorrido em seus negócios que possa influir, de modo ponderável, na decisão dos investidores do mercado de vender ou comprar valores mobiliários emitidos pela companhia, salvo hipótese de risco a interesse legítimo da companhia (art. 109).

(d) O dever de sigilo: nas sociedades por ações abertas, recai "sobre qualquer informação que ainda não tenha sido divulgada para conhecimento do mercado, obtida em razão do cargo e capaz de influir de modo ponderável na cotação de valores mobiliários, sendo-lhe vedado valer-se da informação para obter, para si ou para outrem, vantagem mediante compra ou venda de valores mobiliários" (art. 155, § 1º, da Lei n. 6.404/76). A norma aqui visa proteger o investidor e o mercado acionário, proporcionando a todos os aplicadores de recursos iguais oportunidades. A informação capaz de influir na aplicação dos investidores deve estar disponível a todo o público; qualquer divulgação antecipada privilegia seu conhecedor, que, valendo-se dela, obterá, num primeiro momento, lucros por ter acesso a dados não disponíveis ao público em geral. Essa utilização de notícias sigilosas é chamada *insider trading*.

24.4. Conselho de administração

Como ensina Paulo Fernando Campos Salles de Toledo (1997:13), a adoção de administração distinta da pessoa dos sócios corresponde a uma evolução do regramento administrativo nas companhias: "basicamente, dividem-se em dois os sistemas universalmente adotados em matéria de estrutura administrativa das sociedades anônimas. Há, naturalmente, variações possíveis, particularidades, exceções. Na essência, contudo, os sistemas são dois: unitário e bipartido. O primeiro caracteriza-se por fundar-se num órgão apenas de administração. O segundo, por prever o exercício das funções administrativas por dois órgãos distintos. O sistema tradicional corresponde a um estágio menos desenvolvido da evolução das empresas. A partir do momento em que o porte destas tornou impossível o exercício da gestão por todos os sócios, passou a ser imperativo que a direção fosse exercida somente por alguns deles, ou mesmo por pessoas estranhas à composição do capital".

Um dos órgãos de deliberação bipartida, colegiada, é o conselho de administração. Embora não seja obrigatório na estrutura de todas as sociedades anônimas, salvo nas de economia mista (art. 239 da Lei n. 6.404/76), companhias abertas e de capital autorizado (art. 138, § 2º), apresenta-se como necessário supervisor das atividades de gestão administrativa nos grandes empreendimentos.

a) Atribuições

Nas sociedades em que for constituído, o conselho de administração deve dividir suas funções com uma diretoria e terá como atribuições (art. 142): a) fixar a orientação geral dos negócios da companhia; b) eleger e destituir os diretores da companhia e estabelecer-lhes as tarefas, observado o que a respeito dispuser o estatuto; c) fiscalizar a gestão dos diretores, examinar, a qualquer tempo, os livros e papéis da companhia, solicitar informações sobre contratos celebrados ou em vias de celebração e quaisquer outros atos; d) convocar a assembleia geral quando julgar conveniente ou no caso do art. 132; e) manifestar-se sobre o relatório da administração e as contas da diretoria; f) opinar previamente sobre atos ou contratos, quando o estatuto assim o exigir; g) deliberar, quando autorizado pelo estatuto, sobre a emissão de ações ou de bônus de subscrição; h) autorizar, se o estatuto não dispuser em contrário, a alienação de bens do ativo permanente, a constituição de ônus reais e a prestação de garantias a obrigações de terceiros; i) escolher e destituir os auditores independentes, se houver.

b) Composição

O art. 140 da Lei n. 6.404/76 estabelece que "o conselho de administração será composto por, no mínimo, três membros, eleitos pela assembleia geral e por ela destituíveis a qualquer tempo". Não havendo número máximo, caberá ao estatuto determinar qualquer outra quantidade acima de três, bem como: o processo de escolha e substituição do presidente e dos membros do conselho, pela assembleia ou pelo próprio órgão; o prazo de gestão, que não poderá ser superior a três anos, permitida a reeleição; as normas sobre convocação, instalação e funcionamento do conselho, que deliberará por maioria de votos, podendo o estatuto estabelecer *quorum* qualificado para certas decisões, desde que especifique as matérias.

O exercício do cargo de conselheiro é privativo dos acionistas pessoas naturais (art. 146), mas é possível que o estatuto preveja a participação de representantes dos empregados, escolhidos pelo voto destes, em eleição direta, organizada pela empresa, em conjunto com as entidades sindicais que os representem.

O estatuto pode, ainda, prever que até o máximo de um terço dos conselheiros ocupe simultaneamente cargos na diretoria da companhia (art. 143, § 1º).

c) Sufrágio de escolha dos conselheiros

Os membros do conselho de administração serão, em regra, eleitos pelo voto dos acionistas com direito a voto, reunidos em assembleia geral ordinária (art. 132, III). Há, ainda, a possibilidade de eleição por voto múltiplo, criado com a finalidade de prover certa proporcionalidade na composição do órgão, tendo em vista o poder de decisão dos acionistas – titulares majoritários ou titulares representando a minoria.

O voto múltiplo possibilita à minoria eleger seu representante, o que seria impossível no sistema do voto único. Num exemplo simples, pode-se imaginar a seguinte composição: o acionista X é detentor de sessenta por cento das ações com direito a voto, e Y, Z e W são titulares, na somatória, dos outros quarenta por cento. Há três cargos de conselheiros de administração. Pelo sistema do voto simples o acionista majoritário X apresentaria sessenta votos nos candidatos A, B e C, enquanto os demais, em conjunto, apresentariam quarenta votos em cada um dos candidatos D, E e F, resultando na preponderância da maioria do capital sobre a minoria. Pelo voto múltiplo, X deterá 180 votos (60 x 3), Y + Z + W serão titulares de 120 votos, que, unidos, elegerão pelo menos um candidato. Nesse caso, X terá a possibilidade de eleger dois candidatos com 90 votos cada um.

Campos Salles de Toledo (1997:33) adverte para a dificuldade de servir-se do voto múltiplo: "não é simples a utilização do voto múltiplo. Enseja manobras táticas complexas, que podem levar, se mal conduzidos os interesses, à perda do controle dos majoritários no conselho de administração, ou, por outro lado, à não obtenção de um cargo pelos minoritários, quando isto seria matematicamente possível".

Em qualquer companhia, havendo ou não previsão estatutária, os titulares que representem pelo menos dez por cento do capital social com direito a voto – ou porcentagens menores, fixadas para as companhias abertas pela Comissão de Valores Mobiliários (art. 291) – podem requerer a adoção do sistema de voto múltiplo, por meio do qual todos os acionistas com direito a voto terão direito a tantos votos quantos forem os cargos a serem preenchidos, facultando-lhes a cumulação em um só candidato ou, ainda, sua dispersão entre todos eles (art. 141). Para evitar que a assembleia geral anule os benefícios dessa forma de eleição, que permite que a minoria indique e eleja seu candidato, se houver a destituição de um membro do conselho de administração eleito dessa forma, todos os demais serão destituídos, convocando-se nova eleição (art. 141, § 3º).

A lei exige que a mesa que preside a assembleia informe aos acionistas o número de votos necessários para a eleição de cada membro do conselho de administração (art. 141, § 1º), o que pode ser obtido pela adoção da fórmula proposta por Carlos Augusto da Silveira Lobo (apud Toledo, 1997:33-34):

$$v = \frac{c \times a}{c + 1} + 1 - ar$$

"*v*" representa o número de votos necessários para eleger um membro do conselho; *c* é o número de membros do conselho; *a* é o número de ações conforme o livro de presença de acionistas; *ar* é a fração de arredondamento a ser desprezada.

Aplicada a fórmula no exemplo acima, o número de votos necessários à eleição de um conselheiro será igual ou superior a 76 (não há fração, tendo resultado número inteiro):

$$v = \frac{3 \times 100}{3 + 1} + 1 - ar$$

$$v = \frac{300}{4} + 1 - ar$$

$$v = 76 - ar$$

24.5. Diretoria

É órgão de execução, composto de dois ou mais diretores, eleitos para um mandato de três anos, sendo permitida a reeleição, destituíveis a qualquer tempo pelo conselho de administração ou, onde não existir, pela assembleia geral, cabendo-lhe executar as deliberações desses outros órgãos. Entre os diretores, até o máximo de um terço, poderão ser eleitos membros do conselho de administração.

Suas funções se resumem a dois grandes grupos: a) representação da companhia; e b) prática dos atos necessários a seu funcionamento regular. Cabe à diretoria representar judicial ou extrajudicialmente a companhia, atribuição que, no silêncio do estatuto, faculta-se a qualquer dos diretores.

24.6. Conselho fiscal

Composto por três, quatro ou cinco membros, sendo um deles eleito pelos titulares de ações preferenciais sem direito a voto e outro por acionistas minoritários que representem pelo menos dez por cento das ações com direito a voto. Sua função é fiscalizatória.

A escolha do conselheiro fiscal deve recair sobre qualquer pessoa natural, residente no País, diplomada em curso de nível superior ou que tenha exercido, por pelo menos três anos, o cargo de administrador de empresas ou de conselheiro fiscal. Se na localidade não se encontrar pessoas com essas qualidades, a companhia pode requerer ao juiz da comarca dispensa desses requisitos.

Compete ao conselho fiscal (art. 163): a) fiscalizar, por qualquer dos seus membros, os atos dos administradores e verificar o cumprimento de seus deveres legais e estatutários; b) opinar sobre o relatório anual da administração, fazendo constar de seu parecer as informações complementares que julgar necessárias ou úteis à deliberação da assembleia geral; c) manifestar-se sobre as propostas dos órgãos da administração, a serem submetidas à assembleia geral, relativas à modificação do capital social, emissão de debêntures ou bônus de subscrição, planos de investimento ou orçamentos de capital, distribuição de dividendos, transformação, incorporação, fusão ou cisão; d) denunciar, por qualquer de seus membros, aos órgãos de administração, e, se estes não tomarem as providências necessárias para a proteção dos interesses da companhia, à assembleia geral, os erros, fraudes ou crimes que descobrirem e sugerir providências úteis à companhia; e) convocar a assembleia geral ordinária, se os órgãos da administração retardarem por mais de um mês essa convocação, e a extraordinária, sempre que ocorrerem motivos graves ou urgentes, incluindo na agenda das assembleias as matérias que considerarem necessárias; f) analisar, ao menos trimestralmente, o balancete e demais demonstrações financeiras elaboradas periodicamente pela companhia; g) examinar as demonstrações financeiras de exercício social e sobre elas opinar; h) exercer essas atribuições, durante a liquidação, tendo em vista as disposições especiais que as regulam.

Capítulo 25

REORGANIZAÇÃO DAS SOCIEDADES

25.1. Aspectos gerais

Entre as prerrogativas das pessoas jurídicas figura o direito de alterar sua estrutura fundamental, reorganizando-se a qualquer tempo, em especial quanto à reunião ou separação patrimonial entre sociedades, ou, ainda, em relação à mudança do tipo social e à decorrente responsabilidade imposta aos sócios. Agrupam-se aqui os procedimentos de transformação, incorporação, fusão e cisão.

a) Transformação societária: é a operação de mudança do tipo societário, independentemente de dissolução e liquidação, que exige o consentimento unânime dos acionistas ou sócios, exceto se houver outra previsão no contrato ou estatuto. Ao acionista ou sócio dissidente cabe o direito de retirar-se da sociedade, salvo se, ao ingressar na sociedade, tiver renunciado a esse direito. Essa modalidade vem prevista nos arts. 220 a 222 da Lei das Sociedades por Ações e nos arts. 1.113 a 1.115 do Código Civil. A representação gráfica pode ser feita pela operação de mudança na estrutura do tipo societário:

Consiste a transformação societária "na modificação do tipo legal adotado anteriormente pela sociedade, a qual continua a existir, mas sob um novo tipo" (Correia, 1999:567).

Além da mudança do tipo societário é possível a transformação do registro de empresário individual ou de empresa individual de responsabilidade limitada no registro de sociedade empresária (CC, art. 963, § 3º) e vice-versa.

Temos assim, duas modalidades de transformação – a societária, envolvendo apenas sociedades, e a transformação de registro, que consiste na alteração da forma de exercício empresarial, antes individual e, agora, EIRELI ou societário, ou inicialmente societário, passando a ser individual ou EIRELI.

b) Incorporação: é o processo pelo qual uma ou mais sociedades são absorvidas por outra, que lhes sucede em todos os direitos e obrigações, previsto no art. 227 da Lei n. 6.404/76 e nos arts. 1.116 a 1.118 do Código Civil. Graficamente se obteria o seguinte resultado:

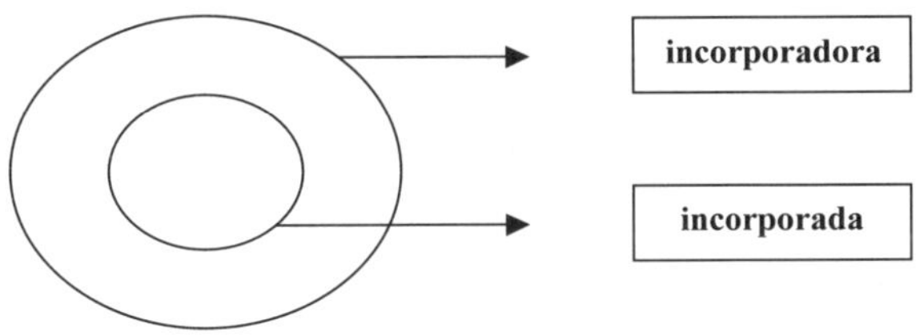

c) Fusão: é a execução de atos tendentes à reunião de duas ou mais sociedades para formar uma nova, que lhes sucederá em todos os direitos e obrigações (art. 228 da Lei n. 6.404/76 e arts. 1.119 a 1.121 do Código Civil):

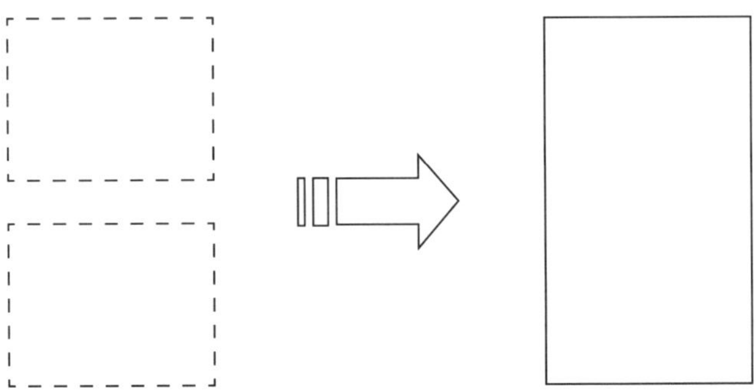

d) Cisão: é o processo pelo qual a companhia transfere parcelas de seu patrimônio para uma ou mais sociedades, constituídas para esse fim ou já existentes. Há cisão total quando ocorre a versão de todo o patrimônio e parcial quando não é integral a transferência. Procede-se segundo o art. 229 da Lei das Sociedades por Ações:

As regras sobre o arquivamento dos atos de transformação, incorporação, fusão e cisão foram regulamentadas na IN DREI n. 35, de 2 de março de 2017.

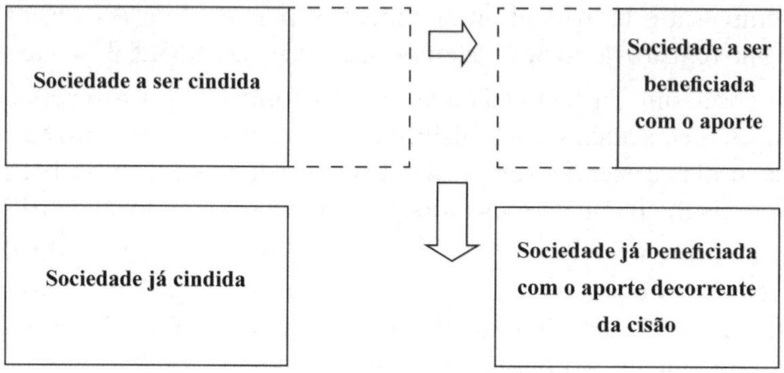

25.2. Diferenças entre os procedimentos e efeitos

Cada modalidade de deliberação tendente à reorganização empresarial gera efeitos diferentes em relação à forma societária, à responsabilidade dos sócios e da sociedade e ao procedimento exigido para sua ocorrência.

Nem sempre ocorre a mudança do tipo societário, salvo na transformação societária, que, por definição, opera a adoção de uma outra forma societária. Desse modo, v. g., uma sociedade em nome coletivo que, passando pelo processo, vem a se transformar em sociedade limitada sofrerá mudanças de três ordens importantes: a) da responsabilidade dos sócios, de solidariamente responsáveis pelas obrigações sociais, de forma solidária, para responsabilidade limitada à integralização do capital social; b) do nome social, podendo, agora, adotar denominação ou firma social, faculdade concedida para as sociedades limitadas, uma vez que as sociedades em nome coletivo somente podem valer-se das firmas sociais. Haverá, necessariamente, a inclusão do sufixo "limitada" ou, abreviadamente, "ltda."; c) do *quorum* para futuras deliberações, salvo se o contrato social mantiver a rigidez da unanimidade para as matérias do art. 997 do Código Civil (arts. 999, 1.040 e 1.076, III).

Entretanto, na incorporação, fusão ou cisão, a mudança do tipo societário poderá não ocorrer. Uma sociedade limitada pode incorporar, fundir ou cindir o patrimônio, envolvendo outras duas sociedades limitadas, ou uma sociedade em nome coletivo e outra em comandita simples.

TRANSFORMAÇÃO	INCORPORAÇÃO	FUSÃO	CISÃO
MUDANÇA DO TIPO SOCIETÁRIO			
Sim. É essa a finalidade da transformação.	Pode ocorrer. As sociedades anteriores são extintas, e o tipo societário passa a ser o da sociedade incorporadora.	Pode ocorrer, se o tipo societário da nova sociedade for diverso daqueles adotados pelas sociedades fundidas.	Não. Cada sociedade conserva suas características. Somente há uma transferência de parcelas patrimoniais entre elas.

25.2.1. Direitos dos credores na incorporação, fusão e cisão

O principal efeito na reorganização das sociedades evidencia-se no capítulo da responsabilidade dos sócios e da sociedade, sobretudo se ocorrer no processo mudança da forma societária. Havendo credores anteriores, estes devem manter as mesmas garantias de que dispunham antes dos procedimentos adotados, não estando obrigados a aceitar qualquer substituição se entenderem que as mudanças são prejudiciais a seus interesses. Por essa razão, a lei faculta-lhes o direito de pleitear a anulação judicial da operação no prazo decadencial de sessenta ou noventa dias, conforme se tratar de sociedade por ações ou outro tipo societário, nos termos dos arts. 232 e 1.122, respectivamente, da Lei n. 6.404/76 e do Código Civil.

Se sobrevier a falência da sociedade incorporadora, da sociedade nova ou da cindida dentro desse período de exercício de ação, qualquer credor anterior à operação terá o direito de pedir a separação dos patrimônios, para o fim de serem os créditos pagos pelos bens das respectivas massas (art. 232, § 3º, da Lei n. 6.404/76 e art. 1.122, § 3º, do Código Civil).

25.2.2. Direitos dos credores na transformação e responsabilidade dos sócios

A transformação não modifica nem prejudica o direito dos credores. Na hipótese de sobrevir a falência da sociedade transformada, os credores preexistentes à operação poderão requerer que os sócios sujeitos anteriormente à responsabilidade subsidiária permaneçam obrigados aos efeitos falimentares em relação, tão somente, a esses créditos (CC, art. 1.115).

Essa regra, entretanto, não perdurará se entre a data do arquivamento da transformação e a da falência houver decorrido mais de dois anos, em razão da igualdade de tratamento ao sócio retirante (art. 5º, parágrafo único, da Lei de Falências).

Na transformação, há mudança do tipo societário ou de modalidade de constituição da empresa, o que poderá acarretar aumento ou redução da participação do sócio nos resultados sociais. Entretanto, essa modificação somente alcançará os créditos novos.

Esse regramento tem aplicação às sociedades empresariais na hipótese de falta de pluralidade de sócios. O sócio remanescente que concentrou a totalidade das cotas sociais em decorrência de aquisição (por cessão ou *causa mortis*) das cotas dos demais sócios pode optar por transformar a sociedade em vias de dissolução em empresa individual de responsabilidade limitada (CC, art. 1.033, parágrafo único).

25.2.3. Responsabilidade dos sócios na incorporação, fusão e cisão

Em relação aos sócios, as mudanças devem ser estudadas em função dos credores anteriores e dos posteriores às alterações realizadas.

Considerando-se, por exemplo, o grau de responsabilidade de 1 a 7, conforme os vários tipos de sócios e sua responsabilidade perante a sociedade e terceiros, vislumbra-se que, se numa sociedade encontram-se presentes sócios com menor responsabilidade, sua participação nos prejuízos pode avultar-se, dependendo da figura societária que vierem a assumir no novo modelo adotado:

	TIPO DE SÓCIO	RESPONSABILIDADE ORDINÁRIA PERANTE TERCEIROS
1	• De indústria (na extinta sociedade de capital e indústria); • participante (oculto: na sociedade em conta de participação).	Nenhuma.
2	• Acionista (S/A); • comanditário (na comandita por ações).	Preço de emissão das ações subscritas ou adquiridas.
3	• Comanditário (na comandita simples).	Integralização do capital subscrito.

	TIPO DE SÓCIO	RESPONSABILIDADE ORDINÁRIA PERANTE TERCEIROS
4	• Cotista (ltda.).	Total do capital não integralizado, solidariamente.
5	• Cotista (na sociedade simples).	Pelo saldo, na proporção em que participe das perdas sociais, subsidiariamente ao patrimônio social.
6	• Sócio em nome coletivo; • sócio de capital (na extinta sociedade de capital e indústria); • sócio ostensivo (na sociedade em conta de participação); • sócio comanditado (nas sociedades em comandita simples e nas em comandita por ações); • sócio de sociedade simples, quando houver cláusula de solidariedade; • sócio não tratador, nas sociedades em comum.	Ilimitada e solidária entre os sócios, subsidiariamente ao patrimônio social.
7	• Sócio tratador, nas sociedades em comum.	Ilimitada e solidária, de forma não subsidiária ao patrimônio social.

Num gráfico de colunas, a representação de cada um dos sete tipos poderia ser demonstrada pela figura abaixo:

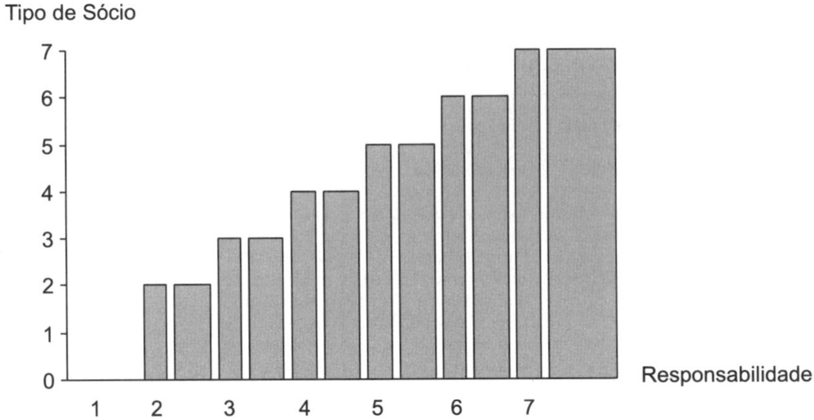

25.2.4. Direito de recesso

Se, de um lado, o credor pode valer-se do direito de requerer a anulação da mudança operada, por outro, o sócio socorre-se do direito de recesso, retirando, na oportunidade, os fundos segundo a situação patrimonial da sociedade à data da operação, verificada em balanço especialmente levantado. Sua responsabilidade, contudo, pelos créditos então existentes persistirá por dois anos depois do registro de sua saída (CC, art. 1.032).

Sobrevindo, entretanto, a falência antes de completados os dois anos, os sócios dissidentes – retiraram-se em razão do exercício do direito de recesso – ficam sujeitos à responsabilidade ordinária que ostentavam, no limite dos créditos preexistentes.

25.2.5. Responsabilidade dos sócios não dissidentes

Os sócios que permanecerem receberão, na transformação, incorporação, fusão e cisão, novas quotas ou ações, respectivamente, nas sociedades: transformada, incorporadora, nova sociedade resultante da fusão ou sociedade beneficiada pela cisão de outra, e passarão a responder nos limites da responsabilidade subsidiária do novo tipo societário adotado.

25.2.6. Resumo das responsabilidades das sociedades e de seus sócios

	TRANSFORMAÇÃO	INCORPORAÇÃO	FUSÃO	CISÃO
RESPONSABILIDADE DOS SÓCIOS E DA SOCIEDADE				
Sujeição de todos os sócios em caso de falência, de acordo com o novo tipo societário	Não. Os sócios do tipo anterior sujeitam-se à responsabilidade da nova espécie societária, se os credores anteriores à transformação o requererem, e somente estes serão beneficiados (CC, art. 1.115).	Sim, porque, extinta a sociedade incorporada, a incorporadora assume todos os débitos. Os sócios da incorporada que se tornarem sócios da incorporadora passam a responder segundo o tipo societário que esta adotar.	Sim, porque, extintas as sociedades fundidas, a nova assume todos os débitos. Os sócios da sociedade resultante passam a responder segundo o tipo societário que adotarem.	As ações ou quotas integralizadas com parcelas de patrimônio da sociedade cindida serão atribuídas a seus sócios, em substituição às ações extintas, na proporção das que possuíam. A responsabilidade dos sócios se resume à integralização dessas novas quotas ou ações e pela real avaliação dos bens.

Sucessão em todos os direitos e obrigações	A transformação não prejudica ou modifica os direitos dos credores (CC, art. 1.115). Os credores anteriores mantêm as mesmas garantias que tinham, e os posteriores recebem as garantias conforme o tipo societário que foi adotado.	Sim. A incorporadora assume as responsabilidades da incorporada.	Sim. Há uma nova sociedade, resultante da fusão de outras, que são extintas.	A sociedade que absorver o patrimônio sucede à cindida nos direitos e obrigações. Há responsabilidade solidária entre a sociedade cindida e as que absorverem seu patrimônio. Se a cisão for total, as sociedades absorvedoras respondem solidariamente.
Extinção da sociedade precedente à operação	Não há extinção, mas o prosseguimento da empresa com novo revestimento social.	Sim. A incorporada deixa de existir, extinguindo-se.	Sim, extinguem-se as sociedades anteriores.	Somente ocorre na cisão total, quando todo o patrimônio da cindida passa para outra ou outras sociedades.
Credor prejudicado	O credor prejudicado pode promover a anulação das modificações no prazo de 90 dias para as sociedades que não sejam por ações (CC, art. 1.122). Nestas últimas, o prazo é de 60 dias (LSA, art. 232). Ambos os prazos se contam da publicação dos atos que modificaram a sociedade.			
Direito de recesso	Confere o direito de retirada, salvo estipulação contrária no contrato social (CC, art. 1.114). Na sociedade por ações, o direito é expresso (LSA, art. 230).			
Renúncia ao direito de recesso	Admite-se (CC, art. 1.031).			

25.3. Procedimento exigido na incorporação, fusão e cisão

Na incorporação, fusão e cisão, o rito a ser seguido para a efetivação das operações é um só: a) as sociedades envolvidas deliberarão segundo o que dispuserem seus respectivos estatutos e contratos sociais; b) se da operação resultar uma nova sociedade, como ocorre na fusão e na cisão total, os atos de constituição dessa nova sociedade deverão ser observados, como em qualquer outra constituição social; c) haverá a emissão de novas ações ou quotas, conferidas segundo se deliberou, com eventual cancelamento das anteriores e atribuição aos sócios remanescentes à operação.

a) Protocolo

Inicia-se o procedimento com a apresentação aos sócios ou acionistas do plano desejado (incorporação, fusão ou cisão), detalhadamente, subscrito em forma de protocolo de intenções. O Código Civil não especifica o conteúdo desse documento, mas a Lei das Sociedades Anônimas – aplicável subsidiariamente, respeitada a peculiaridade dos tipos societários envolvidos – exige, em seu art. 224, a indicação: I – do número, espécie e classe das ações que serão atribuídas em substituição dos direitos de sócios que se extinguirão e os critérios utilizados para determinar as relações de substituição; II – dos elementos ativos e passivos que formarão cada parcela do patrimônio, no caso de cisão; III – dos critérios de avaliação do patrimônio líquido e da data a que se referir, bem como do tratamento das variações patrimoniais posteriores; IV – da solução a ser adotada quanto às ações ou quotas do capital de uma das sociedades possuídas por outra; V – do valor do capital das sociedades a serem criadas ou do aumento ou redução do capital das que forem parte na operação; VI – do projeto ou projetos de estatuto, ou de alterações estatutárias, que deverão ser aprovados para efetivar a operação; VII – de todas as demais condições a que estiver sujeita a operação.

O protocolo será aprovado por cada sociedade envolvida, segundo a forma que dispuserem os respectivos tipos societários, em deliberações que incluirão necessariamente múltiplas providências, como, por exemplo: a) projeto de reforma do ato constitutivo da sociedade incorporadora, provendo aumento de capital, sede, objeto social etc.; b) nomeação de peritos para a avaliação do patrimônio líquido da sociedade incorporada, fundida ou cindida; c) plano de distribuição do capital social na fusão de sociedades; d) projeto de contrato social ou estatuto, quando a fusão ou cisão motivarem o nascimento de uma nova sociedade.

b) Justificação

Ao protocolo deverá estar juntada a justificação – elemento de informação ao sócio ou acionista –, contendo, no caso das sociedades por ações, o teor exigido pelo art. 225 da Lei n. 6.404/76: I – os motivos ou fins da operação e o interesse da companhia na sua realização; II – as ações que os acionistas preferenciais receberão e as razões para a modificação dos seus direitos, se prevista; III – a composição, após a operação, segundo espécies e classes das ações, do capital das companhias que deverão emitir ações em substituição às que se extinguirão; IV – o valor de reembolso das ações a que terão direito os acionistas dissidentes.

Essas deliberações dependem, em muitas sociedades, do consentimento unânime dos sócios, garantindo-se, onde for facultado decidir por maioria, o direito de recesso.

c) Formação do capital

Tanto o aumento do capital social da sociedade incorporadora ou da beneficiada pela cisão como também a constituição do capital inicial da nova sociedade resultante da fusão submetem-se às mesmas regras protetoras de sua integridade: o ingresso de bens móveis ou imóveis deve refletir a existência real de valores pelos quais foram estimados, respondendo os sócios por sua exata apreciação monetária.

Exige-se, para tanto, a avaliação do patrimônio líquido da sociedade que tenha de ser incorporada (CC, art. 1.117, § 2º) e das sociedades que serão objeto de fusão (CC, art. 1.120, § 2º), bem como, no caso de cisão parcial, da parcela do patrimônio a ser transferida (LSA, art. 229, § 2º).

	TRANSFORMAÇÃO	INCORPORAÇÃO	FUSÃO	CISÃO
	PROCEDIMENTO AVALIATÓRIO			
Exigência de nomeação de peritos para avaliar o patrimônio líquido	Não há necessidade, uma vez que a sociedade prosseguirá com suas atividades sob outra roupagem, mas mantendo o mesmo patrimônio.	Sim, da sociedade incorporada, por deliberação dos sócios da incorporadora (CC, art. 1.117, § 2º).	Sim, por deliberação dos sócios, não podendo, contudo, votar o laudo de avaliação do patrimônio da sociedade de que façam parte (CC, art. 1.120, § 3º).	A assembleia de sócios que aprovar a cisão nomeará os peritos que avaliarão a parcela do patrimônio a ser transferida, e funcionará como assembleia de constituição da nova sociedade (LSA, art. 229, § 2º). Se a sociedade já existir, os efeitos da cisão são os mesmos daqueles que ocorrem na incorporação.

d) Deliberação e registro

Realizadas as operações de protocolo, justificação e perícia, segue-se às deliberações respectivas.

Na incorporação, a deliberação será realizada pela sociedade incorporadora em decisão que não apenas aceita os valores encontrados na perícia realizada sobre os bens da sociedade incorporada, mas, também, a declara extinta, promovendo, em seguida, o registro da operação no órgão de registro competente – Junta Comercial para as sociedades empresárias e Registro

Civil das Pessoas Jurídicas para as não empresárias. A incorporação far-se-á pela diferença que se verificar entre o ativo e o passivo, isto é, pelo patrimônio líquido encontrado pelos peritos na sociedade incorporada.

Na fusão, uma vez aprovados os laudos, segue-se a assembleia dos sócios, que decidirá sobre a constituição definitiva da nova sociedade. Os sócios não poderão votar o laudo de avaliação do patrimônio da sociedade de que façam parte, e, assim, sendo, v. g., três sociedades que pretendem a união em uma nova, cada conjunto de sócios deverá deliberar sobre o laudo da outra sociedade envolvida na operação. Constituída a nova sociedade, os administradores deverão levar os atos de fusão a registro no órgão competente.

Na cisão a reunião que deliberar sobre o laudo da parcela a ser transferida decidirá sobre a nova sociedade, tal como se faria em qualquer nova constituição societária. Entretanto, em se tratando de sociedade já existente, a deliberação far-se-á sobre a modificação e subscrição do aumento do capital social. Se a sociedade cindida tiver que ser extinta, os administradores das sociedades beneficiadas com as parcelas convertidas deverão providenciar o arquivamento dessa circunstância no órgão de registro. Se a cisão for parcial, a obrigação competirá aos administradores de todas as sociedades envolvidas, inclusive a cindida.

25.4. Procedimento exigido na transformação

A natureza jurídica da transformação é discutida em duas teorias: a da novação, que sustenta tratar-se de espécie de dissolução de sociedade, dando origem a uma nova e diversa pessoa jurídica, e a teoria da identidade ou continuação, pela qual se ensina que a transformação não opera a dissolução, sendo apenas o exercício de direito dos sócios de modificar o contrato social.

O Código Civil, como já fazia a Lei das Sociedades por Ações, optou expressamente por entender que se trata de mera continuação sob nova roupagem jurídica, tendo estabelecido que a transformação independe de dissolução ou liquidação (CC, art. 1.113 e LSA, art. 220).

Mas, como já demonstrado, a transformação pode operar mudança substancial na responsabilidade do sócio, situação por ele não desejada quando de seu ingresso na sociedade primitiva. Exige, pois, a lei o consentimento unânime, salvo se outra coisa estipularem o contrato ou os estatutos sociais (CC, art. 1.114 e LSA, art. 221).

<table>
<tr><th colspan="4">O CONSENTIMENTO UNÂNIME É EXIGIDO?</th></tr>
<tr><th>TRANSFORMAÇÃO</th><th>INCORPORAÇÃO</th><th>FUSÃO</th><th>CISÃO</th></tr>
<tr><td>A transformação exige o consentimento unânime dos sócios, salvo se o contrato prever de forma diferente, permitindo a dissidência (CC, art. 1.114 e LSA, art. 221).</td><td colspan="3">Depende do tipo societário e do que estiver estabelecido no contrato social:
a) na sociedade simples é obrigatório o consentimento unânime (CC, art. 999);
b) na sociedade em nome coletivo, igualmente (CC, art. 1.040);
c) na sociedade em comandita simples, também (CC, art. 1.046); na sociedade limitada, a deliberação se dá pelos votos correspondentes, no mínimo, a três quartos do capital social (CC, arts. 1.076 e 1.071, VI);
d) na sociedade anônima, exige-se a aprovação de acionistas que representem metade, no mínimo, das ações com direito a voto, se maior quorum não for exigido pelo estatuto da companhia fechada (LSA, art. 136).</td></tr>
</table>

São poucas as providências necessárias à transformação: a) deliberação dos sócios; e b) registro no órgão competente. A transformação não opera a dissolução ou liquidação da sociedade, submetendo-se aos atos de constituição e inscrição do tipo de sociedade em que vai converter-se. Assim, em se tratando de transformação de sociedade limitada para sociedade anônima, as normas aplicáveis para esta última, quanto à formação do capital e procedimento, devem ser obedecidas.

São requisitos do instrumento de registro do ato de transformação de sociedade os mesmos de sua constituição: a) a menção do tipo de sociedade adotado; b) a declaração precisa do objeto social; c) o capital da sociedade, a forma e o prazo de integralização, o quinhão de cada sócio, bem como sua responsabilidade; d) o nome por extenso e a qualificação dos sócios, procuradores, representantes e administradores, compreendendo, para a pessoa física, nacionalidade, estado civil, profissão, domicílio e residência, documento de identificação, seu número e órgão expedidor e número de inscrição no Cadastro de Pessoas Físicas, dispensada a indicação deste último no caso de brasileiro ou estrangeiro domiciliado no exterior, e, para a pessoa jurídica, nome empresarial, endereço completo e, se sediada no País, Número de Identificação do Registro de Empresas – NIRE – ou do Cadastro Nacional das Pessoas Jurídicas; e) o nome empresarial, município da sede, com endereço completo, foro, bem como endereços completos das filiais declaradas; f) o prazo de duração da sociedade e a data de encerramento de seu exercício social, quando não coincidentes com o ano civil (Decreto n. 1.800/96, art. 53, II).

25.5. Grupos de sociedades

As sociedades podem associar-se sob três modos: a) grupo de fato; b) grupo de direito; c) consórcio.

25.5.1. Grupo de fato

O grupo de fato é constituído por controladora e controlada ou sociedades coligadas. O Código Civil prevê três espécies de empresas coligadas: (1) controladas; (2) filiadas; e (3) de simples participação.

A controlada se distingue em controlada por controle direto ou por controle indireto: a primeira é aquela cujo capital votante pertence majoritariamente a outra sociedade (possui a maioria de votos nas deliberações dos cotistas ou assembleia geral), permitindo-lhe eleger a maioria dos administradores (CC, art. 1.098); a segunda – controlada por controle indireto – é aquela cujo controle sobre as ações ou quotas se encontra em poder de outra sociedade ou sociedades, que, por sua vez, é ou são submetidas a uma terceira que possui a maioria de votos nas deliberações dos cotistas ou assembleia geral, permitindo-lhe eleger a maioria dos administradores (CC, art. 1.098, II).

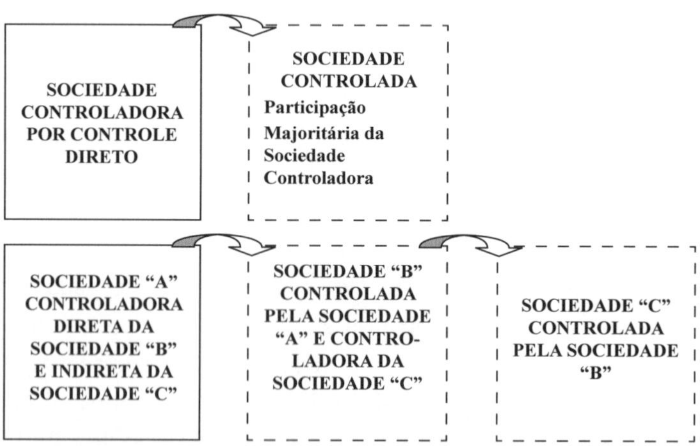

Filiada é a sociedade cujo capital, na ordem de dez por cento ou mais, pertence a outra sociedade, que, entretanto, não a controla (CC, art. 1.099).

De simples participação é a sociedade de cujo capital outra sociedade possua menos de dez por cento com direito a voto (CC, art. 1.100).

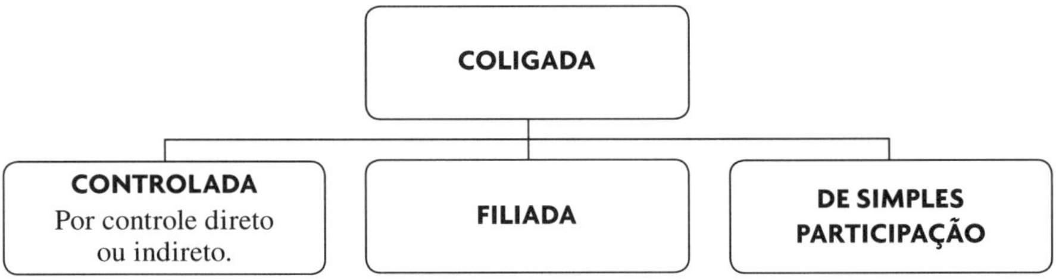

25.5.2. Grupo de direito

O grupo de direito, também chamado *holding*, está previsto no art. 265 da Lei n. 6.404/76 e se estabelece mediante convenção pela qual as sociedades se obrigam a combinar recursos ou esforços para a realização dos respectivos objetos ou a participar de atividades ou empreendimentos comuns. A comandante deve ser necessariamente brasileira e o contrato registrado na Junta Comercial. A ligação entre elas identifica-se com a expressão "grupo de sociedades" ou, simplesmente, "grupo", criando uma nova estrutura administrativa e, ainda, podendo instituir órgão de deliberação colegiada e cargos de direção geral.

Na elaboração da convenção deve-se obedecer aos requisitos do art. 269 da Lei n. 6.404/76: I – designação do grupo; II – indicação da sociedade de comando e das filiadas; III – condições de participação das diversas sociedades; IV – prazo de duração, se houver, e condições de extinção; V – condições para admissão de outras sociedades e para a retirada das que componham o grupo; VI – órgãos e cargos da administração do grupo, suas atribuições e as relações entre a estrutura administrativa do grupo e as das sociedades que o componham; VII – declaração da nacionalidade do controle do grupo; VIII – condições para alteração da convenção.

Considera-se sob controle brasileiro o grupo se a sua sociedade de comando está sob o controle de:

a) pessoas naturais residentes ou domiciliadas no Brasil;

b) pessoas jurídicas de direito público interno; ou

c) sociedade ou sociedades brasileiras que, direta ou indiretamente, estejam sob o controle das pessoas referidas nas alíneas *a* e *b*.

Somente após o registro na Junta Comercial da convenção de constituição de grupo é que se considerará legalmente instituído, com direito de usar essa expressão. O registro far-se-á com a convenção devidamente aprovada, acompanhada das atas das assembleias ou instrumentos de alteração social que a autorizaram, bem como de declaração autenticada do número das ações ou quotas de que a sociedade de comando e as demais sociedades integrantes são titulares em cada sociedade filiada, ou exemplar de acordo de acionistas que assegura o controle de sociedade filiada (LSA, art. 271).

Os administradores das sociedades filiadas no grupo de direito devem observar a orientação geral estabelecida e as instruções expedidas pelos administradores eleitos que não importem violação da lei ou da convenção do grupo.

25.5.3. Consórcio

O consórcio nada mais é do que o contrato entre duas ou mais sociedades, sob o mesmo controle ou não, para executar determinado empreendimento. Sua constituição prescinde de estarem as sociedades consorciadas sob o mesmo controle (de fato ou de direito).

Restringem-se as obrigações entre as sociedades às condições previstas no respectivo contrato, respondendo cada uma por suas obrigações, sem presunção de solidariedade. Mesmo em caso de falência de uma consorciada, nenhum efeito se produzirá sobre os bens das outras, subsistindo o consórcio com as demais contratantes; os créditos que porventura tiver a falida serão apurados e pagos na forma estabelecida no contrato de consórcio. Tratando-se de contrato bilateral, caberá ao administrador judicial decidir se prossegue ou não com sua execução, ponderando os benefícios e prejuízos que sua decisão acarretará à massa.

Trata-se de contrato que deve ser aprovado pelo órgão competente da sociedade para autorizar a alienação de bens do ativo permanente e levado a registro, no qual devem constar: I – a designação do consórcio, se houver; II – o empreendimento que constitua o objeto do consórcio; III – a duração, o endereço e o foro; IV – a definição das obrigações e da responsabilidade de cada sociedade consorciada e das prestações específicas; V – normas sobre recebimento de receitas e partilha de resultados; VI – normas sobre administração do consórcio, contabilização, representação das sociedades consorciadas e taxa de administração, se houver; VII – forma de deliberação sobre assuntos de interesse comum, com o número de votos que cabe a cada consorciado; VIII – contribuição de cada consorciado para as despesas comuns, se houver (LSA, art. 279).

Capítulo 26

DISSOLUÇÃO E LIQUIDAÇÃO DE SOCIEDADES

26.1. Dissolução das sociedades em geral

O Código Comercial previa a dissolução das sociedades em duas categorias: a de pleno direito (art. 335) e a judicial (art. 336). Entretanto, parte da doutrina adota outra classificação, que consiste em agrupar as hipóteses de dissolução quanto à forma e à extensão de seus efeitos.

No primeiro caso, a dissolução é denominada: a) de pleno direito, quando se opera pela ocorrência de situação prevista em lei, com ou sem necessidade de vir a ser declarada por sentença judicial; b) judicial, se houver litígio e impuser o conhecimento e a constituição dessa situação por sentença judicial; c) consensual, também denominada distrato social, decorrente da vontade dos sócios.

Marco Antônio Marcondes Pereira (1995:115-135) adverte para a impropriedade também dessa classificação, pois, por força de disposição constitucional (art. 5º, XXXV), algumas situações de dissolução de pleno direito podem subordinar-se, por iniciativa dos sócios, à decisão judicial. Por essa razão, propõe que as dissoluções, quanto à forma, se dividam em extrajudicial e judicial, afastando-se da terminologia agasalhada pelo Código Comercial. O Código Civil, contudo, manteve a expressão "dissolução de pleno direito" (art. 1.044), razão pela qual seu uso será preservado nestes estudos, com a observação percuciente do ilustre mestre acima citado de se tratar, ainda que de pleno direito, de dissolução sujeita à apreciação judicial.

Em relação à extensão de seus efeitos, a doutrina concorda com a divisão clássica: total e parcial. A dissolução é total se leva à liquidação e extinção da sociedade e parcial se opera a retirada de sócio, com apuração parcial de seus haveres. Para este segundo caso a nova legislação civil preferiu a expressão "resolução da sociedade em relação a sócio". Embora a resolução seja sempre a melhor solução, preservando o exercício da atividade empresarial, e foi claramente a opção adotada pelo Código Civil em diversas situações anteriormente contempladas como de dissolução total, nem sempre é possível escolhê-la, como, por exemplo, ocorre no caso de perda total da *affectio societatis* entre os sócios, no vencimento do prazo de duração da sociedade, sem prorrogação tempestiva, no caso de morte de um dos sócios, quando esta se constituir de apenas dois e não for recomposta no prazo fixado pela lei.

26.2. Resolução da sociedade em relação a um ou mais sócios

Os casos de resolução da sociedade em relação a um ou mais sócios já foram objeto de estudo nos capítulos precedentes (*v.* o item 21.10), envolvendo pelo menos quatorze situações assim definidas pelo novo Código Civil, que podem ser classificadas em quatro categorias distintas:

(1) dois casos de retirada voluntária: por cessão a sócio e a terceiros, previstos nos arts. 1.003 (sociedade simples) e 1.057 (sociedade limitada);

(2) quatro casos de exclusão: a) quando o sócio, tornando-se remisso, for excluído em razão da não integralização de sua quota, no tempo e modo contratados (art. 1.058); b) se excluído por justa causa, deliberada por entendimento da maioria dos sócios, quando colocar em risco a continuidade da empresa, em virtude de atos de inegável gravidade (art. 1.085); c) se excluído por decisão judicial, mediante iniciativa da maioria dos demais sócios, por falta grave no cumprimento de suas obrigações (arts. 1.030 e 1.085); d) expulsão judicial por incapacidade superveniente (arts. 1.030 e 1.085);

(3) três casos de resolução de pleno direito: a) quando o sócio for declarado falido (art. 1.030, parágrafo único); b) quando sua quota tiver sido liquidada em razão de execução promovida por credor particular (art. 1.030, parágrafo único); c) no caso de morte, sem o ingresso dos herdeiros; e

(4) cinco casos por exercício de direito de recesso: modificação do contrato, fusão da sociedade, incorporação de outra, ou dela por outra (art. 1.077) e transformação (art. 1.114).

26.3. Dissolução total da sociedade

No sistema da lei comercial se estabelecia que, nas sociedades de pessoas, haveria dissolução de pleno direito na ocorrência de uma das cinco hipóteses do art. 335 do Código Comercial. Embora o legislador tenha desejado abranger apenas os casos de dissolução de pleno direito, acabou por incluir situações de dissolução consensual total e de resolução judicial em relação a um sócio, de extensão parcial.

Semelhante deficiência técnica ocorre com o Código Civil, que, no art. 1.033, considerou hipóteses de dissolução plena e de consensual, daí por que se preferir a classificação das dissoluções totais em judiciais e extrajudiciais, ponderando, contudo, que toda dissolução pode ensejar a busca de tutela jurisdicional, se assim entender o sócio insatisfeito.

26.3.1. Dissolução extrajudicial

a) Quando expirado o prazo de duração da sociedade

O art. 335, 1, do Código Comercial contemplava uma hipótese de dissolução total de pleno direito, efetivamente. Expirado o prazo de duração da sociedade, operava-se, de *pleno iure*, a dissolução da sociedade. Antes de findar o prazo contratual, contudo, os sócios podiam alterar o contrato e levá-lo ao registro público competente, ampliando o período de vida da sociedade. O art. 35, VI, da Lei n. 8.934/94 proíbe o arquivamento da prorrogação do contrato social depois de findo o prazo nele estabelecido, permitindo-se compreender a viabilidade da alteração contratual até a data fixada como termo final.

O prazo determinado pode ser certo ou incerto, dependendo de estar consignada expressamente ou não a data de seu término ou sujeitar-se à realização de um objeto social específico, conforme lembra Waldecy Lucena (1997:647): "O prazo é determinado e certo quando expresso, no ato de constituição da sociedade, os termos *a quo* e *ad quem* de sua existência, isto é, a data de seu início e de seu término. O prazo é determinado, mas incerto, quando a sociedade é constituída para a realização de obra única (v. g., construir um viaduto, dragar um rio), ou para a execução de uma finalidade específica (v. g., prestar um determinado serviço), vale dizer, o prazo de duração da sociedade está vinculado à realização do objeto social".

O Código Civil permitiu uma solução diversa, que evita o desaparecimento da empresa com a prorrogação indeterminada da duração da sociedade se, vencido o prazo fixado no contrato social, os sócios não se opuserem e deixarem de promover sua liquidação (art. 1.033, I).

Ocorrendo uma das hipóteses de dissolução societária, os administradores devem providenciar imediatamente a investidura do liquidante, escolhido na forma do que dispuser o contrato social ou, na sua falta, por deliberação dos sócios. Se não o fizerem, e se nenhum sócio intentar a liquidação judicial, a sociedade prossegue em sua atividade.

b) Consenso unânime ou deliberação por maioria absoluta na sociedade de prazo indeterminado

A situação aqui tratada não é de dissolução de pleno direito, como arvorava o Código Comercial (art. 335, 3), mas sim consensual, e, por distrato, opera-se a extinção da sociedade. Para as sociedades simples e para as personalíssimas é obrigatório o consenso unânime na hipótese de terem sido constituídas por prazo determinado (CC, arts. 997, II, 999 e 1.033, III). Entretanto, para as limitadas, a dissolução das sociedades – constituídas por prazo determinado ou indeterminado – pode operar-se de uma ou de outra forma sendo que a maioria absoluta se obterá pelo voto de, no mínimo, três quartos do capital social (arts. 1.076, I, e 1.071, VI).

Se houver unanimidade, a dissolução, bem como a matéria relativa à forma de liquidação e apuração dos haveres de cada sócio obtiveram a concordância de todos; neste caso, a única formalidade exigida para efetivá-la perante terceiros é o arquivamento do instrumento de distrato no órgão de registro público competente, por escritura pública ou particular, independente da que foi adotada no ato constitutivo, conforme dispõe o art. 53 da Lei de Registro Público de Empresas.

Entretanto, se não houver consenso geral e a deliberação se der por maioria absoluta, é possível que a dissolução exija pronunciamento judicial, uma vez que os sócios que dissentiram poderão valer-se do recurso jurisdicional para evitar a extinção da empresa ou discutir a forma de liquidação e apuração de seus haveres.

c) Falta de pluralidade de sócios não reconstituída no prazo de cento e oitenta dias

A pluralidade de sócios é um dos requisitos indispensáveis à constituição e desempenho da sociedade (*v.* n. 17.9.1). À exceção da sociedade anônima subsidiária integral, prevista no art. 251 da Lei n. 6.404/76, e, ainda, de algumas sociedades criadas por lei, não se admite no direito brasileiro a constituição de sociedade unipessoal. Dessa forma, a falta de pluralidade de sócios será sempre causa para a dissolução de sociedade.

No intuito, entretanto, de preservar o exercício da empresa, a jurisprudência, há muito, vem construindo soluções que permitem o prosseguimento das atividades por certo período de tempo, visando à recomposição do número mínimo legal de sócios, sobretudo nas hipóteses de perda da pluralidade por ausência ou morte de sócio, sem que o contrato autorize o ingresso de herdeiros ou legatários.

Atento à tendência jurisprudencial e submetendo-se ao ideal empresarial e não mais à doutrina individualista, o Código Civil previu a não dissolução se a sociedade for reconstituída no período de cento e oitenta dias. Esse prazo conta-se da data da ocorrência da perda da pluralidade: a) se decorrente de decisão judicial, a pedido de retirada de sócio, da data do trânsito em julgado da sentença; b) no caso de morte, da data do óbito; c) se declaração de ausência, a partir da data em que a sentença que declarar a ausência e abrir provisoriamente a sucessão produzir seus efeitos (art. 28 do Código Civil).

Waldecy Lucena (1997:676), interpretando o art. 2.497, 2ª parte, do Código Civil italiano sustenta que "durante o período em que o único sócio teve concentradas em suas mãos todas as quotas, responde ele ilimitadamente pelas obrigações sociais assumidas, embora em nome da sociedade", opinião da qual divergimos. A sociedade preservada por força de lei permanece no mundo jurídico em sua plenitude, inclusive nos efeitos obrigacionais perante terceiros. Não há por que entender que, em determinado período de sua vida, a sociedade se torne *empresário individual* e volte a ser sociedade, sem que se opere qualquer alteração nos registros dos atos constitutivos. Se não reconstituída a sociedade no prazo fixado pela lei, haverá sua dissolução e não a transformação em empresa individual. Daí por que a ausência de número suficiente de sócio somente será causa para a dissolução na não ocorrência da recomposição prevista pelo legislador. Nesse período – legalmente autorizado – a sociedade regular existe como pessoa jurídica, conservando todos os direitos e deveres.

Para as sociedades em comandita simples, formadas por duas classes distintas de sócios, a dissolução será de rigor quando pelo mesmo período perdurar a falta de uma das categorias de sócios (art. 1.051, II). A previsão legislativa tem sentido porque é da essência da sociedade em comandita a existência de sócios administradores, cuja responsabilidade perante terceiros é ilimitada, subsidiariamente ao patrimônio social, e de sócios comanditários, meros investidores, obrigados somente pelo valor de sua quota, aos quais se nega o direito de praticar qualquer ato de gestão.

Na falta de comanditários, a sociedade se reduz a sócios de responsabilidade ilimitada, assumindo outra forma societária: a de nome coletivo. Se ausentes sócios comanditados, a sociedade não tem quem administre os negócios sociais, em razão da proibição expressa imposta aos comanditários. Fez bem, portanto, a lei em dar igual tratamento à recomposição social das sociedades em comandita simples, estabelecendo sabiamente que, na falta de sócios comanditados, o prosseguimento da empresa se faz por administrador provisório, nomeado pelos sócios comanditários.

d) Extinção, na forma da lei, de autorização para funcionar

A causa de dissolução tem origem na administração pública. Anteriormente, no item 14.8.6, foram arroladas algumas sociedades que, em virtude de sua atividade – de maior interesse social, econômico ou em razão de segurança nacional – ou de sua origem, dependem de autorização do Poder Executivo federal. Cassada a autorização ou extinta por decurso de prazo de concessão sem que tenha havido prorrogação, essas sociedades deverão ser dissolvidas e liquidadas. Eventualmente, pode ocorrer disputa no âmbito judicial, visando afastar as causas que motivaram a extinção da autorização concedida.

A hipótese, tratada pelo art. 1.033, V, do Código Civil, pode ser completada pelos casos em que não apenas a autorização foi extinta, mas naqueles nos quais o Poder Público determinar a liquidação extrajudicial da sociedade, como ocorre, por exemplo, com as instituições financeiras, que, incidindo em ocorrências que comprometam sua situação financeira e outras violações graves, são liquidadas administrativamente.

26.3.2. Dissolução judicial

a) Por requerimento dos sócios

Prevê o Código Civil três causas para a dissolução judicial: a) a decorrente de decisão de anulação de sua constituição social; b) a que entender exaurido o fim social ou verificada sua inexequibilidade (art. 1.034); c) a que for prevista no contrato social e vier a ser contestada em Juízo (art. 1.035).

Reitera-se aqui o quanto já ficou firmado no preâmbulo deste capítulo: qualquer sócio, mesmo nos casos que a lei denominou dissolução de pleno direito, pode contestar sua ocorrência e incidência em juízo. Aquelas causas serão, por assim dizer, judiciais não obrigatórias e estas, obrigatoriamente judiciais.

b) Dissolução por anulação do ato de sua constituição

O legislador refere-se, no art. 1.034, I, às sociedades personalizadas e reporta-se, necessariamente, ao parágrafo único do art. 45 do Código Civil: "Decai em três anos o direito de anular a constituição das pessoas jurídicas de direito privado, por defeito do ato respectivo, contado o prazo da publicação de sua inscrição no registro".

Assim, nas hipóteses de defeito do contrato social, os sócios poderão requerer, dentro de três anos, a anulação do ato constitutivo, o que se dará nos raros casos de nulidade admitidos pela legislação societária.

Duas situações foram contempladas pela lei: a) no Código Comercial: o contrato que estabelece sociedade leonina ou que prevê a exoneração de sócio às perdas sociais (art. 288, revogado); b) na Lei das Sociedades por Ações: a referência à ação para anular a constituição da companhia (art. 285).

No Código Comercial a nulidade do contrato decorria da adoção de cláusula leonina, aquela em que se estipula que a totalidade dos lucros pertence a um só dos associados, e, ainda, permite a exoneração de sócio de toda a contribuição nas perdas sociais. Georges Ripert (1954:89) entendia que a nulidade, nesses dois casos, resultava da própria natureza da sociedade: "A cláusula leonina e a isenção de prejuízos são nulas, mas cabe perguntar se a nulidade da cláusula produz a nulidade da sociedade. Esta é a regra geral dos atos onerosos (art. 1.172 do Código Civil francês). É preciso aplicar aqui com tanta ou mais razão já que a cláusula é contrária à própria natureza do contrato". No Código Civil brasileiro ficou estabelecido que a nulidade é da cláusula de exoneração e não do contrato de sociedade (art. 1.008).

A Lei das Sociedades por Ações menciona a existência de vício e defeito e a possibilidade de saná-los por deliberação da assembleia geral (art. 285, parágrafo único).

Por esse último dispositivo, verifica-se que o direito brasileiro preferiu adotar, nas sociedades de capitais, soluções menos gravosas para a ocorrência de defeitos nos atos jurídicos constitutivos, optando pela anulabilidade, sanável, portanto, como regra geral. É possível afirmar que, salvo raros casos, os contratos societários não são nulos, mas, tão somente, as cláusulas viciadas, resultando na anulabilidade da sociedade, corrigível por ato subsequente dos sócios.

Há, por certo, casos de violação da ordem pública, em razão de ser ilícito seu objeto ou serem incapazes os agentes que a contrataram, e, neste caso, a sociedade não pode subsistir. Se consideradas as regras comuns aos contratos, exige-se a presença, no contrato social, de agentes capazes, a indicação de objeto lícito, possível, determinado ou determinável e forma prescrita ou não defesa em lei. Buscando minimizar as graves consequências da nulidade, não somente em virtude da natureza especial de contrato plurilateral, mas também porque seus efeitos atingem direitos de terceiros não participantes do ato constitutivo, a sociedade não poderá ser registrada se presentes os vícios acima mencionados (ausência de agentes capazes, objeto ilícito e forma prescrita ou não defesa em lei), e, se o for, ainda assim poderá ser regularizada em algumas hipóteses que atingem, tão somente, a relação entre um ou alguns sócios para com a sociedade – v. g., a retirada de sócios ou sócios incapazes ou sua correta representação – ou dos sócios para com a sociedade, sem resultar em prejuízo para terceiros – v. g., a correção da forma. Se, de todo, a violação for daquelas insanáveis, poderá ser objeto de ação de anulação de contrato de constituição da sociedade, acarretando sua dissolução e liquidação, preservando, assim, os direitos daqueles que com ela contrataram no passado.

c) Exaustão do fim social ou verificação de sua inexequibilidade

O art. 336 do Código Comercial trazia três previsões para a dissolução judicial da sociedade, entre elas, "quando se mostrasse impossível a continuação da sociedade por não poder preencher o intuito e fim social, como nos casos de perda total do capital social, ou deste não ser suficiente".

Esses dois fatos – perda total ou insuficiência do capital social – são exemplos da inexequibilidade do fim social. Se não há mais capital e tampouco possibilidade de seu aumento, o fim para o qual foi constituída a sociedade torna-se inatingível, levando os sócios a admitirem sua dissolução. Entretanto, é possível que inexista consenso a respeito da inviabilidade, e, neste caso, o sócio deve buscar sua demonstração pela via judicial.

O fim social pode mostrar-se exaurido por inúmeras razões: a atividade tornou-se proibida por lei, a empresa explora recursos naturais e houve esgotamento da reserva, acarretando a inviabilidade de seu exercício naquele lugar ou época, a sociedade dispõe de tecnologia ultrapassada, não possuindo recursos ou meios legais para a modernização necessária, o contrato de franquia não foi renovado etc.

d) Causa prevista no contrato social que vier a ser contestada em juízo

O Código dispõe sobre outras causas, de livre desígnio dos sócios, pertinentes a aspectos internos da sociedade: objeto social, qualidade dos sócios, interesses comuns etc., que, uma vez ocorridas, acarretarão a dissolução da sociedade. Esses fatos, desde que não violem regra legal ou social, são lícitos como motivadores da dissolução social.

26.4. Falência

A falência, considerada dissolução de pleno direito na legislação comercial (art. 335, 2), deveria estar arrolada entre as hipóteses de dissolução judicial porque, com o decreto falimentar, dá-se necessariamente a liquidação em complexo processo judicial. Acertou o legislador da Lei n. 6.404/76 ao incluí-la entre os casos considerados como de dissolução judicial (art. 206, II, *c*).

O Código Civil considerou-a na ordem de dissolução de pleno direito (art. 1.044) e, topograficamente, separou-a das outras hipóteses assim intituladas (art. 1.033), como também dos casos de dissolução judicial (art. 1.034). Embora se condene o entendimento do legislador civil quanto à espécie – trata-se de dissolução judicial e não de pleno direito –, a separação legislativa – não a incluindo entre os casos gerais dos arts. 1.033 e 1.034 – se fez com acerto, tendo em vista sua aplicação somente para as sociedades empresárias.

Além disso, devem-se considerar alguns aspectos peculiares do instituto de falência, que, ao contrário do que dispõem a lei comercial (art. 335, 2, revogado) e o Código Civil (art. 1.044), nem sempre será causa de plena dissolução societária, mas o é potencialmente[1].

---

[1] É por essa razão que o Professor Marco Antônio Marcondes Pereira prefere considerar a falência como "causa potencial de dissolução total, posto que as probabilidades de se fugir da liquidação são remotas no campo prático, raramente se encontrando na jurisprudência casos de continuação do negócio pelos sócios da falida ou de concordata suspensiva" (Regime

A falência não extingue a pessoa jurídica, mas a mantém num estado de letargia, com a perda da administração de seus bens (LREF, art. 103) e a proibição da prática de atos de administração em geral (LREF, art. 102). Durante o pedido e processamento da falência é possível reverter a situação de perda do exercício da empresa em duas situações: a) na continuação provisória das atividades do falido (LREF, art. 99, XI), determinada na sentença de quebra, com o administrador judicial; b) na recuperação judicial incidental, prevista no art. 95 desse mesmo diploma legal, no prazo da contestação ao pedido de falência.

É de anotar que a lei comercial concebia a dissolução total também em caso da falência do sócio (art. 335, n. 2, segunda parte). A previsão já se encontrava revogada antes da promulgação do Código Civil que tratou a hipótese como resolução – dissolução parcial – da sociedade por exclusão de sócio (art. 1.030, parágrafo único). A revogação operara-se anteriormente, por força do art. 48 do Decreto-lei n. 7.661/45, ao determinar que, se o falido faz parte de alguma sociedade, como sócio solidário, comanditário ou cotista, para a massa falida entram somente os haveres que na sociedade ele possuir e forem apurados na forma estabelecida no contrato. Se este nada dispuser a respeito, a apuração far-se-á judicialmente, salvo se, por lei ou pelo contrato, a sociedade tiver de liquidar-se, caso em que os haveres do falido, somente após o pagamento de todo o passivo da sociedade, entrarão para a massa. Esse dispositivo foi mantido parcialmente pela nova Lei Falimentar, que se reporta tão somente aos sócios comanditários ou cotistas (art. 123).

A causa falimentar para a dissolução da sociedade empresária possui outra particularidade em relação a todos os demais casos de dissolução judicial. Na tutela judicial cujo objeto é a dissolução, o pedido visa à extinção da sociedade. Seu objeto é a própria dissolução, e, portanto, correto seria intitulá-la de dissolução judicial própria. Na falência, a dissolução é uma das consequências ou dos efeitos daquela execução coletiva. A dissolução judicial não é a pretensão inicial do autor, embora esteja potencialmente implícito no pedido. Trata-se, portanto, de dissolução judicial imprópria ou consequente de outra tutela judicial.

Anote-se, por fim, que a dissolução não apenas é efeito da falência, mas, muitas vezes, a antecede. É possível que durante o processo de liquidação –

Dissolutório do Código Comercial. Dissolução Total e Dissolução Parcial. Dissolução Judicial e Extrajudicial, *Justitia, Órgão do Ministério Público do Estado de São Paulo*, 172/123, 1995).

judicial ou extrajudicial – se constate a impossibilidade de pagamento de credores, resolvendo o liquidante requerer a autofalência da sociedade. A falência, neste caso, sucede à dissolução, e o processo liquidatório ocorrerá no processo falimentar.

26.5. Dissolução das sociedades de capitais

Nas sociedades de capitais, a dissolução se dá, nos termos do art. 206 da Lei n. 6.404/76, em três casos: a) dissolução de pleno direito; b) dissolução judicial; c) por ato administrativo.

26.5.1. Dissolução de pleno direito

Os casos contemplados são semelhantes aos já estudados para as sociedades de pessoas. A dissolução dar-se-á pelo término do prazo de duração (art. 206, I, *a*), tal qual ocorre na nova legislação civil (art. 1.033, I): trata-se da hipótese em que a companhia foi constituída com prazo determinado, fixado no estatuto, que, uma vez decorrido, não se prorroga. É fato que não necessita de qualquer declaração administrativa ou judicial, decorrendo tão só da vontade dos acionistas estabelecida nos estatutos. É curial que até a data do termo estipulado no contrato é possível decidir-se pela prorrogação, levando a deliberação a registro na Junta Comercial. Contudo, vencido este, os órgãos de registro não podem mais proceder ao arquivamento, conforme determina o art. 35, IV, da Lei n. 8.934/94.

A segunda situação diz respeito aos casos previstos nos estatutos (art. 206, I, *b*), respeitando-se a vontade dos acionistas. A ocorrência daqueles acarreta, *ipso facto*, a dissolução da sociedade. O novo Código Civil, no art. 1.035, reproduziu o texto da Lei das Sociedades por Ações.

A terceira hipótese é a que decorre de deliberação da assembleia geral (art. 206, I, *c*). À semelhança do que dispõe o art. 1.033, III, do Código Civil, os acionistas, em assembleia geral extraordinária especialmente convocada para esse fim, decidem a dissolução por maioria qualificada – aprovação de acionistas que representem metade, no mínimo, das ações com direito a voto –, salvo se *quorum* maior não for exigido pelos estatutos da companhia, conforme decorre do art. 136, X, da Lei n. 6.404/76.

A quarta situação é semelhante à já estudada no art. 1.033, IV, do Código Civil: a existência de um único acionista, verificada em assembleia geral ordinária, se o mínimo de dois não for reconstituído até a do ano seguinte (art. 206, I, *d*), ressalvado o disposto no art. 251, que trata da subsidiária integral, aquela em que participa como única acionista uma sociedade brasileira, constituída mediante escritura pública ou pela aquisição de todas as ações de outra companhia brasileira. Consagra-se aqui o requisito da pluralidade de sócios, sem o qual não pode haver uma sociedade no direito brasileiro, princípio este mitigado pela possibilidade de reestruturação da sociedade no prazo fixado pela lei.

A quinta forma de dissolução foi reproduzida pelo art. 1.033, V, do Código Civil: a extinção, na forma da lei, da autorização para funcionar, objeto de considerações nos tópicos anteriores. Em alguns casos, o Estado reservou para si a autorização para o funcionamento e a fiscalização de determinadas empresas de cunho comercial, visando ao controle do crédito público e evitando-se, dessa forma, efeitos negativos sobre o sistema financeiro nacional ou áreas consideradas de grande interesse estratégico pelo Estado. Algumas dessas sociedades são, por exemplo: os estabelecimentos bancários oficiais ou privados; as sociedades de crédito, financiamento e investimentos; as caixas econômicas; as cooperativas de crédito; as companhias de seguros; as companhias de capitalização; as sociedades que efetuam distribuição de prêmios em imóveis, mercadoria ou dinheiro, mediante sorteio de títulos de sua emissão ou por qualquer forma; os consórcios etc. Cassada a autorização para funcionamento dessas instituições no País, dar-se-á, imediatamente após o ato governamental, a dissolução da sociedade.

26.5.2. Dissolução por decisão judicial

As dissoluções denominadas judiciais, estabelecidas pela Lei n. 6.404/76, no art. 206, II, são em número de três e trazem redação semelhante às previstas nos arts. 1.034 e 1.044 do Código Civil:

a) Anulação de sua constituição

Quando anulada sua constituição, por ação de qualquer acionista (art. 206, II, *a*): evidentemente a decisão judicial, transitada em julgado, que anular o ato de constituição de uma sociedade é causa de dissolução pelo simples fato de faltar, a partir de então, o ato que deu origem a sua vida jurídica. Difere esta previsão legislativa da do Código Civil, tão somente, pela diversidade de prazo decadencial, que, na lei acionária, é de um ano (art. 285) e, no Código, de três (art. 45, parágrafo único).

b) Por impossibilidade de preencher o fim social

Por impossibilidade de preencher o fim social entende-se não somente a impossibilidade técnica, mas também a incapacidade de a sociedade atingir seus fins sociais, como, por exemplo, por analogia e adotando o princípio da interpretação histórica para as lacunas do direito (v. De Cicco, 2006:303-305), as situações previstas no art. 336, 2, do Código Comercial: perda inteira do capital social ou de este ser insuficiente ou mesmo as encontradas no art. 336, 3, do mesmo Código: inabilidade de alguns dos sócios ou incapacidade moral ou civil, julgada por sentença.

Nelson Eizirik e Aurélio Wander Bastos (1987, 2:884) trazem como exemplo o caso mencionado no acórdão n. 40.371, julgado em 2 de setembro de 1975, pelo Tribunal de Justiça do Rio de Janeiro, tendo como relator o Desembargador Renato Lomba: "... se evidencia, inequivocamente, a situação prevista na disposição acima citada de estar a sociedade ré impossibilitada de preencher os seus fins estatutário-comerciais. Desde o falecimento do acionista majoritário em 1972, não realizou a ré qualquer operação mercantil a não ser as decorrentes da única construção por ela realizada e que eram recebimentos e pagamentos a ela relativos. Está em situação irregular perante a Junta Comercial, dispõe de reduzido e mesmo insignificante saldo em caixa para realizar construções de edifícios, incorporações, comprar e vender imóveis, realizar incorporações ou loteamento e até para realizar corretagens imobiliárias. Tanto isto é certo que, nos últimos dez anos, nada fez nesse sentido. Apenas decidiu alienar o único bem da sociedade cujo saldo vem sendo consumido em honorários para uma diretoria inepta, como admitiu a própria sentença apelada. Não fez sequer uma corretagem imobiliária, atividade que supostamente não exigiria investimento considerável. Na verdade, a sociedade não está impedida de realizar o fim, o objetivo social, como pondera a sentença, bastando para isso que substitua a diretoria omissa e incapaz. Mas, como se faria isto sem a maioria acionária? Em dez anos nada foi feito por uma diretoria que não se pode substituir. Logo, a sociedade está impossibilitada de preencher seu fim como estabelece a lei. Não por impedimento, realmente inocorrente, mas por incapacidade da diretoria irremovível o que, certamente, conduz ao mesmo resultado. De um modo ou de outro, indiferentemente, a finalidade comercial da empresa, seus objetivos e atividades, nos ramos estatutários a que se propõe, são impossíveis de atingimento e realização. A estagnação e a inércia são a característica da empresa. A incapacidade da diretoria chegou a ser admitida pela sentença que, contraditoriamente, embora constatasse uma proposital omissão da diretoria, nem assim concluiu pela impossibilidade de preencher ela o seu fim. Essa impossibilidade, *data venia*, decorre da evidência de não querer a diretoria preencher ela o seu fim".

c) Na hipótese de falência

Conforme objeto de considerações acima, item 26.5, a falência é uma das causas potencialmente motivadoras da dissolução social, mas seu procedimento liquidatório não ocorrerá pelos meios preconizados no Código Civil (arts. 1.102 *usque* 1.112), através de um liquidante, mas por ato do administrador judicial.

26.5.3. Dissolução por ato administrativo

A última hipótese refere-se aos casos de decisão de autoridade administrativa competente, nas formas estabelecidas em lei especial.

Os casos previstos em lei (art. 206, III) dizem respeito a decisões administrativas, como, por exemplo, os de liquidação extrajudicial de empresa do sistema financeiro (Lei n. 6.024/74). A liquidação é o procedimento administrativo que tem a mesma finalidade do instituto da falência: arrecadar bens, avaliá-los e vendê-los para o pagamento de credores. Algumas vezes, no interesse de preservar o crédito público, o Estado prefere liquidar administrativamente uma sociedade empresária, em vez de permitir submetê-la ao processo falimentar comum. No caso do sistema financeiro são três as modalidades:

a) a liquidação *ex officio*, decretada pelo Banco Central nas hipóteses do art. 15, I, da Lei n. 6.024/74: (1) ocorrências que comprometam sua situação econômica ou financeira, especialmente quando deixar de satisfazer com pontualidade seus compromissos ou quando se caracterizar qualquer dos motivos que autorizem o decreto falimentar; (2) violação grave das normas legais e estatutárias ou determinações do CMN ou do BACEN; (3) prejuízo que sujeite a risco anormal seus credores quirografários; (4) cassação de autorização para funcionamento, sem que a instituição inicie sua liquidação ordinária em noventa dias;

b) a liquidação a requerimento dos administradores da instituição, nos termos do art. 15, II, da Lei n. 6.024/74, podendo ser alegadas as mesmas situações acima;

c) a liquidação por proposta do interventor quando a sociedade financeira estiver sob o regime de intervenção, antes do decreto administrativo de liquidação.

Há, além das sociedades financeiras, outros regimes especiais de liquidação administrativa, previstos em lei, v. g., empresas seguradoras, usinas de açúcar, sociedades cooperativas e de capitalização.

26.6. Do rito processual da dissolução judicial

Na vigência do Código de Processo Civil de 1973, o pedido de dissolução judicial de sociedades operava-se pelo rito estabelecido nos arts. 655 e seguintes do CPC39 (Lei n. 1.608, de 18-9-1939), mantidos em vigor por força do art. 1.218, VII, daquele estatuto processual.

Com a entrada em vigor do Código de Processo Civil de 2015, a dissolução e liquidação judicial das sociedades se realizará pelo procedimento comum (CPC15, art. 1.046, § 3º). Refere-se o dispositivo aos casos previstos no art. 1.218, do CPC73, que, por sua vez, remete aos casos em que os procedimentos previstos no Código de Processo Civil de 1939 foram mantidos em vigor, quais sejam, os concernentes: I – ao loteamento e venda de imóveis a prestações (arts. 345 a 349); II – ao despejo (arts. 350 a 353); III – à renovação de contrato de locação de imóveis destinados a fins comerciais (arts. 354 a 365); IV – ao Registro Torrens (arts. 457 a 464); V – às averbações ou retificações do registro civil (arts. 595 a 599); VI – ao bem de família (arts. 647 a 651); VII – à dissolução e liquidação das sociedades (arts. 655 a 674); VIII – à habilitação para casamento (arts. 742 a 745); IX – ao dinheiro a risco (arts. 754 e 755); X – à vistoria de fazendas avariadas (art. 756); XI – à apreensão de embarcações (arts. 757 a 761); XII – à avaria a cargo do segurador (arts. 762 a 764); XIII – às avarias (arts. 765 a 768); XIV – aos salvados marítimos (arts. 769 a 771); XV – às arribadas forçadas (arts. 772 a 775).

E, distintamente, a resolução de sócio em relação à sociedade seguirá rito próprio previsto no Capítulo V do Livro I do Código de Processo Civil de 2015 (arts. 599-609), impropriamente denominado "Da ação de dissolução parcial de sociedade".

Há, hoje, portanto, dois ritos: na dissolução e liquidação da sociedade o procedimento é comum previsto no CPC39 e na resolução de sócio em relação à sociedade (impropriamente também denominada "ação de dissolução parcial de sociedade") o procedimento é especial, previsto nos arts. 599-609 do CPC15.

26.6.1. Da legitimidade

O texto do art. 655 da Lei n. 1.608/39 estendia a qualquer interessado a legitimidade para a promoção da liquidação judicial de qualquer sociedade civil ou mercantil, nos casos previstos em lei ou em contrato social. O Código de Processo Civil de 2015 nada menciona, apresentando tão somente o elenco das pessoas legitimadas para a "ação de dissolução parcial de sociedade" (CPC15, art. 600).

Entretanto, como ocorria no passado, a expressão "qualquer interessado" aponta, também, para os casos de dissolução total de sociedade, para a pessoa que mantém, em razão do liame societário, legítimo interesse: o credor, o sócio, o herdeiro, o legatário, o cônjuge. Deve-se atentar para o *quorum* exigido para as sociedades anônimas (mínimo de 5% do capital votante – art. 206, II, *b*, da Lei n. 6.404/76).

26.6.2. Dissolução por iniciativa do Ministério Público

A lei processual civil de 1939 prevê ainda, em seu art. 670, que a sociedade não empresária, com personalidade jurídica, que promover atividade ilícita ou imoral será dissolvida por ação direta, mediante denúncia de qualquer do povo ou do órgão do Ministério Público. Essa é uma das hipóteses que a lei faculta ao Ministério Público o exercício de ação civil pública para promover a dissolução de pessoas jurídicas. Há outras dispostas em vários diplomas:

(a) a dissolução de sociedades de fins assistenciais (art. 3º do Decreto-lei n. 41, de 18-11-1966);

(b) a dissolução de sociedades anônimas que se dediquem ao loteamento rural, explorem diretamente áreas rurais ou sejam proprietárias de imóveis rurais não vinculados a suas atividades estatutárias, cujas ações não sejam nominativas (art. 16, § 1º, da Lei n. 5.709, de 7-10-1991);

(c) a dissolução de sociedade por ações quando esta, em regime de dissolução em razão da extinção de autorização para funcionamento, não iniciar a liquidação nos trinta dias subsequentes ao decreto de cassação ou interrompê-la por mais de quinze dias (art. 209, II, da Lei n. 6.404/76);

(d) no regime anterior ao Código Civil, a dissolução de sociedade por cotas de responsabilidade limitada quando esta, em regime de dissolução em razão da extinção de autorização para funcionamento, não iniciar a liquidação nos trinta dias subsequentes ao decreto de cassação ou interrompê-la por mais de quinze dias (art. 18 do Decreto n. 3.708/19 c/c o art. 209, II, da Lei n. 6.404/76). Isso se verifica atualmente quando ocorre a hipótese prevista no inciso V do art. 1.033 do Código Civil (extinção da autorização para funcionamento da sociedade), se os administradores não o tiverem feito nos trinta dias seguintes à perda da autorização, ou se o sócio não houver exercido a faculdade de requerer, desde logo, a liquidação judicial (art. 1.037 do Código Civil);

(e) a dissolução de qualquer outra sociedade, visando à garantia dos direitos assegurados na Constituição Federal por parte dos Poderes Públicos e dos serviços de relevância pública, proteção do patrimônio público e social, meio ambiente e de outros interesses difusos e coletivos, inclusive a defesa tutelar das populações indígenas (art. 129, II, III e V, da Constituição Federal).

26.6.3. Do pedido inicial e rito processual

No novo modelo processual, somente para a ação de dissolução parcial (leia-se resolução de sociedade em relação a sócio) de sociedade o legislador de 2015 prevê procedimento especial, com rito breve (CPC15, arts. 599 a 609), com a citação apenas de todos os sócios, conforme dispõe o art. 601, parágrafo único, do CPC15 (a sociedade não é citada, mas se sujeita aos efeitos da decisão e da coisa julgada).

A ação de *dissolução parcial* da sociedade pode ser promovida pelo espólio, pelos sucessores do sócio falecido, pela sociedade, pelo sócio retirante ou pelo sócio excluído e ter por objeto (a) a resolução em relação ao sócio falecido ou excluído ou daquele que exerceu o direito de retirada ou de recesso; (b) a apuração dos haveres de um desses sócios; (c) a resolução de retirada parcial ou, (d) simplesmente, a apuração dos haveres do sócio que se retira.

Havendo concordância expressa e unânime dos sócios, o juiz deve passar imediatamente à fase de liquidação, porque não teria sentido discutir outra matéria quando a lide se restringe ao montante correspondente à quota do sócio retirante ou excluído ou dos herdeiros do sócio falecido.

Isso se verificando, a decisão judicial limitar-se-á a dois aspectos: (a) estabelecer a data da resolução da sociedade, isto é, o momento em que se deve considerar tenha ocorrido um dos fatos ensejadores da dissolução: a data do falecimento do sócio, a data em que se considera juridicamente eficaz a deliberação da exclusão ou a data em que ocorreram os efeitos da comunicação do sócio de sua intenção de retirar-se da sociedade, por exercício do direito de recesso ou porque simplesmente não pretende permanecer na sociedade; (b) o critério de apuração dos haveres, que pode não ter sido objeto de cláusula contratual.

Tanto a fixação da data da resolução quanto o critério de apuração de haveres podem ser objeto de revisão pelo juiz, a pedido de qualquer parte, antes da realização da perícia.

A extensão da perícia – contábil ou de simples avaliação de bens, por exemplo – dependerá do critério estabelecido pelo juiz da causa.

26.6.4. Nomeação e destituição do liquidante

Na sentença que declara dissolvida totalmente a sociedade *ipso iure* ou naquela que decreta a dissolução contenciosa, constará, necessariamente, a nomeação de um liquidante, pessoa encarregada de apurar o ativo e o passivo, ordenando os atos necessários aos pagamentos e partilha dos bens ou saldo apurados.

Em regra, o liquidante será a pessoa que o contrato ou os estatutos dispuserem a respeito ou, na sua falta, o que a lei determinar. Se esta nada dispuser, cabe ao juiz decidir, podendo, inclusive, nomear pessoa estranha ao quadro social. Entretanto, nesse último caso, na hipótese de serem apenas dois sócios com igual poder de decisão (50%), o juiz decidirá, nomeando pessoa estranha ao quadro social.

O art. 1.038 do Código Civil estabelece que, se não estiver designado no contrato social, o liquidante será eleito por deliberação dos sócios, podendo a escolha recair em pessoa estranha à sociedade. Essa regra, válida para as sociedades simples, aplica-se aos demais tipos societários, observando-se que há para as limitadas regra própria, de redação semelhante (art. 1.071, VII), exigindo, para sua aprovação, voto da maioria dos presentes (art. 1.076, III).

Dessa forma, a nomeação de pessoa estranha à deliberação dos sócios não pode prevalecer sem que se tenha tentado anteriormente, na mesma ordem: a aplicação da regra contratual, da regra legal e do exercício do voto.

Haverá também a nomeação de um estranho se ocorrer dupla recusa para assumir o encargo. O liquidante nomeado será intimado para prestar compromisso nos autos e assinar o respectivo termo, podendo escusar-se expressamente em assumir o encargo ou tacitamente, deixando correr *in albis* o prazo fixado, intimado para prestar compromisso nos autos.

A nomeação – contratual, estatutária, legal ou judicial – deve recair sobre pessoa idônea, aplicando-se as mesmas vedações estabelecidas para os administradores das sociedades em geral (*v.* n. 19.6.2). Em regra, quem não é apto para ser administrador de sociedade não o será para o exercício do múnus de liquidante.

A lei processual anterior não só a forma de escolha, nomeação e conduta, mas igualmente a de destituição do liquidante, que será o responsável em conduzir a bom termo, como administrador dos bens da sociedade dissolvida, sua extinção, com o pagamento dos credores e a divisão do patrimônio remanescente entre os sócios ou acionistas. Sua destituição ocorria nos termos do art. 661 do Código de Processo Civil de 1939: "os liquidantes serão destituídos pelo juiz, *ex officio*, ou a requerimento de qualquer interessado, se faltarem ao cumprimento do dever, ou retardarem injustificadamente o andamento do processo, ou procederem com dolo ou má-fé, ou tiverem interesse contrário ao da liquidação". Essas hipóteses permanecem válidas no sistema processual atual.

26.6.5. Atribuições do liquidante

O art. 660 do Código de Processo Civil de 1939 relaciona as atribuições do liquidante, que podem ser didaticamente divididas em:

a) Dever de levantar inventário dos bens

O primeiro passo que o liquidante deve dar logo no início de suas atividades consiste em documentar o estado em que encontrou o patrimônio e estabelecer em quanto somam o ativo e o passivo da sociedade. Como qualquer administrador de coisa alheia, impende que deva acautelar-se quanto à futura indagação dos interessados – sócios e credores –, bem como do juízo, a quem diretamente serve como auxiliar compromissado.

Dentre esses deveres, a lei arrola:

a) levantar o inventário dos bens e fazer o balanço da sociedade, nos quinze dias seguintes à nomeação, prazo que o juiz poderá prorrogar por motivo justo (art. 660, I). Para cumprimento desse desiderato está implícito o dever de arrecadar bens, livros e documentos da sociedade;

b) apresentar, mensalmente, ou sempre que o juiz o determinar, balancete da liquidação (art. 660, V).

Na Lei n. 6.404/76, essas funções do liquidante estão redigidas semelhantemente, demonstrando a preocupação do legislador em impor-lhe o dever de bem documentar seus atos:

a) arrecadar os bens, livros e documentos da companhia, onde quer que estejam (art. 210, II);

b) fazer levantar de imediato, em prazo não superior ao fixado pela assembleia geral ou pelo juiz, o balanço patrimonial da companhia (art. 210, III);

c) finda a liquidação, submeter à assembleia geral relatório dos atos e operações da liquidação e suas contas finais (art. 210, VIII).

O Código Civil manteve em termos globais as mesmas atribuições ao liquidante, arrolando, entre os deveres previstos no art. 1.103, os de: arrecadar os bens, livros e documentos da sociedade, onde quer que estejam (inciso II) e proceder, nos quinze dias seguintes ao da sua investidura e com a assistência, sempre que possível, dos administradores, à elaboração do inventário e do balanço geral do ativo e do passivo (inciso III).

b) Dever de cobrar e de efetuar pagamentos

Ambas as ações – cobrar e efetuar pagamentos – são as principais tarefas do liquidante, cuja função se concentra, essencialmente, em reunir os bens que compõem o patrimônio social e efetuar os pagamentos que forem devidos aos credores, podendo, no cumprimento de seu mister, valer-se de ações judiciais e extrajudiciais visando:

a) promover a cobrança das dívidas ativas e pagar as passivas, certas e exigíveis, reclamando dos sócios, na proporção de suas quotas na sociedade, os fundos necessários, quando insuficientes os da caixa (CPC39, art. 660, II). Essa mesma redação encontra-se no art. 210 da Lei n. 6.404/76, que impõe ao liquidante da sociedade por ações a obrigação de exigir dos acionistas, quando o ativo não bastar para a solução do passivo, a integralização de suas ações. No Código Civil, o inciso V do art. 1.103 estabelece igual incumbência: exigir dos quotistas, quando insuficiente o ativo à solução do passivo, a integralização de suas quotas e, se for o caso, as quantias necessárias, nos limites da responsabilidade de cada um e proporcionalmente à respectiva participação nas perdas, repartindo-se, entre os sócios solventes e na mesma proporção, o devido pelo insolvente.

Nessas três redações encontra-se o dever de exigir dos sócios ou acionistas a recomposição pelos fundos retirados, no período de até dois anos de sua saída da sociedade, bem como de responsabilizar-se pela avaliação dos bens com que ingressaram para a formação do capital social e, ainda, pelo valor prometido à integralização, além de outras responsabilidades próprias de cada tipo societário, como já estudado;

b) vender, com autorização do juiz, os bens de fácil deterioração ou de guarda dispendiosa e os indispensáveis para os encargos da liquidação, quando se recusarem os sócios a suprir os fundos necessários (CPC39, art. 660, III). No mesmo sentido a regra falimentar (LREF, art. 113), que pode ser invocada pelo juiz da causa nas ações promovidas na vigência do Código de Processo Civil de 2015;

c) praticar os atos necessários para assegurar os direitos da sociedade e representá-la ativa e passivamente nas ações que interessarem à liquidação, podendo contratar advogado e empregados com autorização do juiz e ouvidos os sócios (CPC39, art. 660, IV). Essa é também uma das atribuições do administrador judicial na falência, que é uma modalidade de liquidação judicial (Lei n. 11.101/2005, art. 22, I, *h*, e III, *h* e *n*).

Além desses deveres, comuns a todo e qualquer tipo societário, na sociedade por ações, a Lei n. 6.404/76 estabelece que é obrigação do liquidante arquivar e publicar a ata da assembleia geral, ou certidão de sentença, que tiver deliberado ou decidido a liquidação (art. 210, I), bem como ultimar os negócios da companhia, realizar o ativo, pagar o passivo e partilhar o remanescente entre os acionistas (art. 210, IV).

c) Dever de propor a forma de divisão ou de partilha

Conservados os bens, arrolados com precisão, avaliados e vendidos, segue-se a liquidação propriamente dita, com a divisão, a partilha ou o pagamento dos credores e sócios. Nada obstante não prever a lei processual de 2015 rito próprio, decorre da função de liquidante nessa fase o quanto já constava da lei processual anterior, devendo ser observado pelo juiz da causa:

a) propor a forma de divisão, ou partilha, ou do pagamento dos sócios, quando ultimada a liquidação, apresentando relatório dos atos e operações que houver praticado (CPC39, art. 660, VI);

b) prestar contas de sua gestão, quando terminados os trabalhos ou destituído das funções (CPC39, art. 660, VII).

26.6.6. Do inventário e da partilha

Por dissolução entende-se um complexo de atos – um processo – que leva à extinção da sociedade: inicia-se com um dos fatos mencionados pela lei como causas da dissolução e prossegue com inúmeros atos, que podem ser divididos em três fases principais: (a) apuração do ativo: inventário de bens e direitos e realização do ativo; (b) liquidação do passivo: o pagamento do passivo vencido e vincendo; (c) partilha: o plano de partilha, os pagamentos dos quinhões aos sócios e a extinção da sociedade. Se necessário se fará a sobrepartilha, caso apareçam bens posteriormente à homologação e divisão dos primeiros arrolados. Essas regras eram encontradas nos arts. 663 a 667 do Código de Processo Civil de 1939 e são semelhantes às do revogado art. 345 do Código Comercial, podendo ser utilizadas pelo juiz da causa, valendo-se de interpretação histórica.

Os credores eventualmente existentes poderão, a qualquer momento antes da partilha, habilitar seu crédito na liquidação, impugnar o plano de partilha e requerer o quanto for necessário para receber os valores que julgarem possuir.

Diz a Lei Falimentar (Lei n. 11.101/2005, art. 8º) que o prazo para impugnações inicia da publicação da relação de credores, entretanto, esse termo deve ser conhecido de todos, inclusive de credores que não sejam parte no processo de dissolução e podem ser desconhecidos pelo liquidante. De bom alvitre, portanto, que se publique aviso comunicando o início do prazo para as impugnações.

O pagamento do passivo, à falta de regra própria na lei processual, deve ser feito segundo a Lei n. 11.101/2005, observando-se, ainda, nos casos específicos de liquidação de cooperativas e de sociedades por ações, o disposto no art. 71 da Lei n. 5.764, de 16 de dezembro de 1971 ("Define a Política Nacional de Cooperativismo, institui o regime jurídico das sociedades cooperativas e dá outras providências") e no art. 214 da Lei n. 6.404/76:

"Art. 71. Respeitados os direitos dos credores preferenciais, pagará o liquidante as dívidas sociais proporcionalmente e sem distinção entre vencidas ou não".

"Art. 214. Respeitados os direitos dos credores preferenciais, o liquidante pagará as dívidas sociais proporcionalmente e sem distinção entre vencidas e vincendas, mas, em relação a estas, com desconto às taxas bancárias.

Parágrafo único. Se o ativo for superior ao passivo, o liquidante poderá, sob sua responsabilidade pessoal, pagar integralmente as dívidas vencidas."

A ordem de preferência estabelecida em lei é a mesma fixada no concurso universal da falência, previsto nos arts. 83 e 84 da Lei de Recuperação de Empresas e Falência.

Respeitados os limites da massa, o liquidante deve pagar os créditos, em cada classe, proporcionalmente, obedecendo à parcela de cada credor – o que possuir oitenta por cento do total daquela classe deverá receber oitenta por cento do rateio destinado naquele momento. As dívidas ainda não vencidas somente podem ser pagas com desconto (art. 1.106 do Código Civil), de acordo, à falta de outra regra, com a prevista no art. 77 da Lei de Recuperação de Empresas e Falência. A lei estipulou que serão abatidos proporcionalmente os juros – isto é, os contratados ou, na sua ausência, os legais. Considerando uma dívida de R$ 100.000,00, tendo sido contratada a taxa de juros de doze por cento ao ano, e encontrando-se vencida há mais de seis meses, o valor a ser pago será de R$ 106.000,00. Entretanto, se o título de R$ 100.000,00 ainda vencerá nos próximos seis meses, à mesma taxa anual, abate-se o correspondente a esse período, ou seja, seis por cento, resultando num pagamento de tão somente R$ 94.000,00.

O liquidante pode considerar a possibilidade de pagamento integral de todos os credores porque, a seu ver, o ativo supera o passivo; nesse caso, resolvendo efetuar os pagamentos das dívidas vencidas, sem obedecer a qualquer ordem de precedência, responderá pessoalmente por sua decisão (CC, art. 1.106, parágrafo único).

Constatando-se, na dissolução, que o montante arrecadado não permite o pagamento de todos os credores, os sócios com responsabilidade solidária deverão arcar com o ônus da responsabilidade subsidiária. Os sócios com responsabilidade limitada responderão de acordo com o tipo societário, que foi matéria de estudo nos capítulos anteriores.

Pode ocorrer, ainda, à vista dos resultados, de a própria sociedade entender ser o caso de falência e, por ato próprio, requerer a autofalência, prevista no art. 105 da nova Lei de Falências. O Código de Processo Civil de 1939 é omisso quanto à possibilidade de o liquidante requerer a falência da sociedade, mas o preceito vem expresso no art. 210, VII, da Lei n. 6.404/76 e no art. 1.103, VII, do Código Civil.

26.6.7. Partilha

A lei processual não estabelece a forma de divisão e partilha, devendo ser observada a participação de cada sócio na constituição do capital social.

Há possibilidade, ainda, se todos os sócios são maiores e capazes, de se realizar a partilha amigável, por documento escrito, que será submetido a homologação judicial.

26.6.8. Liquidação de empresa individual

O art. 669 do Código de Processo Civil de 1939 dispunha que a liquidação de firma individual far-se-á no Juízo onde for requerido o inventário, cometendo grave erro técnico ao admitir *liquidação de firma individual.* Firma individual, como se sabe, é uma espécie de nome comercial. Tecnicamente incorreta também a inclusão desse dispositivo – que trata da competência do Juízo para a liquidação da empresa individual – no capítulo da dissolução de sociedades. Melhor escolha seria manter a regra no capítulo referente aos inventários e partilha no Código de Processo Civil.

Outra inexatidão é falar em *liquidação* quando se trata de inventário dos bens de pessoa física, pelo falecimento. Falecendo o empresário individual, seus bens serão inventariados, entre eles, o próprio estabelecimento comercial, competindo, por consequência, ao Juízo do inventário a liquidação dos bens daquela empresa.

Há outras hipóteses para a liquidação da empresa individual, sem o fim da existência da pessoa física: a interdição do empresário individual pode operar a liquidação de sua empresa. Aplica-se, por analogia, a mesma disposição: o Juízo competente para o procedimento interditório também o é para a dissolução da empresa, cabendo ao curador do interdito o papel de liquidante.

26.7. Liquidação extrajudicial

Quando a dissolução e liquidação ocorrem extrajudicialmente, portanto sem a necessidade de intervenção judicial, as regras a serem obedecidas encontram-se no Código Civil – arts. 1.102 a 1.112.

As atribuições do liquidante são as mesmas já estudadas, tendo, entretanto, o Código Civil traçado regras específicas quanto à responsabilidade e competência: a) no primeiro caso, responderá por excessos praticados; b) no segundo, são-lhe conferidos todos os poderes de gestão ordinária, inclusive a venda de bens móveis e imóveis, sendo-lhe, entretanto, vedado, sem autorização contratual ou da maioria dos sócios, gravar de ônus reais os móveis e os imóveis, contrair empréstimos ou prosseguir na atividade social (art. 1.105).

Bibliografia

ABRÃO, Nelson. *O Síndico na Administração Concursal*. São Paulo: Revista dos Tribunais, 1988.

ALMEIDA, Amador Paes de. *Curso de Falência e Concordata*. 16. ed. São Paulo: Saraiva, 1998.

ALMEIDA, Cândido Mendes. *Ordenações Filipinas*. Impressão fac-símile pela Fundação Calouste Gulbenkian. Rio de Janeiro-Lisboa, 1870.

ALMEIDA, Napoleão Mendes de. *Dicionário de Questões Vernáculas*. 3. ed. São Paulo: Ática, 1996.

ALVES, Alexandre Ferreira de Assumpção. *A Pessoa Jurídica e os Direitos da Personalidade*. Rio de Janeiro: Renovar, 1998.

ALVIM, Agostinho. *Da Inexecução das Obrigações e suas Consequências*. 4. ed. São Paulo: Saraiva, 1972.

AMARAL, Sylvio do. *Falsidade Documental*. 2. ed. São Paulo: Revista dos Tribunais, 1978.

AMENDOLARA, Leslie. A inclusão do objeto social na denominação da sociedade. *Carta Forense*, São Paulo, n. 19, novembro de 2004, ano II.

ARAÚJO, Luiz Antonio Mattos Pimenta. A Responsabilidade Tributária na Sucessão da Empresa. *Revista de Direito Mercantil, Industrial, Econômico e Financeiro*, v. 76.

ARIÈS, Philippe; DUBY, Georges. *História da Vida Privada*. São Paulo: Companhia das Letras, 1990.

ASCARELLI, Tullio. *Corso de Diritto Commercialle – Introduzione e Teoria dell'Impresa*. 3. ed. Milão: Giuffrè, 1962. Capítulo 1º traduzido pelo Prof. Fábio Konder Comparato. *Revista de Direito Mercantil*, São Paulo: Revista dos Tribunais, v. 103, 1996.

——————. *Iniciación al Estudio del Derecho Mercantil*. Introducción y traducción de Evelio Verdera y Tells. Barcelona: Bosch, 1964.

——————. *Panorama do Direito Comercial*. São Paulo: Saraiva, 1947.

——————. *Problemas das Sociedades Anônimas e Direito Comparado*. Campinas: Bookseller, 2001.

——————. *Studi in Tema di Società*. Milão: Giuffrè, 1952.

——————. *Teoria Geral dos Títulos de Crédito*. Campinas: Red Livros, 1999.

ASQUINI, Alberto. Profili dell'Impresa, *Rivista del Diritto Commerciale*, v. 41, I, 1943, trad. Fábio Konder Comparato, *Revista de Direito Mercantil*, São Paulo: Revista dos Tribunais, n. 104, p. 113-114, out./dez. 1996.

ASSIS, Araken de. *Manual do Processo de Execução*. 4. ed. São Paulo: Revista dos Tribunais, 1997.

AZEVEDO, Álvaro Villaça. *Curso de Direito Civil* – Teoria Geral das Obrigações. 6. ed. São Paulo: Revista dos Tribunais, 1997.

BARNEY, Oscar Cruz. *El Riesgo en el Comercio Hispano-Indiano: Préstamos y Seguros Marítimos durante los Siglos XVI e XIX*. Universidad Nacional Autónoma de México D.F., 1998.

BARRETO FILHO, Oscar. *Teoria do Estabelecimento Comercial*. 2. ed. São Paulo: Saraiva, 1988.

BETANHO, Luiz Carlos et al. *Leis Penais e sua Interpretação Jurisprudencial*. São Paulo: Revista dos Tribunais, 1995.

BEVILAQUA, Clóvis. *Código Civil dos Estados Unidos do Brasil*. Ed. histórica fac-símile da publicada em 1940. Rio de Janeiro: Rio – Sociedade Cultural, 1975.

————. *Direito das Coisas*. Ed. histórica fac-símile da publicada em 1941. Rio de Janeiro: Rio – Sociedade Cultural, 1976.

BÍBLIA KING JAMES ATUALIZADA (KJA). Sociedade Bíblica Íbero-Americana & Abba Press no Brasil. São Paulo: BV Books Editora, 2012.

BLACK'S LAW DICTIONARY. St. Paul (MN): Thomson Business, 2004.

BORBA, Francisco da Silva (Coord.). *Dicionário Gramatical de Verbos*. 2. ed. São Paulo: Unesp, 1991.

BORBA, José Edwaldo Tavares. *Direito Societário*. 3. ed. Rio de Janeiro: Freitas Bastos, 1997.

BORGES, Eunápio. *Curso de Direito Comercial Terrestre*. 1. ed. Rio de Janeiro: Forense, 1959.

BOVESPA. *Uma História Centenária*. São Paulo: MPF Produções Culturais, 1990.

BRAUDEL, Fernand. *Os Jogos das Trocas*. São Paulo: Martins Fontes, 1996.

BULGARELLI, Waldirio. *Contratos Mercantis*. 9. ed. São Paulo: Atlas, 1997.

————. *Direito Comercial*. 12. ed. São Paulo: Atlas, 1997.

————. *Manual das Sociedades Anônimas*. 8. ed. São Paulo: Atlas, 1996.

————. *Questões de Direito Societário*. São Paulo: Revista dos Tribunais, 1983.

————. *Sociedades Comerciais*. 6. ed. São Paulo: Atlas, 1996.

————. *Tratado de Direito Empresarial*. 29. ed. São Paulo: Atlas, 1995.

BUZAID, Alfredo. *Do Agravo de Petição*. São Paulo: Revista dos Tribunais, 1945.

————. *Da Ação Renovatória*. 3. ed. São Paulo: Saraiva, 1988.

CAENEGEM, R. C. Van. *Uma Introdução Histórica ao Direito Privado*. São Paulo: Martins Fontes, 1995.

CALÇAS, Manoel de Queiroz Pereira. *Sociedade Limitada no Novo Código Civil*. São Paulo: Atlas, 2003.

CAMELIER DA SILVA, Alberto Luís. *Concordância Desleal* – Atos de Confusão. São Paulo: Saraiva, 2013.

CARVALHO, Lucila de Oliveira. *A Administração da Sociedade Limitada e o Novo Código Civil*. In RODRIGUES, Frederico Viana (coord.). *Direito de Empresa no Novo Código Civil*. Rio de Janeiro: Forense, 2004.

CARVALHO, Raimundo M. B. Da Responsabilidade dos Sócios por Dívidas da Sociedade: Sociedade Anônima e por Cotas de Responsabilidade Limitada, *Revista de Direito Mercantil, Industrial, Econômico e Financeiro*, v. 73, p. 33, jan./mar. 1989.

CARVALHOSA, Modesto. *Comentários à Lei de Sociedades Anônimas*. 3. ed. São Paulo: Saraiva, 2009. v. 4, t. II.

CERQUEIRA, João da Gama. *Tratado da Propriedade Industrial*. 2. ed. São Paulo: Revista dos Tribunais, 1982.

CICU, Antonio; MESSINEO, Francesco. *Trattato di Diritto Civile e Commerciale*. Milano: Giuffrè, 1972. v. 28.

CNBV – Comissão Nacional de Bolsas de Valores. *Introdução ao Mercado de Ações*. Rio de Janeiro, 1986.

CODICE CIVILE. Editio Minor, 1973.

COELHO, Fábio Ulhoa. *A Sociedade Limitada no Novo Código Civil*. São Paulo: Saraiva, 2003.

————. *Curso de Direito Comercial*. São Paulo: Saraiva, 1998.

————. *Curso de Direito Comercial*. 7. ed. São Paulo: Saraiva, 2003. v. 1.

————. *Curso de Direito Comercial*. 6. ed. São Paulo: Saraiva, 2003. v. 2.

————. *Curso de Direito Comercial* – Direito de Empresa, São Paulo: Revista dos Tribunais, 2016.

————. *Manual de Direito Comercial*. 17. ed. São Paulo: Saraiva, 2006.

————. *Novo Manual de Direito Comercial*. 29. ed. São Paulo: Revista dos Tribunais, 2017

COMPARATO, Fábio Konder. Falência. Requerimento por Credores Trabalhistas – Se Estão Eles Adstritos a Renunciar ao seu Privilégio para Exercício do Direito. *RT*, v. 432, p. 53-55, out. 1971.

————. Falência – Legitimidade da Fazenda Pública para Requerê-la. *RT*, v. 442, p. 48-54, ago. 1972.

CORDEIRO, António Menezes. *Manual de Direito Bancário*. Coimbra: Livr. Almedina, 1998.

————. *O Levantamento da Personalidade Colectiva no Direito Civil e Comercial*. Coimbra: Livr. Almedina, 2000.

CORREIA, A. Ferrer. *Lições de Direito Comercial*. Coimbra: Universidade de Coimbra, 1998.

CORREIA, Alexandre; SCIASCIA, Gaetano. *Manual de Direito Romano*. 5. ed. Guanabara: Cadernos Didáticos.

CORREIA, Miguel J. A. Pupo. *Direito Comercial*. 6. ed. Lisboa: Ediforum, 1999.

COSTA, Carlos Celso Orcesi da. Responsabilidade dos Sócios pelas Dívidas da Sociedade. *Revista de Direito Mercantil, Industrial, Econômico e Financeiro*, v. 56.

COSTA, Mário Júlio de Almeida. *Ordenações Afonsinas*. Impressão fac-símile pela Fundação Calouste Gulbenkian. Rio de Janeiro-Lisboa, 1792.

————. *Ordenações Filipinas*. Fundação Calouste Gulbenkian. Coimbra-Lisboa, 1792.

————. *Ordenações Manuelinas*. Impressão fac-símile pela Fundação Calouste Gulbenkian. Rio de Janeiro-Lisboa, 1792.

COSTA, Philomeno J. da. *Anotações às Companhias*. São Paulo: Revista dos Tribunais, 1980.

CRUZ, Aloysio Álvares. *Compêndio de Direito Comercial*. São Paulo: Revista dos Tribunais, 1994.

DAVID, René. *Os Grandes Sistemas do Direito Contemporâneo*. São Paulo: Martins Fontes, 1996.

DE CICCO, Cláudio. *História do Pensamento Jurídico e da Filosofia do Direito*. 3. ed. São Paulo: Saraiva, 2006.

————. *Interpretação Histórica para as Lacunas do Novo Código Civil de 2002*. Disponível em: <http://www.sadireito.com/artigos/civil/civ-024.htm>.

DEMERCIAN, Pedro Henrique; MALULY, Jorge Assaf. *Curso de Processo Penal*. São Paulo: Atlas, 1999.

DE PLÁCIDO E SILVA. *Noções Práticas de Direito Comercial*. 6. ed. Curitiba: Guaíra, 1946.

————. *Vocabulário Jurídico*. 15. ed. atualizada por Nagib Slaibi Filho e Geraldo Magela Alves. Rio de Janeiro: Forense, 1998.

DINIZ, Maria Helena. *Curso de Direito Civil Brasileiro*. 12. ed. São Paulo: Saraiva, 1995.

DI PIETRO, Maria Sylvia Zanella. *Direito Administrativo*. 8. ed. São Paulo: Atlas, 1997.

DOMÍNGUEZ, Maria del Refugio González. Comercio y Comerciantes en la Legislación Mexicana del Siglo XIX. *Anuário Mexicano da História do Direito*, Universidade Nacional Autônoma do México, v. 2, 1990.

DORIA, Dylson. *Curso de Direito Comercial*. 10. ed. São Paulo: Saraiva, 1995.

DUARTE, Marcelo. *O Livro das Invenções*. São Paulo: Companhia das Letras, 1997.

EIZIRIK, Nelson. *Mercado de Capitais e S/A – Jurisprudência*. Rio de Janeiro: Comissão Nacional de Valores, 1987.

ESPÍNOLA FILHO, Eduardo. *Código de Processo Penal Brasileiro Anotado*. 1. ed. atualizada por José Geraldo da Silva e Wilson Lavorenti. Campinas: Bookseller, 2000.

ESTRELA, Hernani. *Curso de Direito Comercial*. Rio de Janeiro: José Konfino, 1973.

FAORO, Raimundo (cronologia de). *Joaquim Nabuco – Um Estadista no Império*. Rio de Janeiro: Topbooks, 1997.

FARIA, Antonio Bento de. *Código Comercial Brasileiro Comentado*. 3. ed. Jacinto Ribeiro dos Santos Editor, 1920.

FAZZIO JR., Waldo. *Lei de Falências e Concordatas Comentada*. São Paulo: Atlas, 1999.

FERREIRA, Aurélio Buarque de Holanda. *Dicionário Aurélio Século XXI*. Edição coordenada por Margarida dos Anjos e Marina Baird Ferreira. Rio de Janeiro: Nova Fronteira, 1999.

FERREIRA, Waldemar. *Instituições de Direito Comercial*. 4. ed. São Paulo: Max Limonad, 1955.

FRANÇA, R. Limongi. *Instituições de Direito Civil*. 3. ed. São Paulo: Saraiva, 1994.

FRÉMY, Dominique et Michele. *Quid 2002*, Paris: Robert Laffont, 2001.

FRONTINI, Paulo Salvador. Crime Falimentar. *Justitia – Órgão do Ministério Público de São Paulo*, São Paulo, v. 109, 1980.

FÜHRER, Maximilianus Cláudio Américo. *Crimes Falimentares*. São Paulo: Revista dos Tribunais, 1972.

————. *Resumo de Direito Comercial*. 3. ed. São Paulo: Revista dos Tribunais, 1984.

————. *Resumo de Direito Comercial*. 35. ed. São Paulo: Malheiros, 2006.

————. *Roteiro das Falências e Concordatas*, 15. ed. São Paulo: Revista dos Tribunais, 1998.

GAINO, Itamar. *Responsabilidade do Sócio na Sociedade Limitada*. 3. ed. São Paulo: Saraiva, 2012.

GALGANO, Francesco. *Le Società di Persone*. *Trattato di Diritto Civile e Commerciale*. Milano: Giuffrè, 1972. v. 28.

GILISSEN, John. *Introdução Histórica ao Direito*. 2. ed. Lisboa: Fundação Calouste Gulbenkian, 1995.

GOMES, Orlando. *Contratos*. 26. ed. atualizada por Antonio Junqueira de Azevedo e Francisco Paulo de Crescenzo Marino. Rio de Janeiro: Forense, 2008.

————. *Obrigações*. 2. ed. Rio de Janeiro: Forense, 1968.

GONÇALVES, Luís M. Couto. *Direito de Marcas*. Coimbra-Portugal: Livr. Almedina, 2000.

GRAU-KUNTZ, Karin. *Do Nome das Pessoas Jurídicas*. São Paulo: Malheiros, 1998.

GRECO FILHO, Vicente. *Direito Processual Civil Brasileiro*. 13. ed. São Paulo: Saraiva, 1999.

GRINOVER, Ada Pellegrini et al. *Juizados Especiais Criminais*. 3. ed. São Paulo: Revista dos Tribunais, 2000.

HENTZ, Luiz Antonio Soares. *Problemas das Sociedades Limitadas e Soluções da Jurisprudência*. São Paulo-Leme: Ed. de Direito, 1997.

————. A Teoria da Empresa no novo Código Civil Brasileiro, www.saraivadata.com.jr, janeiro de 2002.

HOUAISS, Antônio (Org.). *Pequeno Dicionário Enciclopédico Koogan Larousse*. Rio de Janeiro: Larousse do Brasil, 1984.

———. *Dicionário Eletrônico Houaiss da Língua Portuguesa*. Rio de Janeiro: Instituto Antônio Houaiss/Objetiva, Rio de Janeiro, 2001.

HUBERMAN, Leo. *História da Riqueza do Homem*. 21. ed. Rio de Janeiro: LTC, 1986.

HUNT, Edwin S.; MURRAY, James M. *Uma História do Comércio na Europa Medieval*. Lisboa: Publicações Dom Quixote, 2000.

IGLESIAS, Juan. *Derecho Romano – Instituciones de Derecho Privado*. Barcelona: Ariel, 1972.

JESUS, Damásio Evangelista de. *Direito Penal*. 2. ed. São Paulo: Saraiva, 1977.

———. *Prescrição Penal*. 11. ed. São Paulo: Saraiva, 1997.

LACERDA, J. C. Sampaio de. *Manual de Direito Falimentar*. 14. ed. revista e atualizada por Jorge de Miranda Magalhães. Rio de Janeiro: Freitas Bastos, 1999.

LACERDA, Paulo Maria de. *Do Contrato de Conta-Corrente*. 2. ed. Rio de Janeiro: Jacintho Ribeiro dos Santos Editor, 1928.

LAZZARINI, Álvaro. *Temas de Direito Administrativo*. São Paulo: Revista do Tribunais, 2000.

LEONARDOS, Gabriel F. A Proteção Jurídica ao Nome Comercial, ao Título do Estabelecimento e à Insígnia no Brasil – Regime Jurídico e Novos Desenvolvimentos e Jurisprudência, *Revista de Direito Mercantil, Industrial, Econômico e Financeiro*, Nova Série, v. 95, jul./set. 1994.

LIEBMAN, Enrico Tullio. *Manuale di Diritto Processuale Civile*. 3. ed. Milano: Giuffrè, 1973.

LIMA, Alcides de Mendonça. *Comentários ao Código de Processo Civil*. Rio de Janeiro: Forense, 1974, v. 6, t. 1 e 2.

LOBO, Carlos Augusto da Silveira. O Voto Múltiplo na Eleição de Administração das Sociedades Anônimas. *RF*, v. 270.

LOPES, Mauro Brandão. *A Sociedade em Conta de Participação*. São Paulo: Saraiva, 1990.

LUCENA, José Waldecy. *Das Sociedades por Cotas de Responsabilidade Limitada*. 2. ed. Rio de Janeiro: Renovar, 1997.

MACHADO, Sylvio Marcondes. *Limitação da Responsabilidade de Comerciante Individual*. São Paulo: Freitas Bastos, 1956.

MAFRA, Cibele Benevides Guedes. A Ação Penal Privada Subsidiária na Lei de Falências: Necessidade de Compatibilização Vertical com o Art. 5º, LIX, da Constituição Federal. Tese n. 106 apresentada no 13º Congresso Nacional do Ministério Público. *Livro de Teses*, Curitiba, v. 1, t. 2, p. 791-796.

MARCONDES, Sylvio. *Questões de Direito Mercantil*. São Paulo: Saraiva, 1977.

MARQUES, José Frederico. *Manual de Direito Processual Civil*. 2. ed. São Paulo: Saraiva, 1974.

MARSHALL, Carla Izolda Fiuza Costa. Temas Polêmicos da Sociedade por Quotas, Posição da Jurisprudência – Cessão de Cotas, Responsabilidade e Exclusão de Sócios. *Revista de Direito Mercantil, Industrial, Econômico e Financeiro*, São Paulo, v. 102.

MARTINS, Fran. *Contratos e Obrigações Comerciais*. 12. ed. Rio de Janeiro: Forense, 1993.

———. *Curso de Direito Comercial*. 18. ed. Rio de Janeiro: Forense, 1993.

———. *Curso de Direito Comercia*l. 34. ed. revista, atualizada e ampliada por Carlos Henrique Abrão. Rio de Janeiro: Forense, 2011.

———. *Títulos de Crédito*. 11. ed. Rio de Janeiro, 1995.

MAZZILI, Hugo. *A Defesa dos Interesses Difusos em Juízo*. 7. ed. São Paulo: Saraiva, 1995.

MEIRELLES, Hely Lopes. *Direito Administrativo Brasileiro*. 4. ed. São Paulo: Revista dos Tribunais, 1976.

MENDONÇA, José Xavier Carvalho de. *Tratado de Direito Comercial Brasileiro*. 1. ed. atualizada por Ricardo Negrão. Campinas: Bookseller, 2000.

———. *Tratado de Direito Comercial Brasileiro*. 7. ed. atualizada por Roberto Carvalho de Mendonça. Rio de Janeiro: Freitas Bastos, 1963.

———. *Tratado de Direito Comercial Brasileiro*. 5. ed. Rio de Janeiro: Freitas Bastos, 1954, v. 3.

MENDONÇA, Manuel Inácio de. *Doutrina e Prática das Obrigações*. 4. ed. aumentada e atualizada pelo Juiz José de Aguiar Dias. Rio de Janeiro: Forense, 1956.

MIRABETE, Julio Fabbrini. *Manual de Direito Penal*. 7. ed. São Paulo: Atlas, 1993.

———. *Processo Penal*. 2. ed. São Paulo: Atlas, 1993.

MONTEIRO, Washington de Barros. *Curso de Direito Civil* – Direito de Família. 12. ed. São Paulo: Saraiva, 1973.

NAVARRINI, Humberto. *La Quiebra*. Ed. com tradução e notas sobre o Direito Espanhol por Francisco Hernandez Borondo. Madrid: Ed. Reus, 1943.

NEGRÃO, Ricardo. *Manual de Direito Comercial*. 2. ed. Campinas: Bookseller, 2001.

NEGRÃO, Theotonio; GOUVÊA, José Roberto Ferreira. *Código Civil e Legislação Civil em Vigor*. 18. ed. São Paulo: Saraiva, 1999.

———. *Código de Processo Civil e Legislação Processual em Vigor*. 32. ed. São Paulo: Saraiva.

NERY JR., Nelson. *Código de Processo Civil Comentado*. 2. ed. São Paulo: Revista dos Tribunais, 1996.

NOGUEIRA, Ricardo J. Negrão. *Apostilas do Curso de Direito Comercial para Concursos*. Ed. do autor, 1994.

NUNES, Luiz Antonio. *Manual de Introdução ao Estudo do Direito*. São Paulo: Saraiva, 1996.

OLIVEIRA, Jorge Rubem Folena. Empresa: uma Realidade Fática e Jurídica. *Revista de Informação Legislativa*, Brasília, n. 144, out./dez. 1999.

PACHECO, José da Silva. *Processo de Falência e Concordata*. 8. ed. Rio de Janeiro: Forense, 1998.

PEIXOTO, Carlos Fulgêncio da Cunha. *A Sociedade por Cotas de Responsabilidade Limitada*. 2. ed. Rio de Janeiro: Forense, 1958.

PEREIRA, Luiz C. Bresser. Empresas Multinacionais e Interesses de Classes. *Encontros com a Civilização Brasileira*, n. 4, p. 11-27, out. 1978. Artigo encontrado em <www.bresser-pereira.org.br>.

PEREIRA, Marco Antônio Marcondes. Regime dissolutório do Código Comercial. Dissolução total e dissolução parcial. Dissolução judicial e extrajudicial. *Justitia, Órgão do Ministério Público do Estado de São Paulo*, v. 172, p. 115-135, 1995.

PEREZ, Gabriel Nettuzzi. A ordem e a classificação dos créditos habilitáveis na falência. *Justitia, Órgão do Ministério Público de São Paulo*, v. 86, p. 6-16, 1974.

PIMENTA, Eduardo Goulart. *O Estabelecimento*. In RODRIGUES, Frederico Viana (coord.). *Direito de Empresa no Novo Código Civil*. Rio de Janeiro: Forense, 2004.

PINHEIRO, Frederico Garcia. *Empresa Individual de Responsabilidade Limitada*. Disponível em: <www.conteudojuridico.com.br>. Acesso em: out. 2011.

PONTES DE MIRANDA, Francisco Cavalcanti. *Comentários ao Código de Processo Civil*. Rio de Janeiro: Forense, 1976.

————. *Tratado das Ações*. 1. ed., atualizada por Vilson Rodrigues Alves. Campinas: Bookseller: 1998.

————. *Tratado de Direito Privado*. 3. ed. Rio de Janeiro: Borsoi, 1971.

————. *Tratado de Direito Privado*. 2. ed., atualizada por Vilson Rodrigues Alves. Campinas: Bookseller, 2001.

REQUIÃO, Rubens. *Curso de Direito Comercial*. 22. ed. São Paulo: Saraiva, 1995.

————. *Curso de Direito Comercial*. 25. ed. São Paulo: Saraiva, 2003.

————. *Curso de Direito Falimentar*. São Paulo: Saraiva, 1975.

RESTIFFE NETO, Paulo; RESTIFFE, Paulo Sérgio. *Garantia Fiduciária*. 3. ed. São Paulo: Revista dos Tribunais, 2000.

————. *Locação – Questões Processuais*. 4. ed. São Paulo: Revista dos Tribunais, 2000.

RIPERT, Georges. *A Regra Moral nas Obrigações Civis*. Campinas: Bookseller, 2000.

————. *Tratado Elemental de Derecho Comercial*. Trad. Felipe de Solá Cañizares. Paris-Buenos Aires: LGDJ/Tipográfica Editora Argentina, 1954.

RODAS, João Grandino. *Sociedade Comercial e Estado*. São Paulo: Saraiva, 1995.

RODRIGUES, Frederico Viana (coord.). *Direito de Empresa no Novo Código Civil*. Rio de Janeiro: Forense, 2004.

RODRIGUES, Silvio. *Direito Civil* – Direito das Coisas. 4. ed. São Paulo: Saraiva, 1972.

————. *Direito Civil* – Parte Geral. 27. ed. São Paulo: Saraiva, 1997.

————. *Direito Civil* – Parte Geral das Obrigações. 26. ed. São Paulo: Saraiva, 1998.

RUGGIERO, Roberto de. *Instituições de Direito Civil*. Ed. atualizada por Paulo Roberto Benasse. Campinas: Bookseller, 1999.

SABATO, Franco Di. *Società*. 6. ed. Turim: UTET, 1999.

SALLES, Marcos Paulo de Almeida. Os Valores Mobiliários na Lei das S/A. *Revista de Direito Mercantil, Industrial, Econômico e Financeiro*. São Paulo: Malheiros, v. 107, jul./set. 1997.

SALMON, Wesley C. *Lógica*. 3. ed. Rio de Janeiro: Prentice/Hall, 1993.

SAMPSON, Anthony. *O Homem da Companhia*. São Paulo: Companhia das Letras, 1995.

SANTOS, J. A. Penalva. Defesas do Devedor no Processo de Abertura da Falência. *RT*, v. 632, p. 32-43, jun. 1988.

SANTOS, Moacyr Amaral. *Comentários ao Código de Processo Civil*. Rio de Janeiro: Forense, 1976. v. 4.

———. *Primeiras Linhas de Direito Processual Civil*. 12. ed. São Paulo: Saraiva, 1985.

SEGURADO, Milton Duarte. *O Direito no Brasil*. São Paulo: Bushatsky/Edusp, 1973.

SILVA, Ovídio. *Curso de Processo Civil*. Porto Alegre: Sérgio A. Fabris, Editor, 1993.

SOARES, José Carlos Tinoco. *Comentários ao Código da Propriedade Industrial*. São Paulo: Resenha Universitária, 1981.

———. *Lei de Patentes, Marcas e Direitos Conexos*. São Paulo: Revista dos Tribunais, 1997.

STOCO, Rui. *Responsabilidade Civil e sua Interpretação Jurisprudencial*, 3. ed., São Paulo: Revista dos Tribunais, 1997.

STRUNCK, Gilberto Luiz Teixeira Leite. *Como Criar Identidades Visuais para Marcas de Sucesso*. Rio de Janeiro: Rio Books, 2001.

TAVARES, Osvaldo Hamilton. Parecer nos autos de Apelação Criminal n. 58.508-3, São Paulo, em 16 de novembro de 1987. *Justitia – Órgão do Ministério Público de São Paulo*, São Paulo, v. 144, p. 173, 1988.

TEIXEIRA, Egberto Lacerda. As Sociedades Limitadas e o Projeto do Código Civil. *Revista de Direito Mercantil, Industrial, Econômico e Financeiro*, São Paulo, v. 99, jul./set. 1995.

———; GUERREIRO, José Alexandre Tavares. *Das Sociedades Anônimas no Direito Brasileiro*. São Paulo: Bushatsky, 1979.

TOLEDO, Paulo Fernando Campos Salles de. *O Conselho de Administração na Sociedade Anônima*. São Paulo: Atlas, 1997.

TOMAZ, Roberto Epifanio. *Diálogos do Direito Comercial e do Direito de Empresa*. Florianópolis: Empório do Direito, 2017.

TOSETTI, Gian Maria. Da Intervenção nas Instituições Financeiras sob a Égide da Lei 6.024/74. *Revista de Direito Mercantil, Industrial, Econômico e Financeiro,* v. 41.

TOURINHO FILHO, Fernando da Costa. *Processo Penal*. 5. ed. Bauru: Jalovi, 1979.

VALVERDE, Trajano de Miranda. *Comentários à Lei de Falências*. 4. ed. atualizada por J. A. Penalva Santos e Paulo Penalva Santos. Rio de Janeiro: Forense, 1999.

———. *Sociedade por Ações*. 3. ed. Rio de Janeiro: Forense, 1959.

VAMPRÉ, Spencer. *Tratado Elementar de Direito Comercial*. F. Briguiet & Cia, 1922.

VEIGA, Vasco Soares da. *Direito Bancário*. 2. ed. Coimbra: Livr. Almedina, 1997.

VERÇOSA, Haroldo Malheiros Duclerc. *Responsabilidade Civil Especial*. São Paulo: Revista dos Tribunais, 1993.

VEYNE, Paul (Org.). *História da Vida Privada*. São Paulo: Companhia das Letras, 1995.

VIOLANTE, Carlos Alberto M. S. M. *Lei de Introdução ao Código Civil*. Campinas: Copola, 2000.

VITIRITTO, Benedito Mário. *Julgamento Antecipado da Lide e outros Estudos*. São Paulo: Lejus, 1999.

WEBSTER'S NEW ILUSTRATED DICTIONARY. Books, Inc., 1968.

WIEACKER, Franz. *História do Direito Privado Moderno*. 2. ed. Lisboa: Fundação Calouste Gulbenkian, 1967.

ZANETTI, Robson. *Direito Falimentar* – A Prevenção de Dificuldades e a Recuperação de Empresas. Curitiba: Juruá, 2000.

Índice Onomástico

(Os números referem-se aos itens.)

Índice Alfabético-Remissivo

(Os números referem-se aos itens.)